Therapie in der Spätadoleszenz

Brigitte Müller-Bülow

Therapie in der Spätadoleszenz

Eine qualitative Studie
über Beratungserfahrungen
weiblicher Jugendlicher

Mit einem Vorwort von Eva Jaeggi

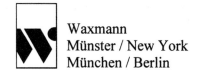

Waxmann
Münster / New York
München / Berlin

Die Deutsche Bibliothek – CIP-Einheitsaufnahme

Müller-Bülow, Brigitte:
Therapie in der Spätadoleszenz : eine qualitative Studie
über Beratungserfahrungen weiblicher Jugendlicher /
Brigitte Müller-Bülow. – Münster ; New York ; München ;
Berlin : Waxmann, 2001
   (Internationale Hochschulschriften ; 341)
   Zugl.: Berlin, Techn. Univ., Diss., 1999
   ISBN 3-89325-909-0

Internationale Hochschulschriften, Bd. 341

Die Reihe für Habilitationen und sehr
gute und ausgezeichnete Dissertationen

ISSN 0932-4763
ISBN 3-89325-909-0

© Waxmann Verlag GmbH, 2001
Postfach 8603, D-48046 Münster

http://www.waxmann.com
E-mail: info@waxmann.com

Umschlaggestaltung: Pleßmann Kommunikationsdesign, Ascheberg
Satz: Uwe Müller-Bülow, Köln
Druck: Zeitdruck GmbH, Münster
Gedruckt auf alterungsbeständigem Papier, DIN 6738

Inhalt

Vorwort

Ich freue mich, der Arbeit von Frau Müller-Bülow ein Vorwort voranstellen zu dürfen. Es ist eine der Arbeiten, deren Betreuung mir so viele neue Erkenntnisse brachte, daß hier die Rollen von „Lehrerin" und „Schülerin" unscharf geworden sind. Ich habe bei dieser Betreuung nicht nur Neues über die weibliche Spätadoleszenz erfahren; ich habe vor allem auch wieder einmal in besonders prägnanter Form erfahren, welcher Gewinn in fantasievoll und präzise geführten und ausgewerteten Interviews stecken kann.

Erkenntnisgewinn in den Sozialwissenschaften ist längst nicht nur durch Befragungen und statistische Auswertungen zu erwarten, fast könnte man meinen, daß das Gegenteil der Fall ist. Was uns als Sozialwissenschaftler (Pädagogen, Psychologen, Sozialarbeiter) vor allem neue Aspekte vermitteln kann, steckt in Erzählungen. Wir „erzählen" einander, wenn wir uns beruflich fortbilden wollen, immer wieder neue „Geschichten"; unsere Tätigkeiten als Lehrer, Berater und Therapeuten werden gestützt von solchen Erzählungen. Als „Fallgeschichte" hat dies vor allem auch in der Psychoanalyse eine große Tradition, die gerade jetzt – nachdem einige Kurzschlüssigkeiten der nur operationalisierenden sozialwissenschaftlichen Forschung heftig kritisiert wurden – wieder auflebt.

In dieser Tradition, allerdings durch moderne Methoden der qualitativen Sozialforschung gestützt, ist die Arbeit von Frau Müller-Bülow angesiedelt. Schon ihre Fragestellung ist interessant: sie stellt als Psychotherapeutin ihren früheren Klientinnen Fragen, die sich um ihr Erleben in der Therapie drehen. Es sind nicht so sehr die „Erfolge", die sie dabei interessieren, sondern das spezifische Erleben einer wichtigen Phase in der Spätadoleszenz, das eben durch das Therapieerleben charakterisiert ist. Therapie wird dabei als „Kritisches Lebensereignis" betrachtet, wobei im Sinne der modernen Forschung von Lebensläufen das „Kritische" darin steckt, daß hier – ganz im Sinne der griechischen Wortbedeutung – eine „Unterscheidung" gemacht werden kann zwischen zwei Lebensabschnitten. Das, was vor der Therapie lag, wird durch und in der Therapie neu gesehen, neu bewertet und verhilft zu neuen Strategien der Lebensbewältigung. Junge Frauen in der Spätadoleszenz haben der Autorin „erzählt", wie sie diesen Prozeß erleben: den „Weg", den sie in dieser Phase ihres von Problemen geplagten Lebens zurückgelegt haben, mit allen Kümmernissen und Schwierigkeiten, natürlich auch mit den Hoffnungen und Freuden.

Der „Weg", die „Reise", die „Wanderung": das sind die wichtigsten Metaphern, die diese 8 befragten jungen Mädchen gewählt haben, um sich ihrer Therapie (1½ – 7 Jahre nach Beendigung) zu vergewissern und erinnernd von ihren „Reiseerlebnissen" zu erzählen. Die räumliche Metapher zur Illustration eines zeitlichen Prozesses wurde denn von der Autorin auch als eine zentrale Auswertungskategorie angesehen. Die Orientierungslosigkeit vor der Therapie (die sich in einigen Fällen sogar in Selbstmordversuchen zeigte) wird als Ausgangspunkt gewählt; eine neue „Zielorientierung" gewinnt immer mehr an Kontur, neue Erfahrungen und Erlebnisse machen Mut.

Diese sehr typischen „Wegbeschreibungen" sind eingebettet in farbige, bewegende Schilderungen dessen, was man dabei erlebt hat: mit der Therapeutin (oft als Mutterersatz), mit der Schule und ihren oft verhaßten Repräsentanten, mit der Erinnerung an die eigene Kindheit und vieles andere mehr.

Diese Arbeit bietet vielen Interessenten etwas: solchen, die sich die verschiedenen Theorien der Adoleszenz aneignen wollen und dabei kritische Verständnishilfe brauchen, solchen, denen das Thema moderner Identitätsentwicklung nahe liegt und natürlich auch solchen, die sich methodisch qualifizieren wollen. Die Therapie Adoleszenter gilt als recht schwierig. Abbrüche sind häufig, Jugendliche wollen sich nicht wieder in neue Abhängigkeiten begeben, wenn sie gerade dabei sind, die kindlichen Bindungen zu trennen. Eine Therapeutin wie Frau Müller-Bülow (die als Gymnasiallehrerin auch andere Seiten der Jugendlichen kennen gelernt hat als nur die der jungen „Leidenden") kann auch anderen Therapeuten viele ungewöhnliche Wege aufzeigen, die man bei jungen Menschen beschreiten muß, wenn man ihr Vertrauen gewinnen will. Es ist also eine Arbeit, die sowohl Therapeuten als auch Lehrern Hilfestellung geben kann, wenn sie sich mit den Problemen der Jugendlichen herumschlagen.

„Erzählungen" müssen gut erzählt werden, damit man sie gerne liest. Ich finde, daß diese Erzählungen sehr gut erzählt worden sind. Man lernt 8 junge Menschen kennen, die – nunmehr schon erwachsen – sich erinnern, sich meist voll Dankbarkeit erinnern, daß ihnen in schwerer Zeit jemand zur Seite gestanden ist – und man lernt sie dank der schriftstellerischen Begabung der Autorin auf eine sehr lebendige Weise kennen. Mit einem Wort: Man liest hier ein wissenschaftliches Werk mit Vergnügen!

Daß dieses Vergnügen, das ich selbst empfunden habe, vielen anderen Lesern beschieden sein möge, das wünsche ich mir von Herzen.

Eva Jaeggi, Berlin

Ich habe mir lange überlegt,
wo der Stachel der Erkenntnis sitzt
und was man wohl wissen möchte, wenn man sich
mit der heutigen Jugend beschäftigt.
Auf keinen Fall darf die Neugierde fehlen:
Sind sie wie wir oder sind sie anders, und wenn:
wie und warum.

Sigrun Anselm 1997, S. 135

Einleitung

Ausgangspunkt und Hintergrund dieser Arbeit sind meine langjährigen Erfahrungen in Unterricht, Beratung und Therapie mit Jugendlichen, besonders mit spätadoleszenten Mädchen und Jungen. Wenn diese mit 17, 18 oder 19 Jahren aus eigenem Antrieb kommen, um ihre Fragen und Probleme anzusprechen, spüre ich in mir eine besondere Form der Aufmerksamkeit und Achtsamkeit. Ihre Sensibilität und Hilflosigkeit, die sich paaren mit dem Bemühen, die Welt erwachsen zu bewältigen, rühren und fordern mich in besonderer Weise.

Ich gehe davon aus, daß meine Beratungstätigkeit von individueller, lebensgeschichtlicher Bedeutung für die Schülerinnen und Schüler wie auch für mich selbst ist, daß sie darüber hinaus aber auch etwas aussagt über die Besonderheiten einer Beratungs- und therapeutischen Arbeit mit Spätadoleszenten.

Zahlreiche Gespräche mit Kolleginnen und Kollegen aus dem schulischen und therapeutischen Bereich und mit Eltern, die ihre Erfahrungen mit spätadoleszenten „Kindern" machen, bestätigen meine Erfahrungen und Eindrücke. Meistens liegt über diesen Gesprächen ein Hauch von Aufregung und Nicht-Verstehen.

In meiner Beratungsarbeit war ich jahrelang mit der Tatsache konfrontiert, daß ich trotz meiner Ausbildung zur Gestalttherapeutin auf keine verbindlichen und nachahmenswerten Strategien zurückgreifen konnte, die der Unkonventionalität spätadoleszenter Lebensformen entsprachen. Ich stieß immer wieder an die Grenzen meiner beraterischen und therapeutischen Möglichkeiten. Die einzige Form, hier meinen Stil zu entwickeln, meine Einfühlung und Gegenübertragungen zu nutzen und meine kreative Phantasie zu nähren, erlebte ich im Rahmen einer langjährigen Gestaltsupervision bei Dr. Milan Sreckovic, dessen intuitives Verständnis adoleszenten Verhaltens meinem eigenen Verstehen dieses Lebensalters zugute kam.

Mein in der Praxis erworbenes Verstehen zu vertiefen, theoretisch zu begründen, mit anderen Forschungsergebnissen zu vergleichen und damit aus der „reinen" Subjektivität meiner Erfahrung herauszuheben, war die primäre Motivation zu der vorliegenden Untersuchung. Im Sinne einer reflektierten Praxis sollte sie dazu beitragen, die Besonderheiten der spätadoleszenten Lebensspanne systematisch zu beleuchten und die Bedeutung einer psychosozialen

13

Beratung und Therapie für die Bewältigung spätadoleszenter Entwicklungsaufgaben und Identitätsbildung herauszuarbeiten.

Die vorliegende Studie ist das methodisch reflektierte Unterfangen, junge Frauen retrospektiv nach ihren Beratungserfahrungen in der Lebensspanne der Spät- und Postadoleszenz und nach der Bedeutung dieses Erlebens in ihrer gegenwärtigen Lebenszeit zu befragen. Dabei zielt die Befragung nicht darauf ab, Kriterien für eine gelungene Adoleszentenberatung oder -therapie zu erstellen. Der Fokus liegt vielmehr auf der Erhellung inneren Erlebens und den kognitiven Konsequenzen, die junge Erwachsene aus diesem Erleben für sich gezogen haben. Dabei sollen auch die unterschiedlichen Faktoren, die dieses Erleben beeinflussen, beleuchtet werden. Denn ohne Berücksichtigung des Umfeldes, ohne Einbeziehung der kulturellen und sozialen Phänomene jugendlichen Lebens scheint mir ein Verständnis spätadoleszenter Jugendlicher und der Entwurf pädagogischer und beraterischer Handlungsstrategien und therapeutischer Interventionen wenig erfolgversprechend.

Folgende Grundannahmen legte ich der Untersuchung zugrunde:

1. Die Phase der Spätadoleszenz ist eine bedeutsame Lebenszeit, ein kritischer Lebensabschnitt im Leben junger Erwachsener, in dem eine Neuorientierung ansteht.

2. Spätadoleszente Jugendliche stehen in vielen Bereichen ihres Lebens vor zukunftsweisenden, sie existentiell bedrängenden Entscheidungen (Bildungsabschluß, Berufswahl, Partnerwahl, Rollenfindung).

3. Mädchen beschäftigen sich intensiv und äußerlich sichtbarer als gleichaltrige Jungen mit den Herausforderungen dieses Lebensalters.

4. Die Bedeutsamkeit dieser Lebensphase spiegelt sich in dem herausragenden Stellenwert, den eine Beratung oder Therapie im Leben spätadoleszenter Jugendlicher hat.

5. Beratung oder Therapie mit Spätadoleszenten muß einen 'ganzheitlichen' Ansatz verfolgen, bei dem nicht nur innerpsychische Probleme, sondern auch schulische und soziale Notlagen mitberücksichtigt und gelindert werden.

6. Beratung oder Therapie selbst manifestiert sich als Wendepunkt im individuellen Lebenslauf, als 'kritisches Lebensereignis', durch welches die anstehende Identitätsfindung in der Spätadoleszenz erleichtert und eine Neuverarbeitung individueller Probleme wie allgemeiner Entwicklungsaufgaben unterstützt wird.

Nicht verbergen kann diese Ausarbeitung meinen persönlichen Anteil am Untersuchungsgegenstand und den Einfluß, den meine Praxiserfahrung und die theoretischen Vorannahmen auf die Darstellung ausüben. Doch war mein Bemühen stets darauf gerichtet, auf dem Wege methodologischer Disziplin und Genauigkeit eine Transparenz meines Vorgehens zu bewirken und eine Balance zwischen Distanz und Nähe zum Forschungsobjekt herzustellen.

Der Aufbau dieser Arbeit entspricht nicht dem historisch-zeitlichen Ablauf des Forschungsprozesses. Während der ersten Phase meiner Untersuchung führte ich Interviews durch und entwickelte auf der Basis neu erworbenen methodischen Wissens über qualitative Forschungsverfahren übergreifende Themen und Sinnkategorien, um auf diese Weise aus den individuellen Aussagen der interviewten spätadoleszenten Mädchen auf abstrakter Ebene ein inhaltliches Konstrukt zu formen.

In einer zweiten Phase beschäftigte ich mich mit dem, was den ersten Teil, den Theorieteil, dieses Buches ausmacht. Ich studierte verschiedene theoretische Erklärungsansätze, um einen pluralen Zugang zu den Phänomenen spätadoleszenter Entwicklung, speziell der weiblichen Variante, zu gewinnen. Dabei versuchte ich, wo dies möglich war, Querverbindungen zu eigenen oder anderen empirisch gewonnenen Daten herzustellen. Eine spezifische Erörterung galt dem sozialen Umfeld der befragten Mädchen und der Darstellung und Einordnung unterschiedlicher Konzepte adoleszenter Beratung, meinen eigenen Ansatz eingeschlossen.

Nach der Darstellung der wesentlichen Ergebnisse der qualitativ-empirischen Studie finden die zunächst zwecks Generalisierung dekonstruierten Interviews der einzelnen Mädchen wieder ihre ideosynkratische Gestalt. Sie werden in einem Anhang in ihrem biographischen Kontext knapp und übersichtlich vorgestellt.

Als Leitmotiv für die anstehende Lektüre dieses Buches möchte ich ein Zitat Freuds voranstellen, welches er einmal zugunsten der Psychoanalyse formulierte und dessen Aussage ich auf diese Studie übertragen möchte:

„Ich sagte Ihnen, die Psychoanalyse begann als eine Therapie, aber nicht als Therapie wollte ich sie Ihrem Interesse empfehlen, sondern wegen ihres Wahrheitsgehalts, wegen der Aufschlüsse, die sie uns gibt über das, was dem Menschen am nächsten geht, sein eigenes Wesen, und wegen der Zusammenhänge, die sie zwischen den verschiedensten seiner Betätigungen aufdeckt." (1933, S. 584f.)

TEIL I
Theorien und Methodik

1. Kapitel
Adoleszenz als Lebensspanne

Wälder der Kindheit sind auch
Nicht für ewig gemacht.
Ziemlich späte Erfahrung.
M.L. Kaschnitz

Begriff der Adoleszenz

Mit Adoleszenz wird eine Lebensspanne markiert, die den Zeitraum zwischen Kindheit und Erwachsenendasein umfaßt. Diese sehr offene und allgemein gehaltene Umschreibung des Begriffes macht deutlich, daß es verschiedener differenzierender Gesichtspunkte bedarf, um zu einer brauchbaren Definition der Adoleszenz im Rahmen dieser Studie zu gelangen. Zeitlich gesehen ist der als Adoleszenz gekennzeichnete Lebensabschnitt sowohl nach unten als auch nach oben unscharf begrenzt. Genannt wird am häufigsten die Altersspanne zwischen dem 12. beziehungsweise 13. und dem 20. bis 25. Lebensjahr (vgl. Remschmidt 1992, S.3), deren untere Grenze durch den Eintritt puberaler Veränderungen, die mit der körperlichen und sexuellen Reifung verbunden sind, bestimmt wird.

In dieser Hinsicht ist es deshalb sinnvoll, den Begriff der Pubertät von dem der Adoleszenz zu unterscheiden,[1] indem wir diesen für den primär biologischen Vorgang physiologischer Veränderungen reservieren, deren Kernstück das Auftreten der Menstruation beziehungsweise der ersten Ejakulation ist. Pubertät bezeichnet also in erster Linie den körperlichen Reifungsaspekt, während Adoleszenz sich auf psychische Entwicklungsaspekte bezieht, was Bernfeld (1938) „die Anpassung der Persönlichkeit des Kindes an die Pubertät" nennt (zit. bei Remschmidt, ebd., S.2); auch Blos (1962) nennt „die Pubertät ein Werk der Natur, die Adoleszenz aber ein Werk des Menschen" (S. 149) und weist damit auf die psychischen Folgen der pubertären Veränderungen und deren Verarbeitung durch den Heranwachsenden hin.

Die obere Grenze der adoleszenten Altersspanne läßt sich weniger präzise bestimmen. Sie zeigt sich definitorisch stärker abhängig von gesellschaftlichen und kulturellen Einflüssen. Sie geht zu Ende, wenn der Heranwachsende den

---

1 Anna Freud, S. Bernfeld und K. Landauer trafen diese Unterscheidung zunächst nicht; bei Bernfeld taucht der Begriff der Adoleszenz erst 1938 auf.

durch die Gesellschaft festgelegten Erwachsenenstatus mit Beruf, abgeschlossener Ausbildung oder Heirat erreicht.

Neben den tiefgreifenden körperlichen und psychischen Wandlungen im Lebenszeitraum der Adoleszenz werden auch die oft heftigen Auseinandersetzungen der Jugendlichen mit gesellschaftlichen Einrichtungen wie Familie, Schule und Beruf als adoleszenztypisch eingestuft. Darüber hinaus gilt auch die Bewältigung bestimmter psychischer und psychosozialer Entwicklungsthemen wie Identitätssuche, Aufbau eines Wertesystems, Übernahme der spezifischen Geschlechtsrolle und Akzeptanz des gewandelten Körperbildes als generell relevant für Adoleszente in unserem Kulturbereich. „Die Adoleszenz ist eine lebensgeschichtliche Phase, in der der Zusammenhang zwischen körperlichen, psychischen und sozialen Prozessen besonders deutlich wird" (Flaake/King 1992b, S.13). Dabei ist allgemeiner Konsens, daß sowohl die zeitliche Rahmung wie die inhaltlichen Phänomene der Adoleszenzphase immer wieder Modifikationen durch Zeitströmungen und historische Wandlungen unterliegen, was die Art und Weise des forschenden Zugangs und der wissenschaftlichen Betrachtung mitdeterminiert.

Der Begriff der Adoleszenz wird von vielen Autoren auch synonym mit dem Begriff der Jugend gebraucht. Abgesehen davon, daß die Begriffe Adoleszenz und Pubertät sich erst im Rahmen psychologischen Denkens entwickelt haben, der Begriff Jugend hingegen immer schon im historisch-pädagogisch-soziologischen Diskurs zu finden war, ist die begriffliche Gleichsetzung dieser Begriffe vor allem deshalb nicht unproblematisch, weil im juristischen Sprachgebrauch das Jugendalter nur von 14 bis 18 Jahren dauert. Ab 18 gilt der Heranwachsende seit der Herabsetzung des Volljährigkeitsalters von 21 Jahren auf 18 im Jahre 1975 als Erwachsener. Damit verschwand – rechtlich gesehen – die Möglichkeit, die Altersgruppe der 18–21jährigen als Heranwachsendenalter zu klassifizieren und auf diesem Wege die Phasen der Adoleszenz auch im gesellschaftlichen Sprachgebrauch stärker zu differenzieren. Dennoch läßt sich beobachten, daß in der Rechtsprechung diese Grenzziehung zwischen Jugend- und Erwachsenenalter nicht rigide gehandhabt wird. Auch in diesem Bereich ist die Einschätzung der psychischen Reife eines Delinquenten dafür von Bedeutung, ob er oder sie unter das Jugend- oder das Erwachsenenstrafrecht fällt.

Der Tendenz der Vorverlegung des Erwachsenenstatus laufen Erkenntnisse der Jugendforschung zuwider, die für etliche Jugendlichen-Kohorten eine Ausdehnung adoleszenter Merkmale in den Erwachsenenbereich hinein beobachten. So meint Remschmidt (ebd.), daß „angesichts der erheblichen Variabilität der oberen Grenze der Adoleszenzphase (man denke nur an die zunehmende Streuung des Berufseintritts und des Heiratsalters) [...] man immer mehr davon ab(kommt), feste Altersmarken anzugeben. Vielmehr geht man dazu über, die obere Grenze nach sozialen Kriterien zu definieren" (S. 4). Nach Mertens (1996) ist das Ende der Adoleszenz deshalb so schwer zu definieren, „weil die komplizierten gesellschaftlichen Verhältnisse oftmals auch den Eintritt in das Erwachsenenalter für sensible und reflektierte Spätadoleszente als nicht sehr verlockend erscheinen lassen" (S. 176).

Aufgrund der Tatsache, daß die in dieser Arbeit behandelte Gruppe volljähriger Mädchen noch deutliche Charakteristika adoleszenter Entwicklung aufweisen, zum Beispiel in Hinblick auf Identitätssuche, psychische und ökonomische Abhängigkeit von den Eltern, Ausbildungs- und Berufsunsicherheit und freies Bindungsverhalten, werde ich neben dem Begriff der Adoleszenten die Begriffe Jugendliche und Heranwachsende als Synonyme gebrauchen.

Spätadoleszenz als eigenständige Entwicklungsphase

Es ist üblich, den Zeitraum der Adoleszenz in mehrere idealtypisch voneinander abgegrenzte Stadien, Abschnitte oder Subphasen zu untergliedern. In den meisten Theorien werden mindestens drei Phasen unterschieden, die jedoch häufig einen eigenen sprachlichen Duktus führen wie beispielsweise: Präpubertät, Pubertät, Jugendzeit (Rotter 1938) oder Transeszenz, frühe Adoleszenz, späte Adoleszenz (Oerter/Dreher 1995) oder frühe, mittlere und späte Adoleszenz (Lidz 1968; Fend 1994). Einige Autoren legen sogar fünf Stadien fest: Präadoleszenz, frühe Adoleszenz, eigentliche Adoleszenz, Spätadoleszenz und Postadoleszenz (Blos 1962; Mertens 1996).

Für die vorliegende Arbeit ist es von Interesse, über eine möglichst genaue Ausdifferenzierung des Begriffs der Adoleszenzphase zu verfügen, um dadurch präzise Erkenntnisse und Aussagen über die Altersgruppe der 18–25jährigen zu gewinnen, die Gruppe, die in den Interviews zur Aussage gelangt. In diesem Kontext wähle ich den in unserer Kultur für diese Altersgruppe üblichen Begriff der späten Adoleszenz oder der Spätadoleszenz, um kognitive, emotionale, psychische und soziale Phänomene einer Entwicklungsphase zu beschreiben, die beratungssuchende Mädchen als Oberstufenschülerinnen und zeitweilig auch noch als Studierende und Auszubildende über diesen Abschnitt ihres Lebens zum Ausdruck brachten. Verständlicherweise beschränke ich mich bei der Darstellung und Übernahme adoleszenter Theoreme und Theorien auf Aspekte des letzten und die Adoleszenz abschließenden Stadiums.

Mit der Eingrenzung eines solchen phasenspezifischen Entwicklungsraumes und seiner Benennung soll die eigenständige Betrachtung dieser Lebensphase und dieser Altersgruppe hervorgehoben werden. Spätadoleszente (18–21J.) und postadoleszente Jugendliche (22–25 J.), die in der vorliegenden Arbeit alle einfachheitshalber als Spätadoleszente bezeichnet werden sollen, werden auf diese Weise als Gruppe mit spezifischen Bedürfnissen, Problemen und Fragestellungen gesehen und ernstgenommen. Sie sollen nicht unter der sehr allgemeinen Perspektive der Jugend oder der Adoleszenz subsumiert beziehungsweise unter

19

dem Aspekt des 'noch nicht' erreichten Erwachsenenstatus betrachtet und beurteilt werden.

Für das Phänomen der Spät- und Postadoleszenz, für die verlängerte Adoleszenz schlechthin, gibt es verschiedene gesellschaftliche Bedingungsfaktoren. Mertens stellt dafür das Privileg der langen Ausbildungsgänge, die erzwungene Jugend-, aber auch Akademikerarbeitslosigkeit, die Eigenständigkeit der Subkultur der Großstädte, die sich an der Jugendkultur orientiert, heraus (ebd., S.170). Diese Konstellationen verhindern oder erschweren seiner Ansicht nach einen Einstieg in das Berufs- und Erwachsenenleben. Schon Bernfeld (1923) hat auf dem Hintergrund der Jugendbewegung nach dem 1. Weltkrieg ein ähnliches Phänomen beobachtet, das er mit „gestreckter Pubertät" bezeichnete (S.755).

Der Ansatz der vorliegenden Arbeit vertritt also die Sicht, daß nicht nur die Adoleszenz als gesamte Lebensperiode, sondern auch die Phase der Spätadoleszenz ein Entwicklungszeitraum ist, der aufgrund spezifischer Fragestellungen und Entwicklungsaufgaben eine eigenständige Relevanz hat und nicht nur als ein Durchgangsstadium oder eine Übergangsphase ins Erwachsenendasein angesehen wird, sozusagen als notwendiges Übel. Das betont auch Dalsimer (1993), wenn sie die Notwendigkeit eines gesonderten Zugangs zur Spätadoleszenz herausstellt. Stärker als in den vorhergehenden Abschnitten der Adoleszenz, in denen sich die Entwicklungsprozesse mehr in innerpsychischen und familiären Räumen abspielen, muß sich, so sagt sie, „die Beschreibung der Spätadoleszenz [...] auf einem ganz anderen Boden bewegen, denn diese Phase stellt das Individuum nun zu einem größeren Segment der Gesellschaft in Beziehung. In dieser Zeit kristallisieren sich Entscheidungen heraus, die für das Erwachsenenalter bestimmend sein werden" (S.9). Ein solcher Blickwinkel ermöglicht es, für junge Menschen dieses Alters mehr Verständnis aufzubringen und ihnen klare Hilfestellungen und Begleitung zu gewähren.

Je nach theoretischer Ausgangsposition dominiert eine andere Fragestellung, um die Problematik dieser so wichtigen Endphase adoleszenter Entwicklung zu erhellen. Generell ist zu sagen, daß „spätadoleszente Entwicklungsprozesse [...] durch ein komplexes Ineinanderwirken von entwicklungsbedingten Konflikten, ideosynkratischen Sozialisationsfaktoren und institutionellen und gesellschaftlichen Realitäten determiniert" sind (Leuzinger-Bohleber 1993, S.27). Mit anderen Worten beinhaltet dieser Lebensabschnitt zahlreiche komplexe innere Vorgänge und fordert schwierige äußere Entscheidungen.

Die wichtigsten Bedingungsfaktoren sollen im folgenden an Hand ausgewählter theoretischer Ansätze überblickartig dargestellt und erläutert werden. Entwicklungspsychologische, psychoanalytische und jugendsoziologische Sichtweisen unterschiedlicher Provenienz kommen dabei ohne Anspruch auf Vollständigkeit zur Geltung. Der Fokus liegt auf den unbewußten psychodynamischen Dimensionen und Bedeutungsgehalten spätadoleszenter beziehungsweise speziell weiblicher spätadoleszenter Entwicklung, auf deren kontextuellen gesellschaftlichen und kulturellen Determinanten, auf den subjektiven Orientierungen und Lebensentwürfen der Heranwachsenden.

Die Validität psychodynamischer Phasenmodelle wird häufig in Frage gestellt. Wenn ich dennoch damit operiere, gehe ich davon aus, daß solche Modelle offen gegenüber individuellen Entwicklungsverläufen sind, daß inhaltliche Abweichungen inhärent sind und formuliert werden und eine zeitliche Rahmung Orientierung, aber keine rigide Fixierung bedeutet. Das heißt, daß „bei der Beschreibung der verschiedenen Phasen der Adoleszenz [...] zu berücksichtigen (ist), daß die phasenspezifischen Aufgaben und Entwicklungseigentümlichkeiten keine ganz genaue Zeiteinteilung zulassen und natürlich auch keine historische und gesellschaftliche Invarianz aufweisen" (Mertens 1996, S.157). Trotz endopsychischer Individualität und unterschiedlicher soziokultureller Erfahrungen von einzelnen und Kohorten lassen sich dennoch übergreifende, gesellschafts- und zeitinvariante Gemeinsamkeiten festmachen.

2. Kapitel
Theorien der Spätadoleszenz

Ich gehe davon aus, daß es die Aufgabe heutiger Entwicklungspsychologie und Entwicklungstheorien ist, eine Orientierung über verschiedene Lebensperioden zu bieten (vgl. Montada 1995, S.278). Dabei geht es nicht mehr ausschließlich um die Beschreibung normativer Entwicklungsverläufe, sondern man befaßt sich „zunehmend mit Prozessen und individuellen Unterschieden in unterschiedlichen Kontexten und unter Beachtung der aktiven Rolle des sich entwickelnden Individuums. Vielfach werden entwicklungspsychologische Methoden auf besondere Populationen übertragen [...] und ihre Relevanz und Anwendbarkeit wird dort überprüft" (Lehmkuhl/Rauh 1996, S. 81).

Einen solchen Ansatz verfolgt auch die vorliegende Arbeit. Sie spürt an Hand der Interviews vor allem Erlebnismerkmale der inneren Welt der Spätadoleszenten auf und bemüht sich auf diese Weise, die in der Forschung eher vernachlässigte Binnenperspektive der Jugendlichen zu erhellen und in die wissenschaftliche Diskussion einzubeziehen. Wenn sich innere Welt und äußere Welt gegenseitig beeinflussen und bedingen, wenn es ein Ineinandergreifen von inneren und äußeren Verhältnissen gibt, dann reicht es nicht aus, die äußeren Anforderungen, die an Jugendliche herangetragen werden, in ihren gesellschaftlichen und kulturellen Bedingungen zu erforschen. Es genügt auch nicht allein, mit theoretischen Konstrukten die Wirklichkeit der Heranwachsenden zu erklären. Es gilt, den Fokus auch auf den Respons der Adoleszenten zu richten, auf die Art und Weise, wie sie auf die sie betreffenden inneren und äußeren Vorgänge reagieren, wie sie diese beeinflussen wollen und welche Gedanken und Gefühle sie dabei begleiten.

Schon Hornstein (1989) konstatierte als eine wesentliche Tendenz der modernen Jugendforschung, daß in vermehrtem Maße individuelle biographische Entwürfe in den Mittelpunkt gerückt werden, in denen die Strategien und Ausdrucksformen der Lebensbewältigung der Heranwachsenden beschrieben werden. Die Shell Jugendstudien von 1997 und 2000 verfolgen ebenfalls diesen Ansatz der Jugendforschung.

1 Das pragmatische Konzept der „Entwicklungsaufgaben"

Havighurst hat erstmals 1948, beeinflußt von Erikson, den menschlichen Lebenslauf als eine strukturierte Abfolge von Problemen gesehen, die er Entwicklungsaufgaben nannte. Danach gliedert sich Leben in verschiedene periodische Abschnitte, die jeweils spezifische Aufgaben beinhalten, die nur durch bestimmte Entwicklungsschritte bewältigt werden können und auf diese Weise menschliche Entwicklung herausfordern und fördern. Entwicklungsaufgaben gliedern und konstituieren somit den Lebenslauf.

Im Gegensatz zu anderen entwicklungspsychologischen Ansätzen sieht dieser Erklärungsansatz Entwicklung nicht als ein Resultat vergangener Ereignisse, sondern er erklärt Entwicklung aus vorweggenommenen zukünftigen Ereignissen. Die Vorwegnahme von zukünftigem Geschehen, auch von ferner Zukunft, ist bei diesem Erklärungsbegriff ein entscheidender Motor der menschlichen Entwicklung. Durch die Diskrepanz zwischen einem momentanen Entwicklungsstand und einem erwünschten beziehungsweise festgesetzten zukünftigen Status entsteht der Drang oder Druck nach Veränderung des Entwicklungsniveaus.

Montada (1990) kennzeichnet diese theoretische Position von Havighurst (1963), die von Dreher und Dreher (1985) und Oerter und Dreher (1995) in neuerer Zeit fortgeführt und empirisch untermauert worden ist, als dialektisch und ökologisch (im Gegensatz zur organismischen von Erikson), da sie versucht, biologische, psychologische und soziologische Ansätze miteinander zu verbinden.

Entwicklungsaufgaben können gesellschaftlich vorgegeben, also normativ sein (z.B. der Schuleintritt), oder auf biologischen Reifungs- und Veränderungsprozessen beruhen (z.B. Pubertät und Menopause). Damit sind zwei Quellen für Entwicklungsaufgaben im Lebenslauf konzeptualisiert: biologische Veränderungen im menschlichen Organismus, die physische und kognitive Reife einschließend, und gesellschaftlich definierte Aufgaben, die die Erfüllung bestimmter Sozialisationsanforderungen gewährleisten sollen. Eine dritte Quelle erschließt sich aus den subjektiven Vorstellungen, Zielsetzungen und Werten der sich entwickelnden Personen.

Entwicklungsaufgaben entsprechen keinesfalls starren inneren oder äußeren Vorgaben, sie unterliegen trotz äußerem Druck oder innerer Notwendigkeit immer auch der individuellen Interpretation und Bewertung durch den einzelnen.

Darüber hinaus wirken sich individuelle Persönlichkeitsvariablen und persönliche Bedingungsfaktoren psychologischer, sozialer und kultureller Art auf die Form der Auseinandersetzung mit den Entwicklungsaufgaben aus. Aus dieser dynamischen, interaktionistischen Sicht sprechen wir von einem dialektischen Prozeß der Entwicklung im Umgang mit biologischen, gesellschaftlichen, individuellen und zeitlich variierenden Entwicklungsaufgaben. In diesem Prozeß wird dem Individuum eine aktive Rolle entsprechend seinen kognitiven Problemlösefähigkeiten bei der Gestaltung der eigenen Entwicklung zuerkannt.

Entwicklungsaufgaben der Spätadoleszenz

> Dann wieder der Refrain,
> was hast du geleistet mit deinen 18 Jahren?
> Sylvia Plath, Tagebücher

Nach Montada (1990) wird die Abfolge altersnormierter und alterstypischer Probleme und Entwicklungsaufgaben als „verbreitet oder normal in westlichen Gesellschaften" (S.67) angesehen. Wir gehen mit ihm davon aus, daß sie für die Mehrheit einer Altersgruppe gelten, sofern deren soziale und kulturelle Umwelt gemeinsame Züge aufweist und der menschliche Lebenslauf in ähnlicher Weise geregelt wird (z.B. Schulbesuch und Bildungsaspirationen). Für die Entwicklungsperiode der Spätadoleszenz, die nach Havighurst/Olbrich (1982) (zit. in: Oerter/Montada 1995, S.124) die Altersspanne der 18–22jährigen („Jugend") und teilweise die Altersspanne der 23–30jährigen („frühes Erwachsenenalter") umfaßt, werden eine Reihe von Hauptaufgaben oder Hauptthemen der Entwicklung genannt, die von Dreher und Dreher (1985) auf der Basis von empirischen Untersuchungen bei Jugendlichen spezifiziert und ergänzt wurden (vgl. Oerter/Dreher 1995, S.329). Dieser Themenkatalog, der sich ursprünglich und auch in seiner Erweiterung an Mittelschichtnormen orientiert (was dem Untersuchungsgegenstand der vorliegende Arbeit entspricht), enthält eine Mischung aus normativen Vorgaben und deskriptiven Beschreibungen. Normativ sind die Themen da, wo sie gesellschaftlichen Festlegungen entsprechen; deskriptive Elemente basieren auf Beobachtungen und Befragungen Adoleszenter. Folgende Entwicklungsaufgaben beziehungsweise Entwicklungsthemen werden für diese Lebensphase genannt:

- *Autonomie hinsichtlich der Eltern*

    d.h. emotionale Unabhängigkeit von den Eltern und anderen Erwachsenen

    d.h. sich vom Elternhaus lösen

- *Identität in der Geschlechtsrolle*

    d.h. Übernahme der weiblichen bzw. männlichen Geschlechtsrolle

    d.h. akzeptieren der eigenen körperlichen Erscheinung und effektive Nutzung des Körpers

    d.h. Vorbereitung auf feste Partnerschaft, Ehe und Familienleben

- *Aufbau eines Selbstbildes*

    d.h. über sich selbst im Bild sein: wissen, wer man ist und was man will

- *Internalisiertes moralisches Bewußtsein*

    d.h. Werte und ein ethisches System erlangen, die als Leitfaden für Verhalten dienen; Entwicklung einer eigenen Weltanschauung d.h. sozial verantwortliches Verhalten erstreben und erhalten

- *Teilhabe an einer angemessenen sozialen Gruppierung*
  d.h. neue und reife Beziehungen zu Altersgenossen beiderlei Geschlechts aufbauen
  d.h. Aufbau eines Freundeskreises
- *Berufswahl*
  d.h. wissen, was man werden will und was man dafür können und lernen muß
  d.h. Vorbereitung auf eine berufliche Laufbahn
  d.h. Entwicklung einer Zukunftsperspektive

Die zeitliche Zuordnung dieser Entwicklungsaufgaben zur Spät- und Post-adoleszenz bedeutet nicht, daß diese Aufgaben beziehungsweise diese Aufgabenaspekte nicht auch früher oder später in Angriff genommen werden können. Die meisten der Punkte sind sicherlich Anforderungen, die sich in Variationen über mehrere Perioden des Lebenslaufs den Individuen stellen (z.B. der Aufbau eines Selbstbildes). Es sind solche Themen, die lebenslanges Lernen ausmachen und die hinsichtlich der alterstypischen Terminierung durch einen relativ offenen und flexiblen Grad an normativer Verpflichtung gekennzeichnet sind. Das mag ein Grund dafür sein, daß Menschen sich rückblickend wenig an diese Vorgänge erinnern, wie Montada (1990) herausstellt: „Tatsächlich werden in Lebensretrospektiven altersnormierte Entwicklungsaufgaben weniger häufig als die wesentlichen Wendepunkte, Meilensteine oder Übergänge im eigenen Leben erwähnt als kritische Lebensereignisse (schwierige, auch traumatische und existentiell bedrohliche Erfahrungen und Verluste)" (S.67).
Interessant ist, daß in den Interviews dieser Studie alle aufgeführten Themen- und Aufgabenbereiche im Kontext der spätadoleszenten Lebensspanne eine wichtige Rolle spielen.

Spätadoleszenz als sensitive Lernperiode

Als „teachable moments" bezeichnet Havighurst (zit. in: Oerter/Montada 1995, S.327) Zeiträume im Ablauf des Lebens, die für bestimmte Entwicklungsaufgaben besonders geeignet sind. Es sind sensitive Lernzeiten, in denen die Deutlichkeit gesellschaftlicher Anforderungen an bestimmte Altersgruppen mit deren erhöhter Bereitschaft, sich damit auseinanderzusetzen, korrespondiert. In diesem Kontext müssen die für die Spätadoleszenz ausgewiesenen Entwicklungsaufgaben als besonders sensible Entwicklungsthemen dieses Lebensabschnitts verstanden werden.

In der Altersphase der Spätadoleszenten[1] sind es nicht mehr Eltern und Erzieher[1], die Auswahl und Formulierung der Entwicklungsziele bestimmen. Die Jugendlichen sind es selbst, die sich mit den für sie anstehenden Entwicklungsaufgaben auseinandersetzen und dafür adäquate Formen und Formulierungen suchen. Und sie tun dies oft auch in Opposition zu den Vorstellungen von Eltern und Lehrerinnen[1]. Allerdings müssen solche selbstgesetzten Ziele und Optionen kompatibel mit den kulturell vorgegebenen Möglichkeiten sein. Da unsere Kultur „ein riesiges Angebot an Entwicklungsmöglichkeiten bereithält, entstehen unverwechselbare individuell-einmalige Zielsetzungen. Sie zeigen sich besonders in den Persönlichkeitsentwürfen des Heranwachsenden" (Oerter/Montada, ebd., S.122). Zeichnet sich die Entwicklungssituation der Heranwachsenden einerseits durch die selbständige Übernahme und Bewältigung der alterstypischen Entwicklungsaufgaben aus, so heißt das andererseits nicht, daß sie dabei keiner „nachhaltigen Unterstützung" (ebd., S.123) mehr bedürfen. Doch würde es ihrer Entwicklungsthematik zuwiderlaufen, wenn ihnen unterstützende Begleiter zugewiesen würden.

Havighurst geht davon aus, daß eine erfolgreiche Verarbeitung der altersentsprechenden Entwicklungsaufgaben zu Glück und Erfolg führt. Ein Scheitern hingegen macht das Individuum unglücklich, konfrontiert es mit der Ablehnung durch die Gesellschaft und bringt ihm Schwierigkeiten bei der Bewältigung späterer Aufgaben. Daraus läßt sich folgern, daß es im Falle eines drohenden Scheiterns ein Teilaspekt spätadoleszenter Entwicklungsthematik sein muß, sich freigewählte Unterstützung zu holen. Eine Möglichkeit der Hilfeleistung bei der Lösung von Entwicklungsaufgaben kann durchaus ein psychologisches Beratungsangebot sein.

Auf diesem Hintergrund wird deutlich, daß die Intention des dargelegten entwicklungspsychologischen Konzeptes eine pädagogische Zielrichtung hat. Entwicklungsaufgaben sind im Grunde genommen altersspezifische soziale und psychische Lernaufgaben, und Entwicklung ist ein sich über die gesamte Lebensspanne erstreckender Lernprozeß.

In der Entwicklungsaufgabe der Spätadoleszenz manifestiert sich in besonderem Maße die Herausforderung an die Heranwachsenden, in einem selbstorganisierten Lernprozeß das Spannungsverhältnis zwischen individuellen Bedürfnissen und gesellschaftlichen Anforderungen für die eigene Existenz zu erhellen. Daß die Beschäftigung mit der eigenen Entwicklung auf das Interesse der Jugendlichen stößt, ist ein Ergebnis der empirischen Arbeiten von Dreher und Dreher (1985, S.62ff), das auf Grund fortgesetzter Untersuchungen in seiner Bedeutsamkeit und Relevanz bestätigt werden konnte. Diesen Eindruck

---

1 Sofern nicht in besonderer Weise gekennzeichnet oder auf eine konkrete Situation bezogen, sind beim Gebrauch des männlichen bez. weiblichen Genus das jeweils andere Geschlecht mit gemeint. Ich behalte mir einen abwechselnden Turnus vor.

vermittelten mir auch die Interviews der spätadoleszenten Mädchen, so daß heute gilt: „Die Beschäftigung mit Entwicklungsaufgaben findet bei Jugendlichen nicht nur hohes Interesse, sondern eröffnet Perspektiven, unter denen Entwicklung als Bereich des Lernens in eigener Sache an Relevanz gewinnt und aktiv verfolgt wird" (Oerter/Dreher, ebd., S.329). Mit dieser Sicht werden die Jugendlichen als Produzenten ihrer eigenen Entwicklung ernst genommen.

Bei der Bewältigung sozialer Anforderungen gibt es immer mehrere Lösungswege, wofür Havighurst die Begriffe „active coping" und „passive coping" gesetzt hat (zit. bei Lehmkuhl/Rauh 1996, S.79). Gerade Spätadoleszente sind wegen ihres kognitiven und emotionalen Entwicklungsstandes in der Lage, weitreichende Sinnkonstruktionen im Blick auf ihre Lebenserfahrungen vorzunehmen und auf diese Weise deren Wirkung zu beeinflussen und zu kontrollieren („active coping"). Ihnen ist es aber auch vorbehalten, Umwege zu gehen oder langfristig schädliche Lösungsstrategien (z.B. Drogenkonsum, Weglaufen) zu wählen, um entwicklungsaltertypische Aufgaben zu bewältigen („passive coping"). Darüber hinaus haben sie die Möglichkeit, sich Handlungsspielräume „im Sinne von Entwicklungsnischen" (Oerter/Dreher, ebd., S. 325) zu organisieren.

Das theoretische Konstrukt der Entwicklungsaufgaben bietet sich sowohl als Analyseinstrument als auch als handlungsorientierendes Modell an.[1] Analysiert werden können äußere wie innere hemmende und unterstützende Bedingungen für Veränderungen, wie sie beispielsweise im Lebensraum der Spätadoleszenz konstitutiv sind. Das Konzept erschließt darüber hinaus die Bedeutung subjektiver Entwicklungstheorien Jugendlicher und eröffnet so eine reziproke Dynamik zwischen subjektiven und objektiven Ansätzen. Es ermöglicht darüber hinaus einen „inhaltlich definierbaren Rahmen für die Nutzung von Konzepten" (Oerter/Dreher, ebd., S.330), so auch für die Erstellung eines möglichen Rahmenkonzeptes für kompetentes Beratungshandeln mit Adoleszenten, das präventiv und interventiv bei der Bewältigung der anstehenden Entwicklungsaufgaben eingesetzt werden kann.

2 Psychodynamische Konzeptionen der Spätadoleszenz

Schon Bernfeld (1923; 1935) betont, daß die Pubertät bzw. die Adoleszenz ein äußerst vielgestaltiges Erscheinungsbild aufweise, was sich auf biologischem, psychologischem und soziologischem Gebiet manifestiere. Aufgrund dieser Vielgestaltigkeit könne es keine einheitliche Theorie geben. Dieses Paradigma

---

1 Oerter/Dreher (ebd., S. 330) weisen allerdings darauf hin, daß das Konzept nicht von normativen Standards gesellschaftlicher und individueller Art losgelöst werden kann und daß bei der Anwendung dieses Erkenntnisinstruments diese Einschränkung präsent bleiben muß.

ist nicht nur für diese gesamte Arbeit richtungsweisend, sondern gilt insbesondere für die folgenden Ausführungen. Die vielfältigen psychoanalytischen Ansätze können zu keinem einheitlichen Theoriekonstrukt zusammengefügt werden.

Dennoch liegt der Vorteil psychoanalytischer Forschung gegenüber anderen psychologischen Theorien in der Tatsache, „daß sie als einzige über eine explizite Entwicklungspsychologie verfügt, aus der sich sowohl eine phasenspezifische Diagnostik als auch eine darauf basierende phasenspezifische Behandlungstechnik ableiten lassen" (Leuzinger-Bohleber/ Mahler 1993, S.23). Dieser Aspekt ist besonders für den Zusammenhang zwischen Spätadoleszenz und Beratung von Bedeutung.

Die stärkere Betonung autobiographischer Konstrukte als Basis der Jugendforschung hat die Bedeutung psychodynamischer Ansätze wieder hervorgehoben. Das konstatieren auch Lehmkuhl und Rauh (1996), wenn sie äußern: „Im Zusammenhang mit den Selbstkonzepten und Selbstwertgefühlen als wesentlichen innerpsychischen Vermittlungsstrukturen für die subjektive Interpretation von Ereignissen und eigenen Handlungsergebnissen fanden auch psychoanalytisch begründete Konzepte erneut Eingang in die Entwicklungspsychologie und Entwicklungspsychopathologie" (S.80f.).

Aus der Fülle theoretischer Konzepte will ich nur solche Ansätze psychoanalytischer Entwicklungsforschung berücksichtigen, die die innerpsychische Entwicklung des Ichs mit sozialen und kulturellen Faktoren verknüpfen, beziehungsweise solche, die die psychosexuelle Entwicklung des Individuums mit aktuellen gesellschaftlichen Determinanten in Beziehung setzen. Nicht die Triebkomponenten der Entwicklung, sondern die Fähigkeiten bzw. Defizite des adoleszenten Ich werden in den Mittelpunkt der Betrachtung gestellt. Somit wird nur am Rande auf Konzeptionen verwiesen, die auf biologisch-psychologischen oder rein psychodynamischen Annahmen adoleszenter Entwicklung basieren oder die ihre theoretischen Folgerungen primär von klinischen Fallstudien her ableiten (z.B. A. Freud 1958; Laufer u. Laufer 1984; Shapiro 1993). Diese Auswahl möchte ich unter zweierlei Gesichtspunkten begründen: Die entwicklungsspezifischen Aufgaben des spätadoleszenten Jugendlichen richten sich vorrangig auf verantwortungsvolle Entscheidungen und identifikatorische Festlegung, die die Gesellschaft von ihm erwartet. Die Zeit des suchenden, stark innerpsychisch gesteuerten Experimentierens und das Ringen um psychosexuelle Neuorientierung, die die Phase der eigentlichen Adoleszenz (14–17 J.) auszeichnet, ist im großen und ganzen in der Spätadoleszenz zu Ende gegangen. Was die klinischen Aspekte anbelangt, so betrachte ich die kritischen Probleme der Adoleszenz in erster Linie unter dem Aspekt der normativen Krise und nicht an Hand eines Rasters psychopathologischer Phänomene. Was mich als Pädagogin und Beraterin interessiert und was darüber hinaus mit den Ergebnissen der vorliegenden qualitativen Studie korrespondiert, sind theoretische Überlegungen, die auf eine progressive Entwicklung, auf Ressourcen und kreative Lösungsmöglichkeiten der Adoleszenz, speziell der Spät- und Postadoleszenz, focussieren. Dabei nehme ich – durch die Beratung bedingt – natürlich auch psychopathologisch vorbelastete Jugendliche in den Blick, allerdings immer unter der auf Hoffnung hin ausgelegten Perspektive, die schon Blos (1962) für die Adoleszenz entwickelte, nämlich daß dieser Entwicklungsphase starke selbstheilende Kräfte inhärent sind und daß in ihr schwer auszumachen ist, was Krankheit und was Gesundheit ist: „Es ist noch zu wenig beachtet worden, daß die Adoleszenz nicht nur trotz, sondern eher wegen ihres emotionalen Aufruhrs oft eine Spontanheilung für schwächende Kindheitseinflüsse bietet, und dem Individuum Gelegenheit gibt, Kindheitserfahrungen, die seine fortschreitende Entwicklung bedroht haben, zu modifizieren und zu korrigieren" (ebd., S.23).

Von entscheidender Bedeutung für die Einschätzung und das Verständnis eines spätadoleszenten Entwicklungsverlaufs ist sicherlich der Hintergrund kindlicher Traumata, die der Heranwachsende erlebt und gegebenenfalls bewältigt hat, ohne daß damit einseitig eine klinische Sichtweise gewählt wird. Insofern kann, und da stimme ich mit Bohleber (1996) überein, die seelische Entwicklung in der Spätadoleszenz nur angemessen verstanden werden, wenn beide, klinische und psychosoziale Betrachtung, zusammenwirken (vgl. ebd., S.23). Dennoch weist Bohleber (1996), wie schon Blos (1962) vor ihm, darauf hin, daß die sonst fruchtbaren Begriffe der Psychoanalyse für eine angemessene Erklärung der seelischen Prozesse der Spätadoleszenz nicht ausreichen. „Denn wie die spät-adoleszente Integration und Persönlichkeitskonsolidierung fortschreitet, ist bis jetzt in vieler Hinsicht dunkel geblieben. Auch an die Psychoanalyse stellt die Erforschung dieser Phase hohe theoretische Integrationsanforderungen" (ebd., S.24).

Entwicklungslinien

Bis in die 50er Jahre kann man beobachten, daß die Adoleszenz ein Stiefkind psychoanalytischer Forschung und Theoriebildung war (vgl. Kaplan 1984; Bohleber 1996; Sohni 1997). Der Grund dafür lag in der lange Zeit vertretenen Annahme, daß der frühen Kindheit eine Schlüsselstellung für die seelische Strukturbildung des Menschen und für die Herausbildung psychischer Krankheiten zukommt. Aus dieser Sicht war die Adoleszenzphase dann konsequenterweise nur eine Wiederholung der infantilen Entwicklung und ihrer Neurosen, in der lediglich auf einem höheren Niveau die infantile Sexualentwicklung rekapituliert und gegebenenfalls erweitert wurde. Mit der Auflösung des Ödipuskonfliktes, so glaubte man, sei die Grundstruktur der Persönlichkeit festgelegt. „Die Schwierigkeiten mit der Adoleszenz", meint Bohleber, „hängen aber auch mit der psychoanalytischen Behandlung von Jugendlichen zusammen, die besondere Probleme aufwirft" (ebd., S.7). Jugendliche lassen sich ungern auf eine Therapie ein, weil sie befürchten, dadurch ihre mühsam errungene Selbständigkeit zu gefährden. Auch scheint diese Lebensphase in der psychoanalytischen Behandlung Erwachsener stark verdrängt zu werden und einer differenzierten Erinnerung und Rekonstruktion wenig zugänglich zu sein. Freud, der selbst große Schwierigkeiten bei der Behandlung der Adoleszenten Dora hatte, räumt der Pubertät und Adoleszenz in der Entwicklung des Menschen jedoch einen wichtigen Platz ein, indem er als eine der wichtigsten psychischen Leistungen dieser Phase „die Ablösung von der Autorität der Eltern" betrachtete, „durch welche erst der für den Kulturfortschritt so wichtige Gegensatz der neuen Generation zur alten geschaffen wird" (Freud 1905, S.130). Diese Verknüpfung von Adoleszenz und Kulturentwicklung, die er vornimmt, ist, so auch die Ansicht Bohlebers, „bis heute eine Herausforderung für die psychoanalytische Adoleszenztheorie geblieben (ebd., S.10). Die diesem Rahmengedanken zugrunde liegende These von der Zweizeitigkeit der Sexualentwicklung[1] des Menschen, die in der Adoleszenz etwas Eigenes und nicht nur eine Reorganisation der frühkindlichen Entwicklung der ersten fünf Jahre sieht, ist in neuerer Zeit vor allem von Erdheim (1988) und Leuzinger-Bohleber/ Mahler (1993) aufgegriffen und für die Weiterentwicklung einer Adoleszenztheorie genutzt worden. Einen wichtigen Baustein zum Verständnis der Adoleszenzproblematik lieferte auch A. Freud (1958), indem sie die Abwehrprozesse und schwierigen Triebkonflikte, die sich zwischen dem Ich und dem Es der adoleszenten Struktur abspielen und die inneren Umwälzungen, die sich in einer bestimmten Gefühlsatmosphäre jugendlichen Lebens manifestieren, ernst nimmt: „[...] die Ängste, [...] Hoffnungslosigkeit, die intensiven, oft unfruchtbaren Grübeleien und philosophischen Spekulationen, der Freiheitsdrang, die tiefe Einsamkeit, die Auflehnung gegen den Druck des Elternhauses, die ohnmächtige Wut oder der aktive Haß gegen die Erwachsenenwelt, die erotischen Schwärmereien für Gleich- und Andersgeschlechtliche, die Selbstmordphantasien [...]" (S.1745). Diese stellte sie als „notwendige und unvermeidliche Begleiterscheinungen einer lebenswichtigen Übergangsperiode" dar (ebd., S.1751) und ordnete sie damit in den Bereich normaler Adoleszenzphänomene ein. Sie ging sogar so weit, diese inneren Konflikte der Heranwachsenden unter dem Aspekt einer progressiven Entwicklung und Heilung zu betrachten, ein Gedanke, den Blos (1962) später von ihr aufgriff: „Wir beginnen, die schweren Konflikte nicht als Krankheitserscheinungen zu sehen,

---

1 „Die Tatsache des *zweizeitigen Ansatzes* der Sexualentwicklung beim Menschen, also die Unterbrechung dieser Entwicklung durch die Latenzzeit, erschien uns besonderer Beachtung würdig. Sie scheint eine der Bedingungen für die Eignung des Menschen zur Entwicklung einer höheren Kultur, aber auch für seine Neigung zur Neurose zu enthalten" (S. Freud, ebd., S. 137).

sondern als Heilungsvorgänge, d.h. als Versuche, den verlorenen Frieden und die Harmonie von neuem herzustellen" (A. Freud, ebd., S.1767). Der kulturelle Antagonismus zwischen den Generationen, den S. Freud bereits rahmenhaft anvisierte, fand im Konzept der A. Freud allerdings kaum Beachtung. Er wird erst im Zuge der Ich-Psychologie wieder in den Mittelpunkt gerückt. „Die Anpassung und Einpassung des (spät-)adoleszenten Individuums in die gesellschaftlichen Strukturen sowie die Konflikte, die dabei entstehen, verschoben den Schwerpunkt der Betrachtung", unterstreicht Bohleber (1996, S.13). Damit ist der Fokus der wissenschaftlichen Aufmerksamkeit stärker auf das adoleszente Ich und seine Entwicklungsschritte in den verschiedenen Phasen der Adoleszenz gerichtet, was auch eine differenzierte Sicht der Spätadoleszenz mit sich brachte. Einen Paradigmenwechsel vollzog auch E. H. Erikson (1959; 1968), der die Adoleszenzforschung maßgeblich beeinflußte. Die Libidotheorie allein kann seiner Meinung nach nicht den Gesamtablauf der Adoleszenz erklären, sondern erst die Interdependenz zwischen Aufwachsen und Gesellschaft schafft den Raum, der Entwicklung ermöglicht. Für die Phase der Jugend sieht er dabei die Bildung der Ich-Identität als die wesentliche Entwicklungsaufgabe an. Dies soll an anderer Stelle ausführlicher erörtert werden.

Im Kontakt mit A. Freud und Erikson begann Blos schon in den dreißiger Jahren mit intensiven Studien zur Adoleszenz, die auf einer Fülle klinischen Materials beruhten. In seinem Hauptwerk (1962) wird erstmalig der Spät- und Postadoleszenz als eigenen Entwicklungsabschnitten Aufmerksamkeit geschenkt. Er sieht in der Adoleszenz eine zweite Individuation oder einen zweiten Individuierungsprozeß, ein Gedanke, der auch von Erdheim (1988), Leuzinger-Bohleber und Mahler (1993) und Bohleber (1996) aufgegriffen wird. In diesem Prozeß sieht er für den Heranwachsenden die Chance, neuartige, kreative Lösungen für alte infantile Konflikte zu finden. Mit der Konzeption der Adoleszenz als eines Zeitraums, in dem die Möglichkeit eines progressiven Entwicklungsschubs gegeben ist, gehen die genannten Autoren über die einfache Rekapitulationstheorie, die in der psychoanalytischen Theorie lange favorisiert wurde, hinaus und lenken den Fokus auf die eigenständige Entwicklungsbedeutung dieser Phase als einer zweiten Chance.

Psychosoziales Moratorium

Von großem Interesse für den Kontext dieser Arbeit und für die herausragende Bedeutung der Adoleszenz im menschlichen Lebenslauf ist Eriksons Interpretation dieser Lebensphase als „psychosoziales Moratorium" (1968), eine Konzeption, die in besonderem Maße auf die Spätadoleszenz zutrifft, auch wenn der Autor diese phasenspezifische Differenzierung nicht vornahm. Er charakterisiert diese Lebenszeit als eine Zeit der Lehr- und Wanderjahre, des schulischen und akademischen Studiums, der Suche nach Zukunftsentwürfen und Visionen wie auch der „Selbstaufopferung oder dummer Streiche" (ebd., S.161).

Diese Phase des Suchens wird, wie die Interviews zeigen, von den Jugendlichen nicht nur ausgelebt, sondern sogar eingefordert – bis in die verlängerte Schulzeit, ja oft sogar bis weit in das dritte Lebensjahrzehnt hinein.

„Ein Moratorium" so formuliert Erikson, „ist eine Aufschubperiode, die jemandem zugebilligt wird, der noch nicht bereit ist, eine Verpflichtung zu übernehmen, oder die jemandem aufgezwungen wird, der sich selbst Zeit zubilligen sollte. Unter einem psychosozialen Moratorium verstehen wir also einen Aufschub erwachsener Verpflichtungen oder Bindungen und doch handelt es sich nicht nur um einen Aufschub, sondern um eine Zeitspanne sui generis. Es ist eine Periode, die durch selektives Gewährenlassen seitens der Gesellschaft und durch provokative Verspieltheit seitens der Jugend gekennzeichnet ist [...]" (ebd., S.161). Hervorzuheben ist, daß Erikson nicht nur an die Leichtigkeit unverbindlichen Experimentierens denkt, sondern auch an die Schwere des inneren Prozesses der Spätadoleszenten, indem er darauf hinweist, daß in den westlichen Gesellschaften Formen der Jugendkriminalität aber auch das „Patiententum" als Versuche der Heranwachsenden zu werten sind, sich ein Moratorium zu schaffen. Darüber hinaus beobachtete er, daß sich „die psychiatrische Behandlung als eine der wenigen zulässigen Moratorien für junge Leute [...]" entpuppt, „die sonst durch die Standardisierung und Mechanisierung zerdrückt würden" (ebd., S.161). Und er warnt vor einer übereilten Diagnose und Etikettierung in dieser Lebensspanne: „Darauf müssen wir mit großer Sorgfalt achten, denn das Etikett oder die Diagnose, die einer während des psychosozialen Moratoriums erwirbt, ist von höchster Bedeutung für den Prozeß seiner Identitätsbildung" (ebd., S.161f.).

Auf dem Hintergrund wird die von den interviewten Mädchen geäußerte Angst vor Stigmatisierung verständlich, wenn sie den ungewöhnlichen Weg in die

Beratung wählen, ebenso wie die inszenierte Flucht in den „Schonraum" der Klinik zu einem Zeitpunkt, wo sie sich den Anforderungen der Umwelt nicht mehr gewachsen fühlen. Von dem Bedürfnis Spätadoleszenter, ihren Weg zwischen Schule und Studium beziehungsweise Ausbildung zu unterbrechen, ist in der Literatur immer wieder die Rede. Müller-Pozzi (1980) berichtet von einem adoleszenten Patienten, der seine Ausbildung durch einen halbjährigen Auslandsaufenthalt unterbricht (S. 261) und auch Erikson weiß von einem 18jährigen Mädchen, das seine Collegezeit unterbricht, um für ein halbes Jahr auf einer Ranch junge Pferde zu versorgen (ebd., S. 133). Nicht ungewöhnlich ist es also für Spätadoleszente – das zeigen auch die von mir aufgezeichneten Gespräche – daß sie sich ihr notwendiges Moratorium verschaffen mit dem Ziel des Ausprobierens, der ‘Lebensübung’, des scheinbaren Nichtstuns. Was als Stagnation gedeutet werden kann, ermöglicht das Durcharbeiten und die Integration neuer beunruhigender Wahrnehmungen in Bezug auf sich selbst und die Umwelt (vgl. Berna-Glantz 1980, S.446).

Jede Gesellschaft und jede Kultur schafft ihre Variationen an Moratorien. Gemeint ist damit die gesellschaftlich gestattete und durch die Jugendlichen provozierte Verlängerung einer Entwicklungsphase und die Gestaltung eines Entwicklungsspielraums, in welchem der fast erwachsene Jugendliche, der eigentlich bereits reif ist für Intimität, Elternschaft und gesellschaftliche Verantwortung, psychosexuell und psychosozial retardieren kann. Sie oder er gewinnt damit die Möglichkeit, durch Probehandeln mit Rollen und Meinungen einen passenden Platz in einem Sektor einer Gesellschaft zu finden. Erst ein solcher Platz, der die Verankerung der Person in der realen Welt verbürgt, kann „dem jungen Erwachsenen das sichere Gefühl innerer und sozialer Kontinuität vermitteln" (Bohleber 1996, S.14) und damit Identität stiften. Mit Hilfe des Moratoriums sichert sich der Adoleszente gegen einen verfrühten Abbruch seines Entwicklungsprozesses ab, der sowohl die Fixierung eines unrealistischen Weltbildes zur Folge haben wie zum regressiven Aufgeben im Prozeß der eigenen Entwicklung, zur Stagnation, führen könnte. Ein Entwicklungsspielraum, der Aufschub gewährt, ermöglicht es dem Jugendlichen, sich mit den inneren widerstreitenden Impulsen auseinanderzusetzen und eine seelische Integration anzustreben. Erikson (1968) betont für diesen Prozeß die wechselseitige Affirmation zwischen Gesellschaft und Jugend. Auf der einen Seite muß die gesellschaftliche Realität dem Adoleszenten Unterstützung in seinem Entwicklungsprozeß gewähren, auf der anderen Seite kann dessen Entwicklung dem gesellschaftlichen Fortschritt zugute kommen. „Die Adoleszenz wirkt damit als ein vitaler Regenerator im Prozeß der gesellschaftlichen Entwicklung, denn die Jugend kann ihre Loyalitäten und ihre Energien sowohl der Bewahrung dessen widmen, was fortführt, sich echt anzufühlen, wie auch der revolutionären Korrektur dessen, was seine regenerative Bedeutung verloren hat" (ebd., S.137).

Der Verdienst Eriksons liegt darin, erstmals den psychosozialen Aspekt und die Bedeutung der Identitätsbildung für die adoleszente Entwicklung in die psycho-dynamischen Entwicklungstheorien eingeführt zu haben. Die Schwäche seines Ansatzes ist darin zu suchen, daß er zwar Aussagen macht über spezifische Determinanten der Entwicklung wie körperliche Reifung, elterlicher Einfluß, kulturellen Normen, daß er aber keine Ausführungen macht über die inneren Mechanismen der Entwicklung. Er stellt also fest, was Entwicklung beeinflußt, nicht aber wie dies geschieht (vgl. Miller 1993, S.167–169). Seine gelegentlich harmonisierende Sichtweise des Verhältnisses zwischen Adoleszenten und Gesellschaft, die eher das Gemeinsame der Generationen und Geschlechter sieht als ihren kulturellen Gegensatz und die eher die adaptive Leistung der Adoles-zenz betont als ihren herausfordernden Charakter, nimmt etwas von der Brisanz, die er ursprünglich der adoleszenten „Identitätskrise" zugewiesen hat.

Größenphantasien und Insuffizienzgefühle

> Auch wenn man mich jetzt extrovertiert nennen könnte, es tauchen doch immer wieder Spuren meines alten Minderwertigkeitskomplexes auf. Ich habe neue Menschen auf den Sockel gehoben, verehre sie, denn sie sind überraschend freundlich zu mir und nehmen mich wohlwollend zur Kenntnis. Wie viele versilberte Statuen habe ich aufgestellt, bloß um dann, wenn ich nach und nach ihre verletzbaren Schwachstellen erkannte, Menschen aus ihnen zu machen.
>
> Sylvia Plath, Tagebücher, 20 Jahre

Größenphantasien haben für den Verlauf der Adoleszenz eine entscheidende Bedeutung, Bohleber (1996) betont, daß deren „Schicksal vor allem die Spät-adoleszenz in hohem Maße (prägt)" (S.15). Kehrseite der Omnipotenzthematik sind Insuffizienzgefühle, die in gleichem Maße das Lebensgefühl der Jugend-lichen bestimmen. Besonders Leuzinger-Bohleber/Mahler (1993), die über Erfahrungen mit spätadoleszenten Studentinnen in einer Beratungsstelle berichten, weisen auf Gefühle chronischer Ohnmacht bei dieser Altersgruppe hin. Sie äußern sich durch ein Erleben wie „auf mich kommt es nicht an [...], ich werde nicht gesehen noch als individuelle Persönlichkeit wahrgenommen" (S.27), Sätze, die sich mit Äußerungen der in dieser Studie befragten Mädchen decken. Eine Funktion der Größenphantasien ist, daß sie der Abwehr von Ohn-machtsgefühlen dienen und „die narzißtische Selbstwertregulation" (ebd., S.35) stabilisieren. Auch Mertens (1996) sieht die Bedeutung von Größenphantasien für die Spätadoleszenten darin, „bedrohliche Fragmentierungszustände und Leeregefühle in Schach zu halten" (S.136) oder anders ausgedrückt, einer

„auseinanderfallenden intrapsychischen Kohärenz entgegen zu wirken" (Bürgin 1988, S.19). Allmachts- oder Größenphantasien geben dem schwachen adoleszenten Selbstwertgefühl Halt. Begründet ist dies darin, daß „zur Kompensation seiner adoleszenten Ich-Schwäche und Insuffizienzgefühle angesichts der unvermeidlichen Orientierungsprobleme in einer neuen inneren als auch äußeren Welt [...] der Jugendliche Omnipotenzphantasien (benötigt), mit deren Hilfe er versucht, sich bessere Passungsverhältnisse zwischen diesen beiden Welten vorzustellen" (Krambeck 1998, S.196). Die wahrgenommenen Defizite der inneren und äußeren Realität können auf diese Weise in grandiosen Zukunftsentwürfen und Idealvorstellungen ausgeglichen werden.

Der Spannungszustand zwischen Größen- und Allmachtsphantasien auf der einen und Nichtigkeits- und Insuffizienzerleben auf der anderen Seite vermittelt dem adoleszenten Jugendlichen häufig das Gefühl, verrückt zu sein oder zu werden. Er stürzt ihn in Scham- und Schuldgefühle, die nicht moralischen Ursprungs sind, eine Entwicklungstatsache, auf die Jacobson (1977) hinweist. Die Schwankungen und Einbrüche im Selbstwertgefühl entspringen einem narzißtischen Konflikt, der sich aus den „Diskrepanzen zwischen dem Bild der erwachsenen, kraftvollen, attraktiven, brillianten oder geistreichen Personen (ergibt), die er sein möchte und manchmal zu sein glaubt, und dem unleugbaren Aspekt des physisch und psychisch unreifen, instabilen, halbfertigen Geschöpfs zwischen zwei Welten, das er in Wirklichkeit ist" (ebd., S.202f.).

Streeck-Fischer (1995) stellt in diesem thematischen Kontext eine typische weibliche Variante heraus, daß nämlich die narzißtische Stabilisierung bei Mädchen mehr an Ohnmachtserleben, Selbstentwertung und depressive Zustände gekoppelt ist, während sie bei männlichen Spätadoleszenten eher mit einem Trend zur „Selbstvergrößerung" und aggressivem Verhalten einhergeht (ebd., S.209). Dem weiblichen Verhalten in dieser Lebensphase entspricht auch eine starke Tendenz zur Selbstexploration (vgl. Fend, 1990) und eine Wendung nach innen, die mit Tagträumen, Schöpfungs-, Rettungs- oder Rachephantasien verbunden ist. „Schöpfungs-, Rettungs- und Größenphantasien dienen in der weiblichen Adoleszenz als Entwicklungsprogramm zum Großwerden" (Streeck-Fischer 1997b, S.301). Diese Formen der Introversion und Introspektion sind, das wird an späterer Stelle noch auszuführen sein, wesentliche Determinanten einer weiblichen Motivation, die eigenen Probleme in der Beratung zu reflektieren.

Die unterschiedlichen narzißtischen Stabilisierungen von Jungen und Mädchen hängen nachweislich mit der Nähe zu und der Identifikation mit dem gleichgeschlechtlichen Elternteil zusammen (vgl. Streeck-Fischer, ebd.).

Omnipotenzgefühle gestalten sich folglich als „Ruhmesträume von einem großartigen künftigen Selbst, welches das eigene Leben und die Welt nach idealen Wunschvorstellungen zu gestalten vermag" (Hagemann-White 1992, S.67). Dieses Träumen zehrt, das verdeutlichen auch einige Interviews, von erinnerter

Phantasie, von einer beispielsweise wunderbaren Kindheit, in der alle persönlichen Fähigkeiten noch vorhanden waren, die nun verloren scheinen.

Die Erklärung adoleszenter Omnipotenzvorstellungen und Insuffizienzgefühle beruht auf dem psychoanalytischen Gedankengang, daß die libidinösen Energien, die in dieser Lebensphase von den Eltern abgezogen werden, sich zunächst auf das Ich des Adoleszenten richten. Diese Ich-Libido wird im Zuge einer Idealbildung in endopsychische Gebilde transformiert, d.h. in Phantasien, Ideen, Werte und Wertungen. Diese sind libidinös besetzt und werden zu einer Art Objekt, welches weder der inneren noch der äußeren Realität ganz entspricht. Es entstehen Gebilde zwischen Phantasien und Realität, mit denen sich der Adoleszente voll identifiziert und die gegenüber den Produkten der Erwachsenen oft voller revolutionärem Pathos, radikal und sperrig scheinen, weil sie neuartig und idealistisch sind und Anschauungen verkörpern, die den Kompromißgebilden der Erwachsenenwelt widersprechen. Wie die hier verwerteten Interviews zeigen, können solche Gebilde eigene literarische oder künstlerische Versuche sein oder sich in der Tendenz der Jugendlichen äußern, sich mit Personen und Werken zu identifizieren, die das adoleszente Lebensgefühl zu verkörpern scheinen.

Allerdings gehört „der jugendliche Narzißmus [...] zu den größten Ärgernissen für die Erwachsenen, weil er, gepaart mit Größenphantasien, den Jugendlichen oft so unnahbar und unberechenbar macht" (Schröder 1991, S.53). Auch wenn Omnipotenzgehabe und narzißtisches Verhalten auf diese Weise den Generationenkonflikt entfachen oder verschärfen, haben sie eine wichtige „Brückenfunktion" (Bohleber 1996, S.31) in diesem Lebensabschnitt und markieren ein normales Entwicklungsstadium. Denn um zu Distanz und Eigenständigkeit zu gelangen, benötigt der Adoleszente die Liebe zu sich selbst, muß er sich selbst libidinös besetzen. Das gleicht einem Ringen um die persönliche Einzigartigkeit. Hat der Adoleszente sich von den Bezugspersonen seiner Kindheit, die ihm auch Hilfs-Ich waren, gelöst, müssen zunächst andere Personen, andere 'Objekte', auf den Plan treten, die ihm Stützung geben, bis sich sein labiles Selbstwertgefühl stabilisiert hat. Das kann eine intime Beziehung zu einem Freund oder einer Freundin sein, eine Gruppe von Gleichaltrigen, eine bevorzugte Musikband oder der Rückzug ins eigene abgeschirmte Zimmer, in eine „andere Welt", in der es sich tagträumen läßt.

In diesem Kontext findet auch die Möglichkeit, sich in dem geschützten Raum einer Beratung Hilfe zu holen, ihre Bedeutung. Diese narzißtischen Rückzüge sind jedoch in ihrer Funktion nicht ohne Ambivalenz und Gefahr. Einerseits stabilisieren sie den Entwicklungsprozeß, andererseits ebnen sie einen Weg in die Retardierung und Regression.

Omnipotenzphantasien besitzen eine konstruktive, konstitutive Funktion im Entwicklungsprozeß und „das Zusammenwirken zwischen Ich-Ideal, Omnipotenzphantasien und realen Gratifikationen durch 'Werke schaffen' macht den

Großteil der Entwicklungsdynamik der Spätadoleszenz aus" (Bohleber ebd., S.21). Die Heranwachsenden werden auf diese Weise angespornt, Lebensperspektiven und Lebensentwürfe zu entwickeln und zu verwirklichen, die über ihre momentanen ökonomischen und psychischen Verhältnisse hinausreichen. So gehört es zu den wichtigen Aufgaben der Spätadoleszenz, allmählich diese auch der narzißtischen Befriedigung dienenden Entwürfe durch reale Arbeitsschritte zu überprüfen, umzuwandeln oder gegebenenfalls aufzugeben. Auch die Bereitschaft, sich in sozialen Beziehungen und gesellschaftlichen Bezügen kontrollieren zu lassen und anzupassen, zeigt den Ausgang der Spätadoleszenz an.

Vor allem Erdheim (1988; 1998) sieht in den Größen- und Allmachtsphantasien der Adoleszenten neben dem psychischen vor allem den gesellschaftlichen Faktor, der das Verhältnis der Jugendlichen zur Arbeit, zu den institutionellen Systemen und zu ihrer Kultur mitbestimmt. Arbeit, Ausbildung und Studium, das betont auch er, gehören mit zu den Möglichkeiten, wo Omnipotenzphantasien verwirklicht und gleichzeitig mit der Realität konfrontiert werden können, um beide, Phantasien und Wirklichkeit, zu modifizieren. Das beinhaltet, daß grandiose Selbstrepräsentanzen in realistische Ideale transformiert werden müssen. In diesem Vorgang steckt nach Meinung des Autors das Veränderungspotential der Adoleszenz.

Es gilt zu überprüfen, ob die Gesellschaft den Heranwachsenden Räume bietet, in denen sie für ihre Omnipotenzgefühle einen realistischen, ich-adäquaten, das heißt lebbaren, Ausdruck finden können. Angesichts der Tatsache, welche Bedeutung die Transformation dieser psychischen Gebilde in gesellschaftliche Formen für die Spätadoleszenten hat, bekommt die konkrete Unterstützung, die die befragten Mädchen bei der Bewältigung dieses Themas in der Beratung erfuhren, beispielsweise für das Bestehen ihres Abiturs, bei der Wohnungssuche oder der Erarbeitung einer Zukunftsperspektive, einen zentralen Stellenwert. Beratung mit Spätadoleszenten bedeutet unter anderem, Sorge dafür zu tragen, daß sich Omnipotenz- und Insuffizienzgefühle im Jugendlichen regulieren und in real erforderliches Handeln münden können.

Was es für Jugendliche angesichts der Jugendarbeitslosigkeit bedeutet, wenn ihnen Politik und Gesellschaft keine konkrete Zukunftsperspektive eröffnen, kann in diesem Kontext nur marginaler Aspekt bleiben. Hängt der Ausgang der Adoleszenz, wie wir anfangs formulierten, vom Schicksal der Omnipotenzphantasien ab, so deuten sich hier Schwierigkeiten für diesen Lebensabschnitt an. Ein möglicher, wenn auch nicht wünschenswerter Ausweg, so Erdheim (1998), sei es, die Größen- und Allmachtsphantasien zu vermarkten, „dabei bleiben sie jedoch archaisch, dem Kindlichen verhaftet und können sich nicht entwickeln" (S.28). Freizeitindustrie, politische und gesellschaftliche Randgruppen nutzen dieses Vakuum gerne, um solche Phantasien anzustacheln. Sie benutzen die Anfälligkeit der Jugendlichen für Drogen, für links- und rechtsradikale Bewegungen (vgl. Streck-Fischer 1997a), für esoterische und radikal-religiöse Bewegungen, die darauf abzielen, Jugendliche in ihren magischen Omnipotenzwünschen zu bestärken, und die verhindern, daß Adoleszente ihr mögliches psychisches und intellektuelles Differenzierungsniveau erreichen. Fazit ist, daß die Größenphantasien der Adoleszenten und Spätadoleszenten nur dann zu einem konstruktiven kulturellen Faktor werden können, „wenn sie an die Ich-Entwicklung gekoppelt und somit durch Arbeit realisierbar werden" (Erdheim 1993a, S. 138).

Das Herstellen von Realität oder die gelungene Einpassung in die gesellschaftliche und kulturelle Wirklichkeit bedeutet für den Spätadoleszenten Übernahme von Verantwortung und Festlegung für sich und andere. Festlegen muß er sich in der Wahl des Berufs und des Partners, der Partnerin; das bedeutet, daß sein bisheriges Experimentieren mit Wahlmöglichkeiten sich nun einem realistischen Modus anpaßt. Er muß realistische Grenzen – außen wie innen – anerkennen, was meist sehr schmerzlich und mit einem Gefühl des Verlustes und der Einschränkung verbunden ist. Gratifikationen, die aus der konkreten Berufs- und Ausbildungspraxis kommen und aus verbindlicheren sexuellen Beziehungen gezogen werden, lösen in zunehmendem Maße die grandiosen Phantasien ab. Mit der Anerkennung von Realität geht sowohl die Entidealisierung der Elternfiguren, „eine Art von Götterdämmerung" (Rotter 1936, S.181), einher als auch die Entzauberung des eigenen Selbst, d.h. der eigenen psychischen und sozialen Möglichkeiten. Aufgabe ist nun, die eigene Unvollkommenheit, die Begrenztheit der eigenen und gesellschaftlichen Möglichkeiten, im psychischen, physischen und interaktionellen Sinne, zu ertragen.

Trennung, Trauer, regressive Wünsche und Autonomie

> Weit und breit ist keine Mutter in Sicht, die mich
> von meiner Last lossprechen könnte, deshalb
> ziehe ich mich zurück in einen empfindungslosen
> Schoß zielloser Tätigkeiten, ohne sie auch nur im
> geringsten aufeinander abzustimmen.
> Sylvia Plath, Tagebücher, 20 Jahre

Im Abschied von den Eltern sah schon S. Freud die Hauptaufgabe der Adoleszenz. Abschied oder Ablösung bedeutet streng genommen in den meisten Fällen eher eine Lockerung der familiären Bindungen als eine radikale Trennung, „denn die anstehende Loslösung ist nicht in erster Linie eine äußere Trennung, sondern eine psychische Auseinandersetzung mit den mächtigen inneren Repräsentanzen der primären Bezugspersonen" (Leuzinger-Bohleber/Mahler 1993, S.24), den Elternfiguren der Kindheit. Sicherlich spielt auch die äußere Trennung als symbolischer Akt der Loslösung eine große Rolle, beispielsweise durch den Auszug aus dem Elternhaus, der, wie einige Mädchen in den Interviews darstellen, sich sogar durch eine „Flucht" in die Jugendpsychiatrie manifestieren kann. Mit einer solchen äußeren Distanzierung ist die eigentliche Arbeit allerdings noch nicht geleistet. Entscheidender noch ist die Ablösung von „den libidinösen inneren (und auch noch realen) elterlichen Objekten" (ebd., S.24). Das Ablösungsdrama ist also ein äußeres und ein innerpsychisches Geschehen. Die Trennungsbemühungen erfolgen häufig durch eine Abwertung der elterlichen Autorität und Macht. Doch „wenn die Eltern nun von ihrem Podest heruntergeholt werden, sinkt entsprechend auch das Selbstwertgefühl des Heranwachsenden. Der mit diesem Prozeß unweigerlich einhergehende Verlust kommt in jenem subjektiven Gefühl der Leere und Nutzlosigkeit zum Ausdruck, das in den Dichtungen der Adoleszenz so häufig beschrieben wird" (Dalsimer 1993, S.7).

Die Trennungsbemühungen können durch unaufgearbeitete kindliche Trennungstraumen und Problemkonstellationen verschärft werden und auf diese Weise die Abgrenzungsversuche und die Identitätssuche des Adoleszenten konflikthaft belasten (vgl. Bohleber 1993 u. Leuzinger-Bohleber/Dumschat 1993). Reinszenierungen der Kindheitsthemen in der Adoleszenz bergen jedoch die Hoffnung und die Möglichkeit in sich, alte Konfliktsituationen „endlich adäquater zu bewältigen und dadurch alte Wunden zu schließen" (Leuzinger-Bohleber/Dumschat, ebd., S.165). So berichten diese Autorinnen (ebd.) auf der Basis von Befragungen mit Studentinnen, die frühe Trennungserlebnisse erlitten, daß sie im Zusammenhang mit Separation und Individuation besonders emotional auf die strukturell analogen Entwicklungsaufgaben in der Spätadoleszenz reagierten. Diese psychische Wiederholung und der damit verbundene Druck mobilisierten Energien, die dazu beitrugen, alte individuelle Traumatisierungen zu bewältigen, indem entsprechende Strukturen in der inneren und äußeren Realität einer kritischen Prüfung und damit einer möglichen progressiven Veränderung unterzogen wurden (vgl. ebd.). Von sensiblen Trennungserfahrungen berichten auch einige der in dieser Arbeit vorgestellten Schülerinnen, die Loslösung und Abgrenzung in der Form bewältigten, daß sie eine oft abrupte Trennung vom Elternhaus durch einen Umzug ins Internat oder durch Unterschlüpfen bei Freunden objektiv herbeiführten.

Das Ablösungsdrama ist deshalb für die Adoleszenten so schwierig, weil es gekoppelt ist an regressive Wünsche und archaische Verlassenheitsängste. Damit der innere Wandel gelingt, erlebt der Heranwachsende eine normative Regression, die nicht die gewöhnliche Funktion eines reinen Abwehrverhaltens hat. Blos (1962) nennt sie deshalb eine „Regression im Dienste der Entwicklung" (S.164). Die Konfrontation mit alten infantilen Abhängigkeiten, Verschmelzungswünschen und Ängsten vor der Imago der verschlingenden Mutter kann wie ein regressiver Sog wirken, der das adoleszente Ich destabilisiert und zu verschlingen droht, weil erst dadurch Veränderung psychischer Strukturen möglich wird. Mit dem inzwischen zur Verfügung stehendem Ich-Bewußtsein, mit Phantasie, Kreativität und Intelligenz versucht der Adoleszent, der regressiven Tendenz etwas entgegen zu setzen, einen individuellen Weg zu finden, was vor allem bedeutet, das wiederbelebte Verdrängte ich-synton zu machen und damit in ein neues Selbstbild zu integrieren. „Das adoleszente Ich erweist sich [...] in hohem Maße als erfinderisch, eine Umwelt zu schaffen oder zu suchen, die andersartige Lösungen als die der infantilen Entwicklungsphase möglich macht" (Bohleber 1996, S.16).

Doch diese Suche nach einem Ausweg und eigenen Weg gestaltet sich häufig so schwierig, daß die Jugendlichen das Angebot einer Beratung als Hilfe und Unterstützung für sich ergreifen. Wie die Interviews zeigen, wissen sie darum, daß an diesem Punkt auch die Gefährdung ihres Entwicklungsprozesses anzusiedeln ist, nämlich dann, wenn sie nicht über die für diesen Prozeß erforderlichen Ressourcen und Strategien verfügen und die Integrität ihres Selbst bedroht ist. Heranwachsende erleben sich in dieser Zeit häufig in einem psychischen Grenzbereich. Deshalb verwundert es nicht, daß „es [...] eine klinisch bekannte Tatsache [ist], daß in der Adoleszenz aufgrund einer traumatisch belasteten Entwicklung eine Psychose zum Ausdruck kommen kann" (ebd.). Auch viele abweichende Verhaltensweisen Jugendlicher wie radikale Opposition und Rebellion, Negation erwachsener Werthaltungen, lähmende Indifferenz und selbstgefährdende Praktiken können auf diesem theoretischen Hintergrund als Kampf gegen den regressiven Sog oder als eine Niederlage gegen die Triebkräfte gedeutet werden. Ein genügendes Maß an Abgrenzungsaggression muß den Adoleszenten zur Verfügung stehen, um ihm oder ihr zur Autonomie zu verhelfen.

Ein weiterer tiefgreifender Gesichtspunkt ist der, daß die Angst vor Verlassenheit häufig auf einer archaischen Ebene mit einer Vernichtungs- und Todesangst gekoppelt ist, die allerdings abgewehrt werden muß. „Diese archaischen Ängste determinieren z.B. eine unbewußte Überzeugung bei solchen Frauen[1] „Trennung bedeutet Tod" [...] oder „Bei Trennung geht immer jemand zugrunde – entweder ich oder der Andere!"" (Leuzinger-Bohleber/Dumschat 1993, S.181).

Das ambivalente Bedürfnis der Adoleszenten, sich sowohl von den Eltern zu lösen und abzugrenzen als auch weiterhin deren Hilfe, Unterstützung und ihr Verständnis haben zu wollen, spiegelt sich in unterschiedlichen Zuständen von Unentschiedenheit, Verwirrung und einem widersprüchlichen Verhalten von emotionalem Rückzug einerseits und erneuter Annäherung andererseits. Die Auflösung der Gefühlsbindungen zu den primären Bezugspersonen, die gleichzeitig auch den endgültigen Abschied von der Kindheit markiert (vgl. Kaplan 1988), ist nur durch eine „Trauerarbeit" möglich. Sie kann nicht auf einer rein

---

1 Mit 'Frauen' sind die durch die Befragung erfaßten Studentinnen gemeint.

kognitiven Ebene bewältigt werden. Der Rückzug von den Eltern wird, auch wenn es ungeliebte Eltern sind, als gravierender Verlust erlebt, der mit Gefühlen von Traurigkeit und Schmerz verbunden ist. Die Unwiderruflichkeit des Verlustes einzugestehen, erfordert eine Art Trauerprozeß. Mertens (1996) bezeichnet die Adoleszenz sogar als „den Prototyp eines Trauerprozesses" (S.133). Sich Trennen und Trauern sind unabdingbare Faktoren spätadoleszenter Identitätsbildung. Sie stabilisieren die inneren Selbst- und die Objektgrenzen und konstituieren ein neues Selbstgefühl, das Gefühl, eine unverwechselbare Persönlichkeit zu sein und zu werden. Denn „die Trauer ist die Emotion, durch die wir Abschied nehmen, Probleme der zerbrochenen Beziehung aufarbeiten und soviel als möglich von der Beziehung [...] integrieren können, so daß wir mit neuem Selbst- und Weltverständnis weiterzuleben vermögen" (Kast 1982, S. 7).

Entwicklungsleistungen der Spätadoleszenz

> In jedem Bereich, in dem ich mich bemühte, ob im akademischen, gesellschaftlichen, künstlerischen, zwischenmenschlichen (und so weiter und so fort, von einer Unterteilung zur nächsten), in jeder leeren unfruchtbaren Nische meines Ichs findet dieser Aufschwung statt, diese Wende, da keimt wieder kreatives Leben.
>
> Sylvia Plath, Tagebücher, 20 Jahre

Als spezifisches Ergebnis und besondere Leistung der spätadoleszenten Entwicklungsphase bezeichnet Erikson (1959) den Aufbau einer „Ich-Identität", Blos (1962) die „Persönlichkeitskonsolidierung" (S.152) und Bohleber (1993) ein „neues seelisches Organisationsniveau" (S.49), das sich abzeichnet und bestenfalls erreicht wird.

Diese Stabilisierung und Festigung der psychosozialen Struktur des Spätadoleszenten ist die Folge eines Strebens nach einem einheitlichen seelischen Ganzen, das auch den individuellen Charakter formt. Die entscheidende Persönlichkeitsinstanz in diesem Konsolidierungsprozeß ist das Ich, seine synthetischen oder integrierenden Fähigkeiten. „Integration ist die übergeordnete Aufgabe dieser Entwicklungsphase", betont auch Bohleber (1993, S.49). Die Synthese zielt auf die Herstellung einer stabilen und integrierten Persönlichkeitsstruktur. Man kann auch sagen, daß am Ausgang der Spätadoleszenz ein seelisches Gleichgewicht wiedergewonnen ist, beziehungsweise werden sollte – nun allerdings auf einem anderen Niveau –, das durch die körperlichen Veränderungen und den in der Pubertät einsetzenden Triebschub erschüttert wurde. Die Ich-Organisation des Spätadoleszenten verfügt schließlich über genügend Stärke, über innere Kontinuität und Konstanz, über hochideosynkratische Interessen und Wünsche, um die – teilweise unbewußt ablaufenden – Auseinandersetzungen mit den eigenen präödipalen und ödipalen Strebungen und infantilen Liebesbeziehungen zu einem vorläufigen Abschluß zu bringen. Der junge Erwachsene erlebt sich nun in seinen Gefühlen und Handlungen, in seinem Denken stabiler, ausgewogener und autonomer.

Diese Anforderungen an die Integrität der Person kommen nicht nur von innen, sondern werden auch von außen an das Individuum gerichtet. Es bestehen Zwänge, sich zu definieren, verantwortliche Rollen zu übernehmen, eine Ausbildung oder ein Studium zu wählen und überschaubare Beziehungen einzugehen. Jede Entscheidung bringt den Verzicht auf potentiell andere Wunscherfüllungen mit sich und damit gleichzeitig eine identifikatorische Festlegung. Erwartet wird vom spätadoleszenten jungen Erwachsenen die Fähigkeit zum Kompromiß und zum Triebaufschub.

Die gesellschaftliche Wirklichkeit besorgt eine Terminierung, die einen starken Aufforderungscharakter hat und Handlungsdruck bewirkt. In unseren Fällen sind es die Entscheidungen, Abitur zu machen und ein Studium anzufangen oder eine Alternative dazu zu suchen, um sich eine Existenzgrundlage außerhalb des elterlichen Einflußbereichs aufzubauen. Auf diese Weise trifft die Gesellschaft „Vorkehrungen, daß die adoleszente Freisetzungsdynamik nicht dysfunktional wird. Durch Rituale, Prüfungen, Berufslaufbahnen [...] schafft sie institutionelle Sicherungen. Damit wird die Spätadoleszenz auch zu einer Zeit der Festlegungen und Wahlen" (Bohleber 1993, S.50). Es geht um eine größere Berechenbarkeit und Verlässlichkeit des Individuums im gesellschaftlichen Kontext. Es wird erwartet, daß seine politischen, religiösen, ideologischen Konzeptualisierungen verbindliche Konturen annehmen.

Die Ausarbeitung eines einheitlichen Ichs und seine Fähigkeit zur Synthese und Integration hat, wie schon hervorgehoben, im Hinblick auf die in der Spätadoleszenz zu bewältigenden Entwicklungsleistungen eine herausragende Bedeutung. Indem das Ich die je individuellen Ziele, Möglichkeiten und lebensgeschichtlichen Aufgaben integriert, transformiert und eingrenzt, schafft es die Basis einer unverwechselbaren Identität. Inhalt dieser Ich-Leistung ist – nach Blos (1962) – die endgültige Akzeptanz und die Forderung nach Balance hinsichtlich der „drei Antithesen des geistigen Lebens, nämlich: Subjekt-Objekt, aktiv-passiv und Lust-Unlust" (S.170). Mit anderen Worten geht es dabei um das Gleichgewicht und die Grenzziehung zwischen den antithetischen Modalitäten oder Gegensatzeinheiten von Selbst- und Objektgrenzen, von innerer und äußerer Wirklichkeit, von Introspektionsfähigkeit und gesellschaftlicher Verantwortung, von Selbstverliebtheit oder Selbstbefriedigung und Selbstbeschränkung beziehungsweise Triebkontrolle. Das kann sich beispielsweise in der Fähigkeit äußern, intime Beziehungen einzugehen, ohne daß diese sich als Abbild der infantilen Abhängigkeit von den primären Bezugspersonen gestalten, ein Thema, welches etliche der befragten Mädchen sehr beschäftigte. Der Ausgleich solcher gegensätzlichen inneren Strebungen setzt allerdings die Bereitschaft des Individuums voraus, die übertriebene Idealisierung von Selbst und Objekt auf ein realistisches Maß zurückzunehmen und damit die Unvollkommenheit der eigenen Person und die der Liebesobjekte ertragen zu lernen. Die Fähigkeit zur Dezentrierung des Subjekts ist ebenfalls eine in diesem Zusammenhang stehenden Ich-Leistung. Sie ermöglicht es dem Spätadoleszenten, Distanz zwischen seinem vertrauten und dem objektiven Selbst herzustellen, so, als versetze er sich auf einen anderen Planeten und betrachte sich von außen. Dieses Aus-sich-heraustreten und Sich-selbst-zum-Objekt-machen konfrontiert ihn mit Gefühlen der Einsamkeit und Selbstentfremdung, dient aber „der inneren Loslösung aus der Verkopplung mit vertrauten Objekt-Repräsentanzen" (Bohleber, ebd., S.57) und dem Abschied von den Probeentwürfen des eigenen Selbst. Nicht mehr akzeptierte Selbstanteile wie beispielsweise ein zur Sucht tendierendes Verhalten, eine symbiotische Abhängigkeit von einem Freund oder ein maskenhafter Umgang mit anderen Menschen – dies alles Belege aus den Interviews – sollen auf diese Weise verabschiedet werden.

Daß die bislang beschriebenen Entwicklungsleistungen der Spätadoleszenz nur idealtypischen Charakters sind, darauf hat Blos (1962) zu Recht hingewiesen. Vom einzelnen Individuum werden diese Entwicklungsziele nur teilweise erreicht. „Es scheint wirklich so zu sein, daß der Kompromißaspekt der Spätadoleszenz ein integraler Teil dieser Phase ist. Was erreicht wird ist relative Reife" (ebd., S.151; kursiv von mir). Es gibt in jedem Lebenslauf spezifische Resterscheinungen, infantile und adoleszente Konflikte, schmerzhafte Traumata, die ungelöst aus früheren Lebensphasen mitgeschleppt werden und trotz emotionaler und kognitiver Verarbeitungsversuche während der Spätadoleszenz weiter bestehen bleiben. Infantile und adoleszente Konflikte sind also am Ende der Adoleszenz nicht oder nur teilweise beseitigt; sie werden als Lebensaufgaben in ein ideosynkratisches Lebenskonzept integriert, das heißt sie werden ich-spezifisch und ich-synton gemacht (vgl. ebd., S.156). Auch dieser Aspekt wird in den Interviews deutlich, indem die Befragten in der Retrospektive ihre persönlichen Probleme von vorher als eine akzeptierte Lebensthematik darstellen. Konfliktkomplexe werden so zu Leitmotiven des individuellen Lebenslaufes. Sie geben den einzelnen Personen ihren in Form und Farbigkeit unverwechselbaren Charakter beziehungsweise eine Charakterstruktur, „in die Gefühlsdispositionen, individuelle Bedürfnishierarchien und spezifische Verletzlichkeiten beziehungsweise Residuen infantiler Traumatisierungen integriert werden" (Leuzinger-Bohleber 1993, S. 26f). Das Ende oder das Ergebnis der Adoleszenz bedeutet also nicht das Ende oder die grundlegende Transformation frühkindlicher Konflikte, und die Forderung danach sollte auch nicht im Rahmen von Beratung und Therapie erhoben werden. Die entscheidenden

Fragen, die sich für eine Beratungsarbeit mit Spätadoleszenten abzeichnen, sind vielmehr die: welche und wie viele Integrationsanforderungen können an das Ich, an das Individuum gestellt werden? Überfordern diese nicht die Möglichkeiten des Heranwachsenden und gefährden ihn so bei seiner Identitätssuche? Das ist der Punkt, „wo wir die eigentliche Krise der Adoleszenz suchen müssen, die so oft die Integrationsfähigkeit des Individuums überfordert und adaptives Versagen [...] verursacht" (Blos, 1962, S.152).

Die Bewältigung von Traumata ist letztlich eine lebenslange Entwicklungsaufgabe, und jedes Meistern eines residualen Konflikts im Laufe des Lebens stärkt das Selbstbewußtsein und die Selbstachtung. Die Integration der überkommenen infantilen Konflikte in die spätadoleszente Persönlichkeit bedeutet zunächst einmal die Herstellung einer biographischen Identität, denn „Traumenreste stellen eine volle Beziehung zwischen der Gegenwart und einer dynamisch aktiven Vergangenheit her und richten so die historische Kontinuität im Ich auf [...]" (ebd., S.155). Sie als etwas Eigenes, als eigene Lebensgeschichte, anzunehmen ist eine Errungenschaft der Spätadoleszenz und konstituiert in dieser Lebensphase ein qualitativ neuartiges Gefühl der Identität und die Fähigkeit, konzeptionell über die eigene Biographie zu verfügen. Methodisch gesehen eröffnen sich dadurch erste Wege, um mit dieser Altersgruppe biographieanalytisch zu arbeiten.

3 Die ethnopsychoanalytische Betrachtungsweise

M. Erdheim, einer der Hauptvertreter des ethnopsychoanalytischen Ansatzes, begreift die Adoleszenz als ein individuelles, intrapsychisches wie auch soziokulturelles Geschehen, bei dem es um die wechselseitige Beziehung des einzelnen und die ihn einbettende Kultur geht. Wenn er die Verwobenheit von Individuum, Familie und Gesellschaft analysiert, spürt er vor allem bewußten und unbewußten Einflüssen der Kultur im einzelnen nach und ermöglicht auf diese Weise eine Erklärung von Adoleszenz, die auch die Binnenperspektive des Subjekts einbezieht.

Sein Ansatz ist für die vorliegende Studie deshalb von großer Bedeutung, weil er in der Adoleszenz eine eigenständige bedeutsame Phase im Lebenslauf des Menschen sieht. Anders als in anderen psychoanalytischen Betrachtungsweisen, die der frühen Kindheit die maßgebende Rolle für die Ausrichtung des Erwachsenenlebens zusprechen, ist es hier der Verlauf der Adoleszenz, „der die Lösungen bestimmt, die das Erwachsenenleben prägen werden" (Erdheim 1988, S.102). Er betrachtet das Phänomen der Adoleszenz sowohl als psychisches Ereignis im Menschen als auch ein Geschehen im Rahmen von Institutionen. Das entspricht der Fragestellung und dem Untersuchungssetting der vorliegenden Arbeit. Es geht um die inneren Räume des Subjekts, um die Auswirkung der Verlängerung der Adoleszenz für das Individuum, aber auch um seine Eingebundenheit in familiale, nachbarschaftliche, schulische, berufliche Bindungen. Diese wechselseitigen Bedingungen und Verstärkungen werden von Erdheim beleuchtet. Seine Thesen unterstützen die in der Untersuchung gewonnenen Einsichten, daß die „verlängerte Adoleszenz" in den Industriegesellschaften die für diese Umwelt adäquate Form der Adoleszenz ist. Das bindet die Spätadoleszenz als normale Erscheinungsform in ein entwicklungspsychologisches Konzept (Erdheim 1982).

Nachdem der Ablauf der Adoleszenz nicht mehr durch reglementierende Rituale gesteuert wird, Adoleszenzverläufe sich entsakralisiert, entritualisiert und damit 'verflüssigt' (vgl. Eissler 1958) haben, ist dieses Lebensalter in noch greifbarerem Maße ein zeit- und kulturabhängiges Phänomen geworden. Gestalt und Gestaltung der Adoleszenz hängen somit immer davon ab, wofür eine Gesellschaft und Kultur sie benötigt. Kulturen, in denen gesellschaftliche Widersprüche den Wandel beschleunigen, haben augenscheinlich die Tendenz, die Adoleszenzphase zu verlängern, weshalb wir inzwischen schon von einer Spät- und sogar einer Postadoleszenz sprechen, die bis in die Mitte des dritten Lebensjahrzehnts reicht.

Erdheims theoretische Konstrukte der Adoleszenz, die sich in besonderem Maße mit der Ambivalenz und dem Autonomiestreben des Heranwachsenden befassen, sind dadurch in besonderem Maße geeignet, die Phänomene der Spätadoleszenz zu erhellen (vgl. Erdheim 1993a).

Zweiphasigkeit sexueller Entwicklung und Nachträglichkeit

> Heute morgen im Bett, noch im Bett, fing ich an,
> das stille, reglose, faulige und überaus reiche
> Meer meines Unterbewußtseins heraufzubeschwören.
> Ich möchte versuchen, das vielfältige Mosaik
> meiner Kindheit zusammenzusetzen: Ich möchte
> üben, Gefühle und Erfahrungen aus dem nebulösen
> Brodeln der Erinnerung herauszufischen und sie über
> das Schwarzweiß der Schreibmaschine loszuwerden.
> Sylvia Plath, Tagebücher, 20 Jahre

Nicht die Kindheit sondern die Adoleszenz entscheidet darüber, welche Einstellung und welches Verhalten ein Individuum gegenüber seiner Kultur entwickelt. Mit dieser These mißt Erdheim (1982/ 1993a) der Adoleszenz einen eigenen Wert zu und sieht in ihr nicht bloß die Wiederholung früher Lebensphasen. Auf der Basis des triebtheoretischen Ansatzes knüpft er dabei an einen Gedanken Freuds (1905) an, der von der „Zweizeitigkeit" der sexuellen Entwicklung des Menschen spricht. Während der erste Triebschub von der ödipalen Phase aufge-

fangen wird und zur Anpassung an die stabile, sich konservierende Familien-
struktur führt, so läutet der zweite Triebschub in der Pubertät eine zweite entscheidende „Zeit" oder Phase der menschlichen Entwicklung ein. Mit dem
Beginn der Adoleszenz lockern sich die zuvor in der Familie gebildeten psychischen Strukturen und schaffen auf diese Weise die Voraussetzungen für eine
innerpsychische strukturelle Reorganisation und damit für eine generelle Neuorientierung der Persönlichkeit, die nicht mehr allein auf den familiären
Rahmen bezogen bleibt.

„Der pubertäre Triebschub [...] erschüttert die(se) Ich-Funktionen und damit
auch die etablierten Wahrnehmungsformen der Realität. Auf dieser Erschüt-
terung des 'familiären' Realitätsprinzips gründet die kulturelle Relevanz der
Adoleszenz" (Erdheim 1983, S.111), die im folgenden noch zu beschreiben ist.

Für die Adoleszenz ergibt sich damit das, was Eissler (1958) die möglicherweise unwiederholbare „zweite Chance" des Individuums genannt hat[1], eine
Vorstellung, die diese Lebensaltersphase ebenfalls als eine entscheidende Phase
des Sozialisationsprozesses in den Blick rückt. Erdheim geht davon aus, daß „in
der Regel [...] der Mensch diese zweite Chance (braucht)" (ebd., 107). Sie zu
haben, heißt, sie zu nutzen oder sie zu vertun. Adoleszenz als „zweite Chance"
beinhaltet also immer auch die Möglichkeit des Gelingens und Mißlingens.

Die „zweite Chance" oder der zweite sexuelle Entwicklungsschub hat zwei Perspektiven: eine rückwärtsgewandte und eine zukunftsorientierte. Einerseits
erlaubt sie dem Adoleszenten, hemmende oder schädigende Kindheitserfahrungen – wenn auch begrenzt – zu modifizieren und zu korrigieren, andererseits
ermöglicht sie ihm – natürlich auch nicht bedingungslos – , die Zukunft zu
beeinflussen und dadurch ein Stück der eigenen Biographie selbständig fortzuschreiben.

Die historische Dimension, „diese Fähigkeit des Menschen, sich nachträglich
zur Vergangenheit so zu verhalten, daß er sich seine eigenen Traditionen
schafft, um die Gegenwart umstrukturieren zu können", ist für Erdheim (1993b,
S.85) ein Ergebnis der zweizeitigen Sexualentwicklung, das in der Phase der
Adoleszenz zur Entfaltung kommt. Er knüpft damit an Freuds frühe Theorie der
Nachträglichkeit (1895) an, in der er formuliert, daß „die Veränderung der
Pubertät ein anderes Verständnis des Erinnerten ermöglicht hat" (Freud, zit. bei
Erdheim, ebd., S.93).

---

1 Eissler (1958): „Die Pubertät gewährt dem Menschen eine zweite (und in den meisten
Fällen) letzte Chance. Sie gewährt ihm eine Frist, die Lösungen, die er während der Latenzzeit in direkter Reaktion auf den ödipalen Konflikt gefunden hat, zu revidieren. Vielleicht
kann man diesen Prozeß mit einer Verflüssigung vergleichen" (S. 869).

Damit wird eine Problematik des Verhältnisses der Adoleszenz zur Kindheit erörtert. Räumt man der Adoleszenz eine Eigenständigkeit gegenüber der Kindheit ein und betrachtet sie nicht als eine Wiederholung der Kindheit, dann kann es keine deterministischen Bedeutungen und Deutungen von Kindheitserlebnissen geben. „Es ist nämlich die Zweizeitigkeit der sexuellen Entwicklung, die immer neue 'Lektüren' der Kindheit ermöglicht und damit auch neue, unvorhersehbare Ereignisketten auslöst" (Erdheim, ebd., S.93). In der Adoleszenz bildet sich folglich eine Struktur heraus, die der Vergangenheit Bedeutung verleihen kann, indem diese sinnhaft umgewandelt und symbolisiert wird. Positive und negative Erinnerungsspuren und Eindrücke der Kindheit können durch diese neu gewonnene Fähigkeit zum ersten Mal „in einem symbolischen Kosmos aufgenommen [...]" (Erdheim, ebd., S.94) und in immer neuen Anläufen erforscht und durchgearbeitet werden. Es geht dabei nicht um die Abwertung von Kindheitsereignissen, sondern um die Frage des Stellenwerts dieser Ereignisse.

„Das im Menschen wirkende Prinzip der Nachträglichkeit ermöglicht eine spezifische Art des psychischen Wachstums" bemerkt Erdheim (1993a, S.135) und weist darauf hin, daß dieses Prinzip, das dem Prinzip „Erinnern, Wiederholen, Durcharbeiten" der Psychoanalyse gleicht, einen Grundprozeß der Adoleszenz beschreibt, der meist unbewußt abläuft. Besonders im Lebensabschnitt der Spätadoleszenz gehört es zu den Entwicklungsaufgaben der Heranwachsenden, diese Fähigkeit in sich bewußt zu entwickeln.

Chaos, Ordnung und Adoleszenz

> Nein,
> es ist mein eigenes Chaos,
> und wenn ich jetzt meinen Sinn für die Dinge
> im richtigen Verhältnis verloren habe
> und damit meinen kreativen Sinn für Humor,
> gestatte ich es mir nicht krank oder verrückt zu werden.
> Sylvia Plath, Tagebücher, 20 Jahre

> Das Chaos, das ich im Leben anrichte, rechtfertige ich,
> indem ich sage, ich würde ihm eine Ordnung verleihen,
> eine Form, Schönheit, indem ich darüber geschrieben habe.
> Sylvia Plath, Tagebücher, 23 Jahre

Der Begriff des „Chaos" hängt für Erdheim eng mit seiner Vorstellung von Kultur in den westlichen Industrienationen zusammen. Kultur beinhaltet nicht mehr das dem Menschen Vertraute und Familiäre, sondern deutet auf den ständigen Wandel in den Bereichen von Kunst, Wissenschaft und Technik[1]. Als Erwachsener über Kultur zu verfügen, bedeutet bei uns heute nicht mehr, „über gesichertes Wissen und Routine zu verfügen oder vorauszusehen und Sicherheit zu vermitteln. Es geht vielmehr darum, im Bereich der Kultur Angst und Ungewißheit auszuhalten und sich einzugestehen, daß man nicht alles unter Kontrolle haben kann" (Erdheim 1995, S.82).

Unwissenheit, Unsicherheit und Angst sind Kernphänomene von Chaos. In diesem Sinne will Erdheim den Begriff der „chaotischen Kultur" (ebd.) verstanden wissen. Er folgert, daß dem Chaos im kulturellen Bereich auch ein Chaos im Innern des Individuum entspricht. In der Nachfolge Freuds lokalisiert er den inneren Ort dieses Chaos in der psychischen Instanz des Es als Zentrum der ungebändigten und ungerichteten Energie des Menschen, welches neben destruktiven Kräften auch die Voraussetzungen für Kreativität in sich birgt. Das Verhältnis zwischen Chaos und Ordnung, zwischen dem Es und dem Ich, das die rationalen, organisierenden Kräfte im Menschen vertritt, ist für eine Kultur und für Kulturwandel von entscheidender Bedeutung. Keine Ordnung ist auf Dauer ohne Chaos lebensfähig; Chaos ermöglicht eine Umorientierung, muß aber auch gebändigt werden. Oder mit anderen Worten: Die wechselseitige Beziehung zwischen Chaos und Ordnung erfüllt sich darin, daß Ordnung durch das Chaos lebendig und integrativ wirkt, während das Chaos durch ordnende Kräfte erst dann fruchtbar werden kann, wenn zerstörerische Impulse gebändigt sind.

Wurde in traditionellen Gesellschaften das Chaos noch religiös überformt und geschützt (Reste davon finden wir heute noch in der Fastnacht oder dem Karneval), so kam es – laut Erdheim – in den durch progressive Zivilisation und beschleunigten Kulturwandel geprägten Gesellschaften zu einer Entsakralisierung, Dezentrierung und Verinnerlichung des Chaotischen. Der einzelne wird im Bezug zu seinen chaotischen Triebkräften nicht mehr gehalten, angeleitet und geformt durch verbindliche Gruppenrituale, sondern erlebt sich zurückgeworfen auf sich selbst und muß selbst mit seinem inneren Chaos fertig werden. „Das Chaos ist aus der Gesellschaft in die Individuen verlagert worden, es wurde individualisiert und verinnerlicht, und wir können es heute in den *Umwerfungen und Krisen der Adoleszenz* wiedererkennen" (Erdheim, ebd., S.83; kursiv von Verfasserin).

Prototyp für die Individualisierung des Chaos ist somit der Adoleszente, und die Lebensspanne der Adoleszenz kann man als den 'gesellschaftlichen Ort' der

---

1 Erdheim gibt folgende Erläuterung: „Zu diesem Kulturbegriff gehört nun alles, was diese Bewegung ausmacht: die Entwicklung der Produktivkräfte ebenso wie der Produktionsverhältnisse, die Schaffung neuer Vergesellschaftungsformen, die von Stamm zu Nation zu Kulturkreisen und schließlich zur Menschheit führen, aber auch die Produktion neuer universalistischer Symbolsysteme, die eine übergreifende Kommunikation ermöglichen" (zit. bei Schröder 1991, S.29).

Chaosbewältigung betrachten oder, wie Erdheim es treffend formuliert, „man könnte die Adoleszenz auch als *Karneval des Subjekts* bezeichnen" (ebd., S. 83; kursiv beim Autor). Die Art und Weise, wie Adoleszente ihr inneres Chaos in geordnete Strukturen verwandeln, wird ihre Einstellung und Möglichkeiten im Blick auf Kultur, Gesellschaft und Familie, aber auch zu sich selbst, bestimmen. Unter Formen des Chaos versteht Erdheim (1993a) vor allem Anti-Strukturen, die sich in Aspekten von Totalität, Anarchie, chaotischer Sexualität, Andersartigkeit, Narrheit oder Verrücktheit („total" und „verrückt" sind übrigens häufig benutzte Wörter der befragten späldoleszenten Mädchen!) äußern. Formen der Ordnung und Strukturen, die gefunden werden müssen, lassen sich u.a. charakterisieren durch Differenzierung, Normalität, Anpassung, Hierarchie, geregelte Sexualität und Weisheit. Die Phase der Adoleszenz ist zu Ende und das Erwachsenenalter erreicht, wenn das Individuum sein inneres Chaos in feste, lebbare psychische, soziale und kulturelle Strukturen umgewandelt und zu differenzierten Rollen in der Gesellschaft gefunden hat. Es ist dann in der Lage, eine intime Partnerschaft zu leben oder eine Familie zu gründen. Erst das alles ermöglicht eine ethnische Identität. Zwei erstrebenswerte Kulturziele sollten – so Erdheim – am Ende der Adoleszenz erreicht sein: a) die Fähigkeit, im familiären Bereich und intimer Partnerschaft, als im „Privaten", im oben genannten Sinne erwachsen zu sein und b) die Fähigkeit, im Rahmen der Kultur sich eine adoleszente Einstellung zu bewahren. „Erwachsen sein kann man nur im Bereich der Familie [...] im kulturellen Bereich hingegen sollten wir zeitlebens adoleszent bleiben, um die für den kulturellen Wandel notwendige Kreativität aufzubringen" (Erdheim 1995, S.81). Die verlängerte Adoleszenz ist Folge und Voraussetzung gesellschaftlichen Wandels in sogenannten „heißen Kulturen"[1]. In ihnen hat sich der Konflikt zwischen Familie und Kultur zugespitzt, der in der Adoleszenz vermehrt ausgelebt wird.

So scheint es kein Zufall, daß mir in der Zeitung „Die Zeit" (Nr.30/16.6.98) ein Artikel über die Hip-Hop-Band *Beastie Boys* (deren Stars längst die Dreißig überschritten haben!) in die Hände fällt mit der Überschrift: „Agenten der Verunsicherung. Die *Beastie Boys* feiern die ewige Pubertät als Möglichkeit, dem Leben standzuhalten". In ihm wird über den jahrelangen Versuch der Musiker berichtet, eine permanent provokative Musikform zu produzieren.

Die Begriffe „adoleszent" und „pubertär", die häufig negativ konnotiert sind im Sinne eines schnell zu überwindenden, unreifen Verhaltens, gewinnen in diesem

---

1 In Anlehnung an Lévi-Strauss charakterisiert Erdheim (1982) 'kalte Kulturen' als solche, die sich bemühen, „den historischen Wandel einzufrieren" und denen daran gelegen ist, daß „statt Fortschritt Wiederholung herrsche". 'Heiße Kulturen' sind „dagegen solche, die wie Dampfmaschinen, also aufgrund thermodynamischer Prinzipien, betrieben werden". 'Heiße Kulturen' sind nicht heiß per se, „sie weisen vielmehr Räume mit unterschiedlichen Temperaturen auf, die innerhalb des Systems zu außerordentlichen Spannungen führen können" (S. 187f.).

Kontext eine neue Dimension, die schon Goethe in den Gesprächen mit Eckermann für geniale menschliche Naturen entwarf: „[...] es scheint bei ihnen immer einmal wieder eine temporäre Verjüngung einzutreten, und das ist es, was ich eine wiederholte Pubertät nennen möchte" (Eckermann, o.J., Bd. 3, S.165). Einen ähnlichen Gedanken formulierte S. Bernfeld (1923) mit seiner Idee der „gestreckten Pubertät" oder verlängerten Adoleszenz, die er für Künstler und schöpferische Menschen als zeitlebens aktuell betrachtete.[1]

Antagonismus zwischen Familie und Kultur

> Ein so erbärmliches Zerstören
> von Schönem und Wirklichem aus der Kindheit.
> Ich bin nicht so sentimental, wie ich klinge,
> aber warum zum Teufel wird man in diese glatte
> Erdbeer-mit-Sahne-Mutter-Gans-Welt hineinkonditioniert,
> in diese Alice-im-Wunderland-Märchen,
> wenn man sowieso auf dem Folterrad landet, kaum daß man älter
> und sich selbst bewußt wird als Individuum mit einer
> schwerwiegenden Verantwortlichkeit im Leben.
>
> Sylvia Plath, Tagebücher, 18 Jahre

Im Anschluß an eine These S. Freuds[2] konstatiert Erdheim (1988; 1995) einen unauflösbaren Widerspruch zwischen Familie und Kultur. Das Bild der Familie zeichnet er als den „Ort des Aufwachsens, der Tradition, der Intimität im Guten und im Bösen, der Pietät und der Verfemung". Die Imago der Kultur hingegen ist für ihn der „Ort der Innovation, der Revolution, der Öffentlichkeit und der Vernunft" und beinhaltet ein unaufhaltsames Fortschreiten einer „Verwissenschaftlichung und Ästhetisierung des Alltags" (Erdheim 1995, S.84). Die Familie, obwohl in ihrer jeweiligen Form auch kulturbedingt, stellt die stabile und konservative Lebensform dar, in der das Kind die Geborgenheit des Gewohnten erfährt und über die Identifikationen mit den elterlichen Bezugspersonen erste Erfahrungen mit der Welt macht. Kultur ist die andere Grund-

---

1 Bernfeld (1923) schreibt: „Es wird nicht leicht jemandem entgangen sein, daß das Phänomen, das wir hier in Form der verlängerten Pubertät behandeln, in seinen wesentlichen Zügen bei einer gewissen Menschengruppe dauernd bleibt: bei den Schöpferischen, insbesondere den Dichtern" (S.765).

2 Freud (1930) schreibt: „Die Familie will aber das Individuum nicht freigeben. Je inniger der Zusammenhalt der Familienmitglieder ist, desto mehr sind sie oft geneigt, sich von den anderen abzuschließen, desto schwieriger wird ihnen der Eintritt in den größeren Lebenskreis. Die phylogenetisch ältere, in der Kindheit alleine bestehende Weise des Zusammenlebens wehrt sich, von der später erworbenen, kulturellen abgelöst zu werden. Die Ablösung von der Familie wird für jeden Jugendlichen zu einer Aufgabe, bei deren Lösung ihn die Gesellschaft oft durch Pubertäts- und Aufnahmeriten unterstützt" (S. 232f.).

form menschlichen Lebens, die eher auf den Prinzipien der Dynamik, der Erneuerung und Ausdehnung beruht, die sich in den nichtfamilialen sozialen Beziehungen und Kommunikationsformen, in den soziokulturellen Institutionen und Leistungen verwirklichen wollen. Beide Instanzen repräsentieren also Ordnungen, die sich antagonistisch zueinander verhalten und die das Zusammenleben nach unterschiedlichen Gesetzmäßigkeiten gestalten. Die Familie bereitet zwar auf die Kultur vor, indem sie Kulturtechniken vermittelt (z.B. Begrüßens- und Essensrituale, Geschlechtsrollenbilder, Einstellung gegenüber dem Fremden), aber wie der einzelne sich eigenständig außerhalb der Familie in das gesellschaftliche Gefüge einbringt, hängt dennoch von der Art und Weise ab, wie er für sich den Konflikt zwischen den beiden Instanzen löst. Dabei bewirkt die Tatsache, daß er an beiden Grundformen des Lebens teilhat und teilhaben will, in ihm ambivalente Gefühle. „Das Individuum muß gleichsam zwei Aggregatzustände gleichzeitig verkörpern können nämlich Festigkeit in der Familie und Verflüssigung in der Kultur" (Erdheim 1995, S.81).

Im Hinblick auf die Adoleszenz ist es dieser Antagonismus zwischen Familie und Kultur, als zentraler, weitgehend unbewußter Konflikt und krisenhaftes Geschehen, dem sich der Jugendliche ausgesetzt sieht. Er eröffnet aber den Raum, in dem der Heranwachsende sich entfalten kann und der seinen Geist herausfordert. „Der Antagonismus schafft den objektiven Raum, in welchem die Adoleszenz sich erfüllen kann" (Erdheim 1993a, S.133). Diese Ambivalenz, dieses Hin- und Hergerissensein zwischen dem familiären und dem kulturellen Bereich, kann er für den Aufbau seiner Autonomie nutzen. Sie verhindert eine Fixierung an die Herkunftsfamilie, die versucht, ihn zu halten und ihn in Versuchung bringt, sich weiterhin an sie zu binden. Indem der Jugendliche nicht in dem aufgeht, was die Familie ihm anbietet, ist – nach Erdheim – über die biologische Festlegung des Menschen hinaus ein Kulturwandel möglich. Es ist ein Zeichen von Erwachsenwerden, die Spannungen der beiden Instanzen, die Position zwischen ihnen auszuhalten und für die eigene Entwicklung fruchtbar zu machen. Die psychischen Prozesse, die die Adoleszenten zur Bewältigung ihrer ambivalenten Gefühle und zur Abwägung des eigenen Standorts im antagonistischen Verhältnis der Imagines von Familie und Kultur durchlaufen, sind äußerst komplex und machen sie in hohem Maße störanfällig und leiden. Denn nicht nur die Familien zeigen regressive Tendenzen, um die Kinder im eigenen (Macht)bereich zu halten, auch die Kinder fühlen sich immer wieder angezogen von der bergenden und libidinösen Kraft der Familie. Erstaunlich ist, daß diese bindende familiäre Macht unabhängig davon zu sein scheint, ob ein Jugendlicher in ihr die Seiten des „Bösen" und der „Verfemung" erlebt und erlitten hat oder die Seiten des „Guten" und der „Pietät" (Erdheim, ebd.). Die Kultur hingegen – und das scheint allgemeingültig zu sein – sprengt durch das Inzestverbot die Familienbande und erzwingt die Freigabe der Adoleszenten, die sich in die Fremde begeben müssen, um nach neuen Partnern

Umschau zu halten und Neues zu lernen. Goethe nannte dies die Lehr- und Wanderjahre.

Kultur ist also immer auch die Auseinandersetzung mit und die Integration von Fremdem. Das wiederum erfordert die Bewältigung von Angst, denn das Fremde und Unbekannte lockt nicht nur, es löst auch tiefgreifende Furcht und Abwehr nicht nur in den Adoleszenten aus.

Der Weg der Adoleszenten ist gekennzeichnet durch verschiedene Übergänge: Zunächst müssen sie die vertrauten familiären 'Bindungsobjekte' aufgeben zugunsten fremder; das heißt, sie verlassen die feste Ordnung der Familie, um sich die „verflüssigte" Ordnung der Kultur anzueignen. „Adoleszent zu sein heißt, von der Ordnung der Familie zur Ordnung der Kultur überzugehen" (Erdheim 1998, S.17). Die Kultur wiederum müssen Adoleszente 'verlassen', um zur Ordnung einer neu zu gründenden Familie zu gelangen. „Ging es damals darum, die Herkunftsfamilie mit ihren Mythen, Werten und Einstellungen zu relativieren, so geht es nun darum, sich von der Kultur abzulösen und diese in ihrer Brüchigkeit, ihrem Narzißmus und ihrer Unerfülltheit zu erkennen" (Erdheim 1995, S.85). Das bedeutet, daß wir uns gegenüber den beiden Imagines 'Familie' und 'Kultur' immer ambivalent verhalten: Geborgenheit kann zur Enge werden und Tradition zum Zwang, beziehungsweise: Revolutionäres kann Zerstörung und Vernunft Zynismus bedeuten. „Der negative Anteil der Ambivalenz läßt das Individuum den entsprechenden Bereich entwerten – so wird es aus der Familie in die Kultur getrieben, und umgekehrt aus der Kultur in die Familie" (Erdheim, ebd., S.97f).

Die so skizzierten Lernwege und Lernaufgaben werden in der Adoleszenz exemplarisch durchlebt und angegangen und kulminieren noch einmal in der Phase der Spätadoleszenz. Die Spät- und Postadoleszenz sind das Ende der Experimentierphase, die die Adoleszenz als Ganzes darstellt. Unter dem Druck der Terminierung können sich noch einmal die wichtigsten Probleme potenzieren und den Heranwachsenden endgültige Lösungen der Entwicklungsaufgaben dieser Lebensphase abverlangen, die bis dahin keine Ergebnisse erbracht haben. Gelingt dies, dann sind sie in der Lage, sich mit den Eltern, der Ursprungsfamilie, wieder zu versöhnen, wieder einen Zugang zu finden, wieder auf sie zuzugehen und Verständnis aufzubringen. Von einem solchen Prozeß der Wiederannäherung berichten auch die befragten jungen Frauen in den Interviews.

Auch wenn in diesem Kontext die reziproken Bedingungen kulturellen und familialen Lebens nur unzureichend berücksichtigt werden können, eignet sich die ethnopsychoanalytische Konstruktion des antagonistischen Verhältnisses zwischen Familie und Kultur in besonderem Maße dazu, den Fokus auf das grundlegende und vermutlich universelle innere Dilemma von Spätadoleszenten zu richten, die diesen beiden existentiellen Kernbereichen menschlichen Lebens gegenüber eine identitätsstiftende Haltung finden müssen.

4 Theoretische Aspekte weiblicher Spätadoleszenz

Inwiefern bin ich ein Kind? Eine Erwachsene? eine Frau?
Meine Ängste, meine Vorlieben, meine Lüste –
unklar, nebulös. Und trotzdem, denke, denke, denke.

Sylvia Plath, Tagebücher, 20 Jahre

Über weibliche Formen des Adoleszenzverlaufs – sieht man vom Fall der 18jährigen Dora ab, die um 1900 eine dreimonatige Therapie bei Freud machte – ist erst in den letzten Jahren geforscht und geschrieben worden. Nicht nur die Psychoanalyse verfolgte lange Zeit ein einheitliches Modell der Adoleszenz für beide Geschlechter, wobei die männliche Sichtweise überwog. Generell ging man davon aus, daß zwar die Pubertät mit ihren biologischen Veränderungen geschlechtsspezifische Auswirkungen impliziert, Adoleszenzverläufe und Entwicklungsaufgaben hingegen für beide Geschlechter nahezu die gleichen seien. Vorwiegend an männlichem Fallmaterial orientierten sich die Darstellungen bekannter Psychoanalytiker (vgl. Blos; Erikson). In der letzten Zeit nun wird der kulturelle Einfluß auf die Entstehung der Geschlechtsidentität stärker berücksichtigt und die Adoleszenz auf geschlechtsspezifische Determinanten hin untersucht, indem man die Besonderheiten der weiblichen Entwicklung zu beschreiben versucht (Flaake/King 1992a; Dalsimer 1993; Streeck-Fischer 1997b).

Auch in der Critical-life-Event-Forschung geht man davon aus, daß es geschlechtsspezifische Personenmerkmale im Kontext kritischer Lebensereignisse gibt. Danach werden Frauen häufiger mit solchen Ereignissen konfrontiert als Männer, beziehungsweise erleben Frauen Krisen häufiger im zwischenmenschlichen Bereich oder in Beziehungen zu Bezugspersonen, so daß „sich somit geschlechtstypische Lebensereignisse in solchen Ereignislisten abbilden" (Filipp 1990, S.17). Das bedeutet, daß biologische oder körperliche Faktoren sowie Erwartungen, die mit den Geschlechtsrollen verknüpft sind, wichtige Bestimmungsmerkmale sind hinsichtlich des Auftretens, der Wahrnehmung und der Bewältigung eines kritischen Lebensereignisses. Wir können also von einer weiblichen Variante im Zusammenhang mit kritischen Lebensereignissen ausgehen.

Stufen wir auf Grund jugendlichen Erlebens die Phase der Spätadoleszenz als kritisches Lebensereignis ein, dann hilft das zu verstehen, warum überdurchschnittlich mehr Mädchen als Jungen diese Lebensphase krisenhaft erleben und in diesem Zusammenhang häufiger eine Beratung aufsuchen. Ein weiterer Grund für die weibliche Beratungssuche besteht in der Tatsache, daß Ort und Strategien der Krisenbewältigung von Mädchen eher im kommunikativen, zwischenmenschlichen Bereich angesiedelt sind.

Dies berücksichtigend verfolgt die vorliegende Arbeit weder die geläufige Forschungspraxis, das Erleben weiblicher Spätadoleszenter mit dem der Jungen identisch zu setzen, noch unterliegt sie dem Eifer, den Unterschied zwischen männlicher und weiblicher Adoleszenz in einseitig radikaler Form zu formulieren. Für viele Entwicklungsaspekte wird ein gemeinsamer verallgemeinender Nenner gesucht und gesetzt. Jedoch sollen an dieser Stelle vier mir wesentlich erscheinende Determinanten, die spezifisch für die weibliche Entwicklung in der Spätadoleszenz sind, einer näheren Betrachtung unterzogen werden: der soziokulturelle Einfluß auf weibliche Lebensläufe, das weibliche Körperbild und die Beziehung zum eigenen Körper, die Beziehung zur Mutter mit dem Vater im Hintergrund und der bipolare Wunsch nach Trennung und Bezogenheit.

Weibliche Lebensplanung

> Welchen Beruf würde ich wählen, wenn ich ein Mann wäre?
> Ist das ein Kriterium?
> Mich für den Mann entscheiden, der ich wäre, wenn ich ein Mann wäre? Ziemlich riskant.
>
> Sylvia Plath, Tagebücher, 19 Jahre

Wenn die Spätadoleszenz eine entscheidende Zeit für die Identitätsbildung ist, dann ist sie für das adoleszente Mädchen auch die Zeit, in der sich grundlegende Merkmale erwachsener Weiblichkeit herausbilden. Der Einfluß soziokultureller Normen spielt dabei eine wesentliche Rolle. Mädchen müssen sich die Frage stellen, welche Art von Lebensentwurf sie wählen wollen. Dabei ist es heutzutage in unserem kulturellen Kontext keinesfalls mehr selbstverständlich, daß alles auf Familienplanung und Kinderkriegen hinausläuft. Überlegungen zu Ausbildung und Berufswahl, zu Selbständigkeit oder Abhängigkeit scheinen in heutiger Zeit zunächst vorrangig. Das machen auch die befragten Mädchen in den Interviews ganz deutlich: sie können sich wohl für eine spätere Lebenszeit Familie und Kinder vorstellen, geben aber erst einem Studium oder einer Berufsausbildung die Präferenz. So kommen auch Leuzinger-Bohleber und Dumschat (1993) in ihren Untersuchungen zu dem Ergebnis, daß heutige Studentinnen das psychosoziale Moratorium viel ungehemmter für ihre weibliche Identitätsbildung nutzen als noch ihre Altersgenossinnen der 68er Generation. Sie gehen viel selbstverständlicher davon aus, daß sie sich eine eigene Existenz aufbauen und nicht darauf warten zu heiraten und die Hauptversorgung dem Partner zu überlassen. Mit größerem Selbstbewußtsein suchen sie nach eigener beruflicher und persönlicher Selbstentfaltung und engagieren sich für ihre wissenschaftliche Ausbildung. Eine ähnliche Einstellung dokumentiert sich in den dieser Arbeit zugrunde liegenden Interviews mit den ehemaligen Oberstufenschülerinnen.

Eine eigene Lebensplanung unabhängig vom mütterlichen Vorbild oder von mütterlichen Erwartungen zu entwickeln, „ohne hierbei Schuldgefühle zu empfinden oder sich mit Hilfe neurotischer Arrangements zu bestrafen" (Mertens 1996, S. 170), ist eine spezifische Entwicklungsaufgabe weiblicher Spätadoleszenter. Sie bleibt bestehen, auch wenn Mädchen heute weniger unter gesellschaftlichen Druck stehen, ein bestimmtes Frauenbild verkörpern zu müssen, als frühere Studentinnengenerationen. Auch Flaake und King (1992b) weisen darauf hin, daß das Grundmuster der Lebensentwürfe junger Frauen heute durch eine Doppelorientierung gekennzeichnet ist. Bei ihnen besteht einerseits ein großes Interesse an einer qualifizierten Ausbildung und einem Beruf, der sinnvoll sein und sie ausfüllen soll und überdies eine ökonomische Unabhängigkeit garantiert, andererseits besitzen Vorstellungen von Partnerschaft, Familienleben und Kindern noch einen großen Stellenwert. Eine Lebensgestaltung in beiden Bereichen wird als ideosynkratischer weiblicher Individuierungsprozeß angestrebt.

Diese Individualisierungsmöglichkeiten schaffen Freiheit bei Entscheidungen, konfrontieren die jungen Frauen aber auch mit einem Vakuum an Werten und Sinnentwürfen, das nun alleine, ohne spezifische Vorgaben der Gesellschaft von ihnen gefüllt werden muß. Dieser Mangel an Selbstverständlichkeit vorgeprägter Rollen bringt auch Unsicherheiten in den weiblichen Identitätsentwürfen mit sich. Es scheint plausibel, wenn aus diesem Grund „gleichgeschlechtliche Personen, oft ältere Frauen, zur differenzierenden Auseinandersetzung mit Weiblichkeit eine hervorgehobene Bedeutung [gewinnen]" (Streeck-Fischer 1997b, S. 300), ein Gesichtspunkt, der die Bedeutung der Beraterin und Therapeutin als Frau für die spätadoleszenten Mädchen der Interviews von einer interessanten Warte her beleuchtet.

Verleugnung und Aneignung körperlicher Weiblichkeit

> Hätte ich keine Geschlechtsorgane,
> müßte ich mich nicht ständig gegen
> Tränen und Gefühlsausbrüche wehren.
> Sylvia Plath, Tagebücher, 18 Jahre

Physiologische Reifung und Triebschub verändern das Körperschema mit Beginn der Pubertät. Körperlichkeit gewinnt für die Mädchen eine neue und besondere Bedeutung mit dem Einsetzen der Menarche, durch das Wachstum der sekundären Geschlechtsteile, mit dem Bewußtsein der Gebärfähigkeit und der Entdeckung von Sinnlichkeit und sexuellen Wünschen.

Dieser Wandlungsprozeß kommt in der Spätadoleszenz zum Abschluß und muß in ein neues Selbstbild integriert werden. Die endgültige Einstellung zum eigenen Körper, das subjektive Körperbild formt sich in diesem Lebensabschnitt, ist sozusagen auf dem Prüfstand. Probleme, die sich den jungen Frauen auftun, sind nun primär gebunden an die Bewertung der eigenen Körperlichkeit und die Erlebnisfähigkeit, die durch den Körper gegeben ist, auch auf dem Hintergrund einer umfassenden Beziehungsfähigkeit. Die Frage der spätadoleszenten Mädchen ist folglich die nach ihren individuellen Möglichkeiten, eine stabile Geschlechtsidentität zu entwickeln und dauerhafte sexuelle Beziehungen einzugehen.

Um ein Bild vom eigenen Frausein zu formen, muß die Adoleszente den eigenen Körper als weiblich begreifen und akzeptieren. Das ist insofern entscheidend, als der weibliche Körper die Basis für die Identität als Frau ist (vgl. Waldeck 1992, S.187). Doch häufig gelingt gerade dies nicht. Mertens (1996) formuliert in diesem Kontext die These: „Die Weigerung, sich selbst als aktiv begehrende, sexuelle Frau zu erleben, die Verantwortung für ihre sexuellen und erotischen Wünsche übernimmt, geht letztlich auf eine nicht gelöste Bindung an die Mutter zurück; eigene sexuelle Empfindungen und Lust zuzulassen heißt zunächst, sich von der Mutter abgrenzen und in einem zweiten Schritt mit ihr zu rivalisieren" (S.154). Psychoanalytisch gesehen bedeutet die Aneignung des eigenen (sexuellen) Körpers also, daß es der aggressiven, rivalisierenden, selbstbehauptenden Impulse der Tochter bedarf, die in die Auseinandersetzung mit der Mutter einfließen, damit eine Ablösung gelingt und sich eine autonome Weiblichkeit entwickeln kann. Eine wie auch immer geartete Form aggressiver Auseinandersetzung mit der Mutter verbietet sich das Mädchen allerdings nicht selten auf Grund internalisierter religiöser Normen und Werte.

Hinweise auf die Tatsache, daß adoleszente Mädchen ihren Körper nicht annehmen, sich mit ihm nicht identifizieren können, finden sich auffällig oft auch in anderen Theoriekonzeptionen. So zitieren Oerter und Dreher (1995) beispielsweise empirische Studien, die verdeutlichen, daß Mädchen im Verlauf der Adoleszenz einerseits ein differenzierteres Körperbild entwickeln als Jungen, daß sie andererseits aber unter religiösem beziehungsweise kulturellem Einfluß ein überwiegend negatives Körperselbstbild haben (vgl. ebd., S.338). Mädchen sind auch in starkem Maße abhängig von den kulturellen Werten, die sich auf körperliche Schönheit, gute Figur und Attraktivität beziehen. Gewichtsabnahme ist beispielsweise bei ihnen immer mit Zufriedenheit gekoppelt. Sie können also auf zahlreiche gesellschaftliche Standards zurückgreifen, die Begründungen dafür liefern, den eigenen weiblichen Körper negativ zu beurteilen und sich minderwertig zu fühlen.

Die Abwertung von Weiblichkeit im Allgemeinen und damit auch im individuellen weiblichen Lebenslauf ist wohl kaum eine Tatsache psycho-biologischer Minderwertigkeit als vielmehr ein psychosoziales und kulturelles

Phänomen. Auf diesem Erkenntnishorizont haben sich auch pejorative psychoanalytische Theorien der weiblichen Entwicklung gewandelt. Sie postulieren
inzwischen eine primäre Weiblichkeit, wodurch Freuds Auffassung vom
phallischen Monismus, bei dem das Mädchen erst in der Adoleszenz zur Entdeckung der Vagina und zur Verdrängung der „männlichen" Klitorissexualität
kommt, als historisch eingestuft werden muß.
Die Ablehnung des eigenen Körpers in seiner typisch weiblichen Form bringen
auch die Mädchen in den Interviews deutlich zum Ausdruck. Sie beschreiben
ihre zunächst mangelnde Bereitschaft oder Fähigkeit, ein positives Verhältnis
zum eigenen Körper zu entwickeln, ihn lustvoll zu besetzen und zu einer Quelle
der Befriedigung zu machen und damit der eigenen – körperlichen – Weiblichkeit einen Wert zu verleihen. Eine solche Einstellung kann punktuell zu einer
Ablehnung der Realität, zu einer Weigerung erwachsen zu werden, führen, was
sich in Form von Eßstörungen manifestieren kann. Der weiblich funktionierende Körper soll dabei außer Kraft gesetzt werden, möglicherweise mit dem
unbewußten Ziel, eine Beziehung zu sich selbst aufrecht zu erhalten, die im
Sinne der genitalen Erwachsenensexualität nicht-sexuell ist.
Interessant ist ein Blick auf die sexuellen Erfahrungen der Interviewten, vergleicht man diese mit dem allgemeinen Trend. Seit den letzten 30 Jahren ist eine
sukzessive altersmäßige Vorverlagerung sexueller Aktivitäten zu beobachten:
im Jahr 1986 hatten 60% der 18jährigen Mädchen Koituserfahrungen (vgl.
Oerter/Dreher, ebd., S.343). Bei den ratsuchenden Jugendlichen hatte zu Beginn
der Beratung eine vergleichsweise geringe Zahl – nur drei von neun Mädchen –
Erfahrungen mit Geschlechtsverkehr, zwei davon schlechte oder unbefriedi-
gende. Sechs der Jugendlichen hatten noch keine Koituserfahrungen. Die
sexuellen Beziehungen zum männlichen Geschlecht waren ausgesprochen oder
unausgesprochen für alle ein schwieriges Thema. Am Ende der Beratung hatten
alle außer vermutlich zwei der Mädchen ihre sexuellen Erfahrungen gemacht
und sich tiefergehend mit ihrem Körper auseinandergesetzt. Der weibliche
Körper und die sexuellen Erfahrungen mit ihm entpuppen sich demnach als der
Ort, an dem sich Selbstbild und Identitätssuche der spätadoleszenten Mädchen
formen und in ihrer Problematik abbilden.
Nach Flaake und John (1992) gibt es in der Adoleszenz eine 'zweite Chance'
auch für die Aneignung des eigenen Körpers: „er kann jetzt, wenn er bisher als
unvollständig erschien, mit allen Funktionen genitaler Sexualität erfahrbar und
zur Basis des weiblichen Selbstbildes werden" (S.202). Voraussetzung dafür ist
die Bildung eines psychischen Innenraumes, der sich entwickeln kann, wenn
„im Rahmen einer beschützenden Umwelt Triebimpulse als eigene und dem
persönlichen Erleben zugehörige erfahren" werden (ebd., S.203). Hierbei kann
die Freundschaft unter Mädchen in der Spätadoleszenz eine wichtige Funktion
haben, eine Tatsache, die auch in den Interviews von einigen der Befragten als
sehr bedeutsam herausgestrichen wird. Die Beziehung unter Freundinnen kann

die Aneignung des eigenen weiblichen Körpers unterstützen, indem in ihr außerhalb familialer Zusammenhänge ein 'Übergangsraum' (in Anlehnung an Winnicott) geschaffen wird, „in dem Mädchen ihre eigene Innenwelt ohne Angst vor vereinnahmenden Zugriffen erforschen können" (ebd., S.204). Ein solcher Raum, in dem sich sexuelle und schöpferische Bedürfnisse entfalten können, ist äußerst fragil und störbar und mit Schamgefühlen besetzt. Solche „Schamgefühle bilden gewissermaßen die Schutzmembran" (Streeck-Fischer 1997b, S. 301) des Innenraumes der Heranwachsenden.

Auch Beratung und Therapie können als 'Übergangsraum' fungieren, wenn sie sich – mit dem nötigen Respekt vor der schützenden Scham – den inneren Räumen der Mädchen öffnen, um ihre psychische und körperliche Selbsterforschung zu unterstützen und damit einen Beitrag zur Bildung spätadoleszenter sexueller Identität zu leisten.

Töchter und Mütter

> Und du bist erschrocken, als du dich verstummen hörtest
> und ein Echo der Stimme deiner Mutter spürtest,
> als hätte sie aus dir heraus gesprochen, als wärst du nicht
> ganz du selbst, sondern würdest in ihren Fußstapfen
> wachsen und weitermachen, und als würde ihr Gesichts-
> ausdruck aus deinem Gesicht herauswachsen und -strömen.
>
> Sylvia Plath, Tagebücher, 18 Jahre

Die Psychoanalyse hat in jüngster Zeit in der Nachfolge von H. Deutsch die Bedeutung herausgestellt, die die Dauerhaftigkeit der Beziehung des Mädchens zu seiner Mutter betrifft. Das zentrale Thema der Spätadoleszenz ist in diesem Kontext, „die alte, viel tiefere und sehr elementare Bindung an die Mutter in reife Form zu bringen [...]" (Deutsch, zit. bei King 1992, S. 112). Die Neubearbeitung der Mutter-Bindung ist demnach – mehr noch als die zum Vater – eine spezifische Aufgabe weiblicher Adoleszenz, eine Aufgabe, die in dieser Lebensphase ihre prägnante Ausrichtung erfährt und die Tochter ihr Leben lang begleiten wird.

Die Adoleszente wird sich zum ersten Mal in ihrem Leben der Tatsache bewußt, daß die psychische Bedeutung der Mutter nicht allein von deren realer Anwesenheit abhängt, sondern daß diese „Beziehung [...] als eine innerliche Präsenz zu verstehen [ist], die erhalten bleibt, solange die Tochter lebt, und sich das ganze Leben hindurch verändert" (Dalsimer 1993, S.130). Mit anderen Worten: es ist eine Entwicklungsaufgabe vor allem der spätadoleszenten weiblichen Jugendlichen, zu erkennen und zu verarbeiten, daß sie nicht nur zur realen Mutter eine wie auch immer geartete äußerst intensive, einflußreiche und aktive Beziehung haben, sondern daß darüber hinaus eine Beziehung zu einer Mutterimago und deren imaginärer Präsenz in sich existiert, die gleichermaßen zu einer Identifikation führt.

Mit beiden, der realen Mutter und der inneren Mutterimago, die gewissermaßen durch die Erfahrungen mit der realen Mutter geprägt wurde, muß sich die Spätadoleszente auseinandersetzen. Diese Auseinandersetzung beinhaltet neben der Distanzierung vom ursprünglichen Liebes- oder Bindungsobjekt meist auch den Wunsch nach einer modifizierten und neuen Art der Beziehung, durch die sich das Selbstgefühl der Jugendlichen stärken und stabilisieren kann. Denn bei allem Ablösungsbestreben wächst – das betont auch Dalsimer –, „in der Adoleszenz [...] das Bedürfnis nach einer Mutter [...], die noch einmal widerspiegeln soll, was sie erblickt – die anerkennen, beurteilen, abwägend zustimmen und für gut befinden soll" (ebd., S.130). King (1992) charakterisiert diese doppelte spätadoleszente Aufgabe loslösender Rivalität und annähernder Identifizierung mit der Mutter als „Scylla und Charybdis der Mutteridentifizierung" (S.106). Erlaubt und ermöglicht die aktuelle Mutter-Tochter-Beziehung diese von innerer Ambivalenz getragene Auseinandersetzung nicht, was bei den meisten hier befragten Mädchen der Fall war, dann wird sich diese Thematik an einen anderen Ort verlagern. In einer Beratung und therapeutischen Beziehung kann dann beispielsweise die Beraterin oder Therapeutin in ihrer Rolle als Frau stellvertretend die mütterliche Spiegelfunktion übernehmen.

Die Schwierigkeit, die Beziehung zwischen Tochter und Mutter in „eine reife Form" zu bringen, kann unterschiedliche Wurzeln haben. An dominanten Müttern bleiben Töchter oft hängen, lassen sich von diesen narzißtisch besetzen oder als deren Delegierte von Wünschen und Träumen benutzen. Auf diese Weise untergraben sie ihre eigenen Autonomiestrebungen. Die in manchen Fällen auch idealisierende Beziehung zur Mutter, die homoerotisch gefärbt sein kann, ist dann nur schwer zu überwinden. Oft steckt in der nicht gelingenden Loslösung von der Mutter auch die Phantasie, daß der eigene Körper der Mutter und nicht ihr, der Tochter selbst, gehöre, ein Aspekt, den Leuzinger-Bohleber und Dumschat (1993) bei ihren Befragungen mit Studentinnen herausarbeiteten: „Die eigene Weiblichkeit wurde als das 'Fremde in sich selbst', als 'dunkler Kontinent', erlebt, als etwas Gefährliches und potentiell Zerstörerisches" (S.195). Dieses Erleben kann auch einer enttäuschenden und versagenden Tochter-Mutter-Beziehung entspringen, wenn die Mutter-Imago negativ getönt ist und die Adoleszente sich mit Mütterlichkeit und weiblicher Fruchtbarkeit nicht identifizieren kann und will. Daß dies bei körperlich und seelisch von ihren Müttern mißhandelten Mädchen der Fall war, zeigte sich bei zwei meiner Interviewpartnerinnen.

Generell ist also mit King (1997) zu konstatieren, daß „ein Übermaß an Traumatisierung, Konflikt- und Mangelerfahrung diesen komplexen Integrationsprozeß erschwert oder gar verunmöglicht" (S.39).

Ein ungelöster Separationskonflikt und Trennungsprozeß drückt sich in vielen Fällen auch durch eine ambivalente Haltung der spätadoleszenten Mädchen einer ersten Schwangerschaft gegenüber aus, die oft unbewußt (weil leichtsinnig im Umgang mit Verhütung) eingeleitet und dann unter quälenden Gewissensbissen abgebrochen wird. „Diese tiefen Aggressionskonflikte führten zu den erwähnten Schwächen im Bereich der Selbst- und Objektabgrenzung zwischen dem weiblichen Körper der Mutter und dem eigenen sowie der tiefen Angst vor der eigenen Weiblichkeit und vor Abhängigkeit vom Liebespartner" (Leuzinger-Bohleber/Dumschat, ebd., S.196). Von solchem Geschehen und Erleben berichtet eine der Interviewten; aus der Beratung ist mir dieses Faktum jedoch auch von anderen Mädchen bekannt.

Ich habe bereits darauf hingewiesen, daß sich die Jugendlichen im Prozeß der Ablösung von den realen Eltern zwischen Idealisierung einerseits und Entwertung andererseits hin und her bewegen. Meistens ist die Mutter als das primäre Liebesobjekt, an das das Kind gebunden war, die entwertete Person. Denn „die Entwertung der Mutter dient dazu, dem Abhängigkeitssog und der Gefahr der Wiederverschlingung durch das mütterliche Objekt zu entgehen – je bedrohlicher die Nähe, desto mehr" (Streeck-Fischer 1997b, S.298). Fehlt der Vater als reales und akzeptables Gegenüber der erwachsenen Tochter, so wird beides, Idealisierung und Entwertung, in der Beziehung zur Mutter ausgetragen. Eine faktische oder psychische Abwesenheit des Vaters im familiären Alltag bringt folglich mit sich, daß die Töchter in ihren Beziehungen zu den Müttern erheblich mehr belastet sind. Nicht nur ihre spätadoleszente Aufgabe der Abgrenzung und Ablösung kann dadurch erschwert werden, „vor allem werden regressive Prozesse begünstigt, die ein Wiederaufleben archaischer Weiblichkeitskonflikte bewirken" (Leuzinger-Bohleber/Dumschat, ebd., S.180) und den Drang zur präödipalen Mutter verstärken. Die für den Trennungsprozeß notwendigen aggressiven Impulse gegen die Mutter werden in diesem Fall vom Mädchen verdrängt oder gegen sich selbst gerichtet. Es kommt zu Formen prägenitaler Sexualität, die in Beziehungen mit Freundinnen ausgelebt werden, oder es werden männlichen Partner bevorzugt gesucht, die solche Formen akzeptieren. Von diesem Spektrum unterschiedlicher prägenitaler und genitaler Kontaktformen geben auch die Interviews andeutungsweise ein Bild, wenn beispielsweise von symbiotischer Nähesuche oder Gefühllosigkeit beim genitalen Sex die Rede ist.

Die psychische Abhängigkeit der Tochter von der Mutter bedeutet nicht, daß die spätadoleszente Tochter nicht gerade auch den Vater zu ihrem Identifikationsobjekt wählt. Viele adoleszente Mädchen, darauf weist Streeck-Fischer (ebd.) hin, wählen „den sozial geschätzteren, kompetenteren, unabhängigeren Elternteil als Identifikationsobjekt, der Befreiung zu ermöglichen und das Tor zur Welt zu eröffnen scheint" (S. 298). Und das ist im Gegensatz zur Mutter häufig der Vater, wenn er in der Familie anwesend ist und eine Rolle spielt. Die

Väter können den Töchtern bei der Trennung von der Mutter und bei der Aufwertung von Weiblichkeit helfen, wenn sie zur „Triangulierung" bereit sind, das heißt, wenn sie ihr eigenes Gewicht in die Familienkonstellation einbringen. Kann ein Vater seine Tochter in ihrem Frausein und Frauwerden zur Kenntnis nehmen und wertschätzen, dann unterstützt er sie bei ihrer Suche nach einer Geschlechtsrollenidentität. Doch bietet die gesellschaftliche Wirklichkeit mit dem Rückgang vollständiger Familien oder dem Rückzug der Väter aus der Erziehung wenig Perspektive für eine solche Hilfe bei der geschlechtsspezifischen Identitätsbildung.

Für eine gelungene Ablösung am Ende der Adoleszenz spräche eine in sich wieder errichtete und akzeptierte Mutterimago. Die junge Frau müßte sich „mit den Mutterbildern in sich einigermaßen ausgesöhnt haben [...]. Aussöhnung bedeutet dabei freilich nicht, daß man sich bruchlos mit den Erwartungen der Erwachsenengeneration identifiziert und die Chance der Überarbeitung und Modifizierung elterlicher Ich-Ideale und Wertvorstellungen damit verspielt [...]." (Mertens 1996, S.173).

Ablösung und Bindungsorientierung

> Hatte Lust beim Zimmerputzen zu singen:
> beschrieb in einem Brief an Mutter,
> wie ich unter großen Geburtsschmerzen
> eine Seele schmiede.
> Sylvia Plath, Tagebücher, 23Jahre

Ein Paradigma weiblicher Adoleszenz sehen einige Autorinnen (Josselson 1991; Steiner-Adair 1992; Stern 1992; Jansen et al. 1992; Eggert Schmid- Noerr 1997) in dem Wunsch oder Drang nach Bezogenheit oder Beziehungen, der stärker als der Wunsch nach Loslösung und Trennung ist. Ein beobachtbarer Unterschied zwischen weiblichen und männlichen Jugendlichen scheint tatsächlich darin zu liegen, daß sich männliche Adoleszente abrupter und radikaler von der Mutter abzugrenzen scheinen und alles, was mit Weiblichkeit, Gefühlen und Abhängigkeit zusammenhängt, als 'schwach' definieren und ablehnen, um auf diese Weise die noch unsichere männliche Identität zu stabilisieren. „Männer, oft die eigenen Väter und Gleichaltrige, unterstützen diese abrupte Ablösung, indem sie mit Spott und Hänseleien auf Verhalten reagieren, das sie für weichlich-weibisch halten" (Streeck-Fischer 1995, S.210). Das ist, wie die von mir durchgeführten Interviews mit den zwei spätadoleszenten Jungen bestätigen, einer der Gründe, warum es männlichen Jugendlichen schwerer fällt, in psychischen Notlagen eine Beratung aufzusuchen. „Adoleszente Mädchen", so konstatiert Josselson (1991) das abweichende weibliche Phänomen, „formulieren die Identität eher in Verbindung zu anderen und in geringerer Distanz zu ihrer Familie als Jungen" (S.38).

Adoleszenztheorien betonen in der Regel als vordringliche Entwicklungsaufgabe die Ablösung von den primären Bezugspersonen, die Individuation des Subjekts und sein Streben nach Autonomie. Theoretikerinnen der weiblichen Entwicklung stellen nun zusätzlich heraus, daß die Erhaltung und Gestaltung von Beziehungen für junge Frauen wie für Frauen überhaupt ebenso wichtig seien wie die Ablösung, weil sie ihr Selbstgefühl in starkem Maße über Beziehungen definieren. „Wenn wir beide Theorien akzeptieren, müssen wir uns fragen," schreibt L. Stern (1992), „wie es jungen Mädchen gelingt, diese gegensätzlichen Bestrebungen miteinander in Einklang zu bringen, sich also gleichzeitig abzulösen und Bindungen zu haben" (S.254).

Ein Lebensthema spätadoleszenter Mädchen ist also die Unabhängigkeit von den elterlichen Bezugspersonen und gleichzeitig der Aufbau neuer Perspektiven für ihre Beziehungen. Wie diese in sich widersprüchliche Thematik von der einzelnen Jugendlichen gestaltet und gelöst wird, hängt entscheidend von der biographischen Tönung der individuellen Kind-Eltern-Beziehung ab. Auch Stern stellt in ihrem Aufsatz „Vorstellungen von Trennung und Bindung bei adoleszenten Mädchen" (1992), der allerdings nur Mädchen der mittleren Adoleszenz erfaßt, fest, daß es unterschiedliche Weisen gibt, wie weibliche Heranwachsende mit diesem Lebensthema umgehen. Einige der von ihr befragten Mädchen betonten stärker den Aspekt der Trennung, des Bruchs mit den Eltern und der Loslösung von ihnen, während andere den Wunsch äußerten, auch weiterhin Unterstützung und Bestätigung von diesen zu erhalten, ohne ihr Streben nach Emanzipation aufzugeben.

Die spätadoleszenten Varianten dieser Vorstellungen von Unabhängigkeit und Verbundenheit, von Ablösung und Rückbindung, weisen nach meinen Erfahrungen und wie den hier durchgeführten Interviews zu entnehmen ist, eine ähnliche Bandbreite auf. Einige der befragten Mädchen streben eine mehr oder weniger radikale Distanz von mindestens einem Elternteil an, meist von der Mutter; andere vollziehen eine sanftere Trennung und wollen die Gesprächsmöglichkeit und den Kontakt mit den Eltern nicht grundsätzlich aufs Spiel setzen. Unabhängigkeit bedeutet für Mädchen und junge Frauen vor allem, daß sie sich von der Mutter und den Familienmitgliedern unterscheiden, daß sie ihre Eigenarten erkennen und leben können und daß sie sich selbst versorgen und ihr Leben nach eigenen Gesichtspunkten verwalten und gestalten können. Meist wird die Ablösung verfolgt mit dem Ziel, irgendwann die Beziehung mit den Eltern wieder aufzunehmen, um sie dann besser und intensiver zu erleben als vorher. Auch dieses spiegeln die vorliegenden Interviews wider. Alle Mädchen erwähnen, daß sie – nach Zeiten heftiger Auseinandersetzung – zum Zeitpunkt der Befragung wieder ein gutes oder mindestens akzeptables Verhältnis zu ihren Eltern haben.

Beziehung und Versöhnung mit den Eltern oder zumindest die Akzeptanz der beiderseitigen Andersartigkeit erscheint als ein Ziel am Ende der Spätadoleszenz. So faßt auch Stern zusammen, „daß die Themen 'Ablösung' und 'Bindung' zwar beide sehr wichtig sind, daß die Mädchen aber selten das Gefühl haben, entweder das eine oder das andere wählen zu müssen" (ebd., S.263). Demnach ist die Ablösung vom Elternhaus als Determinante weiblicher Entwicklung nicht kontrapunktisch zu sehen zu Abhängigkeit und Bindungsorientierung. Weibliche Entwicklung scheint das inhärente Ziel zu haben, daß sie „zur Fähigkeit [führt], auf den anderen wieder neu einzugehen und Verbundenheit herzustellen [...]" (ebd., S.264). Nach geglückter Abgrenzung und Individuierung suchen die spätadoleszenten Mädchen eine erneute Beziehung zu den alten Bezugspersonen, aber nun in anderer Gestalt und auf 'höherem' Niveau.

Die Entwicklungsaufgabe der Balancierung zwischen Bindung und Ablösung stuft Mentzos (1984) als einen psychischen Grundkonflikt ein. Seiner Theorie gemäß ist es nicht nur ein Konflikt der weiblichen Entwicklung, sondern der menschlichen Entwicklung schlechthin. „Wenn es einen 'zentralen' Konflikt, aus dem sich alle anderen Konflikte ableiten lassen, tatsächlich gibt, so ist dieser [...] der Abhängigkeits-Autonomie-Konflikt" (ebd., S.293). Er muß auf allen Entwicklungsstufen neu bearbeitet werden, erfährt aber, so King (1997), „in der Adoleszenz eine zukunftsweisende Lösung" (S.40).

Wenn dieser Konflikt jedoch, wie ich herausstellte, eine so deutliche weibliche Variante hat, dann liegt das vermutlich darin begründet, daß diese Entwicklungsthematik beim Mädchen eine tiefe Verankerung im Körperlichen hat. „Mit der Pubertät kommt die Zukunft nicht nur näher, sie richtet sich im Körper ein [...]" (Flaake 1997), positiv wie negativ, denn der weibliche Körper ist von der Adoleszenz an nicht mehr „ein Körper für sich allein" (Flaake 1992). Er ist potentieller Ort der Vereinigung von Mann und Frau und potentieller Raum zum Wachsen eines neuen Wesens. Gelingt die Selbst-Objekt-Abgrenzung nur mangelhaft oder gestaltet sie sich konflikthaft, wird der weibliche Körper sehr häufig und dann in ausgeprägtem Maße „zum Austragungsort oder gar Schlachtfeld der psychischen Spannungen und Verstörungen [...], – prominentes Beispiel sind die weit verbreiteten Eßstörungen" (King, ebd.).

3. Kapitel
„Krise" und „Kritisches Lebensereignis" als Parameter spätadoleszenter Entwicklung

1   „Krise" – Begriff und Verständnis

> Doch wenigstens komme ich,
> je tiefer ich falle,
> desto eher unten an und beginne
> von dort wieder den Aufstieg.
>
> Sylvia Plath, Tagebücher, 19 Jahre

Bedeutsame Lebensereignisse, existentielle Krisen und traumatische Lebenseinschnitte haben in der Entwicklungspsychologie immer eine wichtige Rolle gespielt, da sie Auswirkungen auf Selbstkonzept, Handlungsmuster und Lebenspläne eines Individuums haben. Allerdings dienten sie bislang häufiger „der Erklärung von Entwicklungsstörungen als [...] der Erklärung positiver Entwicklungsverläufe" (Montada 1995, S.62). Dies hatte zur Folge, daß dadurch die Faktoren Streß und Überforderung und der Aspekt der fehlenden Kompetenz, um diese kritischen Lebenssituationen zu bewältigen, in den Vordergrund rückten.

Daß Krisen und kritische Lebensereignisse Menschen auch zu Umorientierungen in ihrem Handeln und Denken führen können und damit positive Entwicklungsfolgen bewirken, wenn Coping-Strategien gefunden und beherrscht werden, ist eine zur Zeit leitende entwicklungspsychologische Fragestellung der Ereignisforschung (vgl. Lehr 1998). „Viele Probleme und Krisen", so umreißt Montada diese Sichtweise, „werden noch lange erinnert als traumatische Ereignisse, als große Herausforderungen oder als Wendepunkte, die dem Leben eine neue Richtung gaben, eine Reorganisation der Lebenspläne notwendig machten und aus denen man vielleicht mit neuem Selbstkonzept und neuer Weltsicht hervorging" (ebd., S.63).

Der Begriff der Krise und des kritischen Lebensereignisses hat unter dieser Perspektive nicht nur negative Konnotationen, sondern eröffnet einen Bedeutungsrahmen, der auch Neuorientierung, Transformation, Wachstum und Entwicklungsfortschritt umfaßt.

Ein anderes Wort, das einen eher positiven Aspekt von 'Krise' impliziert und das mir ergänzend zu den in sprachliche Metaphern gekleideten Erfahrungen der befragten Mädchen einfiel, ist der in Philosophie und Theologie gebräuchliche Begriff des 'Kairos'. Im breiteren Sprachgebrauch bezeichnet dieser Begriff im Gegensatz zu 'Chronos', der formalen Zeit, die fruchtbare, willkommene, erfüllte Zeit. Gedacht ist an ein Zeiterleben in der Lebenszeit, das in seiner existentiellen Tiefe abweichend vom üblichen Erleben ist. Im 'Kairos' sind Sinnaspekte wie 'Zeit der Ernte', 'Zeit des Todes', 'Zeit des Gesundens' enthalten (vgl. Bauer 1971), die auf jene dialektische Spannung des 'Stirb und werde' in einer überschaubaren Zeitspanne oder zu einem bestimmten Zeitpunkt verweisen. Zu denken wäre an eine Zeit der Wende und des Wandels[1].

Buchholz (1998) weist darauf hin, daß es vor allem in einem therapeutischen Setting solche Momente tiefstgehender Erfahrung geben kann. „Die Zeit verdichtet sich in einem kairotischen Augenblick", schreibt er – und kommt damit auch dem Erleben der spätadoleszenten Mädchen in der Therapie nahe –, „der die chronologische Zeit außer Kraft setzt und doch alles enthält. Es ist ein Moment zeitlicher Verdichtung und zugleich zeitlicher Entzerrung, eine Bewegung des 'opening up', die ein Thema erhellt, weil sich alles öffnet, und zugleich eine Bewegung des 'closing down', in der alles erledigt scheint und nichts mehr gesagt zu werden braucht, weil alles gesagt wird im Schweigen" (S.547)

Auch für die psychoanalytische Betrachtungsweise steckt in dem Wort 'Krise' die Bedeutung von 'Chance' und 'Gefahr' gleichermaßen. „Krisen sind zwar gefährlich, enthalten aber auch die Chancen zum Wandel" (Erdheim 1988, S.203). Sie sind Wendepunkte, die zum Besseren wie zum Schlechteren führen und sowohl Verlust wie Gewinn bedeuten können. So betont auch Kraft (1995), „daß eine massive Krise oder eine schwere Erkrankung kein bedauerliches Mißgeschick sein muß, sondern ganz im Gegenteil notwendige Vorbedingung für einen ganz entscheidenden progressiven Entwicklungsschritt [...] sein kann" (S.253).

Auf der Grundlage dieses Verständnisses betrachten einige Autoren (Blos, Bürgin, Bohleber, Erdheim, Erikson) die Lebensspanne der Spätadoleszenz in besonderem Maße als eine Zeit der Krise, wobei das Ausmaß der Krisenhaftigkeit und die Art, wie sie erlebt wird, für die einzelnen Jugendlichen oder jungen Erwachsenen ideosynkratische Varianten aufweisen. Für Bohleber (1996, S.23) liegt das Krisenhafte in der Janusköpfigkeit und Zwiespältigkeit spätadoleszenter Lebensformen, dem vorwärtsstrebenden Entwicklungsdrang zur Individualisierung einerseits und der rückwärtsgewandten Fixierung im primären Beziehungskontext der Herkunftsfamilie andererseits. Die Krisendynamik der Spätadoleszenz beinhaltet sowohl Elemente eines regressiven Sogs wie eines explosiven Fortschreitens, was Gefährdung und Chance gleichermaßen bedeutet. „Die Spätadoleszenz ist ein entscheidender Wendepunkt und daher eine Zeit der Krise", formuliert auch Blos (1962), „hier ist es, wo wir die eigentliche Krise der Adoleszenz suchen müssen, die so oft die Integrationsfähigkeit des Individuums überfordert und adaptives Versagen, Ich-Mißbildung,

---

1 vgl. auch P.F. Schmid, der die Bedeutung des 'Kairos' für die personzentrierte Therapie anspricht, 1994, S. 204ff.

Defensivmanöver und schwere Psychopathologie verursacht" (S.152). Auf diese Weise beschreibt er die Ebene der Gefährdung, der die Heranwachsenden ausgesetzt sind, wenn sie die anspruchsvollen psychischen Integrationsleistungen, die ihnen abverlangt werden, nicht bewältigen.

Vor allem Erdheim (1988) betont die Wichtigkeit der Krisenbewältigung in der Spätadoleszenz und die Bedeutung, die aktivierte Ressourcen und neu erworbene Fähigkeiten dabei für das jugendliche Individuum haben, um einen psychosozialen Wandel zu bewirken. Ein gelungener Adoleszenzverlauf – so seine Ansicht, die auf mich überzeugend wirkt, – legt die Grundlagen für eine Bewältigung von Lebenskrisen schlechthin: „Meine These wäre kurzgefaßt die, daß es der Ablauf der Adoleszenz ist, der darüber entscheidet, wie man im Verlauf seines Lebens mit Krisen wird umgehen können" (S.203).

Daß psychosoziale Beratung als Krisenbewältigung in einem solchen Lebenskontext eine entscheidende Funktion haben kann, ergibt sich nach dem bisher Gesagten von selbst.

2 Konzept des „Kritischen Lebensereignisses"

Entwicklungspsychologische Perspektive

Ungeachtet der verschiedenen Forschungsansätze zur Analyse kritischer Lebensereignisse (vgl. Filipp 1990) interessiert in diesem Kontext die entwicklungspsychologische Perspektive. Eine Grundannahme dieses Konzepts ist, wie schon erwähnt, „daß der Konfrontation mit kritischen Lebensereignissen nicht a priori eine potentiell pathogene Wirkung zugeschrieben wird, sondern daß sie vielmehr notwendige Voraussetzung für entwicklungsmäßigen Wandel, [...], darstellen und somit potentiell zu persönlichem „Wachstum" beitragen können." (Filipp, ebd., S.8). Veränderungsprozesse dieser Art werden dabei über einen längeren Zeitraum, und nicht unabhängig von lebensgeschichtlichen, bio- und soziokulturellen Kontexten, verfolgt und betrachtet. Individuellen Biographien kommt bei der Erforschung kritischer Lebensereignisse eine besondere Bedeutung zu, weil eine weiter reichende Analyse „den aktiven Umgang der Person mit diesen Ereignissen in die Betrachtung" einschließen muß (ebd., S.9). Indem einerseits die aktive Rolle der durch ein Lebensereignis betroffenen Personen herausgestellt und andererseits Struktur und Qualität des Lebensereignisses betrachtet werden, die in einem wechselseitigen Prozeß der Auseinandersetzung einer Lösung zustreben, definiert sich dieses Konzept als ein dialektisches Entwicklungsmodell.

Die mit kritischen Lebensereignissen konfrontierten Individuen erleben die Geschehnisse als Zäsuren, die von ihnen „auch retrospektiv – etwa in autobiographischen Berichten – häufig als Einschnitte und Übergänge im Lebenslauf wahrgenommen werden" (ebd., S.293). Die diesem heuristischen Modell inhärente Forschungsstrategie der 'retrospektiven Methode' soll an anderer Stelle näher dargestellt werden.

Welche Bedeutung diese Konfrontationen in einem individuellen Lebenslauf erhalten, wird „auch immer getrennt für verschiedene Generationen, für verschiedene historische Zeitpunkte und verschiedene Altersgruppen zu beantworten sein" (ebd., S.8). Mittels dieser Perspektive lassen sich ideosynkratische und kollektive biographische und entwicklungspsychologische Phänomene verknüpfen. Die These, daß die Bedeutung kritischer Lebensereignisse altersabhängig ist, gilt es für den Lebensabschnitt der Spätadoleszenz zu erhärten.

Ereignismerkmale

Bei der Beschreibung und Klassifikation von Lebensereignissen muß der Bedeutungsgehalt, den diese für eine spezifische Altersgruppe haben, mitbedacht werden. So hat beispielsweise der Umzug eines Adoleszenten, der erstmalig aus der Wohnung der Eltern in eine eigene Wohnung zieht, ein anderes Ausmaß an Bedeutung als der Umzug einer 40jährigen Person, die schon einige Umzüge hinter sich hat.

Sieht man sich Listen kritischer Lebensereignisse an, die in der Forschung verwendet werden (z.B. Mummendey 1990, S.155f) und modifiziert und spezifiziert diese in einigen Punkten, dann läßt sich schlußfolgern, daß für die Altersgruppe der Spät- und Postadoleszenten bestimmte kritische Ereignis-Items bedeutsam sind, die ich im folgenden *kursiv* hervorheben werde:

- *Wohnungswechsel, Ortswechsel* (Umzug, neue Wohnung, neues Haus, andere Stadt, Internatsbesuch)
- Änderung des Tagesablaufs
- *Änderung der Lebensweise* (neue Lebensgewohnheiten, Zusammensetzung der Familie: Scheidung der Eltern, Auszug der Geschwister, Wechsel der Interessen und Hobbys)
- *Änderung des Freundeskreises* (andere Freunde als früher)
- *Änderung sozialer Aktivitäten* (am Ausbildungsplatz, am Arbeitsplatz)
- *Ende der Ausbildung* (Abgang von der Schule, Beendigung oder Wechsel der Ausbildung)
- Militär- oder Zivildienst
- *Berufswahl/Berufswechsel* (Studienbeginn, Stellensuche, Stellenwechsel, Umschulung)
- Änderung religiöser Aktivitäten (Kirchenaustritt, Konfessionswechsel, Engagement)

- Finanzielle Veränderung
- Arbeitslosigkeit
- *Lösung aus Lebensgemeinschaft, Trennung* (von den Eltern, von PartnerInnen, von SchulfreundInnen, von LehrerInnen)
- *Eingehen einer Bindung* (Zusammenleben, Verlobung, Heirat)
- Geburt eines Kindes (Schwangerschaft, Geburt, Abtreibung)
- Tod einer nahestehenden Person (PartnerIn, Familienangehörige, FreundIn)
- *körperliche Krankheit und seelische Verstörtheit* (längere Zeit krank oder psychisch labil, Unfall, Suizidversuch)
  Ergänzend zu diesem Item möchte ich hinzufügen:
- *Aufsuchen einer Beratung oder Therapie*

Die Frage, wie viele und welche Ereignisse eine Person in welchem Zeitraum erlebt, ist die Frage nach dem Krisengehalt und der Belastung in ihrem Leben. Die aufgelisteten Ereignismerkmale sind nicht grundsätzlich an ein bestimmtes kalendarisches Alter geknüpft, sondern treffen in ihrer Mehrheit für die gesamte Lebensspanne zu. Treten sie aber in einer Altersspanne kumulativ auf, werden sie quasi zu universellen Erfahrungen einer Altersgruppe.

Ich gehe davon aus, daß die (von mir) markierten Items sich nicht nur singulär bei Jugendlichen zwischen 17/18 und 25 Jahren als kritische Lebensereignisse vollziehen (vgl. auch die befragten Mädchen im Rahmen dieser Arbeit), sondern daß in der Phase der Spät- und Postadoleszenz diese Ereignisfaktoren bei einer größeren Population gehäuft und in besonderer Intensität auftreten oder als solche antizipiert werden, was sich dann in dieser kumulativen Wirkung als generelle „Übergangskrise" oder „Entwicklungskrise" dieser Altersgruppe manifestiert. Kommen in Einzelfällen individuelle Krisen wie Tod eines Familienmitglieds, Schwangerschaft oder Abtreibung situationserschwerend (auch dafür geben die Interviews Belege) hinzu, dann verschärfen sich individuelle Adoleszenzkrisen. Forschungsergebnisse bestätigen die Tatsache, daß „eine Reihe von Faktoren die Wirkung eines Lebensereignisses (beeinflussen), nämlich Zeitpunkt, Intensität, Dauer, Abfolge und das Ausmaß der Interferenz mit anderen Lebensereignissen" (vgl. Danish/D'Augelli 1990, S.162).

Spätadoleszenz als Übergangskrise

Kritische Lebensereignisse in der Spätadoleszenz zeigen sich folglich als eine intensive, krisen- und konflikthafte Übergangsphase. Anders als in der frühen Adoleszenz, in der aufgrund tiefgreifender somatischer Veränderungen die krisenhaften Umschwünge eher biologisch mitdeterminiert sind, geht es in der späten Adoleszenz primär um die „sozial normierten Markierungspunkte" im

Lebenslauf (Danish/D'Augelli 1990, S.161), die auf die Übernahme und Gestaltung neuer sozialer Rollen in der Gesellschaft hinauslaufen. So sind es im spätadoleszenten Übergangsgefüge soziale und damit verbunden psychische Faktoren, die ein prozessuales Veränderungsgeschehen auf der Schwelle zum Erwachsenensein fordern und in Gang setzen. Wir können hier von einer sozial mitdefinierten, das heißt von einer normativen Übergangsperiode sprechen, die sich als Entwicklungsprozeß versteht.

Die zeitliche Terminierung einer Entwicklungsphase, und damit auch der spätadoleszenten Lebensspanne, kann nach dem Konzept der Ereignisforschung dennoch nicht als ein fixierter, rigider Zeitabschnitt im individuellen Lebenslauf verstanden werden, sondern zeigt sich abhängig von der Art und dem Ablauf der Bewältigung der dieser Altersgruppe abverlangten gesellschaftlichen Herausforderungen. Kritische Lebensereignisse, Übergang und Lebensalter sind also in diesem Kontext interaktiv miteinander verknüpft. Sie dürfen aber trotz inhärenter normativer Elemente nicht als eine zeitlich und inhaltlich festgelegte Entwicklungsphase verstanden werden (weshalb eine mögliche Verlängerung der spätadoleszenten Phase als Postadoleszenz konzeptualisiert wird).

Allerdings sei an dieser Stelle kritisch angemerkt, daß die Ereignisforschung innerpsychischen Prozesse, die mit solchen Übergängen und Reaktionen auf kritische Lebensereignisse verknüpft sind, bisher wenig Aufmerksamkeit geschenkt hat – auch in Hinblick auf die Möglichkeit einer Kategorisierung von subjektivem Erleben und von Einstellungen (vgl. Mummendey 1990, S.252ff). So betont auch Filipp (1990), daß es unklar ist, ob und wie das Konzept der kritischen Lebensereignisse „tatsächlich für die Erklärung intraindividuellen Wandels in ausgewählten Entwicklungsdimensionen geeignet ist oder wann gar Lebensereignisse 'Zugewinn' und 'Wachstum' implizieren." (S.306)

Der einzelne und die Kohorte

> Selbst die Hinnahme 'kritischer Lebensereignisse'
> ist noch Ausdruck einer Lebenskonstruktion.
> H. Bude, Das Altern einer Generation

Die Adoleszenten erfahren sich in kritischen Lebensereignissen nicht nur als Produkte, als „Opfer" des Geschehens, sondern auch als Produzenten, als „Täter" der Ereignisse. Sie erleiden diese und haben dennoch zu einem gewissen Grad auch Einfluß auf die Art und Weise, wie und wann ein Ereignis eintritt.

Darin steckt die Aufforderung zum Umgang mit und zur Veränderung von krisenhaften Lebenslagen, was eine affektive und kognitive Umorientierung beinhaltet. „Die Erforschung von Veränderungen der Lebenslage verspricht insofern entwicklungspsychologisch ergiebig zu sein", so wertet Montada (1990) diese Vorgabe, „als die zeitliche Abfolge von Veränderungen und beobachteten Folgen eine Ursache-Wirkungs-Interpretation erlaubt, die bei der Analyse von Unterschieden immer problematisch ist" (S.273f).

Es ist sicherlich Allgemeingut, aber für einen forschenden Zugang ein unerläßlicher Aspekt, daß gleiche oder ähnliche 'kritische Lebensereignisse' einen unterschiedlichen Stellenwert für verschiedene Personen bedeuten. Es bestehen immer individuelle Rezeptionen, Deutungen und Verarbeitungen von spezifischen bedeutsamen Lebenssituationen. Das Verlassen der Schule mit dem Abitur, beispielsweise, mag von einer Spätadoleszenten als ein Verlust an Geborgenheit und Halt erlebt werden, für eine andere bedeutet dieses Ereignis die sehnsüchtig erwartete Freiheit von Leistungsdruck und dreizehnjähriger Institutionalisierung und Routine. Es kommt darauf an, was jemand bewußt aus einem Ereignis macht. Aber auch die Tatsache, daß langjährige Vorerfahrungen die Bewertung eines Ereignisses mitbestimmen, ist ein nicht zu unterschätzender Faktor.

Ideosynkratisches ist so in generationsspezifischen Entwicklungsläufen abgebildet und eingebettet. Dadurch entsteht eine gewisse Variationsbreite altersspezifischer Adoleszenzverläufe, die dennoch gemeinsame Nenner aufweisen. Da, wo eine ganze Altersgruppierung mit gesellschaftlich vorgegebenen Anforderungen und Herausforderungen konfrontiert wird, sei es das Verlassen des Elternhauses, die Wahl einer Ausbildung oder die Festlegung eines Berufs, manifestieren sich soziale Normsetzungen als Auslöser kritischer Lebensereignisse. Wo es um Normierung gesellschaftlicher Forderungen an Adoleszente geht, berührt sich das Konzept des „kritischen Lebensereignisses" mit dem der „Entwicklungsaufgaben".

Neben der Konfrontation mit normativen Ereignissen können sich Spätadoleszente natürlich auch nicht-normativen Krisensituationen und biographischen Besonderheiten ausgesetzt sehen, wie beispielsweise dem plötzlichen Tod eines Familienangehörigen, einem Unfall oder einem Suizidversuch. Solche Einschnitte erschweren dann den Problemlösungsprozeß zusätzlich und können zu klinisch-pathologischen Zuständen führen – ein Phänomen, was generell in kritischen Übergangsperioden zu beobachten ist, wenn normative und nicht-normative Krisen kumulieren.

Stützsysteme und Entwicklungsziele

Neben individuellen Bewältigungsstrategien wird der soziale Kontext, in dem eine Person lebt, im Rahmen der Ereignisforschung als hoch bedeutsam angesehen, denn „es gehört zu den überzeugendsten und immer wieder bestätigten Befunden, daß die Existenz sozialer Stützsysteme ein entscheidender Faktor bei der Bewältigung kritischer Ereignisse ist" (Montada 1990, S.276). Entwicklung in einer kritischen Lebensphase scheint zu gelingen, wenn die situative Belastung und das Maß an geforderter Veränderung für den einzelnen dosiert ist.

Als ein wichtiges Unterstützungssystem in der Phase der Spätadoleszenz gilt die Gruppe der Gleichaltrigen, die sich gegenseitig bei der Bewältigung normativer Übergänge hilft, mit der Erfahrung im Hintergrund, daß in der Gemeinschaft der Altersgenossen alle gleichermaßen herausgefordert sind, ähnliche Situationen und gesellschaftliche Anforderungen zu meistern. „Hier finden wir erste Hinweise auf einen gesellschaftlichen Mechanismus, der dem Individuum bei der Bewältigung von Krisen hilft", stellt Olbrich fest (1990a, S.126). In kritischen Entwicklungsphasen gibt es Notwendigkeiten der Veränderung, die einzelne, so auch spätadoleszente Jugendliche, mit ihren routinemäßigen Verhaltensmöglichkeiten nicht mehr oder nicht allein bewältigen können, für die ihnen keine „Coping-Strategien" zur Verfügung stehen, weil ihnen die dafür nötigen Verhaltenspotentiale fehlen.

Auch kann es für einzelne so weit kommen, daß „im Falle des Übergangs [...] die Veränderungen so gravierend [sind], daß die Person damit nicht fertig werden kann. Abwehr und – in Extremfällen – Fragmentierung sind die Folge; die Person zeigt ein der Anforderung bzw. Veränderung inadäquates Verhalten" (Olbricht, ebd., S.135). In solchen Fällen reichen die natürlich gewachsenen Sozialsysteme nicht aus, und andere soziale, unterstützende Maßnahmen werden erforderlich, damit eine adäquate Dosierung der Anforderungen gefunden und die notwendigen Bewältigungsstrategien gefördert werden können. Gegebenenfalls erstreckt sich eine solche soziale Stützung einzelner Personen und ganzer Gruppierungen sogar über weite Strecken eines Lebensabschnittes. Psychosoziale Beratung mit Spätadoleszenten bietet sich als ein mögliches und oft auch entscheidendes Unterstützungssystem in solchen Fällen von Überforderung an.

Der Effekt eines kritischen Lebensereignis scheint mit der Qualität des sozialen Stützsystems, das jemandem zur Verfügung steht, zu variieren (vgl. Danish/D'Augelli 1990, S.164f). Ebenso können wir davon ausgehen, daß von der Art der kognitiven Verarbeitung abhängt, in welchem Maße kritische Lebensereignisse Einfluß nehmen auf die Änderungen im Selbstbild und Selbstkonzept eines Menschen. So betont auch Lehr (1998), daß biographische Untersuchungen deutlich machten, „daß weniger bestimmte Lebensereignisse selbst für die weitere Entwicklung entscheidend sind als vielmehr deren kognitive Repräsentanz und die Formen der Auseinandersetzung mit diesen" (S.314).

In diesem Kontext ist die forschungsrelevante Diskussion um Art und Qualität eines Stützsystems für uns von großem Interesse. Es scheint sich eine Tendenz anzudeuten, daß eine vertrauenswürdige Person mit relevanten Persönlichkeitsmerkmalen von vielen als eine noch wichtigere Quelle der Unterstützung angesehen wird als ein kollektives soziales System. Möglicherweise garantiert ein individuelles Setting mit individueller Begleitung, wie es in der Einzelberatung geschieht, ein hohes Maß an kognitiver und emotionaler Bewältigung kritischer Lebensereignisse.

Entwicklungsziel stützender Maßnahmen sollte nach Maßgabe der Ereignisforschung „die Fähigkeit einer Person zur erfolgreichen Auseinandersetzung mit Lebensereignissen" sein „unabhängig davon, ob es sich um normative oder nicht-normative Ereignisse handelt" (Danish/D'Augelli, ebd., S.162). Geht man mit diesen Autoren davon aus, daß die individuelle Bewältigungsgeschichte vergangener Lebensereignisse und die Art der Unterstützung, die ein Mensch durch seine Umwelt erfährt, entscheidend zum Erreichen des oben genannten Ziels beitragen, dann ist es von Bedeutung, auch für eine zukünftige Krisenbewältigung, welche Coping-Strategie spätadoleszente Jugendliche lernen. Denn „Erfahrungen in der Auseinandersetzung mit kritischen Lebensereignissen [erhöhen] die Fähigkeit zu einer kompetenten Bewältigung künftiger Ereignisse" (ebd., S.163). Wenn einmal Muster erfolgreicher Bewältigungsstrategien gelernt worden sind, erfahren sich Personen weniger verwundbar durch Folgekrisen.

Entwicklungspsychologisch betrachtet ist die Adoleszenz, vor allem die Spätadoleszenz, eine Zeit, in der sich die kognitiv-reflektorischen und psychosozialen Kompetenzen der Heranwachsenden erstmals so weit herausgebildet haben, daß sie bewußt im Dienst eigener Denksysteme und Verhaltensformen für den Umgang mit kritischen Ereignissen genutzt werden können.

Sozialen Stützsystemen und Formen individueller Unterstützung kommt damit als Maßnahmen der Entwicklungsförderung eine besondere Bedeutung im spätadoleszenten Lebensabschnitt zu. Sie bieten sich vor allem dann an, wenn innere und äußere Einflüsse die eigenen Lösungsversuche der Spätadoleszenten bei der Konfrontation mit Problemen und Krisen blockieren.

Soziale Stützsysteme können den Grund legen für den Aufbau von Kompetenzen im Umgang mit kritischen Lebensereignissen. „Während sich Lebensereignisse in ihrer jeweiligen Thematik unterscheiden mögen, sind die Fertigkeiten, Einstellungen und Bereitschaften, die man zum erfolgreichen Umgang mit diesen Ereignissen braucht, einander in hohem Maße ähnlich" (Danish/D'Augelli, ebd., S.167). Zu diesen spezifischen Fähigkeiten gehört beispielsweise folgendes:

- eigene Motive erkennen
- sich Ziele setzen
- Entscheidungen für sich treffen
- Risiken eingehen
- soziale Kontakte herstellen
- sich eigenständig Informationen besorgen.

Von dem Gewinn dieser Fähigkeiten berichten auch die befragten Mädchen dieser Studie, und dies nicht selten als ein Ergebnis der Beratungsphase. Ich schließe mich hier der neueren Tendenz entwicklungspsychologisch orientierter Ereignisforschung an, welche kritische Lebensereignisse nicht ausschließlich auf ihre pathogenen Wirkungen hin analysiert, sondern in ihnen eine Chance für Lerngewinne und einen Motor psychosozialer Entwicklung sieht.

Auch wenn sich das Konzept der „Kritischen Lebensereignisse" in seinen Grundannahmen bisher schwerpunktmäßig auf das Erwachsenenalter konzentriert hat, so sprechen keine zwingenden Gründe dagegen, es nicht auch für die Lebensphase der Spätadoleszenz als einer transitorischen in den Erwachsenenstatus anzuwenden. Im Gegenteil, gerade diese Lebensspanne präsentiert sich als eine durch bemerkenswerte und kritische Ereignisse gekennzeichnete Zeit, die mittels dieses Forschungszugangs weiter in ihrer Bedeutung erhellt werden kann.

3 Spätadoleszenz als Wandlungskrise

Initiationen finden heute statt

> Ich habe meine Wintersonnenwende hinter mir.
> Der sterbende Gott des Lebens und der Fruchtbarkeit
> wird wiedergeboren.
> Du bist zwanzig. Du bist nicht tot, auch wenn du tot warst.
> Das Mädchen, das starb. Und dann wieder auferstand.
> Kinder. Hexen. Magie. Symbole.
> Vergiß nicht, die Phantasie funktioniert nicht logisch.
> Sylvia Plath, Tagebücher, 20 Jahre

Einen ganz eigenen Zugang zum Thema des Erwachsenwerdens, des Übergangs in das Erwachsenenleben, bietet die Kulturanthropologie beziehungsweise die traditionelle Ethnologie. Initiationsriten, im engeren Sinne Pubertätsriten, die in den sogenannten primitiven, vorindustriellen Gesellschaften die Zäsur zwischen Kindheit und Erwachsensein darstellten und in denen Trennung und Tod, Neuanfang und Wiedergeburt symbolisch durchlebt wurden, gibt es in dieser Form in unserer hoch industrialisierten und pluralistischen Gesellschaft nicht mehr. Ein eindeutig festgelegtes Ritual, das den Übergang in den Status des Erwachsenen für alle nachvollziehbar markiert, ist für uns nicht mehr vorstellbar, ebenso wenig, wie sich das Ende der Jugend eindeutig bestimmen läßt. Erdheim (1993a) spricht in diesem Kontext von einer „Entritualisierung" (S.132) der Adoleszenzverläufe in der Postmoderne.

Unsere gesellschaftliche und kulturelle Wirklichkeit bietet das Bild einer „zergliederten Statuspassage" (vgl. Helfferich 1994, S.84) für die Jugend, deren Entwicklungsverläufe sich vielmehr als „eine asynchrone Abfolge verschiedener von einander entkoppelter Reifeschritte und eine vielfältige Mischung von partiellem Erwachsensein und partieller Abhängigkeit" (ebd.) darstellen. So kann beispielsweise in einem Lebensbereich, nehmen wir die sexuellen Beziehungen, eine 18jährige Jugendliche als erwachsen gelten, während sie sich in einem anderen Sektor, beispielsweise ihre ökonomische Selbständigkeit betreffend, noch in kindlicher Abhängigkeit von den Eltern befindet. Diese Asynchronie kann aber, wie die Interviews dieser Arbeit zeigen, auch ebensogut anders herum gelagert sein oder andere Verhaltenssegmente als die genannten betreffen.

Trotz Entritualisierung und Entstandardisierung von Lebensläufen in unserer westlichen Welt, gehe ich mit einer Reihe von AutorInnen (Erdheim 1982; 1993a/b; Kaplan 1988; Steffen 1990; Helfferich 1994; Klosinski 1991; Kraft 1995; 1998) davon aus, daß bestimmte Phänomene auch heute noch als Übergänge, Übergangsrituale oder Initiationen zu deuten sind, so daß der These nachzugehen ist, „daß in jeder menschlichen Gemeinschaft bestimmte, für die Gruppe und/oder den einzelnen bedeutsame Passagen – von einem Status in einen anderen, von einem Territorium in ein anderes – auch auf der Ebene symbolischen Handelns vollzogen und ritualisiert werden [...]" (Steffen 1990, S.72). Meines Erachtens bietet das Modell der Initiation und des rituellen Übergangs eine für das wissenschaftliche Denken zwar ungewohnte, aber sehr ergiebige Richtung, die Entwicklungskrisen der Spätadoleszenz zu beschreiben und in einen neuartigen Interpretationsrahmen zu stellen.

Moderne Initiationen vollziehen sich, wie sich aus der fraktionierten Statuspassage der heutigen Jugendlichen ableiten läßt, immer als Teil-Initiationen. Sie sind meist auch Selbst-Initiationen, da es in vielen Lebensbereichen keine gesellschaftlichen Institutionen mehr gibt, die sich für die Gestaltung von Übergängen, von Ablösungs-, Schwellen- und Eintrittsritualen im Blick auf den Beginn des Erwachsenenlebens verantwortlich fühlen. Selbst-Initiationen können wir als spontane Initiationen betrachten, durch die Adoleszente sich bewußt oder unbewußt Rituale oder Regeln für sich allein oder unter Gleichaltrigen schaffen, um Ängste vor dem Neuen, vor dem Noch-nicht-Erfahrenen, vor einer tiefgreifenden persönlichen Veränderung zu kanalisieren. „Psychologisch gesehen dienten die Rituale der Angstreduktion und der emotionalen Stabilisierung: sie standen also im Dienste der Krisenbewältigung", schreibt Erdheim (1993a, S.132). Das gilt auch noch heute.

Initiationen sind Ausdrucksformen für tiefgreifende geistig-seelische Krisen, die auch im Gewand einer Krankheit auftreten können, „zumeist allerdings unerkannt, im verborgenen, unter anderen, oft hinter psychiatrischen Begriffen und Eingriffen versteckt" (Kraft 1995, S.12). Sie sind in heutiger Zeit individuelle Bewältigungsformen innerseelischer Entwicklungsdramen, die in einen höheren geistig-seelischen Zustand versetzen. Sie markieren auch Schritte, die auf eine differenzierte gesellschaftliche Statusebene führen sollen. Wir können Initiationen als Verhaltensformen mit Symbolcharakter definieren, denen offensichtlich – unabhängig von der jeweils kulturellen Prägung der äußeren Form – der psychische Impuls oder ein „intrapsychisch verankertes Muster" (Kraft, ebd., S.313) zugrunde liegt, ein signifikantes subjektives Erleben zu versinnbildlichen, welches außerhalb der physischen Natur liegt. Das heißt, daß es „das Bedürfnis nach und die innere Notwendigkeit (in Krisensituationen) zur Initiation im Unbewußten auch des heutigen Menschen" (Kraft, ebd., S.168) zu geben scheint.

Übergangsphänomene gewinnen anscheinend in verschiedenen kulturellen Räumen und zu unterschiedlichen lebensgeschichtlichen Zeiten dann an Bedeutung und werden zu transformativen Krisen, wenn eine zeit-räumliche Situation für einzelne oder für Gruppen mit Irritationen, Gefahren und Orientierungsschwierigkeiten verbunden ist.

Kraft (ebd.) zeigt in seinem Werk inhaltliche und strukturelle Ähnlichkeiten auf zwischen den Initiationen bei Schamanen und spontanen Selbst-Initiationen, wie sie sich heute in unserer Kultur, vor allem in den Bereichen der Kunst, der Religion und der Psychotherapie, darstellen. Damit wendet er ein Modell, das ursprünglich auf sozialen und beobachtbaren Ritualen basierte, auch auf intrapsychisch ablaufende Prozesse der Initiation an, eine Betrachtungsweise, die auch für meine Beobachtungen spätadoleszenter Übergangsphänomene, die sich weitgehend als Vorgänge intrapsychischer Natur darstellen, von großem Wert ist.

Erdheim (1982) weist mit Recht darauf hin, daß immer soziale und endopsychische Aspekte bei der Interpretation von Entwicklungsbildern und -prozessen zusammenfließen. Für die Erwachsenen würden Initiationen und Riten, mit denen diese das Leben der Heranwachsenden und ihre verantwortliche Einbindung in die Gesellschaft zu steuern und zu kontrollieren beabsichtigen, den Versuch darstellen, die oft brisante adoleszente Dynamik aufzufangen. Auch in unserer enttraditionalisierten westlichen Kultur gibt es dafür mehr oder weniger deutliche Beispiele. Bei der vorliegenden Darstellung soll jedoch nicht in erster Linie die gesellschaftliche Perspektive, der Aspekt der Initiation als soziale Regelung, interesseleitend sein. Vielmehr liegt es mehr im Rahmen des Themas, den Fokus auf die intrapsychischen Prozesse bei Statuspassagen in der Spätadoleszenz zu lenken.

Folglich gehe ich davon aus, daß sich Passagephänomene und -rituale auch für die lebensgeschichtliche Zeitspanne der Spätadoleszenz beobachten lassen. Es gilt, den Blick für die speziellen rituellen Ausdrucksformen dieser Altersgruppe zu schärfen, weil Heranwachsende auf diese Weise etwas mitteilen und verdeutlichen können, was anderweitig in seiner existentiellen Bedeutung nicht leicht zu erfassen ist. Dabei bin ich mir der Gefahr bewußt, daß man vorschnell alles, was mit dem Statuswechsel in die Welt der Erwachsenen zu tun hat, unter dem Begriff der Initiation subsumieren könnte. Mir liegt daran, den Fokus auf einschneidende Erlebnisse und Erfahrungen zu richten, die Spätadoleszente im „Möglichkeitsraum" (Khan 1983) der Beratung machten und machen und die in besonderem Maße in den sprachlichen Metaphern der befragten Heranwachsenden auf moderne Formen der Initiation schließen lassen. Wovon sie reden, das sind zutiefst subjektiv empfundene Wahrheiten über die eigene Entwicklungs- und Wandlungskrise.

Die marginale Phase der spätadoleszenten Statuspassage

> Und wenn ich mich auf neue Horizonte zubewege,
> auf ferne Ziele, besteht die Gefahr,
> daß ich alles, was ich jetzt besitze, verliere
> und dann vielleicht nichts als Einsamkeit finde.
>
> Sylvia Plath, Tagebücher, 20 Jahre

Um Initiationsverläufe zu kennzeichnen, hat das Klassifikationsmodell der „rites de passage" von van Gennep (1986/1909) die größte Bedeutung erlangt. Obwohl die entscheidenden Beobachtungen an stammesgesellschaftlichen Übergangsritualen gewonnen wurden, lassen sich mit Hilfe seines Strukturmodells auch Übergangsphänomene in einer hochkomplexen Gesellschaft wie der unsrigen deuten und systematisieren.

Übergänge und Übergangsrituale haben nach van Gennep eine dreigeteilte Struktur. Sie lassen sich in Bezug auf ihren Ablauf immer differenzieren nach drei Aspekten: Trennung („rites de séparation"), eigentlicher Übergang („rites de marge") und Anpassung oder Wiedereingliederung („rites d'agrégation") (van Gennep, ebd., S.21; vgl. dazu Steffen 1990, S.226f.; Kraft 1995, S.320ff). Diesen dreischrittigen Ablauf betrachte ich als einen transkulturellen Parameter, der einer spezifischen psychischen Reaktionsbereitschaft des Menschen in bestimmten kritischen Lebenssituationen zu entsprechen scheint.

Am interessantesten, aber schwer zu fassen, ist die Interimsphase der 'rites de marge', die zwischen der Trennung vom alten Status und dem Erreichen der Ziele, die den neuen Status ausmachen, liegt. Es „ist eine Zwischenzeit, eine Zeit der Grenzüberschreitungen, häufig auch der Regellosigkeit, resp. der Umkehr der Regeln, [...], der Aufhebung, des Aufschubes, der 'Auslassungspunkte', der Spannung, der Intensität, ein Spielraum am Rande, an der Marge" (Steffen, ebd., S.227, vgl. auch Kraft, 1995, S.255f.). In jedem Fall handelt es sich um einen Zustand oder Prozeß außerhalb der geregelten, 'normalen' Lebenswelt mit ihren geordneten Strukturen und Anpassungsmechanismen, um einen transitorischen Zeitabschnitt, der sich als eine Art Gegenstruktur oder sogar als ein chaotisch-anarchischer Zustand manifestiert, den Erdheim den „Karneval des Subjekts" und Erikson das „psycho-soziale Moratorium" nannte. Formal kann diese Passage sowohl eine eher unauffällige und mehr oder weniger kurze Krise sein als auch eine dramatisch verlaufende psychische oder psychosomatische Erkrankung. Inhaltlich geht es darum, sich wenigstens vorübergehend „von Vorbildern zu befreien und zu experimentieren, um sich auf die eigenen Fähigkeiten, Möglichkeiten, Ansichten, kurzum das zutiefst Subjektive des Erlebens einzulassen" (Kraft, ebd., S.159). Es handelt sich folglich um innere Umstrukturierung, um Klärung und Umwandlung bisheriger biographischer und psychischer Persönlichkeitsanteile, um Aufgabe kindlicher Loyalitäten, um Verzicht auf gewohnte soziale Sicherheiten und das Einlassen auf neue Ideen und Wertmaßstäbe. Diese Ziele sind vertraut und tauchten bereits unter dem Aspekt der Entwicklungsaufgaben der Spätadoleszenz auf.

Die *marge* wird oft als Zustand zwischen zwei Welten erlebt. In ihm sind die Momente der Gefahr und der Angst größer als vorher und nachher. Die Passage kann zeitlich von kürzerer oder längerer Dauer sein, inhaltlich gemäßigt oder heftig verlaufen. Entscheidend ist der Schritt über die Schwelle oder 'Grenze' in diese 'Zwischenwelt', den der Heranwachsende symbolisch als Eintritt in ein 'Niemandsland' erleben kann, psychisch wie physisch bedrohlich, und bei dem es ungewiß ist, wie er aus diesem Zustand wieder heraustreten wird, gestärkt oder geschädigt. „Der drohende Verlust oder der mögliche Gewinn kann materieller oder symbolischer Art sein, er kann geringfügig oder existentiell sein" (Steffen, ebd., S.316). Exzentrische Aktionen wie Drogenabusus, Alkohol- und sexuelle Exzesse können zum chaotischen Part dieser Übergangszeit gehören – müssen es aber nicht. Hinweise über verschiedene Varianten der Chaosgestaltung, exzessive, asketische oder Mischformen, finden wir auch in den Aussagen der Befragten. Diese Grenzphänomene charakterisieren die *marge* als eine Krisensituation.

Das Thema des Daseins in der *marge* mit seiner weitgehend unbewußten Symbolik ist der Übergang selbst, ist die 'Wende', der 'Sprung' oder die schöpferische Konfliktverarbeitung im individuellen Lebenslauf. Die Loslösung und das Abstoßen von mitgebrachten, teilweise rigiden Lebensmustern und Persönlichkeitsstrukturen ermöglichen erst eine Umwandlung alter, internalisierter Werte in neue Formen. Dabei wird sich entscheiden, „in welchem Maße lebensgeschichtliche Konflikte oder auch Defiziterfahrungen schöpferisch transformiert werden können und in welchen Bereichen es zu pathologischen Konfliktlösungen kommt" (King 1997, S.33). Realängste und sich wiederbelebende Ängste aus Kindheitsphantasien können in dieser Zeit ineinanderfließen. So sind es beispielsweise Ängste vor den inneren Bildern „der fressenden Mutter, des kastrierenden Vaters, die sich in die Gestalten der Hexe und des Zauberers verwandeln" (Erdheim 1984, S.291), die sich mit den realen

Ängsten des Adoleszenten, von den Eltern „verlassen" zu werden, vermischen. Wir erkennen psychische Motive und innere Dramen, wie sie auch in den Entwicklungsgeschichten der Märchen vorkommen.

Fassen wir die genannten Aspekte zusammen, dann wird die besondere Bedeutung der *marge* als „Wendekrise", „Wandlungskrise", „transformative Krise" (vgl. Kraft, ebd., S.10) oder als „schöpferische Krise" (Kast 1998, S.22) verständlich.

Anders als in stammesgeschichtlicher Zeit geschehen Übergänge und deren Rituale heute nicht notwendigerweise im Rahmen einer Gruppe oder der Öffentlichkeit, sondern zeigen sich in ideosynkratischer Gestalt. Übergangserlebnisse sind heute „individuell variabel, ganz anders als bei 'sakralen' oder 'magischen Ritualen' in homogeneren Kulturen als der unseren. Dadurch ist das Ritual der Passage 'freier', aber auch zerbrechlicher und 'unkultivierter'" (Steffen, ebd., S.231). Sicherlich hat die zeitlich und räumlich klar definierte Statuspassage der traditionellen Stammesgesellschaften dem einzelnen Heranwachsenden mehr soziale Sicherheit und damit auch mehr Eingrenzung vermittelt.

Der heutige Jugendliche hingegen muß sich seinen Platz in der Gesellschaft selbst suchen und erkämpfen und seine Statuspassage individuell durchlaufen. Die in diesem Kontext spontan entstehenden subjektiven Formen des Übergangs und der Wandlungskrise interessieren mich im Rahmen dieser Arbeit über Beratung mit weiblichen Spätadoleszenten in besonderem Maße. Es macht Sinn, wenn dabei transkulturelle Initiationsmuster, die Deutungen über spätadoleszente Entwicklungskrisen zulassen, mit Blick auf die später darzustellenden Aussagen der Interviewten ausgewählt und in den Mittelpunkt gestellt werden.

Metaphern des Übergangs: Tod, Geburt, Reise

> Hinter meinen Augen spüre ich
> eine taube gefühllose Höhle, eine Höllengrube,
> eine foppende Nichtigkeit.
> Ich habe nie gedacht, nie geschrieben, nie gelitten.
> Sylvia Plath, Tagebücher, 20 Jahre

Die *marge* ist ein Grenzzustand, eine Grenzsituation, die als persönliche Krise erlebt wird und charakteristischer Weise eine relative Nähe zum Tod beinhaltet. „Als der große Unsicherheitskoeffizient und Bestandteil des Lebens taucht der Tod [...] im Kontext [...] soziokultureller Übergangssituationen auf [...]" (Steffen, ebd., S.318). Diese Affinität zum Tod in symbolischer Form zu durchleben, zu bannen und zu transformieren ist eine Aufgabe und ein Thema der spätadoleszenten Passage. Sinngemäß bedeutet es für den Initianten, wie zu allen Zeiten, sein altes Ich aufzugeben und verwandelt als ein Neuer in die Gesellschaft einzutreten. „Stets stellt dieser Abschied von einem bisherigen Teil des Selbstbildes ein schmerzliches und spannungsreiches Geschehen dar, das auch existentiell gefährdend erlebt werden kann, nämlich nicht nur als Tod einer Teil-Identifikation, sondern als Tod der ganzen Person bzw. Persönlichkeit" (Kraft, ebd., S.197). Diese existentielle Anforderung der „Selbstaufgabe" und des Verlustes der alten Identität konkretistisch zu mißdeuten, ist eine mögliche Problematik und Gefährdung spätadoleszenter Entwicklung.

Um die verschiedenen Aspekte der „verrückten" Erfahrungen der *marge* zu erfassen und darzustellen, greifen Menschen zu Metaphern, die uns, wie Kraft (1995; 1998) überzeugend darzustellen vermag, überwiegend in Kunstwerken und psychotherapeutischen Zeugnissen begegnen.

Neben dem Bild des Todes bieten auch Bilder wie 'die Nacht' und 'die Dunkelheit' metaphorische Umschreibungen des Überganges. Wir finden sie bei den interviewten Mädchen wieder. Diese Metaphern drücken vor allem den nächtlichen Schrecken aus, die Einsamkeits- und Verlassenheitsgefühle, die diesen innewohnen, die Begegnung mit dem unkontrollierbaren Unbewußten und den Verlust eines vertrauten Ich-Zustandes, der noch Sicherheit garantierte. 'Nacht' und 'Dunkelheit' werden auch assoziiert mit dem 'Nichts', mit dem 'Chaos'. Diese bildhaften Vorstellungen, die noch nicht das Moment der Hoffnung auf etwas Neues in sich tragen, welches sich durch das 'Licht in der Dunkelheit', den Hoffnungsschimmer ankündigt, gehören zur Phase der Desintegration in der *marge* (vgl. Kraft 1995, S.320f.). Diese Phase ist eine Zeit größter Unsicherheit und (Todes-)Ängste, in der vertraute Zusammenhänge aufgelöst werden und neue noch nicht in Sicht sind. In ihrer dramatischsten Form ist die *marge* ein Kampf auf Leben und Tod, gefahrvoll, schmerzhaft, potentiell lebensbedrohlich, eine symbolische Regression in archaische Chaoszustände und Vernichtungsphantasien. Die Spannung dieses psychischen Erlebens drückt sich auch häufig, wie die Beratungspraxis zeigt, in extremen Körpererfahrungen aus, beispielsweise in Absencen, oder findet ihren realen Ausdruck in rituellen Verletzungen des eigenen Körpers, beispielsweise im Ritzen oder Schneiden der Haut.

Sich einem psychischen Prozeß auszusetzen, der symbolisch einem Gang in die Dunkelheit gleicht, erfordert vom Jugendlichen den Mut, Leiden und Verunsicherung auszuhalten, vorübergehend auch die Schwächung einiger Ich-Funktionen hinzunehmen und vertraute Handlungsschemata loszulassen. Das geht nicht immer ohne Hilfe und Begleitung; hier haben Beratung und Therapie ihren Ort. Kast (1998) beschreibt diesen Zustand als eine „schlechter werdende(n) Kohärenz des Ich-Komplexes", wodurch „die Ich-Funktionen weniger verläßlich sein können, als sie es üblicherweise sind (zum Beispiel vermehrte Konzentrationsschwächen)" (S.29).

Die Zeit der Desorganisation und des Chaos ist die Vorbedingung für eine Neuorganisation des Lebens; die Jugendliche wird nicht mehr die sein, die sie
vorher war. In dieser für das alte Ich bedrohlichen Phase besteht die größte
Gefahr, aus Angst vor dem Neuen zu den vertrauten Ufern zurückzukehren oder
Kompromißlösungen anzustreben.

Die Phase der Neuorganisation nach der Desintegration zentriert sich – gerade
bei den Spätadoleszenten – um die Entwicklung einer eigenen Identität. Gelingt
dies, besteht „ein tief empfundenes Wissen um die eigene Verletzlichkeit, wie
auch die Gewißheit, die Krise überwunden zu haben" (Kraft, ebd., S.322).
Metaphern, die diese Erfahrung versuchen verständlich zu machen, sind
„Licht", „Erleuchtung", „Geburt", „Wiedergeburt" oder „Auferstehung", wie es
die Dichterin Sylvia Plath ausdrückt. Aber auch die befragten Mädchen finden
dafür gleiche oder ähnliche Bilder und Worte.

Ein Blick auf ethnologische Forschungen zeigt, daß bei den Naturvölkern die
Wandlungszeit der *marge* dadurch ihren Ausdruck fand, daß man sie wie eine
Schwangerschaft oder wie den Vorgang des Gebärens darstellte und die
Initianten Neugeborenen oder Säuglingen gleichsetzte (vgl. Kaplan 1988,
S.417). So schildert auch Eliade (1969), daß der rituelle Tod der Novizen
„entweder als ein *descensus ad inferos* oder als ein *regressus ad uterum*
gedeutet, und die „Auferstehung" [...] manchmal als „Wiedergeburt" verstanden
[wird]" (S.144; kursiv beim Autor). Formen eines imaginären Todes konnten
weiterhin die Isolierung im Busch oder ein symbolisches Begraben sein, in
deren Verlauf die Initianten vorgaben, daß sie Sprache, Vergangenheit und
Familie vergessen hätten und alles neu lernen müßten (ebd.); so starben sie der
Kindheit ab, um zu einer anderen, einer erwachsenen Existenz oder Daseinsform zu gelangen.

„Wir können von einer dritten, einer sozialen Geburt sprechen, der von psychoanalytischer Seite oft nur wenig Aufmerksamkeit geschenkt wurde", so deutet
Kraft (ebd., S.27) den Sinn derartiger Wiedergeburtserlebnisse in der Initiation
für die heutige Zeit.[1] Auch von dieser Art finden wir Bilder im Sprachduktus
der befragten Mädchen. Ebenso wie beim Thema 'Tod' kann es bei dieser
Thematik vorkommen, daß weibliche Jugendliche das innere, symbolisch zu
deutende Geschehen auch äußerlich ausagieren. Nicht nur Vorstellungen von
Schwangerwerden, Gebären und Abtreiben spielen in den Beratungsgesprächen
mit Spätadoleszenten eine gewichtige Rolle. Die Praxis der Beratung zeigt, daß
diese Thematik auch häufig real durchlebt wird, immer mit dem Gefühl, daß es
eigentlich noch nicht die Zeit ist, wirklich Mutter zu werden.

Eine gelungene Neuorganisation, bei der nach durchlebter Krise nicht nur der
alte Zustand wiederhergestellt worden ist, sondern etwas Neues ins Leben tritt,

---

1 Von der „dritten Geburt" kann nach der ersten, der biologischen, und der zweiten, der
psychischen Geburt des Menschen in den ersten Lebensjahren, die Rede sein.

kann als eine Initiation angesehen werden. Ein Indiz dafür ist der bleibende Eindruck, den diese bei den Jugendlichen hinterläßt.

Für den gesamten Prozeß in der *marge* tauchen häufig – und dies nicht nur bei den interviewten Spätadoleszenten – die Metaphern der 'Reise', der 'Fahrt' und des 'Wegs' auf. Auch AutorInnen wie Erdheim (1984), King (1997) und Bischof (1996) benutzen, um die psychische Arbeit dieser Altersgruppe zu beschreiben, das Bild der Reise oder der Heldenreise, „einer langen beschwerlichen Reise" oder „eine Reise in die Zukunft, die zugleich eine Auseinandersetzung mit Ursprung und Geschichte beinhaltet" (King, ebd., S.34). Die Frage nach ausreichenden psychischen Ressourcen wird verglichen mit dem nötigen „Proviant und den Notrationen" für diesen Weg des Suchens (ebd., S.34). Erdheim drückt den mit dieser Metapher verknüpften Bewegungsaspekt aus, indem er die Adoleszenz als einen Zustand kennzeichnet, „da alles ins Fließen kommt" (ebd., S.360). In Märchen wird diese Phase meist als ein langes und schwieriges, rast- und ratloses Gehen beschrieben (vgl. Kast 1998, S.32f.). Und Masterson (1988) spricht von äußeren und inneren „Meilensteinen" (S.183), die die Heranwachsenden über eine längere Zeitstrecke bewältigen müssen und an denen nicht alle glatt und unversehrt vorbeikommen.

Die besondere Mühsal, das Auf und Ab einer solchen „Reise", wie sie die Jugendlichen häufig bildhaft beschreiben, legt den Vergleich mit Schamanenreisen (Jenseitsreisen) nahe, ein Vergleich, den auch Kraft (ebd., S.33) als eine Erklärungsmöglichkeit für moderne Initiationsabläufe heranzieht. Vieles spricht dafür, den Vorgang der Schamanenreise als eine imaginative Tiefenregression zu deuten, die in unterschiedlichen Kulturen in unterschiedlicher Weise als Initiation erlebt wird. In psychologischer Terminologie bedeutet sie die innere Reifungserfahrung eines Individuums, die sich als schöpferischer Prozeß und dabei als „zutiefst umbildendes Erlebnis" (Kraft, ebd., S.11) manifestieren kann (vgl. auch Büttner 1997, S.90). Diese Charakterisierung paßt ohne Zweifel auf Erfahrungen, die spätadoleszente Mädchen, deren Motive auffällig deutlich und häufig Reise- und Wegmetaphern sind, in der Zeit der Beratung machen.

Der Raum der *marge*: Rückzug und Einhüllung

> Wundere mich über meine krankhafte
> Besessenheit von Tagträumen
> während des ganzen vergangenen Monats.
>
> Sylvia Plath, Tagebücher, 20 Jahre

> Wollte mich allein in einem friedlichen
> abgestandenen Weiher verstecken,
> wollte kein am Steilufer eines jubelnd
> tosenden Flusses gefangener, verkrüppelter
> Baumstumpf sein, an dem ständig
> die lärmende Strömung reißt.
>
> Sylvia Plath, Tagebücher, 20 Jahre

Die *marge* läßt sich nicht nur als ein Grenzzustand, eine Zwischenzeit oder eine transitorische Strecke fassen, sie ist auch unter dem Aspekt des Räumlichen zu umschreiben, als ein Zwischenbereich, ein Randbezirk, der in alten Gesellschaften auch als 'heiliger Raum' gekennzeichnet war (vgl. Kaplan 1988, S.35). Der Raum zwischen dem Ausgangspunkt, der Schwellenüberschreitung in die *marge*, und dem Zielort, der als „Reiseziel" die Wiedereingliederung in die gesellschaftlichen Wirklichkeit in einem neuen Status anvisiert, scheint sich zunächst in eine unendliche Weite und Leere zu dehnen, ein Zeit-Raum zwischen zwei konkreten Welten. Dieses 'Zwischenland', das in archaischen Ritualen als Situation des „between und betwixt", als Ort des Nicht-Mehr und Noch-Nicht (vgl. Kast 1998, S.32) bezeichnet wird, erfaßt in Bildern wie der 'Ferne', der 'Leere', der 'Wildnis' oder des 'wilden Waldes' symbolisch, was der psychische Raum des Übergangs an innerem Erleben vermitteln kann.

Andere Metaphern des Psychisch-Räumlichen sind beispielsweise der 'Turm', die 'Höhle', die 'Hütte', der 'Brunnen' oder auch eine eigene in sich abgeschlossene Welt der Phantasien und Tagträume. Diese ermöglichen den Rückzug in die soziale Isolation und psychische Einsamkeit, wie sie auch das Moment der Einhüllung, des Schutzes und des Neubeginns sinnbildhaft verdeutlichen. Um den Aspekt des Neubeginns zu betonen, stehen solche Rückzugsräume auch für einen „sozialen Uterus" (Kraft, ebd., S.28) und für eine „Inkubationsphase" (Kast, ebd., S.21), aus denen heraus die Initianten als neue Persönlichkeiten „geboren" werden. Diese und andere Metaphern stehen als Symbole für den ungestörten Schutzraum, der nötig ist, um überhaupt eine Wandlung in diesem Übergangsstadium möglich zu machen.

Meine These ist, daß Beratung beziehungsweise Therapie ein reales Setting bietet, das den Spätadoleszenten in der *marge* den notwendig stützenden und schützenden Ort zur Verfügung stellt, der – auch konkret räumlich gesehen – einen hermetischen Rahmen haben sollte. Meist ist den Hilfe suchenden

Jugendlichen dabei wichtig, daß weitestgehende Abgeschlossenheit und Geborgenheit gesichert sind. Der Eintritt in diesen Raum ist erfahrungsgemäß mit tiefreichenden Schwellenängsten verbunden, ebenso wie der Austritt, wobei die Stärke der Ängste mit der Intensität der Wandlungskrise zu korrelieren scheint. Konkret mußten sich bei den Naturvölkern die Initianten, meist die Gruppe der Mädchen – so die exemplarische Darstellung Kaplans (1988) – in abgeschiedene Räume, Kammern und Hütten zurückziehen, um dort unter einer Decke verborgen oder wie in einem Kokon eingeschlossen, ihre seelische Metamorphose durchzumachen. Ihre Aufgabe war es dabei, imaginäre Abenteuer zu vollbringen oder eine kosmische Reise zu unternehmen, bei der jede einzelne sich mit einer mythischen Heldin identifizierte.

Wir kennen solche symbolischen Reisen auch aus den europäischen Märchen. „Sobald das Mädchen seine kosmische Reise antritt", führt Kaplan (ebd., S.34) weiter aus, „wird es symbolisch aus der Enge seines Heimes oder seines Dorfes befreit. Die Beschränkungen der sicheren Welt der Kindheit verlieren ihre Gültigkeit. Seine Reise ist eine Feuerprobe, ein Abstieg in die Unterwelt, ein Wandeln unter oder über dem Meer durch den dunklen Kosmos, eine Begegnung mit allen erdenklichen dämonischen Mächten. Von dieser Reise kehrt das Mädchen völlig verwandelt zurück" (ebd.).

Diese Paradoxie des Erlebens, in der Schutz und Aufbruch sich komplementieren, finden wir ebenfalls, wenn auch in einer anders gearteten Verbindung von konkreter Symbolik und abstrakter Versinnbildlichung, bei den modernen Übergangsphänomenen der befragten spätadoleszenten Mädchen. Eine ähnlich wichtige Bedeutung erhält für diese der konkrete wie symbolische Raum der Beratung beziehungsweise der Therapie, für einige Mädchen sogar die jugendpsychiatrische Klinik, die sie zeitweilig freiwillig aufsuchen. Der Raum der Beratung wird zu einem individuellen Entwicklungsspielraum im Sinne eines Möglichkeitsraumes, in dem Selbst-Exploration, Probehandeln und Zukunftsentwürfe ungehindert, das heißt nach außen, vom sozialen Leben abgeschirmt, stattfinden können. King (1997) und Kraft (1995) bestätigen, daß es solche sozial und kulturell zur Verfügung stehenden Räume, vor allem auch im psychotherapeutischen Bereich, sind, die günstige Voraussetzungen „für die verständnisvolle Begleitung [...] während einer transformativen Krise" (Kraft, ebd., S.263) bieten und die gerade jungen Frauen Zeit und Möglichkeit eröffnen, „sowohl den eigenen körperlichen und psychischen Innenraum zu erforschen als auch die expansiven Wünsche zu entfalten" (King, ebd., S.43).

Beginn und Ende der *marge*

Und eines Tages würde ich fortgehen
und eines Tages zurückkommen,
und was auch immer mich bei der Rückkehr erwartet,
würde ich stoisch ertragen,
da ich voll verantwortlich wäre für meinen eigenen Willen
sei er frei oder vorbestimmt durch meinen Charakter
und die Umstände.

Sylvia Plath, Tagebücher, 20 Jahre

Was der *marge*, dem eigentlichen Übergang, vorausgeht – um einen Blick zurück zu tun –, ist eine Phase der Trennung von alten Lebensumständen, von früheren sozialen Rollen, Überzeugungen und Bindungen (*séparation*) sowie von Anforderungen, die schon in anderem Zusammenhang als adoleszente Entwicklungsaufgaben beschrieben worden sind. Bisherige Lebensumstände und gewohnte Verhaltensmuster werden dann zu endgültigen Auslösern für eine Übergangskrise, wenn sie brüchig, unsicher und inadäquat geworden sind. Gefühle der Einsamkeit, Angst und Schuld sind für die Phase der *séparation*, in der sich eine Veränderung anbahnt, kennzeichnend.

Eine Beratungssuche der Spätadoleszenten ist in diesem Kontext anzusiedeln; sie markiert einen Schritt der Distanzierung von den elterlichen Bezugs- und Vertrauenspersonen, indem eine neue Bezugs- und Vertrauensperson aus einem fremden Feld aufgesucht wird. Aufschlußreich für diesen Trennungsvorgang ist auch die Tatsache, daß die meisten Jugendlichen den Schritt in die Beratung ohne Wissen und Informierung der Eltern gehen und daß sie großen Wert darauf legen, daß die Eltern auch während des Prozesses von der Beraterin nicht informiert oder kontaktiert werden. Unter dem Aspekt der Wandlungskrise ist ein familientherapeutisches Setting für spätadoleszente Jugendliche offensichtlich kontraindiziert.

In der Spätadoleszenz ist es die Verknüpfung von gesellschaftlich geforderten Veränderungen (Schulabschluß, Berufswahl) mit innerlich drängenden Bedürfnissen der Selbstfindung (Identitätssuche, Selbständigwerden), die dem Heranwachsenden die Notwendigkeit einer sozialen und intrapsychischen Weiterentwicklung in individuell variierender Dringlichkeit nahelegt. Diese Schnittstelle zwischen Individuum und Gesellschaft kommt im Erleben vieler spätadoleszenter Jugendlicher einer öffentlichen Initiation gleich, was die vielfachen, immer wieder neu erfundenen Ablösungsrituale der Jugendlichenkohorte um das Abitur herum plastisch verdeutlichen. Ob und in welcher Form auch der innerpsychische Weg der Initiation von den einzelnen beschritten wird, hängt wiederum in starkem Maße von individuell gefärbten Faktoren wie Zukunfts- und Trennungsängsten, Belastbarkeit und Zielunsicherheit ab. In den ausgewerteten Interviews tritt eine Vielzahl unsicherer Faktoren dieser Art zutage, was die erhöhte Krisenanfälligkeit der befragten Mädchen deutlich und ihren Schritt in die Beratung verständlich macht. Folgen wir dem dreigliedrigen Muster van Genneps, dann folgt nach *séparation* und *marge*, der eigentlichen Übergangskrise und Wandlungzeit, in einem dritten Schritt die *agrégation*, „die Eingliederung in den neuen gesellschaftlichen Status, sei es als psychisch gereifter Mensch, sei es auch ganz konkret die Einführung in eine neue berufliche und soziale Position [...]" (Kraft 1998, S.282). Das heißt auf die Wendekrise der Spätadoleszenz bezogen: Hat die junge Erwachsene ihre transformative Krise erfolgreich durchgestanden, bedeutet dies eine Weiterentwicklung ihrer Person auf einem neuen Niveau sowohl in Hinblick auf ihre psychischen wie auch auf ihre sozialen Fähigkeiten. Kraft (1995) spricht in diesem Zusammenhang, vor allem, wenn körperliche Prozesse mitbetroffen sind, von „PlusHeilung", denn das Ergebnis sei nicht nur eine Genesung – die Psychoanalytikerin Anna Freud spricht von der Möglichkeit einer Spontanheilung am Ausgang der Pubertät – sondern „eine Heilung, die über den vorher bestandenen Gesundheitszustand hinausführt" (Kraft 1998, S.282). Es kommt zu einem Entwicklungsstand, der im Vergleich zum Ausgangspunkt am Beginn der Krise einen beobachtbaren Zugewinn zeigt.

Mit anderen Worten, Entwicklungsaufgaben, die in der Lebensspanne der Adoleszenz aufgegeben wurden, können nach durchlaufener Krise erfolgreich gelöst werden. Dieses Gefühl von Lebensbewältigung bringen die Befragten in den Interviews auch deutlich und mit großer Erleichterung zum Ausdruck. Analytisch gesehen bedeutet das, daß sie ich-gestärkt aus der Krise hervorgehen. Sie fühlen sich ermutigt durch die Erfahrung, diesen Umbruch überstanden und bisher unbewältigte biographische Erfahrungen integriert zu haben.

Unabdingbar ist auf jeden Fall, daß nach der Wandlungskrise, nach der *marge*, die „Reisende" wieder in die Alltagswirklichkeit zurückkehren muß, um ihre gesellschaftlichen und privaten Aufgaben auf einer qualitativ neuen Stufe wahrzunehmen. Dabei beobachtete Steffen (1990), daß bei den von ihr in den Blick genommenen Betroffenen die deutliche Tendenz bestand, das Überschreiten der Schwelle am Ende der *marge* hinauszuzögern, weil sie eine innere Weigerung verspürten, den raum-zeitlichen Ausnahmezustand des Übergangs zu verlassen. Ähnliches konnte ich im Beratungskontext bei den Mädchen beobachten, die eine besonders schwierige und intensive Entwicklungskrise durchliefen. Als Begleiterin auf ihrem Weg mußte ich sie regelrecht, mehr oder weniger sanft, wie sie das empfanden, aus dem „Übergangsraum" der Therapie hinauskomplimentieren. Auf meiner Seite gelang dabei etwas intuitiv, was ich heute als Hilfe zum Beenden der *marge* und Schritt in die notwendige *agrégation* bezeichnen würde.

Der Schritt der *agrégation*, der Einführung in einen neuen sozialen Status oder in neue gesellschaftliche Rollen, ist nach außen, das heißt auf Interaktion und auf die Gesellschaft hin ausgerichtet. Nicht von ungefähr fällt er bei den Spätadoleszenten zusammen mit der Bewältigung so einschneidender Lebensereignisse wie dem Schulabschluß, dem Berufs- oder Studienbeginn, oft auch der ersten festen intimen Partnerbeziehung, dem Einzug in eine eigene Wohnung oder dem Wechsel an einen anderen Wohnort. Jeder Vorgang für sich hat den Charakter eines Rituals der Anpassung und Eingliederung in unsere Gesellschaft. Zu diesem Zeitpunkt geht es darum, sich den anderen zu präsentieren und Anerkennung zu gewinnen. Es geht darum, „eigenes Können und eigene Erwartungen mit denen des sozialen Umfeldes abzustimmen – es geht damit also auch um die Gefahr zu scheitern, um entsprechende Ängste, um Kränkungen" (Kraft 1995, S.323), das, was auch als 'Praxisschock' apostrophiert wird. Diese Situationen können nun aber auch mit einem anderen Selbstbewußtsein als vorher angegangen und bewältigt werden.

Gestärkt durch die Weiterentwicklung ihrer Persönlichkeit, mit der ihnen die Integration bisher verleugneter oder abgespaltener Erfahrungen gelang, durch eine vertiefte Selbstwahrnehmung und Selbstreflexion und ein dadurch erweitertes Bewußtsein kann es den Spätadoleszenten nun gelingen, den vielfältigen Anforderungen eines erwachsenen Lebens in unserer Gesellschaft gerecht zu werden.

Die Therapeutin als „Hilfsgeist"

> Und dann wird meine Mutter gehen,
> und keine Eltern mehr zu haben,
> ist ein Alptraum,
> keine älteren, gereiften Wesen, die mir Rat geben
> in dieser Welt und die mich lieben.
>
> Sylvia Plath, Tagebücher, 23 Jahre

Initiation war in den sogenannten primitiven Kulturen eine Einführung in eine neue Lebensphase, in eine neue Rolle. Dabei gab es die Erwachsenen, die führten und vorgegebene Rollen verteilten. In unserer Gesellschaft müssen die Heranwachsenden ihren eigenen Weg finden und gehen. Dabei entsteht auch bei ihnen, vor allem in der eigentlichen Phase des Überganges, in der *marge*, die Sehnsucht und das Bedürfnis nach Unterstützung, Hilfe und Führung. Auf der Suche nach Halt und Selbstvergewisserung können diese Wünsche zunächst in Peergroups, die diesen Übergang mit ihren eigenen Ritualen gestalten, abgedeckt werden. Eine andere Möglichkeit der begleitenden Passage liegt, wie ich schon hervorhob, in der Jugendberatung oder -therapie. Sie tritt in den Blick, wenn der Heranwachsende Führung und Unterstützung durch eine erwachsene Person braucht, ohne daß dabei seine Unabhängigkeit und Freiheit bei Entscheidungen und in der Rollenwahl in Frage gestellt wird.

Die Forderung des Spätadoleszenten nach Aufrechterhaltung seiner Autonomie, so brüchig und abwegig sie auch zeitweilig dem Erwachsenen erscheinen mag, ist von entscheidender Bedeutung auch oder gerade im Kontext einer Therapie. Denn die Bewältigung einer transformativen Krise in diesem Lebensabschnitt kann letztlich nicht von außen gesteuert werden, sondern ist eine innere selbstorganisierte Arbeit, die nur begleitet werden kann.

Die Wahl der Führung und Hilfe durch eine neutrale erwachsene Person scheint für Jugendliche in den Momenten opportun, in denen sie reale Gefahren und unüberwindbare Hürden auf ihrem Weg ins Erwachsenendasein spüren und erkennen, die sie nicht alleine überwinden zu können glauben. Daß solche Gefährdungen tatsächlich und in vielfältigen Formen gegeben sind, ist augenscheinliche Realität und das Ergebnis „so mancher Regression, z.b. Dissozialität, Drogensucht und Drogentod" (Kraft 1995, S.28). In solchen Fällen wurde von den Adoleszenten keine Hilfe gesucht oder angenommen. Allerdings darf Hilfe im Prozeß der Selbst-Initiation nicht bedeuten, den Zustand der Unsicherheit und der Umstrukturierung vermeiden zu helfen, denn „die Versuchung, auf altbekannte, aber zu überwindende Bewältigungsstrategien zurückzugreifen, ist groß und wird häufig genutzt: sich z.B. von den Eltern oder vermeintlich anderen starken Vertrauenspersonen wieder trösten und versorgen zu lassen, statt sich auf die eigenen Kräfte zu verlassen" (Kraft, ebd., S.103). Die Unterstützung, die Jugendliche in dramatisch verlaufenden und psychisch schwer zu bewältigenden Situationen von außen brauchen, muß vorsichtig, zurückhaltend, freilassend und ich-stützend sein, will sie den Hilfe suchenden jungen Menschen nicht wieder in eine neue infantile Abhängigkeit von einem Erwachsenen bringen, sondern seine potentiell progressive Entwicklung in der Krise fördern.

Mit der Wahl der Beratung wird ein neutraler, unbeeinflußter Helfer oder eine Helferin gesucht zur Stärkung der Person auf einem schwierigen Entwicklungsweg. Nehmen wir den Vergleich zur Schamanenreise, dann machen wir uns bewußt, daß der Schamane seine Hilfsgeister selbst anruft, damit er von diesen auf seiner Jenseitsreise begleitet und beschützt wird. Diese Hilfsgeister ersetzen für die Dauer des Prozesses seiner spirituellen Abwesenheit die realen Bezüge zu den Stammesmitgliedern, von denen er sich gelöst hat. Vergleichen wir die Grundstruktur dieses Prozesses mit der modernen Initiation der Spätadoleszenten, so fällt auf, daß sich die Settings ähneln. Die herkömmliche erzieherische Hilfe durch die Eltern oder die nicht voll ausreichende Unterstützung durch die Peergruppe wird ersetzt durch die Wahl einer begleitenden Beraterin oder eines Beraters, die die Funktion eines „Hilfsgeists", der herbeigerufen wird, übernehmen. In den Märchen sind die helfenden Gestalten meist alte weise Frauen oder Männer (vgl. Kast 1998). Die Bilder von Hilfsgeistern und weisen Personen deuten darauf hin, daß die Aufgabe der Begleitung in einer

Wandlungskrise keine alltägliche und leichte ist, sondern besondere Eigenschaften voraussetzt. Psychoanalytisch betrachtet kann man diesen Vorgang im Sinn von Kohut als „idealisierende Übertragung" betrachten, als eine innerpsychische Wiederbelebung eines großartigen Bildes der Mutter bzw. des Vaters (vgl. Kraft, ebd., S.191). Die Beraterin als „Hilfsgeist" tritt an die Stelle idealer Elternimagines und wird von den Spätadoleszenten (in z.T. sehr verborgener oder abgewehrter Form) idealisiert. Auf diese Weise können sie ihre real empfundene Hilflosigkeit und Einsamkeit kompensieren, sich „Schutz gegenüber bösen Introjekten [...], also den verinnerlichten Bildern von Schmerz, Angst etc. zufügenden Menschen" (ebd., S.259) organisieren und so die gefährlichen Klippen der Übergangszeit umschiffen. Daß diese Schutzsuche ein wichtiges unbewußtes Motiv der Beratung suchenden Mädchen ist, davon vermitteln die Interviews ein Bild.

Die Beraterin wird zur realen Beschützerin und behutsamen Begleiterin auf dem seelischen wie beruflichen Entwicklungsweg der Spätadoleszenten, den sie immer wieder in seiner Krisenhaftigkeit mit durchschreiten muß, sorgfältig abwägend, wo sie konkrete Hilfe anbietet und wo sie den Jugendlichen seine Verzweiflung durchleben lassen muß. Sobald die *marge* durchschritten ist, empfindet sie es als ihre Aufgabe, sich aus dieser Rolle des „Hilfsgeists" wieder zurückziehen.

Gefährdung, Scheitern und psychiatrische Klassifizierung

> Der sprichwörtliche Sand,
> rutscht er weg, gibt nach,
> saugt mich hinab in die Hölle.
> Sylvia Plath, Tagebücher, 20 Jahre

Die *marge* als die eigentliche Übergangs- und Wandlungszeit kann sich in dramatischer und zugespitzter Form in mehr oder weniger schweren körperlich-seelischen Krankheiten darstellen. Das können depressive Zustände, kurzzeitige Absencen, Hoffnungslosigkeit, Verzweiflung und Todesängste sein, was sich häufig unter Umständen mit psychosomatischen Beschwerden in Form von Asthma, Neurodermitis, Unterleibsproblemen, passageren Eßproblemen verknüpft.

Kraft (1995; 1998) berichtet von einer tiefgreifenden Wandlungskrise des Künstlers Joseph Beuys, der sich damals in einer schweren Depression befand und das Gefühl hatte, von Geistern zerrissen zu werden, „woraufhin der Leib erst neu zusammengesetzt werden kann" (1998, S.282). Hier treffen wir in ausgeprägter Form wieder auf das Thema von Tod und Wiedergeburt in einer biographischen Wendezeit. Derart fremd und unwirklich wirkenden Zuständen in Phantasien und Verhaltensweisen oder unverständlich auftauchenden Körpersymptomatiken begegnet man in unserer Kultur leicht mit Angst, Abwehr und Abwertung, da sie aus unserem Alltagsverständnis heraus nicht zu deuten sind, auch von den Adoleszenten selbst nicht. Folglich werden solche Erscheinungsformen schnell in den klinischen Bereich eingeordnet und als zu behandelnde Fälle kategorisiert und gegebenenfalls psychiatrisiert

Um der Problematik solcher Grenzfragen gerecht zu werden, muß allerdings auch hervorgehoben werden, daß es generell als schwierig betrachtet wird, eine transformative Adoleszenzkrise von einem 'echten' psychiatrischen Fall zu unterscheiden. In diesem Sinn versucht auch Kraft (1995) zu differenzieren, daß sich „aus heutiger psychiatrischer Sicht [...] am ehesten sagen [läßt], daß möglicherweise bei Initiationskrisen psychotische Episoden auftreten können, die am ehesten als 'atypische Psychose' oder 'kurze reaktive Psychose' bezeichnet werden könnten. Diese kurzen Episoden sind von einer schizophrenen Prozeßpsychose, die schubweise verläuft und in vielen Fällen (aber durchaus nicht immer!) die Fähigkeiten des Erkrankten zunehmend einschränkt, klar abzugrenzen" (S.36).

Es muß meines Erachtens offen bleiben, ob ein Adoleszenter ein 'echter' dauerhafter klinischer 'Fall' wird, weil er seinen Initiationsprozeß aus den unterschiedlichen Gründen nicht durchsteht oder weil er nicht die biographischen Voraussetzungen und psychisch-physischen Kräfte mitbringt oder weil er sich keine Unterstützung von außen (vgl. die 'Hilfsgeister') holt, um einen solchen Prozeß zu gestalten und zu durchleben. Wir müssen gewärtig sein, daß gerade in der Spätadoleszenz eine Einengung des jugendlichen Erlebens und Handelns auf Krankheitsphänomene zu kurz greift. Andererseits haben wir auch das Wissen darum, daß manche Regressionen der Adoleszenz oder Spätadoleszenz ohne stützende und hilfreiche Umwelt in die Kriminalität, in Süchte oder in den Drogentod führen und auf diese Weise das Leben vorzeitig beendet wird oder der Heranwachsende auf lange Zeit stigmatisiert bleibt. Gelingt es jedoch, diese kritische Lebenszeit als eine „schöpferische Krise" (Kast) oder im extremen Fall als eine „schöpferische Krankheit" (Kraft) zu durchleben, die zu einer „PlusHeilung" (Kraft) führt, dann betritt der junge Erwachsene mit einem Zugewinn an Identität und psychischer Reife die gesellschaftliche Bühne der Erwachsenenwelt.

Die tiefenpsychologische Sichtweise dieser auffälligen spätadoleszenten Erlebnisse und Prozesse vermittelt uns, sie bei gutem Ausgang als „Selbstheilungsprozesse der Seele" (Kraft, ebd., S.327) zu verstehen und zu deuten. Dabei vollzieht sich die „Auflösung einengender, entwicklungshemmender Über-Ich und Ich-Ideal-Strukturen einschließlich einer Loslösung von hemmenden Loyalitätsgefühlen und Identifikationen" (ebd.), die zugleich eine Regression der

Ich-Funktionen bewirken, ein Phänomen spätadoleszenter Entwicklung, auf das auch Bohleber, Leuzinger-Bohleber und Erdheim hingewiesen haben. Generell ist wohl zu konstatieren, daß die *marge* eine sensible Phase der Umstrukturierung ist, in der sich dem Heranwachsenden erstmals sein persönliches Unbewußtes öffnet und er sich mit abgespaltenen oder verdrängten lebensgeschichtlichen Ereignissen konfrontiert sieht, auf die er wiederum sehr individuell reagieren muß. Zu individuellen oder von außen initiierten Rückzügen und Kompromißbildungen kann es dabei in jedem Stadium des Übergangs und der Krise kommen. In archaischen Gesellschaften hatte dies meist den psychosozialen Tod des Initianten zur Folge. Beispielsweise wurde dem Knaben, der sich in der entsprechenden Kultur nicht beschneiden ließ, verwehrt zu heiraten und ein anerkanntes Mitglied der Gemeinschaft zu werden (vgl. Kraft, ebd., S.326). Bei uns bezahlt der Heranwachsende die Blockierung seiner inneren und äußeren Entwicklung mit einer Einschränkung seiner Lebensmöglichkeiten und mit einer fragilen Identitätsbasis.

Bemerkung zum Interpretationsansatz

Mit dem Konzept der „rites de passage" oder der „Wandlungskrise" habe ich mich an eine Grenze westlichen Wissenschaftsverständnisses begeben. In diesem Grenzbereich menschlichen Verhaltens und Erlebens kulturelle wie entwicklungspsychologische Phänomene zu erkennen, ist dem herrschenden Denken eher fremd. Diesen Deutungsansatz dennoch zu nutzen, veranlaßten mich die Interviews mit den spätadoleszenten Mädchen. Sie versuchten, ihre innerpsychischen Erfahrungen zu umschreiben, oft in metaphorischem Duktus. Ich habe den Eindruck, daß die Intensität und tiefe existentielle Bedeutung der Aussagen mit der gewöhnlich kritisch-distanzierten Wissenschaftssprache und Betrachtungsweise kaum erfaßt werden können.

Die aufwühlende Kraft des im Kontext der Beratung Erlebten, als geistig-seelische Grenzerfahrungen in der Entwicklung, läßt sich – wie bereits erwähnt – als modernes Initiationsphänomen spätadoleszenter Jugendlicher deuten. Der Ethnologe und Religionswissenschaftler Eliade (1969) weist darauf hin, daß solche Erfahrungen, philosophisch gesprochen, „einer ontologischen Mutation des existentiellen Zustandes" (S.142) gleichen. Sie präsentieren sich als radikale Herausforderung im Lebenslauf der einzelnen, aus der sie als Veränderte hervorgehen können.

„Die Intensität des Erlebens" schreibt Kraft, „mag auch ein Grund dafür sein, daß Initiationserlebnisse nach Jahren noch exakt mit Tag und Stunde erinnert werden können" (1995, S.324). Dieses Phänomen der genauen Rekapitulation initiatischer Erfahrungen läßt sich auch bei den befragten Mädchen beobachten, die oft nach Jahren noch äußern: „Ich weiß noch ganz genau ..." oder „Sie haben damals den Satz ... gesagt". So sehe ich in den Interviews, in den Selbstdarstellungen der Spätadoleszenten, deutliche Initiationsstrukturen, die sich im Raum der Beratung und zur Zeit der Beratung entfalten und gestalten konnten und die für einen progressiven Entwicklungsverlauf in dieser Lebensspanne hilfreich waren.

Auch wenn es in unserer westlichen Zivilisation an der Tradition mangelt, in diesem Grenzbereich kulturelle Phänomene zu erblicken, sollten wir gewärtig sein, daß in der transitorischen Lebensspanne der Spätadoleszenz das innerpsychische Erleben der Heranwachsenden nach einem besonderen Ausdruck sucht.

4   Suizidalität als ein Ausdruck der spätadoleszenten Krise

> Ich will mich töten,
> will der Verantwortung entkommen,
> will demütig in den Schoß zurückkriechen.
> Sylvia Plath, Tagebücher, 20 Jahre

> Und solang du das nicht hast,
> Dieses: stirb und werde!
> Bist du nur ein trüber Gast
> Auf der dunklen Erde.
> Goethe, Selige Sehnsucht

Zu Anfang dieses Jahrhunderts (1910–1912) spielten in den Diskussionen des Wiener Analytischen Vereins um S. Freud herum die sogenannten Schülerselbstmorde eine bemerkenswerte Rolle, denn schon damals war es die Gruppe der 15–20jährigen Mittelschüler, welche die höchste Selbstmordrate aufwies (vgl. Diskussionen, 1965, S.6). Auf die beunruhigende Frage nach den Ursachen wollten die diskutierenden Psychoanalytiker keine leichtfertigen Antworten geben. Stekel beispielsweise warnte vor der scheinbar einfachen Lösung, die Institution Schule als Ursache suizidaler Handlungen von Kindern und Jugendlichen zu betrachten, auch wenn sie häufig ein auslösendes Moment sei. Für ihn war es die „Irrealität seiner Phantasien", an der der Heranwachsende starb. „Daß sich so viele hochbegabte, talentierte Kinder finden, die in krankhafter Überschätzung eines momentanen Affekts auf alles verzichten, was ihnen das Leben noch bringen kann, das beweist uns nur," so argumentierte er, „daß man es nicht verstanden hat, die Kinder rechtzeitig auf diesen Zusammenbruch der Ideale vorzubereiten" (ebd. S.43). Sadger meinte, auf einen anderen Zusammenhang verweisen zu müssen, der der jugendlichen Lebenszeit eigentümlich sei. „Das Leben gibt bloß jener auf, der Liebe zu erhoffen aufgeben mußte" (ebd., S.27), so vermutete er.

Auch heute zieht das Thema des Jugendlichensuizids in seiner offenen oder maskierten Form – letzteres zeigt sich überproportional häufig im Verkehrs- oder Drogentod – Aufmerksamkeit auf sich. Selbstmord ist nach den Aussagen von Oerter und Dreher (1995) die zweithäufigste Todesursache bei deutschen Jugendlichen (vgl. S.359). Wie die Autoren mit Recht vertreten, sind Identitätskrisen Adoleszenter und Spätadoleszenter trotz gehäufter Selbstwertprobleme, trotz Trennungsthematik und Unzufriedenheit mit sich und der Umwelt in der Regel keine lebensbedrohenden Krisen. Die Tatsache jedoch, daß ca. 50% aller Jugendlichen zu irgendeinem Zeitpunkt ihrer Adoleszenz Todeswünsche, Selbstmordphantasien und suizidale Gedanken haben oder Suizidversuche machen (vgl. Remschmidt 1992, S.289), sollte weder übersehen noch heruntergespielt werden, zumal solche suizidalen Erwägungen immer auch in die Nähe eines präsuizidalen Syndroms rücken können.

In solchen Fällen werden die Suizidphantasien sehr konkret und besetzen zeitlich gesehen das Denken eines Adoleszenten in einem hohen Maße. Es bedarf dann nur eines einschneidenden äußeren Erlebnisses (z.B. der Verlust eines Angehörigen, das Zerbrechen einer Freundschaft oder ein Leistungseinbruch in der Schule), um den Drang zur Tat zu verstärken.

Weibliche Jugendliche zeigen im Unterschied zu männlichen Jugendlichen eine stärkere Tendenz zu suizidalen Gedankenspielen und Versuchen als zum entschiedenen Vollzug des Suizids selbst, so wie bei Mädchen auch häufiger die „weichen" Suizidmethoden zu beobachten sind, Wege mit relativ geringem Sterberisiko, sei es das „Ausbluten" (Pulsadern aufschneiden, Ritzen), das „Wegschlafen" (Tabletten schlucken, z.T. mit Alkohol) oder die indirekte Art einer riskanten Selbstzerstörung, z.B. das „Aushungern" (Anorexie).

In den von mir durchgeführten Beratungen mit den weiblichen Spätadoleszenten tauchen suizidale Erwägungen und Planspiele als eine sich bei allen durchziehende Thematik auf, wobei sich die Bandbreite der Todesgedanken, Selbstmordphantasien und -versuche, was Intensität und Häufigkeit betrifft, bei den einzelnen Persönlichkeiten sehr unterschiedlich darstellt.

Mit der Ursachenforschung stehen wir allenfalls in den Anfängen. Was ein Erforschen schwierig macht, ist die Tatsache, daß wir es beim Suizid mit einem multikausalen Phänomen zu tun haben. Dazu kommt, daß die genannten und möglicherweise auch beobachtbaren Motive und Umstände suizidalen Denkens und selbstzerstörerischen Handelns nicht identisch sind mit den eigentlichen Ursachen. Die treibenden Kräfte, seinem Leben ein Ende zu setzen, scheinen immer auch unbewußter Natur.

Psychodynamisch gesehen wird die Tendenz zum Selbstmord, zur Selbstdestruktion unter vielfältigen Blickwinkeln gedeutet, wobei diese Deutungen auch für ein Verständnis der psychischen und sozialen Problemsituationen Spätadoleszenter herangezogen werden können. Eine Suizidhandlung kann als Wendung der Aggression gegen die eigene Person betrachtet werden, also als der Ausdruck eines Aggressionskonflikts, der nicht nach außen hin, beispielsweise im familialen Umfeld, agiert wird, sondern sich nach innen entlädt. Oder sie erscheint – um noch weitere Erklärungsmöglichkeiten anzudeuten – als eine depressive Reaktion auf einen Objektverlust, beispielsweise den Verlust der Eltern als primäre Bezugspersonen, oder als eine regressive Sehnsucht nach einem verlorenen symbiotischen Urzustand, sozusagen als der Wunsch nach einer Rückkehr in die Kindheit, der mit Furcht vor dem Erwachsenwerden gekoppelt ist.

Diese letztgenannten ursächlichen Motive von Suizidalität werden von einigen Autoren (vgl. Henseler 1982, S.90) auch mit dem Eriksonschen Modell des psychosozialen Moratoriums verknüpft, weil mit einer solchen „Schonphase" Phantasien verbunden sind, die im suizidalen Akt angestrebt werden: „Phantasien von Rückzug, Flucht, Rückkehr, Wiedervereinigung, Symbiose usw. ebenso wie die von der Wiedergeburt, dem Neubeginn und dem neuen Leben als etwas Eigenständiges" (ebd., S.91). Danach wäre ein Ziel des jugendlichen Suizidversuchs der Aufschub, das Innehalten oder der Stillstand auf einem blockierten Weg in die Erwachsenenwelt, der gleichzeitig verbunden sein könnte mit dem unbewußten Wunsch nach einem Durchbruch in eben jenen neuen Daseinszustand.

Hingewiesen sei darüber hinaus auf die Omnipotenzgefühle, die jugendliche Suizidanten vermutlich erleben, wenn sie durch solche Handlungen sich und die Umwelt aktiv beherrschen. Natürlich gibt es auch die allgemeine Überzeugung, daß in einem Suizidversuch immer ein Hilferuf oder ein Schrei nach Zuwendung zu vernehmen ist.

Eine neuere Sichtweise ist die, in der suizidalen Einstellung und Handlung die narzißtische Krise eines Individuums zu sehen (ebd., S.98f.). Das entspricht der Einschätzung, daß die spätadoleszente Krise sich häufig als narzißtische Krise geriert, in der sich Heranwachsende als stark verunsicherte Personen erleben, die zum Schutz vor Kränkungen und zur Stärkung eines labilen Selbstwertgefühls in starkem Maße auf infantile Kompensationsmechanismen zurückgreifen. Eine Kompensationsmöglichkeit (daneben gibt es andere wie Rückzug in den Rausch, Weglaufen u.a.m.) ist das Suizidgeschehen, das eine Regression auf den harmonischen Primärzustand in der Dualunion mit der Mutterfigur verheißt.

Finger (1983) weist in diesem Kontext ergänzend auf die Bedeutung des Trennungstrauma in der narzißtische Problematik hin. Es ist vor allem das Erleben einer fundamentalen Einsamkeit und der damit verbundene tiefgreifende seelische Schmerz, die die Jugendlichen mit der grundlegenden Trennungserfahrung von den primären Bezugspersonen oder deren späteren Vertretern (oft in symbiotisch getönten ersten Freundschaften) konfrontieren. „Das Erleben des unüberwindlichen Getrennt-Seins von existentiell bedeutungsvollen anderen und die darin gründende Ohnmacht des eigenen Selbst, der eigenen Wünsche, liegen der Empfindung der Sinnlosigkeit der eigenen Existenz zugrunde" (ebd., S.96). Durch das suizidale Denken und Handeln wird diese Erfahrung verifiziert und oft auch in einem letzten autonomen Akt zu einem Ende geführt. Da die Trennungsthematik eine herausragende und auf Lösung drängende Bedeutung in der Spätadoleszenz hat, werden solche Jugendlichen, die aus ihrer Entwicklungsgeschichte ein Trennungstrauma mitbringen, in dieser Lebensspanne häufig in eine suizidalen Krise gestürzt.

Suizidhandlungen sind demnach, seien sie nun gedacht oder getan, als Versuche einer innerpsychischen oder interpersonalen Konflikt- und Problemlösung anzusehen. Der Jugendliche fühlt sich hilflos und ohnmächtig in einer Sackgasse, in der sich ihm keine Zukunftsperspektiven eröffnen und wo es in seinem Bewußtsein auch nicht den einfachen Weg zurück gibt. Aus diesem vermeintlichen Entwicklungsstillstand glaubt er sich nicht anders befreien zu können, als einer Sehnsucht nach dem Nicht-Sein, dem Nichts, nachzugeben.

Auch sein noch nicht als Teil seines Selbst akzeptierter Körper erscheint ihm zu diesem Zeitpunkt als ein Gefängnis (vgl. auch Laufer/Eglé-Laufer 1984, S.155f.), das er hinter sich lassen möchte. Im Kreisen um den Suizid kann der ungeliebte Körper durch die reine Phantasie zerstört werden. Eine solche Sehnsucht nach einem befreiten Geist, nach Ruhe und „nach Hause", so äußert sich auch Bernfeld (1929b, S.361), manifestiere sich typischerweise in Todeswünschen, Todesphantasien und Todessymbolen.

So paradox es scheinen mag, aber in den seltensten Fällen sucht der suizidale Jugendliche wirklich das Ende seines Lebens. „Der Wunsch zu sterben schließt [...] nicht die Negation des Lebens an sich ein, sondern ergibt sich vielmehr aus einer Kapitulation vor dem Kommenden, vor der Zukunft", folgert auch Schröer (1995, S.48) aus ihrer Untersuchung über jugendliche Suizidanten. Im Keim beinhaltet ein solcher Wunsch oder Akt der Selbsttötung immer auch den Wunsch nach einem individuellen Neuanfang im Leben einer Person. „So kann die Selbsttötung (nicht der Tod) im Kontext der narzißtischen Störung als Beendigung der unüberwindlichen Trennung und gleichzeitig als endgültiger Heilungsversuch des fragmentierten Dual-Selbst in diesem Akt verstanden werden" (Finger 1983, S.97).

Auf diesem theoretischen Hintergrund, aber auch auf der Basis meiner Beratungserfahrungen muß ernsthaft in Frage gestellt werden, ob Suizidgedanken und Suizidversuche von Jugendlichen in erster Linie „als der Höhepunkt einer ungünstigen Entwicklung gesehen werden" müssen (Kob-Robes/Reinelt 1994, S.152) beziehungsweise nur „als akute psychotische Episoden" (Laufer/Eglé Laufer, 1984, S.161) diagnostiziert werden können. Daß es bei Adoleszenten schwierig ist, ein klinisches Bild von einer normalen Entwicklungskrise zu unterscheiden, sei grundsätzlich konstatiert. Das gilt auch für das Erscheinungsbild der Suizidalität. Selbstmordgedanken und Selbstmordversuche bei Spätadoleszenten machen diese strukturell gesehen nicht notgedrungen zu suizidalen Persönlichkeiten. Sicherlich gibt es welche darunter, die als solche erkannt werden müssen, dennoch verstellt ein Denken in psychopathologischen bzw. medizinischen Kategorien wie auch die Angst des Betrachters vor einem psychischen Grenzgang des Heranwachsenden den Blick auf andere Möglichkeiten des Verstehens. Um einem einseitig pathologischen Deutungsmuster etwas entgegenzusetzen, möchte ich einen weiteren Erklärungsansatz bieten, der die angesprochene Problematik in einem anderen Licht erscheinen läßt.

Gehen wir davon aus, daß Adoleszente das Drama von Loslösung, Trennung und Individuation in jeweils individueller Form in sich austragen müssen (ohne daß diese innerpsychische Arbeit unbedingt nach außen hin sichtbar wird), dann nehmen wir auch an, daß sich damit für sie die Thematik des eigenen Todes oder des Sterbens verknüpft. In den Pubertätsriten sogenannter primitiver Völker kommt diese Thematik in den unterschiedlichen Formen der Übergangsrituale zum Ausdruck, denen allen die Auseinandersetzung mit dem symbolischen Tod eigen ist. Diese transkulturelle Perspektive ist für viele Autoren (z.B. Landauer 1935; Erdheim 1988) auch ein Wegweiser zum Verständnis von Adoleszenzphänomenen in unserer modernen Gesellschaft.

So folgerte schon Landauer (1935) daraus für die Heranwachsenden unseres Kulturkreises: „In wenig Zeiten des menschlichen Lebens liegt der Totstellreflex so bereit wie in der Pubertät, jener Vorgang, in dem das Individuum den Tod auf Zeit vorwegnimmt, um dem Tod auf Dauer zu entgehen" (S.235). Mit Blick auf die Nähe der Todesthematik zur Adoleszenz stellt der Autor diese Zeitspanne zwischen Kindheit und Erwachsenendasein als eine besondere Zeit heraus, die auch das Lebensgefühl des Jugendlichen entscheidend prägt. „Eine ganz besonders gefährdete Zeit, ja eine Periode fortwährender Katastrophen ist die Pubertät" (ebd., S.234), ist sein Votum. Wir wissen um die leichte Verführbarkeit und den schnellen Mißbrauch einer augenscheinlich „todessehnsüchtigen" Jugend in historischer Vergangenheit und gegenwärtigen Zeiten. So ist es nicht verwunderlich, daß die Machtelite des 3. Reichs für die Ausbildung in den SS-Totenkopf-Verbänden nur Jugendliche zwischen 17 und 23 Jahren aufnahm, bei denen sicher schien, daß sie in voller Überzeugung den Treueeid auf den „Führer" schwören und bis in den Tod halten würden. Dies ist ein Beispiel dafür, wie sich die Omnipotenzwünsche und Todesphantasien von Spätadoleszenten zu einer von Erwachsenen angestifteten „unheiligen Allianz" verknüpfen und ausnutzen lassen.

Um den dargelegten Erklärungsansatz durch die Innensicht einer Spätadoleszenten zu untermauern, zitiert Erdheim (1988) den Text einer jungen Prager Autorin der 20iger Jahren, in dem diese die Zusammenhänge zwischen Adoleszenz, Schmerzen, innerer Spannung, Verzweiflung, Freiheit und Tod deutlich macht. Ich übernehme diese Textausschnitte, weil sie mich an Aussagen der zu ihrer Spätadoleszenz befragten jungen Frauen erinnern.

„Ich will nicht über Selbstmord sprechen. Vielleicht ist er eine Erlösung, vielleicht eine Sünde. Aber eines ist sicher: Für einen jungen Menschen ist er notwendig. Nicht der praktische, sondern der ideelle Selbstmord, der keine Hintertür offenläßt. [...] Erinnern Sie sich nur, erinnern Sie sich an den unaussprechlichen, panischen, unbegreiflichen Schmerz mit sechzehn Jahren, an das quälende Suchen nach einem Ausweg, nach Boden unter den Füßen, an das verzweifelte Mit-dem-Kopf-an-die-Wand-Schlagen, an die inneren Konflikte, an die wahnsinnige Jagd nach einem undefinierten, undefinierbaren Etwas, an die durchwachten Nächte! Hätten wir das ertragen, wenn wir nicht einen versteckten Ausweg gehabt hätten: Vielleicht bringe ich mich um?" (ebd., S. 205).

Versuchen wir, was auch für die praktische Beratungsarbeit mit Spätadoleszenten von Bedeutung sein wird, Suizidalität nicht primär und nicht ausschließlich als psychopathologisches Symptom oder Syndrom zu verstehen, dann eröffnet sich eine adoleszente Fragestellung, die sonst leicht verborgen bliebe: die Frage nach den letzten Dingen, die das Leben ausmachen und einem individuellen Leben Bedeutung verleihen. Diese grundlegend existentielle Frage scheint in der Tat, so wie der Text es suggeriert, für den Adoleszenten lebensnotwendig. „Der Selbstmord ist das beunruhigendste Lebensproblem" und „der Schauplatz des Selbstmords ist tatsächlich das Leben", schreibt Hillman (1966, S.4). An anderer Stelle führt er weiter aus, was diese Thematik in den Kontext der Entwicklungsaufgaben der Spätadoleszenz stellt: „Wir bekommen das Leben nie wirklich in den Griff, wenn wir nicht bereit sind, mit dem Problem des Todes zu ringen [...]. Jeder tief erlebte innere Konflikt konstelliert den Tod. In der Selbstmord-Situation kommt das am deutlichsten zum Ausdruck [...]. Auf dem Weg zur Erkenntnis unserer selbst und der menschlichen Realität ist das Fragen nach dem Selbstmord der erste Schritt" (ebd., S.3). Die Bejahung des Lebens, die Notwendigkeit einer inneren Bereitschaft und Entscheidung für das Erwachsenendasein in seiner ganzen Ambivalenz, der sich der Spätadoleszente ausgesetzt sieht, beinhaltet auch das Gegenteil, nämlich die Freiheit, den Tod zu wählen. „Solange wir zum Leben nicht nein sagen können, solange haben wir nicht wirklich ja zum ihm gesagt" (ebd., S.50). Innerpsychische Todeserfahrungen sind die Voraussetzung dafür, die eigene Individualität zu entdecken. Sich ihnen zu stellen, bedeutet Mut und erfordert häufig auch Begleitung.
Suizidale Impulse sind immer auch Wandlungsimpulse. „Um ihre Wandlungsansprüche durchzusetzen und zu verdeutlichen, kann die Seele außer dem Tod auch andere Symbole hervorbringen, solche, die um Geburt und Wachstum, um Übergänge in Raum und Zeit kreisen. Das Todessymbol ist jedoch am wirkungsvollsten, weil es jene intensive Emotion mit sich bringt, ohne die sich keine echte Wandlung vollzieht" (ebd., S.58). Der Tod gewinnt aber nur dann einen symbolischen Charakter, wenn ihm ein Neuanfang, eine neue Geburt folgt. Diese Symbolik spielt in auffallender Weise auch in den Selbstdarstellungen der befragten Jugendlichen eine Rolle, wenn diese sich bemühen,

ihre Erlebnismuster zu beschreiben, die das innere Geschehen in der Lebensphase der Spätadoleszenz kennzeichnen. Wir müssen also festhalten, daß die suizidale Krise eine Form der Todeserfahrung sein kann, mit der sich der Spätadoleszente von alten Bindungen befreien will.

Die akute Selbstmorddrohung geschieht häufig unter dem Eindruck des „zu spät". Das Leben scheint in die Irre gegangen, es zeigt sich kein Ausweg. Voller Ungeduld und Druck soll nun auf diesem Wege eine schnelle Wandlung und Lösung erzwungen werden. Der faktische Selbstmordversuch beruht dabei „auf einer Verwechslung von innen und außen" (ebd., S.63), die innerpsychische Realität wird mit konkreten Menschen und äußeren Ereignissen vermengt, die Wirklichkeit auf diese Weise verzerrt. Die Welt verengt sich auf die eingeschränkte Sicht des individuellen Ichs. „Der von Selbstmordideen besessene Mensch ist nicht in der Lage, den Tod psychologisch zu erleben. Er kann die Wirklichkeit der Psyche nicht unabhängig von ihren Projektionen erfahren, und deshalb erhalten die konkrete Realität und der physische Tod derart zwanghaften Charakter" (ebd., S.73). Aufgrund der gerade erst erworbenen Fähigkeit zur durchdringenden Reflexion der eigenen psychischen Realität gelingt es den Adoleszenten und Spätadoleszenten nicht unbedingt, mit der nötigen Klarheit Innenwelt und Außenwelt, Realität und Symbolik, voneinander abzugrenzen. So deutet auch Kraft (1995) den faktischen Selbstmord als das Scheitern eines Initiationsprozesses, in dem die Person statt des symbolischen Tod den realen Tod erleidet. Dieser mag eine radikale Antwort auf eine mißlingende Ablösung von den mächtigen Figuren kindlicher Abhängigkeit sein.

Die Arbeit der Heranwachsenden besteht also darin, den Wunsch nach radikaler Veränderung, der verbunden ist mit Leiden und Wartenmüssen und der sich als Todessehnsucht äußern kann, als eine innere Erfahrung und innere Leistung zu verstehen und zu vollziehen.

In diesem Sinne sieht es auch Schröer (1995) als wichtig an, das „Entwicklungspotential der Suizidalität" zu nutzen durch eine „akzeptierende Haltung zu eben dieser Suizidalität [...], sie selber nicht abzulehnen, sie nicht negativ abzutun, sie nicht zu verleugnen. Dadurch wird der Jugendliche erfahrungsfähig für emotionale, positive und negative Erfahrungen" (S.157).

Es geht folglich auch für den Berater darum, die inneren Erfahrungen während einer suizidalen Krise zu verstehen und dem Adoleszenten verständlich zu machen. Hillman (ebd.) verweist als Hilfsmittel des Verstehens auf den archetypischen Hintergrund des Todes in uns, der psychisch erfahrbar wird in todesähnlichen Erlebnissen wie Abschied, Verlust, Isolierung, Krankheit und Schmerzen. Sich einem solchen existentiellen Geschehen zu stellen, baut eine Brücke zu eben jener inneren Todeserfahrung, die eine Fixierung auf den organischen Tod, den faktischen Suizid, überwinden hilft. Das ist die immanente Voraussetzung für ein psychisches Wandlungserlebnis, gerade auch im Lebensabschnitt der Spätadoleszenz.

5 Das psychopathologische Modell der Adoleszenzkrise

> Hör auf, so egozentrisch an
> Rasierklingen und Selbstverwundungen
> zu denken, daran, zurückzutreten
> und Schluß zu machen.
> Dein Zimmer ist nicht das Gefängnis.
> Du bist es.
> Sylvia Plath, Tagebücher, 20 Jahre

Schon A. Freud (1958) wies in ihrer Schrift über die 'Probleme der Pubertät' auf die Schwierigkeit hin, eine klare Einschätzung des adoleszenten Erscheinungsbildes zu treffen: „Zu jeder anderen Lebenszeit würden innere Widersprüche dieser Art Symptome eines krankhaften Zustandes sein. In der Pubertät haben sie andere Bedeutung. Sie sind nicht mehr als ein Hinweis darauf, daß das Ich nach Lösungen sucht, sie aufnimmt und wieder verwirft und zögert, endgültige Entscheidungen zu treffen" (S.1768).
Desgleichen versuchte Erikson (1959) deutlich zu machen, daß es bei einem so „abnormen" Stadium wie der Adoleszenz schwierig sei, die sogenannte „normative Krise" im Entwicklungsverlauf von einer neurotischen oder psychotischen Krise dieses Alters zu unterscheiden. Aber sein eigenes Bemühen, hier differentialdiagnostische Kategorien zu entwickeln, konnte nicht überzeugen (vgl. ebd., S.144f.). Auch Erdheim (1988) betont, daß die einseitige Ausrichtung auf eine psychopathologische Sichtweise den Blick auf die kulturellen Phänomene verstelle, die für die Jugendforschung jedoch von außerordentlicher Wichtigkeit seien (vgl. ebd., S.233).
Die neuere Psychiatrieforschung greift diese Gedanken auf.

Entwicklungskrise oder psychiatrische Krise?

Entwicklungskrisen gehören – auch aus der Perspektive der Entwicklungspsychopathologie – zum normalen Erscheinungsbild der Adoleszenz. Krisen sind keine Krankheiten, können sich aber zu psychiatrischen Notfällen (z.b. bei Suizidversuchen) oder psychischen Erkrankungen (z.b. Magersucht) entwickeln. Was in dieser Altersphase im Bereich psychischer Gesundheit oder psychischer Krankheit liegt, ist eine äußerst schwierige Fragestellung, die die Jugendpsychiatrie bislang noch nicht hinreichend klären konnte. Dahinter liegt nämlich das grundlegende Problem, Krankheiten von Varianten normaler Entwicklung, das heißt Normvarianten eines ungewöhnlichen Verhaltens von psychopathologischen Auffälligkeiten zu unterscheiden. „Dies gilt insbesondere für die sogenannten Adoleszentenkrisen", schreibt Remschmidt (1992), „bei denen man häufig nicht unterscheiden kann, ob das Störungsmuster Ausdruck einer schwerwiegenden Erkrankung oder einer vorübergehenden Krise ist, die sich vollständig wieder beheben kann" (S.246). Selbst bei einem Störungsbild, das von seiner Symptomatik her relativ eindeutig erscheint, wie beispielsweise die Schulphobie einer Jugendlichen, die monatelang die Schule nicht besuchen kann, ist der Schweregrad der Krise oder Krankheit nicht leicht zu erkennen. Denn Rückzugsverhalten, vorübergehende Angstzustände, suizidale Gedanken, depressive Stimmungszustände gehören durchaus zum adoleszenztypischen Verhalten.

Als jugendpsychiatrische Erkrankung definiert Remschmidt (ebd.), um eine Abgrenzung zu normalen Verhaltensformen zu gewinnen, „einen Zustand unwillkürlich gestörter Lebensfunktionen, [...] der einen Jugendlichen entscheidend daran hindert, an den alterstypischen Lebensvollzügen aktiv teilzunehmen und diese konstruktiv zu bewältigen" (S.228). Mit anderen Worten bedeutet das, daß eine schwere adoleszente Krise, die sich im Übergang zur Pathologie befindet, mitdefiniert wird durch das Maß an psychischen und sozialen Fähigkeiten eines Heranwachsenden, entwicklungsspezifische Aufgaben adäquat zu lösen. Dennoch erscheint eine solche Definition recht allgemein und wird Eltern, Lehrern, Beratern und medizinischen Fachleuten keinesfalls die Aufgabe erleichtern, zu einem klaren Verständnis und einer differenzierten Diagnose krisenhaften adoleszenten Verhaltens zu kommen.

Sicherlich ist eine psychiatrische Krise auch immer gekennzeichnet durch die vitale Gefährdung, die sie für ein Individuum bedeutet. Die deutliche Tendenz Adoleszenter, sich mit ihrem Leben in Frage zu stellen, und da bilden die Spätadoleszenten keine Ausnahme, rückt diese Altersgruppe häufig an den Rand krisenhaft zugespitzter Lebenslagen. Ausgang und Prognose solchen Verhaltens sind dennoch auch hier schwer einzuschätzen. Remschmidt spricht in diesem Kontext von „Sonderfällen" der Psychopathologie, bei denen es aufgrund einer Entwicklungsproblematik „zu erheblichen intrapsychischen Problemen (Identitätskrisen, Selbstwertkrisen) kommen kann, die relativ häufig die Grenze zum Notfall (akute Gefährdung im Rahmen eines Suizidversuchs) überschreiten. Sie müssen dann auch als Notfall behandelt werden" (ebd., S.231). Es ist letztlich schwer abzuschätzen, ob sich eine – und wenn welche – Grundstörung hinter einer solchen Krisensymptomatik verbirgt. In den meisten Fällen erfolgt bei den Adoleszenten nach einer störungsbeladenen Phase eine völlige Normalisierung, das heißt, daß sehr viele Schwierigkeiten in einem adoleszenten Krisenverlauf nicht Ausdruck eines dauerhaften psychopathologischen Problems sind.

Das Konzept des psychiatrischen Krisenmodells versucht somit, eine schnell greifende Ausweitung des Krankheitsbegriffs auf die Phänomene der Jugendkrisen zu vermeiden, da dadurch alterstypische Entwicklungskonflikte oder juvenile Lebensprobleme fälschlicherweise als Krankheit klassifiziert und Heranwachsende in ihren Lebensversuchen vorschnell „therapeutisiert" oder

„psychiatrisiert" werden. Erst wenn Krisen einen persistierenden Verlauf nehmen, sind differentielle Diagnosen und das Erstellen einer Ätiologie angesagt.

„Protektive Faktoren" und Krisenbewältigung

Im Kontext der vorliegenden katamnestischen Studie ist die Tatsache von Interesse, daß es einen Zusammenhang zwischen Intelligenzleistung und psychiatrisch auffälligen Jugendlichen gibt. Wir können davon ausgehen, daß Adoleszente mit einem höheren Intelligenzquotienten größere Chancen haben, altersbedingte Krisen konstruktiv zu bewältigen, als Jugendliche mit einem niedrigen IQ (Remschmidt, ebd., S.253). Intelligenzstrukturen und die von Adoleszenten neu entwickelten Bewältigungsstrategien sind „protektive Faktoren" (ebd., S.254), die als Einflußvariable eine mögliche psychische Krankheit abmildern, verzögern oder verhindern können, so daß trotz hoher psychischer Belastung und ungünstiger sozialer Umstände diese Jugendlichen eine positive Entwicklung machen können. Studien haben erwiesen, daß sich beispielsweise die Fähigkeiten zu kommunizieren, am eigenen Selbstkonzept zu arbeiten und sich Zuwendung und Hilfe zu holen, günstig auf eine positive Entwicklung auswirken. Auch das Erreichen eines äußeren Ziels, beispielsweise eines Schulabschlusses, zeigt eine stabilisierende Wirkung im Verlauf einer Adoleszentenkrise.

Wenn das „Krisenmodell" davon ausgeht, daß die meisten der psychischen und sozialen Probleme in der Adoleszenz „Ausdruck von Individuationskrisen" sind, und „nicht dauerhafte psychopathologische Probleme" (ebd., S.293), dann liegt eine Verbindung zwischen diesem Konzept und den pädagogisch-psychologischen Ansätzen der „Kritischen Lebensereignisse" und der „Entwicklungsaufgaben" auf der Hand. Alle diese Ansätze erklären Adoleszentenkrisen weitgehend „aus der noch nicht gelungenen Bewältigung von Entwicklungsaufgaben, die im einzelnen analysiert werden müssen. Aus dieser Analyse und aus dem Verhalten der jeweiligen Jugendlichen ergeben sich vielfach Anhaltspunkte für erfolgreiche Bewältigungsstrategien, die in Therapie und Beratung aufgegriffen werden können" (ebd., S.293 f.). Auch Lehmkuhl und Rauh (1996) gehen davon aus, daß es bei adoleszenten und spätadoleszenten Jugendlichen zu passageren Häufungen von Problemen kommen kann, die dann deren Verarbeitungskapazität und Belastbarkeitsgrenze überschreiten können. Auch diese Autoren warnen vor einer vorschnellen Pathologisierung im Jugendalter.

Auf der pragmatischen Ebene können dann konsequenterweise diese unterschiedlichen und doch konvergierenden Erklärungsansätze ihre praktische Auswertung und Anwendung in einem Konzept der Adoleszentenberatung finden.

4. Kapitel
Identitätsentwicklung und Selbstkonzept: ein zentrales Thema der Spätadoleszenz

1 Grundfragen der Identitätsforschung

> Gott, wer bin ich?
> Ich sitze abends in der Bibliothek bei greller Beleuchtung
> und lautem Ventilatorensurren.
> Mädchen, überall lesende Mädchen.
> Gesichter, fleischrosa, weiß, gelb.
> Und ich sitze da ohne Identität: gesichtslos.
> Mein Kopf schmerzt. Geschichte wartet,
> ehe ich schlafen gehe, muß ich noch Jahrhunderte begreifen.
>
> Sylvia Plath, Tagebücher, 18 Jahre

Identitätsbildung wird als Hauptaufgabe und Charakteristikum adoleszenter Entwicklung herausgestellt. Die Fragen „Wer bin ich?", „Was macht mich aus?", „Was erwartet mich im Leben?", aber auch „Wer bin ich für andere?" „Wie nehmen die anderen mich wahr und wie stimmt dies mit meinem Selbstbild überein?" nehmen einen zentralen Platz im Leben und Erleben spätadoleszenter Jugendlicher ein.

Diese Fragen sind die Grundfragen der Identitätsforschung schlechthin (vgl. Keupp/Höfer 1997, S.7), darüber hinaus aber auch die basalen Fragen, mit denen sich Menschen aller Altersgruppen heute beschäftigen, ohne daß sie darauf immer eine eindeutige persönliche und lebensgeschichtliche Antwort parat hätten. Die Aufgabe des einzelnen Subjekts, seine Identität zu bilden, also Identitätsarbeit zu leisten, ist in unserer Zeit kompliziert und komplex geworden und stellt für das Individuum, aber auch für Gemeinschaften und Institutionen, eine große Herausforderung dar. Dies hängt sicherlich mit veränderten gesellschaftlichen und kulturellen Bedingungen der „Postmoderne" zusammen, die in diesem Kontext nicht weiter spezifiziert werden können (vgl. Beck 1986).

Die zunehmende Beschäftigung mit dem Thema „Identität" im Alltagsgeschehen wie auch in den Wissenschaften hat zu einer unübersehbaren Fülle an wissenschaftlichen Darstellungen geführt, was einen – worauf viele Autoren hinweisen – inflationären Gebrauch des Identitätsbegiffs zur Folge hat.

Es ist nicht das Anliegen dieser Arbeit, einen aktuellen Überblick über den Stand des Identitätsdiskurses zu geben; es geht in den folgenden Ausführungen vielmehr darum, solche Aspekte der augenblicklichen Identitätsdebatte auszuwählen und zu präsentieren, die für eine Erhellung der Adoleszenzproblematik ergiebig sein können. Dazu bedarf es verschiedener Definitionsbemühungen, um den um Komplexität bemühten und dadurch häufig unscharfen und aus-

ufernden Begriff der Identität einzugrenzen und für meine Darstellung spätadoleszenter Probleme brauchbar zu machen.

Identität als Selbstverständnis und Selbstthematisierung

Zunächst bezeichne ich mit den Worten Taylors (zit. bei Keupp 1997b) Identität
ganz allgemein als „das Selbstverständnis der Menschen [...], ein Bewußtsein
von den bestimmenden Merkmalen, durch die sie zu Menschen werden" (S.27).
Weiter gehe ich davon aus, daß Identität die Sachverhalte bezeichnet, „die es
mit dem Verhältnis des Menschen, der „ich" sagt, zu dem, was dieses Ich über
sich aussagt, zu tun haben" (Mollenhauer 1983, S.156). Mit Blick auf die
befragten Jugendlichen zeigt sich diese Fragestellung als eine beunruhigende
Thematik. Auf der Suche nach einem Verständnis ihrer selbst registrieren sie
den Mangel an persönlichen Attributen, der verhindert, daß sie 'Ich' sagen und
zu sich stehen können. Zugleich im Besitze eines Bewußtseins ihrer selbst und
dennoch nicht 'Frau oder Herr im eigenen Hause' zu sein, bewirkt große
Unsicherheiten und Spannungen in den Adoleszenten, was zu jenen anfangs
formulierten Fragen an das eigene Selbstverständnis führt. Straus und Höfer
(1997) weisen mit Recht darauf hin, daß dieses Fragen kein einmaliger oder
gelegentlicher Vorgang ist, sondern daß permanente „situative Selbstthematisierungen" (S.273) das alltägliche Denken und Handeln begleiten, also die
alltägliche Identitätsarbeit eines Individuums ausmachen.
Subjektive Selbstthematisierungen entwickeln sich in Handlungssituationen und
sind geknüpft an Akte der Selbstwahrnehmung auf unterschiedlichen Ebenen
der Erfahrung, die als jeweils kognitive, soziale, emotionale und produktorien-
tierte Ebene differenziert betrachtet werden können (vgl. ebd. 274). Für eine
spätadoleszente Jugendliche (22 Jahre) lauten beispielsweise solche selbst-
thematisierenden Selbstwahrnehmungs- und Identitätsakte so:

„Ich selbst habe auch gar nicht den Ehrgeiz, irgend etwas besonders Wertvolles leisten zu
müssen, zehn wichtige Bücher zu schreiben oder so.   (kognitiv)

Jeder, den ich kenne, hat eine eigene Wohnung oder lebt in einer WG. Da muß man sich gar
nicht groß von den Eltern abgrenzen und wahnsinnige Szenen machen.   (sozial)

In unserem Alter wirst du wenige finden, die noch irgendwas mit voller Begeisterung
ausüben, Sei mal ehrlich: Hast du bei deinen Interviews irgend jemand gefunden, der dir groß
und breit seine Berufsabsichten erklärt hat oder über seine Arbeit gesprochen hat? (emotional)

Gut, ich würde schon mal in meiner Kneipe, wo ich jobbe, eine Unterschriftenliste gegen
Rüstungsexporte und andere Schweinereien herumgehen lassen, aber sonst ... ."
                                                           (produktorientiert)
(Martin 1995, S.16–19).

Es wird ersichtlich, daß derartige für den heuristischen Gebrauch gefächerte Erfahrungsmodi subjektiver Selbstthematisierung sich gegenseitig beeinflussen, sich zu einem Gesamteindruck zusammenfügen und für das jugendliche Individuum eine vorläufige Identitätsperspektive darstellen. Raum und Zeit für eine alltägliche Identitätsarbeit dieser Art, bei der Jugendliche identitätsrelevante Vorstellungen und Sinnentwürfe für sich formulieren und entwickeln können, tangieren und füllen erfahrungsgemäß auch die Beratungsarbeit mit Spätadoleszenten.

Identität als eine integrative Funktion

Identität meint auch, um einen weiteren definitorischen Aspekt aufzugreifen, die zentrale Verknüpfung und Integration von individueller und gesellschaftlicher Ebene in einer Person. Identität „stellt die Schnittstelle zwischen gesellschaftlichen Erwartungen an den einzelnen und dessen psychischer Einzigartigkeit dar. Sie ist das Produkt der Vermittlung und eine dynamische Balance zwischen beiden Seiten" (Bohleber 1997, S.93). Bedeutsam ist dieser Definitionsansatz für die vorliegende Arbeit, weil die Lebensaltersphase der Spätadoleszenz jeden Heranwachsenden, der sich seiner Besonderheit und Endlichkeit voll bewußt geworden ist, nun endgültig mit Rollen konfrontiert, in denen ihm in zunehmendem Maße Verantwortung im privaten wie gesellschaftlichen Leben abverlangt wird. In diesem Lebensabschnitt stellt sich ihm unerbittlich die Frage nach seiner Identität, einer Individualitätsform, die ihn befähigt, sich den anderen, der Gesellschaft, als einzigartiges und doch anpassungsfähiges Individuum zu vermitteln.

Identität ist somit Teil der inneren wie der äußeren Realität einer Person und nimmt auf diese Weise eine „Zwitterstellung" ein (Bohleber 1996, S.26). Diese bewirkt eine beständige Spannung zwischen der psychischen Eigenart der Subjekte und deren Übernahme sozialer Rollen, zwischen „persönlichen Entwürfen und sozialen Zuschreibungen" (Krappmann 1997, S.67). Dem Ich werden vermittelnde, abwägende und integrative Fähigkeiten abverlangt, um diese „Dialektik von Innen und Außen" (Bohleber, ebd. S.9) zu bewältigen.

In Anlehnung an Goffman spricht Mollenhauer (1983) in diesem Sinnkontext von der „Vorderbühne" und der „Hinterbühne" der Identitätsrepräsentationen einer Person. Während die „Hinterbühne" die intrapsychische Dimension umfaßt, repräsentiert die „Vorderbühne" das Ich in seinen öffentlichen Rollen, in seinem interaktiven Handeln. Ist sich der Adoleszente seiner Individualität nicht sicher und mangelt es ihm an einem basalen Gefühl innerer Kohärenz, lösen gesellschaftliche Rollenanforderungen Gefühle der Bedrohung aus. Um im Bild zu bleiben: ist sein Platz auf seiner „Hinterbühne" noch unklar und ungesichert, hat er diesen Bereich noch nicht für sich geordnet, wird der von ihm geforderte

Auftritt auf der „Vorderbühne" schwankend. Und auch in umgekehrter Richtung können Erschütterungen ausgelöst werden. Speziell in der Spätadoleszenz werden beide „Bühnenbereiche" der Persönlichkeit leicht als unsicheres Terrain erlebt. Existentiell lösen derartige Unsicherheiten Entwicklungs- oder Identitätskrisen aus.

Identität als riskanter und verborgener Entwurf

Identität oder Arbeit an der Identität ist ein im wesentlichen unbeobachtbarer, teilweise auch unbewußter Prozeß, „der die Persönlichkeit zu einer Einheit gestaltet und den Einzelnen mit der sozialen Welt verbindet" (Josselson 1991, S.25). Identität als die einheitsstiftende Beziehung, die das Ich zu sich selbst hat oder sucht, ist jedoch prinzipiell instabil (vgl. Mollenhauer, ebd., S.157f.), denn „psychodynamisch betrachtet ist Identität weder Struktur noch Zustand, sondern Merkmal des Ichs, das die Erfahrung strukturiert" (Josselson, ebd., S.27). Identitätsbildung ist, wie später noch zu präsizieren ist, ein prozessuales Geschehen, bei dem sich Identität zeigt als das zuverlässige und zugleich irritierbare Gefühl dafür, wer man ist und was man in der Welt repräsentiert. Im Sinne der Zuverlässigkeit kann es dem Ich ein Erleben von innerer Kohärenz und Bedeutsamkeit in der realen Welt vermitteln. Im Sinne der Irritation verweist es darauf, daß Identität immer etwas Fiktives an sich hat, „weil mein Verhältnis zu meinem Selbstbild in die Zukunft hinein offen, weil das Selbstbild ein riskanter Entwurf meiner selbst ist" (Mollenhauer, ebd., S.158). Deshalb gäbe es, so der genannte Autor, in Fragen der Bildung Identität nur als Problem, nicht als Tatsache. Daß der Jugendliche „mit sich (und nicht nur mit Rollen) ein Problem hat, setzt seine Bildung in Gang, macht Selbsttätigkeit nötig" (ebd., S.179), ein Ausdruck, wie ich meine, seines Strebens nach Vervollkommnung und Integrität. Dasselbe Phänomen und derselbe Impuls läßt sich für den Bereich der Beratung und Therapie beobachten und formulieren. Daß Jugendliche gravierende Probleme mit sich haben, setzt sie meist in Gang, sich professionelle oder nicht-professionelle Hilfe und Unterstützung zu suchen. Identitätsprobleme sind dementsprechend nicht nur spezifische Aufgaben von Bildung, sondern auch von Jugendberatung.

Doch was verstehen wir Erwachsene überhaupt von der adoleszenten Identität und Identitätssuche? Was bleibt mir als Beobachterin oder Begleiterin verschlossen, was eröffnet sich mir? Mollenhauer möchte bei dieser Frage dem Forscherdrang der Erwachsenen einen Dämpfer aufsetzen: „Wie ein Kind oder ein Jugendlicher mit sich selbst verkehrt, können wir nicht zuverlässig wissen. Wir kennen ja nur das, was nach außen dringt – und das ist vielleicht immer schon eine bereinigte Form seines Umgangs mit sich selbst, die Version für den sozialen Gebrauch gleichsam. [...] Das Selbstverhältnis des Kindes läßt sich nicht beobachten, es kann nur aus den Spuren, die es hinterläßt, erschlossen werden" (ebd., S.159/160).

Solche Versuche, zu verstehen und Sinn zu erschließen, kann der Erwachsene nur aufgrund seines Verhältnisses zu sich selbst, aufgrund eines inneren Vergleichs angehen. Sie konfrontieren ihn unweigerlich mit seiner eigenen Art der Bewältigung adoleszenter Identitätssuche. „Und weil wir Kinder nur in Analogie zu uns selbst 'verstehen' können, liegt es nahe, zunächst über uns, über 'Erwachsene' nachzudenken" (ebd., S.160).

Daß sich auch auf diesem Weg des Verstehens die Welt der Adoleszenten nicht wie von selbst eröffnet, formuliert ein spätadoleszenter Jugendlicher unserer pluralistischen Gesellschaft in radikaler Deutlichkeit und an die Adresse der erwachsenen Generation gerichtet:

„Versucht nicht, uns zu verstehen. Ihr könnt uns untersuchen, befragen, interviewen, Statistiken über uns aufstellen, sie auswerten, interpretieren, verwerfen, Theorien entwickeln und diskutieren, Vermutungen anstellen, Schlüsse ziehen, Sachverhalte klären, Ergebnisse verkünden, sogar daran glauben. Unseretwegen. Aber ihr werdet uns nicht verstehen. Wir sind anders als ihr. Wir kopieren eure Moden und Utopien, wir haben von euch gelernt, wie man sich durchwindet, durchfrißt, wir sind alle kleine Schmarotzer in euren Häusern, behütet durch dicke Polster aus Wohlstand, die angelegt wurden, weil wir es einmal besser haben sollten ... . Wir nutzen eure Welt, aber wir verweigern das Nacheifern, wir funktionieren anders, wir sind anders konstruiert, sozialisiert, domestiziert, angeschmiert. Früher war alles anders, und deshalb kann man uns nicht mit früher vergleichen. Unsere Jugend ist anders, als eure war. Wir sind anders als wir. Wir sind zu viele, zu verschieden, zu zersplittert, zu schillernd, zu gegensätzlich, zu unlogisch und zu abgeschottet und sektiererisch, als daß es ein großes umfassendes 'Wir' geben könnte. Wir benutzen es trotzdem. 'Wir', das wechselt. Wir sind unfaßbar, das ist unser Geheimnis. Wir kommen mit dieser falschen Welt besser zurecht als eure Psychologengeneration, die die Welt der Werbung als das Reich des Bösen enttarnt hat. Und die endlos über Konzepte diskutiert, pädagogisch darauf einzugehen. Wir dagegen schalten einfach um. [...] Wir verhalten uns anders, als wir eigentlich müßten oder sollten. Aber wer will Berechenbarkeit, Logik, Konsequenz von uns erwarten, von den Kindern des Pluralismus?" (König 1993, S.1/4).

Wenn Identitätsbildung ein riskanter Entwurf des eigenen Selbst ist, dann möchte ich Identitätsforschung als riskante Spurensuche bezeichnen. Denn über Adoleszente zu forschen oder Adoleszente bei ihrer alltäglichen Identitätsarbeit zu begleiten, ist eine Art Spurensuche, die Suche und Entschlüsselung fremder Spuren auf fremdem Terrain. Sie setzt den forschenden oder begleitenden Erwachsenen zugleich sich selbst aus, führt ihn auf die Fährte eigener vergangener Spuren aus jener Lebensaltersspanne. Der dieser Gruppe der Adoleszenten eigene Antagonismus zur Erwachsenenwelt (vgl. die Thesen Erdheims), ihr weitgehend vertretener Anspruch darauf, ganz anders zu sein, verhindert eine völlige Aufklärung.

Spätadoleszente Identitätsperspektiven lassen sich von daher nur annähernd beschreiben. Diese Ansicht vertritt auch Josselson (1991), wenn sie auf Grund ihrer Studien darlegt, daß wir bei aller Präzision der Forschung nicht vergessen sollten, daß Identitätsfindungsprozesse meist in kleinen Schritten und allmählich, häufig auch absichtslos, meistens jedoch unter Ausschluß der erwachsenen Öffentlichkeit verlaufen. Zum Entziffern sind wir angewiesen auf Selbstoffenbarungen dieser Altersgruppe, wie sie in Selbstzeugnissen und auch in den Interviews vorliegen.

Identität als pluralistisches System

Selbst-Konzepte oder Selbst-Entwürfe haben mit Vorstellungen zu tun, die sich einzelne von ihrer Individualität machen. Es sind Entwürfe, nach denen sie sich zu formen versuchen. Selbst-Entwürfe beeinflussen die individuelle Entwicklung. Selbst-Konzepte sind, wie schon dargestellt, auch Ergebnisse sozialer Prozesse. Sie sind zugleich Produkte selbstreflexiver und interaktiver Handlungen; sie sind ideosynkratische und soziale Konstruktionen (vgl. Bilden 1989).

Nehmen wir als Beispiel die zeitgenössische Konstruktion eines Selbst-Entwurfes:

„Wenn keine Stadt, kein Milieu, keine Familie, kein Beruf, kein Geschlecht, keine Ideologie mehr eine verläßliche Heimat bietet, die einer Biographie Kontinuität verleiht, und gleichzeitig über den Medienmarkt minütlich neue Zeichensysteme, Stimuli, Deutungen und Kaufanreize versendet werden, entsteht nicht seelische Orientierungslosigkeit, sondern eine Großbaustelle namens 'Ich', die Tag und Nacht in Betrieb ist. Eine innere und soziale Vielfalt von Deutungen und Zugehörigkeiten, zwischen denen jeder hin und her vagabundiert, um mal hier, mal dort sein müdes Haupt niederzulegen" (v. Thadden 1995, S.30).

Die 'Mehrdimensionalität' des Selbstverständnisses (Rommelspacher 1997) oder die „Augenblicks-Identitäten" (Baumann, 1992, zit. bei Keupp, 1997b, S.24) im Leben des modernen Menschen, wie sie die junge Autorin uns plastisch vor Augen führt, haben Keupp und Bilden (1989) mit den Begriffen der „Patchwork-Identität" oder der „multiplen Identität" verdeutlichen und auf den Punkt bringen wollen. In der Identitätsliteratur wird dieses Phänomen des Vielgestaltigen im Subjekt auch mit der „Dezentrierung des Subjekts" (Bilden 1997) oder dem Bild des „Puzzle" (Josselson 1991) umschrieben.

Mit diesem Ansatz versuchen die AutorInnen der Tatsache gerecht zu werden, daß in unserer westlichen, postmodernen Industriegesellschaft Identität als eine eindeutige Einheit der Person nicht mehr postuliert werden kann. Bilden (1997) möchte deshalb auch nicht mehr von 'Identität' reden, sondern bevorzugt anstelle dessen eine Definition, die das Subjekt als ein „dynamisches System vielfältiger Selbste" (S.227) bezeichnet, eine Sichtweise, die ich nicht übernehmen möchte, weil meines Erachtens auf diese Weise weder praktisch noch theoretisch der Begriff der Identität ersetzt werden kann. Auch dieser muß als multiples 'Gebilde' im Sinne prozessualer Entwicklung permanent neu definiert werden.

Die Betonung bei Bildens Beschreibungsversuch liegt auf der „Vielfalt und Beweglichkeit innerhalb des Individuums" (ebd.), auf der „Anerkennung der Vielfältigkeit der Person" (S.228) oder auf einer „inneren Pluralität" (ebd.). Die Akzeptanz eines „Spektrums möglicher Individualitätsformen" (S.227) durch die Person, die bei sich unterschiedliche Selbstkonzepte zuläßt, ist für die Autorin die notwendige Antwort des Individuums auf die Diskontinuitäten gesellschaftlichen und privaten Lebens, auf die Vielfalt der Lebensformen und den Pluralismus der Werte und Kulturen in unserer postmodernen Gesellschaft (vgl. S.228). Innere Vielfältigkeit des Subjekts bedeutet in ihren Augen keinesfalls Beliebigkeit, sondern schafft die Voraussetzung für eine subjektive Handlungskompetenz den ständig wechselnden gesellschaftlichen Anforderungen gegenüber wie auch für einen flexiblen Umgang mit der Vielzahl unterschiedlicher Sinnsysteme.

Gerade für die Identitätssuche von Frauen sieht die Autorin in der Auflösung inhaltlich festgelegter Identitätsentwürfe und vorgeformter Muster des Lebenslaufs eine neue Chance der Selbstbestimmung und Unabhängigkeit in einer bislang durch patriarchale Werte vorgeprägten und normierten Kultur. „In fast jeder weiblichen Biographie ergibt sich heute mehrfach die Notwendigkeit, 'Identität' umzustrukturieren" (Bilden 1989, S.33). Das ist eine Chance für Frauen, sich von außen vorgeschriebenen weiblichen Biographiemustern zu verweigern. Durch einen fließenden und variablen Umgang mit den verschiedenen Selbstanteilen in sich, das heißt durch die Entwicklung und Pflege unterschiedlicher Teile des Selbst-Systems, gelänge es den Frauen am besten, so die Autorin, sich als Werdende in einem sich stetig wandelnden sozialen Gefüge zu behaupten und zu einem vielseitigen und reichen Leben zu gelangen. (ebd., S.40f.). Daß dies nicht ohne ein bestimmtes Maß an Kohärenzerfahrung und lebensgeschichtlicher Kontinuität möglich ist, dessen ist auch sie sich bewußt.

Diesem Gedankengang ist sicherlich Aufmerksamkeit zu schenken, vor allem im Hinblick auf die nötige Offenheit, die der Vielfalt der Selbstentwürfe, der Dynamik der inneren Prozesse und den ungewissen Zukunftsentwürfen der weiblichen Spätadoleszenten entgegengebracht werden sollte. Ein diesen Kontext erhellendes Reaktionsmuster in den Beratungsprozessen war die große Empfindlichkeit der Mädchen gegenüber jeglicher Form von Moralisierung, Festlegung und Einflußnahme durch die Beraterin wie durch Erwachsene generell hinsichtlich ihrer Lebenskonzepte und Rollenentwürfe.

Die Vielfalt der Teil-Selbste oder Teil-Identitäten einer Person muß nicht unbedingt Destabilisierung und Pathologisierung bedeuten. Allerdings fordert der Umgang mit innerer und äußerer Pluralität „die Notwendigkeit der lebenslangen Entwicklung des eigenen subjektiven Potentials" (Bilden 1997, S.238), selbstreflexive Kompetenz und Ambiguitätstoleranz. Dies ist nicht nur im üblichen Sinne anstrengend, sondern stellt sehr hohe Anforderungen an die Individuen. So stellt sich die Frage, unter welchen sozialen und kulturellen Bedingungen, unter welchen psychischen wie biographischen Voraussetzungen es Menschen, und in besonderem Maße Spätadoleszenten, gelingt, die nötige Kohärenz und Kontinuität herzustellen, die ein Zusammenwirken der Teile sichert. Die Antwort auf eine Überforderung im Prozeß der Identitätsbildung ist gerade bei den Heranwachsenden häufig der Rückzug in die Regression oder die Zuflucht zu vereinfachenden, Eindeutigkeit verheißenden Ideologien. Ein anderer Ausweg in viel selteneren Fällen führt in die Beratung und Therapie (vgl. ebd., S.238).

Identitätsfindung als Prozeß

> Laß wenigstens ein bißchen Kontinuität zu –
> ein Zentrum der Beständigkeit –, auch wenn
> deine Philosophie eine sich ständig dynamisch
> bewegende Dialektik erfordert.
> Die These ist die einfache, ist die glückliche Zeit.
> Die Antithese droht dich auszulöschen.
> Die Synthese ist das Problem schlechthin.
> Sylvia Plath, Tagebücher, 20 Jahre

Mit Keupp (1997b) gehe ich davon aus – dies wurde bereits dargelegt – unter Identität nicht etwas Substantielles oder Statisches zu verstehen, sondern ein Prozeßgeschehen, in dem Individuen ein Gefühl für sich beziehungsweise ein Verständnis von sich suchen und konstruieren (vgl. ebd. S.12). Dieses Geschehen ist ein in die Zukunft hin offener, ein stetig im Werden zu begreifender Selbstdefinitionsversuch. Er wird, wie Bohleber (1996) vom analytischen Standpunkt her ausführt, durch das Identitäts*gefühl* der Subjekte gesteuert (vgl. S.271). Als innere Regulationsinstanz hilft es zu überprüfen, ob Handlungen und Erfahrungen zu einem passen, das heißt, ob sie in die zentralen Repräsentanzen des Selbst, die den innerpsychischen Rahmen dafür abstecken, zu integrieren sind. „Für eine psychoanalytische Definition der Identität", so betont er, „muß die affirmative Funktion, die das Identitäts*gefühl* für die innerseelische Dynamik hat, im Zentrum der begrifflichen Definition stehen. In der affektiven Wahrnehmung, mit sich selbst identisch zu sein, fließen äußere und innere Realität zusammen" (ebd., S.26, kursiv beim Autor; vgl. auch S.299). Auch wenn Identität zunächst die Frage nach sich selbst und der Entwurf von sich selbst ist, bildet sie sich in einem dialogischen Prozeß und bedarf des ständigen Dialogs, in dem das Subjekt um Anerkennung durch andere ringt. Denn Identitätsbildung wird weitgehend „von der Anerkennung oder Nicht-Anerkennung, oft auch von der Verkennung durch die anderen geprägt" (Taylor, zit. bei Keupp, ebd., S.27). Der einzelne wird sich seiner Ich-Identität erst sicherer, wenn er sich durch andere, besonders durch für ihn bedeutsame andere, erkannt und anerkannt erfährt, oder er leidet und nimmt Schaden, wenn die ihn umgebende Lebenswelt ein entwertendes und einschränkendes Bild seiner selbst zurückspiegelt. Von Beginn der Selbstwerdung und des Identitätsprozesses an hat die Spiegelfunktion („mirroring") anfänglich der Mutter, später anderer Bezugspersonen eine herausragende Bedeutung für die Entwicklung eines Kern-Selbstgefühls und Selbstbildes des Menschen (vgl. Bohleber, ebd., S.287).

Im Beratungssetting treffe ich meist auf Spätadoleszente mit langfristig entmutigenden Erfahrungen und entsprechendem Selbstwertdefiziten. Identitätsfindung oder Arbeit an der eigenen Identität braucht den kommunikativen Raum, und Kernstück einer Adoleszentenberatung sollte konsequenterweise der existentielle Dialog sein, der auch den Charakter des *mirroring* hat, damit eine Selbstfindungsarbeit ermöglicht, fundiert und gestützt werden kann.

Die geschilderten Schwierigkeiten hinsichtlich unsicherer Zukunftsentwürfe und geringer sozialer Anerkennung – dies sei nochmals betont – sind nicht nur individueller, intrapsychischer Natur, sondern haben ihre Wurzeln auch in der postmodernen Gesellschaft und ihren multiplen Lebensformen, die dem einzelnen keine geordneten, überschaubaren und stabilen Parameter mehr anbieten. Identitätsarbeit als alltägliche Arbeit des Subjekts an seinem Selbstbild findet heute in einem offenen gesellschaftlichen Raum statt. Lebensentwürfe müssen vom einzelnen selbst konstruiert und gebaut werden, und der Rückgriff auf biographisch verankerte familiale Vorbilder und Lebensmuster oder auf verbindliche philosophische, religiöse und kulturelle Sinnentwürfe garantiert keine auf Dauer angelegte Sicherheit mehr. Kontinuität und Kohärenz als existenzleitende Faktoren im sozialen und gesellschaftlichen Prozeß stellen keine stabilen Größen mehr dar und können somit als äußere Wirklichkeit im Hinblick auf das intrapsychische Geschehen nur wenig stützende Wirung entfalten. Subjektive Kontinuitäts- und Kohärenzerfahrung bleiben dennoch unabdingbare Voraussetzung für ein stabiles Identitätsgefühl der einzelnen Person, sie bleiben Kriterium im individuellen Prozeß der Identitätsbildung. Identitätsarbeit ist somit zu einer „riskanten Chance" geworden (vgl. Keupp, ebd., S.19) und dies in besonderem Maße für die Adoleszenten, denn „das Herstellen von Identität bzw. eines kongruenten Identitätsgefühls bleibt ein lebenslanger krisenanfälliger Prozeß, der in der Adoleszenz als selbstreflexiver, seelischer Vorgang beginnt und *in der Spätadoleszenz als entwicklungsspezifische Aufgabe in den Vordergrund rückt*" (Leuzinger-Bohleber/Mahler 1993, S.24, kursiv bei den Autoren). Spätadoleszente sind folglich schwerpunktmäßig mit der Übernahme selbstinitiierter und selbstgesteuerter Identitätsarbeit beschäftigt. Wie sie lernen, diese „Arbeit" zu bewältigen, und über welche psychosozialen Grundlagen sie dabei verfügen müssen, dies beides wird Auswirkungen auf ihr zukünftiges lebenslanges Identitätslernen haben. Die Spätadoleszenz ist nicht mehr der zeitliche Ort, an dem – auch unter günstigen Umständen nicht – eine endgültig gelungene und mehr oder weniger abgeschlossene Identitätsbildung erreicht wird. Den Adoleszenten obliegt hier vielmehr die Entwicklungsaufgabe, sich entscheidende psychosoziale Strategien anzueignen, um mit der prinzipiellen Unabgeschlossenheit des Prozesses ihrer Identitätssuche zurechtzukommen.

Zur permanenten Entwicklung und Gestaltung seines Identitätsprozesses braucht der Mensch materielle Ressourcen und Kompetenzen unterschiedlicher Art: psychische und soziale. Darunter sind Fähigkeiten und Kompetenzen zu verstehen wie: Beziehungen herstellen, über Normen, Ziele und Wege kommunizieren, sich Werte aneignen, biographische Erfahrungen verarbeiten, Spannungen aushalten und Erfahrungswerte umformen. Um individuelle Lebenspläne zu verfolgen und zu verwirklichen, bedarf es darüber hinaus finanzieller Mittel und gesellschaftlicher Spielräume. Das psychische Fundament einer solchen alltäglichen Identitätsarbeit hat jedoch „ein Gefühl des Vertrauens in die Kontinuität des Lebens zur Bedingung, *ein Urvertrauen zum Leben und seinen ökologischen Voraussetzungen*. Das Gegenbild dazu ist die Demoralisierung, der Verlust der Hoffnung, in der eigenen Lebenswelt etwas sinnvoll gestalten zu können" (Keupp, ebd., S.21, kursiv beim Autor).

Betrachtet man die vielfältigen Voraussetzungen, die das Gestalten einer persönlichen Identität ermöglichen oder erschweren, dann tritt die Dramatik, die diese Entwicklungsaufgabe gerade für die adoleszenten und spätadoleszenten Jugendlichen hat, deutlich vor Augen. Vorhandene psychische, soziale und materielle Defizite werden in dieser Lebensphase mit zunehmender Schärfe manifest und treten als Behinderungen und Blockaden bei der Identitätssuche auf. Keupp beschreibt diesen Tatbestand mit einem Bild, das insbesondere auf die Situation der Gruppe der befragten Spätadoleszenten zutrifft: „Es fehlen sowohl ein schützendes Dach als auch ein tragendes Fundament" (ebd., S.26). Trotz aller Veränderung, so möchte ich wiederholend betonen, bedürfen die Menschen für die Bewahrung ihres Identitätsgefühls des Erlebens von Kontinuität, durch das sie sich irgendwie immer als dieselben empfinden. „Dies wird durch ein gleichbleibendes 'Kern-Gefühl' oder 'Existenzgefühl' ermöglicht, das nur umschreibend und gänzlich unzureichend in Sprache zu fassen ist" (Bohleber, ebd., S.295). In diesem tief verankerten Existenzgefühl fühlen sich Spätadoleszente häufig verunsichert und labil, wenn sie sich mit negativen primär-infantilen Erfahrungen und mit den Identifikationen ihrer Kindheit auseinandersetzen und diese in ein neues Selbstbild integrieren müssen.

Bischof (1996) weist darauf hin, daß die Entwicklungsaufgabe der eigenen Identitätskonstruktion schon grundsätzlich ein Dilemma beinhalte, weil es dem Adoleszenten eine paradoxe Leistung abverlange: „Das Potential, selbständig zu werden, entstammt der Verwurzelung in genau dem, wovon man sich freimachen soll. Eine Identität, die sich nicht auf ein Ja zur eigenen Herkunft gründen würde, hätte gar nicht die Kraft, sich gegenüber dieser Herkunft zu verselbständigen" (S.593). Das, wovon sich der Heranwachsende ablösen und emanzipieren müsse, um er selbst zu werden, sei zugleich der „Quellgrund [...], aus dem sich sein Urvertrauen speist" (ebd.). Hier treffen wir wieder auf die „seltsame Synthese von Ablösung und Rückbindung" (ebd), wobei, wie die jugendliche Sylvia Plath in ihrem Tagebuch (1995, S.98) notierte, „die Synthese [...] das Problem schlechthin [ist]". Was aber, wenn schon der Grund nicht richtig gelegt ist, wenn die „These" nicht „die einfache [...], die glückliche Zeit" (ebd.) war? Das ist die Frage, die sich für die Identitätsarbeit in der Spätadoleszentenberatung stellt.

2 Spätadoleszenz als Identitätskrise

Wie soll ich je zu dieser Beständigkeit finden,
zu dieser Kontinuität von Vergangenheit und Zukunft,
zu dieser Kommunikation mit anderen Menschen,
nach der ich mich sehne?

Sylvia Plath, Tagebücher, 20 Jahre

Innerhalb der gesamten Lebensspanne des Menschen wird die Adoleszenz und innerhalb der Adoleszenz wird die Spanne der Spätadoleszenz als eine spezifische Zeit der Krise betrachtet. Die Krisenhaftigkeit der eigenen Existenz erlebt der Spätadoleszente hauptsächlich durch das neu gewonnene Bewußtsein der Diskrepanz zwischen dem aktuellen Zustand seines Selbst und dem angestrebten Selbstbild (Real-Ideal-Diskrepanz) sowie durch seine nun voll zum Tragen kommende Fähigkeit der Selbstreflexion. Das Ringen um einen eigenen Identitätsstatus, das auf diese Weise in Gang gesetzt wird und hohe seelische Integrationsanforderungen an den Jugendlichen stellt, erlebt er als zutiefst verunsichernd (vgl. Bohleber 1996, S.23).
Obwohl für Erikson (1968) Identitätsbildung ein lebenslanger in Phasen ablaufender Prozeß ist, bezeichnet er den Erwerb von Ich-Identität als das zentrale Thema der 5. Stufe (Identität vs. Rollendiffusion) seines achtstufigen Modells. Ihm zufolge ist die Lösung der Identitätsfrage „eine normale Phase erhöhten Konflikts" (S.167), die eine entwicklungsspezifische normative Krise der Adoleszenz evoziert, mit der jeder und jede Heranwachsende in diesem Lebensabschnitt konfrontiert wird. Der von Erikson entworfene und für diesen

Zustand zutreffende Begriff der „Identitätskrise" ist inzwischen Allgemeingut im wissenschaftlichen Diskurs geworden. Den Begriff der Krise will er nicht im pathologischen Sinn verstanden wissen. Eine Entwicklungskrise ist für ihn in besonderem Maße möglicher Wendepunkt im Lebenszyklus und ein Schmelztiegel, aus dem die Jugendlichen nach der Bewältigung innerer und äußerer Konflikte in ihrer Persönlichkeit gestärkt hervorgehen. Sie können jedoch auch an den Herausforderungen scheitern, was gravierende Auswirkungen auf ihre weiteren Lebensläufe hätte. „Das Wort Krise wird hier in einem entwicklungsmäßigen Sinn gebraucht, nicht um eine drohende Katastrophe zu bezeichnen, sondern einen Wendepunkt, eine entscheidende Periode vermehrter Verletzlichkeit und eines erhöhten Potentials" (ebd., S.96).

Innerhalb des adoleszenten Entwicklungsrahmens ist für Erikson gerade die Endphase der Identitatsbildung, die späte Adoleszenz, eine hochsensible Periode dieser Art, in der der junge Erwachsene stärker „unter einer Rollenverwirrung leiden kann, als er das je zuvor getan hat und je wieder tun wird" (ebd., S.168). Er charakterisiert diese Phase als eine Zeit schwankender Ich-Stärke, ausufernder Energie, in Fluß geratener Abwehrmechanismen, fluktuierender Selbstbilder und riskanten Experimentierens mit sich und den jeweils angebotenen sozialen Rollen. Er weiß um die fließende Grenze dieses Zustands zur Pathologie hin, hält die Situation aber im Hinblick auf die Entwicklung einer stabilen Identität für notwendig: „Ein Großteil dieses 'fließenden Zustands' ist alles andere als pathologisch, denn die Adoleszenz ist eine Krise, in der nur fließende Abwehrmechanismen das Gefühl überwinden können, ein Opfer innerer und äußerer Forderungen zu sein, und in der nur Versuch und Irrtum zu den günstigsten Wegen des Handelns und der Selbstdarstellung führen" (ebd., S.169).

Verlaufsformen der adoleszenten Krise sind mit Sicherheit sehr unterschiedlich gegeben. Sie können sich, abhängig vom sozialen Milieu und von der Persönlichkeitsstruktur, heftiger oder moderater zeigen oder sich mehr nach „innen" (Selbstwertverlust, Depressivität, Einsamkeitsgefühle) oder nach „außen" (Konflikte mit Eltern und Lehrern, Normverletzungen) richten. Döbert und Nunner-Winkler (1975) stellen in diesem Kontext „hochreflexive Bewußtseinslagen" von Adoleszenten neben Haltungen des „acting-out-behavior" (S.85).

Als die den Adoleszenten „erschreckende Aufgabe" dieser Lebensspanne bezeichnet Erikson die „endgültige Zusammenfassung all der konvergierenden Identitätselemente am Ende der Kindheit (und das Aufgeben der divergierenden)" (ebd., S.167), was einerseits einer Aufgabe des alten Kindheits-Ichs gleichkommt, andererseits zu einem „erhöhten Gefühl der inneren Einheit" (ebd., S.91), zu einem Identitätsgefühl, führt. Die Kristallisation der Kindheitsidentifikationen in der adoleszenten und erwachsenen Ich-Identität ist keine einfache Addition bis dahin erworbener Identitätselemente zu einem

Ganzen, sondern ein qualitativ neuartiger Prozeß und Zustand. Ein optimales Identitätsgefühl ist für Erikson „ein Gefühl, im eigenen Körper zu Hause zu sein, ein Gefühl, 'zu wissen, wohin man geht', und eine innere Überzeugtheit von der antizipierten Bestätigung durch die, auf die es ankommt" (ebd., S.170).

Wenn diese Aufgabe von den jungen Erwachsenen nicht bewältigt wird, diese das Ziel nicht erreichen, kann ein solches Scheitern Symptom einer anhaltenden „Identitätsverwirrung" oder einer „negativen Identität" (ebd., S.170f.) sein, wobei es auch in Eriksons (Fall-)Darstellungen nicht deutlich wird, wo und wie dabei für den Betrachter und Betreuer die Grenze zwischen normativer und psychopathologischer Entwicklungskrise zu ziehen ist, was tatsächlich für diese Altersgruppe schwierig ist.

Mit Recht hat Erikson auf die ursächliche Tatsache hingewiesen, daß adoleszente Identitätsbildungsprozesse nicht ohne den je individuellen Entwicklungsvorlauf und nicht unabhängig von der präadoleszenten Persönlichkeitsstruktur verstanden werden können. Das heißt, Identitätsarbeit ist mehr oder weniger belastet, je nachdem, ob und wie die Entwicklungsaufgaben in den vorangegangenen Phasen gelöst wurden. Wenn sich eine Jugendliche beispielsweise – wie wir es auch in den Interviews finden – nicht von der dominanten Herrschaft des kindlichen Über-Ichs befreien kann, wenn sie sich weiterhin in Schuldgefühlen den Eltern gegenüber verstrickt fühlt, lähmt dies ihre Möglichkeiten, mit neuen Existenzentwürfen zu experimentieren. Die Angst, daß die eigenen Wünsche und Fähigkeiten dem Urteil der anderen nicht standhalten, blockiert ihr aktives Aushandeln mit der Umwelt, ihre Fähigkeit, sich zu distanzieren und die biographischen Identitätselemente umzubewerten und neu zu ordnen. Auch die Verschleppung der adoleszenten Identitätsbildung ins Erwachsenenalter hält der Autor für problematisch: „Die Identität wird am Ende der Adoleszenz phasenspezifisch, d.h. das Identitätsproblem muß an dieser Stelle seine Integration als relativ konfliktfreier psychosozialer Kompromiß finden – oder es bleibt unerledigt und konfliktbelastet" (Erikson 1959, S.149), eine Tatsache, die sich in therapeutischen Prozessen von Erwachsenen beobachten läßt.

Die Betonung einer basalen autonomen Ich-Identitätsbildung in der Entwicklungsphase der Spätadoleszenz spricht meiner Ansicht nach nicht gegen die Sichtweise einer lebenslangen, flexiblen Arbeit an der individuellen Identität. Sie unterstreicht lediglich die bereits immer wieder hervorgehobene Sonderstellung, die dieser Lebensabschnitt für den Entwicklungsprozeß des Heranwachsenden und seine Identitätsformung einnimmt.

Erikson bereitete zweifelsohne mit seinem Werk den Weg für eine differenzierte Identitätsforschung. Er formulierte wichtige Aspekte in Blick auf normative Entwicklungsaufgaben der Adoleszenz. Seine Vorstellung einer normativen Lebenslauf-Abfolge in klar umrissenen Phasen und seine These, daß am Ende der Adoleszenz die endgültige Identitätsbasis des Menschen gelegt sei (1968, S.165), wird jedoch von der jüngeren Forschung nicht aufgegriffen und bestätigt. Der Identitätsdiskurs der letzten Jahre hat deutlich machen können, daß Identitätsbildung keinen endgültigen Status findet, daß Lebensläufe entstandardisiert und individualisiert verlaufen und daß es folglich darum geht, die individuelle Kompetenz zu erlangen, Identität ständig neu zu gestalten und auszuhandeln, um sich auf diese Weise gegen Diffusion und Erstarrung zu wappnen. Erikson verfolgte noch eine harmonisierende gesellschaftliche Perspektive, die „von der unausgesprochenen Bedingung aus(ging), daß die soziale Gruppe, der das Subjekt angehört, unangefochten existiert" (Anselm 1997, S.137).

Nach heutiger Maßgabe verläuft die Identitätskrise auch nicht für alle Adoleszenten gleichermaßen krisenhaft. Identitätskrisen sind auch nicht mehr nur ein Spezifikum der Adoleszenz, sondern sie bestimmen zu allen Zeiten die Biographien der Menschen.[1] Doch diese für die heutige gesellschaftliche Situation spezifizierten Erkenntnisse sprechen nicht gegen den aus vielen Studien zu gewinnenden Eindruck, daß die Lebensspanne der Adoleszenz und vor allem die Zeit der Spätadoleszenz eine spezifische Krisenzeit der Persönlichkeitsentwicklung und Identitätsbildung ist, die im Vergleich zu (normativen) Krisen anderer Lebensphasen eine eigene Qualität und Tiefe hat.

Diese Ansicht teile ich mit vielen AutorInnen, die über Adoleszenz und Spätadoleszenz geforscht haben (u.a. Bohleber 1996; Leuzinger-Bohleber 1993). In diesem Sinne gibt auch Josselson (1991) auf der Basis ihrer empirischen Untersuchungen der Phase der Spätadoleszenz einen herausragenden Stellenwert. In ihr, so die Autorin, stünden Entscheidungen an, die die individuelle Biographie nachhaltig beeinflußten und prägten: „Man könnte sie als die Zeit bezeichnen, in der der Erwachsene 'ausschlüpft'" (ebd., S.29). Sie wählt damit – was an die Bilderwahl einiger Mädchen in meinen Interviews erinnert – eine Metapher des Geborenwerdens und des ursprünglichen Neuanfangs, eine heuristische Begrifflichkeit, die auf die umfassende existentielle Bedeutung dieses Zeitabschnitts, auf eine biographische Wendezeit, verweist.

---

1 Diese Meinung vertritt vor allem die interaktionistische Adoleszenztheorie. Nach ihr kann der Adoleszenz in Blick auf das Thema der Identität nicht mehr die einzigartige Stellung wie bei Erikson eingeräumt werden. Vgl. auch Krappmann 1997, S.83.

3 Weibliche Wege spätadoleszenter Identitätssuche

> Ich weiß nicht, wer ich bin, wohin ich gehe –
> und ich bin diejenige, die sich für Antworten auf diese
> scheußlichen Fragen entscheiden muß. Ich sehne mich
> nach einem eleganten Ausweg aus der Freiheit.
>
> Sylvia Plath, Tagebücher, 20 Jahre

Josselson (1991) führte Anfang der 70er Jahre mit einer größeren Gruppe (N=60) von Studentinnen aus Abschlußklassen amerikanischer Colleges ausführliche Interviews zum Thema weibliche Identitätsbildung durch. Diese Altersgruppe befand sich im Lebensabschnitt der Spätadoleszenz. Zwölf Jahre später interviewte sie gut die Hälfte (N=34) der inzwischen erwachsenen Frauen erneut, um festzustellen, welchen Einfluß die spätadoleszenten Identitätslösungen auf den Erwachsenenstatus gehabt hatten. Ihr Ziel war eine Phänomenologie, mit deren Hilfe sie die psychische Entwicklung von Frauen in verschiedenen Lebensphasen genauer beschreiben und einordnen konnte.

Ihre Längsschnittuntersuchung ist für die vorliegende katamnestische Studie von großem Interesse, weil die Forschungsergebnisse meine eigenen Erkenntnisse bestätigen und ein heuristisches Modell für eine Systematik weiblicher Identitätsbildung in der Spätadoleszenz bieten.

Den neueren Forschungsansätzen entsprechend definiert Josselson Identitätsbildung als permanentes prozessuales Geschehen und Identität als „die Nahtstelle zwischen dem Individuum und der Welt" und als das, „wofür das Individuum steht und als was es erkannt werden wird" (ebd., S.21f.). Sie kommt auf der Basis der Befragungen zu dem Schluß, „daß die am Ende des Jugendalters vollbrachte Identitätsarbeit [...] allem Anschein nach tiefe Auswirkungen auf den weiteren Lebenslauf – ganz besonders wohl für Frauen [hat]" und daß „die Adoleszenz [...] deshalb eine entscheidende Phase für den Entwurf der Parameter [ist], die die Rollen als Erwachsene bestimmen" (ebd., S.22). Sie konstatiert darüber hinaus, daß „die Entwicklung der Jugend [...] wiederum von vorangegangenen Persönlichkeitsentwicklungen ab[hängt]" (ebd., S.22). Ich-Entwicklung und Formen der Konfliktlösung in der Kindheit seien basale Vorbedingungen für die Identitätsbildung.

Das Forschungsparadigma, das Josselson wählt, basiert auf der Methodologie Marcias (1966), der den umfassenden Ansatz der Eriksonschen Entwicklungstheorie übernommen und empirischer Überprüfbarkeit zugänglich gemacht hat. Wie Erikson betrachtet Marcia die adoleszente Identitätsbildung als normative Krise, die nötig ist, damit die Heranwachsenden aus ihren Kindheitsidentifikationen eine neue phasenspezifische Identität schaffen. Wer diesen krisenhaften Prozeß vermeidet und sich nicht auf eine eigene Ich-Identität festlegt – auf welcher Basis und wie dauerhaft auch immer –, bleibt in einem Zustand diffuser

Identität. Marcia hat unter Zugrundelegung der Determinanten „Krise" (Ausmaß an Unsicherheit, Beunruhigung, Rebellion), „Verpflichtung" (Ausmaß an Festlegung, Engagement, Bindung) und „Exploration" (Ausmaß an Erkundung der Lebenswelt zur besseren Orientierung und Entscheidungsfindung) eine Typologie der Identitätsbildung entwickelt, die auch eine gewisse Entwicklungsprogression beeinhaltet und empirische Untersuchungen ermöglicht (vgl. Straus/Höfer 1997, u. Kraus/Mitzscherlich 1997). Er unterscheidet vier Typen oder Kategorien der Identitätsbildung oder des Identitätsstatus, die Josselson (1991) in ihrem Forschungsvorhaben übernahm und für weibliche Jugendliche und Frauen spezifizierte. Sie stellte fest, daß die bei Männern gewonnenen Forschungsresultate sich nicht ohne weiteres auf Frauen übertragen ließen (ebd., S.46), da diese im Kontext gleicher sozialer Bedingungen teilweise andere Reaktions- und Selbstbewertungsmuster zeigen. So interessant die Darstellung eines Vergleichs männlicher und weiblicher Eigenarten auf der Basis von Marcias Typologie sein mag, ein solcher würde den Rahmen dieser Arbeit sprengen.

Josselson unterscheidet und formuliert in Anlehnung an Marcia (1966; 1980; vgl. auch Whitbourne/Weinstock 1982; Oerter/Montada 1995, S.353) vier weibliche Grundtypen spätadoleszenter Identitätsbildung, denen als Parameter „ein Kontinuum von Loslösung und Individuation zugrunde(liegt)" (Josselson, ebd., S.201). Diese vier Identitätstypen oder Identitätskategorien, die – wie auch Marcia (1980, S.161) feststellt[1] – erst in der späten Adoleszenz auftreten, sollen im folgenden kurz skizziert werden:

a) Frauen mit übernommener Identität: „Die Erbschaft annehmen" (Josselson, ebd. S.57) ist die innere Devise dieser Frauen. Sie übernehmen die Lebenspläne, die von ihren Familien für sie entworfen wurden und lassen sich auf diese Weise von anderen definieren. Psychisch bleiben sie den Eltern ohne Bruch verbunden, das heißt, im Prozeß der Identitätsbildung haben sie ihr Zuhause – psychologisch betrachtet – nie verlassen. Sicherheit spielt eine große Rolle in ihrem Lebensgefühl. Dies ist begründet durch eine frühe und intensive Bindung an ein Elternteil, die diese Mädchen auch zugunsten eines unabhängigeren Selbst nicht aufgeben wollen. Eingebettet in einem familialen Kontext vermeiden sie eine Exploration der Identität. Das macht sie etwas starr, sie sind aber gleichzeitig verläßlich, solide und zufrieden; dies übrigens im Gegensatz zu männlichen Befragten, die diesen Identitätsstatus für sich eher negativ bewerten.

---

[1] „The identity statuses are four modes of dealing with the identity issue characteristic of late adolescents: Identity Achievement, Foreclosure, Identity Diffusion, Moratorium" (Marcia, ebd.).

b) Frauen mit diffuser Identität: „Verloren und manchmal gefunden" (ebd., S.155) charakterisiert die existentielle Situation dieser Spätadoleszenten. Sie „gehen mit sich um, als seien sie Tonklumpen" (ebd., S.21). Frühe Entwicklungskonflikte und eine pathologische Entwicklungsthematik verhindern die Arbeit an der eigenen Identität. Diesen Jugendlichen fehlen die psychischen Voraussetzungen, um eigenständig Lösungsstrategien zu entwickeln. Sie stehen schnell anderen zur Verfügung, die ihnen eine Form geben wollen, oder sie verweigern sich völlig.

c) Frauen im Moratorium: Als „Töchter der Krise" (ebd., S.121) probieren diese Frauen aktiv und bewußt verschiedene Lebensformen aus, um für sich eine Möglichkeit der Identität zu entdecken, die zu ihrem Selbst paßt, haben aber Mühe, sich für einen Weg zu entscheiden. Für dieses Experimentieren verlassen sie, manchmal mit dramatischem Gestus und oft mit Schuldgefühlen, das Elternhaus. Sie sind sich absolut unklar, wer sie sind und was sie wollen. Diese Mädchen fühlen sich getrieben, etwas in sich zu suchen, was absolut richtig zu sein scheint, was sie aber nicht greifen können. Sie sind hauptsächlich auf der Suche nach Freundschaften und Gruppenzugehörigkeit, wodurch sie Akzeptanz erfahren. Wenn dieser Prozeß der neuen Verankerung zu früh abgebrochen wird, fühlen sie sich dem Schicksal ausgeliefert. Die große psychische Bewußtheit und die Fähigkeit zur Reflexion halten gleichzeitig auch existentielle Ängste und Unzufriedenheit über den jeweils erreichten Status in ihnen wach.

d) Frauen mit erarbeiteter Identität: Sie sind „Wegbereiterinnen" (ebd. S.85) unter den Frauen ihrer Altersgruppe. Sie sind in der Lage, ihre Identität zu formulieren und sich Lebensformen zu suchen, die ihr Selbstgefühl ausdrücken. Sie sind kontinuierlich auf dem Weg, sich eine unabhängige, individuelle Daseinsform zu schaffen, ohne mit ihrer Herkunft brechen zu müssen. Das gelingt ihnen auf diese undramatische Weise, weil ihre Kindheitsidentifikationen unproblematisch sind und diese sich ohne große Brüche in eine eigene, selbstgewählte Identität integrieren lassen. Ihre Arbeit an der eigenen Identität verläuft nicht ohne Krisen und Ängste, aber relativ autonom, mit einem guten Grundgefühl für die eigenen Fähigkeiten und auf dem Hintergrund klarer Beziehungsentscheidungen. Sie sind nicht unbedingt zufrieden mit sich, schaffen es aber aufgrund ihrer kreativen Seiten und ihrer Abenteuerlust, kontinuierlich an sich zu arbeiten.

Josselson (ebd.) weist darauf hin, daß sie die Namen für die vier kategorisierten Gruppen nicht als Wertung und nicht unter pathologischen Vorzeichen verstanden wissen will, auch wenn die Begriffe dieses teilweise implizieren. Jeder Typengruppe seien gesunde und kranke Anteile eigen. Keiner der Identitätszustände könne als die endgültig gelungene Identität angesehen werden, „weil Identität nie abgeschlossen ist" (ebd., S.45). In jeder der Gruppen wird auf Grund der unterschiedlichen Persönlichkeitsstrukturen die Identitätskrise eben anders erlebt und verarbeitet. Die Entwicklungsunterschiede bei den spätadoleszenten Mädchen der vier Typen lassen sich am Ausmaß der Loslösung und Individuation, die versucht und erreicht worden ist, bestimmen.

Die Definition dieser vier Identitätstypen ermöglicht es Josselson, Unterschiede zwischen den weiblichen Jugendlichen und den von ihnen gewählten Wegen der Identitätssuche zu erforschen. Ihre Arbeit zeigt, „daß sich Frauen in den vier Identitätsstatus-Gruppen konsistent unterscheiden und verschiedene Modi des Umgangs mit den Herausforderungen der Zeit der Adoleszenz spiegeln" (ebd., S.48). Das bedeutet nicht, daß es – ganz im Sinne des prozessualen Gedankens – zwischen den Gruppierungen nicht auch fließende Übergänge und ein Vor und Zurück gibt.

In Fallbeispielen stellt sie überzeugend dar, daß es innerhalb der einzelnen Gruppierungen eine Bandbreite an ideosynkratischen Lebensläufen gibt. Diese haben jedoch so viele gemeinsame Merkmale, daß sie sich als Typengruppe signifikant von anderen Gruppierungen unterscheiden.

Für die vorliegende Arbeit, die eine spezifische Gruppe von weiblichen Spätadoleszenten im Blick hat, nämlich die Beratungsuchenden, sind vor allem die Identitätskategorien „Frauen im Moratorium" und „Frauen mit diffuser Identität" von besonderem Interesse. Die von diesen Frauengruppen geschilderten Selbstentwürfe entsprechen in weiten Bereichen den Selbstdarstellungen der von mir befragten jungen Erwachsenen.

Spätadoleszente Mädchen im Moratorium

Josselson (1991) nennt sie „Töchter der Krise" (S.121). Sie bieten das typische Bild der jugendlichen Identitätskrise: utopische Träume, soziales Engagement, kritische und gefühlsintensive Auseinandersetzungen mit gesellschaftlichen, kulturellen und philosophischen Fragestellungen, mit dem Sinn des Lebens schlechthin. Nachdenklich, einsichtig und auf einem hohem Level des Bewußtseins wissen sie um ihre Entscheidungsmöglichkeiten, fühlen sich aber gleichzeitig entscheidungsunfähig. Sexuelle Möglichkeiten locken und faszinieren sie, doch „gleichzeitig wollen sie die Sicherheit des unberührten Mädchendaseins nicht aufgeben" (ebd., S.121). Sie wollen häufig zwei sich ausschließende Dinge zur gleichen Zeit und binden viel Energie an ihre innere Ambivalenz. Sie erleben sich auf diese Weise permanent in Konflikten, bleiben oft in diesen gefangen.

Introspektionsfähigkeit, Selbstbezug und innere Sensibilität sind bei den Frauen im Moratorium in stärkerem Maße gegeben als bei den Frauen der anderen

Gruppen. „In vieler Hinsicht sind sie die anrührendsten, weil sie sehr intensive emotionale Erfahrungen machen und fähig zur Selbstanalyse sind" (ebd., S.153), schreibt die Autorin über ihre Begegnungen mit ihnen. Sie sind auf der Suche nach Lebensentwürfen oder Strukturen, mit deren Hilfe sie ihr Leben gestalten können. Dafür brauchen sie Menschen, die ihnen Identifikationsangebote machen oder sie in ihrem Bemühen unterstützen, eine unabhängige Identität zu entwickeln und zu festigen. Ein starkes und beharrliches Bedürfnis nach Beziehungen ist daher allen Frauen dieses Typus gemeinsam. Aufgrund ihres labilen Selbstwertgefühls verlassen sie sich wenig auf ihre eigenen Fähigkeiten, sondern suchen Kontakt zu selbstsicheren Persönlichkeiten, die ihnen Achtung und Zuneigung entgegenbringen und sie auf diese Weise stärken. Mit Hilfe anderer unternehmen sie den Versuch, sich zu definieren, um gleichzeitig darum bemüht zu sein, sich von diesen wieder abzugrenzen. Es geht ihnen keinesfalls um die ungefragte Übernahme von Identitätsmustern, sondern um einen Zuwachs an Autonomie, die ohne Unterstützung zunächst nicht von selbst gewährleistet scheint. Doch sind sie „im Kampf um Loslösung sehr ambivalent, und sie wehren sich gegen diese intensive Ambivalenz, indem sie sich an jemand anderen zu klammern versuchen" (ebd., S.140).

Im Vergleich zu den Studentinnen mit erarbeiteter und übernommener Identität besitzen die weiblichen Spätadoleszenten im Moratorium erheblich weniger Selbstwertgefühl und zeigen mehr Angst und Schuldgefühle. Sie brauchen für ihre Identitätsarbeit, die mit mehr Anstrengung und Mühsal verbunden ist, auch eine viel längere Zeitspanne, manchmal viele Jahre. Äußerlich ähneln sie mehr den jungen Frauen mit diffuser Identität. Doch im Gegensatz zu diesen verfügen sie über genügend innere Ressourcen, auch wenn sie diese psychische Stärke zunächst nicht für sich nutzen. „Wenn diese Annahme stimmt, wäre die Moratoriumsphase für Frauen zwar schwierig, aber kein Anzeichen für langfristige Probleme" (ebd., S.122), ist die These, die Josselson an Hand ihrer Längsschnittstudie verifizieren kann.

Dabei gibt es Unterschiede, was den Ausgang der Moratoriumsphase für die einzelnen Frauen dieser Gruppe im Erwachsenenalter anbelangt. In dem Fall, daß der Identitätsbildungsprozeß am Ende der Studienzeit noch weiterhin offen und unentschieden ist, geraten sie unter Druck, der sie in vielen Fällen wieder zu den Identifikationsangeboten der Familie, zu den alten Werten und sicheren Mustern, greifen läßt. Sie kehren, psychologisch gesehen, nach dem Moratorium nach Hause zurück, was einem Rückschritt in den Status der übernommenen Identität, einer Identität auf der Basis der Kindheitswerte, gleichkommt. Nach Aussage der Interviewerin bereuen sie diesen Schritt nicht. Diese Teilgruppe, deren mehr oder weniger selbstbestimmte Festlegung ihrer Identität am Ende der Spätadoleszenz der Schritt zurück ist, bezeichnet Josselson mit der neuen Kategorie der „*übernommenen/erarbeiteten Identität*" (ebd., S.123), um den Unterschied zu erhalten zu den „Frauen mit erarbeiteter Identität", die ihre Identität zu eigenen Bedingungen festgelegt haben.

Einer anderen, kleineren Teilgruppe der „Töchter der Krise" gelingt es, sich eine individuell definierte, von der eigenen Herkunft emanzipierte Identität aufzubauen. Die Autorin hebt heraus, „wie steinig und furchteinflößend die Erarbeitung einer Identität aus dem Moratorium sein kann" (ebd., S.141). Sie vermutet, daß der entscheidende Faktor für einen erfolgreichen Übergang von der Moratoriumsphase in einen Zustand von erarbeiteter Identität die Fähigkeit des Individuums ist, Schuldgefühle und eigene Fehler einzugestehen sowie Leiden zu ertragen und in das Selbstbild zu integrieren.

Viele inhaltliche Darstellungselemente Josselsons weisen große Ähnlichkeit mit den Aussagen und Persönlichkeitsfaktoren der von mir befragten jungen Frauen auf. Eindeutig ist die Mehrheit (ca. 2/3) von ihnen, wie auch die meisten in meine Beratung kommenden weiblichen Spätadoleszenten überhaupt, der Kategorie der „Frauen im Moratorium" zuzuordnen.

Ein Exemplum für das Lebensgefühl dieser Gruppierung ist die Tagebuchnotiz einer mir aus der Beratung bekannten 19jährigen Schülerin:

„Ich kann diese ganze verdammte Heuchelei nicht ertragen – diese Falschheit und diese Verdrängung. Diese ganze verfluchte Welt ist für mich einfach nur schwarz, als wenn für mich die Sonne nicht mehr scheinen würde – keine Hoffnung. Will ich wirklich so leben – immer den Abgrund vor Augen? Es gibt sowieso keinen perfekten Ausgang, mit dem man zufrieden sein kann. Ich bin so pessimistisch wie die anderen optimistisch und so depressiv wie die anderen fröhlich. Leben ist Leiden. Früher war ich blind, doch jetzt habe ich meine Augen so weit geöffnet, daß es schmerzt. Ich kann sie nicht mehr zumachen – es gibt kein Zurück. Ich bauc mir meine Welt aus Lügen und Illusionen zusammen. Hinter dieser Mauer aus Lügen ist mein Ich, das einfach nur raus möchte aus diesem selbstgebauten Gefängnis. Es rennt immer wieder gegen diese Mauer und verletzt sich jedes Mal an ihr, ohne auch nur eine Lüge, einen Baustein, zu verrücken. Als mein Ich die Mauer baute, baute das Ich sie als Schutz, als Schutz vor den eigenen Gefühlen. Mein Ich wollte sich nicht öffnen und versteckte alle Gefühle, Emotionen und Gedanken hinter dieser doch sehr praktischen Mauer. Nur jetzt wollen alle die unterdrückten Gefühle und Gedanken heraus. Mein Ich wäre bereit, sich zu öffnen, aber es geht nicht. Es kennt die Sprache nicht, um in diese Welt einzutreten – die Worte fehlen ..., es sucht diese besonderen Worte, um auszubrechen aus dem Gefängnis, das immer enger wird und immer weiter vordringt in mein Ich. Es ist nicht stark genug, um die Schmerzen zu ertragen, die sich auf diesem Wege ergeben, und es fällt bei jedem Schritt vorwärts wieder zehn Schritte zurück."

Auch wenn die jungen Frauen des Moratoriums schließlich Entscheidungen treffen und sich auf selbst gewählte Identitätsaspekte festlegen, behalten die meisten von ihnen ihre Sensibilität und Anfälligkeit für innere Konflikte.

Da in meiner katamnestischen Studie das Setting und der Zeitpunkt der Befragung anders als bei Josselson gewählt sind, läßt sich aus methodologischen Gründen nicht in allen Punkten ein direkter Vergleich mit ihrer

Untersuchung anstellen. Allerdings halte ich es nicht für abwegig, auf der Basis der von mir ausgewerteten Interviewergebnisse die Hypothese aufzustellen, daß spätadoleszente Mädchen im Moratorium sich häufiger als andere zur Unterstützung ihrer Identitätsarbeit in eine psychotherapeutische Beratung begeben. Und wenn sie dies tun, sind sie weniger in der Gefahr, ihr Moratorium abzubrechen, um durch eine Rückkehr „nach Hause" die von den primären Bezugspersonen angebotene Identität zu übernehmen. Spätadoleszente, die sich professionelle Unterstützung holen, haben es leichter, den Schritt aus dem Moratorium heraus in einen unabhängig getroffenen, individuell gestalteten Status der Identität zu wagen. Das bedeutet nicht, wie auch Josselson hervorhebt, daß sie nicht weiterhin anfällig für Identitätskrisen sind; aber in dem Maß, in dem sie über Strategien bei der Suche nach Identitätsbewältigung verfügen, wird es ihnen im weiteren Verlauf ihres Lebens gelingen, sich immer wieder neue selbst gewählte Aspekte einer Identität zu erarbeiten.

Spätadoleszente Mädchen mit diffuser Identität

Josselson (1991) nannte das existentielle Thema dieser Gruppe von Mädchen oder jungen Frauen „Verloren und manchmal gefunden" (ebd. S.155). Nach Kriterien psychischer Gesundheit haben sie – im Vergleich zu den Frauen der anderen Gruppierungen – die minimalste Ich-Entwicklung, die größeren Schwierigkeiten, Beziehungen einzugehen und die geringste Differenzierung, was die geschlechtsspezifische Orientierung angeht. Das eindeutigste Persönlichkeitsmerkmal von Frauen mit diffuser Identität ist ihre Tendenz zum Chaos und zum Rückzug. „Wir wissen also, daß Frauen mit diffuser Identität am Ende des Entwicklungskontinuums der späten Adoleszenz stehen, haben aber wenig Kenntnisse über die Gründe für ihre Schwierigkeiten oder darüber, was aus ihnen als Erwachsene wird" (ebd., S.156). Spätadoleszente, die diesem Identitätsstatus zugeordnet werden können, haben folglich die größten Probleme bei dem Aufbau einer eigenen Identität. Häufig werden solche Heranwachsenden in ihrem Verhalten als „abweichend" definiert, „und diese Abweichung kann dann zur passiv akzeptierten, negativen Identität werden" (ebd., S.156). Erikson begriff diese Form der Identitätsformation als eine Episode innerhalb der Entwicklungsnorm, als eine vorübergehende Krise, die die Adoleszenz verlängern, die aber auch eine Pathologie hervorbringen konnte. Josselson stellt bei der Auswertung ihrer Interviews fest, daß die Frauen mit diffuser Identität sehr unterschiedliche Merkmale aufweisen, so daß sie zwecks differenzierender Betrachtung diese Gruppe in vier weitere Kategorien unterteilt (vgl. ebd., S.156):

- schwere Psychopathologien
- *vorangegangene Entwicklungsdefizite*
- *anhaltende Diffusion/ Moratorium*
- anhaltende Diffusion/ übernommene Identität

Für die Beratungsthematik scheinen nur die beiden von mir *kursiv* markierten Untergruppen von Interesse, denn psychopathologisch schwer gestörte Adoleszente wie auch – aus anderen Gründen – die zur 'übernommenen Identität' hin tendierenden jungen Frauen mit diffuser Identität finden sich nicht oder höchst selten in einer psychotherapeutischen Beratung.

Die erstgenannte Untergruppe ist eher unter rein klinischen Aspekten zu betrachten. Josselson ordnet sie am ehesten der Persönlichkeitsstruktur mit Borderline-Störung zu. Die andere Untergruppe mit dem Charakteristikum der anhaltenden Diffusion in Verknüpfung mit einer übernommenen Identität läßt sich dadurch beschreiben, daß sie sich ohne feste Richtung und Zielvorstellungen treiben läßt, willenlos und ohne jeglichen Impuls, sich irgendwie festzulegen. Hätten die Eltern ihnen ein Identifikationsangebot gemacht, wie einen rettenden Strohhalm hätten diese jungen Frauen es sofort ergriffen. Auch ohne eine solche Orientierung klammern sie sich an ebenfalls diffus agierende Bezugspersonen, um wenigstens ein wenig Sicherheit zu haben. Doch ein eigener Weg der Individuation eröffnet sich ihnen dadurch nicht.

Bei den für meine Arbeit interessanten Untergruppen *vorangegangene Entwicklungsdefizite* und *anhaltende Diffusion/Moratorium* handelt es sich um junge Frauen in der späten Adoleszenz, die zwar eine schwerwiegende Entwicklungsproblematik zu verarbeiten haben, aber noch über genügend Ressourcen und eigenen Antrieb verfügen, um die Gestaltung des Lebens anzugehen. „Wenn sie überhaupt an die Zukunft dachten, ging es nicht um den Versuch, etwas aus sich zu machen, sondern um den Wunsch, etwas anderes aus sich zu machen" (ebd., S.157), betont die Autorin.

Sie stellt heraus, daß eine Akkumulation von Entwicklungsdefiziten junge Frauen in der späten Adoleszenz davon abhält, Fokus und Energien auf ihre Identitätsbildung und Identitätsverpflichtungen zu lenken. Sie haben noch mit unverarbeiteten Folgen früher psychischer Traumata, sei es der Verlust eines Elternteils oder die Erfahrung früher emotionaler Vernachlässigung, zu kämpfen, was zu einem basalen Gefühl der Sinnlosigkeit und Haltlosigkeit führt, eben zu einem fehlenden Urvertrauen. Das macht die Bewältigung der Identitätsbildung fast unmöglich. Sie verfügen nicht über eine einigermaßen stabile psychische Struktur, die sie neu organisieren könnten. Ihre – meist ziellose – Suche richtet sich eher darauf, ihre psychischen Leiden zu mildern und ihre durch die frühen Störungen verursachten Ich-Defizite zu verringern und zu kompensieren.

So schrieb eine in meiner Beratung verbliebene spätadoleszente Jugendliche, die ich dieser Gruppierung zuordnen würde, im Alter von 22 Jahre unter dem Titel „Die verlorenen Kinder" in ihr Tagebuch:

„Kinder, die nicht erwachsen werden wollen, gibt es oft. Auch sie wissen nicht, was sie tun, aber es ist ihre einzige Art, sich zu schützen. Gibt es für diese Kinder eine Chance? Meistens, denke ich, es gibt keine Chance für die verlorenen Kinder – aber muß es nicht auch für sie einen Sinn geben, wo es doch so viele von ihnen gibt? Aber den zu finden, ist schwerer als die Nadel im Heuhaufen zu finden. Und wenn sie anfangen, sich zu suchen, dann ist es so, als würde es sie zerreißen. Und dennoch existieren diese Kinder, aber oft vegetieren wir nur vor uns hin. Denn wofür sollen wir kämpfen? Was soll ich machen? Soll ich sagen Danke? Danke, dafür daß ihr mich umgebracht habt, bevor ich die Chance hatte zu lernen, was Leben ist? Manchmal kommt es einem vor, als würde die Chance einen zerreißen, denn es ist so schwer, einen Weg aus der Verdammnis zu finden, so schwer, etwas Verlorenes wiederzufinden, einen stummen Mund zu öffnen. Doch nun ist da ein ganz kleines Licht, und ich weiß nicht, soll ich darauf zugehen oder nicht? Es zieht einen an und macht doch große Angst. Ein Funke Hoffnung keimt auf ..., so daß ich irgendwann mal die kleine Träne der Hoffnung weinen kann ... da ist die Erinnerung an die letzten 22 Jahre. Und es ist so schwer, der Erinnerung freien Lauf zu lassen."

An Hand dieser Darstellung wird exemplarisch deutlich, wie schwer es für eine junge Frau dieser Untergruppe sein kann, ihre Erfahrungen zu strukturieren und zu integrieren, wenn ihre existentielle Basis instabil und unzuverlässig ist. In der späten Adoleszenz, wenn es für das Individuum zur „Nagelprobe" kommt, wenn es zeigen muß, ob es sein Leben selbständig leben und bewältigen kann, wird unter dem Eindruck der Brüchigkeit der persönlichen Struktur diese Probe zur „Zerreißprobe". Aus diesem Grund bleibt es unklar, wie der Ausgang der adoleszenten Identitätskrise sich gestaltet und ob die diffuse Identitätsformierung nur eine vorübergehende Krise ist, wie Erikson annimmt.

Die zweite Variante der diffusen Identität, die mich im Blick auf die eigenen Befragungen interessiert, ist die, die Josselson anhaltende Moratoriumsdiffusion nennt. Es sind weibliche Spätadoleszente, die in einem extremen Entscheidungskonflikt gefangen sind und deren Sinnfragen umfassender, tiefer und quälender sind als die der jungen Frauen des Moratoriums. Alles, was sie in ihrer Lebenssituation angeht, ist um vieles beunruhigender und extremer als bei jenen. Sie sind auch experimentierfreudiger und scheuen dabei gefährdende Erfahrungen mit Drogen, Sex und Sekten nicht. Sie wechseln häufig zwischen aktiver Suche und Resignation, zwischen chaotischer Impulsivität und Aufgeben, zwischen Moratorium und Diffusität. Ihre Krisen sind letztlich „weniger zielgerichtet, weniger auf Entwicklungsziele fokussiert als bei der Gruppe der Frauen im Moratorium" (ebd., S.157).

Auch hier soll ein Beispiel aus meiner Beratungspraxis den Typus der Frauen aus der Gruppierung *anhaltende Diffusion/Moratorium* verdeutlichen:

„Wenn ich nur wüßte, warum ich so handle, wie ich es tue, es ginge mir entschieden besser. Ich würde die Ursachen gefunden haben, welche ich schon so lange suche. Mein ganzes Handeln war darauf ausgerichtet, Erfahrungen zu sammeln, die mich meinem Ziel näher bringen, doch war alles ein Fehlschlag, nichts hat es mir gebracht, außer einen Fall ins Tal der Verzweiflung, aus dem nur ein Pfad herauszuführen scheint, doch jetzt bin ich zu müde, um weiter so handeln zu können. Es gibt keinen Sinn, es gibt kein Ziel. Warum sollte ich mich weiter quälen, wenn ich mich nur nach Ruhe sehne? Vielleicht könnte mir jemand zum Leben verhelfen, doch will ich diese Hilfe nicht, auch wenn es nur mein Stolz ist, der es mir verbietet, diese Hilfe anzunehmen. PS. Wir dürfen nicht aufgeben, müssen weiter nach einem Sinn suchen, dürfen nicht so stolz sein und die Hilfe anderer ablehnen, dürfen nicht so nachgiebig sein und Rücksicht auf den Stolz anderer nehmen, wenn es um Hilfe geht.“

Josselson befand, daß bei ihrer Langzeitstudie die Gruppe der Frauen mit diffu ser Identität die interessanteste war, weil keine berechenbaren Aussagen über deren Zukunftsperspektiven möglich waren. Sie hatten am Ende des Colleges auch noch keine Zielvorstellungen. „Wo also gehen sie hin und wie kommen sie dort an? Auch aus der klinischen Perspektive ist diese Gruppe die interessanteste, weil die Hälfte psychische Störungen aufwies, die die Arbeit an der Identitätsbildung behinderte“ (ebd., S.158).

Vertreterinnen dieser beiden Untergruppen der diffusen Identität befinden sich auch unter den von mir befragten Spätadoleszenten. Interessanterweise sind es diejenigen, die zunächst keinen eigenen inneren Impuls hatten, sich Hilfe zu holen, sondern die durch äußere Anstöße, durch Auflagen von seiten der Institutionen Schule und Internat die Beratung aufsuchten und dann auf eigenen Wunsch blieben. Das entspricht den beschriebenen diffusen Vorstellungen, die sie über sich und ihre Lebensziele hatten. Ein zweites Merkmal dieser Gruppe unter den von mir Befragten ist die lange zeitliche Dauer der Beratung, die dann in Therapie überging. Manche nahmen sie über Jahre in Anspruch, was darauf hindeutet, wie fragil ihre Persönlichkeitsstruktur war und wie groß das Nachholbedürfnis im zwischenmenschlichen Dialog, um schließlich eigene Voraussetzungen wie beispielsweise eine innere Bindungsfähigkeit für eine zielgerichtete Identitätsbildung zu schaffen.

Ein Grundproblem, das diese Tatsache erklären könnte, liegt für Josselson darin, daß „bei allen Frauen mit diffuser Identität [...] die Internalisierung, die Vereinnahmung von Beziehungs- und Erfahrungsaspekten, die dann als Teil des Selbst betrachtet werden, gescheitert [ist]“ (ebd., S.177). So fragt sie sich auch im Blick auf die Persönlichkeitsprobleme dieser Gruppe „ob eine angemessene psychotherapeutische Intervention ihnen nicht zu flexibleren, frei gewählten Identitäten hätte verhelfen können“ (S.181). Eine diffuse Identität bei jungen Frauen in der Spätadoleszenz ist kein vorübergehender Zustand, sondern muß als ein Signal, als der Hilferuf einer bedrängten und bedrohten Person wahrgenommen werden.

Ohne unterstützende Hilfestellung für diese Frauen aus der Gruppe der 'diffusen Identität' können die Ergebnismuster im weiteren Lebenslauf vom Suizid über anhaltende Diffusität bis hin zu teilweise auch spät eingegangenen oder übernommenen Identitätsverpflichtungen reichen (vgl. ebd., S.158). „Es gibt keinen brauchbaren theoretischen Maßstab, an dem sich das Leben dieser Frauen messen ließe" (ebd., S.180), faßt Josselson abschließend zusammen. Dem äußeren Anschein nach ist für einen Großteil dieser Gruppierung auch noch in späteren Jahren die Identitätsproblematik eine ungelöste Frage.

Das entspricht dem Wort nach eigentlich der postmodernen Forderung nach der lebenslangen Arbeit des Subjekts an einer nach Möglichkeit wenig festgelegten und flexiblen Identität. Daß jedoch einer echten äußeren Flexibilität eine innere Festigkeit, eine Konsistenz des Selbst entsprechen muß, sei noch einmal mit Nachdruck betont. Dies macht den Unterschied zwischen einer normalen und einer pathologischen Entwicklung im Identitätsprozeß aus.

5. Kapitel
Der soziale Ort der Spätadoleszenz

Ob sich einer als 'krank' wertet oder als 'Künstler',
ist für ihn selbst von ganz hervorragender Bedeutung.
Und hierüber entscheidet eben der soziale Ort.

S. Bernfeld

Wenn der Antagonismus zwischen Familie und Kultur dem Spätadoleszenten den Freiraum schafft, in dem er sich entwickeln und seine Identitätsentwürfe ausprobieren kann, dann stellt sich die Frage, wo der 'soziale Ort' (Bernfeld 1929a) des Heranwachsenden ist, wo also der konkrete Ort in der Gesellschaft ist, an dem sich seine individuelle Entwicklung abspielt, den er für sich nutzt und der wiederum seinen Spielraum mitbestimmt. Bernfeld entwickelte seine Theorie des „sozialen Ortes der Neurose, Verwahrlosung und Pädagogik" (1923/1929a/1935), um darauf aufmerksam zu machen, daß differente soziale Umstände und gesellschaftliche Faktoren den Verlauf der Pubertät beziehungsweise der Adoleszenz grundlegend beeinflussen und daß eine Beurteilung der Erscheinungsformen nur im Rahmen dieser sozialen Umstände stattfinden kann. „Für die Beurteilung einer bestimmten psychischen Struktur als neurotisch [...]", schreibt er, „ist die Beachtung des sozialen Ortes nötig, an dem das Individuum sich befindet. Eine Bewertung ist im extremen Fall nur innerhalb des gleichen sozialen Ortes möglich" (Bernfeld 1926/27, S.789f). Berücksichtigt man die Spezifität eines solchen Ortes nicht, dann führt das seiner Meinung nach zu Fehleinschätzungen, vor allem auch von Adoleszenzphänomenen und -verläufen. Bernfeld selbst untersuchte dies für bestimmte bürgerliche und proletarische Formen der Adoleszenz, wobei als zeithistorischer Hintergrund seiner Schriften die Jugendbewegung und deren unmittelbare kulturelle Funktion konstitutiv waren.

In unserem Fall ist der heutige soziale Ort der Spätadoleszenz, nicht zuletzt auch der weiblichen Spätadoleszenz, in besonderem Maße determiniert durch Institutionen wie Schule, Universität, Fachhochschulen u.ä. (vgl. Erdheim 1982, S. 335). Dazu gehört im Kontext der vorliegenden Untersuchung auch das Internat als Einrichtung zwischen Familie und Schule. Diese sozialen Orte legen Chancen und Krisen spätadoleszenter Entwicklung mit fest. Die im Rahmen dieser Studie beschriebenen und analysierten Phänomene und Probleme der älteren Jugendlichen sind folglich immer auch im Verhältnis zu diesen sozialen Systemen zu sehen; sie finden oder gewinnen nur so ihre adäquate Relativität.

Neben den offiziellen Einrichtungen weiterführender Bildung spielen auch Peergruppen als informelle Organisationen eine bedeutsame Rolle bei der sozialen Verortung der Jugendlichen. Bevor diese verschiedenen Sozialisationsinstanzen – die Bedeutung der Familie für die Spätadoleszenten wurde in anderen Zusammenhängen thematisiert – im einzelnen kurz, dabei auch aspekthaft eingegrenzt, vorgestellt werden, sei noch eine grundsätzliche Überlegung vorangestellt.

Gerade in den spätadoleszenten Entwicklungsverläufen ist der reziproke Einfluß von sozialer Umwelt und innerpsychischen Problemen eines Individuums von großer Bedeutung, geht es doch um die endgültige Einbindung des jungen Erwachsenen in spezifische gesellschaftliche und soziale Strukturen und um die Wahl passender Beziehungsformen, damit er die Realisierung seiner Lebenspläne voranbringen kann. Soziale Einbindung darf dabei nicht verstanden werden als nahtlose Anpassung an ein herrschendes System; es geht vielmehr um die psychische Notwendigkeit des spätadoleszenten Ichs, sich durch gesellschaftliche (auch subkulturelle) Gratifikationen, gleich welcher Art, zu stabilisieren.

Dabei gilt in gleichem Maße für Oberstufenschüler und -schülerinnen, was Leuzinger-Bohleber (1993) für Studenten und Studentinnen postuliert: „Je nach ideosynkratischer Sozialisation und Individualität reagieren die einzelnen Studierenden verschieden auf eine ähnliche institutionelle Realität" (S.27). So kann eine spezifische innere Entwicklungsdynamik, wie wir den Interviews entnehmen können, eine äußere Einbindung, beispielsweise den erfolgreichen Schulbesuch, zeitweilig unmöglich machen. Aber auch umgekehrt kann ein bestimmtes soziales Umfeld, das zu wenig äußeren Halt bietet, einer Jugendlichen den Boden entziehen und sie in eine seelische Regression auf infantilem Niveau treiben lassen. Der Begriff des „sozialen Ortes" verweist auf sich als „Schnittfläche von subjektiven Lebensentwürfen und objektiven Lebensbedingungen" (Müller 1997, S.25) für eine bestimmte, auch sozial definierte Altersgruppe, eine Kohorte, und deren abgesteckten Rahmen der Identitätsbildung. Innerhalb dieses Ortes sozialer Realität liegt der Spielraum für die ideosynkratischen Bewältigungsformen adoleszenter Lebensläufe.

Jugendzeit ist Schulzeit

> Oft wird übersehen, daß die Schulen wichtige
> Träger jeder Form von Beratung sein können.
> K. Hurrelmann

„Die Jugendzeit in den modernen Industriegesellschaften ist zur Schulzeit geworden" (Hurrelmann 1994, S.106; vgl. auch Fend 1988, S.136). Die Autoren verweisen damit auf die ständig wachsende Expansion von weiterführenden Bildungsmöglichkeiten für die Heranwachsenden seit den letzten dreißig Jahren.

Schule ist dadurch für immer mehr Jugendliche über einen längeren Zeitraum der soziale Ort und zentrale Lebensraum geworden. Das trifft auch auf die große Anzahl der 18- bis 21jährigen zu, die noch die Schulbank drücken. Die Verlängerung der Lern- und Ausbildungszeiten, die für viele Heranwachsende auch eine Verlängerung der Adoleszenz mit sich gebracht hat, beinhaltet sowohl neue Entwicklungschancen wie neue Entwicklungsbelastungen.

Im positiven Sinne ist die verlängerte Schulzeit ein psychosoziales Moratorium (vgl. Krappmann 1997, S.74), durch das den adoleszenten Schülern und Schülerinnen zahlreiche „Möglichkeiten einer extensiven Initiation in die Kultur" geboten wird (Fend, ebd., S.149), ein Aspekt, den auch Oerter und Dreher (1995) herausstreichen, wobei sie auf der Basis von empirischen Studien nachweisen können, wie groß der Einfluß von Schule auf den Aufbau von Selbstkonzepten und kultureller Identität bei Jugendlichen ist (vgl. S.385f.). Allerdings gibt es im schulischen Bezugssystem genügend Variable, wie beispielsweise das Lehrerverhalten, die die Entwicklung eines jugendlichen Selbstbildes und Selbstwertgefühls auch destabilisieren können. Als eine weitere Belastung könnte sich herausstellen, daß die jungen Menschen „ungebührlich lange von anderen sozialen Verantwortungen und von realen Gestaltungs- und Handlungsmöglichkeiten ferngehalten werden" (Fend, ebd.). Schule erweist sich damit als dichotomes Entwicklungssystem.

Eine bestimmende Entwicklungschance liegt ganz offensichtlich in der Möglichkeit der erweiterten Bildungsbeteiligung für die Mädchen, die gleichermaßen gilt wie für die Jungen und den Charakter „einer 'stillen Revolution' (hat), welche Teil der veränderten Stellung des weiblichen Geschlechts insgesamt ist" (ebd., S.136; vgl. auch Beck 1986, S.165). Schulbildung ist somit für weibliche Adoleszente, für ihre persönliche und gesellschaftliche Rollenfindung, für den Prozeß ihrer Berufswahl und damit auch für ihre Existenzsicherung in den vergangenen drei Jahrzehnten zu einem entscheidenden Faktor geworden.

Lernbiographien Heranwachsender sind heute unabdingbar auf einen qualifizierten Schulabschluß ausgerichtet, im Fall der hier untersuchten weiblichen Spätadoleszenten auf das gymnasiale Abitur. Die Rolle dieser Abschlußqualifikation nimmt in den ideosynkratischen Lebensläufen und Lebensentwürfen gerade auch der Schülerinnen einen wichtigen Stellenwert ein und hat Rückwirkung auf die Art ihrer Selbstdefinition und Selbstwertentwicklung. „Die Ausrichtung der Handlungspläne in bezug auf schulisches Lernen an den Abschlußregelungen, Übergangsmöglichkeiten und Berechtigungen gehört heute zum Standardthema des Familienlebens, der Gespräche unter Freunden bis in die nächtlichen Träume, Träume voller Hoffnungen und manchmal voller Angst" (Fend, ebd., S.137f.).

Hier setzt die Bedeutung eines Beratungsangebots im schulischen Kontext ein. Immer geht es in der Beratung auch darum, durch die Stabilisierung von

128

Persönlichkeitsaspekten die Schullaufbahnen der Schüler und Schülerinnen abzusichern, ihre Lern- und Leistungsfähigkeit auf den Stand ihrer intellektuellen Möglichkeiten zu bringen und Prüfungsängste zu minimieren. Beratung gehört damit auch zu einem „ausgeklügelte(n) System von Auffangmöglichkeiten" (ebd., S.138) innerhalb der Institution Schule, zu deren inhärenter Struktur – zumal im Gymnasium – auch Leistungs- und Selektionsdruck gehört. Dazu kommen die für diese Schulform typischen hohen Erwartungen der Eltern bezüglich der Schulleistungen ihrer Kinder. Die psychische Problematik, die sich daraus für etliche Jugendliche mit einem fragilen Selbstwertgefühl, einer brüchigen Schulbiographie oder einem nur mangelhaften oder geschwächten Unterstützungssystem im familiären Bereich ergibt, läßt ebenfalls Formen der psychosozialen Beratung im schulischen System als Angebot der Hilfe sinnvoll erscheinen.

Schule und Ausbildung als „Lebensplanungsinstanz" (ebd.) üben einen entscheidenden Einfluß auf die Identitätsentwicklung der Heranwachsenden aus. Ein Scheitern in diesem Bereich und in dieser Lebensspanne bedeutet – auch bei einer oft zur Schau getragenen äußerlichen „coolness" Jugendlicher – einen tiefen biographischen Einschnitt und eine mögliche Lebenskrise. Diese Beobachtung aus der Beratungsarbeit sehe ich durch die Ergebnisse von Längsschnittstudien bestätigt, deren fast selbstverständliche Schlußfolgerung ist, „daß Versagen im schulischen Bildungsprozeß einen hohen biographischen Stellenwert erhält" (Hurrelmann 1994, S.111).

Die Tatsache, daß heutzutage keine sicheren voraussagbaren Berufs- und Ausbildungschancen nach einem erfolgreichen Schulabschluß gewährleistet sind, führt zu einem zusätzlichen Unsicherheitsfaktor im Leben der spätadoleszenten Schüler und Schülerinnen. Auf die Problematik, die sich für Adoleszenten dadurch ergibt, wenn sie von der Gesellschaft keinen 'sozialen Ort' der Arbeit mehr angeboten bekommen, hat Erdheim mit Recht hingewiesen. Gerade bei den Mädchen, die mittlerweile durchschnittlich bessere schulische Qualifikationen vorweisen als die Jungen (vgl. auch Hurrelmann 1994, S.90 f.), zeigt es sich, daß sie in vielen Fällen trotzdem die schlechteren Möglichkeiten der Verwirklichung ihrer beruflichen Interessen haben und häufig auch das entsprechend geringe Selbstbewußtsein. „So sind die gesellschaftlichen Angebote, auf die Mädchen bei der Gestaltung ihrer zukünftigen Perspektiven treffen, so strukturiert, daß eine Orientierung primär an der Verwirklichung beruflicher Interessen von ihnen besondere Energien und Durchsetzungsbereitschaft erfordert" (Flaake/King 1992b, S.15). Trotz höherer Bildungsbeteiligung und höherem Bildungserfolg sind Mädchen und junge Frauen in den Hochschulen und beruflichen Ausbildungen in geringerer Zahl repräsentiert. Der Übergang vom sekundären Bildungsbereich in den tertiären scheint für weibliche Jugendliche immer noch eine große Hürde zu bedeuten (vgl. Hurrelmann, ebd., S.91): „[...] und noch sind Mädchen auch in ihrer subjektiven Planung unsicher, ob sie im Anschluß an die schulische Ausbildung auch eine anspruchsvolle Berufslaufbahn einschlagen sollen" (ebd., S.224). Dieses häufig auftretende Unsicherheitsgefühl mangels klarer Lebensentwürfe und Berufsperspektiven ist sehr oft Teil einer Beratungsmotivation besonders bei Oberstufenschülerinnen. Unklare Zukunftsvorstellungen und Rollenbilder scheinen Mädchen mehr zu beunruhigen, so daß sie nicht selten darüber grübeln, „ob man heiratet, wann man heiratet, ob man zusammenlebt und nicht heiratet, heiratet und nicht zusammenlebt, ob man das Kind innerhalb oder außerhalb der Ehe empfängt oder aufzieht, mit dem, mit dem man zusammenlebt, oder mit dem, den man liebt, der aber mit einer anderen zusammenlebt, vor oder nach der Karriere oder mittendrin" (Beck 1986, S.163f.).

Die Terminierung des Abiturs, der in Aussicht stehende Schulabschluß und die dadurch notwendig werdenden Entscheidungen sind mindestens ein äußerlicher Anlaß, um diese diffusen Zukunftsängste deutlich werden zu lassen. Weibliche Spätadoleszente scheinen sich häufiger mit ernsthaften existentiellen Entscheidungssituationen zu quälen, was sie im Einzelfall vermehrt veranlaßt, sich Hilfe, auch professioneller Art, zu holen.

Die in diesem Kontext drohende Prüfungssituation des letzten Schuljahrs kann ebenfalls eine Auslösesituation für Adoleszenzkonflikte werden. Analytisch gesehen kann das bedeuten: „Durch die Machtstruktur, die sich in Prüfungen widerspiegelt, werden besonders Konflikte nach dem früheren Abhängigkeitsverhältnis Eltern-Kind reaktiviert, und unbewältigte Konflikte dieser frühen Beziehungsstrukturen werden in der Prüfungssituation wieder lebendig" (Kühn 1996, S.149).

Fend (1988) benennt einen weiteren sehr spannungsreichen Sektor im schulischen Alltag, der durch eine veränderte schulische Kultur und durch veränderte Beziehungsformen zwischen Lehrern und Schülern bedingt ist. In diesem Spannungsfeld müssen auch die verschiedenen Formen von Beratungshandeln im schulischen Bereich lokalisiert werden. Generell ist für die Entwicklung der Adoleszenten von Bedeutung – dieser Aspekt wird auch von den interviewten Mädchen betont – wie ihr Verhältnis zu den Lehrern aussieht und gestaltet wird, ob sie Lernen und Lernerfahrungen positiv besetzen können und Phantasie- und Entwicklungsräume bereitgestellt bekommen, um die Möglichkeit für neue Erfahrungen zu gewinnen (vgl. Streeck-Fischer 1992, S.748). Zu Recht verweist Erdheim (1982) auf die weitgehend unbewußte Tatsache, daß auch noch für die adoleszenten Schüler und Schülerinnen sich die Institution Schule konkret in den Lehrern personifiziert, und die Lehrer „werden immer wieder mit einer Lebensphase konfrontiert, die auch für sie voller Konflikte war" (S.336). Reaktionsweisen der Schulpädagogen sind daher nicht immer verständlich für die Heranwachsenden, und umgekehrt werden auch Verhaltensformen der Schüler von den Lehrenden abgewehrt und abgewertet. Auf dem

Hintergrund individueller Biographiemuster ist das schulische Interaktions- und Kommunikationssystem nie frei von unaufklärbaren Irritationen und Störungen. Dennoch erleben Schüler heute weitgehend Lehrer und Lehrerinnen, die versuchen, Formen partnerschaftlich-demokratischen Umgangs zu pflegen, sich jugendlichen Argumentationen zu öffnen und soziales Lernen zu ermöglichen. Die moderne Schule strebt auch von ihren Erziehungszielen her eine Lernkultur an, „die im Kern auf Ganzheitlichkeit und Personalität sowie auf die Anerkennung der Bedürfnisstruktur von Heranwachsenden ausgerichtet ist" (Fend, ebd., S.151). Die Unterrichtenden verstehen sich in ihren Rollen nicht mehr als 'autoritäre Pauker', sondern wollen auch Helfer und Lernbegleiter sein. Dieses Berufsrollenverständnis läßt sich aber nur schwer mit der anderen Aufgabe des Lehrers, Leistungsstandards zu wahren oder zu heben, Leistungsbeurteilungen vorzunehmen und damit zur Auslese im Bildungswesen beizutragen, vereinbaren. Diese eigentümliche Ambivalenz zwischen Lernunterstützung (Lehrer als 'Helfer') einerseits und Begabtenauslese (Lehrer als 'Richter') andererseits ist im herkömmlichen Schulsystem nicht aufzulösen (vgl. ebd., S.146f., Hurrelmann 1994, S.107f.). Die Lehrer versuchen, diese doppeldeutige Situation einer Lösung zuzuführen, indem sie sich entweder mehr dem einen oder dem anderen Pol zuordnen und dort ihre Identifikation finden und den jeweils anderen herunterspielen. De facto ist es so, daß das durchschnittliche Rollenmuster der Lehrer-Schüler-Beziehung enge Grenzen hat und die Leistungsförderung als wichtigstes Kriterium schulischer Persönlichkeitsentwicklung betrachtet wird. „Die Kommunikation mit den Lehrerinnen und Lehrern läuft deswegen fast ausschließlich über das Thema Leistung" (Hurrelmann, ebd., S.108). Die Schüler reagieren auf diese Problematik stark eingeschränkter Persönlichkeitsförderung im schulischen Milieu ebenfalls mit ambivalenten Gefühlen und entsprechenden Anpassungs- und Entwertungsstrategien.

Auch die Erwartungen der Eltern spiegeln dieses Spannungsverhältnis wider. Sie wollen „einmal die bestmögliche intellektuelle Förderung ihres Nachwuchses sowie die damit einhergehenden Arbeitshaltungen als auch die Berücksichtigung der Individualität, der Verletzlichkeiten und Akzeptanzrechte jedes Kindes. [...] Sie fordern Ertüchtigung als auch humanen Umgang" (ebd., S.151), auf jeden Fall wollen sie den Schulerfolg zur Sicherung des eigenen sozialen Status (vgl. Hurrelmann 1994, S.140f.). Die gleichzeitige Erfüllung dieser in sich oft widersprüchlichen Erwartungen ist, wenn überhaupt, nur ansatzweise zu leisten. Erwartungs- und Bewertungsdruck bilden auf diese Weise permanente Streßfaktoren, auf die alle Parteien (Lehrer, Schüler, Eltern) mit äußerster Sensibilität und häufig auch mit Kampfesbereitschaft untereinander reagieren. Vor allem die Heranwachsenden fühlen sich bei Schulleistungsproblemen als Partizipierende beider interdependenten Mikrosysteme – Schule und Familie – besonders irritiert und belastet, manchmal werden sie von ihnen überrollt.

Schulinterne Beratung läuft Gefahr, sich in diesem Spannungsverhältnis zwischen Leistungsorientierung und Personenorientierung, zwischen den teilweise divergierenden Erwartungen von Schule und Familie, aufreiben zu lassen. Sie hat aber auch die Möglichkeit, und das sollte ihre Zielorientierung sein, in diesem Feld interagierender Erziehungsträger einen neutralen, spannungsarmen Raum anzubieten, der sich ganz der subjektiven Befindlichkeit und Vorstellungswelt der Jugendlichen öffnet. Ein eindeutiger Kontrakt, klare Rahmenbedingungen und Regeln und ein geschützter Bereich in der Institution sind – sofern es um die pädagogisch-psychologische Beratung geht – unabdingbar, soll dieses Hilfsangebot von den Schülern und Schülerinnen akzeptiert werden.

Peergruppe – informelle Institution des Übergangs

> Wir sind zu viele, zu verschieden, zu zersplittert,
> zu schillernd, zu gegensätzlich, zu unlogisch
> und zu abgeschottet und sektiererisch,
> als daß es ein großes umfassendes Wir geben könnte.
> Wir benutzen es trotzdem.
> Wir, das wechselt.
>
> P. König, Wir Voodookinder

„Als Folge der zunehmenden Expansion des Bildungswesens hat paradoxerweise die Bedeutung der Gruppe der Gleichaltrigen als soziale Einflußquelle zugenommen" (Fend 1988, S.154). Durch die langen Schul- und Studienzeiten verbringen die Heranwachsenden mehr Zeit miteinander. Sie befinden sich dadurch in einer gemeinsamen sozialen Lage, die es erforderlich macht, die Anforderungen der Erwachsenen auch gemeinsam zu interpretieren, zu bewältigen oder gegebenenfalls abzuwehren.

Die gestreckte Zeit der Adoleszenz macht eine Zugehörigkeit zu den Altersgruppenverbänden nötig, damit eine Loslösung von den Eltern gelingen kann. Freundschafts- oder Peergruppen, im schulischen wie im außerschulischen Bereich, übernehmen dabei in den meisten Fällen eine stützende Funktion. Sie sind ein eigenes und eigenwilliges Unterstützungssystem und stellen in der Regel keine radikale Alternative zum primären System der Familie dar. Beide Bereiche üben unterschiedlichen Einfluß aus, ergänzen sich, was die Norm- und Werteorientierung angeht, so daß von einer „Doppelorientierung an beiden Sozialisationsinstanzen" (Hurrelmann 1994, S.153) gesprochen werden kann. Das heißt nicht, daß es nicht zu Beziehungsspannungen und Verweigerungshaltungen in unterschiedlicher Stärke gegenüber den Eltern und Erwachsenen kommt. Empirisch nachgewiesen ist, daß nach einer Phase der stärkeren Entfremdung vom familialen Bezugssystem in der Zeit der mittleren Adoleszenz eine Wiederannäherung der jungen Erwachsenen an die Ursprungsfamilie gegen Ende der Spätadoleszenz zu beobachten ist (vgl. Oerter/Dreher 1995, S.384), eine Information, die sich auch durch die Interviews bestätigen läßt. Der soziale Ort der Peergruppe eröffnet dem Heranwachsenden die Möglichkeit, neue Ich-Kompetenzen zu entwickeln, soziale Verhaltensmuster zu erlernen, neue Werthaltungen auszuprobieren bzw. alte zu überprüfen und sexuelle Wünsche und Praktiken auszuloten. Die Zugehörigkeit zu einer Gruppe, häufig auch zu unterschiedlichen Gruppen, können den unsicher gewordenen Jugendlichen Halt und Orientierung bei dem Versuch bieten, Einsamkeit und Ohnmachtsgefühle zu bewältigen, aber auch mögliche soziale Benachteiligungen auszugleichen. Peergruppen sind auch der Ort, wo Sicherheits-, Trieb- und Aggressionsbedürfnisse ausgelebt und artikuliert werden können. Im Gegensatz zu den Beziehungen zu den Eltern und Lehrern, die entweder emotional sehr belastet oder instrumentalisiert sind, sind die Beziehungen unter den gleichrangigen Jugendlichen durch mehr Offenheit und Gegenseitigkeit gekennzeichnet. „Die Gleichaltrigengruppe hat für Jugendliche die Funktion einer Brücke, eines Übergangsraums zwischen Familie und Gesellschaft. Über gesellschaftlich ausgestaltete Ritualisierungen des Alltagslebens hinaus bietet die Gleichaltrigengruppe eigene, oft subkulturell geprägte Ritualisierungen" (Streeck-Fischer 1992, S.749). Solche Rituale dienen als strukturelle Leitlinien in einem chaotisch erlebten gesellschaftlichen „Zwischenland" (Erzählung von L. Andreas-Salomé 1902; vgl. Roebling 1997, S.149 ff.).

In vieler Hinsicht dient die Peergruppe also als ein Experimentier- und Lernfeld, eine Vorstellung, für die ebenfalls der Eriksonsche Begriff des psychosozialen Moratoriums zutreffend ist. Experimentellen Charakter hat meist auch die Kultur solcher Adoleszentengruppen, die oft quer zum Hauptstrom der Kultur einer Gesellschaft liegt. „Sie sind der soziale Ort der Entstehung von 'Gegenentwürfen' zur 'Normalkultur' der Moderne" (Fend, ebd., S.153) und verfolgen auf diese Weise das, was Erdheim als den für die Zivilisation notwendigen 'revolutionären Stachel' der Adoleszenz ansieht. Deutlich scheint – und das betont erneut den Charakter des „Zwischenlandes" dieses Lebensabschnitts –, daß die jungen Erwachsenen nach dem Ende dieses Moratoriums, wenn sie ins Erwachsenenleben eintreten, sich relativ rasch an die geltenden Normen der Gesellschaft anpassen. Längsschnittstudien belegen, daß „selbst regelmäßiger illegaler Drogengebrauch, wie etwas Rauchen von Marihuana und Haschisch, [...] im dritten Lebensjahrzehnt stark zurück[geht] und [...] nicht mehr erheblich Familiengründung und Berufsfindung [beeinflußt]" (ebd., S.373). Doch sind auch hier vorsichtige Deutungen geboten und Ambivalenzen wahrzunehmen.

Probleme und negative Nebeneffekte für den Adoleszenten können allerdings da auftreten, wo der Gruppen- und Konformitätsdruck einerseits und Symbiosewünsche andererseits so stark werden, daß das Individuum sich den Peergruppennormen oder einer Gruppenideologie unterwirft und damit seine Entwicklungsaufgabe zu einer eigenständigen, unabhängigen Persönlichkeit zeitweilig oder auf Dauer verfehlt, ein Aspekt, der beispielsweise im rechtsradikalen Gruppenmilieu eine Rolle spielt (vgl. Streeck-Fischer 1992), im Kontext der vorliegenden Befragung aber nicht von Bedeutung ist.

Statistisch gesehen nimmt die Abhängigkeit von der homogenen Peergruppe und ihrem Erwartungsdruck mit zunehmendem Alter in der Adoleszenz ab, so daß in der Altersspanne der Spätadoleszenz diese soziale Instanz allmählich an Bedeutung verliert beziehungsweise lockeren Freundschaftsgruppierungen weicht. Diese zunehmende Distanzierung vom Kollektiv drückt sich bisweilen auch darin aus, daß die spätadoleszenten Mädchen Unsicherheit und Angst im Gruppenverband verspüren und meinen, nicht mithalten zu können, nicht verstanden oder von der Gruppenmehrheit überwältigt zu werden. Vorsicht gegenüber den eigenen Peergruppen kennzeichnet dann die nicht selten sich entwickelnde ambivalente Einstellung Spätadoleszenter zu Gleichaltrigen, ein Indiz sicherlich auch für eine zunehmende Individuation und Suche nach einer individuellen Lebensform.

Mehr noch als der Wunsch, zu einer Gleichaltrigengruppe, meist einer Clique, zu gehören, beschäftigt die spätadoleszenten Mädchen der Gedanke an eine intime Freundschaft mit einem Jungen oder Mädchen und die Suche nach einer individuell gestalteten Partnerschaft mit Zukunftsperspektive. Das entspricht der Tendenz, die auch Oerter und Dreher (1995) für das späte Jugendalter hervorheben, nämlich daß die Peergruppe zunächst zur Autonomie des einzelnen beiträgt und bei der Überwindung von Widerständen in den Familien hilft und dann „den Übergang von der Familie zur reifen Partnerschaft und Initimität im frühen Erwachsenenalter begleitet" (S.369). Damit zeichnet sich in der Spätadoleszenz eine beginnende Gruppendesintegration ab, die zu einer verstärkten Paarbildung führt, bei der sich Paare lose mit anderen befreundeten Paaren verbinden (vgl. ebd., S.381).

Die Gruppe der Altersgenossen ist folglich bedeutsam und gleichzeitig auch beängstigend, eine Äußerung, die auch bei einigen der Interviewpartnerinnen zu finden ist. Die Kohorte hat nicht mehr in dem Maße „die Kraft, die ihr von Eisenstadt für die 50iger Jahre zugeschriebene, vorbereitende und ausgleichende Orientierungsaufgabe zu erfüllen" (Hurrelmann 1994, S.291). Letzlich, darin sind sich die meisten Autoren einig, ist der einzelne Jugendliche bei der Statuspassage zum Erwachsenenalter auf sich allein gestellt und trägt „die Verantwortung der Koordination der divergierenden Handlungsanforderungen mit ihrer breiten Vielfalt von Optionen und den damit notwendigerweise einhergehenden Entscheidungsschritten ganz für sich allein" (ebd., S.291). Einigen Jugendlichen gelingt die Bewältigung dieser Entwicklungsaufgaben aufgrund sozialer und biographischer Defizite nicht so, wie es die Gesellschaft erfordert oder wie sie es sich selbst vorstellen und wünschen. Mit einem Gefühl der Überforderung suchen sie gegebenenfalls eine Beratung auf, weil die Hilfsangebote und Hilfsmöglichkeiten, die sie unter Gleichaltrigen erfahren können, an dieser Stelle meistens auf Grenzen stossen.

Netzwerk Internat

> In Analogie zu biologischen Schutz- und Immunsystemen
> wird vom Netzwerk
> auch als 'sozialem Immunsystem' gesprochen.
>
> K. Hurrelmann

Das Internat verbindet in sich Aspekte des Schulischen, der Familie und der Gleichaltrigengruppe. Dabei versteht es sich in seiner Funktion gleichermaßen als Ergänzung zu schulpädagogischen Anforderungen, als Ausgleich von defizitären Situationen in der Familie und als pädagogisches Feld für die Bildung von Peergruppen (vgl. Müller(-Bülow) 1976). Obwohl eingebunden in einem institutionellen Dreieck mit Schule und Familie, verfolgt es als eine Art spezielles Heim, das in der Regel in privater Trägerschaft geführt wird, auch eigene pädagogische Ziele und Aufgaben.[1] Es stellt sich als ein soziales Lernfeld dar, das für Individuen wie für Gruppen die Voraussetzung und die Fähigkeit zu kommunikativen Prozessen, zur Interaktion und Konfliktbewältigung schafft. Verständnis, Förderung und Hilfe für den einzelnen Jugendlichen ist ein wesentlicher Erziehungsaspekt der Internatserziehung. Darin liegt ihre Ergänzung zu familiären und schulischen Erziehungsaufgaben und gleichzeitig der gemeinsame Nenner mit diesen anderen Sozialisationsinstanzen, die das Leben der Heranwachsenden regeln.

Für die spätadoleszenten Jugendlichen, die ein Internat besuchen, ergibt sich auf Grund der Volljährigkeit eine spezifische Situation, die in vielerlei Hinsicht mit viel Selbständigkeit und Freiheit verbunden ist. Schulische Betreuung und „häusliche" Aufsicht werden großzügig innerhalb eines verbindlichen Rahmens, aber auch individuell angepaßt, geregelt. Von den Erzieherinnen und Erziehern erwarten die Jugendlichen ein eher freundschaftliches Verhalten und partnerschaftliche Kommunikation und lehnen elternähnliche Beziehungsmuster ab (ebd., S.55 f.). Gerade für die Altersgruppe der Spätadoleszenten bedeutet das Wohnen im Internat die Möglichkeit, sich dem familiären Einflußbereich zu entziehen beziehungsweise Distanz und Nähe zum Elternhaus nach eigenem Wunsch und in eigener Regie zu regeln. Das Internat dient in diesem Fall als

---

1 Für die Unterbringung in einem Internat ist im generellen Gegensatz zur Heimerziehung lediglich eine Übereinkunft der Eltern mit dem Internat bzw. der Schule ohne Zwischenschaltung einer amtlichen Behörde nötig. Das Internat ist eine private und keine öffentliche sozialpädagogische Einrichtung. In ihr finden aber ordnungsrechtliche, jugendrechtliche und gewerberechtliche Bestimmungen gleichermaßen Anwendungen.

eine Art Übergangsraum, der dem Jugendlichen neben Formen des selbständigen Lebens auch genügend Einbindung in einen vertrauten, geschützten und betreuten sozialen Rahmen bietet. Gerade für Jugendliche, die in ihrem Leben eine nur mangelhafte Unterstützung und Hilfe von seiten der Eltern und Familie erleben, ist der Aspekt der kontinuierlichen Betreuung im Internat von besonderer Bedeutung und hat einen stabilisierenden Effekt. Für Jugendliche, die sich zu stark an ihre Herkunftsfamilien gebunden fühlen, beinhaltet das Internatsleben hingegen einen Schritt in die Selbständigkeit, der ihnen im familiären Umfeld verwehrt scheint. Für andere Jugendliche wiederum, die Kontaktschwierigkeiten mit Gleichaltrigen haben, gibt es in diesem sozialen Bezugssystem institutionalisierte Formen jugendlichen Miteinanders, in die sie hineinwachsen und langfristig auf eigene Bedürfnisse zuschneiden können.

Daß die spezifische Sozialisation des Internats eigene Probleme mit sich bringt, kann im Rahmen des hier verhandelten Themas nicht Gegenstand der Erörterung sein. Vielmehr geht es mir darum, das Internat als ein Unterstützungssystem im Kontext der Beratung zu betrachten und zu beschreiben. „In Belastungssituationen ist es nach der bisherigen Forschung besonders günstig", so schreibt Hurrelmann (1994), „wenn eine Person auf mehr als nur einen Träger von sozialen Unterstützungsleistungen zurückgreifen kann und wenn gute Querverbindungen zwischen den verschiedenen Bezugspersonen und Bezugsgruppen bestehen" (S.238). Bei spätadoleszenten Internatsschülern hat es sich als äußerst günstig erwiesen, wenn sie in kritischen Lebensereignissen in einem Netzwerk von Kontaktstellen und Kontaktpersonen eingebunden sind, die jeweils ihren Beitrag der Hilfe und Unterstützung leisten. Geht es um den Beratungsbedarf eines Internatsschülers, dann zeigt sich ein solches psychosoziales Netzwerk in der gelungenen Zusammenarbeit von Erziehern, Beratern und eventuell auch Lehrern innerhalb des Gesamtsystems von Schule und Internat in einem Bildungszentrum.

Die Kooperation mit dem internen Beratungsdienst und seinen therapeutischen Fachkräften ist aus der Sicht von Internatserziehern, die meistens eine sozialpädagogische Ausbildung haben, eine gewünschte Ergänzung. Diese Einstellung ist nicht nur ein singuläres Phänomen, sondern findet durch eine Befragung in allen Internaten in der Trägerschaft der Ev. Landeskirche im Rheinland seine Bestätigung (vgl. Müller(-Bülow), ebd., S.46).

Die Öffnung der Internatspädagogik zur psychologischen Beratung und Therapie hin liegt in der Tendenz begründet, daß sich auch in den Internaten, die einer weiterführenden Bildungsinstitution angeschlossen sind, heutzutage eine bestimmte Anzahl psychisch und sozial belasteter Jugendlicher befindet, deren Probleme im normalen pädagogischen Alltag durch erzieherische Dialoge und Interventionen nicht allein bewältigt werden können. Neben der Problemwahrnehmung der Erzieher ist auch die subjektive Deutung der Betroffenen, vor allem der spätadoleszenten Jugendlichen, mit ausschlaggebend für die Inanspruchnahme eines professionellen Hilfsangebots.

Fazit ist, daß in wichtigen Einzelfällen eine pädagogische Einrichtung wie das Internat ohne Beratungsangebot und therapeutische Hilfen nicht mehr auskommt. Im institutionellen Verbund mit Schule und Internat bildet es ein soziales Netzwerk und damit ein formelles Unterstützungssystem, das im Notfall positive Wirkung zeigen kann.

Aber auch für externe Schüler und Schülerinnen kann im Fall einer andauernden familiären Belastung die Möglichkeit des Einzugs in eine Wohngruppe des Internats eine heilsame Distanz zur Primärgruppe herstellen und auf diese Weise zur individuellen Streßentlastung beitragen und therapeutische Bemühungen unterstützen. „Es ist die gesamte strukturelle Beschaffenheit sowie die Qualität und Funktion der Beziehungen in einem Netzwerk, die über das mögliche Unterstützungspotential entscheiden" (Hurrelmann, ebd., S.239). Je stärker die betroffenen Schüler und Schülerinnen durch eine gut funktionierende Kooperation der für sie wichtigen Bezugspersonen in das Gesamtsystem der Bildungseinrichtung eingebunden werden, umso schneller und greifbarer reduzieren sich Belastungssymptome somatischer, psychischer und sozialer Art. Bildung oder Stärkung eines sozialen oder pädagogischen Netzwerkes bedeutet, die unterschiedlichen Personen und Institutionen, die einem heranwachsenden Schüler Hilfe gewähren können, zu koordinieren und Schwellenängste, die durch Übergänge in fremde formelle Hilfssysteme hervorgerufen werden, möglichst zu vermeiden. Für die professionellen Helfer, wie die in einem Schulzentrum tätigen Erzieher und Berater, heißt dies außerdem, daß sie „nicht dem traditionellen Klient-Therapeut-Verhältnis verhaftet bleiben können, sondern die gesamte Lebenspraxis eines Menschen in ihre Überlegungen einbeziehen müssen" (ebd., S.246). Praktisches Beratungshandeln im institutionellen Netzwerk kann dann beispielsweise so aussehen, daß eine spätadoleszente Schülerin durch eine Internatserzieherin angeregt und unterstützt wird, Kontakt mit einer Beraterin aufzunehmen, daß die Beraterin die Jugendliche darin bestärkt, mit einem Lehrer über ihre Leistungsproblematik zu sprechen, daß die Spätadoleszente die Beraterin bittet, ihr bei Verhandlungen mit dem Jugendamt zu helfen und daß die Beraterin in Absprache mit dem volljährigen Mädchen deren Erzieher aufsucht, um einen „Weckplan" gegen das allmorgendliche Verschlafen zu initiieren. Alle Aktionen sind auf die individuelle Persönlichkeit und den spezifischen Fall abgestimmt und werden nur im Konsens mit der betroffenen Jugendlichen und möglichst unter Stärkung ihrer Eigeninitiative durchgeführt. Es erfordert einen sensiblen Balanceakt, die selbsttätigen Impulse der Heranwachsenden dabei nicht durch eine zu starke, von außen gelenkte Unterstützung zu überdecken.

Ziel der Beratung muß es immer sein, eine Stärkung der Beziehungspotentiale eines einzelnen Menschen zu bewirken. Dabei fungiert das Unterstützungssystem Internat für die Spätadoleszenten als außerfamilialer Wohnort und als Teil eines sozialen Netzwerkes, das ihnen die Chance eröffnet, ihre Entwicklungsaufgaben und die dabei auftretenden Probleme zu bewältigen. Dies geschieht unter der Maßgabe, daß „die Maßnahmen [...] Jugendliche in ihrer Möglichkeit fördern [müssen], in der spezifischen Entwicklungsphase des Jugendalters Individualität und Identität zu entwickeln" (ebd., S.251). Durch ein zielgerichtetes Zusammenspiel zwischen Internat, Schule und Beratungsdienst kann diese sozialpädagogische Unterstützung komplettiert und potenziert werden.

6. Kapitel
Beratung und Therapie mit Spätadoleszenten –
Reflexion einer Praxis

1   Beratung und Psychotherapie im pädagogischen Kontext

Von der Schwierigkeit, Adoleszente zu beraten

> Smith kann dich nicht heilen;
> keiner kann dich heilen,
> außer du dich selbst.
> Sylvia Plath, Tagebücher, 20 Jahre

Die beraterische oder therapeutische Arbeit mit Adoleszenten ist schwierig. Viele Autoren schreiben über die Unmöglichkeit, Adoleszenten zu helfen, sie zu beraten oder zu therapieren. So bemerkt der britische Kinderanalytiker Winnicott (1965): „Die Kur für die Adoleszenz ist das Verstreichen der Zeit, eine Tatsache, die für die Jugendlichen nur geringe Bedeutung hat. Der Jugendliche sucht nach einer Kur, die sofort wirkt, lehnt aber zugleich eine Heilungsmöglichkeit nach der anderen ab, weil er in ihr irgendein unechtes Element entdeckt" (S.123). Mit dem Verstreichen der Zeit meint er, daß die Lösung adoleszenter Probleme Reifungsprozessen überlassen bleiben müsse, die man weder beschleunigen noch verlangsamen könne. In der Tendenz entspricht dies der Sicht von den „spontanen Heilungstendenzen" in dieser Alters- und Lebensspanne, auf die auch Landauer (1935), Blos (1962) und Eissler (1966) hingewiesen haben. Außerdem machen etliche Autoren auf die Eigenwilligkeit und Widerständigkeit der Heranwachsenden aufmerksam, die bereits Anna Freud dieser Patientengruppe attestierte. Sie war der Meinung, daß „die Analyse der Jugendlichen an und für sich eine unsichere Angelegenheit ist" (A. Freud 1958, S.1746), in der ständig um das Wegbleiben aus geringfügigen Anlässen, um Unpünktlichkeit und Verringerung der Stundenzahl gerungen werden müsse. Dies zusammenfassend konstatiert Kaplan (1984): „Es muß da etwas vor sich gehen, was die Therapeuten vor den Jugendlichen zurückschrecken läßt" (S.93).
Adoleszente, und damit sind auch die spätadoleszenten Jugendlichen gemeint, sind tatsächlich die Altersgruppe, die am wenigsten psychotherapeutische Hilfe für sich sucht und in Anspruch nimmt. Seiffge-Krenke (1986) kennzeichnet dieses Phänomen als „Beratungsaversion" Jugendlicher (S.27), und Jongbloed-Schurig (1997, S.116) weist darauf hin, daß der Abwehrhaltung der Adoleszenten vermutlich Widerstände auf seiten der Berater und Therapeuten ent-

sprächen, bei denen selten eine Präferenz für eine Arbeit mit dieser Altersgruppe auszumachen sei. Ein äußerer Grund für die bekundeten Bedenken mag in der Tatsache liegen, daß rein statistisch gesehen die Abbruchrate bei Adoleszenten im Vergleich zu anderen Altersgruppen sehr hoch ist. Eine innere Ursache für die Vermeidungshaltung der Erwachsenen könnte darüber hinaus in dem Motiv zu suchen sein, daß diese die Unsicherheiten der Adoleszenzphase und die Verunsicherung durch die Adoleszenten zu vermeiden trachten. Sich der Adoleszenzproblematik zu stellen, würde bedeuten, sich dem durch die Heranwachsenden dauerhaft thematisierten Generationenkonflikt und der dadurch ausgelösten eigenen Betroffenheit und Irritation ständig aussetzen zu müssen (vgl. Sohni 1997). „Probleme der Therapie mit Adoleszenten sind (auch) Probleme der Definition einer therapeutischen Beziehung" (ebd., S.308). Diese These Sohnis soll als heuristische Leitidee dienen, mit der das Thema einer Beratungs- bzw. Therapiearbeit mit Spätadoleszenten entfaltet werden soll. Zuvor ist es jedoch ratsam, eine Klärung des Beratungs- bzw. Therapiebegriffes vorzunehmen.

Beratung oder Therapie – Versuch einer definitorischen Klärung

Daß die Grenzen zwischen psychologischer Beratung und Psychotherapie fließend sind, ist wohl als eine Binsenweisheit anzusehen. Das darf jedoch nicht dazu verleiten, Beratung und Therapie grundsätzlich identisch zu setzen. Wenn im Rahmen dieser Arbeit beide Begriffe von mir wie auch von den befragten Mädchen in den Interviews scheinbar beliebig gebraucht werden, so deutet das auf jene fließenden Grenzen hin, die der Praxis und in besonderem Maße der Beratungspraxis mit Spätadoleszenten im Rahmen einer schulischen Institution inhärent sind. Die Metapher der 'fließenden Grenze' verdeutlicht, daß es sich bei diesem Thema um Prozesse handelt, die in ihren Abläufen nicht notwendigerweise eine gleichbleibende Gesetzmäßigkeit verzeichnen, sondern die je nach gesuchter und beanspruchter Dauer und Zielrichtung das Flächige suchen oder die Vertiefung zulassen. Diese Abgrenzungsproblematik soll im folgenden detailliert erörtert werden.

Ludwig-Körner (1994) versucht eine Definition der Begriffe, die ich aus der mittlerweile unübersichtlichen Fülle der Beratungs- und Therapieliteratur zur Klärung herausgreife: „Psychotherapie zielt mehr auf die Umstrukturierung der Persönlichkeit, während Beratung dem Klienten Hilfe bieten soll, vorhandene Kräfte zu mobilisieren. Beratung hat eher Prävention als Aufgabe. Sie zentriert mehr auf seelische Gesundheit. Es handelt sich somit um eine unterstützende Methode. Hingegen ist die Psychotherapie mehr durch aufdeckende und deutende Verfahrensweisen gekennzeichnet." (S.110). Auch wenn Letzteres sicherlich nur für bestimmte Interventionsformen gilt, kristallisiert sich dennoch heraus, daß psychosoziale Beratung primär als eine ressourcenorientierte Unterstützung Hilfesuchender zu verstehen ist und weniger um deren Defizite und Störungen kreist. Angemessen dürfte es daher sein, „angesichts des breiteren Spektrums an Aufgaben und Handlungsperspektiven in der Beratung Psychotherapie als die speziellere Anwendungsform psychosozialer Praxis anzusehen" (Chur 1997, S.42).

Ich wage die These, daß eine problembeladene, verzweifelt Hilfe und Unterstützung suchende Spätadoleszente immer Beratung im Sinne der obigen Definition benötigt. Auf der Basis gelungener Beratung oder im Rahmen einer wirksamen Hilfeleistung kann sie dann zu der Einsicht gelangen oder das Bedürfnis entwickeln, mehr über ihre persönlichen Strukturen, ihre psychischen Traumata, ihre biographischen Hintergründe zu erfahren, sie zu verstehen und an ihnen zu arbeiten.

In der Arbeit mit Spätadoleszenten vermischen und ergänzen sich folglich die unterschiedlichen Verfahren von psychologischer Beratung und Psychotherapie und gehen ineinander über. Meine Praxiseindrücke sind dergestalt, daß Spätadoleszente von sich aus selten eine psychotherapeutische Praxis ohne vorhergehende Beratungserfahrung aufsuchen – ausgenommen solche jungen Erwachsenen, die aufgrund einer psychiatrischen Auffälligkeit oder klinischen Behandlung dazu verpflichtet werden.

Um jedoch das Profil von Beratung beziehungsweise Therapie im Rahmen einer pädagogischen Institution – in unserem Fall eines Schulzentrums mit Internat – definitorisch noch klarer zu umreißen, hilft ein Blick auf die Diskussion, die in anderen öffentlichen Beratungseinrichtungen (Erziehungs-, Jugend- und Familienberatung) hinsichtlich der Spezifität der Methoden und Verfahren geführt wird. Wie oben skizziert wird auch dort der vielfältige und enge Bezug der sogenannten personenbezogenen oder pädagogisch-psychologischen Beratung zur Psychotherapie aufgezeigt. Im Hinblick auf ein neues Beratungsverständnis in diesem institutionellen Feld faßt Hundsalz (1998) den Kern neuerer Kommentare und Grundsatzerläuterungen aus jüngster Zeit wie folgt zusammen: „[...] im Zentrum dieser Prozesse [steht] die Persönlichkeit der Menschen, die die Erziehungsberatungsstelle aufsuchen, ihre innere Welt, ihre neuesten Empfindungen, Phantasien und Bewertungen. [...] Thematisiert werden ihre Beziehungen zu sich selbst, zu ihren Familienmitgliedern und ihre Beziehungen zu ihrer außerfamiliären Umwelt" (S. 165). Inhalt und Zielsetzung einer solchen Definition rücken den Beratungsbegriff in die Nähe zur Therapie. In der Praxis institutioneller Beratung können, so wird argumentiert (ebd., S.159), Beratung und Therapie nicht sinnvoll voneinander getrennt werden, denn Beratung könne in Therapie übergehen und umgekehrt Therapie in Beratung. Diese Auffassung entspricht meinen Erfahrungen mit einer Adoleszentenberatung im schulischen Feld.

An dieser Nahtstelle wird es notwendig, Konzeptionen von Therapie in unterschiedlichen sozialen Kontexten zu präzisieren. Hundsalz schreibt dazu, daß „Therapie im Kontext der Jugendhilfe bzw. der Erziehungsberatung auf der Grundlage des Kinder- und Jugendhilfegesetzes (KJHG) unterschieden werden (muß) von einer (heilkundlichen) Psychotherapie im Kontext des Gesundheitswesens auf der Basis des Psychotherapeutengesetzes" (ebd., S.159). Beratung und Therapie sind also abhängig von dem „sozialen Ort" (Bernfeld), in den sie eingebettet sind, und müssen entsprechend definiert werden.

In dem von mir beschriebenen Fall ist, wie schon erörtert, der soziale Ort ein Schulzentrum mit Internat in der Trägerschaft einer Gemeinde, die gemeinsam mit der staatlichen Aufsicht Zielsetzung, Organisation und Finanzierung gewährleistet. Was die Fragen und das Konzept der Beratung und der therapeutischen Versorgung anbelangt, so ist diese Einrichtung analog den Beratungsstellen zu betrachten.

Maßgebend und entscheidend ist, daß Leitlinien einer Therapie im Rahmen einer Beratungsstelle oder einer schulischen beziehungsweise pädagogischen Institution nur in engem Bezug zur Pädagogik aufzustellen sind. So heißt es im § 27 des KJHG: „Hilfe zur Erziehung umfaßt insbesondere die Gewährung pädagogischer und damit verbundener therapeutischer Leistungen" (zit. bei Hundsalz, ebd. S.159). Das Gesetz betont also für solche der Jugendhilfe nahen oder verpflichteten Institutionen eine Verbindung von Pädagogik und Therapie, wobei unter pädagogischen Leistungen vor allem schulpädagogische und sozialpädagogische Hilfen verstanden werden, die unter Wahrnehmung individueller Ressourcen blockierte Entwicklungsprozesse wieder in Gang bringen sollen, während für die therapeutischen Leistungen eher die veränderungsbedürftige psychische und/oder die somatische Störung eines einzelnen in den Blick genommen wird, die es zu beheben gilt.

Psychotherapeutische Tätigkeit im Rahmen von Schule und Internat ist konsequenterweise kein isoliertes Handeln, sondern verbindet sich mit beratenden und pädagogischen Interventionen, wie sie gegebenenfalls in Elterngesprächen, in Konsultationen und Absprachen mit Lehrern und Schulleitern oder in Kooperationen mit anderen Teilen des institutionellen Umfeldes notwendig werden können. Therapie mit Jugendlichen in einem solchen Beratungskontext kann nicht jenseits pädagogischen Denkens, also nicht unter Ausklammerung des Erziehungsaspekts und des Bildungssektors, stattfinden. Sie umfaßt eben immer auch Gesichtspunkte einer „Hilfe zur Erziehung" (KJHG). Insofern ist sie „systemisch" angelegt, das heißt, sie berücksichtigt die unterstützenden sozialen Netzwerkbeziehungen des sie einbindenden Systems (vgl. auch Nestmann 1997a).

Auch wenn aus dem therapeutischen Raum heraus keine direkte kommunikative Verbindung nach außen hergestellt wird, eine Option, die besonders für die Altersgruppe der Spätadoleszenten charakteristisch ist, so ist eine formale wie inhaltliche Verknüpfung zum Netzwerk Schulzentrum nicht zu leugnen. Die Beraterin fungiert auf jeden Fall als Verbindungsglied zwischen den Ratsuchenden und der Einrichtung. Darüber hinaus stellen die Kommunikation über Lehrer, Schule und Lernblockaden, die Bedeutung des Schulerfolgs und die Planung von schulischen und Studienaktivitäten zentrale Inhalte der Beratung dar und verdeutlichen die psychosoziale Einbindung und Abhängigkeit der Jugendlichen von Personen und Regelwerken dieser Institution. Auch durch formale Bestimmungen sind der pädagogische Bereich und die beraterisch-therapeutische Arbeit vernetzt; so ist in der Regel das Ende der Beratung an das Ende des Schul- und Internatsbesuchs gekoppelt. Auch ist – wie in meinem Fall – die Beraterin ihrem Arbeit- und Geldgeber, der Schulbehörde oder dem Internatsträger, verpflichtet und damit den leitenden Erziehungs- und Bildungszielen der Institution.

Einen weiteren Unterschied zwischen heilkundlicher Psychotherapie im Rahmen der Gesundheitsversorgung und nichtheilkundlicher Psychotherapie im Kontext der Jugend(hilfe)einrichtungen gilt es deutlich zu machen. Bei der Ausübung von Therapie im Kontext einer Jugend(hilfe)einrichtung geht man nicht von einem Krankheitsbegriff aus. Ratsuchende Jugendliche werden nicht als „krank" definiert, wenn sie eine institutionelle Beratung aufsuchen. Ein Signum dieses Konzeptes ist es, diese Art beraterischer und therapeutischer Arbeit kostenfrei anzubieten; sie wird nicht von den gesetzlichen Krankenkassen (re-) finanziert.

Ein Psychotherapieangebot, das sich auf der Basis von Krankheit konstituiert, wäre als Ausgangslage für die Jugendlichen eine zusätzliche Hemmschwelle, die sie überwinden müßten, da sie sich – auch bei Therapiebedarf – in den seltensten Fällen als „krank" einstufen und ganz allgemein große Befürchtungen hinsichtlich einer Stigmatisierung als „psychisch nicht normal" hegen.[1]

Wichtig ist also festzuhalten, daß Therapie im Kontext von Jugendhilfe oder Jugendbildung „sich nicht an einem Krankheitsbegriff (orientiert), sondern [...] das Wohl des Kindes bzw. seine Gefährdung zum Ausgangspunkt [nimmt]" (Hundsalz, ebd., S.163). Dieser Ansatz entspricht dem, was ich bisher aus wissenschaftlicher Sicht über die Einordnung spätadoleszenter Entwicklungsproblematik referiert habe. Wie ich dargelegt habe, hat diese normative Setzung Auswirkungen auf die Wahl von Begriffen und sprachlichen Formulierungen. Aber auch der Bereich der Diagnostik und der Therapieziele wird auf diese Weise unter anderen Vorzeichen betrachtet. Ziel therapeutischer Interventionen im Jugendbereich ist immer die ganze Persönlichkeit und nicht nur ein isolierter

---

1 Hundsalz (1998, S.163) macht mit Recht darauf aufmerksam, daß in der neueren Psychotherapiediskussion die Aspekte ‘Krankheit' und ‘Heilung' nicht mehr die ausschließlichen Faktoren für eine Inanspruchnahme von Therapie sind, sondern daß beispielsweise auch andere Motivationen, wie Persönlichkeitsentwicklung, in den Vordergrund treten.

Krankheitsaspekt im Leben des Heranwachsenden. Das gilt auch für die Spätadoleszenten, die zwar volljährig und in vielen Bereichen schon erwachsen sind, sich dennoch in einem öffentlich gestützten und geschützten Entwicklungsraum und Bildungsgeschehen befinden. Der Blick der Therapeutin ist auf die gesamte Lebens- und Alltagswelt der Adoleszenten gerichtet und nicht nur auf deren inneres Erleben. Ein ganzheitlicher Ansatz ist folglich für jede Art von Adoleszententherapie konstitutiv. Nicht selten erstreckt sich das Engagement der Therapeutin deshalb auch auf konkrete lebenspraktische Angelegenheiten der Jugendlichen, beispielsweise in Form von stützenden Maßnahmen, die ich im folgenden als therapeutische „Extras" oder „Zugaben" kennzeichnen und beschreiben werde. Das bedeutet, daß Beraterinnen und Therapeuten im Feld der institutionellen Beratung neben therapeutischer Kompetenz auch pädagogische und sozialpädagogische Fähigkeiten in ihr Berufsbild integrieren müssen, wobei das Spektrum vielfältiger Methoden, über die die einzelnen verfügen, dazu beiträgt, daß die Jugendlichen weniger häufig die Institutionen wechseln, weniger Hemmschwellen überwinden müssen und sich somit eher als 'ganze' Personen angesprochen fühlen.

Beratung versteht sich auf diese Weise „als *lebenswelt- und alltagsbezogenes* psychosoziales Hilfeangebot" (Nestmann 1997b, S.15; kursiv beim Autor). Eine hinsichtlich psychotherapeutischer Richtungen schulenübergreifende Methodik, aber vor allem eine pragmatische Zielsetzung, die neben den innerpsychischen Themen der Adoleszenten auch ihre konkreten Lebenssituationen im Blick hat, sind also entscheidende Determinanten einer in pädagogischen Institutionen verankerten Adoleszentenberatung.

War es anfangs nötig, den Unterschied zur heilkundlichen Psychotherapie herauszustellen, so soll abschließend hervorgehoben werden, daß diese Abgrenzung auch eine besondere Kooperationsbereitschaft mit dem heilkundlichen Bereich notwendig macht. In Fällen, in denen eine längerdauernde, intensive oder spezifisch medikamentöse oder psychiatrische (Teil-)Behandlung notwendig erscheint, ist eine vertrauensvolle Zusammenarbeit mit niedergelassenen Ärzten, Jugendpsychiatern, spezialisierten Therapeuten oder Kliniken unverzichtbar. Aber auch in umgekehrter Richtung erweist sich eine Zusammenarbeit als fruchtbar, wenn zeitweilig psychiatrisch betreute Jugendliche nach erfolgreicher Behandlung in einer klinischen Einrichtung durch die Beraterinnen des Schulzentrums dort weiter betreut werden können.

Gelegentlich wird der Übergang von der nichtheilkundlichen Therapie im institutionalisierten Beratungssetting in die heilkundliche Therapie einer Privatpraxis bei einem anderen Therapeuten oder aber derselben Therapeutin gewählt, sofern letztere neben der schulischen Beratung eine Behandlung dieser Art durchführen kann. Ein solcher Fall kann in der Zeit nach dem Schulabschluß eintreten, wenn die Therapie nicht gleichzeitig zum Abschluß gekommen ist. Dieser Übergang aus der Beratung in eine heilkundliche Psychotherapie ist für den Spätadoleszenten oder die junge Erwachsene ein eigenständiger Schritt und markiert eine selbständige Entscheidung auf einer neuen Bewußtseinsebene. Er setzt nicht nur den entschiedenen Willen voraus, die persönlichen Probleme durchzuarbeiten, sondern erfordert auch die Bereitschaft, sich eigenverantwortlich um die Finanzierbarkeit der Therapie zu kümmern und sich als verläßliche Person auf die Bedingungen eines therapeutischen Kontrakts einzulassen.

2 Beratung im Bereich von Schule und Internat

Psychologische Beratung und Psychotherapie können sich nur auf einer freiwilligen Basis entfalten. In einer Institution, die auf der Schulpflicht besteht, ist eine in diesem Rahmen angebotene Möglichkeit zur Beratung auf den ersten Blick eine kontrapunktische Veranstaltung. Sie hebt sich in jeder Hinsicht von Unterricht, außerunterrichtlichen schulischen Veranstaltungen und sogar der Laufbahnberatung in der Schule ab. Dennoch ist Beratung – jedenfalls im Bundesland Nordrhein-Westfalen – auch durch einen ministeriellen Erlaß in den Rahmen schulischer Tätigkeiten fest eingebunden.[1]

Psychologische Beratung ist in der Regel eine Einzelveranstaltung, in seltenen Fällen eine Veranstaltung in einer kleinen Gruppe; beides stellt in jeder Hinsicht, inhaltlich wie strukturell, einen Gegensatz zu den Bildungsveranstaltungen der Schule dar. Spätadoleszente bevorzugen dabei die Dyade in einem Beratungssetting.

Trotz der Unterschiede und Andersartigkeit eines Beratungsangebots gibt es überzeugende Argumente für dessen Integration in den Rahmen einer schulischen Organisation. In jedem Fall ist ein solches Angebot als niederschwellig einzustufen. Die Jugendlichen brauchen nicht die schwierige Hürde zu einer ihnen unbekannten Institution zu überwinden, um sich beratende Hilfe zu holen. Viele der Jugendlichen würden keine Beratung für sich in Anspruch nehmen, wenn sie dafür einen Kontakt zu einer ihnen fremden Einrichtung außerhalb des Schulzentrums herstellen müßten. Im Rahmen von Schule bildet sich eher so etwas wie eine „fürsorgliche Führung" durch andere Personen. Da sind es beispielsweise der Fachlehrer, die Stufenleiterin oder eine Internatserzieherin, die bei Wahrnehmung von Problemen und Auffälligkeiten auf die Möglichkeit einer Beratung auf dem Gelände aufmerksam machen, diese dem Jugendlichen empfehlen, gelegentlich sogar die Verbindung zur Beraterin herstellten. Oder der Kontakt zur Beratung wird über Freunde und Freundinnen hergestellt, die

---

1 vgl. den RdErl. d. Ministeriums für Schule und Weiterbildung in NRW v. 8.12.1997. Beratung wird hier nicht nur als Schullaufbahnberatung konzipiert, sondern als „Vorbeugung und Bewältigung von Lern- und Verhaltensproblemen sowie darin begründeten Konflikten in der Schule". Dafür soll ein schuleigenes Beratungskonzept entwickelt werden.

bereits Erfahrungen „vor Ort" gemacht haben. Wichtiges Prinzip ist dabei, daß an eine namhafte Person und nicht an eine unpersönliche Institution weitervermittelt wird. Eine aktive Weitervermittlung durch eine Erziehungsperson wird, wie auch die Jugendanalytikerin Seiffge-Krenke (1986) festgestellt hat, in vielen Fällen von den Jugendlichen positiv gewertet, weil sie meist selbst „ein vitales Interesse daran haben, gesund zu werden, also eine gute unbewußte Motivation" (S.47) besitzen. Nur Hemmungen und Unkenntnis hindern sie meist daran, sich professionelle Hilfe zu organisieren. Dieses Phänomen wird auch durch die Ergebnisse der vorliegenden Interviews bestätigt.

Das Maß des Vertrauens und der Anbindung an die spezifische schulische Einrichtung bestimmt anscheinend auch das Maß der Bereitschaft auf seiten des Adoleszenten, das institutionelle Beratungsangebot in Anspruch zu nehmen. Es gibt aber auch Jugendliche, die die Wahl einer außerschulischen Beratung bevorzugen, weil sie dort die Anonymität ihrer Person und die Distanz zur Schule in stärkerem Maße gewährleistet sehen.

Die Frage der Beratungsdauer entwickelt sich aus der Art und Weise, wie der Beratungsprozeß abläuft. Meist werden zunächst 6 Stunden vereinbart, damit sich der Jugendliche nach einer Phase des Kennenlernens von Beraterin und Beratungssetting noch einmal entscheiden kann. Ein flexibler Umgang mit den Formen der Beratung ist für diese Altersgruppe äußerst wichtig. Es gibt viele Übergangsmöglichkeiten: Einige Adoleszente kommen in einer Krisensituation und bleiben nach der Krisenintervention, weil sie merken, daß ihre Probleme umfassender und tiefergehend sind, als sie es bis dahin wahrgenommen und sich eingestanden haben. Sie bleiben unter Umständen Jahre, weil ihre Probleme hartnäckiger sind und ihr Entwicklungsprozeß stagnierender, als sie es sich vorstellten. Manche Jugendliche brauchen nur wenige Stunden, bis sie sich wieder in der Lage sehen, ihren Alltag zu bewältigen. Diejenigen, die eine längere Zeit in Beratung oder Therapie waren, kehren nach dem Ende des Prozesses gelegentlich für ein paar Beratungsstunden zurück. Für alle, die nach einem gelungenen kürzeren oder längeren Beratungs- oder Therapieprozeß aufhören, ist es von Bedeutung, daß sie von der Möglichkeit wissen, bei Bedarf noch einmal kommen zu können.

Natürlich gibt es auch Schüler und Schülerinnen, die so chaotisch organisiert sind, daß sie die Termine nicht einhalten, weil sie auf Grund einer ständig schwankenden Befindlichkeit unzuverlässig sind, was ihre Anwesenheit anbelangt. In solchen Fällen ist es immer ein sensibler Balanceakt für die Beraterin zu entscheiden, ob, inwieweit und wie lange sie einer solchen Jugendlichen „nachgeht". Oft ist dieses Nachgehen und Nachhaken genau das, was ein Mädchen sich erhofft, weil es darin das lang ersehnte Zeichen eines persönlichen Interesses sieht („Für mich interessiert sich ja sowieso niemand!"). Eine andere Jugendliche hingegen mag das Nachfragen der Beraterin möglicherweise als ein Sich-Aufdrängen zum falschen Zeitpunkt empfinden.

Eine ähnlich schwankende Therapiemotivation beobachtete Kühn (1996) bei Studenten und Studentinnen im Universitätsbereich. Auch sie hält „auf der therapeutischen Seite Flexibilität für ein gewisses 'Kommen und Gehen'" für erforderlich und befürwortet als therapeutische Haltung, „[...] verfügbar zu sein, ohne selber gebraucht zu werden" (S.152). Sie ergänzt ihre Ausführungen durch das wichtige Argument, daß ein institutioneller Rahmen ohne Kapazitätsdruck und kommerzielle Gesichtspunkte für eine Beratung mit Spätadoleszenten von grundlegender Bedeutung sei (ebd.), ein Gesichtspunkt, der meinen Erfahrungen entspricht.

Auf jeden Fall ist auch für die Berater und Beraterinnen im Rahmen einer schulischen Institution die Beratungsarbeit niederschwelliger, als sie es beispielsweise in einer Jugendberatungsstelle sein kann, weil sich der Kontakt zu den Jugendlichen schneller, spontaner, natürlicher und unbürokratischer gestalten kann. Diesen Eindruck bestätigen Mitarbeiterinnen einer Beratungsstelle (Grünewald et al. 1995), die von der großen Hemmschwelle Jugendlicher berichten: „Oft hat sich die Situation von Jugendlichen schon sehr verschärft, bevor sie sich an eine Beratungsstelle wenden. Sie stehen in der Tür mit der Hoffnung, sofort ein Gespräch führen zu können, das Lösung oder Entlastung verspricht" (S.203). Auch Haupt und Thiemann (1995) konstatieren aufgrund ihrer beruflichen Erfahrung an einer Jugendberatungsstelle, „daß Jugendliche und junge Erwachsene beiderlei Geschlechts nur in geringer Anzahl herkömmliche Erziehungsberatungsstellen und ihr psychosoziales Beratungsangebot in Anspruch nehmen" (S.211). Das entspricht einer generellen, auch statistisch erhärteten Tendenz von Jugendlichen, trotz zunehmender Problembelastung den Schutz ihrer Privatsphäre höher zu bewerten als die Möglichkeit einer professionellen psychotherapeutischen Hilfeleistung. Die Ergebnisse drücken eine Ambivalenz dieser Altersgruppe aus: „ihre Bedürftigkeit, Hilfe in Anspruch zu nehmen, und ihr gleichzeitig vorhandenes Mißtrauen, ihre Verletzlichkeit und ihr Schutzbedürfnis" (Seiffge-Krenke 1986, S.33). Hinter diesem Mißtrauen scheinen neben dem mangelnden Vertrauen in die Verschwiegenheit der Berater und Therapeuten auch Ängste zu stecken, daß „ihre Eltern [...] davon erfahren oder ihre Freunde [...] sie für verrückt halten" könnten (ebd., S.38).

Die Angst vor Öffentlichkeit und damit vor familiärer und gesellschaftlicher Stigmatisierung scheint die Hauptquelle der Beratungsabstinenz (spät)adoleszenter Jugendlicher und junger Erwachsener zu sein. Sie wird auch von den befragten Mädchen als Problem deutlich thematisiert.

Dem allgemeinen Trend entsprechend ist – gemessen an der Gesamtzahl der Schüler und Schülerinnen des Schulzentrums – der prozentuale Anteil ratsuchender Spätadoleszenter vergleichsweise niedrig. Dennoch scheint es für die Mehrzahl der Hilfe suchenden Schüler und Schülerinnen weniger ängstigend und abschreckend zu sein, die im Rahmen der ihnen bekannten Institution Schule angebotene Beratung in Anspruch zu nehmen als eine solche außerhalb.

An fremde Türen anzuklopfen ist innerhalb ein- und derselben Institution sicherlich eine niedrigere Hürde für den einzelnen als der Weg in eine gänzlich unbekannte Institution. Aus diesem Grund fordert Hurrelmann (1995), „daß an Schulen ärztliche oder psychologische Beratungsstellen direkt angegliedert werden" sollten (S.42). Er begründet seine Forderung mit eben dieser Erfahrung, daß „durch die Nähe zu Erziehungs- und Bildungseinrichtungen [...] vor allem das Zugangsproblem vermindert werden [soll], indem die sozialen, psychischen und auch räumlichen Barrieren überwunden werden, die heute bei Kindern und vor allem Jugendlichen gegenüber helfenden Institutionen zu beobachten sind" (ebd.). Dabei verweist er auf zahlreiche und positive Erfahrungen aus den USA und Skandinavien, die mit der Angliederung von meist multifunktionalen Beratungsstellen an Schulzentren verknüpft sind (ebd., S.42f.) – was in der Bundesrepublik eher die Ausnahme darstellt.

Da der Fokus der vorliegenden Arbeit auf einer qualitativen und nicht auf einer quantitativen Fragestellung hinsichtlich Beratung liegt, interessiert hier weniger die Frage nach der durchschnittlichen Anzahl ratsuchender Schüler und Schülerinnen als vielmehr die Frage nach den charakteristischen Merkmalen derer, die eine Beratung oder Therapie im schulischen Rahmen aufsuchen.

Ähnlich wie Leuzinger-Bohleber und Dumschat (1993), die Studierenden an einer Universität ein psychotherapeutisches Beratungsangebot machten, sehe ich in den Rat und Unterstützung suchenden Schülern und Schülerinnen keine besondere, ausgegrenzte oder auffällige Gruppe im Schulbereich. Es ist auch für mich offensichtlich, daß sie „lediglich sensibler und intensiver auf objektiv bestehende Widersprüche in der institutionellen und gesellschaftlichen Realität sowie auf anstehende, spätadoleszente Entwicklungsaufgaben reagieren als ihre Kommilitoninnen" (ebd., S.164), wobei bei den schulischen Jugendlichen verständlicherweise das auslösende Konfliktmoment häufig die familiäre und/oder die schulische Situation ist. Doch handelt es sich bei den Beratung suchenden Schülerinnen keinesfalls um Jugendliche, die notwendigerweise in der Schule auffällig geworden sind. Im Gegenteil, sie bringen in ihrer Mehrheit trotz großer persönlicher Probleme oft gute bis ausreichende Schulleistungen.

Die genannten Autorinnen, die interessanterweise ihren Untersuchungsgegenstand ebenfalls auf weibliche Spätadoleszente eingrenzen, wollen mit ihrer Beobachtung hervorheben, daß sie die ratsuchenden Studentinnen nicht als „psychisch krank" im Sinne eines medizinischen Modells klassifizieren, sondern daß sie diese in ihren subjektiven Reaktionsweisen als besonders sensibel für kritische Lebensereignisse einschätzen. Der gleiche Eindruck bestätigt sich in der Arbeit der Adoleszentenberatung im schulischen Umfeld. Statistisch signifikant ist – was den Erfahrungen im Schulzentrum entspricht –, daß weibliche Jugendliche in größerer Anzahl bereiter sind, ihre Probleme sowohl durch Selbsthilfe wie auch durch professionelle psychotherapeutische Hilfe zu bearbeiten als ihre männlichen Pendants. Diese Bereitschaft steigt nach

Untersuchungen sogar im Verlauf der Adoleszenz an, während die männlichen Jugendlichen unabhängig vom Alter immer eine eher gleichgültige, neutrale Haltung zu Beratungsangeboten einnehmen und mehrheitlich der Meinung sind, „man solle mit seinen Problemen eher alleine fertig werden, als therapeutische Hilfe in Anspruch zu nehmen" (Seiffge-Krenke 1986, S.35).

Dieses männliche Einstellungsmuster wird im Verlauf der Adoleszenz eher noch prägnanter, so daß für die Gruppe der Spätadoleszenten gilt, daß mit zunehmendem Alter die Diskrepanz zwischen weiblichen und männlichen Spätadoleszenten hinsichtlich einer Beratungssuche extrem hoch zu Gunsten der jungen Frauen ausfällt (vgl. ebd., S.35 f.).

Auf dem Hintergrund dieser statistischen Aussage wird die zunächst aus pragmatischen Gründen getroffene einseitige Selektion von Mädcheninterviews für diese Studie auch aus übergreifender Sicht verständlich. Ergänzend zum Phänomen der weiblichen „Vorherrschaft" in der Beratungspraxis habe ich in Gesprächen mit zwei männlichen Spätadoleszenten versucht, die Motive der in hohem Maße allgemein verbreiteten männlichen Beratungsaversion zu erforschen. Die Ergebnisse sollen im folgenden Exkurs überblicksartig dargestellt werden.

Exkurs: Spätadoleszente Jungen und Beratung

> Ich war zwanzig.
> Niemand soll sagen, das sei die schönste Zeit
> des Lebens. Alles droht einen zu vernichten:
> Die Liebe, die Ideen, der Verlust der Familie,
> der Eintritt in die Welt der Erwachsenen.
> Es ist schwer, seinen Part in der Welt zu lernen.
> Paul Nizan

Bei der Auswahl der Interviews habe ich nur spätadoleszente Mädchen berücksichtigt. Das ist kein Zufall, sondern entspricht der Repräsentation weiblicher Ratsuchender im Praxisfeld Beratung in der Schule in W.

Die Zahl spätadoleszenter Schülerinnen, die die Beratung in Anspruch nehmen, ist erheblich höher als die der männlichen Adoleszenten im gleichen Umfeld. Daß dies nicht nur ein singuläres schulspezifisches oder regionales Phänomen ist, belegt der Bericht einer Jugendberatungsstelle in Düsseldorf, dem ebenfalls das nachweisbare Faktum zu entnehmen ist, daß im Vergleich zu den Jungen überproportional mehr Mädchen eine Beratung in der Spätadoleszenz aufsuchen. Dieser Jahresbericht dokumentiert für das Jahr 1996, daß in der Altersgruppe der 18–25 Jährigen von 1663 Problembearbeitungen (Beratung, Therapie, Krisenintervention) 436 Interaktionen auf die männliche Besuchergruppe und ca. dreimal so viel, nämlich 1227 Interaktionen, auf die weibliche Gruppe der Ratsuchenden entfielen.[1]

Um diesem für diese Abhandlung nur am Rande liegenden Phänomen ansatzweise auf die Spur zu kommen, habe ich bei männlichen Betroffenen selbst nach möglichen Ursachen und Motiven eines solchen Verhaltens nachgeforscht. Dabei verfolgte ich nicht die Absicht, die geschlechtsspezifische Divergenz in der Beratungssuche Spätadoleszenter im Rahmen meiner Untersuchung tiefergreifend zu behandeln. Ich wollte aber die sich im Rahmen des örtlichen Settings bietende Möglichkeit nutzen, mit zwei spätadoleszenten Schülern die Thematik zu erörtern, ob und in welcher Weise heute Jungen und Mädchen beim Übergang ins Erwachsenenalter unterschiedliche Wege gehen beziehungsweise unterschiedliche Bewältigungsstrategien bemühen.

Die Tatsache nutzend, daß im Schulzentrum zur Zeit der Datenerhebung gerade zwei männliche Spätadoleszente in Beratung bei anderen Kolleginnen waren, bat ich Robert (18) und Matthias (19) einzeln um je ein einstündiges Interview zu der Frage, warum, ihrer Meinung nach, gleichaltrige Jungen ihres Umfeldes, beispielsweise in ihren Schulkursen oder Peergruppen, weniger häufig eine Beratung aufsuchen als die Mädchen.

Beide Befragten äußerten in großer Klarheit, daß sie selbst Ausnahmen in der Gruppe ihrer Alters- und Geschlechtsgenossen seien, was auch erkläre, warum es ihnen nichts ausgemacht hätte, eine Beratung aufzusuchen. Sie hatten begründete Vorstellungen zu dem Faktum einer so deutlichen Beratungsabstinenz oder sogar Beratungsaversion unter den adoleszenten Jungen.

Vor allem Robert war der Meinung, daß Beratung etwas mit der weiblichen Seite des Menschen zu tun habe. Die Mehrzahl der Mädchen gehe lockerer mit einem solchen Angebot um, sei interessierter an ihren inneren Problemen, rede auch gerne mit anderen darüber, wenn sie Vertrauen habe. Mädchen fänden es in der Regel nicht so aufregend und schlimm, wenn Jungen sich Beratung holten. In dieser Hinsicht sei die Emanzipation der Frauen weiter als die der Männer. Mit Mädchen könnten auch die Jungen leichter über ihre Probleme reden. Folglich sei es auch kein Problem für ihn, wenn nur Frauen als Beraterinnen im Schulzentrum arbeiteten.

Der Kernaspekt für ein Verständnis der Problematik wurde von Robert wie von Matthias wie folgt dargelegt: Jungen bemühen sich mit all ihrer Energie, ein bestimmtes Image von Männlichkeit, von Stärke, von Makellosigkeit aufzubauen und aufrechtzuerhalten. „Bei Jungen ist das immer vielmehr wie bei den Rittern, die stehen möglichst gerade" und „ja immer breitbeinig die Jungs, richtig und stark wirken." Dieses Image spiele eine „wahnsinnige Rolle". Das sei das, was als „cool" gelte und gesellschaftlich anerkannt sei. Für Jungen sei es schwerer, sich weich zu zeigen, weinen dürften sie auch nicht. Sie suchten

---

1 AWO Jugendberatung für alle zwischen 14 und 26, Düsseldorf, Jahresbericht 1996, S.39

sich oft harte Idole und ließen in sich selbst die eigenen Probleme nicht zu. Sich Hilfe zu holen, sei besonders für Jungen ihres Alters ein Zeichen von Schwäche und bekomme unweigerlich den Beigeschmack: „eh, bist du krank, daß du das nötig hast!" Jungen würden schnell als „psychische Wracks" angesehen, wenn sie in die Beratung gingen. Jungen würden dadurch vermutlich mehr leiden als Mädchen, da sie alles für sich behalten müßten: „sie fressen den ganzen Müll in sich hinein, anstatt das irgendwie rauszulassen". So bliebe für die meisten nur die Kompensation durch Sport, aggressive Handlungen und vor allem durch exzessiven Alkoholkonsum. Jungen müßten einem „gewissen starren Bild entsprechen" und könnten „nicht der lebendige Mensch sein", der sie vielleicht sind und sein möchten.

Das Männerbild, so äußern sich die beiden Interviewten, sei deutlicher festgelegt in der Gesellschaft als das Frauenbild. Es sei enger. Auch die Konkurrenz zwischen den Jungen verhindere eine Lockerung. Anders als bei den Mädchen sei die Geschlechts- und Altersgruppe bei den Jungen in solchen Fragen und Angelegenheiten nicht unterstützend, eher bremsend und kontrollierend. Es sei vor allem ein Problem der Männer miteinander und untereinander. Eine rigide Haltung sei das Normale, so „daß sie einfach in sich selbst nicht auftauen könnten". Die andere, weichere Seite in ihnen sei einfach „abgeschnürt". Eigentlich sprächen auch die Jungen gerne einmal mit jemandem über ihre Probleme, denn: „Jungen sind genauso bedürftig wie Mädchen." Das müsse aber irgendwo ganz anonym, unter Ausschluß der Öffentlichkeit und ganz unauffällig geschehen können: „Wenn es für die Jungen die Möglichkeit geben würde auf ein Knöpfchen zu drücken, man würde verschwinden und wäre in der Beratung, dann wären die Beratungsräume überflutet. Einfach dieser ganze Weg dahin und die Unannehmlichkeiten, die einem da vielleicht begegnen, die sind für viele eine zu große Hürde. Weil denen das Image doch zu wichtig ist."

Die beiden interviewten Jungen sind sich darüber einig, daß ihre Altersgenossen die für sie existentiell wichtigen Themen tabuisierten, verdrängten oder kompensierten, obwohl der unausgesprochene Wunsch bei vielen vorhanden sei, „mit jemandem mal zu sprechen. Denn keiner ist so gut drauf, daß er es nicht mal gebrauchen könnte." Allerdings sehen sie auch, daß gerade im Schulzentrum die Anonymität nicht in dem Maße gewahrt werden kann, weil nicht auszuschließen ist, daß der Gang zur Beratung ins Internat, wo die Beratungszimmer liegen, unter den Augen von Mitschülern, Lehrern, Bekannten stattfindet. Insofern äußerten sie Verständnis dafür, daß gerade in W., wegen der Anbindung an die Schule, so wenige spätadoleszente Jungen von sich aus die Beratungseinrichtung aufsuchen.

Aus den Äußerungen der befragten Jungen wird deutlich, daß spätadoleszente Jungen und Mädchen vermutlich den gleichen Beratungsbedarf haben. Darüber hinaus läßt sich aus der Darstellung folgern, daß die Probleme, die schon die

Mädchen hinsichtlich Anonymität, Angst vor Stigmatisierung und Scham über die eigene Hilflosigkeit empfinden, von den Jungen in gesteigerter Form empfunden werden und blockierend wirken. Die Hürden, die spätadoleszente Jungen überwinden müssen, um einen Raum der Beratung zu betreten, scheinen im gesellschaftlichen Kontext und durch die bestehenden kulturellen Normen um vieles höher angelegt zu sein als für die gleichaltrigen Mädchen. Und ich nehme an, daß der Versuch, sie zu überwinden, in der Folge gesellschaftlicher Rollenfixierungen auch stärker sanktioniert wird.

Beratungsmilieu

Ein Beratungs- oder therapeutisches Milieu umfaßt Raum, Zeit und die Gegenwart der Beraterin und Therapeutin (vgl. Khan, 1997). Der Raum ist die materielle Umgebung, welche die Therapeutin bereitstellt: das Zimmer, die Materialien, das Licht, die Bilder, die Möbel, die Farben. Der Raum ist zunächst das, was für den Ratsuchenden Halt bietende Strukturen symbolisiert. Der zeitliche Faktor, die wiederkehrende feste Stunde, die Verläßlichkeit des Kommens und Gehens, kommt allmählich dazu und ergänzt das räumliche Erleben. Winnicott (1965a) hat für die Bedeutung dieses raum-zeitlichen Faktors in der Therapie den Begriff des „Haltens" geprägt, der symbolisch für das faktische Halten des Säuglings oder allgemeiner für die Umweltfürsorge durch die Mutter oder für das Zusammenleben in einem Raum unter einem Dach steht. Raumzeitliches „Halten" vermittelt dem Hilfesuchenden das grundlegende Gefühl, sein zu dürfen. Khan (1997) nimmt unter Bezug auf diese Vorstellung Winnicotts an, daß die Person des Therapeuten und der raum-zeitliche Faktor zusammen in Grundzügen die Mutter-Kind-Beziehung nachbilden. Beide sind wesentliche Bestandteile einer Therapie und bilden das Fundament, auf dem das notwendige Vertrauen zwischen Klient und Therapeut wachsen kann.

Unter diesem Aspekt ist es für die spätadoleszenten Jugendlichen von großer Wichtigkeit, wie Zeit und Raum, das heißt der Beratungsraum, die Umgebung des Beratungsgeschehens und der Ablauf der Beratung sich gestalten. Mit hoher Sensibilität und manchmal auch starker Irritation registrieren vor allem Jugendliche mit einer schwierigen Mutter-Beziehung jede Veränderung des räumlichen Beratungssettings. Das Sich-Wohlfühlen im Raum birgt die (unbewußte) Möglichkeit einer unaufdringlich-unmerklichen Regression in eine haltgebende, mütterliche Umgebung in sich. Der therapeutische Rahmen bietet sich auch als ein potentieller Ort der Zuflucht vor zu übermächtig empfundenen Anforderungen des Alltagslebens an oder als ein Ort, an dem persönliche Gedanken und Phantasien unbeschadet und unzensiert ihren Ausdruck finden können.

Im Hinblick auf das bereits diskutierte Thema der Abwehr regressiver Wünsche in der Adoleszenz bleibt indes die Frage nach dem Ausmaß an Symbolisierungsmöglichkeiten, die das Beratungsmilieu enthalten oder entbehren sollte. Nicht sinnvoll scheint es, die Jugendlichen gleich zu Anfang in eine Situation zu bringen, die zur Regression auffordert, sei es dadurch, daß es sich die Beraterin in jugendlicher Manier mit der Ratsuchenden auf dem Fußboden bequem macht oder daß letztere ihren Platz nur auf der Couch findet. Der Raum sollte aber auch nicht in einem kargen, kühlen und unpersönlichen Schulambiente liegen, in dem nur eine Alltagskommunikation entstehen kann.

Grundsätzlich gilt es zu bedenken, daß es bei stark problembehafteten Spätadoleszenten mit einem Mangel an Ichstärke und Realitätstüchtigkeit nicht angebracht ist, ein Regredieren zu veranlassen oder sie in Phantasiebereiche zu führen. Auch das entwicklungsbedingte Phänomen des „Verflüssigens" oder Aufweichens psychischer Strukturen in der Adoleszenz (vgl. Erdheim 1982) spricht gegen einen zu schnellen Strukturverlust im äußeren Feld. Erfahrungsgemäß ist es sinnvoll, die Spätadoleszenten selbst herausfinden zu lassen, wann und welche – auch symbolischen – Ausdrucksformen sie in ihrer Beratungsarbeit wählen wollen. Meistens ist es eine Frage der Zeit, des Vertrauens und der Begabung auf seiten der Jugendlichen und eine Frage des einfühlsamen Angebots auf seiten der Therapeutin, an welcher Stelle des Beratungsprozesses neben dem Faktor Raum-Zeit der Wirkfaktor „Symbolisierung" (vgl. Jaeggi 1989) aktiv zum Zuge kommen kann. Auf jeden Fall ist es wichtig, einen „Möglichkeitsraum" (Khan 1983) in der Therapie bereitzustellen und zu entwickeln, der sowohl den konkreten raum-zeitlichen Rahmen umfaßt, wie er ein intersubjektives Geschehen darstellt. Ein solcher Möglichkeitsraum hat das Ziel, „einen symbolischen Austragungsort für das Schreckliche, das sie (die Jugendlichen) erfahren haben, zu schaffen, um es nicht wiederholen zu müssen, sondern bewältigen zu können" (Streeck-Fischer 1998b, S.196).

Beratung als Möglichkeitsraum und Moratorium

Beratung oder Therapie als ‚Möglichkeitsraum' zu sehen und zu definieren, hat etwas mit dem Erleben während einer therapeutischen Sitzung zu tun. Der Möglichkeitsraum oder der potentielle Raum (‚potential space'), der nach Winnicott auch ‚intermediär' bezeichnet wird, ist der gefühlsmäßige und symbolische Raum, den die Spätadoleszenten mit der Beraterin teilen und den beide gemeinsam durch ihre Bezogenheit, durch ihre wechselseitigen Interaktionen, gestalten. ‚Treffende' Deutungen, Interpretationen zum falschen Zeitpunkt oder zwanghafte Eindeutigkeiten würden diesen potentiellen Raum einengen oder ihn gar aufheben (vgl. Kelleter 1994); das Aufzeigen einer Vielzahl von Möglichkeiten hingegen macht ihn weit und läßt spontane emotionale Reaktionen, auch der Therapeutin, zu.

Regisseure in diesem Raum sind die Jugendlichen. Sie geben den Ton an durch Experimente, wegweisende Reaktionen auf die Angebote der Therapeutin oder gar durch Schweigen. Das kann so weit gehen, daß eine Adoleszente – so ein Praxisfall – wünscht, mit der Therapeutin die Rollen und damit die Stühle zu tauschen, ein durchaus heikles Unterfangen. In diesem Fall erlaubte die Beziehung und das therapeutische Klima ein solches, für die junge Erwachsene sehr wichtiges „Spiel". Der Möglichkeitsraum „wird immer wieder definiert, wie er aber gefüllt wird, bleibt offen oder undeutlich" (Kelleter, ebd., S.37). Das macht eine Klassifizierung dieses Phänomens und therapeutischen Prinzips schwierig. Auf jeden Fall hat dieser intermediäre Raum etwas zu tun mit einer Beziehungsqualität, die Buber als das „Zwischen" oder die „Ich-Du-Beziehung" faßte (vgl. Müller-Bülow 1998); er manifestiert sich in unabsichtlichem Spiel, im Experimentieren und Ausprobieren. „Er liegt zwischen Phantasie und Realität, [...], ist Bühne für unsinnige Handlungen und doch sehr wichtige Erfahrungen" (Kelleter, ebd., S.37f.), welche zunächst erst einmal anzuerkennen und zu spiegeln sind. Daß die Existenz eines „potential space", eines Raums für (Un-) Möglichkeiten und Potentiale, in der Beratung und Therapie mit Spätadoleszenten von entscheidender Bedeutung sein kann, ergibt sich mit nachvollziehbarer Selbstverständlichkeit aus den bereits dargelegten charakteristischen Entwicklungsmerkmalen dieser Altersgruppe. Er symbolisiert als raum-zeitlicher Faktor und therapeutisches Geschehen das, was Jugendliche als „Übergangsraum", „Übergangsstadium" oder „Moratorium" für sich beanspruchen. In diesem Sinne wird Beratung und Therapie selbst zum „psychosozialen Moratorium" für spätadoleszente Jugendliche.

So gesehen ist die therapeutische Bedeutung dieses zwischenmenschlichen und symbolischen Raumes in einem entwicklungspsychologischen Kontext zu sehen. Auch die außertherapeutischen Aktionen, die therapeutischen „Extras", zu denen sich die Therapeutin als Antwort auf das individuelle Sein eines Heranwachsenden veranlaßt fühlt, sind Merkmale des therapeutischen Möglichkeitsraumes, der – das sei an dieser Stelle betont – nicht per se vorhanden, verfügbar oder planbar ist. Er bildet sich im unmittelbaren Kontakt zwischen dem Ratsuchenden und dem Therapeuten und ist eher dem spontanen, intuitiven Behandlungsgeschehen zuzuordnen.

3 Beratung mit Spätadoleszenten – ein existentieller Ansatz

> Die Entscheidung hängt ganz allein von mir ab.
> Ich muß 'existentiell' kreativ sein.
> Das ist verdammt schwer, da ich dauernd in den
> Schoß zurückkriechen möchte.
> Sylvia Plath, Tagebücher, 20 Jahre

„Existentielle" Beratung

„Psychotherapeutische Methoden und Theorien entstanden und entstehen natürlicherweise in der Zusammenarbeit von Therapeuten und Patienten. Ebenso natürlich – wenn auch oft übersehen – ist damit der Einfluß der Patienten auf die Schöpfungen ihrer Therapeuten" (Kraft 1995, S.245). Diese Einsicht kennzeichnet das, was ich im folgenden über die beraterische und therapeutische Arbeit mit spätadoleszenten Mädchen darlegen werde. Meine Art, therapeutisch zu arbeiten, entsprang nur sekundär den Methoden der Gestalttherapie oder des Psychodramas oder den diagnostischen Parametern psychoanalytischer Herkunft, in denen ich mich ausgebildet hatte. Die besten Lehrmeisterinnen meiner Arbeit waren die Schülerinnen, die mich wählten, damit ich sie in ihren kritischen Lebenssituationen begleitete. Ich lernte, auf dem gemeinsamen Weg durch die Krisen der Spätadoleszenten meinen persönlichen Beratungsstil zu finden. C.G. Jung nennt das den 'persönlichen Faktor' oder die 'persönliche Gleichung' des Therapeuten (zit. bei Kraft, ebd. S.248). Behandlungstechnische Sicherheit in einer Psychotherapie erwächst erst aus einer solchen 'persönlichen Gleichung' und läßt jene kreativen, meist spontanen Einzelaktionen zu, die ich die therapeutischen „Extras" nenne und die in einem Beratungsprozeß oft die entscheidende Wende brachten.

In Anlehnung an Yalom (1980) fasse ich meine Erfahrungen und theoretischen Überlegungen bei der Arbeit mit den spätadoleszenten Jugendlichen unter dem Begriff der „existentiellen Beratung" oder der „existentiellen Psychotherapie" zusammen. Der Autor bietet dafür folgende Definition: „Existentielle Psychotherapie ist ein dynamischer Zugang zur Therapie, der sich auf die Gegebenheiten konzentriert, welche in der Existenz des Individuums verwurzelt sind" (ebd., S.15). Der existentielle Ansatz ist ein Paradigma, das nicht als Konkurrenz zu anderen therapeutischen Kategorien zu betrachten ist, sondern das sozusagen quer zu diesen oder darunter liegt. Auch die Gestalttherapie zählt das Existentielle zu ihren Grundbegriffen. So schreibt Laura Perls: „Gestalttherapie ist eine existentiell-phänomenologische Methode und als solche erfahrungsgegründet und experimentell" (1989, S.107).

Für die Altersgruppe der Spätadoleszenten muß dieser Ansatz entwicklungsorientiert sein. Er orientiert sich darüber hinaus an inhaltlichen, sinngebenden

Gedankenmustern und Axiomen und läßt sich auf dieser Basis mit unterschiedlichen therapeutischen Methoden kombinieren. Ich würde die existentielle Position folglich eher als eine Haltung denn als einen ausgefeilten Therapieansatz bezeichnen. Die grundlegende Thematik, die im Zentrum existentiell-therapeutischen Denkens steht, ist das konflikthafte Geschehen, das aus der Konfrontation des Individuums mit den Grundfragen seiner Existenz erwächst. Yalom bezeichnet sie als die „Tiefenstrukturen", „Grenzsituationen" oder „letzte Dinge" (ultimate concerns) der menschlichen Existenz: *Tod, Freiheit, Isolation und Sinnlosigkeit.* (vgl. ebd., S.19).

Im Lebensabschnitt der Spätadoleszenz sieht sich der junge Mensch mit diesen existentiellen Themen erstmals unausweichlich konfrontiert. Sie spielen auf der Ebene der Kognition und Reflexion des eigenen Lebens und Lebensentwurfs eine wesentliche Rolle und sind Ursprung tief empfundener Daseinsängste, denen er sich nicht entziehen kann. So ist beispielsweise der „Vorgang, in dem das Individuum den Tod auf Zeit vorwegnimmt, um dem Tod auf Dauer zu entgehen" (Landauer 1935, S.235), der uns bereits thematisch im Kontext der suizidalen Problematik Spätadoleszenter beschäftigte, ein Exemplum für die Konfrontation mit den existentiellen Grundfragen. Sie haben also ihren Ort und ihre Bedeutung in einer existentiellen Beratung.

Natürlich treten Daseinsängste – auch bei den spätadoleszenten Jugendlichen – nicht immer offen zutage. Sie werden wie andere Ängste auch verdrängt, zeigen sich maskiert oder werden in neurotische Symptome transformiert. Solche Symptome wahrzunehmen und auf ihre existentielle Grundthematik hin zu befragen und zu beleuchten, ist sicherlich eine wesentliche Aufgabe adoleszenter Beratung und Therapie.

Thema: Angst und Tod

Mit den Jugendlichen jedoch an den Ursprung ihrer Lebensängste zu gehen, ist kein leichtes Unterfangen, obwohl oder gerade weil sie in dieser Zeit besonders offen und sensibel dafür sind. Wie bereits deutlich wurde, sind es vor allem die „Frauen im Moratorium" und die „Frauen mit diffuser Identität, die auf Grund sie beunruhigender existentieller Grenzfragen eine Beratung oder Therapie aufsuchen. Sie entwickeln eine gewisse Hartnäckigkeit, mit der sie über ihre Lebensfragen und -entwürfe nachdenken und sprechen wollen, und suchen für das, was sie dabei ängstigt, einen Halt gebenden Raum. Ein existentiell-therapeutisches Vorgehen ist auch für die Therapeutin ein „hartes Brot", weil sie ja auf all diese Grundfragen menschlichen Lebens selbst keine fertigen Antworten besitzt, die sie den Jugendlichen anbieten kann. Auf dieser Ebene gibt es keine Überlegenheit, höchstens mehr Lebenserfahrung, mehr Lebensmut, mehr Sinnhaftigkeit oder ein vielleicht kräftigeres „Trotzdem". Die Anfragen an die eigene Existenz bleiben eine lebenslange Aufgabe der Verarbeitung und Bewältigung auch des Beraters und Therapeuten.

Eine existentielle Therapie bedeutet bei gleichzeitiger Mentorenschaft oder Mütterlichkeit auf seiten der Therapeutin keine „Verzärtelung" des Jugendlichen, denn es geht nicht um die Linderung jeglicher Schmerzen, sondern vielmehr darum, Schmerzen als unausweichliches Element der eigenen Existenz ertragen zu lernen. Präsenz und Fürsorge im therapeutischen Raum werden jedoch zu einer Vorbedingung für die Bereitschaft des Jugendlichen, in die „Tiefe" seiner Lebensthemen und seiner persönlichen Ängste hinabzusteigen und sich der Wahrheit zu stellen beziehungsweise sich ihr anzunähern. Sie besagt, daß es eine existentielle Grundtatsache ist, daß wir endlich, allein und nur augenblicksweise verbunden sind. Wenn wir bereit sind, dieser Tatsache ins Auge zu blicken, dann erreichen wir eine Haltung, die Jaeggi (1997, S.10) aus analytischer Sicht als „die Position der 'reifen Ödipalität'" bezeichnet und die sie als ein Ziel gelungener Psychotherapie formuliert.

Ein zentraler, vielleicht der existentielle Kernkonflikt der Spätadoleszenten „ist die Spannung zwischen der Bewußtheit von der Unausweichlichkeit des Todes und dem Wunsch weiterzuexistieren" (Yalom 1980, S.19), eine Spannung zwischen der Idee, daß wir irgendwann sterben müssen und dem triebhaften Impuls, unbedingt und hartnäckig am Leben festzuhalten. Es ist eine existentielle Dramatik, welcher wir schon bei der in dieser Altersgruppe signifikanten Thematik der Suizidalität begegneten. Aus der Sicht der existentiellen Psychotherapie ist das Phänomen des Selbstmordes eine Reaktion auf die Angst vor dem Tod; es ist, so paradox das auch klingen mag, der schlecht angepaßte Versuch, mit der Todesangst fertig zu werden. Suizid wäre dann der neurotische Ausweg aus der Angst vor dem Tod und vor dem Leben gleichermaßen, der Angst davor, etwas sein zu müssen und doch zu Nichts zu werden. „Die Idee des Selbstmordes bietet ein Ende des Schreckens an", schreibt Yalom (ebd., S.151). Durch die Kontrolle über den Tod versucht der Mensch seine Angst vor dem Tod in den Griff zu bekommen. Auf diese Weise kaufen sich viele Jugendliche durch tägliche partielle Selbstzerstörung von der Todesfurcht frei.

Daß Adoleszente und junge Erwachsene dahin tendieren, stärkere Todesängste zu zeigen als andere Altersgruppen, vermitteln Ergebnisse empirischer Studien (vgl., ebd., S.69ff). „Der Übergang in das Erwachsensein", so derselbe Autor, „ist oft besonders schwierig. Menschen um die Zwanzig haben oft akute Angst vor dem Tod. Tatsächlich wurde ein klinisches Syndrom in der Adoleszenz beschrieben, das man den 'Schrecken des Lebens' nennt: Es besteht aus richtigem Krankheitswahn und der Beschäftigung mit dem alterwerdenden Körper, mit dem schnellen Vergehen der Zeit und mit der Unausweichlichkeit des Todes" (ebd., S.207).

Die Integration der Idee des Todes in das Leben, die Erfahrung und Akzeptanz der Interdependenz von Tod und Leben im Verlauf des eigenen Lebens, ist unumgänglich, soll sie eine „rettende Idee" sein. So wie eine gefährdende Krise zum Wandlungspunkt im Leben des einzelnen werden kann, so kann auch die Auseinandersetzung oder die Begegnung mit dem Tod oder der Idee des Todes zu einem radikalen Perspektivenwechsel und zu einer Neuordnung der Prioritäten führen oder eine Wende im Leben bewirken. Um die eigene Todes- und Lebensangst zu verringern, kann das Individuum allerdings auch neurotische und klinische Symptome produzieren: beispielsweise in dem Wunsch, mit einer geliebten oder gefürchteten Person zu verschmelzen, oder durch den Glauben an die eigene Unverletzlichkeit und Größe. Größenphantasien, darauf wies ich bereits hin, sind eine häufig beschriebene Determinante spätadoleszenter Entwicklung. So einschränkend ein solches Syndrom sein kann, so beschützt es doch vor zu offener und zu erschreckender Todesangst. Aufgabe der Therapeutin ist es, die Angst auf ein für den Jugendlichen akzeptables Maß reduzieren zu helfen und die dann existierende Rest-Angst dazu zu benutzen, um die Bewußtheit und Lebenskraft des Klienten zu erhöhen und zu stärken.

Thema: Freiheit und Verantwortung

Ein zweiter Aspekt jener *ultimate concerns* (Yalom) ist die Freiheit. Sie bedeutet speziell für die Spätadoleszenten nicht nur Freiheit von den Kindheitsmustern der Ursprungsfamilie, sondern konfrontiert sie auch mit der Furcht, die mit dem Schritt in die Freiheit verbunden ist, denn „in ihrer existentiellen Bedeutung heißt 'Freiheit' die Abwesenheit von äußeren Strukturen" (Yalom 1980, S.19). Auf die Bedeutung dieser Erfahrung von Strukturlosigkeit, von innerem und äußerem Chaos im spätadoleszenten Entwicklungsprozeß, hat Erdheim hingewiesen und dabei betont, daß die Auflösung von Strukturen eine Vorbedingung für den individuellen wie kulturellen Wandel in unserer Gesellschaft sei. Erst in einem Raum der Strukturlosigkeit werden sich die Jugendlichen der Tatsache bewußt, daß sie die alleinige Verantwortung für ihren Lebensentwurf, für ihre Entscheidungen und Handlungen haben, aber auch für ihre Gefühle und ihre Leiden. Sie erfahren sich plötzlich als die Konstrukteure der eigenen Welt und Identität.

Urheberschaft bedeutet Verantwortung. In diesem Sinn erschrecken die Heranwachsende auch vor der Freiheit, denn sie vermittelt ihnen, daß es die scheinbar verläßlichen Parameter, die die Kindheit noch zu bieten schien und mit deren Hilfe sie ihrem Leben eine dauerhafte Struktur und einen sicheren Halt zu geben hofften, nicht gibt. Diese Spannung „zwischen unserer Begegnung mit der Grundlosigkeit und unserem Wunsch nach Grund und Struktur ist eine existentielle Schlüsseldynamik" (Yalom, ebd.), die auch die Spätadoleszenten in der Tiefe beunruhigt und sie häufig in die scheinbar sicheren Gefilde der Familie oder ähnlicher Ersatzinstitutionen (zurück)treibt oder dort verharren läßt.

Die vielen Entscheidungen, die in der Spätadoleszenz anstehen, konfrontieren die jungen Menschen mit einer großen Einsamkeit, denn niemand kann für sie entscheiden. Andere über sich entscheiden zu lassen, würde bedeuten, sich leicht in neurotische Abhängigkeit zu bringen und die Entwicklungsaufgabe zu verfehlen, eine individuelle Identität zu bilden, die auch den Umgang mit Verzicht, mit Angst und mit Schuld beinhaltet, Verhaltensaspekte, die mit jeder grundlegenden Entscheidung verbunden sind. „Die Aufgabe des Therapeuten ist es, den Willen zu befreien", schreibt Yalom (ebd., S.403). Der eigene Wunsch und Wille sind Grundlage einer freien Entscheidung. Den therapeutischen Raum können die Spätadoleszenten nutzen, um ihren Entscheidungswillen zu entdecken, zu erproben und zu überprüfen, was von der Therapeutin akzeptiert und verstärkt wird. Es ist notwendiger Bestandteil des therapeutischen Settings, daß es die Jugendlichen wieder in die – auch qualvolle – Freiheit entläßt und an der Bindung nicht über Gebühr festhält. Zwischen einem Schutz bietenden Raum und freisetzender Eigenständigkeit muß so gemeinsam nach einer entwicklungsfördernden Balance gesucht werden.

Thema: Isolation und Trennung

Ein dritter grundlegender existentieller Konflikt ist die Erfahrung von Isolation und Einsamkeit. Gemeint ist nicht nur die interpersonale oder intrapersonale Isolierung, die das Individuum zeitweilig von anderen Menschen oder von sich selbst trennt, sondern vor allem eine tiefer liegende Isolation, die als existentielle Schicht noch unter den sozialen Einsamkeiten liegt und sich in diesen widerspiegelt. Sie klingt bei den Jugendlichen in der Ahnung einer letzten unüberbrückbaren Kluft zwischen sich und anderen Geschöpfen wie auch zwischen sich und der Welt an. „Existentielle Isolation ist ein Tal der Einsamkeit, das viele Zugänge hat" (Yalom, ebd., S.422). Jugendliche spüren das beispielsweise, wenn sie sich trotz guter Freunde und fürsorglicher Eltern alleine fühlen; sie erleben es in Situationen, in denen die alltäglichen Orientierungen plötzlich wegbrechen und sie von einem Gefühl des Unheimlichen überwältigt werden, einem Gefühl, in dieser Welt nicht „zu Hause" zu sein, vom Wege abzukommen, keinen festen Boden unter den Füßen zu haben. Dies scheint der Preis, den sie für Trennung, Wachstum und Individuation zu zahlen haben. Menschen, die einen „Objektverlust" erleiden, beispielsweise die Jugendlichen in der Trennung von den Eltern, erleben dabei auch immer das individuell unterschiedlich starke Gefühl des Selbstverlustes, das den Kummer verstärkt und die Angst erhöht.

Die Trennungsthematik der Adoleszenz verbindet sich auf diese Weise mit dem existentiellen Thema der menschlichen Isolation und verstärkt den Krisencharakter dieser Lebensspanne, der sich dann in ideosynkratischen Biographien äußert.

Der existentielle Konflikt, der dabei ähnlich wie beim Aspekt der Freiheit zum Ausdruck gelangt, ist „die Spannung zwischen unserer Bewußtheit von unserer absoluten Isolation und unserem Wunsch nach Kontakt, nach Schutz, unserem Wunsch, ein Teil von etwas Größerem zu sein" (ebd., S.20). Sehr häufig drückt sich die Abwehr der existentiellen Grundtatsache des Getrenntseins darin aus, daß die Jugendlichen ein symbiotisches Verhältnis oder eine Co-Abhängigkeit mit Freunden eingehen oder schützenden Elternfiguren eng verbunden bleiben, um diese Angst und diesen Schmerz zu vermeiden und zu umgehen. Der Weg der Therapie führt dann dahin, mehr Wissen über sich selbst und über diese Strategien, nicht zu sich selbst zu gelangen, zu erwerben.

„Psychotherapie ist ein zyklischer Prozeß von der Isolation zu der Beziehung [...] und wieder zur Konfrontation mit der existentiellen Isolation", formuliert Yalom (ebd., S.481). Zyklisch ist er zu bezeichnen, weil die Jugendlichen aus Angst vor der existentiellen Isolation eine Beziehung zur Therapeutin eingehen und dann, wenn sie durch diese Beziehung gestärkt worden sind, wieder mit Isolation, in diesem Fall einer meist als tiefgreifend empfundenen Trennung, konfrontiert werden. Das Ende der Therapie mit Spätadoleszenten weist häufig diesen Schrecken auf. „Aus der tiefen Beziehung heraus hilft der Therapeut dem Patienten, sich der Isolation zu stellen und seine einsame Verantwortung für sein eigenes Leben zu erkennen" (ebd.). Der Therapeut oder die Beraterin können diesen Schrecken und diese Konfrontation mildern, indem sie die Ablösung der Spätadoleszenten und jungen Erwachsenen als eine 'an der langen Leine' mitgestalten, das heißt, sie machen das Angebot, daß diese in Krisenfällen die Beratung noch einmal in Anspruch nehmen können. Sie brechen die Beziehung nicht endgültig ab, sondern lassen sie allmählich 'auslaufen'.

Thema: Sinnsuche

Ein viertes existentielles Grundmuster, das sich aus den vorhergehenden drei Aspekten ergibt, ist die Sinnlosigkeit. Wenn wir sterben müssen, wenn aus der Freiheit, in die wir geworfen sind, unausweichlich die Verantwortung für unser eigenes Leben folgt, wenn wir im Letzten doch allein sind in diesem Kosmos, dann stellt sich die Frage nach dem Sinn des Lebens. Warum lebe ich? Wie soll ich leben? Wer bin ich? sind Fragen, um die das Denken und Fühlen vieler spätadoleszenter Menschen in einer intensiven Form kreisen und die Grundlage ihrer Identitätssuche sind.

Der existentielle dynamische Konflikt, der diesem Fragen zugrunde liegt, „rührt von dem Dilemma eines sinnsuchenden Geschöpfs her, das in ein Universum hineingeworfen ist, das keinen Sinn hat" (Yalom, 1980, S.20), d.h. das seinen Sinn mir verweigert. Sich selbst und seinem Leben einen Sinn zu verleihen, der stabil genug ist, um Basis für weiteres Handeln zu sein, und dabei den Verfall früherer sinnhafter Strukturen und Werte auszuhalten, ist eine entscheidende Entwicklungsaufgabe der Spätadoleszenz. Sie zu bewältigen, wird – wie die Erfahrung zeigt und worauf immer wieder hingewiesen werden muß – erschwert oder erleichtert durch die jeweilige persönliche Lebensgeschichte des einzelnen Individuums. Leichter wird diese Aufgabe durch ein auf biographischer Basis gewonnenes Urvertrauen, durch ein Gefühl von Kohärenz im eigenen Lebenslauf. Eine Möglichkeit der Sinnsuche und Sinnfindung besteht darin, den Blick des Jugendlichen auf die Teile seiner Persönlichkeit zu lenken, die intakt sind, damit er der Ressourcen gewahr wird, mit deren Hilfe er sich Erfolg, Erfüllung und Kontakt verschaffen kann.

Stellenwert der Therapie in diesem thematischen Kontext

Natürlich sind die genannten existentiellen Grundkonflikte, die die Menschen in tiefe Ängste stürzen und in der Folge Mechanismen der Abwehr in ihnen mobilisieren, nicht nur virulent in der Lebensspanne der Spätadoleszenz, sondern bestimmen und beschäftigen die Menschen auch später immer wieder im Laufe ihres Lebens. Dennoch entfalten sie gerade im Entwicklungsgeschehen der späten Adoleszenz – besonders durch den Grad der Bewußtheit, den der Heranwachsende in dieser Zeit erreicht – eine spezifische innerpsychische Dynamik, die, wenn sie unbewältigt bleibt, in die klinische Situation hineinführen kann.

Der Zugang zu den Problemen, Irritationen und Verstörtheiten dieses Lebensalters mit Hilfe einer existentiellen Psychotherapie und Beratung ermöglicht einen weniger pathologisierenden Umgang mit den Krisen des späten Jugendalters, denn der diesem therapeutischen Ansatz eigene nichtpsychologische Sprachduktus ist dem philosophierenden jugendlichen Denken, jedenfalls dem der Gymnasialjugend, von der hier die Rede ist, nahe.

Beratung und Therapie mit Spätadoleszenten bedeuten, den Jugendlichen Mut zu machen, sich diesen existentiellen Fragen und Grenzsituationen zu stellen, das heißt, in dieses „dunkle Studium" (Yalom, 1980, S. 40) einzutreten. Die Sensibilität der Jugendlichen erfaßt schnell und klar, was kulturelle Institutionen eher verdunkeln, nämlich die Tatsache, „daß Paradigmen von uns selbst geschaffene, hauchdünne Barrieren gegen den Schmerz der Unsicherheit sind" (ebd.). Als Therapeutin arbeite ich dynamisch an den existentiellen Polen: Tod und Leben, Freiheit und Verantwortung, Isolation und Bindung, Sinnlosigkeit und Sinngebung. Indem ich beispielsweise den Aspekt des Lebens in den Jugendlichen unterstütze, stärke und nähre, kann ich mich mit ihnen eher dem Phänomen der Selbstzerstörung und des Todes nähern. Indem ich eine Bindung und eine Struktur im therapeutischen Rahmen anbiete, kann ich mit den Mädchen die Probleme ihrer Einsamkeit und Beziehungslosigkeit thematisieren oder die alltäglichen Phänomene ihres Chaos und ihrer Selbstverantwortlichkeit bedenken. Indem ich den Zweifel am Sinn des Lebens zulasse und ernst nehme, schaffe ich einen Raum für die Sinnsuche und das persönliche Engagement der Adoleszenten. Mit anderen Worten heißt das, daß ein gewisser Grad an Ich-Stärke bei den Spätadoleszenten notwendig ist beziehungsweise sich herausbilden muß, damit sie befähigt werden, sich den drängenden existentiellen Situationen und der Angst, die durch diese hervorgerufen wird, zu stellen. Selbst wenn die genannten existentiellen Themen nicht offen oder in dieser Vollständigkeit im therapeutischen Prozeß auftauchen, können sie doch den Hintergrund für den interpretatorischen Rahmen und das Handlungskonzept von Therapeuten abgeben, gesetzt den Fall sie oder er weiß sich selbst in der schmerzlichen Auseinandersetzung mit den *ultimate concerns* des Lebens.

Wenn Yalom den Ansatz der existentiellen Psychotherapie als „ziemlich heimatlos" kennzeichnet, der „keine formale Schule" darstelle, keiner Institution zuzurechnen sei und keine bodenständige akademische Zeitschrift herausbringe (vgl. ebd., S.26), dann paßt diese Beschreibung in auffälliger Weise zum Erscheinungsbild der Spätadoleszenten in unserer Gesellschaft. Sollte diese Parallelität nicht ein Hinweis darauf sein, daß die existentiell-therapeutische Haltung und Vorgehensweise bevorzugt bei dieser Altersgruppe Anwendung finden könnte?

Für mich bietet der existentiell-therapeutische Ansatz einen weiten Rahmen und einen tragenden Grund für die spezifische Arbeit mit älteren Jugendlichen. Er ermöglicht die Integration anderer beraterischer und therapeutischer Paradigmen, die sich unter Berücksichtigung der entwicklungsbedingten Besonderheiten dieser Lebensspanne zu einem Gesamtkonzept spätadoleszenter Beratung zusammenfügen.

4 Person und Funktion der Beraterin und Therapeutin

> Wie kann ich so selbstsüchtig
> Hilfe verlangen,
> Trost, Beratung?
> Sylvia Plath, Tagebücher, 20 Jahre

„Wer die Leiden junger Menschen lindern will, muß nicht nur ein weites Herz, sondern auch einen weiten Horizont haben", schreibt der Psychoanalytiker

Landauer im Jahre 1935, und er fährt fort, „denn er muß viel Kritik vertragen können, nicht nur an sich selbst, [...] sondern an seinen Idealen" (S.272). Dieser weitsichtige Ausspruch macht deutlich, wie ausschlaggebend in einer Arbeit mit Adoleszenten die Bedeutung der individuellen Person des Beraters oder der Therapeutin ist und welche professionellen Ansprüche an ihn oder sie gestellt werden. Gefordert sind emotionale und intellektuelle Weite und Aufgeschlossenheit, die Fähigkeit zur Selbstkritik und zur Toleranz in einem Dialog zwischen den Generationen, Ansprüche, denen nicht immer leicht nachzukommen ist. Eine ideologische und konzeptionelle Enge und Festlegung sowie eine autoritative Selbstbehauptung und bewußte, gezielte erzieherische Absichten auf der Seite des Erwachsenen würden dem Gelingen einer Adoleszentenberatung zuwider laufen.

Hier wird etwas konstitutiv, was in neueren Beratungskonzepten diskutiert wird: eine Beratung, der die Kunst des „reflexiven Zweifels" vertraut ist (Beck, zit. bei Engel 1997, S.204). Eine solche Orientierung bedeutet den „Abschied von den Allmachtsphantasien und Fortschrittshoffnungen, wie sie in der Vergangenheit auch von der Pädagogik vorgetragen wurden [...] und die Hinwendung zu einer kritischen wie skeptischen Grundhaltung gegenüber den eigenen Chancen und Möglichkeiten" (ebd., S. 206). Das soll keinesfalls die Handlungsfähigkeit des Beraters einschränken. Es macht nur deutlich, daß seine Aufgabe darin liegen muß, die Räume zwischen Zweifel und Gewißheit, zwischen Fragen und Antworten, zwischen Unsicherheit und Sicherheit, zwischen Chaos und Struktur auszuloten und auszubalancieren (vgl. ebd.). Gerade beratungssuchende Spätadoleszente suchen und überprüfen eine solche Haltung und Einstellung in der Person des Beraters und machen davon ihre Bereitschaft, sich beraten zu lassen, abhängig. Insofern hat die Bedeutung der realen Beziehung im Beratungssetting, in dem der Berater oder die Therapeutin immer auch kritisch als Subjekte und gleichzeitig als Repräsentanten der gegenwärtigen Erwachsenenwelt hinterfragt werden, in der Arbeit mit spätadoleszenten Jugendlichen einen wichtigen Stellenwert.

Übergangs"objekt" und Gegenübertragung

Zu beachten ist dabei, daß die große Nähe in der Beratungsbeziehung und zu den realen Umweltbezügen der Ratsuchenden in starkem Maße Gegenübertragungen bei den Beratenden bewirkt. Aber auch von seiten der Jugendlichen kommt es zu spontanen Übertragungen (Oberhoff 1998, S.61). Im konkreten und materiellen Prozeß der Ablösung von den Eltern übernimmt der Berater oder die Therapeutin für sie die wichtige Funktion eines neuen Beziehungsobjekts, das im Vergleich zu den Eltern und als Ersatz für diese gesucht wird. Meines Erachtens fungieren die Ratgebenden dabei nicht nur als reine Übertragungsobjekte, sondern werden auch zu einer Art Übergangsobjekt. Das heißt, nicht nur alte Beziehungsvorstellungen und -wünsche werden möglicherweise auf sie gerichtet, sondern sie werden auch benutzt als 'Objekte', die die Ablösung von den realen Eltern erleichtern sollen, indem sie einen Zwischenschritt in diesem Emanzipationsprozeß ermöglichen und für die Heranwachsenden als „Brücke" zwischen den familiären Bezugspersonen und einem eigenständigen Leben dienen.

Als Übergangsobjekt stellt der Therapeut dementsprechend „eine teilweise emotionale Kontinuität dar, auf deren Basis es leichter fällt, überholte Beziehungsformen zu den Eltern aufzugeben und eine neue, erwachsene Beziehung zu ihnen zu entwickeln" (Berna-Glantz 1980, S.442). Fällt dem Jugendlichen aus vielfältigen Gründen der psychischen Verwicklung und materiellen Anbindung eine solche Trennung schwer, so erweist es sich als hilfreich, ihm eine Beziehungsform anzubieten, die Aspekte der früheren Beziehung zu den primären Bezugspersonen widerspiegelt. In diesem Sinne kann der Berater oder die Therapeutin auch die Rolle eines Hilfs-Ichs, das ich an anderer Stelle einen 'Hilfsgeist' nannte, übernehmen, das die mühsamen Schritte des jungen Menschen in die Selbständigkeit und Einsamkeit zu unterstützen hilft.

Die besondere Bedeutung der Gegenübertragung in der beraterischen und therapeutischen Arbeit betont auch das beziehungsanalytische Konzept (vgl. Bauriedl 1995); es unterstreicht das Beteiligtsein, die Verwicklung und Betroffenheit beim Therapeuten, wie sie sich in besonderem Maße in der Arbeit mit Jugendlichen manifestieren können. Auch Bohleber (1982) erklärt in diesem Kontext, daß der Therapeut „dabei psychologisch unausweichlich mit der eigenen Jugend und den eigenen adoleszenten Problemlösungen konfrontiert (wird), und sei dies nur vor- oder unbewußt, was sich dann in wertenden Überzeugungen niederschlagen kann" (S.11). Die hervorgerufene Gegenübertragung sagt also etwas aus über die spezifische Art des Kontaktes, über das zwischenmenschliche Geschehen in der Beratung oder Therapie. Die in diesem Prozeß sich entwickelnden Gefühle, die weitgehend der Identifikation mit dem Wesen des Gegenübers entspringen, bilden die Basis für Einstellung und Interventionen des Therapeuten und sollten – so die Forderung der Beziehungsanalytiker – seinem Bewußtsein und seinem Verstehen zugänglich sein. „In diesem Sinn ist die *Gegenübertragungsanalyse* die eigentliche therapeutische Arbeit und geschieht im Therapeuten, nicht am Patienten" (Sohni 1997, S.309; kursiv beim Autor). Sie kann ihm tiefreichende Kenntnisse über die Jugendlichen und über sich und über die interaktiven Vorgänge zwischen beiden vermitteln. Eine solche Analyse sei aber auch eine Anstrengung, so konstatiert Kraft (vgl. 1995, S.239), vor der viele Psychotherapeuten zurückschreckten. Nach Sohni (ebd.) bietet sie allerdings die Möglichkeit, durch die der Therapeut oder die Beraterin trotz eines dichten Beziehungsgeschehens zu einer Form von Abstinenz oder Distanz gelangen kann. Wollen diese die Gegenübertragung im

Behandlungsprozeß nicht nur ausagieren oder inszenieren, dann bleibt ihnen nichts anderes übrig, als sich ihr zu stellen. Über die Gegenübertragungsanalyse kommt die notwendige Abstinenz also wieder in die therapeutische Beziehung – gerade in der Arbeit mit den Spätadoleszenten.

Vorrangig vor einer abstinenten und distanzierten Haltung, die als ein die Beratungsbeziehung kontrollierendes Element fungieren muß, ist in der Arbeit mit Spätadoleszenten jedoch die verständnisvolle und fürsorgliche Haltung der Therapeuten und deren Einstellung, daß Situation und Symptomatik der um Hilfe nachsuchenden Jugendlichen in erster Linie nicht nach Krankheitsmaßstäben beurteilt, sondern als Entwicklungs- und Wandlungskrise eingeschätzt werden. Ein differential-diagnostisches Vorgehen in der Entwicklungsphase der Adoleszenz ist, wie schon dargelegt, eher ein Hintergrundaspekt in der Behandlung, da selbst eine psychotisch wirkende Episode in dieser Lebensphase nur Ausdruck einer vorübergehenden Krise sein kann. Konsequenterweise müssen eine flexible Haltung und der kooperative Umgang mit ärztlichen Praxen im Notfall Bestandteile beraterischer und therapeutischer Kompetenz in diesem Feld sein.

Charakteristisch für ein Konzept von Beratung und Therapie im Lebensabschnitt der Spätadoleszenz sollte sein, daß es sich eher als 'Entwicklungshilfe' denn als 'Krankenpflege' versteht.

Als Therapeutin vertraue ich zunächst auf die den Jugendlichen innewohnenden Kräfte, das Leben zu meistern und zu gestalten, auch wenn sie sich selbst noch nicht zu vertrauen gelernt haben. Adoleszente erleben es als befreiend, von ihren Gefühlen und persönlichen Erlebnissen uneingeschränkt und ungehemmt reden zu können. Als behutsame Begleiterin mache ich mich kundig über den individuellen Weg und die individuelle Geschichte meines jeweiligen Gegenübers, um etwas von den typischen Schwierigkeiten zu erfahren und Hilfestellung geben zu können. Vorsicht, Ablehnung und Mißtrauen gegenüber dem Setting und der Person der Therapeutin deute ich nicht primär als Abwehr, sondern erkenne ich als eine Ich-Leistung, als einen Akt der Selbstbehauptung und Abgrenzung gegenüber einem Angebot von Erwachsenen an.

Spiegelt sich in einem adoleszenten Verhaltensmuster die Wiederbelebung frühkindlicher Traumata wider, so gehe ich davon aus, daß diese nicht unbedingt durchgearbeitet werden müssen, denn „erst wenn die therapeutische Regression innerhalb einer klaren Beziehung zum Therapeuten möglich ist, kann sich der Jugendliche regressiven Wünschen frühkindlichen Objekten gegenüber überlassen und sich damit auseinandersetzen" (Müller-Pozzi 1980, S.267). Letzteres findet in Beratungssituationen in seltenen Fällen statt, und zwar nur dann, wenn sich der Beratungsprozeß langfristig zu einem dauerhaften therapeutischen Verhältnis entwickelt und das therapeutische Milieu die Voraussetzung für eine regressive Nachahmung von Kindheitserlebnissen bietet, die sogar in stundenlangem Schweigen bestehen kann.

Khan (1997, S.209 ff.) berichtet beispielsweise von einem 18jährigen Patienten, der ihn – in gleicher Weise wie die spätadoleszente Beatrix mich – mit fast durchgängigem Schweigen in den Therapiestunden konfrontierte und entsprechende Gegenübertragungsgefühle auslöste: „Die Auswirkungen von Peters Schweigen auf mich und meine inneren Reaktionen darauf machten mir allmählich klar, daß Peter mich als Hilfs-Ich benutzte. Er ließ mich das durchleben und registrieren, was er auf einer bestimmten Entwicklungsstufe passiv durchlebt hatte" (ebd., S.215). Khan macht deutlich, daß sein Zugang zu dem spätadoleszenten Peter nur über ein Verstehen seiner eigenen Reaktionen auf die „magischen Gesten" des Jugendlichen möglich war. Ähnliche Gefühle und ein ähnliches Prozedere erlebte ich im Fall von Beatrix.

Gehe ich davon aus, daß es sich bei diesen beiden spätadoleszenten Jugendlichen um eine „Regression im Dienste des Ichs" (Kris) handelt, dann ist es Aufgabe des Therapeuten bzw. der Therapeutin, das wie „in einer Wüste" auftauchende Ich wahrzunehmen, zu verstehen, zu spiegeln und zu stärken. Streeck-Fischer (1998b) beschreibt dieses Phänomen, das bei Jugendlichen in der Therapie auftauchen kann, als einen „leeren bedeutungslosen Raum, der zwar Schutz vor Überwältigung bietet, jedoch ohne Entwicklungsperspektive ist, wenn er nicht allmählich gefüllt werden kann" (S. 192).

Im Fall der Spätadoleszenten Beatrix waren es Briefe, die sie mir nach einiger Zeit der Therapie schrieb und in denen sie den Gefühlen Ausdruck verleihen konnte, die sie im direkten Kontakt mit mir sprachlos machten. Die Zweiersituation in der Einzeltherapie war vermutlich zu bedrohlich für sie. Als Therapeutin wurde ich zum Übertragungsobjekt, zur traumatisierenden Mutter, mit der noch keine Sicherheit spendende, vertrauensvolle Beziehung aufgebaut werden konnte, obwohl der Wunsch danach bestand. Hilfreich war in diesem Fall die Einführung einer dritten Person, die quasi co-therapeutisch, aber ohne Anspruch auf Einhalten eines therapeutischen Settings, Ansprechpartnerin für Dinge war, die sie in der Therapie noch nicht aussprechen konnte (vgl. auch Streeck-Fischer 1998b, S.195, die von einer ähnlichen Maßnahme bei einer Adoleszenten berichtet).

Spiegelfunktion

Auch die „Spiegelfunktion" der Therapeutin ist im Umgang mit den Spätadoleszenten von entscheidender Bedeutung, da Spiegelerfahrungen mit wichtigen Personen bei der Identitätsbildung eine Rolle spielen. „Analog zu den Spiegelerfahrungen als Säugling" bleiben wir „ein Leben lang abhängig [...] von spiegelnden Erfahrungen mit einem bedeutsamen Anderen", schreiben die ebenfalls mit Spätadoleszenten arbeitenden Leuzinger-Bohleber und Dumschat (1993, S.174f.). Diese Spiegelprozesse in der Beratung und Therapie laufen sowohl interaktiv wie intrapsychisch ab. Interaktiv sind sie durch die Reaktionen der Therapeutin, die den Adoleszenten ein Bild anbietet, in dem sie sich wiedererkennen oder neu finden, mit dem sie sich auseinandersetzen müssen. Intrapsychisch relevant werden diese Prozesse durch das zu einem späteren Zeitpunkt internalisierte, zum Teil auch idealisierte Bild der Therapeutin, das noch über eine längere Zeit zur Identifikation und Auseinandersetzung im Rahmen der eigenen Identitätsfindung anregt.

Das geht auch aus den Katamnesen hervor, die verdeutlichen, in welchem Ausmaß die spätadoleszenten Mädchen Aussprüche der Therapeutin, aber auch Atmosphärisches aus den Beratungssitzungen in ihre Selbstbilder, ihre Lebenskonzepte und ihre beruflichen Zielvorstellungen übernommen haben.

Nähe-Distanz-Balance

Die Gefahren, die sich bei dieser schwierigen Balance zwischen Nähe und Distanz im therapeutischen Verhältnis andeuten, dürfen nicht übersehen und verschwiegen werden. „Im Bemühen, diesen Jugendlichen bessere Verhältnisse angedeihen zu lassen, drohen wir zu grenzenlos guten Objekten (Ferenczi) zu werden, die von Allmachts- und Rettungsphantasien heimgesucht und zugleich sich unerträglichen Verhältnissen aussetzen, in denen Mißbrauchs- und Mißhandlungssituationen fortgesetzt werden", so warnt Streeck-Fischer (1998b, S.189). Die Akzentuierung von Grenzen des Beratungsengagements, das Nein zu bestimmten Vereinnahmungsversuchen auf beiden Seiten der Beratungspartner sind eine fortwährend zu bewältigende Aufgabe. Als Therapeutinnen können wir nicht zu wirklichen Müttern der Adoleszenten werden. Dennoch treffen wir gerade bei deprivierten Jugendlichen auf eine mangelhafte Erfahrung an Mütterlichkeit im Sinne von Verläßlichkeit, Sorge, (materielles) Versorgen, Akzeptanz, Interesse, Zugewandtheit, Geborgenheit und Wärme. Nach einer solchen Erfahrung besteht fast immer eine große, unstillbare Sehnsucht, die geknüpft ist an die Hoffnung des Spätadoleszenten auf Zusagen wie: „Du bist wichtig" oder „Du bist gemeint, so wie du bist". Mütterlichkeit oder Bemutterung als therapeutisches Agens dieser Art muß von der Zielsetzung her keinesfalls Verzärtelung und Verwöhnung des Heranwachsenden bedeuten. Bemutterung durch die Therapeutin in der Funktion einer „Als-Ob-Mütterlichkeit" (Cremerius in: Mertens 1992a, S.72) kann für einige Spätadoleszente eine wesentliche Voraussetzung sein, um ein basales Vertrauen und kohärentes Lebensgefühl zu etablieren – wenigstens in dem Maß, daß eine Bejahung des Lebens geschehen kann. Hier geht es tatsächlich um den Versuch, frühere emotionale Erfahrungen zu korrigieren, aber nicht durch das „Geben primärer Liebe", sondern durch ein „Sich-als-'primäres-Objekt'-Darbieten" von seiten der Person der Therapeutin (Balint, in: Mertens, ebd.).

Auf der Basis einer solchen neuartigen Beziehung besteht dann die Möglichkeit einer Korrektur oder Modifikation von frühen, das Leben und die eigene Person negierenden biographischen Erfahrungsmustern. Die Veränderung findet eigentlich im Kopf der Adoleszenten statt, die Abschied nehmen müssen von dem Zwang einer Wiederholungsidee, welche beinhaltet, daß das Leben, die Welt und die Beziehungen so sind und sein werden, wie sie es in der Ursprungsfamilie gelernt haben, nämlich lieblos, versagend, ungeschützt. Sie müssen sich zugleich öffnen für neue, oft irritierende und schmerzliche Erfahrungen, die erst eine emotionale und kognitive Neuorientierung möglich machen, allerdings nicht in dem Sinne, daß die illusionäre Erfüllung frühkindlicher Wünsche endlich Wirklichkeit würde. Der Schmerz um eine nur mangelhaft oder bruchstückhaft erlebte Mutter-Kind-Dyade am Anfang des Lebens ist nicht zu korrigieren, nur zu lindern.

Um diese neue emotionale Erfahrung zu ermöglichen, geben Beraterin oder Therapeut ihre Abstinenz zugunsten einer starken personalen Präsenz im interaktiven Geschehen mit den Adoleszenten auf. Das erfordert eine sensible Handhabung und Achtsamkeit im Blick auf das eigene Rollenverständnis.

Mit Recht wird immer wieder darauf hingewiesen, daß es bei einer Aufgabe von therapeutischer Abstinenz leicht zu einem Mißbrauch der therapeutischen Beziehung zugunsten eigener narzißtischer Befriedung kommen kann. Denn es ist für beide Seiten schwer, „aus der schönen symbiotischen Beziehung herauszutreten, und dies ist in einem zweifachen Sinn gemeint. Es ist schwer, sich von der liebevollen Bemutterung zu trennen; es ist aber auch schwer [...], diese innige Zweisamkeit von „außen" zu sehen und sich davon zu distanzieren" (Jaeggi 1997, S.6).

In einer Adoleszentenberatung oder -therapie geht es immer auch darum, die Trennung bewußt zu vollziehen. Nicht nur die realen Eltern sind Objekte der Trennung für die Heranwachsenden, auch die Beraterinnen und Therapeuten sind Objekte der Trennung. Die jungen Erwachsenen müssen sich von ihnen und deren vielfältigen Funktionen, sei es als Als-Ob-Mütter, als Übergangsobjekte, als Hilfs-Ichs, als Mentoren, als Sozialarbeiterinnen und Diskussionspartner, abgrenzen und ablösen können, um wirklich ganz auf sich gestellt als eigenständige Individuen zu leben, sonst kommt es nur zu einer Verschiebung des ungelösten Ablösungskonfliktes in den therapeutischen Raum. Dieses zu leisten bedeutet, was Erdheim die Aufgabe des Therapeuten als Vertreter der Kultur nennt. In analytischen Begriffen könnte man es so ausdrücken: die Therapie darf es sich nicht nur in einem Raum versorgender Oralität bequem machen, sondern muß die Klienten dazu befähigen, Distanz, Verlassenheit und Grenzziehung, also die ödipale Situation, auszuhalten, selbst zu kreieren und auszugestalten.

Die Trauer, die sich mit dem so angedeuteten existentiellen Phänomen der „exzentrischen Position" (Plessner) des Menschen verknüpft, gehört als ein zentrales Entwicklungsthema der späten Adoleszenz mit in die Endphase der Beratung und Therapie mit jungen Erwachsenen.

5 Anliegen und Ziele der Beratung

> Jetzt mußt du irgendwo anfangen,
> und warum nicht beim Leben;
> ein Glaube an mich selbst,
> trotz aller Eingeschränktheit,
> und eine mörderische Entschlossenheit.
> Sylvia Plath, Tagebücher, 23 Jahre

Mögliche Ziele einer beraterischen und therapeutischen Arbeit mit Spätadoleszenten gäbe es in großer Zahl aufzulisten. Der Fokus der Darstellung soll in diesem Kontext schwerpunktmäßig auf ein grundlegendes Ziel gerichtet sein, das den Jugendlichen in unserer heutigen, sogenannten postmodernen Gesellschaft aufgegeben ist: die Fähigkeit, zu einer individualisierten Form der Lebensbewältigung zu finden. Diese Lebensbewältigung ist zu einer „riskanten Chance" (Keupp 1997a) geworden. In dieser Zielformulierung stecken das „Risiko" und die „Chance", das heißt Gefahr und Krise einerseits und Möglichkeiten und Entwicklung andererseits. Die mit diesem Ziel verbundenen persönlichen und gesellschaftlichen Anforderungen richten sich an den einzelnen, an das Individuum, was gleichermaßen Vereinzelung wie Freiheit beinhaltet. Im Schnittpunkt dieser Entwicklungsaufgabe, im Spannungsfeld von Krise, Gefahr, Vereinzelung einerseits und Zukunftschancen, Entwicklung, Freiheit andererseits – um nur bestimmte Eckpfeiler herauszuheben – befinden sich die Spätadoleszenten. Diejenigen unter ihnen, die eine Beratung aufsuchen, reagieren auf Grund bestimmter persönlicher und biographischer Bedingungen und Voraussetzungen mit einer besonderen Sensibilität auf diese alles umfassende unbestimmte existentielle Lage.

Eine persönliche Identität zu entwickeln, bedeutet, sich auf die unsicheren, sich ständig wandelnden Anforderungen des Lebens und der Umwelt einzustellen. Grundlage einer so geforderten flexiblen Identität ist der Sinn für Kohärenz eines Menschen, das heißt „die Fähigkeit, in seinem Leben Sinn zu entdecken oder zu stiften" (Keupp, ebd., S.43). Dieser kohärente und konsistente Lebenssinn ist eine zentrale subjektive Kompetenz, die so etwas wie ein überdauerndes Gefühl der Zuversicht beinhaltet. Das heißt, er ist „eine globale Orientierung, die ausdrückt, in welchem Ausmaß man ein durchdringendes, andauerndes und dennoch dynamisches Gefühl des Vertrauens hat" (Antonovsky 1997, S.36). Der Gewinn eines Kohärenzgefühls (*sense of coherence*; ebd.) spiegelt sich in einer geistigen und emotionalen Haltung wider, die sich exemplarisch und idealtypisch in folgenden Aussagen Jugendlicher manifestiert:

„Meine Welt ist verständlich, stimmig, geordnet; auch Belastungen, die ich erlebe, kann ich in einem größeren Zusammenhang sehen. Das Leben stellt mir Aufgaben, die ich lösen kann. Ich verfüge über Ressourcen, die ich zur Meisterung meines Lebens, meiner aktuellen Probleme mobilisieren kann. Für meine Lebensführung ist jede Anstrengung sinnvoll. Es gibt Ziele und Projekte, für die es sich zu engagieren lohnt." (Keupp, ebd., S.44).

Beratung mit Spätadoleszenten könnte zum Ziel haben, dieses Gefühl für Kohärenz entwickeln und stärken zu helfen, damit sich ein positiv getöntes Bild eigener Handlungsfähigkeit und damit Identität entwickeln kann. Beratung bietet dann die Chance für neue konsistente Lebenserfahrungen. Diese Zielrichtung betont auch Keupp, wenn er schreibt: „Gerade für Heranwachsende scheint der Kohärenzsinn von zentraler Bedeutung zu sein", denn „eine zentrale Entwicklungsaufgabe des Jugendalters ist die Entwicklung einer eigenständigen Identität" (ebd., S.44). Bei vielen Ratsuchenden ist dieser Kohärenz- oder Lebenssinn oder diese Form des Vertrauens zu sich und in die Welt auf Grund früher Deprivationen und Enttäuschungen nur gering entwickelt. „Das Kernstück der Adoleszenz ist für diese Jugendlichen paradoxerweise die konsistente Botschaft, daß das Leben unvorhersehbar ist und daß es für sie keinen Platz bietet" (Antonovsky, ebd., S.103), ein Lebensgefühl, das auch von vielen Jugendlichen, die eine Beratung aufsuchen, geteilt wird. Hinzu kommt die Tatsache, daß die Grundlagen des individuellen Kohärenzgefühls, die in der Kindheit verankert werden, in der Umstrukturierungsphase der Adoleszenz noch einmal auf den Prüfstand kommen, dort erschüttert werden und gegebenenfalls verloren gehen, was in depressiven Stimmungen, suizidalen Gedanken und Handlungen, in Hoffnungslosigkeit, Zukunftsängsten und geringem Selbstwertgefühl zum Ausdruck gelangen kann.
Auf Grund seiner Studien gelangt auch Antonovsky zu der Erkenntnis, daß bis zum Ende des Jugendalters die Stärke eines individuellen Kohärenzgefühls und die dadurch möglichen Vorhersagen über Problem- oder Streßbewältigung und Gesundheitsstatus oder Pathogenese nur vorläufig sein können. „Erst mit Eintritt in das Erwachsenenalter", schreibt er und betont damit die besondere Lebensspanne der Spätadoleszenz, „wenn langfristige Verpflichtungen an Personen, soziale Rollen und Arbeit eingegangen werden, werden die Erfahrungen der Kindheit und Jugend sowohl verstärkt als auch rückgängig gemacht". Er glaubt sogar, „daß die eigene Lokalisierung auf dem SOC (*sense of coherence*) - Kontinuum in der frühen Phase des Erwachsenenalters mehr oder weniger festgelegt wird" (ebd., S.105).
Beratung als Identitätsarbeit in der späten Adoleszenz hat die Chance, diese offensichtlich sensible Entwicklungszeit zu nutzen, um die Reorganisation oder den Aufbau eines für den Identitätsgewinn grundlegenden Kohärenzgefühls zu fördern. Denn „Kohärenz ist nicht nur eine zentrale Basis für Gesundheit,

sondern auch ein klassisches Kriterium für gelingende Identitätsarbeit" (Keupp, ebd., S.48).

Das setzt voraus, daß die Jugendlichen Erfahrungen mit sich und ihrer Umwelt machen können, in denen sie aktiv handelnde und gestaltende Subjekte sind und durch die sie ihre Lebensbedingungen und ihre biographischen Wurzeln verstehen lernen. Das geschieht in vielen kleinen Schritten und durch die Erfahrung von Konsistenz und Kontinuität. Der Raum der Beratung als Möglichkeitsraum und psychosoziales Moratorium kann dabei ein Experimentierraum sein, in dem die Jugendlichen Mut fassen zu eigenem Handeln und zu eigenen Lebenskonstruktionen. Es ist ein Raum, wo ihre bereits vorhandenen persönlichen Stärken gespiegelt werden und wo sie im Falle des Scheiterns „gehalten" (Winnicott) werden. Der Entwurf einer eigenen Identität auf der Basis eines stabilen Kohärenzgefühls und unter Einbeziehung verarbeiteter Identifikationen der Kindheit sollte ein Ergebnis der Adoleszentenberatung sein.

Das Modell, als dessen Herzstück das Kohärenzgefühl zu betrachten ist, ist die Salutogenese, ein Konzept, das der bereits genannte amerikanisch-israelische Gesundheitsforscher A. Antonovsky entwickelt hat und das zu erforschen sucht, was Menschen tun müssen, damit sie gesund bleiben bzw. gesund werden, um besser mit kritischen Lebensereignissen oder Streßereignissen umzugehen, ein Konzept, das nicht in erster Linie danach fragt, was Menschen krank macht. Nicht die Pathogenese steht im Zentrum der Erkundung, sondern eine salutogenetische Orientierung.

Unter dem Aspekt der Salutogenese gewinnt die Adoleszentenberatung eine neue Perspektive, denn sie „stellt die Ressourcen in den Mittelpunkt der Analyse, die ein Subjekt mobilisieren kann, um mit belastenden, widrigen und widersprüchlichen Alltagserfahrungen produktiv umgehen zu können und nicht krank zu werden" (Keupp, ebd., S.43). Eine solche ressourcenorientierte Beratung „richtet ihr Augenmerk auf 'den vollen Teil eines halbgefüllten Glases' und bildet bewußt einen Gegenpol zu den vorherrschenden Defizit- und Risikoorientierungen klinisch-psychotherapeutischer Klientenbilder. In dieser vielfach gebrauchten Metapher wird bereits deutlich, daß hiermit der 'leere Teil des Glases', also der Mangel, nicht negiert wird (Das Glas ist eben nur halbvoll)." (Antonovsky, ebd., S.28).

Die Frage nach den Ressourcen der Jugendlichen berührt unterschiedliche Lebensbereiche: das Psychische und Psychosoziale, das Körperliche und Materielle. Festzustellen, wo vorhandene Stärken und zu entwickelnde Ansätze, wo Defizite und Blockierungen liegen und wo gegebenenfalls Anreize, Hilfen und Unterstützung anzubieten sind, muß als das zentrale Anliegen der Beratungsarbeit angesehen werden. Sie setzt nicht nur im therapeutischen Raum, sondern auch im außertherapeutischen Bereich individuelle Akzente. Ein solcher Ansatz entspricht dem, was das Kinder- und Jugendhilfegesetz (KJHG) als Kern eines

Verbunds pädagogischer und therapeutischer Arbeit mit Jugendlichen postuliert. Jugendliche mit geringen Meßwerten für ein Kohärenzgefühl zeigen auffällig häufig psychosomatische Beschwerden und Angstgefühle und fühlen sich leichter demoralisiert. Das Phänomen der Demoralisierung steht generell in einer engen Relation mit klinisch auffälligen Symptomen (vgl. Keupp, ebd., S.45). Der Gewinn an Selbstvertrauen und Vertrauen zu anderen, an Zuversicht und innerem Kohärenzgefühl stabilisiert hingegen die psychische und physische Gesundheit eines Individuums. Es läßt Menschen kritische Lebensereignisse weniger streßhaft wahrnehmen und bietet in solchen Situationen mehr psychischen Schutz und flexible Copingstrategien (vgl. Antonovsky, ebd., S.172 f.).

Auf dem tragenden Grund dieser Parameter kann Beratung ein offenes und möglicherweise heilsames Identitätsprojekt sein. Denn „Beratung kann helfen, Identität im Modernisierungsprozeß zu entwickeln und zu erhalten, eigenen Lebensstil und eigene Biographie zu gestalten" (Nestmann 1997b, S.17).

Beratung als kreativer Prozeß

> Meine körperlichen, intellektuellen und
> emotionalen Kräfte sind sehr mächtig,
> und sie müssen sich kreativ ausdrücken,
> sonst werden sie zerstörerisch
> und vergeuden sich.
> Sylvia Plath, Tagebücher, 23 Jahre

Die „talking cure" („Redekur") oder das „chimney sweeping" („Kaminfegen") als psychotherapeutische Methode ist bis in die Wortwahl hinein die Erfindung einer Spätadoleszenten. Es war Anna O., die im Jahre 1882 als 21jährige den Mediziner Breuer dazu brachte, ihr aufopferungsvoll, geduldig und unter Zurückstellung eigener Impulse zuzuhören, eine therapeutische Einstellung, die S. Freud später als die Fähigkeit zur „gleichschwebenden Aufmerksamkeit" und Friedländer (1918) als „schöpferische Indifferenz" kennzeichneten. Das Erzählen und Reflektieren ihrer problematischen Themen half Anna O., ihre Symptome zu verringern, und durch ihre aktive Haltung brachte sie den Arzt dazu, sich ihren Möglichkeiten und ihrem Entwicklungsstand anzupassen. Damit lebte und verdeutlichte sie ein Charakteristikum spätadoleszenter Beratung und Therapie.

Erzählung und Reflexion – und zwar in selbstgewählten Formen – sind immer noch die wichtigsten Faktoren in der Beratungsarbeit mit Jugendlichen. Deren Bedürfnis, sich mit ihren oft chaotischen und verzweifelten Lebenssituationen darzustellen, das heißt so sein zu können und darüber reden zu können, ist der motivationale Dreh- und Angelpunkt ihrer Suche nach professioneller Hilfe. Dabei erscheint es wichtig, die eigene Geschichte und eigene kleine Geschichten des Alltags zu rekonstruieren, ihnen das notwendige Gehör zu verschaffen und über sie die Kontrolle behalten zu können. Über die eigene Geschichten und Erzählungen zu verfügen, bedeutet auch, die Urheberschaft für das eigene Leben zu übernehmen. Auf diese Weise werden sie zu wichtigen Ressourcen individuellen Daseins.

Wenn die Beraterin in Ruhe und aufmerksam, voller Interesse und vor allem ohne Moralisieren und Bewerten des Gesagten zuhört, nachfragt und sich äußert, ist dies in hohem Maße für die Vertrauensbildung und den Beratungs- oder Therapieprozeß bedeutsam. Dieses professionelle Beratungshandeln wird auch beschrieben als eine Kompetenz, „den Geschichten zuzuhören, sie [...] zu erweitern, sie (zu) 'vernetzen' und ihnen die Chance zur Artikulation ebenso wie zur Bedeutungsgewinnung zu verleihen" (Engel 1997, S.201). Bei diesem Tun bezieht die Beraterin eine Position des „gewußten Nicht-Wissens" (Beck, zit. ebd., S.204), in der sie sich jeglicher kommunikativen Dominanz und Umdeutung zu enthalten versucht und in der sie „sich der Gefahr bewußt ist, daß sie mit ihrem Vokabular andere Vokabulare 'überschreibt'" (ebd., S.198). Eine Schülerin nannte dies einmal die unabdingbare „Neutralität" der Beraterin, die diese in entscheidender Weise von den Erwachsenen mit erzieherischen Intentionen wie Eltern und Lehrer unterscheide. Aus der Haltung schöpferischer Neutralität oder Abstinenz erwachsen unter Wahrnehmung der Wünsche der Jugendlichen mögliche Ideen für eine Arbeit mit ihnen.

Das führt zu einem anderen wichtigen Aspekt in der Beratung und Therapie Spätadoleszenter, den ich bereits mit Begriffen wie „Zugabe" oder „Extras" klassifizierte. Manchmal zufällig, spontan und außerplanmäßig, manchmal auch gezielt und planmäßig werden sie von der Beraterin in Szene gesetzt. Yalom (1980) ist in Gedanken an solche 'Zutaten' der Ansicht – und er assoziiert dabei die Zubereitung eines exquisiten Essens –, „daß der Therapeut das 'Eigentliche' hineinwirft, wenn niemand zuschaut" (S.13). Die therapeutischen „Extras" sind Handlungsaspekte außerhalb der formalen Theorien; sie entspringen der Intuition für Möglichkeiten und defizitäre Seiten, die die Therapeutin bei ihrem Gegenüber wahrnimmt oder vermutet. Sie stellen zunächst nur Puzzleteilchen eines Konzepts dar, die sich erst allmählich zu einem vollständigen Bild zusammenfügen oder in ein Gesamtbild eingefügt werden müssen. Das Erfinden oder Finden von solchen 'Zugaben' im spätadoleszenten Therapieprozeß ist also eine intuitive Reaktion auf die Wahrnehmung der gesamten aktuellen Lebenssituation von Jugendlichen. In die Tat umgesetzt werden können sie allerdings nur in Absprache mit diesen „Mitspielern".

Eine existentiell-orientierte Therapie bietet den konzeptionellen Rahmen für diese Art therapeutischen Denkens und Handelns, das immer die individuelle Handschrift eines Beraters oder einer Therapeutin trägt. Oft sind es nur Kleinigkeiten, Gesten, die eine therapeutische Intention in einer konkreten Handlung sichtbar werden lassen und Wirkung hervorrufen. Ich denke da beispielsweise an die Telefongroschen, die ich einer Schülerin zustecke, damit sie mich anruft, wenn sie suizidale Absichten hegt oder an das Taschenmesser, das ich aus meiner Tasche hervorhole, um ein Mädchen aufzufordern, sich nicht nur heimlich, sondern vor meinen Augen die Arme zu ritzen. Oder da ist mein Hund, der als Co-Therapeut in der Stunde mitwirkt, oder ich mache einen Spaziergang, auf dem es einer Jugendlichen leichter fällt, ihre Geschichte zu erzählen. Es gibt auch die therapeutische Situation, in der die wesentliche Geschichte einer spätadoleszenten Jugendlichen in Briefen mitgeteilt wird oder in der das Teekochen als 'wärmespendendes' Ritual einen festen Platz in der Beratungssitzung hat.

Eine andere Kategorie von außerplanmäßigen und individuell zugeschnittenen Interventionen ist mehr dem sozial- oder schulpädagogischen Aktionsbereich zuzurechnen: das Besorgen von schulischer Nachhilfe, das regelmäßige Auszahlen eines bestimmten Taschengeldbetrags bei einem Mädchen, das keine verläßliche Unterhaltszahlung von ihren Eltern kennt, das Kontaktangebot einer zweiten, die Beratung ergänzenden Vertrauensperson, Haus- und Zimmerbesuche, Begleitung bei einem Gang zum Gericht, Unterstützung beim Umzug aus der Familie ins Internat, Gespräche mit Lehrern und Erziehern auf Wunsch der betroffenen Schüler und anderes mehr. Dabei handelt es sich nicht um eine fertige Liste möglicher Interventionen, die „man" als Berater oder Therapeutin anwenden sollte, sondern es sind mehr oder weniger „Unikate", also Aktionen ideosynkratischer Natur, die in das Leben einer einzelnen Jugendlichen passen und da konkret als Ausgleich für grundlegende psychische, physische, intellektuelle oder materielle Defizite dienen können. Oft mehr als die *reale* Unterstützung, gewinnen diese „Extras" eine nicht unbedeutende *symbolische* Bedeutung. Für viele Spätadoleszente wirken sie wie ein unausgesprochener, aber tätiger Zuspruch, der heißen kann: „Du bist wichtig" oder „Du kannst dich verlassen" oder „Für dich wird gesorgt". Daß eine solche Erfahrung für die Entwicklung eines Gefühls von Kohärenz von Wichtigkeit sein kann, habe ich bereits dargestellt.

Das Etikett für den therapeutischen Rahmen dieser „Zugaben" bezeichnete ich bereits als existentiell und salutogenetisch. Therapeutisches Handeln mit spätadoleszenten Jugendlichen in diesem Rahmen erfordert immer wieder den kreativen Akt. Dabei verstehe ich mit Zinker (1977) unter Kreativität „das Überschreiten von Grenzen, das Bejahen von Leben [...], das über sich selbst hinausgelangt. [...] Sie ist [...] ein Ausdruck der ganzen Erfahrungsbreite eines Menschen und der Empfindung seiner Einzigartigkeit" (S.13). Der kreative Prozeß selbst ist therapeutisch, weil durch ihn inneres Erleben konkretisiert und symbolisiert wird. Junge Menschen, die entmutigt sind und sich nicht zutrauen, ihre schöpferischen Fähigkeiten zu entfalten, erleben kreative Impulse in der

Therapie als „eine Begegnung, ein(en) Wachstumsprozeß, ein Problemlösungs-geschehen, eine besondere Form des Lernens" (Zinker, ebd., S.15). So läuft alles auf den Versuch hinaus, daß man „für jeden Klienten eine eigene Therapie erfinden" muß, eine Zielvorstellung, die Laura Perls für sich und andere Gestalttherapeuten formulierte (zit. bei von der Osten-Sacken 1999, S.23). Dies gilt besonders für die Arbeit mit Spätadoleszenten, „da sie [...] gerade erst dabei sind, sich selbst zu (er-)finden" (ebd.).

6 Andere therapeutische Verfahren in ihrem Bezug zur Spätadoleszenz

Psychoanalyse

Ein Ausspruch Anna Freuds, die bekanntlich die therapeutische Arbeit mit Kindern und Jugendlichen wesentlich voranbrachte, wird kolportiert, der ein Schlaglicht auf die Schwierigkeit wirft, psychoanalytisch mit Adoleszenten zu arbeiten: „Man kann in der Adoleszenz nicht analysieren. Es ist, als würde man einem Expreßzug hinterherrennen" (zit. bei Jongbloed-Schurig 1997, S.113). An anderer Stelle begründet sie diese Auffassung mit ihrer Beobachtung, daß in der Adoleszenz das starke Bedürfnis nach Unabhängigkeit und Distanzierung von den Elternobjekten mit dem analytischen Ziel kollidiert, infantile Abhän-gigkeiten in der Übertragung neu zu beleben (vgl. Sandler et al. 1980, S.27).
Eine Übertragungsbeziehung ist also in der Adoleszenz nur schwer herstellbar, auch weil der Jugendliche versucht, seiner Angst vor und seiner Tendenz zu einer Regression entgegenzusteuern. So kommt es ihrer Meinung nach nicht oder nur schwerlich zu dem notwendigen stabilen therapeutischen Bündnis zwischen dem Analytiker und den Adoleszenten, die als unzuverlässig und wankelmütig erlebt werden. A. Freud berichtet von dem Fall einer jugendlichen Patientin, die nur die „unerbittliche" Antwort auf ihre Deutungen hatte: „Ich ziehe Leute vor, die ihre Privatangelegenheiten für sich behalten" (ebd., S.72). A. Freuds Folgerung, die sich in diesem Zusammenhang für ihre Gesprächs-partner ergibt, mag hier von Interesse sein, nämlich daß das jugendliche Miß-trauen gegenüber Erwachsenen „ein charakteristisches Merkmal der Adole-szenz" (ebd. S.74) und typisch für diese Entwicklungsphase sei.
Adoleszentes Verhalten als permanenten Widerstand zu interpretieren, würde eine gemeinsame Arbeit fast unmöglich machen, so war oder ist noch vielfach die Ansicht. Natürlich gibt es – auch das ist die Ansicht der Psychoanalytikerin – bei Adoleszenten leidenschaftliche und idealisierende Gefühle für ihre Thera-peuten, doch beträfe dies die reale Beziehung und sei ein Phänomen von Ver-liebtheit und keine Übertragungsliebe. Eine Deutung sei hier fehl am Platz, weil sie die leidenschaftlichen Gefühle des Schwärmens vermindere, die durchaus reellen Entwicklungsbedürfnissen dienten (vgl. ebd., S.130).

Für einen Analytiker besteht nun die Aufgabe, diese beiden Arten von Beziehung auseinanderzuhalten: die 'reale' soziale Beziehung und die 'Entstellung' der Beziehung in der Übertragung. Mit Recht weist Sandler (ebd.) darauf hin, daß eine Mischung dieser Beziehungsformen auch außerhalb der Analyse vorkommt. Aber indem der Analytiker den Fokus seiner therapeutischen Arbeit auf die Übertragungsaspekte richtet, engt er – zumindest was den Umgang mit Adoleszenten angeht – seinen Spielraum und Wirkungsradius erheblich ein.

Meines Erachtens ist es als Beraterin und Therapeutin von Spätadoleszenten wichtig, nicht an der Übertragung, sondern in der Übertragung zu arbeiten, das heißt, sich der Übertragungsphänome bewußt zu werden, nicht aber mit Deutungen zu arbeiten, die der Jugendliche meist als Übergriffe und ein Eindringen in seine mühsam errungene Ich-Autonomie erlebt. So kann ich durch mein Verständnis des Übertragungsgeschehens einen Zugang zur intrapsychischen Objektwelt meines Gegenübers gewinnen; eine Weitergabe meiner Erkenntnis würde aber in den meisten Fällen vom Jugendlichen als eine Überwältigung erlebt werden.

Auch die mit der Adoleszenz befaßten Analytiker Blos (1963), Bohleber (1996, S.28), Müller-Pozzi (1980, S.267) warnen vor einer generellen und uneingeschränkten Deutung von Übertragungsmanifestationen, weil ein solches Vorgehen viel Widerstand des Jugendlichen provoziere und für seinen Entwicklungsfortschritt kontraindiziert sei.

Zu viele Parameter des analytischen Settings widerstreben – zunächst vordergründig, aber um so nachhaltiger – dem adoleszenten Lebensgefühl, schränken den Jugendlichen in seinen Beziehungswünschen, in seinem Unabhängigkeits- und Selbstbestimmungsdrang ein: die Abstinenz des Analytikers, die Regeln des freien Assoziierens, die Verwendung der Couch, die systematische Erforschung der Kindheitsgeschichte, die dichte Stundenfrequenz der Sitzungen. Ein solches therapeutisches Milieu scheint den Jugendlichen geradezu in Widerspruch zu seiner alterstypischen Entwicklungsaufgabe zu bringen (vgl. auch Seiffge-Krenke 1986, S.31).

Die Spätadoleszenten, mit denen ich arbeite, reagieren sehr empfindlich auf die Künstlichkeit einer therapeutischen Beziehung bzw. des therapeutischen Settings. Sie wollen selbst die Regeln des therapeutischen Dialogs mitbestimmen, halten es für unmöglich, sich auf die regressive Form des Liegens während der therapeutischen Arbeit einzulassen, bringen ihre Kindheitserfahrungen nur assoziativ und in Bezug auf ihre momentane Befindlichkeit ein und sind meist so mit der Alltagsorganisation und ihren Lebensexperimenten beschäftigt, daß die Beratung oder Therapie nur ein, wenn auch sehr bedeutsamer, Teilaspekt ihres Daseins ist oder ihren Vorstellungen nach zu sein hat. Alles in allem sind sie nicht bereit, die mühsam errungene Kontrolle über sich und ihr Leben in einem Beratungs- oder Therapiesetting aufzugeben. Es ist sicherlich richtig, daß allein „die Tatsache, daß ein Jugendlicher überhaupt

Hilfe benötigt, [...] als narzißtische Kränkung erlebt [wird]" (Jongbloed-Schurig, ebd., S.115).

Die Vorstellung, daß analytische Interventionen das Ziel haben sollten, „das Ausmaß und die Tiefe der Regression so zu regulieren, daß einerseits die Dominanz eines autonomen Ich-Teiles gewahrt bleibt, andererseits aber genügend Autonomieverlust und Regression zugelassen wird, um den analytischen Prozeß in Gang zu halten" (ebd.), halte ich bei Adoleszenten und Spätadoleszenten für außerordentlich schwierig und unpraktikabel. Natürlich kann ein solches Ziel auch nur in einem Setting mit dichter Frequenz erreicht werden, und es mag für sehr schwer gestörte Jugendliche in einem klinischen Arrangement notwendig sein, wie Laufer und Laufer (1984) betonen.

Auch wenn in einer Untersuchung herausgestellt wird, daß „die Adoleszenten prozentual weniger von hochfrequenten Behandlungen profitieren und die Ergebnisse statistisch ebenso gut waren bei weniger häufigen Sitzungen" (Jongbloed-Schurig, ebd., S.119; vgl. auch Seiffge-Krenke 1986), hält die zitierte Autorin an ihrem klassisch-analytischen Setting fest, weil etwas anderes „jedem analytischen Wissen widersprechen (würde)" (ebd.).

Von vielen psychoanalytischen Praktikern wird mit Recht darauf hingewiesen, wie wichtig es sei, bei dieser Altersgruppe flexibel mit dem Setting umzugehen. Was Flexibilität in der therapeutischen Haltung und im therapeutischen Setting allerdings heißt, wird dabei meist nicht deutlich gemacht. Zu sehr verunsichern die vielen unklaren und widersprüchlichen Wünsche und Ängste der Adoleszenten einerseits (vgl. Seiffge-Krenke 1986; Mertens 1996) und die Diskussion um Übertragung und Gegenübertragung andererseits die betroffenen Therapeuten. So bleibt für viele Analytiker die meist verunsichernde Frage offen, wie sie Sohni (1997) stellvertretend formuliert: „Dürfen ‚gute' Therapeuten bestimmte Gefühle nicht haben? Geben sie die psychoanalytische Haltung preis, wenn sie von Jugendlichen als ‚reale Personen' ebenso gefordert sind wie als Übertragungsobjekte?" (S.308).

Viele Analytiker scheinen auf dem Hintergrund eines psychoanalytischen Kategoriensystems das adoleszenzspezifische Verhalten, bei dem der Heranwachsende den Erwachsenen beispielsweise zu einer authentischen persönlichen Stellungnahme zu einem mitgebrachten selbst angefertigten Gedicht auffordert, als Verführung und Vereinnahmung zu deuten, gegen die sie auf der Hut sein müssen (vgl. Seiffge-Krenke 1986, S.110). Als „ein weiteres Hindernis für die therapeutische Arbeit mit Jugendlichen" erscheint in ihren Augen das experimentelle und unkalkulierbare Handeln dieser Altersgruppe, das als „adoleszente Neigung zum Agieren" in einem eher ängstlichen und abwertenden Ton problematisiert wird (ebd., S.106; auch Blos 1963). Ein gutes Beispiel sowohl für den provokanten Lebensstil eines Spätadoleszenten wie auch für die innere Suche eines schließlich bereitwilligen Therapeuten nach einem unkonventionellen Behandlungsstil zeigt uns der Film „Good Will Hunting" (Drehbuch: M. Damon, B. Affleck), der 1998 in den Kinos lief. S. Freud selbst, das sollte nicht vergessen werden, gab die besten Beispiele dafür, was es heißt, flexibel und unkonventionell auf individuelle Bedürfnisse eines Patienten oder einer Patientin einzugehen. So ließ er sich Gedichte einer Patientin mitbringen, verlieh Bücher an Patienten oder steckte ihnen Geld zu, nahm selbst Geschenke an und sprach über seine Vorlieben in Literatur, Malerei und Musik. Von der Couch wich er allerdings nicht ab. Cremerius (1984), der diese Art Freuds zu therapieren aus Berichten von ehemaligen Analysanden entnahm, kommentiert: „Ins Auge fällt vor allem, daß Freuds Technik wenig systematisiert war. Sie scheint offen, unmittelbar, lebendig, mehr künstlerisch als im strengen Sinne wissenschaftlich" (S. 349), eine Haltung, mit der er zu späterer Zeit auf Grund von mehr Erfahrung sicher auch eine Spätadoleszente wie „Dora" besser erreicht hätte.

Familientherapie

Die Nützlichkeit, mit den Eltern von spätadoleszenten Ratsuchenden zu sprechen, soll nicht grundsätzlich in Frage gestellt werden. Besonders in der Arbeit mit magersüchtigen oder bulimischen Adoleszentinnen leistet nach meinen Erfahrungen die systemische Familientherapie Wichtiges (vgl. Weber/ Stierlin 1989).

Dennoch gibt es eine Reihe von Gesichtspunkten, die meinen aus der Praxis gewonnenen Standpunkt untermauern, daß im Rahmen einer spätadoleszenten Beratung und Therapie eine Zusammenarbeit mit den Eltern in Form einer Familientherapie kontraindiziert zu sein scheint.

Vom analytischen Standpunkt aus wird der Kontakt mit den Eltern als „schädlich für das therapeutische Bündnis" angesehen, weil „es oft eines der Ziele der Behandlung eines Jugendlichen ist, ihm zu helfen, die infantilen Bindungen an die Eltern zu lösen" (Sandler et al. 1980, S.270). Natürlich ist die sich in der Adoleszenz und Spätadoleszenz vollziehende Trennung der Kinder von den Eltern in einem familiären Interaktionsprozeß verankert und die daraus entstehenden Konflikte betreffen beide Generationen. Dennoch scheint es sinnvoll, daß beide Parteien ihre Probleme und Themen in einem jeweils eigenen Setting bearbeiten, bevor auf einer neuen Basis eine Annäherung und Versöhnung wieder möglich wird.

Der Aspekt der Versöhnung ist für Stierlin (1980) hingegen gerade ausschlaggebend, um die Trennungsthematik der Adoleszenten in einem Familiensetting zu bearbeiten Meines Erachtens geht er dabei zu schnell über die innere Dramatik der adoleszenten Trennung von der Familie hinweg. In ähnliche Richtung zielt die Kritik von Pohlen und Plänkerts (1982), die hervorheben, daß durch eine Therapie in dem realen Setting der Familie die wesentliche Komponente der phantasierten Gestalt und unbewußten Kommunikation im einzelnen Familienmitglied nicht bearbeitet werden kann. Das trifft in besonderem Maße auf die Adoleszenten mit ihrer Tendenz zu Größen- und Allmachtsphantasien in Konkurrenz zu ihren Eltern zu. „Gerade die *Abwesenheit* der Familienmitglieder in der Therapie ermöglicht es aber dem Menschen, zum tiefsten Grund seiner Subjektivität durchzustoßen" (Jaeggi, Rohner, Wiedemann 1990, S.165; kursiv bei den Autoren), wo auch Mord, Totschlag und Inzest in einem geschützten Raum phantasiert, gedacht und ausgesprochen werden können. Durch Bewußtwerdung und Verarbeitung dieser Phantasien kann das Ich sich neu konzipieren, erlebt sich das Individuum auf sich selbst zurückgeworfen. All dies gehört zum Prozeß spätadoleszenter Identitätsfindung, der nicht auf einer zu schnell herbeigeführten Ebene der Anpassung ablaufen darf. Der Kernpunkt der Kritik beinhaltet also, daß „die Realinszenierung des Familienkonflikts [...] damit als ein Mechanismus der zwanghaften Kontrolle gegen die Verselbständigung des Subjekts [erscheint]" (ebd., S.165).

Auch für Erdheim (1988) ist es vom ethnopsychoanalytischen Standpunkt aus unmöglich, als Berater oder Therapeut, der mit Adoleszenten arbeitet, an einer „Familienzusammenführung" zu arbeiten. „In der Beratung oder Therapie muß man darauf achten", so fordert er, „sich als Berater oder Therapeut außerhalb der Familie zu stellen und den Antagonismus für sich einzusetzen" (S.213). Auf Seiten der Adoleszenten zu sein, bedeutet auf diesem Hintergrund, als Therapeut den Jugendlichen auf dem Weg aus der Familie hinaus zu begleiten. Daraus entsteht meist eine natürliche Rivalität zwischen den Eltern oder einem Elternteil und dem Therapeuten. Wenn dieser in der Funktion eines Übergangsobjektes eine positive und gesuchte Bezugsperson für den Jugendlichen wird, erleben die Eltern dies erfahrungsgemäß als bedrohlich.

Dennoch sollten Berater darauf achten, nicht in Konkurrenz zu den Eltern zu treten, um die besseren Väter oder Mütter zu werden. Es sei eine Illusion, so meint auch Erdheim (ebd.), zu glauben, daß man das, was in den Familien falsch gelaufen sei, in der Therapie wiedergutmachen könne. Dabei übersieht er nicht das Faktum, daß durch Übertragungsvorgänge die Familienkonstellationen in die Therapie hineintransportiert werden, was nicht bedeutet, daß der Therapeut die Familie realiter ersetzen kann. Den Urschmerz und die Wut einer Spätadoleszenten, die sich noch immer mit der Sehnsucht nach einer nie verspürten familiären Geborgenheit quält, wird er auch bei dem Versuch einer „Nachbeelterung" nicht aufheben können. Therapeuten und Berater stützen im Sinne Erdheims nicht die zentrifugalen Kräfte der Familie, sondern stehen auf der Seite der „Kultur" und „müssen mit ihren [der Kultur] Kräften, immer mehr Menschen miteinander zu verbinden, arbeiten können" (ebd.).

Aber auch empirische Studien gehen mit ihren Ergebnissen in diese Richtung. Befragungen von Adoleszenten machen deutlich, daß sich die Vorrangsstellung erwachsener Personen für intime Mitteilungen und Problementhüllungen für Jugendliche mit zunehmendem Alter erheblich reduziert, so daß auch „die Präferenz für beide Eltern [...] im Verlauf der Adoleszenz kontinuierlich abnimmt, während die Freunde in die Rolle der präferierten Enthüllungspartner aufrücken" (Seiffge-Krenke 1986, S.32). Schon bei den 17jährigen liegt die „Enthüllungsbereitschaft" gegenüber den Eltern an einem Tiefpunkt, und man kann davon ausgehen, daß sich dies für die Gruppe der Spätadoleszenten zunächst fortschreibt, bevor sie eigenständig eine Wiederannäherung versuchen. Von Ausnahmen abgesehen gibt es in dieser Altersgruppe kein oder nur ein sehr geringes Bedürfnis nach einer von außen arrangierten Vermittlung zu den Eltern. Ein Beratungssetting für Jugendliche ab 16 mit der ganzen Familie ist vermutlich eher ein Bedürfnis der Erwachsenen bzw. ein Bedürfnis von Beratern und Therapeuten, die mit der Rolle der Eltern identifiziert sind, als daß es dem Wunsch der Adoleszenten entspräche.

Die bisherigen Überlegungen streichen vor allem heraus, daß es entwicklungspsychologische Kriterien sind, die den Einsatz eines familientherapeutischen Settings mehr oder weniger sinnvoll erscheinen lassen. Und gerade da scheint ein Manko zu liegen, so stellen Märtens und Petzold (1995) in einer Studie der Psychotherapieforschung fest: „Auffallend ist, daß in der familientherapeutischen Literatur differentielle entwicklungspsychologische Überlegungen zur Fundierung der Arbeit bei Familien mit Kindern unterschiedlichen Alters fehlen" (S.303).

Es geht darum festzuhalten, daß es unterschiedliche Entwicklungsstadien bei Kindern und Jugendlichen unterschiedlichen Alters gibt und daß dies auch unterschiedliche psychotherapeutische Herangehensweisen erfordert.

7. Kapitel
Zur Methodik der Untersuchung

1 Die Erhebungsmethodik

Überlegungen zur Erhebung der Daten

> Versucht nicht, uns zu verstehen.
> Ihr könnt uns untersuchen, befragen, interviewen,
> Statistiken über uns aufstellen, sie auswerten, interpretieren, verwerfen,
> Theorien entwickeln und diskutieren, Vermutungen anstellen, Schlüsse
> ziehen, Sachverhalte klären, Ergebnisse verkünden, sogar daran glauben.
> Unseretwegen. Aber ihr werdet uns nicht verstehen.
> Wir sind anders als ihr.
>
> P. König, Wir Voodookinder, 1993

Der Versuch, die psychischen Besonderheiten der Spätadoleszenz, die subjektiven Konstruktionen von Spät- und Postadoleszenten, ihre Vorstellungen und Konzepte über die eigene Person und die Welt, zu erforschen, gelingt am ehesten mit einem subjektorientierten qualitativen Erhebungsverfahren. „Die Jugend selbst zu Worte kommen lassen, ihr eine 'Stimme zu geben'", dies betont auch Fend (1994), sei der beste Weg, sie kennenzulernen, „erst dadurch können wir erfahren, wie sich diese Lebensphase von innen her anfühlt, was ihre besondere Erlebensqualität ist" (S.19). Schon in den 20er und 30er Jahren unseres Jahrhunderts versuchten Jugendforscher (Bernfeld 1924 und Bühler 1934) über jugendliche Selbstzeugnisse wie Tagebücher einen intensiven Zugang zum Innenleben von Adoleszenten zu gewinnen. An diese Tradition knüpft die neuere Jugendforschung wieder an, vor allem mit dem Ansatz der Biographieforschung und der Fallstudie (vgl. Jugendwerk der Deutschen Shell 1997/2000; Baacke/Schulze 1993, Baacke/Sander/Vollbrecht 1994, Jüttemann/Thomae 1998, Schulze 1998).

Mit den Methoden qualitativer Forschung öffnen sich Wege, profunde und systematische Analysen jugendlicher Selbstäußerungen vorzunehmen, da sie eine weitestgehende Annäherung an das beforschte Subjekt, an sein Denken, Fühlen und Wahrnehmen ermöglichen. Qualitatives Forschen strebt das Ziel an, die Distanz, die so oft zwischen Forscher und Beforschten gegeben ist oder sich auftut, zu verringern (vgl. zu diesem Forschungsproblem Devereux 1973; Breuer 1996; Lamneck 1993; Jaeggi 1993/1998).

Post- und spätadoleszente Jugendliche zu befragen, sie insbesondere über persönliche Daten und Erinnerungen, die der intimen und geschützten Atmosphäre einer Beratungssequenz entstammen, zu befragen, erfordert nicht nur ein hohes Maß an Einfühlungsvermögen auf Seiten der Forschenden, sondern auch ein forschendes Verfahren, das der Komplexität des Beziehungsgeschehens adäquat ist.

Mit der Wahl der Methode des problemzentrierten Interviews, mit der Herstellung einer beratungsähnlichen Gesprächssituation und mit der Auswahl von den jungen Erwachsenen vertrauten oder vertrauenswürdigen Interviewerinnen wurden diese Bedingungen für die Untersuchung berücksichtigt.

Im Rahmen einer qualitativen biographischen Analyse mit katamnestischen Charakter, in der die Forschende Teil und Beteiligte des Untersuchungsgegenstandes ist, müssen mit Sicherheit folgende – möglicherweise gegensätzliche – Wirkfaktoren im Interaktionsgeschehen zwischen den Interviewpartnerinnen im Auge behalten und bedacht werden:

• Die gegenstands- und personenbezogene Nähe der Forschenden als frühere Beraterin und Therapeutin zum Feld der beforschten Spätadoleszenten und jungen Erwachsenen ermöglicht einen leichteren Zugang, ein intuitives Verstehen und eine „dichtere Beschreibung" (Geerts 1983) hinsichtlich deren gedanklicher Welt.

• Diese historisch und sachlich gegebene Vertrautheit zwischen „Beobachterin" und „Objekt" kann auch Gegenteiliges bewirken, wenn beispielsweise in der Befragungssituation Übertragungen und alte Abhängigkeitsgefühle reaktiviert werden, die bewirken können, daß die Befragten befangen sind und damit eine retrospektive Offenheit verhindert wird. Überdies ruft ein solches Setting eigene Erinnerungen in der Forschenden wach, die 'ungezähmt' den erforderlichen wachen Blick auf die subjektiven Konstruktionen der Befragten trüben und die Richtung des Gesprächsflusses manipulierend lenken können.

Dieses Involviertsein habe ich im Vorfeld der Untersuchung kritisch beleuchtet und habe konsequenterweise versucht, durch zeitliche, räumliche und personale Faktoren, beispielsweise durch:

• vorstrukturierte Leitfragen

• Einführung zweier Fremdinterviewerinnen

• externe Validierung in einem themenzentrierten Gesprächskreis

Distanz in das Forschungssetting zu bringen, ohne die vertrauensvolle Atmosphäre und Offenheit, die Garanten für die Bereitschaft der Angefragten zu einem Gespräch waren, einzuschränken oder zu verhindern. Die Interviewgespräche ähnelten daher trotz der problemzentrierten Gesprächsführung einer Beratungssituation, was zur Entwicklung einer Dynamik beitrug, die in den meisten Fällen Erzählfluß und Assoziationsbereitschaft der Befragten positiv begünstigte.

Während des gesamten Forschungsprozesses, die Auswertung der Daten eingeschlossen, blieb das Ausbalancieren der ambivalenten Einflußgrößen 'Nähe' und 'Distanz' oder 'Vertrautheit' und 'Fremdheit' gegenüber dem Forschungsgegenstand ständige Aufgabe und Herausforderung für mich als

Forscherin. Dieses geschah in dem Bewußtsein, daß das Verhältnis zwischen der „Beobachterin" (Beraterin und Forscherin) und dem „Beobachteten" (Jugendlichen) keines zwischen subjektivem Erleben und objektiver Darstellung sein konnte, „sondern daß das Ineinander-Verschränktsein der Diskurspartner bestimmte Bilder erzeugt" (Paul 1998, S.25), die Zeugnis dieser besonderen Beziehung sind.

Das problemzentrierte Interview

Die Interviewgespräche mit den spätadoleszenten Mädchen und jungen Frauen wurden als Einzelinterviews durchgeführt. Dabei wandte ich die Methode des „Problemzentrierten Interviews" nach Witzel (1985) an, das sich nach Friebertshäuser (1997) der Kategorie des „Leitfaden-Interviews" zuordnen läßt (ebd., S.372). Diese Vorgehensweise betrachtete ich überdies als integralen Bestandteil eines biographie-analytischen Forschungsansatzes, der sich im Sinne von Thomae (1998) als „Annäherungsweise(n) an menschliches Verhalten, seine innere Begründung und seine Auswirkungen in Kultur, Gesellschaft und Natur" versteht, die „keine einmalige Begegnung, sondern ein möglichst intensives Mitgehen mit dem zu beschreibenden, zu erklärenden Phänomen" (S.76) bedeutet.

Mit dieser Methode des qualitativen Interviews (vgl. auch Heinzel 1998) sah ich die Möglichkeit eröffnet, die Sicht spätadoleszenter Mädchen auf ihr Leben, ihre Probleme und Ängste, ihre Lernprozesse und ihr seelisches Erleben zu erfassen, wie sie sich in konkreten Situationen und Situationsabläufen ihrer individuellen Lebensgeschichten ereignet hatten.

Dabei war es wichtig, mögliche Leitfragen nur als ein Gerüst für den anvisierten Themenkomplex zu betrachten und den Rahmen für das Interview relativ weit zu stecken, damit sich Erzählsequenzen möglichst unbeeinflußt durch vorgeformte Sprach- oder Frageschablonen entwickeln konnten. Dadurch sollten die Befragten die Möglichkeit bekommen, sich entsprechend ihrer individuellen sprachlichen und intellektuellen Eigenart zum Gegenstand der Untersuchung zu äußern. Durch knappes, wenn auch gezieltes Nachfragen sollten bestimmte Fragestellungen immer wieder angestoßen und vertieft werden. Das gewählte Erhebungsverfahren tendierte also stark in Richtung einer erzählgenerierenden Interviewtechnik, ohne allerdings den weitgehend offenen Rahmen eines narrativen Interviews zu gewähren. Ziel war es, die Bereitschaft der Befragten zu erhöhen, über lebensgeschichtliche Details und Beispiele aus einer bestimmten Lebensspanne zu erzählen. Das leitfadengestützte, problemzentrierte Interview hatte auf diese Weise vor allem einen autobiographischen Charakter.

Der theoretische und methodische Kontext, auf den diese Verfahren verweisen, wird in dem Konzept der 'Grounded Theory', der gegenstandsbezogenen Theoriebildung (vgl. Glaser 1967, Strauss/Corbin 1996), formuliert. Dieses Konzept betont die Bedeutung von Wirklichkeitskonstruktion als die Leistung eines Individuums, die der Forschende im Verlauf des Forschungsprozesses zu entschlüsseln versucht. Schon „der problemzentrierte Verständigungsprozeß zwischen Forschendem und Befragten", so stellt Friebertshäuser fest, „organisiert bereits während des problemzentrierten Interviews Erkenntnisschritte" (ebd., S.381).

Der Fragehorizont

> Vielleicht gibt es auf der Welt nur zwei Arten von Fragen.
> Die einen, die sie in der Schule stellen, auf die die Antwort im voraus bekannt ist und die nicht gestellt werden, damit irgend jemand klüger wird, sondern aus anderen Gründen.
> Und dann die anderen, die im Laboratorium.
> Auf die man die Antworten nicht kennt,
> und oft nicht einmal die Frage, bevor man sie stellt.
> P. Hoeg, Der Plan zur Abschaffung des Dunkels

Um einen direkten Zugang zum jugendlichen Erleben in der Spätadoleszenz zu bekommen, sollten die jungen Frauen danach gefragt werden, wie sie diesen Lebensabschnitt, in dem sie zeitweilig im Rahmen der Beratung und Therapie begleitet worden waren, erlebt haben. Daß durch diese Rahmensetzung ein spezifischer Blickwinkel auf Phänomene der Spätadoleszenz sich eröffnete und nicht das „normale" Erleben spätadoleszenter Mädchen (was immer das auch sei) abgefragt wurde, ergibt sich von selbst. Wie durch ein Vergrößerungsglas, so die leitende Idee, sollten die Besonderheiten und die subjektiven Bedeutungen dieses Lebensabschnitts im Rückblick zum Vorschein kommen. Ziel der Fragen und des Interviews war es demnach nicht, eine Outcome-Studie zu veranlassen, mit der die Wirksamkeit von Beratung und Therapie in der Spätadoleszenz untersucht werden sollte. Aussagen darüber konnten nur ein Nebeneffekt der Befragung sein. Mich interessierte es in erster Linie, psychische Phänomene der Spätadoleszenz, die ich im Laufe meiner Schul- und Beratungspraxis in Fülle beobachten und über die ich auf Grund vieler Gespräche Informationen sammeln konnte, systematisch bei einer Gruppe besonders sensibler und psychisch geforderter Mädchen zu erforschen, um meine bis dahin gewonnenen Alltags- und wissenschaftlichen Theorien zu verifizieren und zu validieren. Auf eine Formel gebracht: Ich wollte verstehen, was ich schon 'wußte'. „Denn die gelebte Anschauung ist der Ariadnefaden, der ins Labyrinth der Verweisungen und der stets sich neu öffnenden Horizonte hinein – nicht aus

ihm heraus führt – und dies deshalb, weil wir immer schon darin sind"
(Buchholz 1993, S.176).
Die zentralen Themenbereiche der retrospektiven Gespräche, die in den einzelnen Frageformulierungen ihren detaillierten Ausdruck, waren:

- Umstände der Beratung (Anlaß, Beginn, Dauer, Ende)
- Innere Motivation und Fragestellung
- Lebensumstände und Lebenseinstellungen in der Phase der Beratung
- Bedeutung und Bewertung der Beratung/Therapie als Lebensereignis
- Die wichtigsten Themen
- Einfluß, Hilfen, Erkenntnisgewinn
- Bild und Beurteilung der Beraterin und ihrer Interventionen
- Lebensperspektiven und Lebensziele im Zusammenhang mit und als Ergebnis von Beratung
- Öffentlichkeit und problematische Phasen im Beratungsverlauf

Die einzelnen Fragen, die ich auf dem Hintergrund meiner Erfahrungen in der Adoleszentenberatung formuliert hatte, dienten mehr als Stichwortgeber, Gedächtnisstütze oder Hintergrundraster, um einen roten Faden und eine gewisse thematische Abrundung im Gesamtablauf des Interviews zu garantieren. Der vorstrukturierte Leitfaden sollte und mußte also flexibel und variabel eingesetzt werden. Zur Datenerhebung genügte es nicht, diesem Leitfaden einfach zu folgen, die einzelnen Fragen abzuhaken und eine Art Frage-Antwort-Schema zu inszenieren. Wurden die angepeilten Aspekte im Verlauf des Gesprächs spontan angesprochen, erübrigte sich eine explizite Nachfrage. Durch eine gewisse Redundanz und Zirkularität bei der Fragestellung wollte ich für mich eine Vertiefung der Thematik durch Wiederholung erreichen.
Das Hauptziel der Befragung blieb, den einzelnen befragten Personen genügend Raum für individuelle Ausführungen und auch Abweichungen zu gewähren, ohne dabei allerdings den Dialog in eine neue Beratungssituation abgleiten zu lassen, was gelegentlich von den Interviewten ungewollt angestrebt wurde. Doch gelang es mir in der Rolle der Forschenden, die Befragten in ihrer erwachsenen Rolle als 'gleichwertige' Interviewpartnerinnen anzusprechen. Angesichts der angeschnittenen, existentiell immer noch wichtigen Fragen und der früheren Beratungserfahrungen der Befragten mit der Interviewerin war die Reaktivierung eines solchen Beratungswunsches nur allzu verständlich. Ergänzend zu diesen Leitfragen gab es einen Kurzfragebogen, der Fragen nach dem biographischen Kontext der einzelnen Befragten enthielt, so daß auch diese Informationen auf den Selbstaussagen der Untersuchungsgruppe basieren und nicht den gespeicherten Erinnerungen der Forscherin entstammen. Das Bemühen, das eigene Wissen und die Darstellungen der Befragten nicht willkürlich

zu vermischen, begleitete mich im Verlauf des Forschungsprozesses. Die biographischen Daten der Befragten wurden meist nachträglich per Telefon erhoben und erwiesen sich als wichtige Hintergrundinformationen, die das Verständnis der einzelnen Interviews zu vertiefen halfen und die methodische Nähe zur Biographieanalyse verdeutlichten. Die weitere Funktion eines solchen Kurzfragebogens war es, durch die Erfassung bedeutsamer persönlicher Daten die Interviewsituation zu zentrieren und damit auch zu entlasten (vgl. auch Friebertshäuser, 1997, S.380).

2 Durchführung der Untersuchung

Die Gruppe der Interviewten

Die ursprüngliche Idee, spätadoleszente Jugendliche für ein Interview zu gewinnen, die nicht bei mir in der Beratung gewesen waren, erwies sich in der Planungsphase der Untersuchung als nicht durchführbar. Anfragen bei einer Jugendberatungsstelle und bei Kolleginnen konnten, zum Teil auch aus Gründen des Datenschutzes, nicht positiv beantwortet werden. Bereitschaft zu einem solchen Interview zeigten nur junge Frauen, die bei mir selbst in Beratung und Therapie waren und ein junger Mann, der sich bei einer Kollegin im Schulzentrum Hilfe geholt hatte.

Es gelang mir im weiteren Verlauf, den Kontakt zu zunächst 11 ehemaligen Jugendlichen meiner eigenen schulischen Beratungspraxis aufzunehmen, deren Adressen ich besaß oder über Schule, Eltern oder Freunde erhalten konnte. Dabei entschloß ich mich, die „weibliche Spur" bei der Auswahl zu verfolgen, weil die Mädchen die weitaus größte und ausdauerndste Gruppe unter den Ratsuchenden waren. Eine Zentrierung auf diese Population versprach auch eine Konzentration in der thematischen Bearbeitung.

In manchen Fällen hatte ich den Lebensweg der Spätadoleszenten aus der Ferne noch von Zeit zu Zeit verfolgen können, beispielsweise bei Veranstaltungen im schulischen Rahmen, die eine Wiederbegegnung ermöglichten, oder durch Postkarten-Post, die gelegentlich ein Lebenszeichen von irgendwo aus der Welt ins Haus brachte. Bei einigen jungen Frauen lag der letzte Kontakt allerdings Jahre zurück.

Ich wählte die telefonische Verbindung, um mit den Frauen – allerdings zeitlich gestreckt – wieder in Kontakt zu kommen. Ich traf in allen Fällen auf ein Entgegenkommen, nachdem ich mein Anliegen kurz skizziert hatte. Ich formulierte, daß es mein Interesse wäre herauszufinden, wie sie und ihresgleichen die Phase der Beratung erlebt hätten und welchen Einfluß diese Erfahrung auf ihr Leben gehabt hätte und eventuell noch hätte.

In den meisten Fällen war die Aussicht auf ein Wiedersehen und ein rückblickendes Gespräch über die eigenen Beratungs- und Therapieerfahrungen sogar mit Neugier, Lust und großer Freude gepaart; einige wenige der Angefragten reagierten etwas vorsichtiger und verhaltener, weil sie befürchteten, daß sie noch einmal mit persönlichen Themen konfrontiert würden, die ihnen zu schaffen machen könnten. Es gab keine Absage.

Das Vertrauen, daß ich mit ihren Daten und persönlichen Bekenntnissen sorgfältig umgehen würde, war bei jeder Person gegeben; es basierte auf dem durch die Beratung gewachsenen Erleben. Alle waren (und sind noch) gespannt, welche Ergebnisse meine Studie über eine so wichtige Phase ihres Lebens erbringen würde, und wollten unbedingt von der Fertigstellung der Studie informiert werden. Es gab überwiegend so etwas wie einen Stolz, über die eigene gelungene Lebensleistung berichten zu können. Und tatsächlich gewann ich dann auch den abschließenden Eindruck, daß das biographische Erzählen im Interview von den Interviewten als eine subjektive Leistung erlebt wurde, durch die sie in ihrer Identitätsdarstellung gestärkt und stabilisiert wurden.

Die acht (ursprünglich neun) schließlich für eine Auswertung ausgewählten ehemaligen Schülerinnen (vgl. Abb.1) waren zu der Zeit des mit ihnen durchgeführten Interviews zwischen 19½ und 28 Jahre alt. Zu diesem Katamnesezeitpunkt lag das Ende der Beratung mindestens 1 Jahr und maximal 7 Jahre zurück. Nur eine der Befragten, die jüngste, wohnte noch bei den Eltern, alle anderen hatten eine eigene Wohnung, wobei sechs von den (ursprünglich) neun Frauen sich in einer anderen Stadt, meist an ihren Studienorten, niedergelassen hatten. Alle befanden sich kurz vor oder in einem Studium oder in einer Berufsausbildung. Eine der Befragten hatte eine abgeschlossene Berufsausbildung und übte ihren Beruf aus. Keine der jungen Frauen war zu diesem Zeitpunkt verheiratet.

Alle befragten Frauen hatten in dem spätadoleszenten Alter von 17 ½ bis 21 Jahren auf eigenen Wunsch das Beratungsangebot im Schulzentrum in Anspruch genommen. Sie besuchten damals teils als Internatsschülerinnen, teils als externe Schülerinnen die Oberstufe des Gymnasiums. Im Gespräch konnten sie alle auf einen qualifizierten Schulabschluß zurückblicken. Die Zeitdauer der Beratung bzw. der Therapie wies eine individuelle Bandbreite von ½ Jahr bis zu 7 ½ Jahren auf, wobei drei der Interviewten über das Abitur hinaus die Therapie bei derselben Beraterin und Therapeutin fortführten, alle mit partieller Kostenerstattung durch die Krankenkasse.

Ort und Zeitraum der Befragung, Datenschutz

Die Interviews wurden in einem Zeitraum von 1½ Jahren, von 1995 bis 1997 durchgeführt. Der relativ große Zeitraum ergab sich durch die Tatsache, daß es für einige junge Frauen, die nicht mehr am Ort wohnten, schwierig war, sofort anzureisen. In einigen Fällen suchte ich die zu Befragenden in ihrer Wohnung auf, die meisten von ihnen kamen jedoch in das Schulzentrum nach W. zum Interview, was ein Erinnern an die damalige Zeit beflügelte.

Die Namen und biographischen Daten der interviewten Spätadoleszenten wurden geändert, ohne die ideosynkratischen Eigenheiten einzelner Personen in ihrer Bedeutsamkeit zu verwischen und die Aussagen der Interviews zu verfälschen. Bei einigen leicht identifizierbaren Persönlichkeitsdetails wurde nach Rücksprache mit den Betroffenen eine akzeptable Form der Veröffentlichung abgesprochen.

Kriterien der Auswahl

Die Auswahl der Einzelfälle wurde nicht nach dem Prinzip der deduktiv festgelegten „Stichprobe" getroffen, die von einer „Grundgesamtheit" ausging, sondern sie war eine Zusammenstellung „heuristischer Samples" (Kleining 1998, S.188), die forschungspragmatisch einem Themenbereich und einem Feld angehörten, das unter einer Fragestellung untersucht werden sollte, hier: der Altersgruppe spätadoleszenter Mädchen mit Beratungshintergrund. Dem methodologischen Konzept qualitativer Forschung entspricht die Fallauswahl nach dem Prinzip des „theoretical sampling" (Glaser/Strauss 1967/1998, S. 53f., Breuer 1996, S. 95 f.). Entsprechend legte ich Wert darauf, solche Fälle zur Datenerhebung heranzuziehen, die möglichst interessante und relevante Informationen für meine Fragestellung (Prinzip des 'maximal ausgereiften Falls', Breuer, ebd., S. 95) bieten konnten. Ebenfalls im Sinne des theoretischen Samplings bemühte ich mich, meine Stichprobe so zu gestalten, daß eine größtmögliche Variationsbreite themenrelevanter Personenmerkmale dabei gewonnen werden konnte (vgl. Abb. 1). Berücksichtigt im Sinne einer heterogenen Vielfalt habe ich dabei Aspekte wie: Familienhintergrund, Internatsaufenthalt, sozialisierende Einflüsse, Beratungsdauer. Als einzigen homogenen Faktor legte ich im Laufe der Datenerhebung und -auswertung das Geschlecht fest. Einige Personencharakteristika erschienen mir vorab besonders wichtig, andere – wie das Geschlecht – gewannen erst im Verlauf der Datenerhebung und Fallinterpretationen an Bedeutung. Jeder neue Aspekt veranlaßte mich zu einer weiteren forschungsgeleiteten Auswahl von zu analysierenden Fällen (die auf dem Hintergrund meiner Beratungspraxis zahlenmäßig sowieso begrenzt waren), bis ich den Eindruck hatte, daß weitere Fälle keine 'modellierungsrelevanten Informationen' (Breuer, ebd., S. 97) mehr liefern konnten (Prinzip der 'theoretischen Sättigung', ebd., S.96). Das heißt, daß mir eine Verallgemeinerung der Einzelfälle und eine Konzeptualisierung entwicklungstypischer Muster zum Zeitpunkt des Abbruchs der Datenerhebung nach (ursprünglich) neun Interviews sehr aussichtsreich erschienen.

3 Die Auswertungsmethodik

> „Je weiter man sich ins Individuelle vertieft,
> um so deutlicher wird das Allgemeine."
> H. Bude, Das Altern einer Generation, 1995

Der subjektive Prozeß der Theoriebildung

Bei der Auswahl der Methoden für die subjektorientierte Auswertung und Interpretation der aus den Interviews mit spät- und postadoleszenten jungen Frauen gewonnenen Daten entschied ich mich, auch im Auswertungsprozeß das Prinzip der Zirkularität und Rekursivität anzuwenden. Im Wesentlichen folgte ich damit dem methodischen Konzept der „Zirkulären Dekonstruktion" von Jaeggi, Faas, Mruch (1993/1998), der gegenstandsorientierten, in Daten gegründeten Theoriebildung („Grounded Theory") von Glaser und Strauss (1967) und Strauss und Corbin (1996) und deren thematischem Kodieren bei der Komparation der Einzelfallanalysen (vgl. auch Flick 1995). Die Textanalysen wurden mit Hilfe der Metaphernanalyse nach Buchholz (1994/1998) und Schmitt (1995/1996) und vor allem der tiefenhermeneutischen Textinterpretation nach Leithäuser und Volmerg (1988) gestützt und vertieft. Mit der Anwendung dieser methodischen Verfahren konnte auch dem biographischen Zuschnitt der Daten Rechnung getragen werden. Der Auswertungsprozeß wurde naturgegebenermaßen mit beeinflußt und geprägt durch meine psychotherapeutische Orientierung an den Konzepten der Tiefenpsychologie, der Gestalttherapie und der existentiellen Psychotherapie.

Arbeit an den Interviewtexten: Komparation und Kernkategorien

Es bedarf einer sorgfältigen Textanalyse, um biographische Strukturen und unter der Oberfläche liegende verborgene Sinnstrukturen hermeneutisch zu durchdringen. Eine solche Textanalyse beinhaltet immer aufeinanderfolgende Schritte, wobei die Einzelfallstudie dabei zunächst im Vordergrund steht. Doch über die Analyse des einzelnen Falles und Interviewtextes hinaus ist die „Zielsetzung biographieanalytischer Forschung [...] die Erarbeitung von Prozeßstrukturen, die ein soziales Phänomen in seinen unterschiedlichen Ausprägungen verstehbar werden lassen" (Jakob 1997, S.447). Das gilt im erweiterten Sinn auch für individuelle und kollektive soziale Prozesse, wie ich sie in der vorliegenden Studie untersuche. Eine Interpretationstechnik muß in jedem Fall ein Regelwerk für folgende Schritte beinhalten:

• „Der Nachvollzug der individuellen Lebensgeschichte, also *die Rekonstruktion der Ereignisse und deren Bedeutung* für den Handelnden und
• die *Konstruktion von allgemeineren Mustern,* die aus den individuellen Ausformungen der Lebensgeschichten abgeleitet werden" (Lamneck 1995, Bd.2, S. 379; kursiv beim Autor).

Auch wenn „jeder neue Einzelfall [...] durch bisher erworbenes theoretisches Wissen nur teilweise verstanden werden [kann] und [...] sich durch seine Einmaligkeit jeder 'generalisierenden Festlegung' partiell entziehen [wird]" (Leuzinger-Bohleber/Garlichs 1997, S.163), was sowohl für die Beratungspraxis wie für die wissenschaftliche Forschung zutrifft, geht es bei diesem Forschungsvorhaben dennoch in erster Linie um Verallgemeinerung, Generalisierung und Theoriebildung. Einzelfallspezifische Beobachtungen fließen in generalisierende Konzepte und Theorien ein. „Dabei bleibt allerdings ein Anliegen, die Ideosynkrasie des Subjekts bei der Theoriebildung [...] nicht zu verleugnen" (ebd., S.172). Auf der anderen Seite „kann das ideosynkratische Moment" auch, wie Jaeggi et al. (1993/1998) herausstreichen, „in seiner Pointierung durchaus das Allgemeine noch mehr hervorheben oder zu dessen Revision und/ oder Entfaltung zwingen, was häufig für den ersten Blick durch Abwehr verdeckt ist" (S.17f.). Diesen Aspekt beachtend habe ich das Charakteristikum jedes Einzelfalls hervorgehoben und neben die anderen individuellen Besonderheiten gestellt, um dadurch eine Ausdifferenzierung des Allgemeinen zu erreichen.
Zusammenfassend läßt sich formulieren, daß die pädagogisch-psychoanalytische Forschung die Einzigartigkeit unwiederholbarer Lebensgeschichten respektiert und gleichzeitig versucht, die Fülle und Vielgestaltigkeit verschiedener Entwicklungsverläufe auf strukturelle Gemeinsamkeiten zu beziehen. Die Bedeutungszuordnung dieser Gemeinsamkeiten findet ihren Ausdruck in der Generierung der Kategorien.
Nach der Analyse der (ursprünglich) neun Einzelfalldarstellungen und dem Vergleich der Einzelfälle kristallisierten sich zwei zentrale, mit einander verbundene Kernkategorien, vier Hauptkategorien und vier Unterkategorien heraus (vgl. Abb. 2).
Die Subkategorien (Familie, Freund, Peergruppe, Schule, Internat) ließen sich unter der Überschrift *Sozialisationsfaktoren des Beratungsgeschehens* inhaltlich zusammenfassen und sind als Hintergrundmatrix für die Haupt- und Kernkategorien zu betrachten.

Die vier Hauptkategorien erfassen Personen und Faktoren, die unmittelbar mit der Beratung und Therapie zu tun haben: *das ratsuchende Mädchen und sein Selbstbild, die Rolle der Therapeutin, Raum und Zeit der Beratung.* Über diese so gewonnenen Hauptkategorien hinaus sollten die Fälle vor allem in ihrer Bedeutung von den zwei zentralen und sich ergänzenden Kern- oder Schlüsselkategorien her gesehen und gedeutet werden, die durch selektives Kodieren herausgearbeitet worden waren.

Die Kernkategorie *Beratung/Therapie als Entwicklungsweg und Entwicklungsaufgabe* läßt sich dabei als ziel- und prozeßorientierte Kernaussage und die Schlüsselkategorie *Beratung/Therapie als existentielles Ereignis und Wendepunkt* als erlebnisorientierte Kernaussage klassifizieren. Beide verknüpfen sich mit den übrigen Haupt- und Unterkategorien zu einem sich ergänzenden Deutungsmuster, zu einem kategorialen Bezugsrahmen.

Dieses Paradigma als eine Vernetzung von unterschiedlich gewichteten Kategorien und Ausdruck lebensgeschichtlicher Sinnkonfigurationen beinhaltet eine dynamische Perspektive, bei der sich der Bedeutungsgehalt von außen nach innen, von der Außenrealität und den äußeren Instanzen adoleszenten Lebens bis in die Innenwelt und Selbstbeschreibung der Spätadoleszenten hinein verdichtet. Im symbolischen Raum der Beratung oder Therapie findet dieser erlebnishaft sein Zentrum, welches wiederum Ausgangspunkt für eine auf Zukunft hin ausgelegte Entwicklung wird.

Der Prozeß der Theorieentwicklung setzte mit der Datenerhebung und der Auswertung der ersten Interviews ein. Als Ergebnis verschiedener Kodierungsvorgänge und durch tiefenhermeneutisches Analysieren wurden dann Kategorien und Hypothesen entwickelt. Auswahl und Auswertung weiterer Interviews dienten der Überprüfung und Erweiterung des gewonnenen Kategoriensystems und führten zur Entdeckung neuer Zusammenhänge. „Basierend auf einer Kontrastierung der entwickelten Konzepte mit den Daten wird so Stück für Stück Theorie hervorgebracht, die in der Konfrontation mit neuen Daten immer wieder erweitert und verändert wird" (Jakob 1997, S.455).

Abb. 1

Interviewphase: 1995 – 1997

Befragte	Alter zum Zeitpunkt des Interviews	Zeitl. Abstand zwischen Interview u. Beratungsende	Beratungsphase im Alter von...bis...	Dauer der Beratung	Schulabschluß identisch mit Beratungsende	Beratungsdauer nach Abitur	Wohnort während der Beratungsphase
1. Sabine	25 Jahre	3 Jahre	18 ½ - 21 Jahre	2 ½ Jahre	ja	-	bei der Mutter; zeitweilig beim Freund
2. Esther	22 ½ Jahre	3 Jahre	18 – 19 ½ Jahre	1 ½ Jahre	ja	-	im Elternhaus
3. Melanie	25 Jahre	2 Jahre	18 – 23 Jahre	4 Jahre	ja	-	teils im Elternhaus, teils im Internat
4. Anna	27 Jahre	7 Jahre	18 ½ - 20 Jahre	1 ½ Jahre	ja	-	teils beim Bruder, teils im Internat
5. Eva	24 Jahre	3 Jahre	20 – 21 Jahre	¾ Jahr	ja	-	im Internat
6. Regine *	19 ½ Jahre	1 ½ Jahre	18 – 18 ½ Jahre	½ Jahr	ja	-	im Elternhaus
7. Diana	26 Jahre	1 Jahr	17 ½ - 25 Jahre	7 ½ Jahre	nein	3 ½ Jahre	im Internat und in eigener Wohnung
8. Beatrix *	27 Jahre	2 Jahre	21 – 25 Jahre	4 ½ Jahre	nein	3 Jahre	im Internat und in eigener Wohnung

* Fremdinterviewerin (alle anderen Interviews wurden von der Verfasserin durchgeführt)

Abb. 2: **Kategorialer Bezugsrahmen**

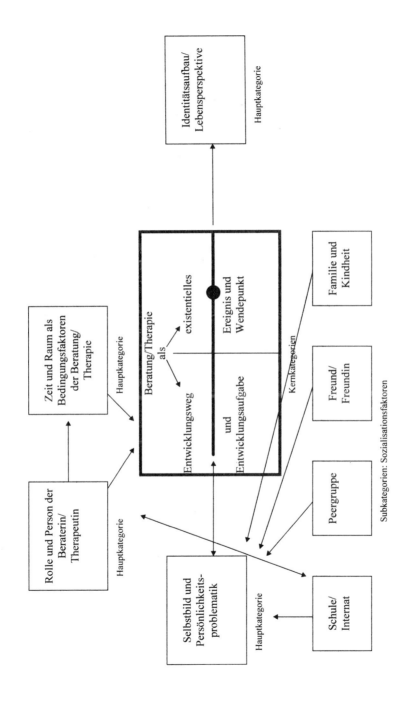

TEIL II
Das qualitative Material: Darstellung der Ergebnisse

8. Kapitel
Beratung und Therapie als Entwicklungsweg und Entwicklungsaufgabe

> „Und vor mir sind plötzlich – tausend Wege. Tausend ...!"
> Durch die Aula lief ein schwaches Flüstern.
> „Welchen soll ich gehen?
> Diese Frage stellte sich mir schon oft. Immer wieder.
> Ich habe sie immer wieder beiseite geschoben,
> mich vor ihr versteckt. Jetzt kann ich mich nicht mehr verstecken.
> Jetzt muß ich gehen, aber ich kann es nicht,
> ich habe es nicht gelernt, weiß nicht wohin ... ."
>
> Tendrjakow, Die Nacht nach der Entlassung

Der Weg als Metapher für Entwicklung

Für den Prozeß der Beratung und Therapie[1] finden sich in den Interviews auffällig häufig **Metaphern des Weges, der Wanderung** (*kommen, gehen, schreiten, begleiten, suchen*[2] u.a.m.) und **des Reisens** (*fahren, Zug, Weiche, Signal* u.a.m.), räumliche Metaphern für einen zeitlichen Prozeß. Beratung hat demnach für die Adoleszenten etwas mit Bewegung zu tun, mit Sich-in-Bewegung-Setzen, mit Aufbruch und Unterwegssein in einem Zeitraum. Das Prozeßhafte in seinem ureigensten Sinn als fortschreitende und vorwärts-gehende Bewegung ist folglich ein wesentlicher Aspekt in der beraterisch-therapeutischen Arbeit der Spätadoleszenten. Aber auch die Überschaubarkeit, die Zielorientierung der Bewegung ist in diesem Kontext von Bedeutung. Das Beschreiten des therapeutischen Wegs hat bei allen Mädchen auch zu tun mit einem Suchen und Finden von etwas, was für sie existentiell wichtig ist. Für die Befragten ging es in erster Linie darum, den *eigenen Weg* zu finden, den *richtigen Weg* für sich zu finden oder den *richtigen Weg* vom *falschen Weg* zu unterscheiden.

---

1 Die Begriffe 'Beratung' und 'Therapie' sowie 'Beraterin' und 'Therapeutin' werden in den folgenden Kapiteln dem Sprachgebrauch der Interviewten folgend synonym gebraucht. Wo es um die Einbettung in den schulischen Kontext geht, wird der Praxis entsprechend eher von 'Beratung' gesprochen. Zur Problematik des Sprachgebrauchs vgl. auch die Ausführungen in Kap. 6.1.

2 Alle Zitate aus den Interviews der befragten Mädchen werden im folgenden Text kursiv gekennzeichnet.

Das waren beispielsweise auch die Impulse bei **Sabine** und **Esther**. Sabine wollte in ihrer Beratung *einen eigenen Weg finden*, während Esther vor allem keine Orientierung mehr sah und nicht wußte, wie sie auf ihrem Weg vorankommen konnte. Das, was sie wollte, nämlich Kontakt mit Jungen aufnehmen, gelang nicht, *es ging irgendwie nicht*. Sie fühlte sich blockiert und völlig isoliert. Dadurch war sie aus der Bahn geworfen und hatte *nichts mehr auf die Reihe gekriegt*. Sie erlebte sich wie in einer Sackgasse, *ich habe mich irgendwie so reingeritten,* oder wie vor einem unüberwindlichen Hindernis auf ihrem Lebensweg. Das wollte sie durch die Beratung beseitigen und auf diese Weise ihre *Isoliertheit überwinden*. Nachträglich kennzeichnet sie auf ihre intellektuelle Art diese Versuche mit: *es war auch ein bißchen so'n Egotrip,* sozusagen eine Reise ihres Ichs.

Für Sabine waren es vor allem die Länge und die Langsamkeit des Weges, die ihr Mühe machten, so daß sie unterwegs manchmal dachte: *das ist so ein weiter Weg, wie soll ich das nur aushalten*. Am Anfang der Beratung fühlte sie sich wie Esther in einer Sackgasse und auf ihrem Weg gefährdet: *... wie ich dahin gekommen bin, daß ich mich in so einer ausweglos erscheinenden Situation befunden habe*. Und die Gefahr sah sie in einem Absturz oder Rückzieher: *irgendwie ging das ganz schön rapide bergab* und *das hat mich runtergezogen* und das war *irgendwie schon so ein Rückzug*. Aber da es *Schritt für Schritt* allmählich *immer besser* wurde und sie für sich eine *Horizonterweiterung* erlebte, blieb sie dabei. Ihr Gehen war ein Suchen und Finden. Hoffnung machte ihr, daß sie *dann wieder ein Stück weiter* oder *einen ganzen Schritt ... weiter* (war) *nach dieser* (Therapie)*Stunde.*

Im Gegensatz dazu erlebte **Melanie** ihr Tempo auf diesem Weg als sehr wechselhaft, markiert von Höhen und Tiefen. *Es ging immer auf und ab, hoch und runter* und *von einem Tief wieder ganz nach oben*. Paradoxerweise – aber nicht untypisch für einen Therapieverlauf – konnte sie dabei nicht immer das Gefühl entwickeln, auf ihrem Weg voranzukommen. *Ich hatte eine Zeit das Gefühl, ... daß ich auf der Stelle trete. Ich habe nicht gemerkt, daß sich da etwas entwickelt*. Auch hatte sie zwischendurch die Angst, in die Drogenszene abzurutschen und damit auf einen falschen Weg zu geraten: *die Gefahr war da, daß ich in die Schiene von meinem Vater gehe,* der suchtkrank war. Auch hier erneut eine Reisemetapher. Ein Erfolgsgefühl, auf dem richtigen Weg zu sein, stellte sich bei ihr erst später ein.

Bei **Anna** war bereits der Schritt in die Beratung ein Schritt vorwärts, auch wenn sie zu diesem Zeitpunkt ein Ziel noch nicht sehen konnte: *Es war einfach ein Schritt nach vorne, und* [ich] *wußte nicht wohin*. Denn der Anfang war *ein schwerer Gang,* bei dem sie *eine unglaubliche Hürde überwinden* mußte. Auch ihr tat sich in diesem Moment ein Abgrund auf: *da wäre ich im Boden versunken*. Aber es gab für sie keine Alternative zu diesem Weg, weil sie ihn auch gesucht hatte: *Also, ich habe nach einem Weg gesucht*. Sie wurde auf diesen Weg *getrieben*, sie mußte sich dazu *aufraffen, sich hinschleichen, ein Signal geben* und sich der Therapeutin als Wegbegleiterin *nähern*. Sie brauchte diese Wegbegleitung, weil sie zunächst *keine Orientierung* mehr hatte. Denn *der Zug* [von den Eltern weg] *ist abgefahren, die Weichen sind gestellt*, so beschreibt sie ihre damalige innere Situation. Sie mußte diesen Zug, ihr Reisevehikel, nur noch in *die richtige Richtung lenken*. Gerade bei Anna ging es um die Suche nach dem richtigen Weg, den sie aufgrund ihres bisherigen Lebenslaufes nur intuitiv erahnen konnte. Auch sie erlebte – ähnlich wie Melanie – ein *ständiges Auf und Ab* auf dieser Wegstrecke, auf der es immer wieder – wie bei der Echternacher Prozession – *zwei Schritte vor, einen Schritt zurück* ging. Trotz aller Hindernisse wollte sie diesen Weg gehen. Der Weg ist in ihrer Darstellung auch ein Synonym für das Leben, für *ihr* Leben. Der therapeutische Weg bedeutete Erhaltung und Gestaltung ihres Lebens. Ihr Leben sollte auf diese Weise in *die richtigen Bahnen gelenkt* werden. Dafür hatte sie sich *umgedreht*, ihrem bisherigen Leben den Rücken gekehrt und sich eine *neue Richtung gesucht*, deren Ziel sie aber noch nicht genau definieren konnte. In der Therapie gelang es ihr herauszufinden, daß sie nach etwas Eigenem und Eigentlichem auf der Suche war: *wo mir das erste Mal aufgegangen ist, was es ist, wonach ich im Grunde genommen auch suche oder wo es hingeht*. Zunächst schwankte sie zwischen Lebenswillen, der Entschiedenheit, diesen neuen Weg konsequent zu gehen, und einer Todessuche, die sich in dem Wunsch artikulierte, sich *fallen zu lassen* und *nicht mehr weiter* zu machen. Denn da war ihre Mutter, konkret und symbolisch, die versuchte, ihr *Steine in den Weg zu legen*, über die sie fürchtete zu stolpern. Sie hatte Angst, daß die Mutter sie auf diesem Wege *einholen und wie ein Untier anspringen* könnte. Vor allem in der Zeit der Krise, als sie um ihren toten Bruder trauerte und um ihr Leben rang, glaubte sie, vom Wege abzugleiten, abzustürzen: *Ich war so weggerutscht. Ich glaube, da wäre ich irgendwie abgeglitten.* Besonders dringlich war für sie in diesem Kontext die stützende Hand der wegbegleitenden Therapeutin. Und bis zum Schluß der Beratung blieb ihr die Frage: *Wie gehe ich jetzt damit um? Wie kann ich damit umgehen?*

Auch ein wenig *an die Hand genommen werden* wollte **Eva** bei ihrer Wegsuche. Sie hatte sich schon, bevor sie die Beratung aufsuchte, auf einem Weg befunden, auf ihrem Entwicklungsweg. Sie kam, weil sie das Gefühl hatte, vom Weg abgekommen zu sein, sich verirrt zu haben. Sie sah darin die letzte Möglichkeit, *daß ich auf den Weg wiederkomme, wo ich mal war*. Zu viele Probleme hatten sich in ihrem Leben aufgehäuft, die sie nicht mehr alleine lösen konnte, *ein Riesenknoten*, den sie *irgendwie nicht aufmachen kann*. Das ruft Assoziationen wach von einem großen Berg oder Hindernis, den oder das sie nicht alleine besteigen beziehungsweise bewältigen konnte. Von der Therapeutin erhoffte sie sich, daß sie ihr *auf den richtigen Weg* helfen würde. Damit meinte sie nicht, daß diese ihr direktiv den Weg zeigen sollte, auf dem sie zu gehen hätte,

sondern einfach, daß ich mehrere Wege habe; ich brauch' bloß zu greifen.
Therapie bedeutete für sie die Hoffnung, eine Orientierung in einer *unüber-sichtlichen* Lebenssituation zu bekommen. Dafür suchte sie *Hilfsmittel* im thera-peutischen Prozeß, ansonsten wollte sie den Weg aus eigener Anstrengung gehen und bewältigen, auch wenn dies schwer schien: *Ich hatte einfach den Willen, wieder da rauszukommen.*

Eine Wegänderung suchte auch **Regine** in ihrem Leben, und das führte sie in die Beratungsstunde. Für sie begann es damit, *daß es so nicht weitergehen kann.* Der bisherige Weg, den sie ging, führte sie nicht weiter oder nicht dort-hin, wohin sie gelangen wollte. Einen neuen Pfad zu betreten, benötigte neue Energie. Regine mußte sich – ähnlich wie Anna – dazu *aufraffen.* Sie brauchte Mut, die Schwierigkeiten auszuhalten, es war kein *Zuckerschlecken* für sie. Assoziativ läßt das darauf schließen, daß der Reiseproviant oder die Wegzeh-rung ein hartes Brot ist. Therapie zu machen, den eigenen Weg zu finden, hieß für sie in besonderem Maße, sich aufzumachen, sich der Welt zu öffnen. Und mit der Zeit gelang, *daß ich mehr und mehr aus mir herausgegangen bin.* Die Therapeutin war für sie wie für die anderen Mädchen *jemand, der mich auf dem Weg begleitet* oder eine Art Beistand in diesem Prozeß, der ihr *die ganze Zeit da beigestanden* hat. Das war auch nötig, denn unterwegs tat sich noch einmal eine gefährliche Untiefe auf, als Regine zu ihren selbstverletzenden Praktiken des Ritzens zurückkehrte. *Wo ich dann wieder in so ein Loch gefallen bin, was ich dann aber, ein Glück, dank Brigitte* [der Therapeutin], *dank der ganzen Unter-redung ... schnell lösen konnte.*

Auch bei **Diana** stellte sich die grundlegende Frage, ob und wie *das alles jetzt weitergeht* in ihrem Leben. Die Therapie war in dieser Phase – wie es sich auch bei Anna darstellte – das Leben schlechthin (*Therapie ist für mich Leben),* und dieses Leben wurde wahrgenommen als ein *Kommen und Gehen, ein Auf und Ab,* also als eine Unsicherheit, als eine unsichere Angelegenheit per se. Das Leben mußte erst gelernt werden. Diesen Weg zu gehen, war für sie eine Frage des Überlebens, eine *Zeit des Überlebens,* und ein äußerst anstrengender Pro-zeß, ja ein *Überlebenskampf, ein ganz harter.* Als hilfloses Wesen und ohn-mächtig sah sie sich am Anfang des Weges, den sie nur widerwillig begann, da sie sich schon fast aufgegeben hatte. Aber dennoch stellte sie immer wieder die Frage: *was muß ich machen, um weiterzukommen?* Für Diana wurde es zu einem langwierigen Weg auf ein Ziel hin. Ihr Prozeß wurde immer wieder durch Krisen gefährdet. Oft war es ein *Wegtreten* vom Pfad, *ein Zurückfallen, wie ich es als Kind gemacht habe. Ich wollte wieder ein süßes, kleines Kind sein.* Es war ein Ausweichen vor den realen Anforderungen der Umwelt, was einer Flucht in ihre Phantasiewelt gleichkam. Am schwierigsten war es für sie einzu-sehen, *daß manche Sachen einfach nicht gehen. Weil das Leben so ist. Und das war am schwierigsten zu lernen.* Dann überkam sie die Sehnsucht, einfach auf-zuhören zu atmen, das hieß, aufzuhören, diesen schwierigen Entwicklungsweg zu gehen. Daß sie trotzdem weitermachte, hält sie der Begleitung und Anleitung der Therapeutin zu gute, die ihr immer wieder Mut machte, nicht aufzugeben: *daß Sie immer mit mir etwas gefunden haben, was dann doch noch geht.* Manchmal waren es ganz einfache Interventionen, beispielsweise das Zubereiten einer Tasse Tee, die sie aus ihrer Erstarrung ins Leben zurückholte: *so'n pragmatisches Über-den-Tee-wieder-zurückkehren.* Es ging in Dianas Therapie immer erneut darum, ihren Willen zu stärken, weiter zu leben und damit auf dem einmal begonnenen Weg voranzuschreiten, bis das Alleinegehen möglich wurde.

Anders als bei den anderen befragten Mädchen sah sich **Beatrix** in ihrem Therapieprozeß noch nicht oder nur in ersten Schritten auf einem Weg. Es gab über lange Strecken kein sichtbares Weiterkommen. Deshalb spricht sie sehr oft vom Scheitern ihres Gehens und Laufens: *manchmal lief gar nichts mehr* oder *da ging gar nichts mehr* oder da war *was schiefgelaufen in der Stunde.* Es ging bei ihr erst um die Anfänge auf einem Entwicklungsweg, um die Sicherung einer Ausgangsposition, der sie zunächst vollkommen mißtraute. Nachträglich kann sie in Worte fassen, daß es ganz allgemein mangelndes Vertrauen in die Menschen war, das sie am Wegbeginn verharren ließ. *Wenn das* [Vertrauen] *gewesen wäre, dann wären wir weitergekommen.* Um das zu lernen, ging es bei ihr zunächst um das Erleben von Momenten, von *Punkten,* also um das Zurücklegen von kleinsten Einheiten einer Wegstrecke. Sie spricht von *Knackpunkten, Höhepunkten, Tiefpunkten, Ruhepunkten* die es in ihrer Therapie gab und die ungeheuer wichtig wurden. Wahrscheinlich war es bei ihr die Suche nach einem Ort, wo sie den Grund legen konnte, der den Aufbruch zu einer Entwicklung erst möglich machte. Diese Grundlegung hatte mit dem Versuch zu tun, ein (Ur)Vertrauen zu einem Menschen aufzubauen, der Wegbegleiter sein konnte: *da ist einer, da kann'ste hingehen und der meint es auch noch ernst.* Das war ihre Motivation, immer wiederzukommen trotz aller Fluchttendenzen. Das macht deutlich, warum es bei ihr so häufig um das Weglaufen ging (so wie sie auch konkret von ihrer Mutter weggelaufen war), weglaufen aus der Stunde, weglaufen vor ihrer Entwicklungsaufgabe: *... irgendwann abgehauen, habe mich unten in der Küche verschanzt.* Anfangs war ihr Gefühl der Schutzlosigkeit zu groß und der Mut, etwas für sich zu riskieren, dementsprechend gering. Das führte in den Therapiestunden zu einem Gefühl der Lähmung. Obwohl sie den Impuls – meist des Protestes – spürte, konnte sie dann weder aufstehen noch gehen. *Ich hätte eigentlich aufstehen müssen und hätte gehen müssen, aber da kam ich noch nicht einmal aus meinem Sessel hoch.* Da das innere Gehen, der innerseelische Prozeß, noch nicht oder nur unmerklich langsam vonstatten ging, verlagerte sich die therapeutische Arbeit auf ein äußeres Gehen. Sie und die Therapeutin machten Spaziergänge draußen in der Natur mit dem Hund, was die Situation erleichterte: *dann ist sie* [die Therapeutin] *irgendwann mal dann aufgestanden, hat irgendwas gemacht oder wir sind dann spa-*

zierengegangen. Die Aktivität mußte zunächst von der Therapeutin ausgehen, sie selbst hatte trotz ihrer 21 Jahre keine Vorstellung, *wie so 'was abläuft.* Aus eigener Initiative konnte sie zunächst nichts machen und nichts sagen, keinen eigenständigen Prozeß beginnen. Sie befand sich über lange Zeit in einer Art vorsprachlicher Lähmung, bis dann erste kleine Schritte kamen: *manchmal ging (es) ja eigentlich noch, tja, manchmal habe ich schon was gesagt, ne?* Um im Bild zu bleiben: sie beim Gehen an die Hand zu nehmen, reichte bei ihr nicht, sie mußte noch als ganze Person umfaßt und getragen werden.

Fast alle der interviewten jungen Frauen beziehen sich in ihren Äußerungen auch auf das Ende des Weges, auf das Erreichen eines Ziels in der Beratung oder Therapie. Das erreichte Ziel heißt in den meisten Fällen: ich habe mich gefunden, ich habe zu mir gefunden. Das Ziel waren letztlich sie selbst.

Esther wußte, *was ich ja auch erreichen wollte,* nämlich ihre psychosexuelle Isolation und Hemmung überwinden. Am Ende fühlte sie sich *erleichtert, sehr gut, richtig, wohler* und *anders als vorher.* Der Weg, das Gehen dieses Weges, die Therapie hat sie verändert, sie hat *sich lösen* können aus gewohnten Verhaltensmustern, die sie gehemmt hatten.

Sabine hatte anfangs kein konkretes Ziel, sondern: *mehr so ein Gefühl, wo ich hin will.* Aber auf dem Weg wurde ihr das immer klarer und greifbarer: *den eigenen Willen finden.*

Für **Melanie** stand am Ende, daß sie sich in ihrer Persönlichkeit gefestigter erlebte: *von Jahr zu Jahr wurde ich stärker, mehr.* Ihr Ziel war *die Entwicklung zu meinem eigenen Ich, zu meinem Selbst.*

Auch **Anna** ist sich bewußt, daß sie mit der Therapie *einen Weg zurückgelegt* hatte, auf dem sie ihrem *Ziel näher gekommen* war. Sie war am Ende in der Lage, dem Licht und der Liebe in sich *Raum zu geben.* Sie war *weiter gekommen* und *weiter geworden.* Sie glaubt sich zum Zeitpunkt des Interviews zwar immer *noch unterwegs,* aber sie konnte nach Abschluß der Therapie in ihrem Leben *neue Wege anlegen.* Darüber hinaus hat sie das Bewußtsein gewonnen, daß sie ihre Vergangenheit nicht *wie einen alten* [Wander-]*Schuh ablegen* kann, sondern daß sie diese auf ihrem Weg mitnimmt in der Verpflichtung, *mit den Themen* der eigenen Biographie ständig neu *umgehen* zu lernen. Ihr Therapieziel war: *ganz konkret mich zu befreien.*

Für **Diana** war das Ende des Weges markiert durch das Gefühl, daß sie allem bisher Erlebten zum Trotz ein eigenständiges Leben führen konnte: *Daß ich trotzdem dazu in der Lage bin, mir 'was aufzubauen.* Am Ziel angekommen zu sein, bedeutete für sie, daß sie ihren Standpunkt und Standort gefunden hatte. Auch für die Zukunft, so sagt sie im Gespräch, sei ihr wichtig, *daß ich mir nicht alles verbauen möchte* oder *daß ich mir das nicht zubauen wollte.* Standort, Lage und Bauen sind Metaphern, die auf Örtlichkeit, Festigkeit und auf den Wunsch nach Seßhaftigkeit und Heimat hindeuten. Sie beinhalten aber auch die Gefahr des Sich-Abschottens. Vorrangig ist für Diana jedoch, daß die Wanderung, der Weg mit dem Ende der Therapie vorläufig an ein Ziel gekommen war, wo es galt, eine Bleibe zu bauen. Den Weg zu beenden, bedeutete für **Eva**, daß sie sich wieder *in der Reihe* befand, da, wo sie vorher aus ihrer Spur herausgefallen war. Am Ende wußte sie wieder: *Das ist mein Weg. Ich weiß ungefähr, wie der aussieht.* Die Beratung war für sie zu einer Quelle geworden: *Ich schöpfe daraus.* Das klingt nach wiedergefundener Orientierung für ihr alltägliches Leben und für sich selbst: *Ich hab auch zu mir gefunden.* Die Suche auf diesem Weg hat sie erfolgreich abgeschlossen.

Für **Regine** deutete sich das Ende des Weges dadurch an, daß *die letzten Stunden nur noch dahinglitten.* Was zunächst schwer und mühsam war, wurde zum Schluß hin leicht und schwerelos. Als sie die Therapie verließ, konnte sie etwas in den Händen halten, sie hatte ihre Lebenssituation *in den Griff bekommen.* Das bedeutete für sie in erster Linie, ohne Hilfe, selbständig und mit einem Lebensziel den eigenen Weg alleine weiterzugehen. *Ich bin auf dem Weg, mein wahres Selbst zu finden,* kann sie während des Interviews vertrauensvoll sagen.

Selbst **Beatrix**, die nicht das große Gefühl eines Entwicklungsweges aufbauen konnte, blickt auf ein Ergebnis, *auch wenn wir vielleicht nicht so dazu gekommen sind, über einiges so zu reden.* Sie ist gegenwärtig überzeugt: *Ich gehe da heute ein bißchen anders mit um. Trotz aller Sachen, eh, hmmp, würde ich es* [die Therapie] *trotzdem machen.* Auch die kleinen Schritte, die Beatrix in der Therapie machen konnte, haben sie weitergebracht und lebensfähig werden lassen, so daß sie es aus der Retrospektive nicht bedauert, sich darauf eingelassen zu haben.

Das Ende des Weges, das Ende der Therapie, verweist augenscheinlich bei allen auf das Ende eines Lebensabschnitts. Es markiert eine Zäsur bzw. den Übergang in eine neue Lebensphase.

Entwicklungsaufgaben im therapeutischen Prozeß

Alle befragten Mädchen sprechen in ihrem Interview über Fähigkeiten und Fertigkeiten, die sie auf dem beschriebenen Weg lernten, sich aneigneten und teilweise auch nachholen wollten. Sie haben in der Therapie einen Weg beschritten, der sie an ein Lebensziel führte, und auf diesem Weg haben sie ganz unterschiedliche Dinge gelernt, die es ihnen ermöglichten, das Ziel zu erreichen und ihr Leben in ihrem Sinn und in eigener Regie zu führen. Therapie stellt sich in diesem Kontext dar als unterstützende Maßnahme bei der Bewältigung von Entwicklungsaufgaben, die sich im Lebensabschnitt der Spätadoleszenz – individuell und allgemein zugleich – stellen. Diese Aufgaben lassen sich fünf Hauptaspekten zuordnen, die von den einzelnen Befragten zum Teil mehrfach und mit individuell je unterschiedlicher Schwerpunktsetzung genannt werden:

- kognitiver Aspekt der Entwicklung: *innehalten, sich bewußt werden, reflektieren, ordnen, verstehen, erkennen, begreifen, klarwerden*
- sensorisch-emotionaler Aspekt der Entwicklung: *wahrnehmen, spüren und (sich) fühlen, merken*
- interaktiver Aspekt der Entwicklung: *sich und anderen vertrauen, Kontakt aufnehmen, Beziehung gestalten*
- aktionaler Aspekt der Entwicklung: *sich entscheiden, wollen, handeln, machen, gestalten, umgehen, in den Griff bekommen*
- normativer Aspekt der Entwicklung: *zwischen gut und schlecht unterscheiden, beurteilen, Werte bilden oder verändern*

Innehalten und Reflektieren spielen besonders in **Sabines** Rückschau auf ihren Therapieweg eine zentrale Rolle. Die Erweiterung ihrer Wahrnehmung zeigte ihr einen Ausweg aus der Orientierungslosigkeit und dem Chaos, welche sie in ihrem Alltag empfand: *Nicht immer nur so rumschwimmen. Gucken, was um mich herum ist außer Freund und Eltern.* Diese Darstellung deutet auf eine Veränderung ihres früheren Blickwinkels und Gedankenspektrums und bedeutete für sie neue Handlungsmöglichkeiten: *durch eine Frage* [der Therapeutin] *auf eigene Gedanken selber kommen, oder eine Sache von einer ganz anderen Perspektive aus sehen.* Das brachte ihr auch eine wachsende Bewußtwerdung: *Ich fand, daß viele Sachen mir so bewußt geworden sind.* Aber dies geschah nicht nur in Hinblick auf die Umwelt, sondern auch in Blick auf sie selbst: *sich selber verstehen* und *selbst bewußter werden.* Damit gewann auch das bewußte und eigenständige Handeln an Bedeutung und ebenfalls die Überzeugung, *daß ich das selber schaffen kann und daß ich selber mir Kraft geben kann und mein ganzes Leben verändern kann, wenn ich möchte.* Sie machte immer neue Versuche, Ablösungsprozesse von der Familie und vom – gerade zu dem jeweiligen Zeitpunkt bindenden – Freund in Gang zu setzen, sich unabhängig zu machen von deren Ansprüchen an sie, von denen sie meinte, sie unbedingt erfüllen zu müssen. Sie versuchte, eine detaillierte Tagesplanung in die Tat umzusetzen, um dadurch *den eigenen Willen* [zu] *finden* und zu stärken. Das war ihr Hauptthema.

In **Esthers** Darstellung haben vor allem der Handlungs- und der Beziehungsaspekt einen wesentlichen Stellenwert im Entwicklungsprozeß. Sie wollte Kontakte *probieren, allein probieren, anders machen, selber machen,* was *erreichen,* dabei auch ein *Risiko eingehen* und Hindernisse *überwinden,* die in ihrer Gehemmtheit lagen. Das Tun und Machen, das in ihrem Willen begründet liegt, stand im Zentrum ihres Aufbruchs. *Ich sehe auch immer mehr, daß, wenn ich mache, was ich will, daß es gut ist, auch wenn es erst schmerzlich ist.* Sie sagte sich: *du mußt jetzt neue Sachen aufbauen* und *Sachen anpacken* oder: *ja, du machst das jetzt, wenn du das so willst.* Sie wurde sich in den Stunden klar, daß das viele Reden über die Dinge sie nicht weiterbrachte. Diese Impulse und Zielvorstellungen standen im Zusammenhang mit ihrer psychischen Ausgangslage der Isolierung und Kontaktlosigkeit. Sie wollte auf aktivem Wege Beziehungen – vor allem zum männlichen Geschlecht – finden und leben lernen. Damit *fing die richtige Arbeit erst an.* Darüber trieb sie das Motiv, sich aus den Fesseln eines falschen Engagements zu lösen, von einer *falschen Energie,* wie sie es nennt, die sie an terroristische Ideale und *schwarze Sachen* band. Das Erkennen einer falschen Identifikation führte sie dahin, *daß ich mich selbst begriffen habe, daß ich jemand bin. Vorher war mir das nicht so klar.* Auch der kognitive Aspekt vertiefte ihren Entwicklungsweg.

Bei **Melanie** waren es verschiedene Aspekte, die sie meinte lernen zu müssen bzw. gelernt zu haben. Auf der kognitiven Ebene waren es die Einsicht in die eigene Persönlichkeit und das Verständnis für die eigenen Fehler, aber auch ein Nachdenken über mögliche Zusammenhänge zwischen ihrer Kindheit und Problemen in der Adoleszenz: *daß ich mich reflektiert hab' in der Beratung, wie das alles so zusammenhängt, dadurch, daß alles aufgerollt ist. Ich hab' halt auch gelernt, mehr Verständnis für mich aufzubringen.* Nicht weniger wichtig waren für sie die Wahrnehmung sowie das Spüren ihrer Gefühle und der Umgang mit ihren Schamgefühlen im Wachstumsprozeß: *Ich habe gelernt, meine Gefühle zu entdecken, die verschüttet waren, die wohl immer da waren, überdeckt von Angst und Scham.* Und sie bemerkte, *wie schön es ist, wenn man seine Gefühle merkt und spürt.* Daneben ging es ihr natürlich auch um die Bewältigung der konkreten Anforderungen des Alltags, bei denen sie zunächst das Gefühl hatte zu versagen. Sie versuchte, den Konflikten in Familie, Schule und Internat nicht mehr aus dem Weg zu gehen, sondern sie aus eigenem Antrieb anzupacken, ihren Handlungsradius aufzubauen und zu erweitern. Sie hatte gelernt, wie sie es ausdrückt, *mit Konflikten umgehen können* und *mein eigenes Umfeld aufzubauen, also nicht nur innerlich, sondern auch räumlich.*

Auch bei **Anna** spielt das Nachdenken und Verstehen des eigenen Selbstprozesses eine entscheidende Rolle in ihrem Therapieprozeß. Sie wollte die alten Verhaltensmuster bei sich *selber beobachten, sich erkennen* lernen und Zusammenhänge *reflektieren,* um dadurch immer *bewußter* zu werden und *zu lockern, was vorher zwanghaft war.* Sie konstatiert, daß sie ohne die Therapie dieses Bewußtsein, diese *Bewußtseinserhellung* nicht erreicht hätte. Schon in diesem Wort finden wir die Verbindung der Worte *bewußt* und *hell.* So wählt Anna für den Vorgang der Bewußtwerdung, der für sie eine existentielle Bedeutung gewinnt, öfters die Metaphern des Lichts und der Weite: *ins Licht gehen, Licht in mir wachsen lassen, weiter werden.* Und sie setzt das *Licht gegen das Dunkel.* Mit dem Dunkel assoziiert sie den Tod oder den Wunsch nicht leben zu wollen, zu sterben. Durch ihre Gegenüberstellung von *Licht* und *Dunkel* läßt sich das Dunkel auch mit dem Unbewußten und Verdrängten verknüpfen. Denn alles, was sie bis zu ihrem 18. Lebensjahr, dem Beginn der Beratung, an Gewalt und

Mißhandlung in der Familie erlebt hatte, hatte sie ja verdrängt, indem sie es normalisiert, banalisiert, hatte. Der Durchbruch des bis dahin unbewußten Materials ins Bewußtsein wurde der Auslöser für ihre Beratungssuche. Diesen Vorgang schildert sie in Bildern einer Naturkatastrophe, als eine so *starke Kraft,* die sie *überschwemmt* und Angst und Schrecken auslöste, so daß sie *überwältigt* war und kurz vor einem Zusammenbruch ihrer Person stand. Die Kraft in ihr vergleicht sie auch mit einem *Pulverfaß*, das zu explodieren drohte. Dieser bedrohlichen, aus dem Unbewußten drängenden Energie setzte sie die *Kraft der Liebe und das Licht* entgegen. Sie will *Liebe gegen die Kälte* setzen. Diese Umwertung der Werte beziehungsweise diese *Bildung eigener Werte* in ihrem Leben, so betont sie immer wieder im Gespräch, sei eine Errungenschaft ihres therapeutischen Weges. Sie wollte *der Erinnerung etwas entgegensetzen,* ein Thema, welches sie über das Ende der Therapie bis in die Gegenwart hinein begleitet hat.

Daneben waren auch Aktivwerden, Handeln, Wahrnehmen und Spüren in ihrem Lernprozeß von Bedeutung. Sie, die ihren Körper als *vernarbt* beschreibt, die sich aus Schutzbedürfnis unempfindlich gemacht hatte, mußte lernen, Gefühle zuzulassen, Trauer, Schmerz, Freude. Sie entwickelte eine neue Empfindsamkeit. Sie lernte die Welt neu sehen, so als sähe sie sie zum ersten Mal: *und die Sonne schien. Es war Herbst, es war überall Tau auf den Gräsern, und ich habe irgendwo gesessen und unheimlich geweint, und als ich dann die Augen aufgemacht habe, habe ich gedacht, ich sehe die Welt zum ersten Mal.* Aber auch *Kälte und Schnee* sind für sie nicht nur konkret spürbare Dinge, sondern auch Metaphern für ihre Angst und Einsamkeit, die sie sich im Therapieprozeß zu spüren erlaubte. Das Erleben von Gefühlen und die Einsicht in ihr Leben beflügelte sie zu handeln. Sie wollte die in der Familie gelernten *Verhaltensmuster auflösen,* ihre Lebenssituation und ihren Alltag *anders gestalten,* dabei *anders handeln,* einfach *die Dinge tun, die zu tun sind,* das heißt, sie wollte Schritte gehen, die sich konsequenterweise aus ihrem Entwicklungsprozeß für sie ergaben. Das war primär die äußere wie innere *Abgrenzung* und Trennung *von der Mutter, die konkrete Befreiung* aus dem familiären Gewaltmilieu. Der Weg der Therapie wurde zu einem ungeheuer dynamischen und facettenreichen Entwicklungsprozeß für Anna: *Da hat so viel Entwicklung stattgefunden. Da hat so eine starke Entwicklung stattgefunden,* sagt sie in der Rückschau. Diesen Entwicklungsvorgang kleidet sie auch in Wachstumsmetaphern. Die Therapie hat bei ihr *Wurzeln gelegt* und *Samen gesät,* so daß der *Baum,* als den sie sich sieht, sich *verzweigt* hat und *Früchte* bekommen hat. Nach und nach ist auch das Licht in ihr *gewachsen* und alles ist *heller geworden.* So stellt sich die Therapie von Anna als ein Prozeß vielfältiger Entwicklungsaufgaben dar, besonders der Erkenntnis und Reflexion, des Spürenlernens und neu Wahrnehmens, des Unterwegs-Seins und Handelns, der Wertebildung und des Umgangs mit alten Themen und verdrängten Inhalten des Unbewußten.

Diana betrachtet ihren langen Therapieprozeß vor allem als einen komplexen und schwierigen Lernprozeß. Sie merkte in seinem Verlauf, daß sie vieles nachholen mußte, was sie in ihrer Kindheit nicht gelernt hatte: *und wenn man's nicht gelernt hat, wie man's gut mit sich machen kann, dann muß man's halt* [später] *lernen.* Auch von ihr werden verschiedene Entwicklungsaspekte angesprochen. Die Bedeutung des kognitiven Faktors drückt sich in dem häufigen Gebrauch solcher Wörter wie *überlegen, begreifen, verstehen, unterscheiden, erkennen, Bedeutungen erfassen* aus. Diese Wörter bezieht sie auf ihre Person, auf das Lernen, auf das Leben schlechthin. Und der therapeutische Prozeß garantierte ihr damals, *daß das Lernen weitergeht, daß das alles jetzt weitergeht.* Weg und Entwicklungsaufgabe sind miteinander verknüpft. Zu differenzieren, wer Freund und wer Feind war, zu schauen, *wo schütze ich mich und wo öffne ich mich,* war für sie keine selbstverständliche Voraussetzung. Sie mußte lernen zu *unterscheiden, was gut und was schlecht* für sie war. Ähnlich wie Anna mußte auch Diana die für sie geltenden Normen erst entwickeln, bzw. neu bestimmen. Neben den kognitiven Leistungen begann sie, ihre *Sinne zu entdecken:* riechen, schmecken, spüren, wahrnehmen. Nur über die Wiederbelebung ihrer Sinne und Gefühle konnte sie die Kraft entwickeln, ihren Weg zu gehen und sich zu verteidigen. Aber dieses *Fühlen, was ich vorher nicht fühlen konnte,* bedeutete, daß ihre Gefühle, die sie bis dahin eingefroren hatte, erst auftauen mußten: *Ein Auftauen. Was alles vorher so vereist war und nicht empfunden war, was zwar alles da war und auch durchsichtig war, also wie in so einem gefrorenem Eis.* Die therapeutische Arbeit vergleicht sie für sich mit dem Auftauen des gefrorenen Eises, und der Auftauprozeß war wie das Durchbluttwerden eines eingeschlafenen Körperteils, der zuvor ein *taubes Gefühl* vermittelt hatte: *Das ist so 'n Auftauungsprozeß und ein taubes Gefühl, daß Du wieder lebendig wirst – und auch mit dem Schmerz.* Wenn das eingeschlafene Glied wieder durchblutet wird, bringt das unangenehme Schmerzen. Wo vorher Betäubung war, gibt es nun Schmerzen und Lebendigkeit. Der Körper empfindet sich selbst wieder. In Analogie dazu war die Zeit der Therapie für Diana *die Zeit der allergrößten Schmerzen, körperlich und seelisch.* Das wiederholte sich im Verlauf *immer mehr* und *immer wieder.* Die Wahl dieser Wörter machen den Prozeßcharakter ihres Erlebens deutlich. Die Schmerzen und das Aushalten der Schmerzen waren der Preis für die therapeutische Arbeit, die Entwicklung und Leben versprach. Und daß am Ende in der Therapie aus dem Eis Wasser wurde, verdeutlicht sie durch die Metaphern von Strom, Flut und Ebbe: *Es ist wie ein Strom gewesen, wo ich drauf geschwommen bin.* Das Auf und Ab des Weges kam am Ende zur Ruhe, wie es Ruhezeiten gibt bei den Gezeiten des Meeres: *wie Gezeiten, so was ganz Sanftes, was so ausgelaufen ist, wo dann die Flut plötzlich zur Ebbe geworden ist.* Das Bild des Wasser, das hier das Bild des Weges ersetzt, zeigt, daß schließlich Lernen und Leben für sie leichter geworden sind. Sie schwimmt auf der Woge und geht mit dem natürlichen Rhythmus der Gezeiten.

Aber bevor dieses möglich wurde, mußte sie sich immer erneut die Frage stellen: *was muß ich machen, um weiterzukommen? Was will ich machen? Was will ich wirklich?* Damit wurde auch bei Diana der Aspekt des Handelnkönnens, des selbstbestimmten aktiven Tuns bedeutsam. Ihr war es wichtig, in ihrem Leben *was aufzubauen* und sich nicht alles zu *verbauen* oder *zuzubauen.* Mit dem Erkennen und Erleben des eigenen Wertes wuchs ihr Ich und konnte nach dem eigenen Willen und Wollen fragen. Und dieses neu gewachsene Selbstwertgefühl wurde zunehmend unabhängig von den Leistungserwartungen und Ansprüchen der Eltern und Lehrer, die sie ursprünglich meinte, unbedingt erfüllen zu müssen. Handeln zu wollen und handeln zu können wurden so in der zweiten Hälfte ihres Therapieprozesses immer raumbestimmender. Diana erlebte *zunehmend mehr Verantwortung und mehr Selbständigkeit und mehr Ablösung* in ihrem Leben und konnte von daher auch die Trennung von der stützenden Begleitung der Therapeutin vorantreiben

Für **Eva** ging es im Beratungsprozeß in bestimmendem Maße um das Greifen und Begreifen. Therapie bedeutete für sie die Hoffnung, sich eine Orientierung in einer unübersichtlichen Lebenssituation zu verschaffen, ihr Leben wieder in den Griff zu bekommen. Mit Hilfe der Therapeutin wollte sie herausfinden: *einfach, daß ich mehrere Wege habe. Ich brauch bloß zu greifen.* In diesem Greifen liegt auch der Aspekt des Handelnwollens. *Klarkommen* mit ihrem Leben, mit sich, mit ihren Eigenheiten und Problemen, war das, worum es ihr ging. Sie wollte auch das ängstliche und verlorene Kind in sich *ein bißchen begreifen.* Immer wieder taucht in ihrer sprachlichen Darstellung das Begreifen und Verstehen auf. Ihr lag daran herausfinden, wie die Dinge waren und wie sie beurteilt werden könnten. Sie wollte über sich ihre Erfahrungen sprechen. Ihr Ziel war es, und das fand sie äußerst spannend, *wie ich mein Leben gestalte.* Aus dem alten Zustand herauszukommen und einen neuen zu gestalten, dafür wollte sie sich auch anstrengen: *Ich hatte einfach den Willen, wieder da 'raus zu kommen.* Ihr war bewußt, daß das auch aus sich selbst *rauskommen* bedeutete, indem sie ihre Probleme aussprach und reflektierte. Sie machte die Erfahrung, daß sich auf diese Weise auch Probleme erledigten. Um diese dringende innerpsychische Arbeit tun zu können, erhoffte sie sich durch die Therapie eine Atempause, ein Art Einfrieren ihres erhitzten Zustandes: *... daß alles so eingefroren wird.* Das klingt anders als bei Diana nicht nach erkalteten Gefühlen, die aufgetaut werden müssen, sondern nach einer gewünschten Ruhezeit, die die überhitzte Lebenssituation abkühlen und ihr eine Pause, ein Moratorium, vergönnen könnte. Auf diese Weise würde sie wieder damit *auf den richtigen Weg* und *in die Reihe* kommen. Sie war sich sicher, daß sie, wenn sie die Dinge *begriffen* hätte, ihr Leben auch wieder in den Griff bekäme, denn *wenn es mir besser geht, daß ich dann zeigen kann, was ich noch kann.* Die Aspekte des

Innehaltens, Begreifens und des Handelns standen für sie in einem zwingenden Zusammenhang. Als es ihr gelang, diese innere Abfolge in sich zu erschließen, wurde in ihr das Gefühl, daß sie ihren Weg und zu sich gefunden hatte, lebendig.

Auch **Regine** ging es in der Beratung darum: *mich besser kennenzulernen.* Therapie war für sie vor allem Lernen und Arbeit, ähnlich wie bei Diana. Sie wollte lernen, was sie in ihrer *Kinderstube* nicht lernen konnte, vor allem im emotionalem Bereich. Das bedeutete für sie konkret, mit Gefühlen und körperlichen Berührungen umgehen zu lernen. Sie wollte an sich selbst *arbeiten,* Grundsätzliches bei sich erarbeiten. Das hieß, daß sie die *Beweggründe,* die ihr Leben ausmachten, erkennen wollte. In 'Beweggründe' steckt: sich bewegen und bewegen lassen, steckte der Weg und der Grund und darüber hinaus die Gründe, die sie hatte und die sie auf den Weg brachten. Durch die Therapie wurde etwas in ihr *bewegt und entwickelt.* Was sie lernte, hatte auch bei ihr mit Handeln, Reflektieren und sinnlichem Wahrnehmen zu tun: *Meine Gefühle halt wirklich zum Ausdruck zu bringen,* das innere Eis zum Schmelzen zu bringen, ähnlich wie bei Diana, damit die anderen bald sagen könnten: *Du bist ja doch nicht so'n Eisblock.* Ihr Streben war, leichte Berührungen ertragen zu lernen, Lust empfinden zu können, den eigenen Körper zu akzeptieren. Am Ende des Prozesses gelang es ihr bereits, ihre *Gefühle und ihre Gesamtsituation recht deutlich zu schildern, nicht nur von den Gedanken her, sondern auch von den Gefühlen her.* Sie lernte, auch den eigenen Schmerz, *Sachen, die wehgetan haben,* auszuhalten. Auch der Wille, sich ihrer Lebenssituation bewußt zu werden, war stark ausgeprägt. So war sie zufrieden, *weil mir sehr viel bewußt geworden ist über mich selbst.* Sie machte sich viele Gedanken über ihre Kindheit und die Erziehung ihres Elternhauses, weil sie hier Gründe für ihre Blockaden suchte. Im Sprechen wollte sie sich Klarheit über die Ursachen ihres Leidens verschaffen: *Das waren wirklich wichtige Themen, die auch eigentlich alle geklärt wurden, mehr oder minder.* Ihr Wunsch war es, deutlicher sehen zu lernen, was sie selbst anging, sich selber besser kennenzulernen, *das Ganze in den Blick bekommen.* Dieses Klären und Erkennen hatte für sie *etwas mit Wahrheit finden* zu tun, und zwar ihre ganz subjektive Wahrheit.

Auch die Aspekte der Interaktion und des Handelns hatten bei Regine Stellenwert. Sie wollte *Vertrauen aufbauen* zu anderen Menschen, etwas gegen ihre blockierte Lebenssituation *unternehmen,* herausfinden, was sie wollte, und das hieß, ihren Willen zu stärken und bewußt Entscheidungen zu treffen. Ihre Absicht war es, Lösungen für ihre Probleme zu finden und sich von ihren Eltern zu lösen. Auf Dauer wollte sie das *alleine schaffen.* Sie wollte sich mit der Einstellung zu ihrem Körper *auseinandersetzen* und die Sache in der Therapie *durchziehen.* Das sind viele Wörter, die das aktive Tun betonen. Das Ergebnis ihres therapeutischen Lernens faßt sie in dem Eindruck zusammen, ihre Probleme einigermaßen bewältigt zu haben, ihre Lebenssituation *in den Griff bekom-*

men zu haben: *Ich habe mich selbst erkannt. Ich kann meine Gefühle wirklich zum Ausdruck bringen.* Auch sie stellt – vergleichbar mit Eva – den Zusammenhang zwischen dem (sich selbst) Begreifen und der Lebensbewältigung her.

Das Hauptlernfeld von **Beatrix**, die vorrangige Lernaufgabe in ihrer Therapie, war eindeutig Vertrauen zu lernen, Vertrauen zu fassen. *Ja, das war im Prinzip das Einzige, von vorne bis hinten,* sagt sie nachträglich selbst dazu. Der interaktive, dyadische Aspekt der Entwicklung nahm in ihrem Prozeß fast den ganzen Raum ein, so daß sie im Gespräch den Eindruck äußert, daß anderes unterentwickelt blieb: *Ich selbst hab's ja nie irgendwie gebacken gekriegt* oder *was ich nie kapiert habe.* Was sie in Hinblick auf sich selbst in der Therapie nur ansatzweise verstehen konnte, konnte sie anderen, beispielsweise den von ihr betreuten Kindern im Internat, plausibel machen. Noch im Interview kommt sie sehr häufig mit der Überlegung: *aber ich weiß nicht.* Das, was sie im therapeutischen Raum erlebt und gelernt hat, lag offensichtlich nicht auf der kognitiven Ebene, sondern eher im vorsprachlich-vorbewußten Bereich. So muß Beatrix im Rückblick sagen: *Wir haben nicht viel geredet, eher geschwiegen. Richtige Themen, da kamen wir ja irgendwie nie dazu.* Der einzige Weg der Mitteilung war gelegentlich die verdeckte Form der brieflichen Darstellung: *ja, alles das, was ich nicht gesagt habe, würde ich behaupten.* Ihr Entwicklungsthema kann sie auch nachträglich nur andeuten, da es sich offensichtlich um eine präverbale Vertrauenssuche, um ein grundlegendes Vertrauenserlebnis handelte. Im therapeutischen Rahmen war auch ihre Handlungskompetenz (d.h. aktiv werden, Verantwortung übernehmen, Entscheidungen treffen) blockiert: *was ich nie gemacht habe. Aber ich konnte es halt nie ... nie in den Stunden irgendwie, ne. Das war irgendwie das Problem.* Die nach außen gerichtete Fähigkeit, ihr Leben einzurichten und zu handeln, stellte sich nachträglich schneller her als die Möglichkeit, ihr Leben und ihre Person zu reflektieren. Zum Zeitpunkt des Interviews kann sie allerdings sagen: *Ich gehe da heute ein bißchen anders mit um.* Und auch ihre Bereitschaft und die Fähigkeit, ihren therapeutischen Prozeß überhaupt in einem Interview zu bedenken und zu besprechen, wertet sie retrospektiv als einen bedeutenden Entwicklungsschritt.

9. Kapitel
Beratung und Therapie als existentielles Ereignis und Wendepunkt

> Für jeden von uns sind
> Geburt und Tod und Heranwachsen
> einmalige Gegebenheiten,
> sie kommen nur ein einziges Mal vor
> und lassen sich nicht wiederholen,
> jedenfalls nicht ohne weiteres.
> Peter Hoeg, Der Plan zur
> Abschaffung des Dunkels

Beratung und Therapie haben aus der Sicht aller befragten Spätadoleszenten nicht nur den Charakter eines Entwicklungswegs, eines Zeitraumes, wo sie professionelle Hilfe und Unterstützung erfuhren, um den Schritt ins Erwachsenendasein zu meistern. Sie haben auch den Charakter eines herausragenden Ereignisses, das im Verlauf punktuell oder ganzheitlich erfahren wurde. Die Therapie als ein – wenn auch unterschiedlich langer – Abschnitt im Lebenslauf wird von allen Mädchen als existentielle Wende erlebt. Beratung und Therapie werden in dieser Altersgruppe und in dieser Entwicklungsphase zum 'Kairos', existenzphilosophisch gesehen zu einem bedeutenden Augenblick, zu einem Zeitpunkt, auf den es ankommt und in dem eine weitreichende Entscheidung getroffen werden muß. Dieser Augenblick ist entwicklungspsychologisch ein günstiger, der richtige Zeitpunkt, eben ein 'Kairos'. Wird er genutzt, dann wird er zu einem Schlüsselerlebnis für die Betroffenen.

Diesen Erlebnischarakter der Beratung beschreiben die befragten Mädchen übereinstimmend, wenn auch durch individuelle Wortwahl. Ich versuche, ihre Ausführungen, die alle die besondere und einmalige Bedeutung dieses Lebensabschnittes herausstellen, mit Hilfe von sieben verschiedenen Kategorien auszudifferenzieren. Diese sollen den detaillierten persönlichen Aussagen der Interviewten vorausgeschickt sein, um sie zu 'grundieren'.

- Das Eigentliche. Zu dieser Kategorie gehören sprachliche Wendungen wie: *wesentlich, einmalig, einzigartig, grundlegend, überhaupt*
- Das Umfassende. Unter dieser Kategorie fasse ich Ausdrücke wie: *absolut, ewig, total, ganz, viel, groß, alles, das Ganze, das Ausmaß* zusammen
- Die Extreme. Dazu gehören Wörter wie: *oben und unten, Höhepunkte und Tiefpunkte Loch, Bodenlosigkeit, Sturz in die Tiefe, alles oder nichts, nie und immer*

- Die Grenzerfahrung. Diese Kategorie beinhaltet: *Gratwanderung, Grenze, Grenzgang, Einschnitt, Zäsur, höchste Verwirrung, Wahnsinn, bescheuert, abgedreht*
- Krise und Rettung. Diese Kategorie umfaßt zwei Pole, einmal: *Untergang, Tod, Nacht, aus, Schluß, Alptraum, Zusammenbruch, Scheiße, zerbröseln;* zum anderen: *Wunder, Licht, Ruhe, Erkenntnis, Bewußtsein, Leben, Tag*
- Die Erneuerung. Zu dieser Kategorie gehören die Redewendungen: *neu, einfach, nichts drum herum, kein Schnörkel, Geburt, aufwecken, anfangen*
- Entscheidung und Wende. Dazu gehören Wörter wie: *Weichenstellung, umpolen, Knackpunkt, umkrempeln, entscheidend*

Besonders deutlich kommt das Erlebnis der existentiellen Wende in den Interviews der Jugendlichen zur Sprache, die über einen längeren Zeitraum (5–7 Jahre) eine therapeutische Lebensbegleitung in Anspruch nahmen: das sind **Diana** und **Beatrix**. Dazu kommt auch noch **Anna** (1 ½ Jahre), die durch den plötzlichen Unfalltod ihres Bruders während der Therapiephase in eine tiefe existentielle Krise gestürzt wurde. Bei ihnen allen war die Frage nach Leben oder Sterben eine sie über eine längere Zeit ernsthaft bewegende Frage. Sie erlebten das Ausmaß von Krise und Rettung am tiefgreifendsten.
Für **Diana** war fast die gesamte Therapiezeit eine Gratwanderung zwischen Leben und Tod: *und daß es für mich so'n Zustand zwischen Leben und Tod war, die ganze Zeit, wo ich mich weder für das eine oder andere entscheiden konnte und ich lieber tot gewesen wäre.* Ihre Existenz war in dieser Zeit eine Grenzerfahrung, eine umfassende Grenzsituation. Die Frage: *Will ich leben oder nicht?* bleibt ihr Hauptthema. Eine andere existentielle Grenze, die sie berührt, ist die wahnsinnige Angst, geisteskrank zu werden. Diese Angst überfiel sie, nachdem sie die Erfahrung gelegentlicher Absencen machte, die an krisenhafte Beziehungserfahrungen mit ihrem Freund gekoppelt waren, immer dann, wenn keine Versöhnung mit ihm möglich schien. Es war das Erleben, geistig wegzutreten, nicht mehr ansprechbar zu sein und das Atmen auf ein Minimum zu reduzieren. Sie bezeichnet dies nachträglich als eine ganz kritische und sehr extreme Situation, deren Essenz sie aber nicht genauer beschreiben kann. Es war wie ein Weggehen, ein Rückzug von ihrer geistig-seelischen Existenz. Das, was ihr die Therapeutin dann als Krisenintervention anbot, erlebte sie wie eine Rettung, als eine *Wiederbelebung* des Körpers und der Seele, um zu *retten, was noch zu retten war,* weil *das für mich so'n Zurückholen ins Leben war.* Im Erleben der Jugendlichen fand hier so etwas wie eine Wiedergeburt unter unsäglichen Schmerzen statt. Das, was die Therapeutin für sie tat, war *ein Wahnsinnsauffangen,* d.h. sie wurde in ihrem Wahnsinn aufgefangen. Und daß so etwas überhaupt möglich war, *das war für mich eigentlich undenkbar.* Die Bedeutung, die die Therapie für sie hatte, ist für sie eindeutig: *ohne Beratung*

hätte ich nicht überlebt. Allein hätte sie es nicht geschafft, das ist ihre Überzeugung. Ihre existentiellen Krisen in jener Zeit, beispielsweise ein weiterer Suizidversuch nach dem Scheitern der ersten Freundschaft mit einem Jungen, bezeichnet sie als *Zusammenbruch,* als *Rausgebrochenes* und als *ausschlaggebenden Punkt, daß ich gar nicht mehr wollte.* Dieses Nicht-mehr-Wollen hing für sie mit der unsäglichen Mühsal des *Überlebenskampfes* zusammen, den sie führen mußte.

In besonderer Form stellte sich die existentielle Grenzsituation, die Ambivalenz von Lebenswillen und Todessuche, beziehungsweise der Kampf um das eigene Leben, auch bei **Anna** dar. Bedingt durch den Tod ihres Bruders, mit dem sie in einer Lebens- und Wohngemeinschaft in Abgrenzung zu den Eltern lebte, stürzte sie in eine noch tiefere Krise mit psychotischer Symptomatik während der Therapiephase. Alles wurde dadurch in ihrem Leben *umgekrempelt,* wie sie sich ausdrückt. Sie durchlebte eine Zeit des *totalen Tiefs, der längsten und schlimmsten Nacht ihres Lebens, die dunkelste Zeit.* Es war für sie, als wenn sie *ständig unter Wasser ... und am Untergehen* wäre; ihr Leben *zerbröselte.* Der aktuelle Schicksalsschlag, den sie erlebte, verstärkte und verschärfte die Konfrontation mit der eigenen Grenze in einer besonderen Intensität und Radikalität. Um so dringlicher setzte sie sich mit der Lichtseite des Lebens auseinander, als die lebensbejahenden Anteile in ihr Oberhand gewannen. Dies geschah, als sie sich an die Liebe erinnerte, die sie in ihrem Leben erfahren hatte, an *all das Licht, was ich gesehen habe. Das hat dann so richtig 'klick' gemacht. So ein Knackpunkt war das. All das Licht und all die Liebe.* Diesen existentiellen Augenblick beschreibt sie auch als eine Art Durchbruch, was erneut an die Geburtsmetapher erinnert: *Und als ich dann die Augen aufgemacht habe, habe ich gedacht, ich sehe die Welt zum ersten Mal,* und an anderer Stelle: *dann war's durch, und ich war wieder da.* Die Krise bedeutete bei ihr, um in den Bildern zu bleiben, ein Hinabgetauchtwerden in das Wasser, in die Tiefe, in das Dunkel, in die Nacht, in das Es, wo es kein klares Bewußtsein und keine Handhabe mehr gab. Und dann war da ein Wendepunkt, der ein *Weichenstellen,* ein *Umpolen* und *Umdrehen,* ein *Kippen* beinhaltete. Wo ein Minus gewesen war, wurde ein Plus gesetzt. Sie war wieder aufgetaucht zum Leben. *Ich habe einfach in eine andere Richtung geguckt,* beschreibt sie ihre Haltung. Die war sicher nicht 'einfach im Sinne von 'leicht', sondern im Sinne von 'neu' und 'grundlegend'. Und auch das 'Gucken', das Sehen, weist auf einen neu gewonnenen Bewußtseinszustand des Ichs hin, auf eine Wandlung der Gefühle und der Sichtweise: *Also nicht ins Dunkle gucken, sondern sich umdrehen und die Kerze anschauen, die den Schatten erzeugt.* Es entstand ein neuer, unverbrauchter Blick auf das Leben und die Welt. Und für Anna ist es ganz klar, daß sie diesen Punkt nicht erreicht hätte, ohne den stützenden Raum der Therapie, ... *daß ich, wenn das* [die Therapie] *nicht gewesen wäre, nicht da wäre, wo ich jetzt bin.* Die Einmaligkeit des Beratungsereignisses, die Wende, drückt sich bei ihr darin aus, daß sie auch noch nachträglich kein Zeitgefühl, keine Struktur für diese Phase der Therapie ausmachen kann: *Das kommt mir ewig vor.*

Auch für **Beatrix** war die Therapie eine lang andauernde Grenzerfahrung, eine ständige Konfrontation mit ihrer Existenz an der Grenze zwischen Sein und Nicht-Sein. Ihre Grenze zu erfahren, bedeutete für sie das schmerzhafte Erlebnis, nicht über sich selbst, über ihre inneren Angelegenheiten und ihre Kindheit sprechen zu können. Die Grenzerfahrung war das Schweigen-Müssen (*schweigsam wie fast alle* [Therapie-]*Stunden),* war die Erfahrung, über keine Sprache für das, was sie eigentlich betraf, zu verfügen, d.h. existentiell sprachlos und stumm zu sein. In der Sprachlosigkeit erlebte sie zum ersten Mal bewußt die schon immer existente Einsamkeit und Isolation ihres Lebens. Wie in einem Fokus konstellierte sich diese Tatsache im Schweigen: *Wenn da fünf Minuten Schweigen war, war es aus und vorbei. Da war dann Aus. Sense. Schluß.* Der Kontakt mit dieser existentiellen Grenze oder diesem Tiefpunkt war für sie *ein purer Alptraum* und *Wahnsinn,* eine kaum auszuhaltende Situation. Es stellte einen Nullpunkt, das Ende, Verzweiflung, die Nähe zum Tode dar. Dieser absolute Krisenpunkt war für sie *Scheiße,* ein häufig von ihr benutztes Wort. Und *Scheiße* ist Auswurf, ist Ekliges, ist das Letzte, für sie der letzte Dreck ihres Lebens. Das Wort *Scheiße* deutet vermutlich auch auf ihre Existenzangst hin (man hat Schiß) in einem Leben, das bis dahin nicht gelungen war und nicht zu gelingen schien. Damit ging es in ihrer Therapie um den Grund ihrer Existenz. In diesem Kontext fällt der häufige Gebrauch unterstreichender, emphatischer Adjektive wie *grundlegend* und *eigentlich* in ihren Aussagen auf. In diesem 'Grund' lag auch der Wendepunkt für Beatrix. Sie sah Tiefpunkte und Höhepunkte in ihrer Therapie, bei denen Höhe und Tiefe zusammenfielen, ein Paradoxon: *Tiefpunkte, eigentlich, gab es ... ganz komisch ... also ich würde eher behaupten, so'n Tiefpunkt, wenn es den mal gab, war gleichzeitig auch immer ein Höhepunkt. So separat Ruhepunkt und Tiefpunkt gab's irgendwie nicht.* Ein solches Ereignis, das Tiefpunkt und Höhepunkt gleichzeitig war, d.h., wo der Tiefpunkt zum Höhepunkt wurde, wurde gleichzeitig auch zu einem Ruhepunkt, so wie im Auge eines Taifuns. Diesen Punkt bezeichnet sie, genau wie Anna, als einen *Knackpunkt,* einen Moment, an dem es knackt, an dem etwas durchbricht oder aufbricht. Dieser Augenblick in der Therapie ermöglichte ihr den Ausbruch aus ihrer Einsamkeit und den Durchbruch zum Kontakt mit der Therapeutin. Es war ein existentieller Kontakt. Davor lag immer der *Alptraum,* das Elend: *Und dann war's aus und vorbei und danach war's gut.* Und an anderer Stelle sagt sie: *Irgendwo war das dann Scheiße, mehr als Scheiße. Aber es war auch ein Knackpunkt, weil danach ... wo ich danach mal richtig heulen konnte. Konnt' ja nie.* Oder zusammengefaßt: *zuerst Scheiße und dann gut so. Und so war es die ganze Zeit. So war es immer.* Dieser Kontakt, diese Berührung war für sie lebensrettend, indem sie weichwerden, auftauen konnte. Das, was sie als *gut* bezeichnet, war beispielsweise ein In-den-Arm-genommen-

Werden durch die Therapeutin oder die Möglichkeit, zu weinen in ihrer Gegenwart. Es waren erste vorsichtige Gesten des Vertrauens einer anderen Person gegenüber. Die innere Erstarrung konnte sich für Momente auflösen. An anderer Stelle bezeichnet sie einen solchen Moment mit *geweckt werden*. Solche Erlebnisse waren oft eingebunden in Stunden, in denen die Therapeutin betroffen und ärgerlich auf sie und ihr Schweigen reagierte. *Das war zwar immer blöd in dem Moment* [sie meint damit das „Meckern" der Therapeutin], *aber es hat mich dann wieder geweckt.* Was vorher leblos war, wurde nun von Beatrix als lebendig erlebt. Es war, als ob sie aus einer seelischen Todesstarre aufgeweckt werden mußte. Diese Momente waren es, die sie ausharren ließen und die dazu führten, daß sie die Therapie trotz aller Blockaden als einen tiefgreifenden Einschnitt in ihrem Leben ansieht, dessen Qualität sie auch im Nachhinein nicht verbalisieren kann. Die existentielle Erfahrung bleibt unsagbar, ungreifbar: *Ja, das ist eine große – 'hmpf'. Was war das Neue? Viel* (Lachen). *So genau kann ich das jetzt nicht sagen.* Das, was mit diesem Einschnitt, mit dieser Lebenszäsur verbunden ist, kann sie nur mit *viel* und *groß* umschreiben. Auch was ohne Therapie für sie gewesen wäre, kann sie nicht voll in Sprache fassen: *und ich denke mal, ohne das ...!* Aber durch die Therapie gelingt es ihr, ihr Lebensziel zu formulieren: *zu leben, und das war's denn auch schon.*

Auch bei **Melanie, Sabine** und **Regine** waren suizidale Impulse motivationale Aspekte bei der Beratungssuche, doch das Thema „Will ich leben?" wurde von ihnen nicht mehr so grundsätzlich gestellt wie bei der zuerst vorgestellten Gruppe der interviewten Mädchen. Ihre Frage lautete eher: Wie will oder kann ich leben? Schon der Eintritt in die Beratung hatte bei ihnen die akute Suizidgefahr aufgehoben. Dennoch lassen sich auch in ihren Darstellungen Metaphern finden, die das außergewöhnliche Ereignis der Therapie in der Lebensphase der Spätadoleszenz beschreiben.

Ähnlich wie Anna vermutet auch **Melanie**, daß sie ohne die Hilfe in der Therapie ihr Leben nicht geschafft hätte: *sonst wäre ich untergegangen.* Mehrfach betont sie, daß diese Zeit der wichtigste Abschnitt in ihrem bisherigen Leben gewesen sei. Sie hatte zu Beginn dieser Lebensphase das Gefühl, daß die einfachsten Dinge bei ihr nicht mehr funktionierten. So konnte sie beispielsweise aus Angst vor den Mitschülern nicht mehr den Unterricht besuchen und die Schule betreten. Wie sollte sie ihr Leben aufbauen und bestehen, das war ihre Frage. Daß sie sich damals in einer Grenzsituation befand, formuliert sie wörtlich so: *ich bin an meine menschliche Grenze gekommen.* Diese Grenze war die Konfrontation mit ihrer Nicht-Existenz; etwas, was bei ihr allerdings weniger mit einem Todeswunsch verbunden war als beispielsweise bei Diana. *Ich hätte nicht mehr existieren können,* sagt Melanie in dem Interview, *weil dieser Teufelskreis, der brennt einen so aus, daß man wirklich stirbt daran.* Dieses Ausgebranntsein brachte sie in Kontakt mit einem Zustand der inneren Leere, der sie in Verzweiflung und Angst stürzte. Ähnlich wie bei Diana und Beatrix war es bei ihr auch eine Angst vor dem Verrücktwerden: *Ich kenne das, daß man irgendwann seine Normalität verliert, also ich habe das schon gemerkt, daß sich da irgendwas dreht in meinem Kopf.* Auch hier wird das Ungewisse, Ungreifbare, ja Unheimliche dieses Zustandes formuliert, der sie in Angst und Schrecken versetzte. Und wenn sie an anderer Stelle sagt, daß dieser Gefühlszustand später von ihr *gewichen* sei, dann denke ich unter Bezugnahme auf den *Teufelskreis,* in dem sie sich gefangen fühlte, an eine Art Austreibung oder Exorzismus durch die Therapie. In diesen Bildern stecken auch Aspekte von Wandlung und Neubeginn, die Melanie mit diesem Lebensabschnitt verbindet: *weil ich dadurch gelernt habe, ein Mensch zu sein oder zu werden, in dem Sinne, daß ich merke, daß ich überhaupt existiere.* Dieses 'werden' läßt wieder Assoziationen mit der Metapher der Geburt oder Wiedergeburt zu, die wir auch in Dianas Interview vorfinden, und die hier mit der Geburt der Selbst-Erkenntnis einhergeht. Diese Singularität des Ereignisses betont Melanie, wenn sie sagt: *Das war der wichtigste Abschnitt in meinem ganzen Leben. Ich weiß nicht, wo ich heute stehen würde, wenn ich damals nicht die Beratung aufgesucht hätte.* Auch für sie wurde die Therapie in dieser Lebenszeit der Jahre von 18 bis 22 zum existentiellen Wendepunkt.

Auch **Sabine** ist davon überzeugt, daß die Phase der Beratung (die vorhergehende jugendpsychiatrische Behandlung eingeschlossen) eine einschneidende Zäsur in ihrem Leben war. *Ich glaube auch, daß diese Therapie zusammen mit der Psychiatrie so gravierend was geändert hat, daß ich wirklich mit dem, wie ich früher war, wenig zu tun hab'.* Der krisenhafte Zustand drückte sich bei ihr so aus, daß, so sagt sie: *ich aus dem Chaos hier angekommen bin* mit dem Gefühl *orientierungslos rumzuschwimmen.* Sie spricht nicht vom 'Untergehen im Wasser oder Strudel' wie beispielsweise Anna, sondern von der Unfähigkeit, das Wie und Wohin und Wozu ihres Lebens zu bestimmen. Denn von Innen kam keine Orientierung, da spürte sie *so eine Leere,* dem ähnlich, wie auch Melanie ihren Zustand umschrieben hatte. Und das Gefühl des Elends, das Sabine dadurch verspürte, ist ihr auch *unheimlich,* so wie es einigen der bisher vorgestellten Mädchen 'unsagbar', 'undenkbar' war. Ihr Grenzgang in dieser Situation war ein ganz subtiler. Nachträglich beurteilt sie ihn als verdeckten Versuch der *Selbstzerstörung.* Auch bei ihr gab es das Experiment an der Grenze zwischen Leben und Tod, zwischen Sein und Nicht-Sein, als Teil der Auseinandersetzung um das eigene Lebenskonzept. Und das war nicht ganz risikolos in ihrer bewußt gesuchten Abhängigkeit von Alkoholikern und Fixern. Aber die Therapie bot ihr sozusagen den Halt, den sie in sich noch nicht fand: *wenn ich nicht Therapie gemacht hätte, dann wäre es schlimmer geworden.* Was sich für sie änderte, das nennt sie *viel Grundsätzliches.* Auch in dieser Wortwahl drückt sich die Einmaligkeit dieses Lebensereignisses 'Therapie' aus, welches sie mit *eigentlich das non plus ultra* kennzeichnet und dann fortfährt: *ich glaube nicht, daß man das wiederfinden kann. Sondern wenn, dann anders.*

In ähnlicher Weise streicht **Regine**, die mit einem halben Jahr vergleichsweise kurz in der Beratung war, deren Besonderheit heraus. *Ich muß dann noch betonen, daß es ein positiver Einschnitt war, ein recht gravierender Einschnitt, den ich auch mein ganzes Leben lang nicht vergessen werde.* Damit bejaht sie diesen Abschnitt in ihrem Leben als etwas Eigenes und macht darauf aufmerksam, daß er sich wie eine Ritzung, eine Gravur, in ihr Leben und ihr Gedächtnis eingegraben hat, so wie sie oft versucht hatte – war es ein symbolischer Akt? –, sich die Arme aufzuritzen. Der Einschnitt, den die Therapie in ihrem Leben bedeutet, hat für sie Stellenwert und Charakter eines existentiellen Ereignisses, *weil mir sehr viel bewußt geworden ist über mich selbst, ja meine Beweggründe, deshalb war das für mich ein Einschnitt.*

Das erinnert an die Erfahrungen, die auch Anna und Melanie beschreiben: die Geburt der Bewußtwerdung des Selbst. Diese gravierende Erfahrung läßt sich als etwas Grundlegendes und Wesentliches im menschlichen Leben, vor allem in der Lebensphase der Spätadoleszenz, bezeichnen.

Es ging Regine auch um die Klärung ihrer *Beweggründe,* dessen, was sie in ihrem Grund zutiefst bewegte. Sie nennt dies auch das Entdecken ihres Selbst, das sie sprachlich als *das wahre Selbst* zu fassen versucht. Und das war die Suche nach etwas Umfassenderem. Wörter, mit denen sie das einkreist, sind auffällig häufig *das Ganze* und *eigentlich,* beispielsweise: *Dadurch habe ich das Ganze noch deutlicher gesehen.* Was sie in der Therapie erarbeitete, war das Eigentliche in ihrem Leben, etwas Wesentliches und Grundsätzliches. Die anderen merkten, daß sie sich veränderte: *Die Leute wundern sich.* Darin steckt das Wunder, das mit ihr passierte oder passiert war. Das Wunder bestand bei Regine darin, daß sie als *Eisblock* schmolz. Ihre Gefühle wurden fühlbar und aussprechbar. Das war auch das, was Beatrix als ihre Lebenschance gesehen hatte. *Etwas kommt zutage,* sagt Regine über ihre Therapieerfahrung, und sie · konnte dadurch *deutlicher sehen,* das heißt, etwas, das in ihr verborgen und verschüttet, ja eingefroren war, kam aus der Tiefe, aus dem Dunkel nach oben ans Tageslicht. Das, was sie ausmachte, ihr Selbst, war bis dahin unter Tage gewesen, nun wurde es lebendig und sichtbar. Diese Metaphern von 'hell' und 'dunkel' von 'Tag ' und 'Nacht' gebraucht, wie ich darstellte, auch Anna, um die Essenz der Krise und des Wandels in ihrer adoleszenten Lebensphase verständlich zu machen. Eine Verdeutlichung der Krise erlebte Regine ein weiteres Mal in der Therapiephase, *wo ich wieder in so ein Loch gefallen bin.* Da tat sich der Boden noch einmal auf, und es gab einen Tiefpunkt im Prozeß, *das war so der ganze Tiefpunkt, den ich gehabt habe,* ein Zustand, der ihr zuvor lange Zeit vertraut gewesen war. Das Gefühl der Schwäche wurde in ihr übermächtig, sie spürte den Verlust ihres Ichs und griff zu selbstverletzenden Praktiken. Mit Hilfe einer Freundin und der Therapeutin konnte sie sich daraus befreien. Sie machte die dankbar empfundene Erfahrung, daß ihr geholfen wurde, daß sich Menschen um sie kümmerten, wenn es ihr schlechtging. Es war nicht so, wie sie das in ihrer Kindheit in einem gefühlskalten Familienklima erlebt hatte, wo ihre Mutter sie gepackt hatte: *mich ins Badezimmer gezerrt, die Wunde gereinigt, ein Pflaster darauf getan und dann war es gut und nicht irgendwie gesagt, ich küß den Schmerz weg oder so.* Therapie wurde ihr zu einer Art Hilfe, die 'den Schmerz wegküßte', um in ihrem Bild zu bleiben. In der Therapie war die notwendige Unterstützung, die Regine die Kraft gab, den existentiellen Tiefpunkt zu überwinden. Dieser Einschnitt, dieses Ereignis in ihrem Leben, wurde für sie zu einer *sehr positiven Erfahrung* mit einem *passenden Ergebnis.*

In **Esthers** und **Evas** Aussagen finden wir den Grenzgang und die Grenzsituation nicht in so extremen Gefährdungsformen wie bei den erstgenannten Mädchen. Dennoch erlebten auch sie Formen existentieller Wandlung und Möglichkeiten des Neuanfangs in einer sie bedrängenden und bedrohlichen Lebenssituation.

Eva bezeichnet die Therapie nicht als Einschnitt, sondern als *die letzte Möglichkeit* in ihrer damaligen Verfassung. Dieses *letzte* deutet einen Grenzpunkt an. Sie wußte nicht weiter. Das ruft Assoziationen an eine letzte Rettung, an Lebensrettung hervor. Beratung sollte sie vor dem *Absturz* oder einem *ganz schnellen Sturz* oder einem *richtigen Sturz* bewahren. Wo ein Sturz droht, wird auch an den Abgrund, an die Tiefe gedacht, Metaphern, die wir aus anderen Interviews kennen. Auch bei Eva war das Problem, mit dem sie die Beratung aufsuchte und begründete, nicht partikulär, sondern ein Konflikt mit ihrem *ganzen Leben*. Es war eine absolute, alles umgreifende Lebenskrise. Das Problem, so beschreibt sie es, war: *total, furchtbar, unheimlich, ungewöhnlich, zu viel, massiv, riesengroß* und kam *plötzlich, ganz schnell.* Was sie vor und in der Beratung erlebte, war eine Ausnahmesituation, und sie nennt sie, wie die anderen Mädchen auch, unbegreiflich und unerklärlich. Eva konnte nicht genau orten, was mit ihr passierte. Sie meint, daß sie sich damals nicht mehr im Bereich des Normalen befand, ein Gefühl, das auch Diana, Beatrix und Melanie in dieser Phase entwickelten. Eva sagt: *Ich dachte, ich dreh durch, bin irgendwie bescheuert.* Da das Leben des adoleszenten Mädchens plötzlich *unheimlich* und *ungewöhnlich* geworden war, auf diese Weise dem vertrauten Lebensmuster (ohne 'Heim' und 'Gewöhnung') entrissen war, fühlte sie sich klein, hilfsbedürftig und in einem Zustand der Regression. Die Hilfe, die ihr dann die Therapie bot, wurde von ihr wie ein Wunder erlebt: *Sie* [an die Therapeutin und Interviewerin gewandt] *haben mir wunderbar geholfen.* Die Therapie brachte die *entscheidende* Wende in ihr Leben. Ihre Vorstellung ist auch noch im Nachhinein, daß ohne diese Hilfe nichts Gutes aus ihrem Leben geworden wäre. Sie hätte die ungewöhnliche Herausforderung zu diesem Zeitpunkt ihres Lebens nicht alleine gemeistert. Insofern gewinnt die Beratung im Rückblick einen überragenden Stellenwert: *das waren bloß* [im Sinne von 'allein'] *Sie* [an die Therapeutin gewandt] *und die Beratung.* Die Beratung war *einfach alles,* war *super.* So erhält die Therapie auch bei Eva einen einmaligen, einzigartigen Platz in ihrem Leben. Es gibt eine Stelle im Interview, wo sie deutlich macht, daß es Zeitabschnitte im Therapieprozeß gab, die sie hätte *einfrieren* mögen, wo sie die Möglichkeit sah und mit Hilfe der Therapeutin erhoffte, daß alles *so eingefroren werden kann*. 'Einfrieren' bedeutete für sie augenscheinlich auch Ruhe, Todesruhe. Das Leben hörte (für eine Weile) auf und konnte dann wieder aufgetaut werden wie Dinge, die auf Eis gelegt werden. Sie wünschte sich, ähnlich wie Beatrix, einen Ruhepunkt oder eine Ruhezeit in der Beratung, im Sinne einer Auszeit oder eines Ausstiegs aus ihrem alltäglichen Lebenslauf. Das erschien ihr notwendig, um diese außergewöhnlich kritische Situation, in der sie sich befand, zu bewältigen. Da dies für sie in der Beratung möglich wurde, war diese *einfach alles*.

Auch **Esther** hatte im Therapieprozeß ein Erlebnis des Wandels, das sie als Zäsur und Einschnitt beschreibt. Es gab für sie ein Vorher und Nachher zu diesem Wandlungspunkt, den sie mit Worten des Einmaligen charakterisiert: *es war wie ein Wunder* oder *wie eine Geburt*. Es war plötzlich etwas da, was vorher nicht da war in ihrem Erleben und Bewußtsein. Etwas war entscheidend anders geworden nach diesem Ereignis, das auch wieder nur mit Metaphern des Wandels und des Neuanfangs umschrieben werden kann. Esther nennt dies den *entscheidenden Kick* in ihrer Therapie, einen Stoß, der sie voranbringt. Vorher fühlte sie sich seelisch tot: *früher fühlte ich mich so irgendwie tot*. Nichts war ihr klar, was sie selbst und ihr Leben betraf. Sie war angefüllt mit *falscher Energie*, wie sie es nannte. Hinterher spürte sie neues Leben, neue Energie: *das ist wie ein neues Leben. Energie und so.* Den Wandel, den sie erlebte, hatte etwas mit einem symbolischen Übergang vom Tod zum Leben zu tun, vom Nicht-Wissen zum Wissen. Sie bekam eine neue Orientierung für ihr Leben. Sie begann zu begreifen, was mit ihr los war, hatte Freude am Probieren und Riskieren von sozialen Kontakten, spürte ihren eigenen Willen. Diesem Umschlag und Wendepunkt ging in Esther eine Krise, ein psychischer Zusammenbruch, voraus, der ihre Abwehr aufweichte und damit ihre Kopflastigkeit zugunsten ihrer Gefühle in den Hintergrund schob. In dieser Krise fühlte sie sich *am Boden zerstört* und *ich war ganz klein und fühlte mich so.* Um im Bild der Geburt zu bleiben: es gab Wehen, die dann auch ein neues, bewußteres und tatkräftigeres Ich ans Tageslicht brachten. Denn nach diesem Zusammenbruch *fing eigentlich die richtige Arbeit erst an.* Durch diesen Durchgang durch den Tiefpunkt ihrer Existenz kam sie erst an das Eigentliche und Richtige, das ihre Person und Individualität ausmachte, heran. Es war eine schwere Arbeit, bei der sie Unterstützung brauchte. Aber: *das hat mir neue Kraft gegeben.* Sie hatte das Gefühl, eine neue Bewußtseinsstufe zu erreichen, die vom Unklaren zu mehr Klarheit und von einem reduzierten zu einem umfassenderen, volleren Lebensgefühl führte. *Ich habe mich selbst begriffen, das war mir vorher nicht so klar.* Das löste in ihr ein Glücksgefühl aus: *Ich hab, glaube ich, auch Glück gehabt.*

Es ist bemerkenswert, in welcher Häufigkeit von allen interviewten Mädchen verstärkende Adjektive und Adverbien gebraucht werden, um diesen 'Kairos', diese existentiellen Grenzerfahrungen und Wendepunkte in der Therapie zu kennzeichnen und in ihrer Wichtigkeit herauszuheben. Da finden wir sehr oft Wörter wie *überhaupt* oder *gar nichts (mehr)*, auch *wahnsinnig* als Unterstreichung der Tatsache, daß es um Angst, Leiden, Schmerzen und Hilfe geht. Oder es werden extreme Ausdrücke gewählt wie: *sehr, ganz groß, ganz extrem, ganz krass* oder *unheimlich, furchtbar, bodenlos, unerträglich, allergrößte, allerschlimmste, total, absolut* aber auch *ganz toll, unbedingt, enorm, ganz wichtig, ganz entscheidend, sehr gut*, wo sie Unterstützung und Hilfe erleben. Aber auch das *Eigentliche* und das *einfach* Wichtige dieser einmaligen Situation, die das *Ganze und Richtige* inkorporiert, wird betont. Das beinhaltet aber auch etwas Unbestimmbares und Nichtbenennbares, was in solchen Wörtern wie *irgendwie, irgend(et)was, irgendwo, nicht (so) genau* seine Entsprechung findet.

10. Kapitel
Die besondere Rolle der Beraterin und Therapeutin

> Sie, die mich fingen,
> wenn ich fiel, um mir das Genick zu
> brechen, acht und achtzigtausend mal
>
> Sie, die Sie meine Tränen auflasen
> keine verlierend,
> meine Hände haltend
> Sorge tragend
> – schöne Unbekannte –
>
> Diana

Für alle interviewten Mädchen hatte die Beraterin und Therapeutin eine besondere Rolle inne und erfüllte eine außergewöhnliche Aufgabe im spätadoleszenten Therapieprozeß. Wichtiger als spezifische therapeutische Methoden
waren es augenscheinlich ihre Art sowie ihre Fähigkeit und Bereitschaft, sich
auf die schwierigen Lebenssituationen der Jugendlichen einzulassen und sich
für sie – auch in ihren Alltagsnöten – zu engagieren. Der Begriff „Rolle" allein
faßt nicht das, was das Handeln der Therapeutin ausmacht. Er klingt zu
distanziert, obwohl Distanz neben der Nähe auch ein wichtiges Element in der
Beziehung zwischen ihr und den einzelnen Mädchen darstellte. Es scheint, als
ob gewohnte und erwartete Rollenmuster in einem professionellen Setting zwar
vorhanden waren, aber immer wieder durchbrochen wurden, um einer bestimmten existentiellen Lebenslage der Hilfesuchenden gerecht zu werden. Die Beratungsbeziehung erhielt auf diese Weise in der Sicht und im Erleben der Adoleszenten den Nimbus des Außerordentlichen, etwas, was einmal und einmalig war
und sich in dieser Weise nie wieder ereignen würde. Für sie entwickelte sich
diese Beziehung auf einer Ebene des Zufalls oder des Schicksalhaften, des
Suchens und Findens, eben des mehr Intuitiven. Eine bewußt kritische Sichtung
möglicher anderer Therapeuten und Therapieformen werden in den Interviews
der Zukunft vorbehalten.

Therapeutisches Arbeiten und therapeutische Beziehung bekamen im Beratungskontext mit den weiblichen Spätadoleszenten auf diese Weise den Charakter des Übergreifenden und Umfassenden. Sie beinhalteten einen ganzheitlichen
Ansatz, der die je eigene Situation des einzelnen Mädchens zu erfassen suchte,
diese nicht in erster Linie von ihrer Pathologie her begriff, sondern als Ausdruck einer entwicklungsbedingten Lebenskrise wahrnahm. Daraus resultierte
eine akzeptierende und verständnisvolle Haltung der Beraterin, die versuchte,
sich in ihren Methoden flexibel auf die individuelle Eigenart ihres Gegenübers
einzustellen (**Haltung und Methoden**). Damit berührte sie – und darin entfaltet

sich ein zweiter Aspekt – einen existentiellen Kern in den Spätadoleszenten, der auf eine für weitere Entwicklungsschritte nötige, noch nicht genügend gefestigte Lebensbasis hindeutete (**Das Mütterliche, Rettende, Helfende**). In den besonders schwierigen Lebensläufen waren als Unterstützung und zum Aufbau dieser fragilen Lebensbasis die therapeutischen „Extras", die außergewöhnlichen, nicht professionalisierten Maßnahmen der Therapeutin, von großer Bedeutung (**Die therapeutischen „Extras"**). Jede einzelne Beratungsbeziehung gewann auf diese Weise ihre eigene Gestalt, die gleichwohl individuelle wie allgemeine Aussagen enthält und die sich darüber hinaus durch spontane wie professionelle Züge charakterisieren läßt.

Haltung und Methoden

Wichtig, hilfreich und auch faszinierend war für die meisten der befragten Mädchen die Erfahrung, daß und auf welche Weise sie in der Beratung mit Hilfe der Therapeutin ihre Gedanken und Gefühle, ihre gegenwärtige und vergangene Geschichte erzählen, betrachten und reflektieren konnten. *Das fand ich immer beeindruckend,* so äußert sich **Sabine** in ihrem Interview, *daß Sie es immer so gemacht haben, mir Fragen zu stellen.* Dadurch seien ihr neue Dimensionen und Perspektiven ihres Lebens deutlich geworden, nämlich *diese Frage danach, was sonst noch um mich herum ist* und darüber hinaus *solche Möglichkeiten auf[zu]zeigen, weil man sie einfach nicht im Kopf hat.*
Auch für **Esther** war die Gesprächssituation in der Beratung von großer Bedeutung. Sie konnte ihre Gedanken äußern, ohne daß ihr etwas *übergestülpt* oder sie zu etwas gedrängt worden wäre (... *daß Sie nie irgendwie gedrängt haben*), so daß sie *selber 'was machen konnte,* ja machen mußte. Sie erinnert sich aber auch, daß da eine große Ungeduld in ihr war, weil die Beraterin so wenig eingegriffen hat, sie einfach hat reden lassen, sie aber eigentlich schneller vorwärtskommen wollte: *Sie haben ja nie so richtig 'was gesagt. Sie haben immer nur so weiterleitende Fragen gestellt, aber nicht das Ergebnis dieser Stunde.* Sie konstatiert, daß dies letztendlich *eine gute Erfahrung* war und sie die Einsicht gewann, daß Veränderung nicht so geschieht, *wie viele vielleicht denken, daß der Psychologe so auf einen einwirkt,* sondern durch Selbsterkennen und Selbermachen. In diesem Kontext weiß sie nachträglich zu schätzen, daß sie sogar etwas aus ihren Träumen über sich hat lernen können, denn *das hatten wir auch an meinen Träumen festgestellt.* Sie grenzt diese Art von Therapie von der Arbeit eines *typischen Psychiaters* ab, von der sie annahm, daß sie dort auf der Couch läge und immerzu gefragt würde. Diese Aussage verdeutlicht, daß sie, ähnlich wie auch Eva und Diana, Angst vor Selbstverlust und vor Vereinnahmung durch Experten der Seele hatte, in der Befürchtung, daß diese ihr Gefühl der Hilflosigkeit noch verstärken könnten. Ihre Suche

richtete sich vielmehr auf den Gewinn von Selbstvertrauen, und aus diesem Grund war es für sie ungeheuer wichtig, daß die Therapeutin ihr Mut machte, neue Kontakte zu riskieren: *Dann haben Sie mir Mut gemacht und gesagt, probier' das doch erst einmal aus. Das habe ich dann gemacht.* Reflektorische Hilfen, auch die eigenen biographischen Lebensmuster zu erkennen, waren besonders für **Melanie** von großer Bedeutung: *... daß ich auch Dinge Ihnen erzählen konnte, die ich schon, seit ich Kind war, mit mir rumgeschleppt habe.* Dabei mußte sie ihre anfängliche Erwartung, von der Beraterin Ratschläge zu bekommen, aufgeben und einsehen: *man muß es selber herausfinden, sonst würde ich ja das tun, was Sie wollen.* Dennoch ist der identifikatorische Aspekt bei Melanie in der Rückschau auffällig. Sie kann sich noch an viele Sätze und Metaphern der Therapeutin, die für sie zu Leitgedanken geworden sind, erinnern: *... und da haben Sie mal gesagt. Ich habe sehr viel behalten.* Grundlegend für die Kontaktaufnahme der Jugendlichen in der therapeutischen Situation waren die Wärme und das Verständnis, die ihr von Anfang an entgegengebracht wurden: *Ich fühlte mich verstanden.* Daß sie so bald über alle ihre Probleme reden konnte, lag ihrer Meinung nach daran, daß *ich akzeptiert worden bin, wie ich bin, so wie ich war in dem Moment.* Darüber hinaus half ihr, daß die Beraterin *aufmerksam* war, nicht abschweifte, nicht desinteressiert war und vor allem *nicht gewertet* hat, so daß sie das Gefühl hatte, *daß ich auch mal einen Fehler machen darf, ohne mich zu schämen.* So mündete alles für sie in der positiven Erfahrung, daß sie wichtig war.

Auch bei **Anna** war es vor allem das Verstehen, das die Therapeutin zeigte. *Da war einfach für mich Verständnis,* was den Boden für eine Beziehung bereitete. Sie konnte reden, ohne daß sie zu etwas gedrängt oder gar durch Neugierde bedrängt wurde. *Da haben Sie mich einfach so reden lassen. So rumbohren,* wie sie es ausdrückte, hätte sie zu diesem Zeitpunkt nicht ertragen. Der interviewenden Therapeutin gegenüber äußerte sie: *Sie haben erst mal geguckt, so abgewartet, für mich war das so distanziert.* Die abwartende und zuhörende Haltung war für sie ungewohnt, und sie empfand dabei eine gewisse Ambivalenz, indem sie dieses Vorgehen einerseits als angenehm und hilfreich erlebte, zugleich aber auch den Wunsch verspürte, die Therapeutin möge sie aktiver aus ihrer Verwirrung und Unwissenheit herausholen: *Ich hatte mir vielleicht gewünscht, daß mich jemand da rausholt.* So mußte sie selber daran arbeiten, *mir nun was aus den Fingern saugen,* mußte sie *selber irgendwie da raus.* Sie hätte vermutlich lieber an der Therapeutin 'gesaugt', sich von dieser versorgen lassen, eine Assoziation, die auf ihre unerfüllten oralen Wünsche hindeuten mag. Aber in der Retrospektive wird ihr klar: *Es wäre nicht der richtige Weg gewesen, da hätte ich mich zu sehr angegriffen gefühlt, es war auch gespalten.* Eine Therapiemethode, die sie sehr gut fand, auch als Ventil für ihre Wut und ihre Ängste, waren das Malen mit Farben und andere kreative Ausdrucksformen: *Also diese*

Bilder, Sprache, Bildmöglichkeit, eine Möglichkeit zu finden, das auszuagieren und auszudrücken. Das war sehr wichtig. Die Person der Therapeutin war für **Eva** deshalb von großer Bedeutung, weil sie zuvor beim Besuch eines Nervenarztes von den weißen Kitteln, den Karteikarten und der von ihr vermuteten mangelnden Anonymität ihrer persönlichen Daten abgeschreckt worden war. Das war für sie *keine Vertrauensatmosphäre.* Sie wollte *ein besonderes Verhältnis, daß ich irgend jemand was von mir erzähle und er mir das dann erklärt. Aber nicht irgendwie so etwas, ... so mit Kittel und Aufschreiben.* Die Beraterin war für sie Hoffnungsträgerin: *Hier bin ich mit unheimlich viel Hoffnung hergekommen.* Sie erwartete von ihr absoluten Schutz ihrer Person und eine vertrauensvolle Beziehung. Ob sie vertrauen könnte, war für sie die entscheidende Frage. Anfangs noch mißtrauisch, mußte sie erst für sich überprüfen, ob diese nur kühl professionell handeln würde. *Ich hab so gesagt, gut, Frau Müller ist sehr nett und hört mir zu, und ich kann mich da auslabern, erzählen und alles, aber trotzdem, vielleicht tut sie nur so, weil sie so tun muß.* Vertrauen entstand bei ihr, weil die Therapeutin keine professionelle Abgehobenheit und Gleichgültigkeit zeigte: *Aber Sie waren auch nicht irgendwie so: ach ja, ist egal.* Das Wichtigste war das Zuhören: *Ich hab endlich auch jemanden gefunden, der mir zuhört. Einfach das Gefühl kriegen, man hört mir zu und ich darf mich jemandem offenbaren.* Sich öffnen können, offenmachen, was sie innerlich bedrängte, sich 'auslabern' und alles erzählen, war das, was ihr Hilfe brachte. Zuhören, verstehen, besprechen, erklären, Einsichten unterstützen und Mut zu Veränderungen machen, das waren Interventionen und Verhaltensweisen der Therapeutin, die sie schätzte und forderte. Dabei war es entscheidend für sie, daß sie keine Vorwürfe, Festschreibungen und Verurteilungen ihrer Person erfuhr. *Daß mich keiner verurteilt und sagt, du bist böse* oder *Endlich bin ich nicht böse, ich mach' nichts falsch, ich bin nicht bescheuert.* Sie fühlte sich dadurch unterstützt, daß sie hörte, daß das, was sie machte und wie sie war, nichts Anormales, Ungeheuerliches und Krankhaftes bedeutete. So kann sie im Interview auch über sich selbst sagen: *Das ist nichts Ungewöhnliches, das waren deine Probleme.* Die wohlwollende Neutralität und Zurückhaltung der Therapeutin, aber auch ihr durchhaltendes Interesse verhalfen ihr zur Selbstakzeptanz: *Sie haben nie zuviel gesagt, damit ich dann zu Ende erzähle.* Sie fühlte eine respektvolle Scheu vor der Beraterin, betrachtete die Beziehung zu ihr mit einem leichten Unbehagen, vor allem, was das Ungleichgewicht der Rollen anbelangte. Die Therapeutin wußte viel von ihr, indem sie sich offenbarte; sie aber wußte nichts von der Therapeutin: *Dann fühlte ich zu Ihnen – immer Respekt, weil Sie von mir ganz viele Sachen von innen drin wissen, was ich von Ihnen nicht weiß.* Das rief in ihr das Gefühl des Kleinsein und der Scham hervor, das selbst in der Interviewsituation noch einmal kurz in ihr auftaucht. Aus einem solchen Gefühl heraus konnte sie auch in der ersten Zeit der Beratung die Therapeutin als ihr Gegenüber nicht anschauen. Das gelang ihr erst gegen Ende. Insgesamt hat Eva an der Therapie nichts auszusetzen. *Sie und die Gespräche, ich lobe dies einfach.* Ihren Erfolg dort sieht sie in einem engen Zusammenhang mit der Person der Therapeutin: *Das waren bloß Sie und die Beratung!*

Regine hatte es anfangs aufgrund ihrer familiären Erfahrungen schwer, anderen Menschen, und damit natürlich auch der Beraterin, zu vertrauen. In der Beziehung zu ihren Eltern, vor allem im Kontakt mit ihrer Mutter, gab es keine Formen des Ausdrucks von Zuneigung und emotionaler Wärme. Insofern fühlte sie sich der Beraterin gegenüber *sehr nervös und voller Erwartung,* bis sie merkte, daß die Atmosphäre in der Beratungsstunde *sehr vertraulich und angenehm* war. In dem Wort vertraulich steckt vertrauen und in angenehm steckt annehmen, und letzteres Wort gebraucht sie in dem Interview sehr häufig und fast immer im Zusammenhang mit ihren Gefühlen in der Therapiesituation. Wichtig ist ihr, daß die Therapeutin sie annahm und sich so verhielt, daß sie Vertrauen fassen konnte. Dieses Verhalten beschreibt sie als: *sehr freundlich, mit Lächeln, mit Handschlag begrüßen, keine Ungeduld, kein Leistungsdruck, keine Erwartungen. Daß ich halt nur so viel geben muß, wie ich will.* Diese Haltung nahm ihr die Angst, machte sie sicherer und verringerte ihre Vorurteile gegenüber Therapeuten, die ein solches *Vertrauensverhältnis mißbrauchen* könnten. Die Art und Weise, wie die Therapeutin auf sie einging, sieht sie als grundlegend für diese Beziehung an. Da war eine Person, die sie verstand, auf sie einging, die *einfach zuhört*[e]. Das Wort 'einfach' taucht bei Regine in diesem Kontext ebenfalls häufig auf. Sie als Mensch wurde 'einfach' gesehen, ohne Bedingungen, nur sie. Das steht im Gegensatz zu der Mutter, zu den Eltern, wo das eben *nicht einfach* ging. Zur Grundlegung der gemeinsamen therapeutischen Arbeit gehörte für sie auch, daß die Therapeutin nicht *nach dem Motto* arbeitete, *ich möchte ein Profil von dir erstellen,* indem sie sie mit Fragen überschüttete und nachbohrte, *komm, erzähl doch mal ein bißchen mehr!,* daß sie sie nicht *in eine bestimmte Richtung drängt*[e], sondern daß sie sich zurückhielt und abwartete, *was ich von mir preisgebe.* Diese hohe Empfindlichkeit gegenüber einer Art Funktionalisierung im Therapiebetrieb teilt sie in so ausgesprochener Weise mit Eva, Diana und Beatrix. Erst die individuelle Akzeptanz ihrer Person durch die Therapeutin gab ihr die Möglichkeit, auf einer Basis des Vertrauens sich ihre *Situation etwas bewußter* zu machen und sich *selbst besser kennenzulernen* und *Gefühle zu äußern.* Der Wunsch nach Gleichberechtigung und Wertschätzung durch die Therapeutin drückt sich bei Regine auch darin aus, daß sie im Interview diese immer bei ihrem Vornamen nennt, was in der Therapiesituation nie der Fall war. Und es ist ihr sehr wichtig zu betonen, daß *Brigitte, je mehr sie mich kannte, auch ein bißchen mehr von sich hat einfließen lassen.* Vertrauen entstand für sie durch das Kennenlernen dieser Erwachsenen, ein Prozeß, der ihr mit ihrer Mutter nicht gelungen war, weil diese ihre Gefühle und Regungen nicht zum Ausdruck bringen konnte. Schließlich hatte sie soviel

Vertrauen zur Therapeutin, daß sie sich gut vorstellen konnte, im Krisenfall wiederzukommen.

Auch für **Diana** ist die Beziehung zur Therapeutin eine, die nicht mit der zu anderen professionellen Beratern und Beraterinnen, mit denen sie zuvor in Kontakt gekommen war, zu vergleichen ist. Unvergleichbar wird sie dadurch, daß die Therapeutin so ganz anders auf sie reagierte, nämlich unkonventionell und emotional erreichbar: *Sie wollten nicht das von mir hören, was alle [Psychologen] von mir hören wollten.* Und nach ihren eigenen anfänglichen Täuschungsmanövern bemerkte sie: *da hab' ich ganz klar gesehen, daß Sie völlig entsetzt darüber waren, und das war für mich total neu, daß ich in der Therapie irgendwas erzähle und mein Gegenüber damit emotional erreichen kann.* Erst damit war die Basis geschaffen, die für sie die therapeutische Beziehung konstituierte, die während einer langen ersten Phase gleichwohl anfällig und gefährdet blieb. Das Ringen um ein konstantes Gefühl des Vertrauens war für Diana wie für einige der anderen Mädchen ein wichtiges und dauerndes Thema. Um dieses Gefühl zu finden, suchte sie bei der Therapeutin nach Wärme und Akzeptanz. *Das war für mich ganz wichtig, nicht so'ne Kälte zu spüren und so'n: ich bin eh unwichtig, ich werde repariert. Und das hat mich erstmal sehr verwirrt.* Da sie grundsätzlich wenig Hoffnung spürte, brachte sie die Haltung der Therapeutin zunächst durcheinander. Ihre größte Angst war es, als Objekt oder Gegenstand gesehen und behandelt und von da ausgehend als psychisch krank stigmatisiert zu werden. In ihrer hohen Sensibilität beschreibt sie dies als *ein In-Schubladen-Pressen,* bei dem sie zum *Analysefall* würde und nicht *als Ganzes verstanden* werden könnte. Ihr Wunsch war es, auch in der Therapiesituation *Forderungen* [zu] *stelle*[n], *die nicht gleich in so'n Krankheitsbild gestellt wurden.* Eine vorhergehende Erfahrung in einer psychotherapeutischen Praxis kommentiert sie so: *ich hatte das Gefühl, ich hätt's auch in einen Computer einspeisen können mit so kleinen Chips, und dann fällt es immer in das eine oder andere Loch rein, was ich sage.* Da konnte sie nicht wieder hingehen. Als Person und ganzer Mensch gesehen, gehört und akzeptiert zu werden war für Diana der Gradmesser, ob sie sich überhaupt auf die Therapeutin und damit auf die Therapie einlassen konnte. Sie konstatiert nachträglich, *daß das ja auch ein hoher Anspruch ist,* den diese erfüllen mußte, dann aber auch erfüllt hat: *Ja, von Ihrer Seite aus alles, was man so hat machen können.* Bei allen tiefgreifenden Interventionen und Interaktionen war es für Diana wichtig, daß die Therapeutin nicht aus einer übermächtigen Position heraus handelte: *daß Sie nicht so'n göttlichen Status hatten,* in dessen Folge sie sich weiterhin hätte klein und ohnmächtig erleben müssen. Für sie durfte *die Therapie keine Frage von Macht und Ohnmacht* sein, auch wenn *die Rollenverhältnisse von vorn herein* klar waren, ja für sie auch klar sein mußten. Es ging ihr nicht um Gleichmacherei. Jedoch der menschliche Aspekt, die Tatsache, daß die Therapeutin irren konnte und verletzbar war, verschaffte ihr das Gefühl, daß sie ein Gegenüber war und nicht eine *Maschine*, nicht ein pathologischer Fall in Abhängigkeit. *Und ich kann Sie sogar auch verletzen. Also, es spielt eine Rolle, daß ich verletzt bin, und es verletzt Sie tatsächlich auch. Das war für mich eigentlich undenkbar, daß das überhaupt möglich ist.* Diese Erfahrung von zwischenmenschlicher Kommunikation in der Therapie verstärkte die Vertrauensbasis und ebnete den Weg zu einer Entwicklung. Dazu gehörte auch die Erfahrung, daß sie Haß und Wut auf die Therapeutin haben konnte, ohne bestraft und weggeschickt zu werden: *Ich hab' Sie ja auch viel gehaßt!*

Grundlegend mißtrauisch war auch **Beatrix** zunächst gegenüber der Therapeutin, da sie schon einmal eine negative Erfahrung mit einem anderen Therapeuten gemacht hatte, der alles das, was sie erzählte, einer Lehrerin kolportierte. Das hatte ihre sowieso schon fragile Vertrauensbasis anderen Menschen gegenüber – und Beratern insbesondere – erschüttert. Ambivalent in dieser Frage zeigte sie sich auch noch im Interview mit der Fremdinterviewerin. Neben der Aussage: *Es kann auch sein, daß sie gar nicht die richtige Therapeutin für mich war* stehen Sätze wie: *Das heißt jetzt nicht, daß ich sie* [die Therapeutin] *nicht mag – im Gegenteil, vielleicht habe ich sie zu sehr gemocht. Ich würde gar nicht zu jemand anderem wollen.* Ambivalente Gefühle der Therapeutin gegenüber sicherten ihr vermutlich (und sichern noch?) eine Art emotionaler Unabhängigkeit in einer Beziehung, in der sie fürchtete, in tiefste Abhängigkeit zu geraten. Sie war auch das einzige von den Mädchen, das kurz vor dem Abitur einen Therapeutenwechsel versuchte in der Hoffnung, daß eine andere Person mit anderen Vorgehensweisen ihre Blockaden schneller beseitigen half. Doch die Erkenntnis kam schnell, daß der methodische Wechsel die Lösung nicht brachte. *Beim dritten Mal ging es nicht mehr* (Lachen). *Da wußte ich schon, was er wollte, so ungefähr. Aber dann war mir auch klar, ne, is nich.* Daß sie überhaupt anfangs wieder in eine Beratung ging, lag an dem Bruder der Therapeutin, der auch Lehrer war, den sie *eigentlich ganz in Ordnung fand.* Die positive Einstellung übertrug sie auf die Schwester. Die Beziehung zwischen ihr und der Therapeutin wurde in vielgestaltigen Formen ausgereizt und stieß schnell an methodische Grenzen. Das lag an der Unmöglichkeit eines therapeutischen Dialogs als Folge eines psychogenen Mutismus auf Seiten von Beatrix: *Ich war ja eh immer jemand, der dann ganz schnell keinen Ton mehr gesagt hat.* Wenn Schweigen und Stille eintraten, wenn die Therapeutin nicht agierte, kein Angebot machte, bedeutete dies für sie eine Katastrophe. *Sie* [die Therapeutin] *hat nichts gesagt, das war die größte Scheiße, die je passieren konnte. Wenn da fünf Minuten Schweigen war, war es aus und vorbei ... Sense, Schluß.* Was übrigblieb, waren verzweifelte Versuche der Kommunikation. So lief die Verständigung zeitweilig über Briefe (*alles das, was ich nicht gesagt habe*), die die Adoleszente schrieb und die die Therapeutin in der Stunde mündlich beantwortete. Es waren oft auch nur hilflose Gesten auf beiden Seiten, bis es schließlich der Therapeutin gelang, sie in ihre kindliche

Hilflosigkeit und Sprachlosigkeit hinein zu begleiten. Bis dahin beschreibt Beatrix deren scheinbar ziellose Aktionen wie folgt: *Dann ist sie* [die Therapeutin] *irgendwann mal aufgestanden, hat irgendwas gemacht* oder *hat irgendwann angefangen zu meckern* oder *ich glaub', sie hat mich angebrüllt.* Verständnis dafür, daß die Situation auch für die Therapeutin schwierig war, bringt Beatrix im Interview auf: *aber ich meine, es ist ja auch für sie nicht einfach. Ich war ein bißchen – verrückt* (Lachen). Das Wichtigste waren für sie nicht irgendwelche Beratungsmethoden, sondern die Person der Therapeutin und deren Existenz in ihrem Leben: *Aber ich denke mal, für mich war eigentlich das Wichtigste dann auch nicht nur die Beratung. Einfach, sie* [die Therapeutin] *war da. Der ist es im Prinzip egal, ob du dasitzt und die ganzen Stunden keinen Ton sagst. Mir war das nicht egal. Aber die hat dann nicht gesagt nach zwei Stunden, okay, die will nicht und tschüss, sondern sie hat es ja immer wieder versucht. Das war es vielleicht.* Sie suchte in der Therapie die fundamentale Annahme und Akzeptanz ihrer Person ohne die Bedingung einer Gegenleistung. Es ging um die Erfahrung, daß sie in ihrer Existenz nicht aufgegeben wird, weil das Hoffnung bedeutete. Ein verbales und kognitives Aufarbeiten, die Reflexion ihres Lebens, ihrer Lebensumstände war noch nicht möglich, da zunächst der Grund eines Vertrauens gelegt werden mußte, der solches erst möglich macht.

Das Mütterliche, Rettende und Helfende

> Sie, die ich Mutter habe nennen mögen
> und niemals nennen durfte
> und doch –
>
> Diana

Sabine sieht in dem Verhältnis der Beraterin zu den Adoleszenten, die zu ihr kamen, *etwas Mütterliches – ich glaube schon, daß Sie zu uns ein bißchen so ein Verhältnis hatten.* Sie schränkt dies etwas ein, weil sich der direkte Vergleich Therapeutin-Mutter für sie, wie auch für die anderen, nicht so ohne weiteres machen läßt, da mütterliche Qualitäten zu sehr mit der leiblichen Mutter und der je eigenen Beziehung zu dieser verknüpft sind. Daher finden die einzelnen Mädchen auch unterschiedliche Bilder, um diesen Beziehungs- und Rollenaspekt der Therapeutin zu charakterisieren. Für Sabine lagen die mütterlichen Qualitäten, die sie brauchte und erfuhr, darin, daß sie eine verläßliche, geregelte Nähe durch feste Termine hatte, durch die sie Halt bekam und die ihr die Möglichkeit boten, ihre innere Einsamkeit und Not zu teilen. *Allein schon die Kontinuität. Es war sehr viel von dem, sich nicht allein gelassen fühlen. Manchmal habe ich schon gedacht, noch vier Tage, dann ist wieder Frau Müller, und dann geht es Dir wieder besser.* Hier klingt eine auch bei anderen

Mädchen genannte Funktion an, die des Heilens und Gesundmachens. Denn wenn es ihr schlecht ging, dann war es immer auch körperlich, und mit der Therapiestunde kam die Hoffnung auf Besserung. Anders als in der Therapie mit Erwachsenen, so meint Sabine, hätte die Therapeutin, die mit ihnen, den Adoleszenten, arbeitete, eine besondere Verantwortung gehabt, denn *beim Erwachsenen kann man eher sagen, das ist aber immer noch dessen Leben.* Zu ergänzen ist der Umkehrschluß: da das Leben der Adoleszenten noch nicht deren fester Besitz ist, sondern erst werden muß, sehen sie sich zeitweilig nicht in der Lage, für sich selbst Verantwortung zu übernehmen. In solchen Situationen erscheint die Therapeutin für die Jugendlichen auch in der Rolle der Lebensretterin, der Lebenshelferin oder als eine Art Hebamme.

An die Rolle der Hebamme läßt sich denken, wenn **Esther** davon spricht, daß ihre Erfahrung mit der Beratung so etwas wie eine Geburt war: *es ist wie eine Geburt, so beschreiben es viele. Ich würde da nicht nein sagen.* In dieses Bild fließen bei ihr Aspekte des Unerklärlichen und des Außergewöhnlichen ein, was ihren Therapieprozeß und ihr Erleben der Art der Beraterin ausmacht: *Wie haben Sie das eigentlich gemacht? Ihre Art ... eine besondere Rolle ... schon so mit Gefühlen besetzt.* In der Retrospektive betont sie, daß die Person der Therapeutin 'was Besonderes für sie war, jemand, die ihr *geholfen* hat, also eine Helferin. Sie war eine Erwachsene, die Kontinuität und Verlässlichkeit garantierte, zu der sie *immer kommen konnte.* Helferin war die Therapeutin auch dadurch für Esther, daß sie *Erfahrung* und eine *gewisse Weisheit* in die Beratung einbrachte und auf diese Weise ihren intellektuellen Ansprüchen entgegenkommen konnte. All diese Faktoren kulminieren bei ihr in dem Gefühl, eine *Vertrauensperson,* eine *neutrale Vertrauensperson* gefunden zu haben, mit der sie auf unbeeinflußte und souveräne Weise ihre krisenhafte Lebenssituation bearbeiten konnte.

Als Retterin und Helferin, aber auch als großes Vorbild wird die Therapeutin im Nachhinein von **Melanie** bezeichnet. Sehr häufig betont sie, daß diese ihr *besonders geholfen hat* oder daß diese aktiv geworden sei, *weil,* so drückt sie sich der Interviewerin gegenüber aus, *Sie ja was retten wollten.* Das konstituierte ein fast bedingungsloses Vertrauen: *Ich hatte absolutes Vertrauen.* Das brachte sie dazu, die Therapeutin als ein Vorbild, *ein sehr großes* Vorbild, zu sehen, quasi *als Spiegel,* in dem sie sich erkennen wollte. Diese Metapher erinnert an die Situation des Säuglings, der sich im Auge der Mutter spiegeln muß, um sich geliebt zu fühlen und seiner selbst gewahr zu werden. So hatte auch Melanie den Wunsch, das, was ihr die Therapeutin an Akzeptanz entgegenbrachte, *mehr* zu *verinnerlichen,* um auf diese Weise mehr Selbstakzeptanz und Selbstvertrauen zu gewinnen.

Für **Anna** wurde in der Krisensituation nach dem Tod ihres Bruder die Therapeutin eindeutig zur Lebensretterin: *Ich hätte es geschafft, mich umzubringen, wenn Sie nicht gewesen wären.* Wie bei Diana war es ein gemeinsamer Kampf um das Leben, bei dem die Therapeutin sie vor dem Untergang (im Wasser) bewahrte, was sie mit dem Bild ausdrückt: *Sie haben mich immer bei der Stange gehalten.* Das, was sie im Umgang mit ihr erlebte, war für sie mehr als beraterische Professionalität, *für mich ging das über die Beratung hinaus.* Die Beraterin machte nicht nur ihren Job, sondern sie verkörperte etwas, was sich ganzheitlich präsentierte. *Das, was Sie verkörpert haben,* nämlich *da zu sein, wenn ich 'was brauche. Es ist einfach dieses Dasein.* Hier wie auch bei Diana konzentrierte sich aus der Sicht der Mädchen das therapeutische Handeln auf ein basales existentielles Tun, das ihnen Annahme ihrer Person und Verläßlichkeit zusicherte. Dazu sagt Anna: *Ich wußte, da ist jemand, auf den kann ich mich verlassen.* Das war für sie ein wesentliches Gefühl, Grund, sich für das Leben zu entscheiden, es nicht zu verlassen. Eigens dafür schlossen sie und die Therapeutin einen schriftlichen Vertrag. *Es war dieses Erlebnis, wo wir diesen Vertrag geschlossen haben. Das war letztendlich die endgültige Bindung,* ihre Bindung ans Leben. Sie bezeichnet dies auch als einen Pakt, einen Pakt mit dem Leben, der mittels der Therapeutin geschlossen wurde: *Es ist, wie wenn damals Pakte geschlossen wurden.* Handeln und Haltung der Therapeutin und ihre Beziehung zu dieser wollte sie jedoch auf keinen Fall als *Mutterkiste* bezeichnen, vermutlich aufgrund ihrer negativen Mutterbeziehung. Das widerspricht allerdings nicht der Tatsache, daß ihre Beziehung zur Therapeutin mütterliche Qualitäten beinhaltete und diese für sie zu einer lebensrettenden Bindung wurde: *Wenn Sie nicht gewesen wären, wenn die Bindung nicht gewesen wäre, ich wollte ja dann alles hinwerfen.* Ähnlich wie Beatrix beeindruckte sie, daß die Therapeutin im kritischen Moment rein menschlich reagierte: *Sie haben mich dann auch recht rigoros wachgerüttelt, und Sie waren dann auch sauer, irgendwie fand ich das gut.* Sie fühlte sich dadurch als individuelles Wesen gemeint und nicht als Therapiefall. In ihrer Reflexion dieser Beziehung äußert Anna, daß sie sich manchmal mehr Nähe zur Therapeutin gewünscht hätte, daß sie gerne mehr von ihr gewußt hätte. Aber *irgendwie wußte ich, daß es nur ein Wunsch ist, daß es nicht Realität ist, daß Sie mir das nicht geben können.* Der Wunsch nach einer regressiven symbiotischen Mutterbeziehung, die sie auch in Ansätzen nie erlebt hatte, war stark lebendig in ihr, gleichzeitig aber auch die Erkenntnis: *es wäre schwieriger gewesen, sich dann auch zu lösen, die Dinge so zu sehen, wie sie sind. Dann hätte ich Sie nicht aus dem Bild rauslassen können.* Die Distanz, die trotz aller Intensität der Beratungsbeziehung da war, war für sie manchmal schwer aushalten, dennoch würdigt sie, daß gerade diese Diskrepanz ihr sehr viel gebracht hätte. *Da war immer diese Distanz und diese Aufgabe, die Sie in meinem Leben erfüllt haben, und natürlich Sympathie und trotzdem nicht zu verwechseln mit Mutter oder Vater. Das ist total wichtig.* Damit beschreibt sie ihre Verarbeitung der inneren Spannung zwischen Übertragungsphantasien und Realität.

Auch **Eva** sieht in der Therapeutin weniger die Mutter als eine Helferin und Heilerin, die dank ihres Wissens ihr aus ihrer existentiellen Notlage heraushalf. Dieses Wissen erlebte sie als ursprünglich, umfassend und wunderbar: *Sie wissen, was mit mir los ist. Sie wußten von Anfang an, was das bei mir ist.* Das, was die Beraterin tat, war viel für sie und grenzte an ein Wunder: *Sie haben mir wunderbar geholfen* oder *das hat mir sehr viel geholfen.* Sie wählt, wie schon erwähnt, für deren psychische Hilfestellung das Bild der Ärztin, die ihre Wunden verbindet: *Wenn man eine Wunde hat ..., ein schnelles Arzneimittel ..., ja, die Wunde versorgen.* Die Begegnung mit dieser Helferin erlebte sie nicht auf der Basis eines bewußten und rationalen Kontraktes, sondern wie etwas, das sie fast zufällig gefunden hatte, in dem Sinne, daß es ihr zugefallen war. Sie war einfach *sehr erleichtert, daß ich Sie gefunden habe.* Im Kontext dieser Gefühle erlebte sie sich als Kind, *da fühle ich mich irgendwie so klein.* Diese regressiven Impulse genoß sie einerseits, wollte sie aber gleichzeitig auch abwehren. Sie ließ sich von der Therapeutin helfen, doch zugleich litt sie an den Gefühlen ihrer Hilflosigkeit. Sie drückt das so aus: *Ich fühlte mich leichter, obwohl ich mich geschämt habe.* Zur Zeit des Interviews ist sie selbstbewußt und stolz darauf, nicht mehr bedürftig wie ein Kind zu sein. *Ich zeig jetzt, was ich kann, jetzt brauch' ich nicht an die Hand genommen werden.*

Bei **Regine** finden sich keine Bilder, die das Mütterliche oder Rettende einbinden. Ihre Sprache bleibt spröde und immer leicht distanziert, wenn sie die Beziehung zur Therapeutin beschreibt, was für sie allerdings nicht bedeutet, daß diese eine weniger wichtige Rolle in ihrem Leben einnahm als bei den anderen Mädchen. Die Therapeutin war für sie *eine Fachperson, die Hilfe* leistete, und die Hilfe bestand darin, daß sie einen Gefühlsraum schuf, der andere Erfahrungen ermöglichte als die *emotionskalte Atmosphäre in der ganzen Familie.* Das gelang dadurch, daß ihr ein *gutes Einfühlungsvermögen* und *wirkliches Interesse* als Person entgegengebracht wurde, was es ihr möglich machte, ihre *Gefühle wirklich zum Ausdruck zu bringen, ohne irgendwelche negativen Konsequenzen für meine Person.* Schützende, umfassende Annahme kann als der mütterliche Aspekt in Regines Therapieerleben gesehen werden. Es war etwas, worum sie ihr Leben lang bis zum Zeitpunkt der Therapie bei ihrer Mutter gekämpft hatte und was sie von dieser nicht bekommen konnte. Nach der Therapie und nach dem, was sie von dort für sich mitnahm, fühlte sie sich in der Lage, sich von den nicht zu erfüllenden Erwartungen an die Eltern zu lösen: *Ich habe mich schon da losgelöst.* Insofern erfüllte die Therapeutin auch in Regines Therapiegeschichte die Funktion eines mütterlichen, ja elterlichen Ersatzes.

Für **Diana** war die Therapeutin *der rettende Strohhalm,* die Person, die versuchte, zu *retten, was noch zu retten war,* eine Retterin. Das bezieht sich auf die Rettung ihres Lebens, auf *so'n Zurückholen ins Leben,* als es bei ihr um suizidale Gedanken und Aktionen ging. Das Ins-Leben-Holen deutet auch auf den Aspekt der Geburtshelferin, der der Therapeutin zugeschrieben wird. Die Adoleszente wird ins Leben geholt. Da sie diesem Vorgang, ja dem Leben schlechthin, ambivalent gegenüber war, mußte er öfters wiederholt werden. Therapie wurde hier zum andauernden Geburtsvorgang ins Leben hinein, der auch das Anstrengende eines Überlebenskampfes beinhaltete. Die Therapeutin kämpfte um das Überleben der Jugendlichen: *Ein harter Überlebenskampf, den Sie mit mir geführt haben.* Zeitweilig war es die Therapeutin, die stärker als Diana deren Leben verteidigte. Ohne diese Hilfe, so resümiert die junge Frau nachträglich, hätte sie diesen Kampf nicht gewonnen: *Ohne Beratung hätte ich nicht überlebt.* Für diese Rettung war bedeutsam, daß sie sich als ganze Person angenommen fühlte ohne Wenn und Aber, ohne Bedingungen. Sie mußte erleben, daß sie wichtig und etwas wert war, ohne Gegenleistungen erbringen zu müssen. Dieses Erleben, für den anderen wichtig zu sein, wird im Interview immer und immer wiederholt: *willkommen und erwünscht zu sein* oder *eine ganz klare Bezeugung, daß ich wichtig bin, daß ich auch für die Therapeutin wichtig bin und nicht nur umgekehrt* und daß sie der Therapeutin *auch wichtig ist, wenn es mir ganz schlecht geht.* Günstig war es deshalb für sie, daß bei der therapeutischen Arbeit die Bezahlung keine Rolle spielte, da der schulische Träger die Kosten trug. Die Beratung wurde nicht zum Tauschgeschäft, so wie sie die Beziehung zu ihren Eltern erlebt hatte: Liebe gegen Leistung. Daß sie um ihrer selbst willen geliebt und akzeptiert werden konnte, daß sie, wie sie sagt, *so sein kann, wie ich bin. Das war so das Entscheidendste für mich.* Auf dieser Beziehungsgrundlage konnte sie es sich dann auch erlauben, Gefühle des Ärgers und des Hasses auf die Therapeutin zuzulassen: *Ich hab' Sie ja auch viel gehaßt, zwischendurch immer wieder.* Dadurch erhielt sie überhaupt erst ihre *Daseinsberechtigung,* so ihre Formulierung. Durch die umfassende Akzeptanz der Therapeutin, die sie als *ganz großen Ausdruck von Liebe* und als *Berührtwerden* und als *ganz enorme Zärtlichkeiten* erlebte, schöpfte sie wieder Hoffnung für ihr Leben: *Ich hab ja an gar nichts mehr geglaubt.* In diesen Worten manifestiert sie auch die Erfahrung von Mütterlichkeit. Da gab es für sie darüber hinaus auch den Trost bei Schmerzen, *wahnsinnige Schmerzen, die aber getröstet waren.* Und es gab das Gefühl des Aufgehobenseins, so wie ein kleines Kind auf und in den Arm genommen wird: *so war eben alles, daß ich das Gefühl hab, ich bin auch aufgehoben.* Dabei wollte sie aber nicht in *einer ohnmächtigen Position* sein, sondern erfahren, daß sie ganz wichtig und von Bedeutung war und nicht nur jemand, *wo man sein Geld mit verdient.* Die tiefgreifende Erfahrung der Annahme durch die Therapeutin war, so sagt sie, *ganz wichtig und einschneidend für mich.* Eine weitere wichtige Aufgabe war in der Sicht der Befragten der langsame Rückzug von der Bemutterung und Behütung, ohne daß das Gefühl, für die therapeutische Dialogpartnerin wichtig zu sein, verloren ging: *daß ich für mich sorge und Mütterlichkeit, Erwachsenwerden, all diese Dinge. Sie verstehen mich, und ich komme trotzdem damit zurecht, irgendwann.* Die Vermittlung der Realität, in der eben nicht alle Wünsche erfüllbar und alle Schwierigkeiten zu beseitigen waren, in der ihre Ambiguitäts-toleranz gefordert war, deutete Diana nachträglich als einen wichtigen Aspekt für ihr Selbständig- und Erwachsenwerden, für eine Möglichkeit, sich auch von der Therapeutin zu lösen und konsequenterweise für sich selbst eine Mutter und Therapeutin zu werden.

Daß die Therapeutin für **Beatrix** primäre mütterliche Funktionen ausfüllte, läßt sich aus der Reduktion dieser therapeutischen Beziehung auf das Grundlegende, Einfache und Eigentliche schließen. Sie suchte – mehr unbewußt als bewußt – einen Menschen, der sie wahrnahm, annahm, schützte und förderte, etwas, was sie bei ihrer Mutter nicht erlebt hatte. *Das war so das Grundlegende eigentlich. Dieses einfach: da ist einer, da kannst Du hingehen, und der meint es auch noch ernst. Und der lacht nicht hinter Deinem Rücken über dich.* Allein die Existenz einer Person, die ihr zugewandt war, die sie nicht fallen ließ, war das, was sie meinte zu brauchen: *Einfach, ja, da ist mal einer. Ich meine, für viele ist das zu wenig, aber für mich war es genau richtig.* Erst auf der Basis dieses Erlebens entwickelte sie Ansätze eines grundlegenden Vertrauens: *Irgendwann habe ich ja dann auch mal ein bißchen Vertrauen zu ihr* [der Therapeutin] *gehabt.* Ihr Ausdruck für diese Suche nach Annahme und Vertrauen waren zunächst Sprachlosigkeit und verzweifelte, hilflose Gesten. Diese Unsicherheit, den Therapieprozeß betreffend, manifestiert sich auch (immer noch) in der Sprache der Interviewten, die gespickt ist mit Redewendungen wie: *weiß ich nicht; keine Ahnung; irgendwie* und *irgendwo.* Der ganze Therapieprozeß war ein Ringen von Therapeutin und Adoleszente um die existentielle Ebene, auf der eine seelische Bewegung und Entwicklung möglich wurde. Für die Befragte stellte sich diese Ebene her, als die Therapeutin sich ihr ganz menschlich-mütterlich zuwandte. Eine dieser Szenen schildert sie so: *Und dann fing sie* [die Therapeutin] *an zu flennen, ich an zu flennen, und dann war's aus und vorbei, und danach war's gut.* In diesem Moment konnte sie ihre kindlichen Bedürf-nisse ohne Abwehr der Therapeutin deutlich machen, nämlich getröstet und gehalten zu werden. Sie wußte, es war gut für sie, *wenn sie* [die Therapeutin] *mich dann mal in den Arm genommen hat.*

Die therapeutischen „Extras"

Sie, die mir
Gedichte und ein Märchen schenkten
Sie sind mir hinterher gefahren
– schöne Unbekannte –

Diana

Sabine erinnert sich an eine Aussage der Therapeutin, daß sich diese über die
zu beratenden Mädchen *so viele Gedanken außerhalb der Therapie machen*
würde. Sie selbst nahm außerhalb der Stunden keine Hilfe in Anspruch, aber sie
war sich der Möglichkeit bewußt und wußte dies zu schätzen. Dasselbe traf
auch für **Regine** und **Esther** zu. Bei **Melanie** und **Eva** ging es bei den außergewöhnlichen Kriseninterventionen der Therapeutin lediglich um schulische
Vermittlungsversuche.

Für **Anna, Diana** und **Beatrix** hatten die therapeutischen „Extras" im Rahmen
der Therapie eine besondere und unverzichtbare Funktion. Auffallend ist dabei,
daß bei dieser Gruppe der Mädchen der familiäre Hintergrund ganz zerbrochen
war und die Rückkehr zu den Eltern nicht in Erwägung gezogen und auch nach
Beendigung der Therapie nicht vollzogen wurde. Die Eltern fielen hier – nicht
erst während der Beratung – als Bezugspersonen aus.

Auch Sabine, Regine, Esther, Melanie und Eva hatten zur Zeit der Beratung
eine selbstgewählte Distanz zu den Eltern aufgebaut, dennoch blieben diese als
eine Art Hintergrundfolie erhalten. Es liegt der Gedanke nahe, daß bei ihnen
zuvor Bedürfnisse nach – vor allem mütterlichem – Verständnis und kontinuier-
licher Versorgung abgedeckt worden waren, so daß sie die Hilfe der Therapeutin außerhalb der Beratungsstunden nur in singulären Situationen in Anspruch nahmen.

In dem Angebot der therapeutischen „Extras" erfüllte die Therapeutin die
Funktion eines Verbindungsgliedes oder einer *Brücke* (Melanie) zwischen den
Anforderungen der Umwelt und den spätadoleszenten Jugendlichen, die dieses
nicht zu diesem Zeitpunkt leisten konnten. Die Therapeutin wurde dadurch so
quasi zu einem Objekt des 'Überganges', das sich zu gegebener Zeit auch wieder überflüssig machte.

Durch die Tatsache, daß die Therapeutin nicht nur passiv-zuhörend war, wie es
dem Bild entspricht, sondern auch aktiv-handelnd außerhalb der Beratungsstunde, fühlte sich **Melanie** besonders wichtig genommen. *Daß Sie auch mit*
den Lehrern gesprochen haben, so engagiert. Das hat mir unheimlich impo-
niert, weiß sie zurückzumelden. Dieses „Extra" erlebte sie als Brückenschlag
(... *viele Brücken gebaut*) zwischen sich selbst, *die es nicht mehr geschafft hat,*
und einer Außenwelt, der Schule, die bestimmte Anforderungen an sie stellte.
Diese Unterstützung und Intervention durch die Beraterin halfen, daß eine schu-

lische Pause, eine Art Moratorium, eingeleitet wurde, in der sie ungestört etwas aufarbeiten konnte.

Für **Anna** waren die Sonderaktionen der Therapeutin, mit denen diese ihr in ihrer Lebenskrise nach dem Tod des Bruder half, das Passende und Richtige und irgendwie auch etwas Selbstverständliches. *Ja, ich hatte immer das Gefühl, Sie machen zu dem genau richtigen Zeitpunkt genau das Richtige. Es hat immer absolut genau gepaßt,* äußert sie sich im Interview. In dieser existentiellen Krise, in der sie sich in einem *Ausnahmezustand* befand, nahm sie einfach das an, was ihr an Hilfe entgegengebracht wurde. *Sie haben mich dann einfach eingepackt und gesagt, wir fahren zu Ihnen. Wir sind noch in der Nacht rumgefahren, wo wir dann am nächsten Morgen zum Friedhof gefahren sind.* Die Situation war so elementar, daß das Handeln der Therapeutin als *einfach* und *nicht viel* von ihr erlebt wurde: *Ich meine, im Prinzip haben Sie nicht viel gemacht, mich hin- und hergefahren, Sie waren einfach da.* Erst nachträglich fragt sie sich, was sie da der Beraterin zugemutet hat, ob sie möglicherweise nicht durch und durch egoistisch war. Aber damals stand nur sie und ihr Schicksal im Vordergrund: *Ich habe mir keine Gedanken gemacht.* Das war kein Ausdruck von Gedankenlosigkeit, sondern von Bindung und Vertrauen und Bedürftigkeit.

In **Eva** löste es massive Schamgefühle aus, daß sie überhaupt die Beratung in Anspruch nehmen mußte. Diese Scham wollte sie nicht noch erhöhen, indem sie die Therapeutin an ihrem Privatleben teilhaben ließ, beziehungsweise das Leben der Therapeutin außerhalb der Stunde in Anspruch nahm. *Ich wollte Sie trotzdem nicht privat irgendwo treffen ..., ich wollte Sie um Gottes willen nirgends treffen. Sie wußten über mich* [schon] *so viel.* Sie wollte nicht, daß die Beraterin sie auch noch in ihrem Problemfeld, dem exzessiven Genuß von Alkohol, sehen könnte: *Da hab ich mich geschämt, weil ich gesoffen hab'.* Das Erzählen davon war ihr peinlich genug. Deshalb untersagte sie es sich in einer Situation, in der es ihr sehr schlecht ging und sie gerade wieder viel getrunken hatte, die Therapeutin anzurufen. Sie machte aus Schamgefühl und Stolz heraus, anders als einige der anderen interviewten Mädchen, von diesem Angebot der Krisenhilfe keinen Gebrauch. So sagte sie sich: *Am liebsten würde ich Frau Müller anrufen, aber das geht nicht. Ich muß mich beherrschen – obwohl Sie meinten, ich darf anrufen.* Eine Ausnahme machte sie, als sie die Therapeutin darum bat, mit einer Lehrerin zu sprechen, um eine unterrichtliche Verbesserung in die Wege zu leiten und ihr Sitzenbleiben zu verhindern. Dieses therapeutische „Extra" wurde als Stützung ihrer sozialen Situation notwendig, damit sie ihr Abitur machen konnte.

Die „Extras", die **Regine** für sich erbat, betrafen nicht Schule oder Lehrer, weil sie da leistungs- und beziehungsmäßig keine Probleme hatte; sie betrafen den therapeutischen Raum selbst. Sie wollte einen Rollentausch mit der Therapeutin probieren, vermutlich, um ein Gleichgewicht zwischen dieser und sich herzustellen und um sich nicht nur in der Rolle der Hilfesuchenden zu erleben. *Also,* *ich habe die Therapeutin gespielt und sie* [die Therapeutin] *die Klientin, und es hat mich auch sehr gestärkt, weil ich es auch vorhabe, selber in diesem Feld zu arbeiten.* Es stärkte ihr Selbstwertgefühl, auch die Beraterin beraten zu dürfen und zu können, ebenso, wie es *eine positive Erfahrung* wurde, daß sie einmal eine Freundin mit in die Therapiestunde brachte.

Diana brauchte konkrete Beweise, um zu merken: *ich bin was wert, an verschiedenen Stellen.* Das reichte über die Gesprächszeit in der Therapiestunde hinaus und vermittelte ihr das Gefühl von Beziehungskonstanz und besonderer Bedeutung, *weil das ja eine ganz klare Bezeugung war, daß ich wichtig bin und daß die Beziehung nicht zwangsläufig aufhören muß oder mein Wert nicht aufhören muß. Nicht so'n Türzumachen, und dann bin ich egal geworden.* Ihre Erinnerungen an diese „Extras" der Therapeutin reichen von Telefongroschen für mögliche Anrufe bei Krisen und suizidaler Gefährdung über eine Vermittlung helfender Personen für ihr Lernen und ihre Gesundheit bis hin zu Teenachmittagen im Hause der Therapeutin und einen Theaterbesuch. *Ja, ganz wichtig war, daß ich Sie immer anrufen konnte, wo Sie mir Telefongeld gegeben haben, wo ich dann zu der Frau D. nach Hause gekommen bin, um zu lernen, daß ich zur selben Ärztin gegangen bin wie Sie, daß ich zum Tee gekommen bin, daß es plötzlich für mich dadurch andere kostbare Werte gab.* Darüber hinaus waren es auch Gespräche der Beraterin mit den Diana unterrichtenden Lehrern, die auf ihre besondere psychische Verfassung aufmerksam machten und ihr – wie Melanie – ein Moratorium verschafften, um eine mögliche Schulentlassung zu verhindern: *daß Sie dann mit den Lehrern gesprochen haben, weil ich sonst mit Sicherheit von der Schule geflogen wäre.* Alle Taten der Therapeutin gipfelten für sie in der lebenserhaltenden Bestätigung, *daß ich erwünscht war.* Sie spürte die Zuwendung und Verläßlichkeit, die sich in solchen Handlungen zeigten, und das stabilisierte ihre existentielle Basis: *daß ich da auch ganz sicher sein konnte, Sie rufen zurück, sobald sie können.* Auf dieser Basis lernte sie auch, Realitäten zu akzeptieren, denn der Therapeutin war es nicht immer möglich, ihre Bedürfnisse sofort zu befriedigen. Es wurde *immer klarer für mich, wenn Sie nicht anrufen, haben Sie ihre Gründe.* Mit der wachsenden Festigung ihrer Persönlichkeit nahmen auch die therapeutischen „Extras" ab.

Da das Sprechen in der Therapiestunde für **Beatrix** fast unmöglich war, unternahm die Beraterin alles Mögliche mit und für sie. Die „Extras" gewinnen aus diesem Grund in diesem therapeutischen Setting mit dieser Jugendlichen einen besonderen Stellenwert. Sie konnte die Therapeutin anrufen, wenn es ihr notwendig erschien. *Die Frau Müller konnte man anrufen, wenn irgendwas war.* Die Therapeutin besorgte für sie eine Person, die ihr schulische Unterstützung angedeihen ließ und die in der Lage war, ihr auch jene Akzeptanz und Verläßlichkeit zu zeigen, die sie in der Therapie erfuhr. Dadurch erhielt diese Person quasi die Rolle der Co-Therapeutin und damit eine wichtige Funktion, denn im Zusammensein mit ihr fiel es Beatrix leichter, etwas über sich zu sagen, als in der durch Mißtrauen geprägten Übertragungssituation der Therapiestunde. Sie mußte häufig *ausbaden, wenn hier* [in der Therapie] *mal wieder nichts geklappt hat.* Es war entlastend für alle Beteiligten, daß es mehrere Personen gab, die ihr dazu verhalfen, Vertrauen in die Welt aufzubauen. Wie auch Diana erlebte Beatrix die Tatsache, daß die Therapeutin ihr hinterherging, als sie aus der Stunde weglief, als eine Interessensbekundung, die sie bis dato nicht hatte erleben können. *Da ist sie dann auch hinterher marschiert.* Da Reden und Handeln kaum möglich und Schweigen nicht aushaltbar war für Beatrix, versuchte die Therapeutin den therapeutischen Raum in vielfältiger Form zu gestalten, beispielsweise, indem sie ihr Geschichten vorlas wie einem Kleinkind: ... *dann fing sie mal an, hat mir mal ein Märchen vorgelesen, hat mir einfach mal irgendwas erzählt.* Viele der therapeutischen „Extras" deckten ein nicht erfülltes Bedürfnis der Jugendlichen nach primärer positiver Mütterlichkeit ab. Auch Spazierengehen mit dem von ihr sehr geliebten Hund der Therapeutin und das Teetrinken gehörten zu diesem außergewöhnlichen Repertoire: ... *das Zusammensitzen und das Teetrinken. Sie* [die Therapeutin] *hat irgendwas gemacht oder wir sind dann spazierengegangen.* Der gemeinsame Gang in die Sprechstunde einer Psychiaterin, um eine Abrechnung der Therapie über die Kasse in die Wege zu leiten, war eine weitere stützende Hilfeleistung für sie: *ich war ja schon froh, daß sie mitgegangen ist; ich könnte in so eine Praxis nicht reinmarschieren.* Gespräche mit Lehrern kamen dazu: *Sie hat mit Frau K. ab und zu mal gesprochen.* Sie halfen, die Schullaufbahn abzusichern. Dabei hatte sie volles Vertrauen, daß die Therapeutin in ihrem Sinne handelte: *Sie hätte nie 'was gemacht, was ich nicht gewollt hätte* . Da eine 'talking cure' bei Beatrix nicht möglich war, waren die nonverbalen Aktionen der Therapeutin sicherlich von nicht zu unterschätzender therapeutischer Wirkung in diesem speziellen Prozeß.

11. Kapitel
Zeit und Raum als Bedingungsfaktoren der Beratung

Anfänge: Innerer Anlaß und äußere Veranlassung

Der innere Anlaß, die Beratung der Schule in Anspruch zu nehmen, lag für **Sabine** in der Erfahrung, daß sie sich über einen längeren Zeitraum nicht mehr wohl fühlte, es ihr *unheimlich schlecht ging.* Einen äußeren auslösenden Faktor sah sie darin, daß ihr älterer Bruder die Familie verlassen hatte und ins Ausland gegangen war. Sie verhielt sich in der Zeit danach passiv, ... *bin immer mehr so in eine Lethargie verfallen,* verbrachte die Nachmittage vor dem Fernseher und schlief viel. Auch in der Schule sanken ihre sonst guten Schulleistungen. Sie beurteilte damals ihre Lage so: ... *daß ich mich in so einer ausweglos erscheinenden Situation befunden habe.* Als sie nach einem dreimonatigen Aufenthalt in der Jugendpsychiatrie, in die sie wegen eines Suizidversuchs eingewiesen und wo sie freiwillig geblieben war, in die Schule zurückkehrte, wollte sie zur Nachsorge nicht mehr in die Klinik fahren. Auf Empfehlung einer anderen Schülerin nahm sie Kontakt mit der Beraterin auf: *Ich habe mich selbst darum gekümmert.*

Für **Esther** gab es einen starken inneren Leidensdruck, *ein Riesenproblem,* das sie in die Beratung führte. Sie fühlte sich unglücklich und allein, weil sie nicht wußte, wie sie ihre Beziehungen zu Gleichaltrigen, vor allem zu Jungen, gestalten konnte. *Ich wollte diese Isoliertheit irgendwie überwinden* An den genauen Auslöser kann sie sich nicht mehr detailliert erinnern, weil ihr die Zeit auch inzwischen sehr fern scheint. Sie weiß nur, daß zu jener Zeit ihr *Weltbild durcheinander gebracht* war. Der Schritt in die Beratung war bei ihr *mein eigener Entschluß,* angeregt durch Schulkameradinnen, die ebenfalls eine Therapie machten. Den Anfang der Beratung erlebte sie nicht euphorisch, im Gegenteil fand sie ihn *nicht toll,* da sich scheinbar nichts an Veränderung ereignete. Aber sie blieb mit dem intuitiven Gefühl, daß sie an ihren Problemen nur *dadurch auch dranbleiben konnte.* In der zweiten Phase der Beratung bekam sie *dann einen entscheidenden Kick,* einen Durchbruch und die Einsicht, die ihr weiter halfen. Sie nennt dies auch eine *richtige Arbeit,* die sie hat leisten müssen. Daneben glaubt sie auch, daß ihr dabei etwas zugefallen ist: *Ich hab', glaube ich, auch Glück gehabt.*

Auch **Melanie** ging es *dermaßen schlecht*, als sie die Beraterin aufsuchte; sie war an ihre *menschliche Grenze gekommen.* Es war bereits der zweite Anlauf. Das erste Mal, ein halbes Jahr zuvor, war sie nur einige Stunden dagewesen und hatte dann wortlos abgebrochen, weil sie sich besser fühlte: *ich weiß nur, daß es nicht an der Beratung gelegen hatte.* Durch die Ermutigung ihrer Mutter versuchte sie es ein zweites Mal, diesmal bewußter und entschiedener. Der innere Anlaß hatte für sie erst noch deutlicher werden müssen. Das waren massive Ängste, die sie behinderten, die Schule in angemessener Weise zu besuchen; *die einfachsten Dinge gingen ja nicht* mehr. Die Zeit der Beratung, die dann folgte, war für sie *der wichtigste Abschnitt im ganzen Leben.*

Für **Anna** war das auslösende Ereignis, das alles in Gang brachte, das Thema Kindesmißhandlung in einem Grundkurs des Pädagogikunterrichts. Jahrelang verdrängte Gewalterfahrungen in der Familie *überschwemmten mich förmlich. Auf einen Schlag war ich mitten drin,* beschreibt sie die Ausgangssituation. Ihre bis dahin stabile Abwehr brach schlagartig zusammen: *Ich wußte überhaupt nichts mehr, es war ganz schlimm.* Dieser Zusammenbruch, den sie als *ganz starke Kraft* erfuhr, brachte sie dazu, die Lehrerin, die auch Beraterin war, anzusprechen. Ihr Motiv war, ihre Erfahrungen jemandem mitzuteilen und Mitleid zu erfahren: *... endlich das loszuwerden. Alles in mir schrie irgendwie danach.* Es gab aber auch den entgegen gerichteten Impuls in ihr, sich niemals seelisch zu entblößen. Ihr Weg zur Beraterin und in den Raum der Beratung bedeuteten folglich die Überwindung einer sehr hohen Schwelle und einen schwierigen Einstieg: *Es war ein schwerer Gang. Es war eine unglaubliche Hürde.* Aber die Angst vor einem psychischen Zusammenbruch – ähnlich wie in Melanies Situation – ließ ihr keine andere Wahl: *Ich hatte einfach die Angst, was dann mit mir passiert.* In allem steckte aber auch eine treibende Kraft, die sich Hilfe erhoffte. Daß für Anna dieser Moment des Beratungsbeginns ein existentieller Einschnitt war, zeigt sich auch in der Tatsache, daß sie den ersten, äußerlich völlig unauffälligen Wortwechsel mit der Beraterin noch wortwörtlich im Gedächtnis hat. *Ich weiß noch genau, was Sie gesagt haben. Sie haben mich angeguckt und haben gesagt: 'und war's schwer?' Dann habe ich gesagt: 'Ja!'. Das war total gut, daß Sie genau das gesagt haben. Nichts anderes.*

Eva betont, daß sie aus eigenem Antrieb die Beratung suchte, nachdem eine Erzieherin ihr diese empfohlen hatte. *Ich wollte selber, ich wollte es.* Auch wenn sie nach außen stabil und lustig wirkte, war sie zum Zeitpunkt des Beratungsanfangs in einer psychischen Krise, die sie wie den Absturz von einem sicheren Pfad erlebte: *Und das war ein ganz schneller Sturz. Ich hatte einen Konflikt mit meinem ganzen Leben irgendwie.* Ihr Leben war völlig durcheinander geraten, so daß sie zum Alkohol griff, was ihr dann auch wieder sehr bedenklich erschien. Die Wirkung der ersten Beratungsstunde war auch für sie *entscheidend,* weil sie sich aufgrund des spontanen Eindrucks in diesem Moment entschied. Ein ähnliches Entscheidungsritual beschreibt auch Anna, wenn sie von der Wirkung der ersten Worte im Kontakt mit der Beraterin berichtet, die fast wortwörtlich denen von Anna gleichen: *Das war total gut, daß Sie genau das gesagt haben. Nichts anderes. Vielleicht wäre es total anders gelaufen, wenn Sie anders reagiert hätten.* Auch Eva hatte sofort den Eindruck, vertrauen zu können, auch wenn sie durch das Offenbaren ihrer Gefühle zunächst völlig durcheinander geriet: *Och, ist das furchtbar, was hab' ich da alles gelabert, und überhaupt das war so, ach, ich hab mich offenbart.* Für sie, wie für alle anderen Mädchen, war in dieser Weise die Ausgangssituation, die zur Beratung führte, subjektiv eine ganzheitlich-totale und eine absolut kritische. *Da hab ich einfach total viele Probleme gesehen.* Wie bei Esther taucht dabei das Riesenhafte des Problems auf, das sie selbst nicht mehr lösen kann: *daß das alles ein Riesenknoten ist, wo ich das erste Mal bei Ihnen war. Daß ich diesen irgendwie nicht aufmachen kann.*

Auch **Regine** fühlte sich existentiell in einer Sackgasse, weil *es nicht so weitergehen* konnte, bevor sie auf Empfehlung ihrer Freundin die Beratung aufsuchte. Eine große innere Unsicherheit verbunden mit wiederkehrenden suizidalen Gedanken ließen sie therapeutische Hilfe suchen: *sehr unsicher in mir selbst ... und ... wieder an Suizid gedacht.* Die Entscheidung und die Motivation zu diesem Schritt sieht sie in sich begründet. Zum ersten Mal fühlte sie sich mutig genug, diesen Schritt zu gehen, obwohl die Probleme schon länger da waren, *da kam überhaupt erstmal der Mut auf, was dagegen zu unternehmen.* Sie übernahm nun selbst die Verantwortung dafür. Sie brauchte allerdings die vermittelnde Unterstützung einer Freundin, weil sie bis dahin noch keinen Menschen kennengelernt hatte, der diesen Beruf ausübte. Von daher hatte sie auch keine Erwartungen, wer oder wie das sein könnte und schildert sich als sehr nervös vor dem ersten Kontakt mit der Beraterin. Eine Lockerung und größere Offenheit trat für sie dann im weiteren Prozeß ein.

Diana und **Beatrix** gehören zu den Mädchen, die nicht von sich aus auf den Gedanken kamen, eine Beratung für ihre Probleme aufzusuchen, sondern die von außen von Personen, die sich für ihre Erziehung mit verantwortlich fühlten, dazu veranlaßt wurden, es zu tun.

Diana hatte nach einem von den Eltern in die Wege geleiteten Psychiatrieaufenthalt grundsätzlich keine positive Vorstellung mehr vom Sinn einer Therapie, deshalb erlebte sie den Beginn der Beratung auch wie einen Zwang, eine *Repressalie: Ich wurde da quasi dazu verpflichtet, um überhaupt aus der Psychiatrie entlassen zu werden. Also, ich wollte das gar nicht.* Auch andere Versuche der Eltern, sie nach einem Suizidversuch in eine Therapie zu bringen, scheiterten, weil sie es nicht wollte: *Das war alles nicht aus Eigeninitiative. Das war nicht mein Wunsch.* Um Schule und Internat besuchen zu können, war die Teilnahme an der Beratung tatsächlich eine Bedingung des Internatsleiters, eine *Verpflichtung,* die sie allerdings *mehr als skeptisch* betrachtete und von der sie sich folglich nichts versprach. Der Erstkontakt mit der Beraterin, an den sie sich ebenfalls noch genau erinnert, gestaltete sich dementsprechend spannungsgeladen. Erst die Erfahrung: *Sie* [die Therapeutin] *wollen nicht das von mir hören, was alle hören wollen,* brachte die Wende, weil sie nun selbst eine Entscheidung für diese Beratung treffen konnte: *Das war für mich so das Entscheidende in der* [ersten] *Stunde.* Aus der äußeren Veranlassung und Verpflichtung wurde langsam eine bewußte Akzeptanz dieser Maßnahme, *ein ganz fließender Übergang, weil ich gemerkt habe, daß es gut für mich ist.* Ihre psychische Ausgangslage, die innere Situation zu Beginn der Beratung, schildert sie ebenfalls als furchtbar und kurz vor dem Untergang: *... wie's mir wirklich furchtbar schlecht ging, und das war für mich mehr so'n Über-die-Runden-Retten.* Sie war nach zwei Suizidversuchen weiterhin schwer suizidgefährdet und hatte große Angst vor einem nochmaligem Psychiatrieaufenthalt, den sie als entmündigend und stigmatisierend erfahren hatte.

Beatrix suchte nicht aufgrund einer eigenen Entscheidung die Beratung auf. Nachdem sie fluchtartig *bei Nacht und Nebel* die Wohnung ihrer Mutter verlassen und im Internat eine Unterkunft gefunden hatte, war die Beratung eine dringende Empfehlung des Internatsleiters gewesen: *Ja, und da hat er gesagt, ich müßte das, wenn ich hier bleiben wollte.* Ihre erste Reaktion war Abwehr und Widerstand, indem sie den Leiter, der auch ihr Pädagogiklehrer war, *für bekloppt* erklärte. Von sich aus wollte sie nicht: *Ich bin doch nicht bescheuert.* Das macht deutlich, wie stark ihre Angst vor Stigmatisierung in Verbindung mit einer Beratung anfangs war, auch gespeist durch frühere negative Erfahrungen mit einem Psychologen, *diesem Bekloppten, so einem Vollidioten.* Beratung und Therapie waren für sie in der Erinnerung bedrohlich. Sie hatte die Möglichkeit, unter verschiedenen Beraterinnen zu wählen. Sie entschied sich für die Beraterin, deren verwandtschaftliche Nähe zu einem von ihr akzeptierten Lehrer ein Vertrauensindiz zu sein schien. Die Anfangsinitiative ging dann letztlich von der Beraterin aus, die im Internatshaus anrief und mit ihr einen Termin ausmachte. Was die erste Stunde betraf, so erinnert sie sich nur an ihren lautstarken Protest, an ihre Widerständigkeit: *abwehrend, würde ich sagen.* Ein Motiv unter anderen, noch weitere Stunden zu vereinbaren, war wohl die Verpflichtung, die sie auch dem für sie sorgenden Internatsleiter gegenüber spürte. Dazu kam vermutlich die (noch) unbewußte Motivation, mit ihrem chaotischen Leben, den Probleme zu Hause mit ihrer Mutter und dem Gefühl, *daß es gar nicht mehr anders geht,* nicht alleine zu bleiben. Sie kam einfach wieder; intuitiv wußte auch sie, daß die Beratung eine Chance in ihrer letztlich verzweifelten Lage bedeutete.

Abschluß und Ablösung

Für **Sabine** war das Ende der Therapie äußerlich durch das Abitur, und damit durch das Verlassen der Schule, gegeben; innerlich jedoch erlebte sie es als einen von ihr selbst initiierten Abbruch: *Ich sehe das schon so, daß ich abgebrochen habe. Aber vorher nicht.* Das Abbrechen schildert sie im Rückblick als einen Protest gegen eine Forderung der Therapeutin, die sie als *eine Überreaktion* klassifiziert. Sie war nicht mit einer Art 'Vertrag' einverstanden gewesen, durch den sie sich zum Verzicht auf Drogen verpflichten sollte, wenn sie die Therapie weitermachen wollte. Sie charakterisiert ihre damalige Reaktion auch als eine Trotzreaktion: *Ich habe diesen Vertrag für schwachsinnig gehalten. Weil ich auch gemerkt habe, du darfst jetzt nicht so, wollte ich umso mehr.* Im Nachhinein zeigt sie aber auch Verständnis für die Therapeutin, schätzt ihre eigene Lage zum damaligen Zeitpunkt aber anders, als nicht gefährdet, ein: *Ich weiß nicht, ob das richtig oder falsch war. Ich kann das auch gut verstehen.* Eigentlich wollte sie mit dem Abitur die Therapie noch nicht beenden, sie war für sie noch nicht richtig abgeschlossen, war noch keine 'geschlossene Gestalt': *Ja, also, ich wollte eigentlich nicht richtig gehen.* So suchte sie später woanders, ohne eine geeignete Lösung zu finden, da die von ihr aufgesuchte Therapeutin nicht mit ihr, einer Spätadoleszenten, arbeiten wollte.

Esther schloß ihre Therapie kurz vor dem Abitur ab, nachdem sie einen Freund gefunden hatte, denn das war, *was ich ja auch erreichen wollte.* Allerdings war ihre Unsicherheit noch groß, *ob das der Richtige ist* und *was sonst so auf mich zukam,* doch wurde ihr Mut gemacht, sich auf die eigenen Füße zu stellen und es auszuprobieren. Die Ablösung erfolgte auf diese Weise durch die aktive Hilfe und Unterstützung der Therapeutin und mit dem sicheren Wissen im Hintergrund, im Notfall zu dieser zurückkehren zu können. *Also wär's dann vielleicht in die Hose gegangen, wär ich vielleicht noch einmal zurückgekommen.* Hierin kommt noch die Ungewißheit und Unklarheit der Jugendlichen mit ihrer Situation und ihren Möglichkeiten zum Ausdruck. Das drückte sich zum Schluß auch in einem ambivalenten Gefühl der Therapie gegenüber aus: *das ist jetzt zu Ende.* Aber gleichzeitig war es für sie *nicht ganz klar, ein bißchen schwankend.* Das Ende der Therapie bedeutete bei ihr, wie auch bei Sabine, nicht, daß der Prozeß vollständig abgeschlossen war. Es war ein Übergang in die Selbständigkeit eingeleitet worden, den die Therapeutin aus der Ferne, sozusagen an der 'langen Leine', begleitete.

Das Beenden der Therapie ging in der Erinnerung von **Melanie** eher von seiten der Therapeutin aus: *Sie sagten, daß ich erstmal alleine gucken soll, daß ich erstmal gucke, wie ich jetzt klarkomme.* Das war zur Zeit des Abiturs. Die Jugendliche war damit im Moment einverstanden, auch deshalb, weil ihr ein Sicherheitsnetz angeboten wurde für den Krisenfall: *Ich könnte natürlich jederzeit kommen, wenn es nicht geht.* Das nahm sie dann nicht in Anspruch, obwohl sie – wie auch Sabine und Esther – manchmal noch den Impuls spürte, mit der Therapeutin einige Sachen zu besprechen: *Ich hatte nur im nachhinein noch einige Dinge, die ich gerne mit Ihnen mal besprochen hätte.* Auch bei Melanie endete die Therapie nicht mit einem unwiderruflichen Abschluß, sondern es gab so etwas wie eine innere Übergangszeit mit der Therapeutin als Sicherheit im Hintergrund.

An den genauen Zeitpunkt des Endes kann sich **Anna** gar nicht erinnern. Sie glaubt, mit dem Abitur auch die Therapie abgeschlossen zu haben. Entscheidender für den Abschluß ist ihre Erinnerung an einen Vertrag zwischen ihr und der Therapeutin, in dem sie sich zum Leben verpflichtete und die Therapeutin ihr für den Ernstfall Unterstützung zusicherte: *Nach diesem Vertrag, das war dann so wie ein Abschluß.* Mit diesem Ritual hatte sie das Gefühl, *daß es zu Ende geht oder daß es überstanden ist.* Überstanden war ihre schwere Krise. Auch sie hatte das Gefühl, daß die Trennung stärker von der Therapeutin ausging: *daß Sie sich bemühen, daß irgendwie eine Trennung, so ein Loslassen, Weggehen auch – ,* so als wenn die Therapeutin von ihr wegging, sie verließ und nicht umgekehrt. Für sie war diese Trennung *schwer, traurig, nicht schön, sehr verunsichernd,* da sie noch keine klare Perspektive für ihr Leben hatte und nicht wußte, ob sie das ohne Beratung durchstehen würde. Andererseits war ihr Entschluß, die Stadt W., mit der sie so furchtbare Erinnerungen verband, zu verlassen, eine *Bauchentscheidung* von ihr. Sie suchte auch einen Neuanfang. *Ich habe gedacht, ich muß mich jetzt davon distanzieren und etwas Neues sehen, anfangen.* Die Möglichkeit, mit der Therapeutin noch telefonisch in Kontakt zu treten, hatte sie wie die anderen und nutzte sie auch: *dann habe ich heulend nachts Sie angerufen, weil ich sonst niemand wußte.* Nach dem Wegzug in eine andere Gegend Deutschlands brauchte sie erst eine Weile, bis sie neue Kontakte, auch zu einer anderen Therapeutin, aufnehmen konnte. Dies fiel ihr zunächst schwer, da sie immer noch eine starke emotionale Bindung, ja Abhängigkeit von der ersten Therapeutin spürte: *Wir hatten doch sehr intensiv gearbeitet. So etwas Adäquates danach zu finden, war schwierig.*

Auch in **Evas** Erinnerung ging das Ende der Beratung noch vor dem Abitur von der Therapeutin aus, *weil mir damals gesagt wurde, ich soll nicht mehr, das wäre es. Und ich dachte, das gibt's doch gar nicht.* Das klingt so, als käme die Aufforderung aufzuhören von einer übergeordneten Stelle. Dennoch war sie auf diese Zumutung zur Selbständigkeit auch stolz: *Aber ich fühlte mich irgendwie stolz ..., einfach, ha, jetzt zeig ich, was ich kann.* Sie war froh darüber, daß sie nicht mehr hilfsbedürftig war, nicht mehr *an die Hand genommen werden* mußte. Sie fühlte sich nun erwachsen, und das war ihr sozusagen zugesprochen worden. Das klang in ihr so: *Du bist jetzt erwachsen. Du hast viele Sachen eingesehen, dir wurde geholfen und jetzt guck, wie du klarkommst. Das war auch spannend, wie ich mein Leben so gestalte.* Wie alle anderen hatte auch sie die Möglichkeit, zu einzelnen Gesprächen zurückzukehren, wenn sie alleine nicht zurechtkommen sollte. Davon machte sie auch einmal Gebrauch, als sie sich vor die Frage des endgültigen Bruchs mit ihrem Freund gestellt sah. In der Retrospektive erinnert sie sich an ihr schlechtes Gewissen, das sich eingestellt hatte, weil sie sich der Therapeutin nicht vollständig offenbarte: *Ich hab das Gefühl gehabt, Ihnen noch nicht alles erzählt zu haben, und dann hab' ich begriffen: Das muß gar nicht sein.* Auch hier scheint sich eine Elternübertragung aufzulösen zugunsten der persönlichen Autonomie. Sie begreift, daß sie es ist, die über sich entscheidet und daß sie einem kindlichen Offenbarungsdruck in sich, d.h. Schuldgefühlen wegen eines Geheimnisses, in der Beratung nicht nachgeben muß.

Regine war von den Mädchen die einzige, die von sich aus ein klares Gefühl für das Ende ihrer Beratung hatte. *Als ich das beendet habe, als ich gesagt habe, klar, ich raff' das jetzt allein.* Allerdings war auch ihr zu diesem Zeitpunkt die Bestätigung der Therapeutin, daß sie es alleine schaffen würde, sehr wichtig. Das ermöglichte erst das eigentliche Ende ihrer Therapie: *Sie* [die Therapeutin] *meinte, daß sie sehr davon überzeugt sei, daß ich das jetzt alleine schaffen würde, und damit war das dann auch eigentlich beendet.* Sie wollte die Sicherheit, daß eine wichtige erwachsene Person ihr zutraute, das Leben zu meistern. Sie teilte die zunächst beruhigende Gewißheit mit den anderen, daß sie sich in Notzeiten, *wo ich noch mal Hilfe bräuchte, daß ich mich dann an sie* [die Therapeutin] *wenden würde.*

Für **Diana** bedeutete das Ende der Therapie eine schwierige Ablösung von der Person der Therapeutin. Mit Ablösung verband sie schreckliche Phantasien von Alleingelassenwerden und sogar Tod. Die erste Andeutung der Therapeutin hinsichtlich eines Abschlusses stieß aus diesem Grund auf ihre heftige Ablehnung. Sie hatte noch *eine Irrsinnsangst* und das Gefühl: *Ich werde in die Welt gestoßen wie ein Bärenkind. Ich weiß überhaupt nicht, was ich tun soll.* Sie fühlte sich noch nicht selbständig genug, und dies führte zu der gemeinsamen Überzeugung mit der Therapeutin, daß eine Weiterarbeit ihre Berechtigung hatte: *als wir auch beide darüber nachdenken konnten, und daß dann auch klar war, ne, es war auch noch nicht soweit.* Als sie dann soweit war, erlebte sie das Ende der Therapie wie etwas sehr sanft Auslaufendes: *wie Gezeiten, so was ganz Sanftes, was so ausgelaufen ist. Wo dann die Flut plötzlich zur Ebbe geworden ist.* Sie war erstaunt, daß es nicht so schmerzhaft war, wie sie vermutet hatte, und daß sie das Vertrauen gewonnen hatte, daß weder sie noch die Therapeutin vom Erdboden verschwänden: *sondern so: es gibt Sie noch, es gibt mich noch* und *daß es ein Wiederkommen gibt.* Sie vergleicht den Abschluß der Therapie auch mit einem Theaterstück: *Das Stück ist zu Ende, und der Applaus ist auch vorbei. Man geht zufrieden nach Hause und hat aber noch die ganzen Erinnerungen, und das Stück ist nicht gestorben.* Daß dieses Abschließen in der Therapie nicht Sterben und Tod bedeutete, war wohl eine ihrer wichtigsten Erfahrungen und Erkenntnisse. Und zusätzliche Sicherheit gab ihr in jenem Moment auch die Tatsache, daß sie in einem dringenden Fall die Therapeutin noch einmal anzurufen konnte, wovon sie auch Gebrauch machte: *Ich kann noch mal anrufen, wenn irgendwas ganz Dringendes ist.* Das Ende der Therapie hatte nicht den Charakter des Endgültigen, sondern stellte auch in ihrem Fall *einen sanften Übergang* dar. Wie bei Anna so lief auch bei ihr parallel zur psychischen Ablösung eine räumliche; sie faßte den Entschluß, in eine andere Gegend Deutschlands zu ziehen und ein Studium zu beginnen.

Den Abschluß der Therapie sahen **Beatrix** und die Therapeutin in gleicher Weise: *So sind wir dann ausnahmsweise mal zu einer Einigung gekommen.* Äußerlich gesehen war es der Zeitpunkt, an dem sie die richtige Lehrstelle für sich gefunden und das Gefühl hatte: *Das reicht jetzt! Bringt nichts!* Sie hatte den Eindruck, daß das, was sie erreicht hatte, ihr genügte. Und sie war sich darüber hinaus auch bewußt, daß sie bei bestimmten Themen, über die sie eigentlich hatte arbeiten wollen, noch nicht weiterkam.

Ort und Atmosphäre

Für **Sabine** war der Ort, wo die Therapie stattfand und die Art, wie die Therapeutin arbeitete, *sehr angenehm.* Sie kam müde, energielos und oft verspätet an: *... daß ich aus dem Chaos hier angekommen bin, weil ich nach der Schule so müde war und mich schlecht aufraffen konnte.* Sie fand dort einen Rahmen, der neben persönlicher Ansprache auch Struktur und Kontinuität versprach.

Melanie erinnert sich noch genau an den Beratungsraum und die erste Sitzung: *Ich weiß noch genau, wie wir dagesessen haben. Durch das Fenster, es war auch ein sehr heller Raum, konnte man direkt auf den alten Schulhof gucken, und Sie haben mich auch gefragt, warum ich komme.* Für sie vermittelte die Umgebung und die Person der Beraterin Geborgenheit.: *Ich erinnere mich, daß die Atmosphäre bei Ihnen immer sehr gemütlich war, sehr warm eingerichtet. Nicht zu viel drin und nicht zu wenig.* Sie begrüßte es, daß Ort und Geschehen im Rahmen der Schule waren, weil sie sich dort unter Gleichaltrigen befand und mit der Umgebung vertraut war, in der die Beraterin auch als Lehrerin arbeitete: *... weil ich ja mit meinesgleichen war, ja, Sie waren auch in dem Geschehen drin.* Sie betont, wie hilfreich es damals für sie war, daß die Therapeutin *so optimal den Rahmen geschaffen* [hatte].

Auch für **Eva** war der Raumeindruck ein angenehmer. Als sie *hier* [aus dem Raum] *herausging, war* [es] *irgendwie schön.* Es war eine Atmosphäre, in der sie sich öffnen konnte, die für sie *Geborgenheit ausstrahlte,* auch wenn das Hingehen mit Scham belegt war. Für sie war dieser Raum kein privater Bereich, auch wenn er persönlich durch die Beraterin gestaltet und geprägt war. Es war ein im eigentlichen Sinn des Wortes exklusiver Ort, der weder privat noch öffentlich war. *Das war okay, daß Sie hier* [in dem Beratungsraum] *waren, aber ich wollte Sie um Gottes willen nirgends treffen, nirgendwo anders sehen, nur hier,* so äußert sie sich gegenüber der Therapeutin und Interviewerin.

Auch **Regine** erinnert sich an ihren ersten Eindruck vom Raum, *weil ich sehr nervös und voller Erwartung hier* [in den Beratungsraum] *hineinging.* Trotz aller anfänglichen Angespanntheit war es auch für sie eine *angenehme Situa-*

tion, eine sehr vertrauliche und angenehme Atmosphäre, die auch dadurch geschaffen wurde, daß die Beraterin sie *mit Handschlag, sehr freundlich, mit Lächeln* begrüßte. Räumlichkeit und Person hatten für sie einen annehmenden Charakter. Auch die örtliche Einbindung des Beratungsraumes in Schule bzw. Internat und die damit hergestellte relative Öffentlichkeit der Beratung war für sie kein Problem: *Man saß davor und ist irgend jemand begegnet. Ja, was machst du denn hier?* Sie hatte ein grundsätzlich positives Verhältnis zur Schule, und ein Gesehenwerden durch Lehrer oder Mitschüler fürchtete sie im Gegensatz zu der früher von ihr besuchten Schule nicht.

Für **Diana** war es ganz entscheidend und entscheidungsfördernd, gleich in der Erstbegegnung Wärme und Akzeptanz zu spüren: *Das war für mich ganz wichtig, nicht so'ne Kälte zu spüren.* Äußerst schwierig hingegen war für sie die Öffentlichkeit des Beratungsortes auf dem Schulgelände und der Bekanntheitsgrad der Tatsache, daß sie in Beratung war: *Das war mir mehr als unangenehm, für mich ganz unerträglich.* Aufgrund ihrer Stigmatisierungsängste wollte sie auf keinen Fall, daß irgendwelche Leute auf dem Internatsgelände mitbekamen, daß sie dorthin ging. So versuchte sie, ganz schnell den Raum zu betreten und wieder zu verlassen, und sie fand es eine Zumutung, daß sie manchmal auf dem Flur stehen und warten mußte, wo sie von anderen gesehen werden konnte. *So'n Stehen vor der Tür war für mich immer ganz schlimm und [daß] mich alle sehen, daß ich dahin gehe. Wo ich gern in ein Wartezimmer gegangen wär' solange.*

Beatrix' Erinnerung an die atmosphärische Situation des Anfangs ist sehr eingeschränkt beziehungsweise auch ambivalent. Für sie gab es aber nach ihrer anfänglichen Abwehr hinsichtlich der Beratung sofort eine spürbare Annäherung: *bestärkt? Nö! Ja, doch! Nach der ersten Stunde ging ja eigentlich noch, weiß ich aber nicht mehr.* Bis zu ihrem Abitur ging sie wie alle anderen auch in den Beratungsraum auf dem Internatsgelände, was für sie eine große Belastung war, die sie nur mit *Scheiße* bezeichnen kann. Beim Warten vor der Tür fühlte sie sich *immer wie auf so'nem Präsentierteller,* von allen beobachtet, was bei ihr eine ähnliche Angst vor Stigmatisierung hervorrief wie bei Diana. Nach dem Abitur kam sie dann in die Praxis der Therapeutin außerhalb der schulischen Institution, wo sie sich sehr viel wohler fühlte, weil dies auch mit einer häuslicheren Atmosphäre, mit Teetrinken und Spazierengehen verbunden war. Sie fand den Raum *sehr angenehm, so im Keller und draußen die Blumen,* auch weil sie dort keiner bekannten Person begegnen konnte, die ihr möglicherweise ihre emotionale Befindlichkeit ansah.

Die Bedeutung des symbolischen Raumes

Für **Sabine** war es von großer Bedeutung, *daß das hier, die Schule und die Therapie, eigentlich so ein Bereich für mich alleine war.* So war neben der Schule auch die Beratung und Therapie ein Ort und eine Zeit, die ganz allein ihr gehörten, wo weder ihre Mutter noch ihr Freund, der ihr davon strikt abriet, auf sie Einfluß nehmen konnten. Beratung bedeutete so ein nach außen abgeschirmter, geschützter Raum, in den ihr keiner hineinreden konnte.

Auch bei **Esther** und bei **Melanie** findet sich in den Interviews eine räumliche Vorstellung von Beratung und Therapie. Sie waren *in der Therapie* oder sind *in die Beratung gekommen* Es gab ein (Dr)innen und ein (Dr)außen. Therapie war die innere Welt, und die Umwelt, die Alltagswelt war das Außen, das Äußere. Für Melanie war es genauso wie für Sabine klar, daß sie den Innenraum der Therapie für sich allein haben wollte. Die Eltern sollten draußen bleiben, was für sie kein Mißtrauen gegen diese ausdrückte. *Ich hatte absolutes Vertrauen* zu den Eltern, sagt sie, *aber ich denke, es war auch wichtig, daß die mal außen vor waren, daß ich was für mich alleine hatte.* Therapie bedeutete für sie folglich ein von außen nicht beeinflußter, eigener Raum für die persönliche Entwicklung, wo sie mit keinem etwas teilen mußte: *Das war auch sehr wichtig in der Therapie, da ist sehr viel Entwicklungsgeschichte.*

Wie schon dargelegt, war der Gang in den Raum der Beratung für **Anna** ein äußerst schwieriger Schritt über eine Schwelle, da sie nicht wußte, was sie dort erwarten würde: *... ein Schritt nach vorne und wußte nicht wohin.* Wichtig wurde für sie, die Therapeutin zu einer Eingeweihten (*... jemand einweihe(n)*) ihrer inneren Thematik zu machen, eine metaphorische Beschreibung, die den Beratungsbereich in die Nähe eines sakralen Raumes rückt. Für sie war es auch undenkbar, daß eine dritte Person, von ihren Eltern ganz zu schweigen, Teil dieses Beratungssettings sein könnte. Anna benutzt immer wieder die Metapher des Raums und Rauminventars verbunden mit adverbialen Bestimmungen des Ortes, um ihre Therapieerfahrungen zu beschreiben. So glich der Moment, in dem sie plötzlich ihre Gefühle intensiv spürte, *wie wenn man Gardinen aufzieht.* Auch Licht und Dunkel verbanden sich bei ihr mit der Raummetapher. Es war dann, *wie wenn in so einen dunklen Raum ein Lichtstrahl hinein fällt.* Erkennen und Verstehen erhellten ihre schmerzliche existentielle Lebenssituation. *Diese lichten Momente* waren es, weshalb sie weitermachte, denn es gab einen ständigen Wechsel von Helligkeit und Dunkel, von Freude und tiefer Verzweiflung in ihrem Prozeß: *da war dieser Wechsel zwischen: da kommt Licht rein und diesem Es-geht-wieder-Zu. Es war immer ein Auf und Zu* in dem Raum der Therapie. Und in diesem Raum, der abseits vom Alltagsgeschehen lag, gab es etwas, so sagt sie, *was ich in den Alltag mitgenommen habe.* Dem Licht hat sie dann in ihrem Leben einen *immer breiteren Raum gegeben.* Das bedeutete für sie, daß sich die in der Spätadoleszenz gemachten Therapie-erfahrungen später stabilisieren konnten.

Auch für **Eva** war es von großer Wichtigkeit, daß die Beratung ein abge-schirmter Raum war, dessen Anonymität in ihrem Alltag gewahrt blieb. *Ich wollte nicht, daß alle darüber wissen,* sagt sie im Interview. Es war für sie entscheidend, daß dieser Raum einen isolierten und isolierenden Charakter hatte, getrennt von ihrem Privatleben wie von dem der Beraterin. Nur so war ihr Offenheit möglich. *Ich wollte Sie nicht privat irgendwo treffen, weil Sie für mich jemand waren, der nicht in meinem Privatleben ist. Das durfte nicht sein. Sie wußten über mich so viel.* Nur diese Abgeschlossenheit gegenüber der Um-welt bot ihr den Schutz, den sie brauchte, um Vertrauen zu entwickeln. Die fehlende Anonymität war auch der Grund gewesen, weshalb sie aus einer psychiatrischen Arztpraxis weggeblieben war und die Beratung in der Schule aufgesucht hatte. *Ich konnte kein Vertrauen haben. Keine Anonymität, kein Garnichts.* Die Schwelle zu diesem Raum lag für sie enorm hoch: *Es hat mich natürlich ein bißchen gestört, da hinein zu kommen,* und sie mußte sich anfangs Mut zusprechen: *Da ist schwer reinzukommen, geh noch ein paar Mal und guck dir das an!* Mit diesem Schritt in den Raum der Beratung war die Angst vor Stigmatisierung verbunden: *... daß man da psychisch einen Dreh haben muß.* Später konnte sie frei damit umgehen, sich mit diesem Schritt identifizieren und anderen von der Beratung erzählen.

Auch **Regine** hatte eine räumlich-bildliche Vorstellung von der Beratung und fragte sich: *wie komme ich denn da rein?* oder sie sprach wie die anderen auch von: *Ich bin in Therapie.* Ihr Weg in diesen Raum lief über die Erfahrungs-berichte ihrer Freundin und über eine Terminvermittlung durch ihren Lehrer, der auch der Internatsleiter war. Zunächst spürte sie leichte Schwellenängste, da sie nicht ganz ohne Vorurteile und vor allem nicht ohne Angst vor einem Mißbrauch ihrer hilflosen Situation war: *Es gibt ja immer noch die schwarzen Schafe, die erstmal dieses Vertrauensverhältnis mißbrauchen.* Sie wehrte sich allerdings gegen eine mögliche Stigmatisierung, die lauten könnte: *Ich bin in Therapie, ich bin eine Aussätzige.* Sie will diesen Raum außerhalb der Kate-gorien normal und pathologisch verstanden wissen: *... was vielleicht nicht nor-mal ist, aber durchaus auch nicht als etwas Krankhaftes.* Er hatte für sie einen eigenen Charakter: *derjenige, der in Therapie ist, der ist halt in Therapie und nichts weiter.* Sie hatte keine Probleme damit, mit anderen Menschen über ihre Erfahrungen zu sprechen, allerdings wollte auch sie ihre Eltern aus diesem Raum heraushalten. *Ich habe nicht mit meinen Eltern darüber gesprochen, ansonsten habe ich eigentlich mit recht vielen Leuten darüber gesprochen.*

Als für **Diana** klar wurde, daß die Therapie *ein geschützter Raum ist, wo ich auch arbeiten möchte,* wollte sie auch ihre Gedichte mitbringen, die sie in ihren vorhergehenden Therapieversuchen nie preisgegeben hatte. Im Schutz des Rau-mes fühlte sie sich *aufgehoben.* Er wurde zum freien Raum, in dem sie sich entfalten konnte. Es war eine grundlegende Frage, die sie kontinuierlich stellte: *Wo brauche ich einfach mehr Freiraum und Kraft, um überhaupt weiter zu kommen?* Entscheidend war für sie – und eine ähnliche Vorstellung hatten auch Anna und Beatrix – daß der therapeutische Raum über den konkreten Ort, an dem Therapie stattfand, hinausreichte: *Daß es nicht so'n Türzumachen war, und dann bin ich egal geworden.* Sie und die anderen erhofften sich die Erfahrung, über den festgelegten therapeutischen Zeitrahmen hinaus für die Person der Therapeutin wichtig zu sein: *Ich bin vielleicht* [nicht nur] *für die Zeit wichtig, wo ich auch komme, sondern ich bin überhaupt wichtig.* Die Öffnung des geschlossenen Raumes in die Zeit (der Therapeutin) hinein, ein erweiterter Raum, der trotzdem geschützt bleiben sollte, bedeutete die Erfahrung einer grundsätzlichen, umfassenden Annahme ihrer Person. Wie für Anna, Eva und Regine gab es in besonderem Maße auch für Diana eine Angstschwelle die Therapie und deren Raum betreffend. *Es war für mich immer schwierig, überhaupt in das Beratungszimmer reinzukommen.* Sie hatte die stärksten Ängste vor Vorurteilen und einer Stigmatisierung durch die Umwelt: *Für mich war immer die Angst, ich werde als Geisteskranke qualifiziert.* Sie wollte Therapie machen und dafür nicht als 'verrückt' abgestempelt werden: *... daß man 'ne Therapie macht und trotzdem kein Untermensch ist,* wohl wissend, daß eine innere Angst vor dem Verrücktwerden vorhanden war. Aus diesem Grund wäre es ihr am liebsten gewesen, wenn die Beratung an einem geheimen Ort stattgefunden hätte: *Für mich müßte das ganz geheim sein und war in dem Rahmen nicht so geheim möglich.* Ein noch größerer Schutz wäre für Diana die Therapie als absolutes Geheimnis vor der Welt gewesen. So wollte sie auch nie, daß die Therapeutin jemals Kontakt mit ihren Eltern aufnahm: *Das war für mich wichtig, daß es da keinen Kontakt gegeben hat.* Das war aus pragmatischen Gründen hinsichtlich der Schule und des Internatsaufenthalts nicht möglich. Eine gewisse Öffnung und Öffentlichkeit ihrer Problematik zur Schule und zu den Lehrern hin hatte nicht wegzudenkende Vorteile. Das war ihr bewußt, nämlich, *daß es seine Vorteile hatte, weil ich sonst von der Schule geflogen wäre.* Im Nachhinein will Diana die Therapie abgrenzen von ihrem Psychiatrieaufenthalt. Der Raum der Therapie ist der ihre geworden, ist mit ihrer Person identifikabel; an die Jugendpsychiatrie kann sie nur mit größter Scham denken, in diesem Rahmen fühlte sie sich stigmatisiert. *Das ist sicher 'was, was ich immer verstecken würde, wo ich nach wie vor Angst hab', daß es 'rauskommen könnte.*

Beatrix bezeichnet ihre Therapie immer als *die Stunden.* Sie ging *in die Stunde.* Sie schildert es als äußerst schwierig für sich, Therapieraum und Therapiezeit überein zu bringen, *bei mir diese Zeitsache, – dieser Druck dahinter.* Den Anfang fand sie meist erst nach einer halben Stunde, und dann hatte sie das Gefühl, es lohnte nicht mehr zu sprechen. Die Therapeutin versuchte, sich zeitlich und räumlich flexibel auf ihr inneres Tempo, ihre Blockaden und ihr Ausweichen einzustellen. Den therapeutischen Platz, den sie einnahm, könnte man bei ihr als einen *irgendwo*-Raum (das Wort *irgendwo* benutzt sie sehr häufig im Interview) bezeichnen. Es war ein Bereich, den sie über lange Strekken psychisch nicht gestalten konnte, der innerlich in ihr nicht konkret wurde und den sie als leeren Raum nicht ertragen konnte: ... *so im Raum Stille, da war es aus und vorbei! Ich hätte eigentlich aufstehen müssen und gehen müssen. Aber ich kam da noch nicht einmal aus meinem Sessel hoch* Aus diesem Grund mußte sie häufig mitten in der Beratung den Raum auch real fluchtartig verlassen: *Wenn 'was schiefgelaufen ist in der Stunde, da bin ich dann raus.* Die Therapeutin ging ihr persönlich nach einer gewissen Zeit nach und erweiterte auf diese Weise auch den Raum und die Zeit ihrer Stunden. Das war für sie hilfreich, erlöste sie häufig von ihrem ungewöhnlichen inneren Druck: *Das war ein purer Albtraum. Das war Wahnsinn!* Es ermöglichte einen Durchbruch in der Arbeit, den sie im Interview als *Knackpunkt* bezeichnet.

Kollektives und Ideosynkratisches: eine Zusammenschau

Alle befragten Adoleszenten berichten davon, daß ihre Lebenssituation vor der Beratung äußerst schwierig und für sie bedrohlich war. Sie finden dafür Worte wie: *ausweglos, durcheinander, suizidal, es ging nichts mehr, Grenze, Schlag, Absturz, Zusammenbruch, totaler Konflikt.* Die Beratungssituation wurde folglich gesucht und hergestellt in einer kritischen Lebensphase und auf dem Hintergrund einer existentiellen Krise im Leben der Jugendlichen. Den meisten von ihnen (Sabine, Esther, Melanie, Anna, Eva, Regine) gelang es in dieser Situation noch, meist mit zusätzlicher Ermutigung durch andere, ihren Wunsch nach Hilfe und beraterischer Unterstützung selbst zu verfolgen und in die Wege zu leiten. Sie verfügten zu dem Zeitpunkt über ein intuitives Selbstkonzept und den Willen, ihre Lage möglichst bald zu verändern.

Zwei der Mädchen (Diana und Beatrix) zeigten eine eher resignative oder verwirrte Haltung, was die Veränderung ihrer Lebenssituation und die Hoffnung auf Hilfe anbelangte. Sie lehnten nach ihren vorhergehenden Erfahrungen mit Therapeuten eine derartige professionelle Hilfe ab. Für diese zwei Befragten ergriffen Personen die Initiative, die noch erzieherischen Kontakt zu ihnen hatten und sich pädagogisch verantwortlich fühlten. Das waren, aus gutem Grund, in keinem der Fälle die Eltern. Der auslösende Faktor oder die ausschlaggebende Situation, die zur Beratung führte, kann an Hand der Aussagen der Mädchen differenziert werden.

Bei zwei der Mädchen (Anna und Beatrix) gab es ein krisenhaftes Ereignis, das diese nicht allein bewältigen konnten. Bei Anna war es das Thema Kindesmißhandlung im Unterricht und bei Beatrix die panikartige Flucht aus der Wohnung der Mutter ins Internat. Ein sich zunehmend verschlimmerndes krisenhaftes Lebensgefühl, das außer Kontrolle zu geraten drohte, war der Anlaß für vier der anderen Mädchen (Esther, Melanie, Eva, Regine). Bei zwei anderen (Sabine, Diana) lagen schwere Krisen mit Suizidversuchen und jugendpsychiatrischem Aufenthalt schon vor diesem Zeitpunkt, sie waren mitten in einem Prozeß, den sie jedoch ihren Erfahrungen entsprechend einmal positiv (Sabine) und einmal negativ (Diana) bewerteten. Bei ihnen ließe sich eher von der Fortsetzung eines therapeutischen Prozesses sprechen.

Fast alle Mädchen berichten in ihren Interviews von mehr oder weniger starken Schwellenängsten, was die Inanspruchnahme der Beratung betraf. Bei drei von ihnen (Melanie, Anna, Eva) wurde das Zugehen auf die Beraterin durch massive Schamgefühle erschwert, bei drei anderen (Regine, Diana, Beatrix) bewirkte die Angst vor Stigmatisierung durch die Umwelt oder die eigene Angst, tatsächlich verrückt zu sein, daß die Hürde zur Beratung sehr hochgesteckt war. Die übrigen hatten unterschiedliche subjektive Deutungsmuster, die den Faktor Beratung als relativ normal erscheinen ließen. Für Sabine war der Bann durch einen positiven Klinikaufenthalt gebrochen; Esther befand sich in einer Peergruppe von Mädchen, zu deren Norm es schon gehörte, eine Therapie zu machen.

Das Ende der Beratung oder Therapie verband sich bei allen Interviewten mit großer Unsicherheit – außer in einem Fall (Regine). Das zeigt sich in der Überzeugung der Mädchen, daß es immer die Initiative oder der Fehler, *eine Überreaktion* (Sabine), der Therapeutin gewesen sei, die den Abschluß herbeiführte. In ihrem Erleben kam dies fast einem Hinauswurf gleich, wie *in die Welt gestoßen* Die Befürchtung, mit den Anforderungen des Lebens ohne beraterische Hilfe nicht alleine *klarzukommen*, diese nicht *zu schaffen* oder *zu raffen*, so die Wortwahl der Betroffenen, führte bei ihnen zunächst zu abwehrenden oder ängstlichen Reaktionen auf den Vorschlag der Beendigung durch die Therapeutin. Allerdings löste das Ansinnen – und das zeigt die Ambivalenz der Adoleszenten diesem Vorgang gegenüber – auch Freude und Stolz über eine solche Zumutung aus (Esther, Melanie, Eva, Regine). Es ging für sie darum zu überprüfen, ob Klarheit (*klarkommen)* und Handlungsfähigkeit (*schaffen, raffen*) für eine selbständige Lebensbewältigung erreicht waren. Für diesen Schritt aus dem Zustand der Hilfsbedürftigkeit in den der Selbständigkeit und des Erwachsenendaseins brauchten alle die Bestätigung und zum größten Teil auch die Ermutigung der Therapeutin (Esther, Melanie, Anna, Eva, Diana).

Eine besondere Ablösungsthematik hatten drei der Jugendlichen (Sabine, Anna, Diana), was vermutlich mit noch nicht aufgelösten Übertragungen auf die Therapeutin zu tun hatte. Sabine wollte eigentlich noch nicht die Therapie beenden, mußte dies aber tun aus Trotz und ohne die Fähigkeit, sich darüber mit der Therapeutin auseinanderzusetzen. Anna und Diana hatten in der Arbeit eine tiefe Bindung zur Therapeutin aufgebaut; sie mußten starke Trennungsängste überwinden, bevor sie die Therapie beenden konnten. In allen Fällen bedeutete das Ende der Therapie keinen endgültigen, unwiderruflichen Abschluß, sondern ermöglichte einen sanften Übergang in die Eigenständigkeit. Dies war gewähr-leistet durch das Angebot der Therapeutin, im Krisenfall zu weiteren Gesprä-chen zur Verfügung zu stehen. Dies wurde dann nur in Ausnahmefällen in An-spruch genommen (Anna, Eva, Diana).

Äußerer Rahmen und konkreter Raum der Beratung spielten für die Jugend-lichen insofern eine wichtige Rolle, als beides dazu beitrug, die anfänglichen Ängste und Hemmungen zu reduzieren, gelegentlich aber auch zu verstärken. Allen Mädchen erleichterte die Geborgenheit ausstrahlende Atmosphäre des Raumes und die freundlich-akzeptierende Haltung der Beraterin den Eintritt in den Bereich der Beratung und Therapie. Unterschiedlich erlebt wurde von ihnen hingegen die Lage des Raumes auf dem Gelände der Schule. Fünf der Mädchen (Sabine, Esther, Anna, Regine) fanden es entweder nicht störend oder sogar eher angenehm (Melanie), daß die Beratung auch räumlich in Anbindung an die Schule und das Internat stattfand. Es erschien wie eine Einbettung in ein vertrautes oder positiv bewertetes Umfeld. Für die anderen (Eva, Diana, Beatrix) bedeutete dieses räumliche Eingebundensein und die Tatsache, daß sie auf dem Weg zum und vom Beratungsraum von anderen gesehen werden konnten, eher das Gegenteil, nämlich einen Mangel an Schutz. Es verstärkte ihre Angst vor Stigmatisierung durch Mitschüler und Lehrer. Dieser Aspekt trat jedoch auf die Dauer weiter in den Hintergrund, weil die Therapie als symbo-lischer Raum – so schwierig es anfangs auch war, in ihn einzutreten – für alle befragten Mädchen seine stützende und heilende Funktion entfaltete.

Dieser Beratungsraum wird von allen als ein besonderer Raum gekennzeichnet, je nach subjektivem Bedürfnis als hell-dunkler (Anna), innerer (Esther), eigener (Sabine), unbeeinflußter (Melanie), exklusiver (Eva), außernormaler (Regine), geschützter (Diana) oder leerer Raum (Beatrix). Der Ort der Therapie wurde für alle spätadoleszenten Mädchen zu einem Platz, der ihnen alleine zustand und der als ein psychischer Innen- und Entwicklungsraum nach außen geschützt werden mußte. Das hatte zur Konsequenz, daß ebenfalls **alle** Mädchen aus-gesprochen (Sabine, Melanie, Eva, Regine, Diana) oder unausgesprochen, weil sie sowieso keine Kommunikation mit ihren Eltern pflegten (Esther, Anna, Beatrix), ihre Väter und Mütter unter keinen Umständen in diesen Bereich hin-einsehen lassen wollten. Dieser Raum der Beratung und Therapie erforderte eine räumliche Distanz zur Familie. Manche von ihnen hätten sogar den Wunsch gehabt, diesen Raum in einen geheimen und unsichtbaren zu ver-wandeln, abseits von den Blicken der äußeren Welt (Eva, Diana, Beatrix). Für ein Mädchen (Anna) erhielt dieser Ort sogar die Aura eines sakralen Raumes. Doch der notwendige Kontakt zur Umwelt, vor allem zur Schule und zum Internat, setzte solchen Vorstellungen auch Grenzen.

Der Therapeutin kamen in diesem Kontext zwei sich ergänzende Funktionen zu: Sie sollte diesen Raum, diesen Innenbereich jeder einzelnen, schützen und zu-gleich als verbindendes und vermittelndes Glied zwischen den spätadoleszenten

Schülerinnen und der Welt draußen auftreten, wenn dies nötig und gewünscht wurde.

12. Kapitel
Selbstbild und Persönlichkeitsproblematik in der
Selbstdarstellung der Spätadoleszenten

> ...gestatte ich es mir nicht, krank oder verrückt zu werden,
> oder mich wie ein Kind an der Schulter vor irgend jemandem
> auszuweinen. Masken sind an der Tagesordnung – und
> wenigstens kann ich noch die Illusion pflegen,
> ich sei fröhlich und ernst, nicht ängstlich und leer.
>
> Sylvia Plath, Tagebücher, 20 Jahre

In den Interviews beschreiben alle Mädchen ihre subjektive Befindlichkeit zu Beginn und auch noch während der Therapie. Natürlich geben sie auch Auskunft über das, was sich bei ihnen im Laufe der Therapie verändert hat; doch das soll an anderer Stelle dargestellt werden. Hier geht es zunächst um die Selbstdarstellungen und Eigendiagnosen, mit denen sie nachträglich die Faktoren ihrer Persönlichkeit und ihrer Geschichte beleuchten, die sie in jener Lebensphase leiden machten und die dazu beitrugen, daß sie die Beratung aufsuchten. Dabei stießen sie auf Entwicklungsdefizite aus früheren Phasen, so wie Melanie es für sich, aber auch prototypisch für die anderen, ausdrückt, ... *daß ich im Endeffekt mich nicht entwickeln konnte.* Es waren nicht nur die 'normalen' Probleme der Gleichaltrigen, die thematisch in den Vordergrund traten, sondern bei allen herrschte das Gefühl vor, welches Melanie präzisiert: *Mein Problem ging tiefer. Das lag noch davor.* Alle Bilder und Beschreibungen kreisen um das Ich der spätadoleszenten Mädchen, das in seinem seelischen oder körperlichen Ausdruck besonders fragil oder entfremdet erlebt wurde, was zugleich zu einer Einengung der individuellen Entscheidungs- und Handlungsspielräume geführt hatte.

Die nachfolgende Gliederung folgt in eher phänomenologischer Weise dem sprachlichen Selbstausdruck der Jugendlichen, richtet sich nach ihrer Diktion psychischer Ich-Zustände und orientiert sich nicht an irgendeinem System psychologischer oder therapeutischer Diagnostik. Sinn und Ziel dieses Kapitels ist es, typische Persönlichkeitsthemen der Spätadoleszenten herauszuarbeiten und nicht, individuelle Charakterbilder psychodiagnostisch aufzuarbeiten. Die genannten Themenblöcke stellen mit ihren vielfältigen inhaltlichen Verknüpfungen und Verstrebungen wichtige Teile eines möglichen Psychogramms der Spätadoleszenz dar.

„... daß aus mir selber heraus nichts kommt"

Melanie macht im Interview eine Reihe von negativen Aussagen über sich, über ihr Ich. Dabei kreist sie in ihren Beschreibungen um die Tatsache ihrer enormen Ich-Schwäche zu jener Zeit. Sie kennzeichnet ihre Situation so, daß diese *etwas verkümmert* war und daß sie sich noch *gar nicht gefunden* hatte. Das gipfelt in ihrer Aussage: *Das ist kein eigenes Ich.* Sie benutzt verschiedene metaphorische Aspekte, um diesen als desolat empfundenen Ich-Zustand ihrer Persönlichkeit zu beschreiben. Die Metapher des Gefäßes, die besonders das Gefühl der inneren Leere verdeutlicht, bildet sich dabei heraus: *... also daß kein Leben in mir drin ist, daß aus mir selber heraus nichts kommt, da ist nichts drin.* Ähnlich dem Bild des leeren Gefäßes sieht sie ihren damaligen Ich-Zustand auch als leere Hülle, die nichts enthielt, weil sie keinen Kern hatte. Oder sie erlebte, daß sie das, was sie an Substanzen beinhaltete, nicht hervorbringen konnte: *Das bin nicht ich, da ist einfach nur eine leere Hülle.* Dazu kommt das Erleben der Bodenlosigkeit ihrer Existenz: *Ich hatte noch nicht gelernt, wirklich eine Basis in mir zu schaffen.* Sie kann nur in der Verneinung oder in der unpersönlichen man-Form ihr Ich umschreiben: *kein Wort sagen zu können* und *man kann nichts geben.* Sie fühlte sich leblos und ausgebrannt: *man brennt ja aus.* Das Negative, das Nicht-Existente, das Vernichtende in der eigenen Existenz, wurde von ihr besonders stark gespürt und löste ein Lebensgefühl des Unerträglichen und der Überforderung aus: *daß da nichts ist ... und immer das Negative. Es ging mir dermaßen schlecht*, ich wurde *ganz überfordert*, [so] *daß ich es nicht mehr geschafft habe.* Das war der Zeitpunkt, wo sie auf eigenen Wunsch und mit Hilfe der Therapeutin für drei Monate in eine jugendpsychiatrische Klinik ging.

Nicht-Wissen, Nicht-Können, Nicht-Wollen war bei **Beatrix** ein tiefgreifender Persönlichkeitsaspekt, der während der Therapie in den Vordergrund trat. Er zeichnet sich auch noch retrospektiv in der Diktion ihres Interviews deutlich ab. Da gibt es eine auffällige Häufung von Redewendungen wie: *keine Ahnung* oder *das weiß/wußte ich nicht (so genau).* Darüber hinaus finden wir bei ihr noch eine Reihe anderer Verben, die in der Negation gebraucht werden: *glaube nicht, konnte nicht, wollte nicht, stimmt nicht, bringt nichts, macht nichts.* Das alles kulminierte in ihrem Nicht-reden-können, ihrer Sprachlosigkeit in den Therapiestunden *Wir haben nicht viel geredet, eigentlich gar nicht, eher geschwiegen.* Hinter dieser Schweigsamkeit, mit der sie eigentlich nur die wichtigen Themen ihrer Existenz einhüllte, steckte ein grundlegendes Mißtrauen, das in ihrer Biographie verankert war: *Ich bin eh so ein bißchen mißtrauisch, bin ich immer schon gewesen*, äußert sie der Interviewerin gegenüber. *Wenn jemand von Anfang an so aufgewachsen ist, immer mit Mißtrauen, das kann man auch sein ganzes Leben lang nicht ablegen.* Die schwere Hypothek, die sie in ihre Adoleszenz mitbrachte, hatte etwas mit der Verneinung ihrer

Existenz zu tun. Das machte das Fundament ihres Ichs sehr instabil, so daß sie nur langsam annehmen konnte, was die Beraterin ihr versuchte zu vermitteln: *was ich nie kapiert hab, ja, doch, vielleicht schon, irgendwo.* Sie versuchte in der Therapie, den Weg von einer Lebensverneinung zu einer Selbstbejahung zu gehen, wobei eine leichte Ambivalenz zwischen Ja und Nein bestehen blieb. So steht das 'Ja' im Interview sprachlich noch fast gleichbedeutend neben der oben erwähnten Verneinung: *Ja ja, ne ne, das ging ja so halt, ich weiß es nicht.* Eine resignative Grundstimmung hat überdauert: *Das kriegt man auch nie wieder hin, da kann mir jeder Therapeut was anderes erzählen, das gibt es nicht!*

„Ich selbst hab' mich nicht mehr gespürt"

Esther sieht es als eines ihrer Hauptprobleme an, daß sie keinen Zugang zu ihren Gefühlen hatte, *nicht so richtige Gefühle gegenüber realen Dinge, also keine richtige Trauer oder Freude.* Damit ging es ihr schlecht. Sie kaschierte diese Empfindungslosigkeit durch vieles Reden, was sie, wie sie schon bald in der Beratung merkte, nicht weiterbrachte auf dem Weg zu sich selbst: *... weil ich ja immer so viel rede, kam nichts dabei rum.* Da sie ehrgeizig war, verfolgte sie aber ihre Thematik beharrlich weiter. Es gab ein anderes Verhalten, mit dem sie ebenfalls einen inneren Zustand überdeckte. Sie gebärdete sich nach außen stark, obwohl sie sich innerlich klein und hilflos fühlte: *... so auf stark gemacht, da war ich so ziemlich klein irgendwie.*

Auch **Melanie** beschreibt, daß sie sich als Person fremdgeworden war. Sie findet dafür das Bild eines Menschen, der nicht mehr in sich wohnt, sondern sich von außen anschaut: *Ich stehe neben mir. Ich hab' mich immer aus den Augen der anderen betrachtet.* Damit meint sie nicht die Fähigkeit zur Selbstdistanzierung, sondern sie artikuliert ein Entfremdungsgefühl, wo *man ein so merkwürdiges Gefühl hat.* Sie war nicht bei sich, sondern erlebte sich entpersonalisiert durch fremde Blicke, die zu den eigenen wurden. Es gab für sie keinen eigenen Maßstab der Selbstwahrnehmung und Selbstbeurteilung. Sie war auch nicht zu einem lebendigen authentischen Selbstausdruck fähig, *weil ich mich selber komisch fühlte.* Sie fühlte sich unfrei und blockiert, *also wie so'n Block;* etwas in ihr war da, *was nicht zum Vorschein kommt* und was *einfach verschlossen* war. Sie bezeichnet sich auch als *dichtgemacht, zugemacht* und *gestaut,* oder sieht sich auch als jemand, der alles in sich *reingefressen* hat. Auch hier verwendet sie wieder eine räumliche Vorstellung des Ichs, nun unter dem Aspekt des Verstauens und der Abgeschlossenheit. Die Zugänge zu ihrem Ich-Gebäude waren verstellt und verschlossen, *weil man einfach sich selber nicht spürt,* was bedeutet, daß sie kein Gespür mehr für sich entwickeln konnte. Diese Verschlossenheit und Fremdheit betraf zeitweilig auch ihren Körper, den sie ablehnte, seit sie sich bei ihrer ersten sexuellen Erfahrung aufgrund einer

Willensschwäche vergewaltigt gefühlt hatte: *Ich war überhaupt nicht in meinem eigenen Körper drin.* Ihr Gefühl der Leblosigkeit und Starre beschreibt sie am treffendsten mit den Metaphern der *Marionette* und der *Maske: ... und ich wie eine Marionette, einfach starr durch die Gegend laufe.* Die Maske diente ihr – ähnlich wie Esther und Eva – dazu, ihrer Schwäche zum Trotz stark zu wirken. Maske bedeutete Schutz, barg aber auch Gefahren in sich: *Man erstickt ja auch darunter,* und die eiternden *Wunden unten drunter können ja nicht heilen.* Mit einer anderen Metapher der Selbstentfremdung verdeutlicht sie, daß sie sich wie eine funktionierende Maschine vorkam, die negativ programmiert war: *ein Tonband in mir, was dann so wie ein Schema abläuft, immer negativ.* Auch ihre Scham- und Angstgefühle waren wie ein Deckmantel, um die eigentlichen darunterliegenden Gefühle zu verbergen: *... meine Gefühle, die wohl immer da waren, aber überdeckt von Angst und Scham.*

Scham und Schweigen waren jahrelang auch Schild und Schutz für **Anna** gewesen, um die seelischen und körperlichen Verletzungen der elterlichen Miß-handlungen nicht spüren zu müssen, *'ne Sache, über die ich nicht gesprochen habe. Ich hätte mich da einfach viel zu sehr geschämt.* Die Offenlegung dieser Sache war so bedrohlich, daß sie glaubte, dadurch vernichtet zu werden: *Da wäre ich im Boden versunken.* Diese Scham betraf ebenfalls vor allem ihren Körper, den sie versuchte, auf Grund der Erniedrigung und der schmerzhaften Schläge, nicht zu spüren und von ihrem Kopf, ihrem Bewußtsein abzuspalten: *meinen Körper so hinter mir zu lassen, so auszublenden, gelöst davon zu sein. Mein Bewußtsein schwebt dann auf einem anderen Level.* Die Abspaltung des Körperlichen vom Geistigen sieht sie als einen Reflex auf Gewalt, die sie in ihrem Elternhaus erfuhr. Abwehr drückte sie auch durch Ekelgefühle ihrem Körper gegenüber aus, was mit regelrechten *Ekelanfällen* schon in Gedanken an mögliche Berührungen der Mutter gekoppelt war. Gefühlsmäßig erlebte sie ihren Körper als *völlig vernarbt.* Erst in einer späteren Therapie, so berichtet sie, konnte sie sich auf eine Arbeit an und mit ihrem Körper einlassen.

Auch **Eva** wählt im Interview das Bild der Maske, um zu verdeutlichen, wie sie ihre Probleme in jener Lebensphase kaschierte. Sie spürte ein gewisses inneres Chaos, weil sie Verrücktes und Vernünftiges gleichzeitig in sich wahrnahm, das jedoch nicht in Balance war. *Früher war das immer so durcheinander, nicht ausgeglichen.* Um das zu überdecken und sich als problemlos und stabil dar-zustellen, setzte sie eine perfekte Maske auf: *Ich hatte eine gute!* Dadurch hatte sie aber auch das Gefühl, nicht sie selbst zu sein. Auch zu ihrem Körper spürte sie Distanz, seit sie im Alter von 10 Jahren sexuell belästigt worden war, eine Belastung, die durch das Bewußtwerden dieses Erlebnisses in der Adoleszenz reaktiviert wurde. Die Beziehung zu ihrem ersten Freund minderte diese nega-tive Früherfahrung. Sie hatte das Gefühl, durch die Entdeckung der Sexualität mit diesem Freund heil zu werden und ihre Ekelgefühle Körperlichem gegen-über verringern zu können: *Das hat mich eigentlich geheilt.* Dennoch mußte sie sich immer wieder nach sexuellem Kontakt durch Kaugummi im Mund das Gefühl von Sauberkeit verschaffen: *Kaugummi nehme ich immer noch viel in den Mund.*

Als das Hauptthema ihrer Beratung beschreibt **Regine** die Suche nach ihrem noch nicht entdeckten Selbst, die auch bei ihr einherging mit der Suche nach einem authentischen Ausdruck der Gefühle. In den Gesprächen begann sie zunächst mit einer *äußerst ablehnenden Haltung* ihrem Körper gegenüber. Sie hatte ein negatives Körperbild, konnte sich mit diesem nicht identifizieren: *Also, es war irgendwie nicht ich, es war nur so eine Hülle, und das war's.* In der Selbstdefinition ist dieses *Es* im Vordergrund, das Unpersönliche, Sachliche. Das Ich scheint noch nicht sichtbar, sondern verborgen in einer Hülle, ein Bild, das auch Melanie benutzt. Regine war sich als ein Ich, mit dem sie sich identifizieren konnte, noch nicht genügend spürbar. Was sie wollte, war, daß Ich wurde, wo bisher Es vorgeherrscht hatte (in Anlehnung an Freuds Motto), wobei in ihrer Diktion mit Es nicht an das Unbewußte gedacht sein kann, sondern das Gefühl der Verdinglichung gemeint ist, was aber den Freudschen Aspekt nicht ausschließen muß. Da sie ihren Körper nicht spürte, hatte sie auch keinen Zugang zu ihren Gefühlen: *daß ich nicht unbedingt in der Lage war, diese zu äußern.* Diesen Zustand bezeichnet sie im Interview verständlicherweise als *Selbstflucht* in dem Gefühl, *daß ich so selbstentfremdet bin.* Es leuchtet ein, daß sie als ihr wichtigstes Ziel formuliert: *mein wahres Selbst zu finden, daß ich selbst mit mir und meinen Gefühlen besser umgehen kann.*

Trotz enger Abhängigkeitsbeziehung zum Freund hatte **Sabine,** durchaus dem Empfinden Regines ähnlich, einen distanzierten Bezug beziehungsweise ein Fremdheitsgefühl ihrem Körper gegenüber. Sie schildert, daß sie auch bei sexuellen Kontakten unberührt blieb, *unbeteiligt; ich glaube, das trifft es am besten.* An ein traumatisierendes Mißbrauchserlebnis in ihrer Vergangenheit, das man ihr in der Psychiatrie suggerieren wollte, kann sie sich in diesem Kontext nicht erinnern.

Diana beschreibt ihre anfängliche Selbstwahrnehmung während der Beratung mit dem Gefühl, daß sie sich nicht als Subjekt, sondern als jedermanns Gegenstand erlebte, der manipuliert wurde und werden sollte. So wurde sie beispielsweise *'rausbefördert* aus der Psychiatrie quasi wie ein Paket. Dem entspricht auch ihre Vorstellung, daß sie in der Therapie *repariert werden* sollte wie ein Ding, wie eine Maschine oder ein *völlig abstruses Objekt.* Selbstentfremdung stellte sich in ihrem Erleben als Verdinglichung dar, so, wie auch Melanie sich erlebte. Das machte sich deutlich an ihrem Körpererleben. Anfänglich hatte sie zu ihrem Körper keinen Bezug, fühlte sich kraftlos und war häufig krank: *Ich selbst hab mich nicht mehr gespürt.* Sie beschreibt ihren Körper *als totes Fleisch*, zu dem sie keinen Bezug mehr hatte. Sie erinnert sich, *daß ich wenig geatmet hab,* also an ihre Versuche, sich am Atmen, und damit am Leben, zu hindern Mit wachsender Selbstakzeptanz wuchs auch ihre Bereitschaft, ihren

Körper wahr- und anzunehmen, sich mit ihm zu identifizieren, ihn zu pflegen. Die Schritte auf das Ziel zu bedeuteten: *zu fühlen, was ich vorher nicht fühlen konnte.*

„Das mit meinem wenigen Selbstwertgefühl"

In **Evas** Leben gab es das Thema, daß sie sich hilflos, klein und schutzbedürftig fühlte: *das mit meinem wenigen Selbstwertgefühl.* Für die Tatsache, daß sie das in der Beratung offenbaren mußte und wollte, hätte sie sich anfangs am liebsten gehaßt. Gleichzeitig war es die große Hilfe für sie. Von früher Kindheit an hatte sie eine Sprachbehinderung, *ein Stottern,* das sie seit ihrer Kindheit den Hänseleien und der Beobachtung anderer ausgesetzt hatte. Das minderte ihr Selbstwertgefühl stark und machte sie in frühen Jahren von der Umwelt abhängig, so *daß ich früher mehr Bestätigung brauchte, daß ich doch wer bin.* In den Beratungsgesprächen erwies sich diese Problematik nicht mehr als die wichtigste, doch mußte Eva immer noch mit einer diesbezüglichen Unsicherheit kämpfen. Diese lag latent unter ihrer Suchtthematik. Eine weitere Form der Selbstabwertung vollzog sie aufgrund stark internalisierter Moralvorstellungen, die sie in ihrer katholischen Erziehung vermittelt bekommen hatte. Sie fühlte sich als das böse Mädchen, das sich schämen mußte, wenn sie Fehler machte oder wenn sie wegen ihrer Impulsivität ausrastete. *Ich hab mich einfach geschämt.* Scham war ein Gefühl, mit dem sie viel zu kämpfen hatte, denn so wie sie war, schien sie nicht in Ordnung.

Auch **Melanie** spricht von ihren damaligen Schamgefühlen, in die sie *versunken* war, wenn sie etwas falsch machte: *Wenn ich meinte, ich hätte einen Fehler gemacht, daß ich mich so geschämt habe.* Die Assoziation des Untergehens im Wasser, das Wasser als Bild des Abgrundes und der gefährlichen Tiefe, liegt auch hier nahe. Das sensible Gefühl für die eigenen Fehler entstand in ihrem Leben durch die eigenen Ansprüche: *meine hochgesteckten Ziele, dieser Perfektionismus, immer der Vergleich mit anderen!* Die Scham über das Versagen zwang sie zum Rückzug aus Beziehungen und verhinderte einen Umgang mit Konflikten, den sie sich nicht zutraute, *weil, wenn man immer Schamgefühle hat, wie soll man mit einem Konflikt umgehen können?* Ihr mangelndes Selbstwertgefühl machte sie über eine längere Strecke handlungsunfähig.

Auch **Regine** erinnert sich an die Tatsache, daß sie in ihrer Kindheit für sich ein Ideal gebildet hatte, das sie nie erreichen konnte. *Aus dieser starken Differenz zwischen meinem wirklichen Ich und diesem Ideal resultieren auch diese ganzen Minderwertigkeitskomplexe.* Diese frühe Ich-Ideal-Bildung, mit der sie hohe Ansprüche an sich formulierte, schlugen sich in strengen ethischen Forderungen nach Erfüllung altruistischer Normen nieder, *daß ich als einzelne Person nicht unbedingt so viel wert bin wie das Gesellschaftswohl.* Es führte zu einem Gefühl des eigenen Unvermögens. Diese Problematik kann und konnte sie selbstkritisch reflektieren. Sie wurde sich allmählich der Gefahr bewußt, was es bedeutet, sich selbst nicht wertzuschätzen mit der Konsequenz, die eigene Person zugunsten anderer hintenanzusetzen, sich aufzuopfern und das Gefühl zu entwickeln, ein *Staubkorn* zu werden.

Besonders **Diana** bewertet das Gefühl der eigenen Wertlosigkeit als ihr Hauptproblem, *daß ich unwichtig bin und wertlos*. Wertvoll glaubte sie nur sein zu können, wenn sie für die Erwachsenen, vor allem für ihre Eltern und in deren Gefolge auch für die Lehrer, hervorragende Leistungen brachte: *Ich muß das machen, sonst bin ich nichts mehr wert*. Da sie sich von klein auf nicht um ihrer selbst willen geliebt fühlte, empfand und betrachtete sie sich als *so 'ne überflüssige Existenz*. Darüber entwickelte sie einen bodenlosen Haß auf die Erwachsenen, im ersten Moment auch auf die Beraterin, von der sie annahm, daß sie auch nicht anders von ihr denken könnte. In der Therapiesituation war sie deshalb auf der permanenten Suche nach Beweisen, daß sie wertgeschätzt würde und überhaupt wichtig war. Ihr fehlendes Selbstvertrauen und Selbstwertgefühl äußerten sich in großer Unsicherheit, in Existenzängsten und Ohnmachtsgefühlen, die auch in suizidalen Handlungen ihren Ausdruck fanden. Es gab auch depressive Phasen, wo sie nur *im Bett gelegen und gar nichts mehr getan* hat. Sich von der Therapeutin wertgeschätzt zu fühlen, brachte für sie langsam die Wendung.

Eine völlige Selbstabwertung während der Zeit der Therapie konstatiert auch **Beatrix** in Hinblick auf ihre Person. Da gab es nichts an ihr selbst, was sie liebenswert nennen konnte. *Meine Haare nicht, mein Bauch nicht, mein Busen nicht, meine Füße nicht, das war alles in allem Scheiße*. Alles an ihr selbst war Ausschuß. Sie war mit sich nicht im Frieden und fragt sich im Nachhinein: *wenn man mit sich unzufrieden ist, ist man nicht dann mit allem unzufrieden?*

„Ich konnte mich von dem nicht lösen"

Sabine berichtet über die psychische Abhängigkeit von ihren Eltern, darüber hinaus aber besonders von ihren männlichen Freunden, die wiederum von irgendeinem Stoff abhängig waren: ... *daß meine Freunde jeweils Konsumenten waren*. Sie war geneigt, deren Ansprüche zu erfüllen und bekam nur schwer Zugang zu ihrem eigenen Willen, was dazu führte, *mit sich machen* [zu] *lassen oder eben Verantwortung ab*[zu]*geben an andere*. Dadurch erlangte sie keinen Halt in sich selbst und konnte nicht anders, als *immer nur so orientierungslos rumzuschwimmen*. Andere konnten sie auf diese Weise manipulieren. Auch Sabine verwendet so die Metapher des Wassers, das keinen Boden und keine Orientierung bietet, und drückt damit ihre damaligen Haltlosigkeit aus. Es erfüllte sie mit Genugtuung, daß die drogenabhängigen Freunde auch sie brauchten und *dadurch eine gewisse Abhängigkeit von mir hatten.* Im Nachhinein überlegt sie, ob dies nicht bedeutete, daß sie ihre *Abhängigkeit von denen habe ausleben lassen.* Ihren eigenen Drogenkonsum sieht sie nachträglich nicht als Suchtproblem, sondern *unter dem Aspekt der Selbstzerstörung.* Abhängigkeit und Loslösung, verbunden mit dem Impuls der Destruktivität sich selbst gegenüber, wurden so zu den Hauptthemen ihrer Beratung.

Auch für **Eva** ist ein umfassendes Thema ihrer Persönlichkeit die Abhängigkeit von Suchtstoffen und einem Menschen. *Und dann war das fast jeden Tag, daß ich gedacht habe, du wirst irgendwie abhängig.* Schon in ihrer Pubertät gab es Erfahrungen mit Tabletten, später auch mit Haschisch, die der Betäubung dienten. In der Zeit der Beratung fühlte sie sich besonders abhängig vom Alkohol. Häufig ging ihr dann durch den Kopf: *Oh Scheiße, ich bin so besoffen* oder *Jetzt bist du zu oft an der Flasche.* Noch stärker war in dieser Zeit die Bindung an ihren ersten Freund, mit dem sie eine symbiotische Beziehung verband: *Ich konnte mich von dem nicht lösen.* Diese Abhängigkeiten lösten Leiden in ihr aus: *Ich fühlte mich wie eine Hälfte, nur als Hälfte von M.* [dem Freund], *furchtbar!* Dadurch wurde sie sich selbst gegenüber mißtrauisch: *Da stimmte etwas nicht.* Vor allem *mit dem Alkohol hätte das richtig gedauert.* Auch dafür schämte sie sich gegenüber der Beraterin. Ihre Willensstärke ermöglichte es ihr, sich mit ihrer Suchtstruktur und ihrer Beziehungsabhängigkeit auseinanderzusetzen.

„Da fühlte ich mich auf einmal so isoliert"

Esthers Hauptkonflikt war ihre Unfähigkeit, Kontakte mit gleichaltrigen Jungen aufzunehmen. *In der Mittelstufe hatte ich überhaupt keinen Kontakt zu Jungs, ich habe nie mit Jungs gesprochen, und ich hatte auch keinen Weg gesehen, einen mal anzusprechen.* Auch zu den Freundinnen brach sie zeitweilig die Beziehungen ab, weil sie sich von denen nicht verstanden fühlte. Die Kontaktlosigkeit machte sie unglücklich, *weil ich immer so alleine war und mich alleine fühlte.* Damit war *die Sache mit dem Sex* für sie *auch noch so'ne schwierige Sache.* Sie fühlte sich in all diesen Angelegenheiten steif und *immer verklemmt.* Ihre Hemmungen und ihre Isolation versuchte sie zeitweilig mit Alkohol zu beseitigen: *Ich hab mich schon oft besoffen, so auf Feten, als es mir so schlecht ging.* Diese Versuche bejaht sie auch im Nachhinein noch, obwohl sie schon damals merkte, daß sie dadurch ihr Problem nicht dauerhaft lösen konnte, *weil man das tagsüber nicht so zusammenbringen konnte.* Als Ursache für ihre soziale Isolation, für ihr *Abgekapselt*-Sein, benennt sie auch ihre *alte Überheblichkeit.* Sie war und ist sich auch im Gespräch noch sehr unsicher, wie sie Geben und Nehmen in eine Balance bringt, *wann ich zurückhaltend sein muß oder wann ich zu viel tue oder wann zu wenig tue.* Dadurch, daß sie es in der Pubertät nicht gelernt hatte, Kontakte aufzubauen, hatte sie ihr Maß an Distanz und Nähe nicht herausgefunden: *Ich war dann unsicher, ob das wieder zu viel ist, was ich da mache.*

Auch **Melanie** schildert sich im Blick auf die erste Phase ihrer Beratung als nicht beziehungsfähig, vor allem im Kontakt mit Gleichaltrigen, sie fühlte sich *blockiert* und *unfrei*. Sie glaubte zeitweilig, besonders vor ihrem Klinikaufenthalt, daß sie anders wäre als die anderen Jugendlichen und daß es von daher keine gemeinsame Basis der Kommunikation mit ihnen gäbe. *Die anderen sind ganz frei, die haben ganz andere Probleme gehabt, die hatten Liebeskummer oder hatten mit einem Lehrer ein Problem. Ich hab mich immer sehr unwohl gefühlt, wenn ich mit Menschen in Kontakt kam.* Sie selbst war verstört über diese Gefühle, denn im Grunde war sie keine kontaktscheue Person und eigentlich sehr gerne mit anderen Menschen zusammen. Auch sexuelle Kontakte waren bei ihr mit Scham- und Schuldgefühlen verbunden, weil sie nicht Nein sagen konnte, *weil ich mich nicht wehren konnte.* Und im Nachhinein gesteht sie sich ein, daß sie sich immer Männer ausgesucht hätte, *die nicht beziehungsfähig waren, weil ich es auch nicht war.* Zu jener Zeit sah sie sich in der Gefahr, zu Drogen zu greifen, sich mit einer Sucht zu betäuben, um sich von ihrer Starre und Unlebendigkeit zu befreien. Das Beispiel ihres spielsüchtigen Vaters schreckte sie allerdings davon ab: *Die Gefahr war da, daß ich in die Schiene von meinem Vater gehe.*

Auch **Anna** fühlte sich *schlagartig allein*, als es ihr nicht mehr gelang, die Erinnerungen an die Gewalterfahrungen in ihrer Familie zu verdrängen. Sie reflektiert im Interview: *Da fühlte ich mich auf einmal so isoliert. Ich dachte, oh, hat das sonst niemand erlebt von den anderen?* Ihre Erfahrungen trennten sie plötzlich von ihren Altersgenossinnen und verunsicherten sie völlig. Das und auch ihre Körperthematik führten dazu, daß sie in jener Zeit keine sexuellen Beziehungen zu Jungen aufnehmen wollte. Erst spät im Vergleich zu Gleichaltrigen, mit 21 Jahren, hatte sie ihre erste intime Freundschaft. *Vorher, da war ich ja so beschäftigt, da hatte ich keinen Kopf für.* Dazu kam, daß durch das Aufdecken ihrer verdrängten Gefühle auch ihr Mißtrauen gegenüber anderen Menschen lebendig wurde und daß sie intensiv damit beschäftigt war, *klarer unterscheiden* [zu lernen] *zwischen Freund und Feind.*

Die Fremdheit ihres Körpers erlebte **Regine** auch im Bereich der Erotik und Sexualität, was den Radius ihrer Beziehungsfähigkeit erheblich einschränkte. Zu Beginn und während der Therapie – sie war 18 Jahre alt – hatte sie noch keinen intimen Freund, *auch noch keinen Geschlechtsverkehr, keine Beziehung zu einem Mann* gehabt. Sie betont ausdrücklich, daß es damals keine andersgeschlechtlichen Kontakte für sie gab, *in die ich wirklich Emotionen reingesteckt habe.* Sex betrachtete sie als einen rein körperlichen Akt, und bei intimen Berührungen erlebte sie weder Gefühle noch irgendwelche Erregungen. Sie konnte sich nicht vorstellen, daß Lust bei ihr irgendeine Rolle spielen könnte.

Sie betrachtete alles von außen, nüchtern und unbeteiligt: *Ich war irgendwo anders. Ich habe das Ganze von außerhalb betrachtet.* Sie hatte zwar freundschaftlichen Umgang mit Jungen, war jedoch in dieser Hinsicht weder emotional noch geistig ganz bei der Sache, ganz im Gegensatz zu der gefühlsintensiven Beziehung, die sie zu einer Freundin hatte: *Jegliche Berührung von einer männlichen Person war negativ belegt.* Eine Mißbrauchserfahrung in der Vorpubertät verstärkte ihre Haltung gegenüber dem anderen Geschlecht. Da sie generell nicht in der Lage war, ihre Gefühle zum Ausdruck zu bringen, wirkte sie auf Gleichaltrige zunächst wie ein *Eisblock.* Selbst in der Beziehung zu ihrem Bruder, den sie mochte und zu dem sie ein gutes geistig-seelisches Verhältnis hatte, blieb die beiderseitige körperliche Distanz, worunter sie sehr litt. Ihr Wunsch war es, einen gefühlvolleren und herzlicheren Kontakt zu anderen herstellen zu können, um so das Spektrum ihrer Beziehungsmöglichkeiten zu erweitern.

„Ich habe immer mal wieder versucht, mich umzubringen"

Sabine hatte in der Adoleszenz die Einstellung, daß es ihr gutes Recht sei, sich umzubringen. Neben weniger ernst gemeinten Anläufen, machte sie einen Suizidversuch und ging danach freiwillig in eine Klinik. Ihre destruktiven Tendenzen fühlte sie auch noch nach diesem Aufenthalt, so *daß ich gedacht hab', ich könnte nicht mehr weiter leben.* Sie wußte aber, wo sie bei Gefährdung hingehen konnte: *Im Notfall gehe ich nochmals in die Psychiatrie.* Suizidale Impulse äußerten sich später weniger direkt bei ihr als eher latent in der Abhängigkeit von Männern, die sich durch Alkohol- oder Drogenmißbrauch ihr Leben zerstörten. Sie sah den Suizid als *wirkliche Notlösung* [an], *wenn ich dann immer noch meine, ich schaff's nicht,* also für den Fall, daß sie ihr Leben nicht in den Griff kriegen sollte. Sie hielt sich dabei durchaus nicht für mutig, *sondern eher* [für] *todesmutig oder naiv oder so.* Mut bedeutete vielmehr – und das wußte sie –, sich für das Leben zu entscheiden. Eines ihrer wichtigsten Themen in der Beratung war folglich die *Selbstzerstörung,* die eng mit ihrer Abhängigkeitsthematik verknüpft war.

Melanie schildert sich ebenfalls als suizidgefährdet in ihrer Adoleszenzphase, vor allem in der Zeit vor ihrem Klinikaufenthalt. In der Beratung selbst war dies anscheinend kein manifestes Thema trotz der Erwähnung einiger Selbstmordversuche in der Pubertät. Was blieb, war eine selbstquälerische Haltung: *Ich hab' mich ja immer selber so gepeinigt.* Diese Haltung war begründet in einer völlig fehlenden Selbstakzeptanz.

Anna durchlebte eine Zeit, in der sie stark suizidgefährdet war, nach dem tödlichen Unfall ihres Bruders. *Ich hätte es geschafft, mich umzubringen,* resümiert sie im Nachhinein. Sie hatte Gedanken wie: *Also dann stürze ich mich aus dem*

Fenster. Sie konnte in jener Zeit nicht mehr alleine leben. Die Erfahrung des Todes des ihr nächsten Menschen versetzte sie in einen *ganz eigentümlichen Zustand*, in den Zustand der Luzidität und Hypersensibilität. Sie schildert, daß es keine Hülle und keinen Schutz mehr um die Dinge und um sie selbst herum gegeben habe: *Ich habe mich nackt gefühlt. Nichts drum herum. Ich war einfach total direkt. Ich habe das Gefühl gehabt, ich sehe die Leute zum ersten Mal, so wie sie sind.* Ihr Gefühl der Klarheit, Offenheit und Direktheit signalisierte aber gleichzeitig eine deutliche Distanz zur Normalität des Lebens. Sie hatte sich schon vom Leben ein Stück abgewendet mit dem Gefühl, *ich bin mit einem Bein in einer anderen Welt oder auf einer anderen Ebene, so abgedreht* oder *weggerutscht*. Neben dem Überlebenswillen hatte sie immer auch diese andere Seite, die dunkle Seite, *dieses Sich-Wegwerfen und Sich-Fallenlassen.* Durch einen Lebensvertrag mit der Therapeutin entschied sie sich schließlich verbindlich dafür zu leben.

Obwohl **Eva** keine ausgeprägten destruktiven Impulse hatte, lebenslustig und spontan war, hatte sie kurz vor der Inanspruchnahme der Beratung einen Suizidversuch gemacht, der ihre momentane Verzweiflung und Hilflosigkeit der Umwelt zur Kenntnis bringen sollte: *Dann wollte ich, daß alle wissen, daß es mir so schlecht geht.* Bei ihr war das destruktive Verhalten keine Selbstaufgabe, sondern ein deutliches Signal nach außen.

Den Weg, den **Regine** für sich sah, ihren ihr selbst entfremdeten Körper zu spüren, war *mir selbst mit irgendwelchen scharfen Gegenständen Verletzungen zuzufügen, um nur meinen Körper irgendwo zu erfahren, in Hinsicht auf Schmerz.* Das Spüren von Gefühlen, und sei es der Schmerz, ging nur über ein selbstdestruktives Verhalten. Daran geknüpft waren auch suizidale Gedanken und Impulse. Diese verstärkten sich, als sie sich kurz vor Inanspruchnahme der Beratung an einen sexuellen Mißbrauch durch einen Bekannten ihrer Eltern im Alter von 12 Jahren erinnerte.

Diana gab ihrem Gefühl der eigenen Wertlosigkeit Ausdruck, indem sie mehrere Suizidversuche machte, meistens im Elternhaus. *Ich hab' den Suizidversuch nicht im Internat gemacht, sondern zu Hause bei meinen Eltern.* Sie hatte massive selbstdestruktive Tendenzen, ja sogar zeitweilig eine starke Todessehnsucht: *Es gab Phasen, wo es für mich zu viel Schmerz gab, als daß ich hätte noch leben wollen* oder wo [ich] *so 'ne große Sehnsucht nach diesem Nichtatmen hatte.* Am Negativen machte sie fest, daß das Leben nicht lebenswert war. Sie war damit lange Zeit unfähig, Positives wahrzunehmen und zu akzeptieren, weil sie das *nicht glauben konnte.* Die Welt interpretierte sie lange im Rahmen und auf der Folie eines *starken Schwarz-Weiß-Denkens*, wobei das Schwarze für sie immer eine Gelegenheit bot, über den Tod und ihre Selbstzerstörung nachzudenken. Der Entschluß, in der Therapie zu bleiben, bedeutete für sie schließlich, leben zu wollen: *Therapie ist für mich schon immer Leben.*

„Am meisten hatte ich Angst vor allem und überhaupt"

Sabines größte Angst war, *daß die mich alle verlassen.* Weitere Ängste, die dadurch wiederum ausgelöst wurden, waren die *Angst, so eine Leere zu haben* oder *Angst, daß ich in so eine Situation rutschen konnte.* Damit meinte sie ihre Gefährdung, erneut das Gefühl der Sinnlosigkeit zu erfahren und einen Suizidversuch zu machen, und zwar in dem Moment, wo sie von ihr nahe stehenden Menschen verlassen und allein gelassen würde. Diese Ängste vor dem Absturz in die Leere oder bodenlose Tiefe grenzten für sie, wie für viele der anderen Spätadoleszenten, an den Wahnsinn: ... *hatte da wirklich wahnsinnige Angst davor.* Sie wollte *diese Angst abbauen* und schwankte dabei zwischen den Möglichkeiten, sich abhängig zu machen oder in der Beratung die eigene Unabhängigkeit aufzubauen, beispielsweise *mir selbst meinen Tag zu strukturieren.*
Auch **Melanie** kannte solche Angstgefühle, die sie während der Zeit der Beratung massiv lähmten: *Angst, allein da zu stehen, Angst vor menschlichem Kontakt, daß ich da wieder versage, Angst, einfach komisch zu wirken, unheimliche Angst* auch vor den Klassenkameradinnen. Diese Gefühle steigerten sich zeitweilig sogar zu paranoiden Zuständen, die sie erstarren ließen, so daß sie nicht mehr in der Lage war, unter Menschen und in die Schule zu gehen. *Das waren Ängste. Ich hatte immer das Gefühl, beobachtet zu werden. Bei jedem Blick, da hatte ich das Gefühl, die sehen, daß da nichts ist.* Wie einige andere Mädchen auch befürchtete sie, daß das Erleben der Leere und der Verwirrung im Kopf sie an den Rand des Wahnsinns bringen würde: *Irgendwas dreht* [sich] *in meinem Kopf, ... daß man irgendwann seine Normalität verliert, und dann kommt man in einen wahnsinnigen Teufelskreis.*
Annas Ängste waren zu Beginn der Beratung am größten. Es war eine Angst, psychisch zusammenzubrechen, während ihre Abwehr des Vergessens und der Verdrängung allmählich schrumpfte und zerbröselte. Sie nennt diese Angst *total* und befürchtet, daß etwas mit ihr passieren würde, was sie nicht mehr kontrollieren könnte: *Ich hatte total Angst davor. Ich hatte einfach Angst davor, daß ich da sitze und heule und irgendwas mache.* Eine andere krisenauslösende Angst kam während der Therapie zum Vorschein, die Angst vor ihrer Mutter, der realen wie der internalisierten, die sie – bildlich gesprochen – in einen dunklen Abgrund warf: *Die ganzen Ängste. Ich weiß noch, da war ich ganz, ganz dunkel. Da war ich unten.* Die Mutter tauchte als ein Monster auf, das sie bedrohte: *Ich hatte dieses Untier ständig vor mir, ich bin fast eingegangen vor Angst.* Durch das Malen von Bildern gelang es ihr, diese auch sie an die Grenze ihres Fassungsvermögens bringende Bedrohung erst einmal auf Papier und damit symbolisch zu bannen: *Schwarz habe ich gemalt, und dann habe ich ein blaues Gitter davor gemalt.*
Bei **Eva** tauchten eine Zeitlang massive Ängste auf, als die Probleme, die sie zu bewältigen hatte, nämlich Alkohol, Familie, Freund, Schule, ihre eigene Person,

für sie unüberschaubar wurden. Sie kam sich in diesem Wust und Chaos verloren vor: *Am meisten hatte ich Angst vor allem und überhaupt und kam mir verloren vor.* Sie befürchtete, die ganze Situation nicht mehr zu schaffen: *Ich dachte, ich drehe durch. Ich bin irgendwie bescheuert.* Durch den Gebrauch der Wörter *durchdrehen* und *bescheuert sein* deutet auch sie ihre Erlebensnähe zu einem vermutlich normalen Wahnsinn an. In dem Maße, in dem es ihr gelang, *mich ein bißchen zu begreifen,* ging es wieder besser.

Diana war ganz beherrscht von dieser Angst, psychisch zu instabil zu sein und nichts auf die Beine gestellt zu bekommen. Sie hatte die Vorstellung: *daß in der Psychiatrie immer klar war, ich bin psychisch zu labil, ich kann das Abitur gar nicht machen.* Das steigerte sich in ihr gelegentlich zu der wirklichen *Angst, daß ich geisteskrank werde; Angst, doch geisteskrank zu sein* oder *Angst, ich werde als Geisteskranke qualifiziert.* Sie war permanent auf der Hut vor Zurückweisung und vermuteten schlechten Meinungen anderer über sie, hinter denen sie ganz schnell die Stigmatisierung ihrer Person als psychisch krank witterte. Sie hatte oft keine Hoffnung mehr, daß es für sie einen Lebensraum geben könnte: *Ich habe ja an gar nichts mehr geglaubt.* Mit wachsendem Selbstwertgefühl verringerte sich diese Angst und führte zu selbstbewußteren Versuchen der Selbstdefinition und dem Wunsch, *daß man eine Therapie macht und trotzdem kein Untermensch ist.*

Angst äußerte sich bei **Beatrix** generell in Verweigerung und Abwehr. Das betraf zunächst die gesamte Beratung, bei der auch sie befürchtete, als nicht normal, als *bekloppt* stigmatisiert zu werden: *Nö, ich wollte nicht, ich bin doch nicht bescheuert.* Daß sie sich diesem Zustand oft nahe fühlte in der Therapie, belegen Wörter wie: *entnervt, wahnsinnig, Bekloppte.* Aber wohlwollend kann sie das in der Retrospektive akzeptieren und relativierend auf eine allgemeine Ebene bringen: *Ich war ein bißchen ... (Lachen), aber das ist jeder, wohl ein bißchen verrückt (Lachen).*

„... daß ich mir meine Traumwelt aufbaue"

Zur Beruhigung ihrer schwierigen Situation brauchte **Sabine** das Gefühl, irgendwo absolut angebunden zu sein. Da sie das zu Hause bei ihrer Mutter nicht mehr wollte, war der Ort für diese Bedürfnisse der jeweilige Freund. Der war *eben auf eine einnehmende Art immer da.* Sie wollte 'eingenommen' werden, also nicht allein sein, oder der Freund sollte den Platz einnehmen, den bis dato die Eltern hatten. Das verschaffte ihr das angenehme Gefühl, *daß da immer einer ist,* so wie es der Beruhigung eines Kindes dient, wenn die Mutter immer im Hintergrund ist. Retrospektiv spricht sie an die eigene Adresse: *Das kann ja wohl nicht wahr sein, daß deine kindlichen Züge dich so unter Kontrolle haben, aber es war nun mal so. Man mußte nicht so über sich selber nachdenken.* Mit diesem Gebundensein ermöglichte sie es sich, nicht immer über sich selbst und ihre schwierige Situation, wo Selbständigwerden gefordert war, nachdenken zu müssen Sie schuf sich auf diese Weise die scheinbar sichere Welt eines abhängigen, zeitweilig auch trotzigen Kindes, die aber zu diesem Zeitpunkt einer Flucht vor sich selbst gleichkam.

Esther steigerte sich in höchstem Maße in *so Themen, die mich so gefesselt haben,* von denen sie dann auch nicht loskam. Sie suchte Identifikationsfiguren in Geschichte und Literatur, aber auch in der Realität, mit deren Hilfe sie sich stärker fühlen konnte. Das waren neben den linken Terroristen der 68er Generation auch ein Hanno Buddenbrock oder Richard Wagner, mit denen sie *alles irgendwie so schwarze Sachen* verband. Sie wollte *auch so was verkörpern,* um die Welt zu verändern. Erst über die Identifikation mit solchen realen und fiktiven Leitfiguren konnte sie bestimmte intensive Gefühle, vor allem von Tragik und Größe, erleben. *Aber da habe ich auch wirklich gesehen, wie schlecht ich mich fühle.* Das Verrückte, Negative, Dekadente wirkte in der Zeit der Beratung anziehend auf sie. Es gab auch einen gleichaltrigen Jungen in ihrer Schulstufe, den sie aus der Ferne als groß, stark und intelligent idealisierte: *... auch so'n schwarzer Typ, also nicht so positiv. Ich habe mir so ziemliche Illusionen gemacht. Wir müßten toll zusammen sein. Habe wirklich alles in ihn reingeladen. Es war so richtig aufgebläht.* Ihre Wunschvorstellung war, die Richtige für ihn zu sein: Er war der Hoffnungsträger für eine Veränderung in ihrem Leben. Durch einen Kontakt mit ihm glaubte sie, ihre Probleme bewältigen zu können: *Ich habe ja auch gedacht, wenn ich mit ihm zusammenkomme, daß sich schon alles ändert.* Da dieser Traum nicht Realität wurde, geriet sie ganz durcheinander.

Als einen ersten Versuch in der Adoleszenz, ihre Probleme zu lösen, schildert **Regine** die Zuflucht zu Tabletten, Alkohol und Haschisch, um sich auf diese Weise *für ein paar Stunden gut* [zu] *fühlen* und ihre schlechten Gefühle zu verdrängen. Diesen Gebrauch von Drogen bezeichnet sie nachträglich als Flucht vor sich selbst, als *Selbstflucht.* Als sie in die Beratung kam, hatte dies noch Nachwirkungen in ihrem Leben, war aber nicht mehr das Hauptproblem, das sie beschäftigte: *Das ging noch so in die Therapie rein, daß ich dann ab und zu noch gekifft hab.*

Diana beschreibt, daß sie sich über lange Strecken nicht stark genug gefühlt habe, ihre seelischen und körperlichen Schmerzen zu ertragen. Kompensatorisch ersehnte sie sich die permanente Präsenz der Therapeutin und eine *Paradieswelt,* in der sie *ein geliebtes, süßes Kind sein* konnte, wohl wissend, daß dies nicht realistisch war. Dennoch gab es zahlreiche regressive Verhaltensformen, die sie durchlebte. So geriet sie nach krisenhaften Auseinandersetzungen mit ihrem Freund zweimal in eine Art katatonen Zustands, in dem sie *wenig geatmet* [hat], *nicht mehr ansprechbar war,* keine Beziehung zur Umwelt aufnahm und erst durch den körperlichen Kontakt mit der Therapeutin sich wieder zurückholen ließ. Sie selbst klassifiziert im Interview diese Zustände als regressive Verhaltensweisen, als *ein ganz großes Fallenlassen* oder *ein Zurückfallen, wie ich es wahrscheinlich als Kind gemacht hab*. Erst die mütterliche Zuwendung der Therapeutin, die ihre kindlichen Bedürfnisse abdeckte, holte sie wieder auf die Ebene der jugendlichen Realität. Nachträglich sind ihr diese Vorgänge peinlich.

Auch **Melanie** weiß von einem Rückzug in eine kindliche Traumwelt während der Therapie zu berichten. *Daß ich eben so'ne Art Sucht habe*, resümiert sie im Interview, *daß ich mir meine Traumwelt aufbaue*. In dieser Art 'Sucht' kommt ihre regressive Tendenz zum Tragen. Ihre Suche war in solchen Momenten rückwärts gewandt und wurde von ihr auch als Abwehr gegen die Anforderungen der Erwachsenenwelt erlebt, denen sie sich nicht immer gewachsen fühlte. So ist *es irgendwie auch ein Schutz gewesen*.

„Ich konnte mir genau vorstellen, wie ich wäre"

Fast alle befragten Mädchen erwähnen auch eine Energiequelle, ein inneres Potential oder Leitbild, welches ihnen – im Gegensatz zu anderen verlorengegangenen Handlungs- und Denkmustern – erhalten geblieben war und ihnen als unterstützende Richtschnur diente.

Sabine sah beispielsweise in ihrer Kindheit eine Quelle, die ihr Kraft und Orientierung für ihre Zukunft gab: *Früher war ich sportlich, mutig, selbständig und eher dickköpfig und habe mir auf keinen Fall was sagen lassen*. Diesen Strang ihres Lebens will, so äußert sie sich im Gespräch, sie wieder aufnehmen und fortführen: *Jetzt hoffe ich, daß ich den ursprünglichen Weg mal weiter gehe*. Ursprung und Ziel bekommen auf diese Weise eine Affinität in ihrem Leben.

Auch **Melanie** schöpfte Hoffnung aus ihren Kindheitserinnerungen, in denen sie sich lebendig und selbständig wähnte: *so dieses Freisein mußte schon mal da gewesen sein*. Ihr Konstrukt und ihre Vision waren, daß sich dieser Zustand von Freiheit, der ja mal ihre Identität ausgemacht hatte, sich im Erwachsenendasein wiederherstellen könnte. Sie hatte ein Bild davon, wie sie sein könnte: *Ich konnte mir genau vorstellen, wie ich wäre, wenn mich ja nichts zurückhalten würde*.

Für **Esther** war ihr Interesse an der Welt richtungsweisend. Für sie gab es parallel zur therapeutischen Arbeit immer wieder *das richtige Buch zur richtigen Zeit*. Sie ließ sich faszinieren und interessieren (das Wort 'Interesse' taucht in ihrem Interview sehr häufig auf), und sie war immer *erleichtert*, da sie *jetzt wußte*, was los war. Sie wollte die Welt verändern *und nach außen hin so stark sein*. Auf diese Weise spürte sie ihre Kraft und ihren Ehrgeiz, an den Dingen *dran*[zu]*bleiben*.

Auch **Anna** spürte von Anfang an eine *ganz starke Kraft* in sich. Da gab es immer Impulse, die sie dazu brachten, weiter zu machen. Es war ein äußerst starker Lebenswillen, der in ihr Platz hatte: *Da war einfach dieser Anteil, der seine Chance gesehen hat.* Sie hatte immer ein klares Bewußtsein davon, was für sie zum Überleben richtig war. Dieser starke Wille zeigte sich auch in ihrer immer durchgehaltenen Überzeugung, es anders machen zu wollen als ihre Eltern: *Eine klare Sache, das will ich nicht. Ich will das anders machen. Das wollte ich einfach ändern.* Dazu attestiert sie sich auch *Selbstdisziplin, diese positiven Eigenschaften von mir.*

Eva hatte die Fähigkeit, ihren Gefühlen freien Lauf zu lassen, sich impulsiv und deutlich auszudrücken: *Ich wollte immer alles raushaben.* Ihre Willensstärke half ihr in besonderem Maße, ihre Probleme in relativ kurzer Zeit in den Griff zu bekommen, *weil ich gedacht habe, das mußt Du selber schaffen. Ich hab doch schon irgendwie Stolz.* Sie verfügte über ein gutes Potential an kreativer Energie.

Regine war in der Lage, ein tiefgreifendes Interesse für sich und die Umwelt aufzubringen. Das Wort interessant kommt in ihrem Interview – ähnlich wie bei Esther – sehr häufig vor (... *auf jeden Fall interessant*). Sie ging 'dazwischen' und drang mit ihrem scharfen Verstand in die Dinge ein, was ihr Lösungen der Probleme brachte. Mit ihrem Interesse schob sie allerdings auch etwas von sich weg und zu anderen hin, ein Verhaltensmuster, das für sie aber Sinn machte: *Es ist mir halt lieber, wenn ich irgendeinem Mitmenschen einen Gefallen tue, als daß ich irgendwie dafür sorge, daß es mir selbst super geht, solange ich mich nicht so sehr beschneide.* Solche Formen altruistischer Abtretung bildeten die motivationale Basis für ihre Lebensgestaltung.

Ein äußerst wichtiges kommunikatives Mittel der Selbstdarstellung waren für **Diana** ihre Gedichte, durch die sie sich mit ihren Gedanken, ihren Zweifeln, ihren Schmerzen der Beraterin vertrauensvoll mitteilte. Diese Gedichte waren mit ihrem Selbst identifikabel. Sie waren *so was Kostbares und Zerbrechliches* für sie, wie sie es selbst war. Für ihre psychische Situation und ihre persönliche Eigenart fand sie dadurch eine Form der Selbstunterstützung, mit deren Hilfe ihr dann auch bestätigende Selbst-Definitionen gelangen: sie wäre *eher verrutscht als verrückt*, bei ihr wäre vielleicht einiges *erkältet* – *aber nichts Unheilbares, bedrohlich Geisteskrankes*, alles wäre *menschlich verankert*. Das eigene schöpferische Potential und die Rückbesinnung auf das, was menschlich (und nicht nur krankhaft) war an ihrer Existenz, legte die Basis für ihr Lebenwollen.

Was **Beatrix** bei sich selbst nicht hinkriegte, gelang ihr Kindern und Tieren gegenüber: *... also bei mir selbst nicht, vielleicht in Bezug auf andere.* Das bedeutete auch bei ihr eine starke Motivation für das Leben. Was sie bei der Therapeutin in den Stunden hörte, konnte sie bei den ihr anvertrauten Kindern umsetzen: *Das konnte ich den Kindern immer hervorragend sagen. Das war* *überhaupt kein Problem, aber bei mir selber war das immer schwierig.* Akzeptanz und Zuwendung konnte sie sich selbst gegenüber nur schwer zulassen, den Kindern aber konnte sie sie geben. Ähnlich wie bei Regine fand sie Sinn in einer altruistischen Haltung, daraus formte sie ein wesentliches Identitätskonstrukt. Vor allem den Tieren fühlte sie sich in ihrer Sprachlosigkeit verwandt: *Die Tiere können nicht reden, das ist okay.* Mit ihnen hatte sie keine Probleme im Umgang und in der Kommunikation, hier fühlte und erlebte sie ihre Kompetenz: *Mit denen komme ich klar. Und man muß schon so ein bißchen Ahnung haben.*

Leitfragen für ein Psychogramm der Spätadoleszenz

Aus den Selbstdarstellungen und Selbstdeutungen der spätadoleszenten Mädchen kristallisieren sich wie von selbst Fragen heraus, Fragen, die diese an sich selbst und an ihre Existenz formulierten. Ich gehe davon aus, daß es nicht nur solche Fragen sind, die sich psychisch labile und gefährdete Mädchen in einer individuell schwierigen Entwicklungsphase stellen, sondern solche, die konstitutiv sind für Jugendliche in der Phase der Adoleszenz und Spätadoleszenz generell.

In den vorliegenden Biographien bedurfte die Suche der Mädchen nach hilfreichen Antworten einer besonderen personalen Unterstützung von außen, da die jeweils gegebenen Lebensumstände von den einzelnen in besonderem Maße als defizitär und untragbar wahrgenommen, interpretiert und erlebt wurden. Dennoch wird auch unter diesen Bedingungen – so möchte ich als Hypothese formulieren – wie unter einem Vergrößerungsglas eine allgemeine Thematik der Spätadoleszenz deutlich und deutbar. Das Ideosynkratische, das Individuelle, wird zum Ausdruck des Allgemeinen.

In den folgenden Ausführungen soll es darum gehen, den in den vorhergehenden Abschnitten entfalteten Fragehorizont der Spätadoleszenten noch einmal unter vier Themenkomplexen zusammenfassend darzulegen.

1. Die umfassendste Persönlichkeitsthematik kreist um ein noch **diffus, instabil und fremd erlebtes Ich.** Wer bin ich eigentlich und wie bin ich? Was macht mich aus? Wie finde ich mein wahres Selbst? Bin ich verrückt oder ist das, was ich denke und empfinde normal? Was will ich mit meinem Leben anfangen? Gibt es eine Basis in mir und wie sieht diese aus? Kann ich mich, meine Existenz und meine persönliche Geschichte bejahen? Was mache ich mit traumatischen Erlebnissen meiner Kindheit? Lerne ich, mich trotz allem wertzuschätzen? Welche Schwächen und welche Stärken habe ich als Person? Kann ich diese annehmen und in eine Balance bringen? Was heißt es, wenn ich vor mir fliehe, und was bedeutet es, wenn ich es tue?

2. Ein anderer sehr wichtiger Themenkreis ist **der eigene Körper und das Gefühlsleben.** Wie bekomme ich Zugang zu mir und meinen Gefühlen, zu Trauer, Wut und Freude? Wie kann ich mit ihnen umgehen und sie authentisch ausleben? Wie kann ich mit Angst- und Schamgefühlen leben und was bedeuten sie? Was drückt meine Leiblichkeit für mein Person-Sein aus? Kann ich meinen Körper als zu mir gehörig und, so wie er ist, akzeptieren? Wie kriege ich Verstand und Gefühl zusammen? Was bedeutet mir Sexualität? Wie will ich sie leben? Wie kann ich Schmerzen aushalten?

3. Weitere Problemaspekte der Jugendlichen sind Fragen des **Umgangs mit anderen Menschen.** Wie unterscheide ich mich von den anderen? Was ist bei mir anders? Wie sehen und beurteilen mich die anderen? Wie bin oder komme ich in Kontakt mit dem anderen Geschlecht? Wie verhalte ich mich im Kontakt? Wem will ich vertrauen und wem nicht? Wie soll ich Freund und Feind unterscheiden? Wie kann ich mich unabhängig machen von anderen Menschen und meine Einsamkeit aushalten? Auf welche Weise kann ich Selbständigkeit erproben und einüben?

4. Ein letzter Themenbereich bezieht sich auf **Werte und Perspektiven für das eigene Leben.** Welchen Sinn hat mein Leben? Was will ich mit meinem Leben anfangen? Was will ich erreichen? Für welche Ziele lohnt es sich zu leben? Habe ich eigene Maßstäbe, nach denen ich mein Leben gestalten will und mich und andere beurteilen kann? Wie finde ich heraus, was ich will und was meine eigenen Bedürfnisse sind? Was sind realistische Ansprüche, die ich an mich stellen kann? Wo verbaue ich mir durch zu hohe Ich-Ideale die Selbstakzeptanz?

Ich gehe davon aus, daß dieses Leitfragen sind, die sich vermutlich nicht nur 'problematische' Spätadoleszente in mehr oder weniger intensiver Form stellen, die sie zu beantworten und zu lösen versuchen.

13. Kapitel
Sozialisationsfaktoren als Hintergrundmatrix des Beratungsgeschehens

1 Eltern und Familie

> Liebe ist ein verzweifeltes Kunstgebilde, das an die Stelle der
> beiden leiblichen Eltern tritt, die, wie sich herausgestellt hat,
> keine allwissenden guten Götter waren, sondern ein
> stinklangweiliges Paar konfuser Vorstädler, die, egal wie
> aufgeblasen sie es versuchten, eigentlich nie ganz begriffen haben,
> wie oder warum es dir überhaupt gelingen konnte, es bis zu
> deinem 21. Geburtstag zu schaffen.
>
> Sylvia Plath, Tagebücher, 20 Jahre

Die Problematik der befragten weiblichen Adoleszenten bezüglich der Mütter und Väter ist sicherlich nicht nur individuell-biographisch einzuordnen, sondern zeigt auch eine generelle, altersspezifisch bedingte besondere Brisanz. Plakativ könnte man sagen: mit den Eltern geht es nicht und ohne sie auch nicht. In dieser Ambivalenz scheinen sich die Jugendlichen wie auch die Eltern selbst zu befinden. In den Interviews berichten alle Mädchen davon, daß sie während der Beratungsphase Distanz zu ihren Eltern, vor allem zu ihren Müttern, suchten. Im beraterischen Kontext werden die eigenen Eltern auf diesem Weg zum wichtigen Thema. Dabei geht es um den Versuch der Jugendlichen, sich nicht nur äußerlich-räumlich zu distanzieren (was häufig schon geschehen ist), sondern sich auch innerlich zu lösen, das heißt, sich mit den verinnerlichten Elternbildern auseinanderzusetzen. Die inneren Bindungen und Verstrickungen wurden, so machen die retrospektiven Gespräche deutlich, von den Jugendlichen in der Beratungsphase mit bewußter Deutlichkeit wahrgenommen, machten sie leiden und nach einer befreienden Loslösung suchen. Auf diesem Hintergrund ist es nur folgerichtig, wenn sie den familiären (edukativen) Raum und den Raum der Beratung als zwei völlig unabhängig existierende Bereiche sehen wollen, die sich nicht gegenseitig beeinflussen sollen. (Unter dem Aspekt des 'symbolischen Raumes' wurde diese Thematik bereits dargelegt.)
Ein familientherapeutisches Setting ist auf diesem Hintergrund für sie nicht wünschenswert, ja in den meisten Fällen sogar undenkbar. Denn was durch die familiären und biographischen Verstrickungen nicht möglich sein kann, zeigt sich als konstitutiv für das Beratungssetting, die Beratungsbeziehung und die Haltung der Beraterin, nämlich: absolute Neutralität eines Erwachsenen und dessen nicht moralisierendes Verständnis und Gewähren von Freiheit. Das erst schafft den Rahmen, der die notwendige Entwicklung der Spätadoleszenten zu

Erwachsenen ermöglicht. Dabei darf nicht außer Acht gelassen werden, daß der Raum der Beratung so etwas wie Exterritorialität beansprucht, der Schonung und Aufschub gewährt und gewisse realistische Ansprüche nicht vertreten muß. Zum Zeitpunkt des Interviews streichen fast alle Befragten heraus, daß sich ihre Einstellung zu den Eltern in der Zwischenzeit geändert hat. Sie tun dies in einer Weise, als müßten sie nachträglich ihre damalige Elternschelte und -kritik korrigieren. Das ist ein interessantes Phänomen. Die meisten Mädchen berichten, daß sie nach dem Ende der Beratung und dem Beginn ihrer Ausbildung, einer Situation, die ihnen einen Gewinn an Selbständigkeit und Selbstdefinition brachte, eine versöhnende Annäherung oder zumindest eine tolerierende Neutralität den Eltern oder einem Elternteil gegenüber vollzogen hätten. Dies äußert sich in einem nachträglichen Verstehen der elterlichen Denk- und Handlungsweisen und durch Akzeptanz spezifischer elterlicher Eigenheiten.

Zum Erwachsenwerden, zum Ausstieg aus der Spätadoleszenz, scheint auch die Übernahme der Verantwortung für die eigene Biographie zu gehören, die die Eltern von ihrer Verantwortung, die ja Bindung bedeutet, entlastet. Neben der Möglichkeit einer räumlichen Distanzierung vom realen Elternhaus wird auch die Reflexion der verinnerlichten Vater- und Mutterbilder als ein wesentlicher Aspekt der Therapie gewertet. Das Verhältnis zu den Geschwistern wird durch die Auseinandersetzung mit den Eltern meist nicht beeinflußt. Oft werden die altersmäßig nahen Geschwister zu Vertrauten in dieser Lebensphase (vgl. Anna, Esther, Regine).

Die Auseinandersetzung mit den Eltern

Die schwierige Beziehungssituation zwischen Jugendlichen und Eltern ist nach den Aussagen der Befragten einer unterschiedlichen, oft konträren Interessenlage beider Parteien zuzuordnen.

So sieht **Sabine** das Handeln ihrer Mutter zu Beginn der Beratung, nach ihrem Aufenthalt in der Jugendpsychiatrie, im Zusammenhang mit deren Sorge und Angst um ihre psychische Labilität, was auch mit einem Interesse, sie zu kontrollieren, verknüpft war: *Ja, ich hatte zu ihr gesagt, daß ich über Karneval gerne mit einem früheren Kindergartenfreund von mir wegfahren würde. Dann war ihr das zuviel. Sie hat halt gedacht, dann bin ich direkt wieder weg, ich glaube auch, nicht unter Kontrolle und so was.* Diesem Abhängigkeits- und vor allem Kontrollwunsch der Mutter bzw. der Eltern, den sie auch an anderen Stellen noch benennt, versuchte Sabine vermutlich dadurch zu entgehen, daß sie ihre eigenen Abhängigkeitswünsche von der Mutter weg auf ihren Freund hin verlagerte, der nun Garant dafür war, *nicht alleine zu sein, jemand immer verbindlich und möglichst eng bei sich zu haben.* Sie wirft ihren Eltern während der Zeit der Beratung vor, Blitzableiter für deren Eheprobleme gewesen, damit überfordert und gleichzeitig nicht verstanden und ungerecht behandelt worden zu sein. Sie wirft ihnen vor, sie hätte nicht mit ihnen reden können und sich nicht wehren dürfen. Sie gesteht im Nachhinein aber ein, daß es auf ihrer Seite nicht viel anders aussah, *daß ich die [Eltern] überhaupt nicht verstanden habe und ich auch sehr intolerant ihnen gegenüber war.* Alles lief für sie darauf hinaus, sich aus der Einfluß- und Machtsphäre der Eltern zu lösen: *Also gerade weil ich sie nicht verstehen konnte und ihnen einfach nur deutlich machen wollte, daß sie mich in Ruhe lassen sollen, daß sie keine Macht darüber haben, und wenn sie über irgend etwas Macht haben möchten, sie darüber nicht informiert werden.* Da sie aber auch an die Mutter gebunden war, entzog sie sich weitgehend deren Einfluß, ohne ganz die Beziehung abzubrechen. So wohnte sie teilweise zu Hause und teilweise bei ihrem Freund, ohne für irgend jemand greifbar zu werden. Keiner aus ihrer Umwelt wußte, wie ihr Tagesplan eigentlich aussah. Sie konnte nicht akzeptieren, daß die Eltern *versucht haben, mir Halt zu geben, indem sie mir irgend welche Regelungen vorgesetzt haben.* Eine ähnliche Problematik tauchte auch in der Beratung auf, als die Beraterin aufgrund des Drogenkonsums und der Co-Abhängigkeit der Jugendlichen von einem Fixer versuchte, mit ihr eine klarere Verbindlichkeit auszuhandeln. Sabine führte die Beratung aus diesem Grund nach dem Abitur nicht weiter, obwohl sie es gerne getan hätte. Sie sah dies als *eine Überreaktion* der Therapeutin an und erlebte hier im Sinne einer Übertragung einen manipulierenden erzieherischen Akt. Es ist, als ob der 'Tanz auf dem Vulkan' mit zu Sabines Adoleszenz gehörte. Je stärker ihr ihre psychische Abhängigkeit von Menschen bewußt wurde, um so heftiger mußte sie sich gegen die elterlichen und erwachsenen Bezugspersonen und deren Bestreben, die kindliche Abhängigkeit zu verlängern, zur Wehr setzen: *weil ich mich dermaßen kontrolliert gefühlt habe, bestimmt auch durch den Selbstmord.* Dies geschah selbst dann, wenn diese eine so nachvollziehbare Sorge wie einen möglichen Suizidversuch der Tochter ins Feld führten. Dasselbe Unabhängigkeitsbestreben verfolgte Sabine also auch gegenüber der Beraterin und Therapeutin.

Esther beschreibt ihr Gefühl den Eltern gegenüber in der Phase der Spätadoleszenz mit Schmerz und Widerwillen: *Ich hatte richtigen Haß.* Sie begründet das so: *Ich fühlte mich unverstanden, sie haben mein Unglück einfach nicht gesehen, sie haben nicht gemerkt, daß ich unglücklich bin, und dann fühlte ich mich auch noch benachteiligt.* Es schmerzte sie, daß sie keine Sicherheit darüber gewinnen konnte, ob ihre Eltern zu ihr stehen und eine klare Position beziehen würden, *daß sie manchmal so schwammig sind, daß sie nicht so klar Stellung beziehen können. Es ist trotzdem schmerzlich, wenn die das nicht können.* Die Enttäuschung über die Eltern und deren Schwäche und Fehlerhaftigkeit führte bei Esther zunächst zu harschen Gefühlen, die sie erst nach der Therapie mit Beginn des neuen Lebensabschnitts im Studium und durch räumliche Trennung abbauen konnte: *Ich wohn' jetzt auch nicht mehr da!*

Melanie charakterisiert ihre Familie als offen und sie unterstützend, auch wenn die Situation durch die Sucht des Vaters meist äußerst angespannt war und sie in ihrer Kindheit und Jugend schwer belastet hatte. *So eine Offenheit haben wir zu Hause,* [doch] *es ist ja nun mal auch, glaube ich, keine einfache Familienkonstellation.* Aber die Bereitschaft der Eltern, besonders der Mutter, das Problem auch therapeutisch anzugehen, ebnete Melanie schon frühzeitig den Weg in eine Therapie: *Und zu Hause, meine Mutter war auch immer am Überlegen, was kann das denn sein, habe ich Fehler gemacht?* So war Vertrauen die Grundlage ihrer guten Beziehung zu den Eltern. Mit diesem Hintergrund war es ihr dann möglich, eine kritischere Sicht ihrer Eltern zu entwickeln. In der Therapie erlaubte sie sich, ihre Mutter auch mit ihren ausgeprägten Gegensätzen zu sehen: *als sehr liebevoll,* dann aber wiederum auch *als sehr streng und hart, daß ich auch sehr schwierig meine eigene Meinung äußern durfte.* Die Mutter erschien in ihren Augen nun als eine Person, die auch dazu beitrug, *daß ich im Endeffekt mich nicht entwickeln konnte und mein Ich nicht gefunden hab',* d.h. daß sie eine Identität nicht aufbauen konnte. Auch entwickelte sie die Angst, eine Suchtstruktur wie der Vater zu entwickeln: *Ich denke, die Gefahr war da, daß ich in die Schiene von meinem Vater gehe.* Ein dreimonatiger Klinikaufenthalt und der Umzug ins Internat brachten ihr dann die nötige Distanz zu ihrem Elternhaus, die sie für ihre Entwicklung und Ablösung brauchte: *Aber es war gut wiederum, daß ich von zu Hause mal den Abstand hatte. Das war dann wirklich wichtig.* Sie bezeichnet den Klinikaufenthalt auch als *eher wie Urlaub von zu Hause,* was die psychische Belastung, die die familiäre Situation für sie bedeutet hatte, deutlich ausdrückt. Die Klinik war zugleich ein Experimentierfeld, das weniger der Therapie galt als einer Neugestaltung ihres persönlichen Lebens: *Also, ich hab' die Einzeltherapie da zum Beispiel nicht sehr ernst genommen. Und dann hatte ich meinen Freund da kennengelernt und war natürlich die meiste Zeit da.* Der Weg über den Klinikaufenthalt ins Internat war sozusagen ihr Umweg in die Freiheit und in die Selbstbestimmung mit dem Ziel, *daß ich lerne, mein eigenes Umfeld aufzubauen. Ich hatte meine Freiheit, die ich brauchte.* Der jugendpsychiatrische Aufenthalt war ein krasses Signal für einen Ablösungsweg vom Elternhaus, den zu gehen sie sich genötigt sah.

Annas Verhältnis zu ihren Eltern, besonders zu ihrer Mutter, war seit ihrer Kindheit extrem angespannt und belastet, da sie körperlichen Mißhandlungen ausgesetzt war. Sie schildert die Beziehung zwischen ihren Eltern als ständiges *Hick-Hack,* in dem sie sich hin- und hergezerrt fühlte. Nachdem sie Eltern sich getrennt hatten, lebte sie einmal bei der Mutter, einmal beim Vater. Kurz vor Beginn ihrer Beratung hatte sie sich endgültig von ihrer Mutter distanziert, weil sie sich existentiell von dieser bedroht fühlte: *Der letzte Streit war eben genau mit meiner Mutter, wo ich sie dann quasi auch rausgeworfen habe aus meiner neuen Wohnung, also dann auch für mich endgültig, wo ich auch mit ihr brechen wollte. Selbst da waren die Attacken auf mein Leben oder auf mich*

immer noch da. Schon durch den Besuch des Gymnasiums gelang es ihr, eine eigene, den Eltern nicht vertraute Welt für sich zu schaffen und damit eine gewisse Distanz herzustellen. *Da konnten sie mir nicht reinreden. Die waren sprachlich, da sie nun Ausländer sind, nicht so firm. Das war meine Welt.* Die Eltern waren für sie keine Bezugspersonen, sondern die *Lehrer waren für mich immer die Bezugspersonen, die ich zu Hause nicht hatte.* Der Abschied von ihrem tödlich verunglückten Bruder stärkte ihre Entschlossenheit, sich auch von ihrer Vergangenheit – vor allem von der Mutter – endgültig zu verabschieden: *Ich dreh' mich um und gehe meinen Weg, mein Leben. Ich wußte genau, es sind die Dinge zu tun, die zu tun sind. Die habe ich auch dann gemacht.* Die Mutter war für Anna eine kalte und Angst auslösende Person, deren Einfluß sie in sich selbst mit Erschrecken erkannte. In der Beratungssituation assoziierte sie dazu ein bedrohliches, sie anspringendes Wesen, das ihr die Freiheit raubte: *Ich hatte dieses Untier ständig vor mir. Ich kam nicht weg, ich bin fast eingegangen vor Angst. Ich habe gedacht, jetzt springt es mich jeden Moment an.* Die Mutter hatte nichts Menschliches für sie, sondern personifizierte sich in einer Bestie. Die Ablösung von ihr wurde für sie zu einem schwierigen inneren Prozeß in der Therapie: *Ich habe die ganze Zeit dieses Thema gekaut. Das hatte ich dann gebannt.* Was Ablösung und Befreiung von einer ungeliebten Mutter bedeutete, das mußte sie für sich in der therapeutischen Arbeit herausfinden: *Ich wollte ja nicht ihr gleich werden, also die gleichen Methoden wie meine Mutter. Ich wollte sie aber auch nicht bekämpfen, ich wollte sie nicht umbringen, weil ich mich ja dadurch gleichgemacht hätte. Also, ich habe nach einem Weg gesucht, wie kann ich anders damit umgehen.* Lösung von den Eltern, gezielt von der Mutter, bedeutete für Anna auf jeden Fall, andere Verhaltensmuster für die eigene Person zu finden als die, über die ihre Eltern verfügten, *weil ich einfach genau gemerkt habe: Ich habe nicht gelernt, mich anders zu verhalten, also werde ich genau dasselbe tun, und das wollte ich einfach nicht.*
Was Anna wie auch die anderen Mädchen erkennen mußte, war, daß neben der rein räumlichen Trennung von den Eltern auch die Trennung von den inneren Bildern der Eltern nötig ist, um zu dem gewünschten Gefühl von Freiheit und Selbstbestimmung zu gelangen.
Eva kennzeichnet das Verhältnis zu ihrer Familie in der Phase der Spätadoleszenz als sehr konflikthaft: *Ich hatte einen Konflikt mit meinem ganzen Leben irgendwie, mit meinem Vater, mit meiner Mutter, mit der ganzen Familie.* Diese Probleme mit den Eltern und in der Familie nennt sie mehrfach *unheimlich. Wir hatten unheimlich viele Probleme.* In diesem Wort – so läßt sich assoziieren – steckt einmal die Umkehrung der bis dahin guten Eltern-Kind-Beziehung in eine problematische. Es enthält aber auch den Verlust des Heims, des Heimeligen für die Jugendliche, es wurde für sie un-heimlich zu Hause. Dieser Verlust der Vertrautheit war auch ein vorübergehender Verlust des Vertrauens und machte es ihr unmöglich, sich ihrer Mutter mit ihren Problemen zu

nähern: *Meine Mutter konnte und wollte ich nicht belasten.* Weiterhin äußert sie deutlich, daß sie ihre Mutter nicht zu ihrer Vertrauten machen wollte, weil diese auch Teil des Problems war: *Mit meiner Mutter habe ich mich auch nicht verstanden.* Es kam zu sich gegenseitig verletzenden Auseinandersetzungen. Die Mutter wurde zu diesem Zeitpunkt auch nicht mehr als die starke, sie unterstützende Bezugsperson erlebt, sondern als jemand, der selbst hilfsbedürftig und schwach war. *Ich wollte ihr das nicht zumuten. Sie hätte sich da zu viele Sorgen gemacht, das weiß ich einfach.* Das gleiche galt auch für das Bild des Vaters: *Und dann habe ich auch gemerkt, daß mein Vater auch weinen kann, daß er krank wird.* Außerdem trennten sie Angst und die Scham über sich selbst von der Mutter: *Ich hab' mich geschämt, meiner Mutter was zu sagen* und *Die Sache war, daß ich damals ein bißchen Angst hatte, weil sie eine unheimlich gute Zuhörerin war.* Auch hier wird ihre damalige Ambivalenz der Mutter gegenüber deutlich, sie hatte Angst vor ihr, sie war ihr unheimlich, bei ihr gab es keine heimatliche Basis mehr, obwohl sie um die Qualität der Beziehung wußte. Die Scheidung der Eltern (*so ein Familienbruch*) belastete sie, vor allem wehrte sie sich dagegen, manipuliert und vereinnahmt und von dem jeweiligen Elternteil zur Parteinahme gegen den anderen gedrängt zu werden. Sie rang darum, eine eigenständige Position beiden Eltern gegenüber einzunehmen, und um diese zu erlangen, verzichtete sie auch auf eine finanzielle Unterstützung durch die Eltern: *... daß ich deshalb unabhängig sein wollte. Kein Geld von ihm und ihr, einfach nur allein. Ich wollte zwei Elternteile haben.* Für ihre Unabhängigkeit nahm sie auch Unbequemlichkeit und eine gewisse Einsamkeit auf sich, was ihr neben der Distanzierung auch Freiheit des eigenen Handelns verschaffte.

Regine schildert, daß sie unter ihren kühlen und auf Distanz bedachten Eltern immer gelitten, daß sie Wärme, Zärtlichkeit und Nähe vermißt hätte: *Diese emotionskalte Atmosphäre in der ganzen Familie. Wann sind meine Eltern überhaupt mal zu meinem Bruder oder zu mir gekommen, so: wir haben euch lieb oder mal in den Arm genommen. Das gab es einfach nicht.* Auch sie bezeichnet ihre Beziehung zu ihnen während der Therapie als konfliktreich, vor allem auch durch den Umstand, daß ihr die elterlichen Versäumnisse in der Erziehung bewußt wurden, so *daß ich meinen Eltern erst einmal die Schuld gegeben hatte für irgendwelche, ja, die mißglückte Kindheit oder was auch immer.* Sie warf ihren Eltern vor, daß sie durch sie nie gelernt hätte, ihre Gefühle zu zeigen und körperliche Berührungen zuzulassen. Diese Schuldzuweisung ermöglichte ihr im ersten Schritt eine Loslösung, die bei ihr vor allem ein Loslassen von Wünschen und Hoffnungen auf andere, nämlich zu Gefühlen fähige Eltern war. Sie erinnert sich in diesem Kontext an permanente Versuche in ihrer Kindheit und Jugend, sich die Anerkennung und Zuwendung ihrer Eltern durch gute Leistungen, durch Krankheiten oder durch auffälliges Verhalten zu erkämpfen. Sie glaubt, daß sie ihre Eltern nie wirklich hat lieben lernen können: *Ich glaube, die Liebe zu meinen Eltern, die habe ich nie verspürt, außer dieser auferzwungenen Liebe, das sind deine Eltern, du bist verpflichtet, sie zu lieben. Ich glaube, diese wirkliche Liebe war nie da.* Dennoch wird die Existenz einer Beziehung, ja zumindest einer spürbaren Bindung akzeptiert, von der es schwierig war, sich zu lösen. Ablösung von den Eltern bedeutete für sie folglich einen Verzicht auf deren Resonanz auf ihre Person: *Daß ich mich in keiner Abhängigkeit mehr von ihnen sehe, daß ich sie zwar noch sehe, okay, sie geben mir Geld, sie geben mir Unterkunft, sie geben mir Essen, also die Abhängigkeit ist schon noch da. Aber nicht, daß irgendeine geistige Abhängigkeit, daß sie mich noch erziehen müssen oder ähnliches. Ich habe mich schon da losgelöst. Sie sind eigentlich nicht mehr als irgendwelche Bekannte.* Die Loslösung ist nach Regines Darstellung vor allem eine geistig-seelische, ein Schlußstrich unter die eigene Erziehung und eine Verneinung jeglicher noch möglicher Erziehungsabsichten der Eltern. Sie ist sich sicher, *daß ich irgendwo mit meinen Eltern abgeschlossen habe.* Sie versucht auch eine innere Differenzierung zwischen innerer und äußerer Abhängigkeit und eine Neudefinition des Eltern-Kind-Gefüges aus ihrer Sicht als Spätadoleszente.

Ein Zusammenleben mit den Eltern war für **Diana** während der Therapiephase unerträglich: *Da mußte ich am Wochenende immer zu meinen Eltern fahren. Das war für mich das Allerschlimmste.* Sie fühlte sich von ihnen nicht um ihrer selbst willen geliebt und daher als *überflüssige Existenz.* Als Signal der Verzweiflung und des Hasses verübte sie zweimal einen Suizidversuch im Elternhaus: *Ich hab' den Suizidversuch nicht im Internat gemacht, sondern zu Hause bei meinen Eltern.* Die Ablösung von den Eltern war für sie ein besonders schwieriger Akt, weil sie lange nicht unterscheiden konnte, ob sie etwas tat, nur weil ihre Eltern es so wollten oder gewollt hatten oder ob sie es selbst wollte. *Ich habe mir auch überlegt, ob ich das machen will oder nicht, oder ist es eigentlich nur was, was meine Eltern von mir wünschen.* Sie litt unter dem, was sie als eine tiefgreifende emotionale Störung in der Beziehung zu ihren Eltern erlebte, die sie als ein Tauschgeschäft 'Liebe gegen Leistung' beschrieb in dem Sinne, *daß ich meine Eltern zumindest, wenn ich schon so'ne überflüssige Existenz bin, mit guten Noten bezahle oder mit Emotionen bezahle und daß ich dafür Geld kriege.* Ihre Ablösungsthematik, in der sie sich radikal von den Normen und Erwartungen der Eltern absetzen wollte, war durchzogen von einem *bodenlosen Haß, wirklich bodenlos* auf nahezu alle Erwachsenen, die sie als *die Unterdrücker, die Machthaber, die Sadisten, die Folterer, Folterknechte und -mägde, Feinde* bezeichnete. Der Haß sollte ihr helfen, eine Front aufzubauen und damit eine Abgrenzung zu ermöglichen, damit Eltern und Erwachsene sich ihrer nicht bemächtigen könnten: *Ja, das waren für mich schon Fronten.* Erst in dem Maße, in dem sie sich selbst und ihren Willen definieren konnte, gelang es ihr, sich von den unerfüllten Wünschen an die Eltern und dem Haß auf diese zu trennen.

Beratungsbeginn und die Zuspitzung des tiefgreifenden Konflikts mit ihrer Mutter hingen in **Beatrix'** Lebenslauf eng zusammen. *Irgendwann hat's geknallt, und dann bin ich bei Nacht und Nebel weg, und dann war ich da,* so beschreibt sie ihren Auszug aus der mütterlichen Wohnung und ihre Aufnahme im Internat; letztere war, wie schon dargestellt, an die Bedingung geknüpft, sich eine Beratung zu suchen. Sie spricht von einem *blöden Brief von meiner Mutter* oder von *Problemen zu Hause.* Der Vater war *weg,* wie sie es ausdrückte, seit sie 6 Jahre alt war. Die Mutter war zwar vorhanden, kümmerte sich aber nicht um das Kind. Als ihre eigentlichen Bezugspersonen betrachtete Beatrix ihre Großeltern: *Na ja, sie* [die Mutter] *war da, aber das war's dann auch schon. Setzen Sie mal meine Großeltern da rein, das ist vielleicht einfacher als Vater oder Mutter.* Der Großvater brachte ihr Fahrradfahren und Schwimmen bei, all das, *was ein Vater hätte machen sollen.* Es gab für sie keinen innerlichen Bezug zur Mutter: *Ja, ich habe bei ihr gewohnt, und das war einzig und allein alles.* Die Beziehung zur Mutter bezeichnet sie als Un-Beziehung: *Da gab's keine, glaube ich. Ich weiß, es gibt immer eine Beziehung, aber ... pfff.* Sie fühlte sich sogar von der Mutter abgelehnt: *Ja, ich denke, daß ich das damals dachte.* Es war keine Beziehung, aber eine Bindung da, mit der sie sich in der Therapie auseinandersetzen mußte.

Versöhnliche Gesten und Wiederannäherung an die Eltern

Im Nachhinein, zum Zeitpunkt des Interviews, hat sich das Bild, das **Sabine** von ihren Eltern und ihrer Beziehung zu ihnen hat, gewandelt: *Ich kann jetzt besser mit ihnen klar kommen, weil sie mich mehr respektieren.* Sie findet zwar, daß ihre Eltern in der Erziehung nicht alles richtig gemacht hätten, glaubt aber nicht, *daß dies so gravierend war.* Sie bringt jetzt mehr Verständnis für diese auf und übernimmt auch für ihr eigenes Verhalten in der Zeit der Spätadoleszenz die Verantwortung: *... dies mit dem Verlassensein, was auch nicht unbedingt an meinen Eltern lag. Ich glaube schon, daß man mit 17 Jahren fähig sein sollte, seinen Nachmittag alleine zu verbringen.* Ein anderes Zeichen ihrer Wiederannäherung ist die Tatsache, daß sie ihre Mutter in einer schwierigen Situation wieder um Rat fragt.

Auch **Esther** berichtet aus der Zeit nach der Therapie von einer neuen Gesprächssituation mit ihrem Vater: *Ich habe mich letztens mal mit meinem Vater ausgesprochen, es ist längst noch nicht alles gesagt worden, aber das war das erste Mal, daß wir uns ausgesprochen hatten. Er hat auch gesagt, daß er sehr traurig darüber ist.* Die Enttäuschung des Vaters darüber, daß sie die Therapie aufgesucht hat, anstatt mit ihm zu sprechen, kann sie zwar verstehen, aber ein solches Gespräch stellt auch nachträglich keine wirkliche Alternative zur Beratung für sie dar, auch wenn der Wunsch, noch immer oder gerade jetzt von den Eltern verstanden und geliebt zu werden, spürbar bleibt. *Aber es ging mit mir nicht. Es wäre natürlich schön gewesen, aber für mich war es so gut und besser.* Die Erkenntnis und das Gefühl, daß eine Lösung der eigenen Problematik in dieser Phase mit den Eltern nicht möglich war, behielt die Oberhand. Trotz der Einsicht, daß viele alte Gefühle noch da sind, beispielsweise das Gefühl, benachteiligt zu sein unter den Geschwistern – *das hat sich noch nicht grundlegend verändert* – , hegt sie keinen Groll mehr gegen die Eltern und kann ihnen einiges nachsehen. *Ich hab' jetzt auch keinen Haß mehr auf meine Eltern, das hat sich geändert. Das haben sie auch gemerkt, das weiß ich auch aus Gesprächen.* Wie auch Sabine ist sie entschlossen, Verantwortung für sich und ihre Situation zu übernehmen und sich nicht durch Schuldzuweisungen an die Eltern zu entlasten wie in der Phase der Therapie: *Da kommt es nur zu Schuldzuweisungen, und das habe ich ja auch eine Zeit lang gemacht.* Sie leugnet nicht den Einfluß ihrer Eltern auf ihr Leben, aber sie will ihn nun relativieren: *Aber ich sehe das jetzt auch als nicht so wichtig. Es bringt nichts da.* Die neue Hinwendung zu den Eltern setzte bei Esther die vorhergehende Ablösung und ein selbst eingerichtetes Zuhause voraus: *... sich erstemal von den Eltern lösen. Da hat sich das so langsam aufgebaut, ein neues Zuhause, ein neuer Freund.* Durch ihre eigene Therapie und durch die auch räumlich gewonnene Distanz zur Familie entwickelte **Melanie** ein größeres Verständnis für ihre Eltern und besonders für die Spielsucht ihres Vaters: *und dadurch, daß ich von meinem Vater auch immer mehr erfahre so mit der Zeit, konnte ich viele Dinge besser verstehen und anders 'mit umgehen.* Auf diese Weise konnte sie nach den Beziehungsbrüchen in der Adoleszenzphase wieder auf die ursprünglich gegebene vertrauensvolle Beziehung zurückgreifen, *so daß auch immer noch Vertrauen ist, 'ne gute Beziehung eigentlich da ist.* Daß die in der Spätadoleszenz gesuchte Distanz keine endgültige sein sollte, kommt auch in ihrer Formulierung des *erst einmal* zum Ausdruck, es ist ein notwendiger erster Schritt, dem nachfolgende Schritte der Wiederannäherung vorbehalten sein können: *... daß ich auch von Zuhause auch erstmal weg bin, daß ich diese Distanz habe.* Auch für **Anna** gibt es trotz ihrer Mißhandlungserfahrungen im Elternhaus eine Versöhnung – allerdings nur mit ihrem Vater. Mit ihrer Mutter hat sie nach dem Tod des Bruders keinen Kontakt mehr aufgenommen. Die Beziehung zu ihrem Vater schildert sie zum Zeitpunkt des Interviews als gut und verläßlich. *Das gute Verhältnis zu meinem Vater. Ich wußte, da ist jemand, auf den kann ich mich verlassen und fertig.* Wie auch für Sabine ist bei Anna die Basis dieses neuen Verhältnisses zum Vater der gegenseitige Respekt: *Es war einfach dieser Respekt. Da sein und respektieren können, wann ich Hilfe brauche und wann nicht und mir zugestehen, daß ich das entscheide, wann ich was brauche und wie vor allen Dingen.* Der Vater achtet nun die Eigenständigkeit und Freiheit seiner Tochter und versucht nicht mehr, in ihr Leben einzugreifen. Das ermöglichte eine Wiederannäherung der Tochter an ihn als Erwachsene. Ihre Mutter schien zu einer solchen Achtung nicht in der Lage: *Meine Mutter hat dann angefangen zu wurschteln in meinem Leben, rumzuwühlen.* So konnte es von Anna aus keine versöhnenden Gesten ihr gegenüber und keinerlei Kontakt mehr geben.

Eva erwähnt in ihrem Interview – und unterstreicht damit etwas, was auch Sabine und Esther bei der Befragung äußerten – daß sie später ihrer Mutter von ihren spätadoleszenten Problemen erzählt hat: *Im Nachhinein habe ich ihr alles erzählt.* Das Verhältnis hat sich wieder normalisiert, und die Mutter erhält eine Rolle, die auch einen vertrauensvollen Kontakt zwischen ihr und der nun erwachsenen Tochter möglich macht. Grundlage dieser Wiederannäherung zwischen beiden ist auch hier die Akzeptanz der Einstellungen und des Verhaltens der Tochter. So bringt auch Eva ihren Eltern ein neues Verständnis entgegen, das geprägt ist von einer realistischen Einschätzung dessen, was beispielsweise in der elterlichen Beziehung möglich ist. *Aber das ist irgendwie heute so: Ich verstehe jetzt meine Eltern besser, und da läßt sich einfach nichts regeln.* Sie hat ihren eigenen Zugang zu jedem von beiden. So kann sie auch rückblickend auf ihren Lebenslauf sagen, daß der Vater sie immer gefördert hat und die Mutter ihr eine gute Freundin war. Sie kann die jeweilige Erziehungsleistung beider Eltern für sie nachträglich würdigen: *Sie waren als Eltern immer gut zu mir. Mein Vater hat mich immer gefördert, daß ich einfach nie irgendwelche Schäden wegen meiner Behinderung kriege. Und meine Mutter war immer eine gute Freundin und hat mir auch vieles erklärt. Sie hat mich nie geschlagen.*

Auch Regine kann ihre Beziehung zu den Eltern nach Abschluß der Therapie versöhnlicher benennen: *Mittlerweile stehe ich zu meinen Eltern so: Ich mag sie halt. Das ist es.* Das bedeutet für sie nicht Liebe im eigentlich Sinne, sondern sie betrachtet es nun als *eine recht neutrale Beziehung, in denen auch ein paar positive Gefühle sind.* Nachträglich bewertet sie die Schuldzuweisungen an ihre Eltern als falsch: *Das sehe ich auch als falsch an, daß ich meinen Eltern erst einmal die Schuld gegeben hatte.* Dies bedeutet, daß sie auch die Bindung, die durch diese Schuldgefühle zu den Eltern bestanden hatte, aufgelöst hat und daß sie selbst die Verantwortung für ihr Leben übernehmen will.

Diana erwähnt in ihrem Interview nicht, daß sie eine veränderte Einstellung zu ihren Eltern aufgebaut hat. Aber aus ihrer Haltung ihrer Biographie gegenüber, die sie nachträglich als eine mit ihr lebendig gewordene Einheit zu würdigen weiß, läßt sich eine versöhnliche Haltung ihrer Vergangenheit gegenüber erschließen: *Aber was schon immer alles sichtbar war, ja, sichtbar zu machen, und daß du wieder lebendig wirst, aber als Einheit.* Und eine entscheidende Erfahrung prägt darüber hinaus ihr Dasein: *Es gibt Liebe,* was vermuten läßt, daß sie ihre Eltern nicht mehr mit einem abgrundtiefen Haß belegen muß. Die finanzielle Bindung an sie wird trotz allem von ihr akzeptiert. Außerdem ist sie nach Beendigung der Therapie bereit, Verantwortung für sich und ihr Leben zu übernehmen, sich das ersehnte Mütterliche nun selbst zu geben und somit dies

nicht mehr von ihrer leiblichen Mutter zu erwarten: *... daß ich für mich sorge und Mütterlichkeit, Erwachsenwerden, all diese Dinge.*
Eine andere Haltung der Mutter gegenüber hat **Beatrix** zum Zeitpunkt des Interviews gefunden. Sie spricht zwar nicht von Versöhnung, hat aber auch keinen Haß mehr. Das hängt eng mit der Tatsache zusammen, daß die Mutter kurz vor Ende der Therapie plötzlich starb. Mit der toten Mutter möchte sie sozusagen ihren Frieden haben: *Sie ist tot, sie kann nichts mehr sagen. Da kann man nicht mehr groß drüber reden, weil ..., ich kann da eh nichts mehr dran ändern.* Es klingt eher danach, daß sie sich in ihr Schicksal fügt, etwas resignativ vielleicht, aber akzeptierend. Sie will über das Negative nicht mehr nachdenken, sondern erinnert sich nun auch an positive Seiten, die die Mutter gehabt hat. *Warum soll ich jetzt noch groß an diese negativen Sachen denken. Da überleg ich mir mal lieber ..., ne? Es gab zwar wenig, aber es gab auch mal, irgendwie mal 'was Gutes. Das muß ja auch sein.* Die Versöhnung mit der Mutter geschieht bei ihr vermutlich über ein Stück Verdrängung.

'Ein Raum für mich alleine' – die Ablehnung eines Familiensettings in der Therapie

Die Ablehnung eines familientherapeutischen Settings in der Spätadoleszenz ist bei allen Befragten einhellig; darüber gibt auch schon die Darstellung über Ort und Raum in der Beratung Auskunft.
Zu unterschiedlich sehen die Jugendlichen zu diesem Zeitpunkt ihre eigenen Interessen und die der Eltern. Zudem wollen sie sich auch gar nicht mit deren Problemen befassen, diese verstehen oder gar tolerieren. Mit einem ihrem Lebensalter eigenen Narzißmus wollen sie einen Raum nur für sich allein, in dem es erlaubt ist, daß sich alles um sie und ihre Thematik dreht und in dem sie auch ihre aggressiven Impulse gegen die Erwachsenen unbehelligt ausagieren können, ohne sich dadurch auf einen endgültigen Beziehungszustand zu diesen festlegen zu müssen.
Es scheint eine natürliche Konkurrenz zwischen den Eltern und der Beraterin zu geben, die die Jugendlichen versuchen, gar nicht erst virulent werden zu lassen. Sie entschärfen dieses in sich selbst, indem sie die Beratung weitgehend zu einem Geheimnis machen und es zu einer Sache unter Ausschluß der Öffentlichkeit erklären.
Das wird deutlich im Fall Sabine, wo die Mutter die Beraterin einmal aufsuchte, um sie zu Gesicht zu bekommen (zu kontrollieren?), was die Tochter nur belächeln konnte. Bei Esthers Vater zeigt sich nachträglich die Enttäuschung, daß seine Tochter mit ihren Problemen nicht zu ihm gekommen war, sondern statt dessen eine Beratung aufsuchte. Es ist zu vermuten, daß die Eltern in dieser Altersphase gerne die Berater ihrer Kinder sein möchten, um über ein Beraten

den Kontakt zu ihnen aufrechtzuerhalten und ihre Feindseligkeiten und Aggressionen verhindern zu können.

So bestätigt auch **Sabine**, *daß das hier, die Schule und die Therapie, eigentlich so ein Bereich für mich alleine war.* Und diesen Raum verteidigte sie gegen die Polemik ihrer Freunde und schirmte ihn gegen die Neugier der Mutter ab.

Esther wollte unter keinen Umständen, daß ihre Eltern von ihrer Therapie erfuhren, sie griff sogar zu Lügen, um ihr therapeutisches Arbeiten vor ihnen zu verbergen. Erst später, nach Beendigung der Therapie und ihrem Wegzug aus dem Elternhaus, war sie bereit, es ihnen zu erzählen. *Meine Eltern wußten es nicht. Ich hab' schon manchmal doch gelogen. Ja, denen hab' ich es später erzählt.*

Melanies Mutter forcierte den Therapiebeginn ihrer Tochter entscheidend. *Also, der Antrieb kam eigentlich durch meine Mutter. Meine Mutter hatte von Frau Dr. P. gehört, daß Sie* [an die Beraterin gewandt] *die Beratung machten und hat mir das mal vorgeschlagen. Und beim zweiten Mal hat sie mir dann auch wieder Mut gemacht zu kommen.* Doch zu diesem Zeitpunkt wollte Melanie, trotz positiver Vorerfahrungen mit einem familientherapeutischen Setting, diesen Raum nicht mehr zusammen mit ihren Eltern einnehmen und teilen. Sie selbst hätte aufgrund ihres Vertrauens zur Therapeutin keine Bedenken gehabt, wenn ihre Mutter einmal mit dieser gesprochen hätte: *Ich hatte da so viel Vertrauen zu Ihnen, daß mir das also auch nichts ausgemacht hätte, wenn meine Mutter mal mit Ihnen dagesessen hätte, weil ich genau weiß, wie Sie das machen.* Ihre Abgrenzung lief eher über die räumliche Trennung von zu Hause, aber sie wollte trotz allem Vertrauen einen Raum für sich allein und vertraute auf den Schutz dieses Raumes durch die Therapeutin: *Ich hatte absolutes Vertrauen. Aber ich denke, es war auch wichtig, daß die* [Eltern] *mal außen vor waren, daß ich was für mich alleine hatte. Das war auch sehr wichtig in der Therapie.*

Für **Anna** und **Eva** wurde aufgrund ihrer spezifischen Familiensituation eine mögliche Einbeziehung der Eltern oder eines Elternteils in die Therapie überhaupt nicht in Erwägung gezogen. Eva beschreibt einen Streit mit ihrer Mutter, in der diese ihr in stigmatisierender Manier eine Therapie anempfahl: *Dann meinte sie zu mir, du bist total nicht sauber, also bescheuert, geh mal lieber zu einem Therapeuten.* Selbst in dieser Situation behielt sie ihr Geheimnis für sich und fühlte sich damit der Mutter auch überlegen: *Aber du weißt gar nicht, was das ist, habe ich mir gedacht. Wer weiß, wer das jetzt besser braucht!* Eine ähnliche Einstellung zeigt **Regine,** die auch keinen Sinn darin sah, ihre Eltern in ihre Therapie einzuweihen: *Meine Eltern wußten nicht Bescheid. Ich habe nicht mit meinen Eltern darüber gesprochen.* Sie dachte aber darüber nach, ob es nicht gut wäre, wenn diese selbst mal eine Therapie aufsuchten. Sie hätte es einerseits als hilfreich angesehen, in Gegenwart einer weiteren Person, eines Therapeuten, mit ihren Eltern ins Gespräch zu kommen, aber sie hielt es für aussichtslos und wollte es nicht. *Mit meinen Eltern ..., vielleicht wäre es hilfreich gewesen, hätten wir uns einmal zusammengesetzt und darüber gesprochen, aber ich wollte es einfach nicht, weil ich keine Lust hatte.* Sie hielt ihre Eltern für therapieunfähig, weil *sie halt dann vor einer fremden Person ihre Gefühle da ausbreiten sollen, was sie schon so nicht können.* Diese Gedanken verweisen deutlich auf die Tatsache, daß es durchaus Jugendliche wie Regine gibt, die sich mit ihren Eltern zusammen- und auseinandersetzen wollen, daß sie dies aber unter keinen Umständen zum kritischen Zeitpunkt der Spätadoleszenz in einem therapeutischen Setting tun wollen..

Aufgrund ihres Klinikaufenthaltes wußten **Dianas** Eltern von ihrer Therapie im Rahmen ihres Schul- und Internatsbesuches und befürworteten diese. Das war ihr *mehr als unangenehm,* wie sie sagt. Für sie war es nach unerfreulichen Erfahrungen mit einer Familientherapie in der Klinik undenkbar, daß überhaupt ein Kontakt zwischen Therapeutin und Eltern hergestellt werden könnte. *Aber das war für mich ganz wichtig, daß es da keinen Kontakt gegeben hat,* sagt sie nachträglich. Die notwendigen Informationen an die besorgten Eltern über eine therapeutische Versorgung der Jugendlichen liefen deshalb über den Internatsleiter, so daß der von Diana gewünschte abgesonderte und geschützte Therapieraum existierte und dennoch die Eltern formal eingebunden waren.

Für **Beatrix** war es ganz klar, daß sie mit ihrer Mutter nicht über ihre Therapie sprechen würde da es sowieso keine Gesprächsmöglichkeiten mit dieser gab: *... mit meiner Mutter, logischerweise* [nicht]!

Die Rolle der Geschwister

Sabine bringt in ihrem Interview das Wegziehen ihres älteren Bruders aus der elterlichen Wohnung mit dem Beginn ihrer psychischen Problematik in einen Zusammenhang: *Ich glaube, es hat damit angefangen, daß mein Bruder nach England gegangen ist für ein Jahr als Student. Dann war ich plötzlich alleine nachmittags, und das hat mich runtergezogen, so eine Leere.* Der Bruder war noch ein stützender Pfeiler in ihrem System gewesen, dem sie sich vorbehaltloser anvertrauen konnte als ihrer Mutter. Als diese nicht mehr da war, kam ihre Abhängigkeitsproblematik deutlicher zum Vorschein.

Auch für **Esther** waren die älteren Geschwister in der Zeit der Adoleszenz größere Vertrauenspersonen, denen sie ihr Geheimnis der Beratung anvertraute, als die Eltern: *meine Schwester, auch dann irgendwann mal mein Bruder.* Dennoch konnten auch ihre Geschwister ihre grundlegend empfundene Einsamkeit nicht lindern.

Für **Melanie** waren die sehr viel jüngeren Geschwister, deren Existenz sie akzeptieren lernen mußte, eher eine Belastung in ihrem Entwicklungsprozeß: *... auch meine Geschwister, daß die kamen, daß das nicht so einfach war. Ich* *hab halt auch gelernt, mehr Verständnis für mich aufzubringen.* Die Aufmerksamkeit, die ihr vermutlich durch diese von Seiten der Eltern abgezogen wurde, mußte sie nunmehr lernen, sich selbst zu geben.

Ähnliches ist bei **Eva** zu vermuten, die ihre drei 7 und 10 Jahre jüngeren Geschwister erwähnt, die eine ganz andere Geschichte mit ihren Eltern hätten.

Für **Anna** bedeutete die Möglichkeit, zu Beginn der Volljährigkeit mit ihrem 5 Jahre älteren Bruder in eine gemeinsame Wohnung zu ziehen, die Trennung von ihren Eltern: *Ich hatte nun alles erreicht, was ich wollte, also mit meinem Bruder zusammenzuziehen, mich von den Eltern trennen.* Es war so eine Art 'Hänsel und Gretel'-Motiv, das beide zusammenhielt. Zwei Kinder, Bruder und Schwester, verlassen das Elternhaus, das sie psychisch nicht richtig versorgen kann. Allerdings konnte Anna das Gefühl nicht loswerden, daß irgendetwas dabei nicht stimmig war: *Es ging mir äußerlich gut, aber ich war eigentlich nicht glücklich. Das habe ich nun so festgestellt, irgendwie stimmte irgend etwas nicht. So ein Gefühl hatte ich, ich wußte eigentlich nicht was.* In der Beratung merkte sie, daß sich zwischen ihr und ihrem Bruder etwas Ähnliches abspielte wie zwischen ihr und ihren Eltern: *Was mir sehr stark in Erinnerung ist: die Eltern-Kind-Themen, die liefen zwischen mir und meinem Bruder ab. Er verkörperte für mich sehr viel meine Eltern, weil er einfach genau die Verhaltensweisen in fast exakter Ausführung nachahmte.* Die räumliche Trennung von ihren Eltern hatte ihr Problem nicht gelöst, hatte sie auch nicht für ein eigenständiges Leben befreit, sondern in der gemeinsamen Lebensführung mit dem Bruder spiegelten sich autoritärer Druck und Angst des Elternhauses wider. Erst in der Auseinandersetzung mit ihm und durch die Hilfestellung der Beratung konnte und mußte sie ihre Elternthematik angehen: *Diese Muster zu durchbrechen, das war im Grunde genommen das, was aus der Beratung, was ich in den Alltag mitgenommen habe, das Auflösen von Verhaltensmustern, also ganz konkret sich zu befreien.* Sie hatte die Hoffnung, daß ihr diese Befreiung von den elterlichen Zwangsmustern gemeinsam mit ihrem Bruder gelingen könnte: *Ich hatte das Gefühl, wir können es zusammen schaffen, diese ganzen Sachen zusammen aufzuarbeiten.* Als der Bruder dann tödlich verunglückte, bedeutete dies für Anna eine tiefgreifende Krise, die ihrem Leben vermutlich eine andere Wendung gab: *Das war für mich ein ziemlicher Untergang. Ich glaube, da ist mein ganzes Leben irgendwie zerbröselt.* Ihre Therapie bekam dadurch eine eigene Schwere, ein besonderes Gewicht für die Begleitung ihres Lebens.

Auch für **Regine** spielte ihr nur wenig älterer Bruder ein wichtige Rolle, weil sie ihn als unmittelbaren Leidensgenossen derselben *recht emotional kalten Kinderstube,* wie sie es bezeichnet, erlebte. Das verband beide und brachte sie in eine gewisse Nähe. Beide empfanden eine ähnliche Distanz zu den Eltern. Der Bruder wurde einer der Geheimnisträger ihrer Therapie. *Ja, ansonsten wußten nur meine engsten Freunde und mein Bruder Bescheid. Er war doch der einzige in der Familie, mit dem ich wirklich über meine Gefühle reden kann.*

Diana und **Beatrix,** die Einzelkinder sind, konnten nicht auf eine unterstützende geschwisterliche Konstellation zurückgreifen.

Kindheitserinnerungen – Stellenwert und Funktion

Kindheit und Pubertät spielen in der Erinnerung der befragten Mädchen eine nicht unbedeutende, aber auch keine übermäßig wichtige Rolle. Nur bruchstückhafte Erinnerungspassagen werden retrospektiv mit der erlebten Beratungsarbeit in Verbindung gebracht. Ein systematisches Durcharbeiten der frühen Biographie scheint es nicht gegeben zu haben, obwohl es einzelne zentrale Kindheits- und frühe Jugenderlebnisse gab, die in der Therapie reflektiert wurden und für das Verständnis der eigenen adoleszenten Lebenssituation eine manchmal entscheidende und richtungsweisende Bedeutung erhielten. Einige der Befragten gehen aber auch davon aus, daß sie vieles an Erlebten aus früheren Lebensphasen möglicherweise verdrängt und vergessen hätten, was sie zu späterer Zeit gegebenenfalls noch einmal ans Tageslicht heben müßten. Keines der Mädchen erhebt nachträglich den Anspruch, daß dies in der adoleszenten Therapie hätte geschehen sollen. Allerdings erwecken die Gesprächsäußerungen hinsichtlich früherer Entwicklungsstadien den Anschein, daß die Befragten durch die beratungsähnliche Interviewsituation in besonderer Weise dazu anregt werden, von ihrem momentanen Standort aus einen Bedeutungszusammenhang zwischen Kindheit und Erwachsensein herzustellen, um auf diese Weise ein Stück der eigenen Biographie fortzuschreiben. Distanzierungsfähigkeit sich selbst und der eigenen Geschichte gegenüber scheint ein spätes Produkt der Spätadoleszenz zu sein.

So konstatiert beispielsweise **Sabine,** daß die Pubertät in ihrem Leben eine Zeit war, *über die ich nicht so viel nachgedacht habe. Und ich glaube,* fährt sie fort, *daß das ziemlich wichtig ist, nämlich wirklich die Zeit, wie ich dahin gekommen bin, daß ich mich in so einer ausweglos erscheinenden Situation befunden habe.* Die Lebensabschnitte vor der Adoleszenz werden von ihr als bedeutsam herausgestrichen, aber sie scheint erst zum Zeitpunkt des Interviews, also mit 25 Jahren, die Wichtigkeit eines biographischen roten Fadens für sich zu erkennen. *Aber ich glaube,* so betont sie der Interviewerin gegenüber, *daß ich über viele Sachen noch mehr nachdenken könnte und würde.* Zu diesem Zwecke würde sie zu einem späteren Zeitpunkt noch einmal eine Therapie aufsuchen. In ihrer Kindheit sieht sie durchaus eine Quelle, die persönliche Stärken für sie bereit hält, auf die sie nach einer Phase der Desorientierung in Pubertät und Adoleszenz wieder zurückgreifen könnte: *Früher war ich sportlich, mutig, selbständig, also eher dickköpfig und habe mir auf gar keinen Fall etwas sagen lassen. Dann kommt dann so eine Phase* [gemeint ist die Adoleszenz]*, wo ich ja komplett unsportlich war und bestimmt auch nicht mutig, sondern eher* *todesmutig oder naiv oder so. Jetzt hoffe ich, daß ich den ursprünglichen Weg mal weitergehe. Das sehe ich jetzt, wo ich mit der Sportschule angefangen habe.* Das klingt, als habe sich in Pubertät und Adoleszenz biographisch etwas in sein Gegenteil gekehrt, was nun wieder vom Kopf auf die Füße gestellt werden müsse. Es erscheint fast wie ein persönlicher Lebensmythos von Sabine, bei dem sich der Ursprung als das Ziel manifestiert und damit Orientierung im Lebenslauf vermittelt. Sie versucht, einen kausalen Zusammenhang zwischen einer 'guten' Kindheit und ihrer nunmehr gefundenen Stabilität zu Beginn ihres Erwachsenendaseins herzustellen: *Ich glaube erstmal, daß ich eine so gute Kindheit hatte, daß da viel passieren konnte und ich es trotzdem immer wieder geschafft habe oder eben kein grundsätzliches Suchtpotential habe oder so 'was.* Andererseits werden die Kindheit und Jugend auch wie etwas ihr Fernes und Fremdgewordenes betrachtet, was die Entstehung eines persönlichen Mythos natürlich begünstigt: *... daß ich wirklich mit dem, wie ich früher war, wenig zu tun hab. Also ich kann mich da schlecht reinversetzen. Ich kann das nicht mehr so ganz nachvollziehen.* Auf diese Weise wird ihr Versuch deutlich, die eigene historisch-biographische Identität zu konstruieren, ein Vorgang, der die Fähigkeit zur Distanzierung voraussetzt

Einen ähnlichen Versuch, einen individuellen Mythos zu kreieren, finden wir ebenfalls bei **Melanie**. Aus einer größeren Distanz heraus meint auch sie, sich besser an die eigene Kindheit erinnern zu können: *Und ich kann mich im Nachhinein besser erinnern an meine Kindheit, daß ich so, wo wir noch in M. gewohnt haben bis zu meinem 6. Lebensjahr, da wohl auch sehr frei war.* Das Gefühl von Freisein, daß sie nun spürt und das für ihr zukünftiges Leben wegweisend sein soll, glaubt sie aus den ersten Jahren ihres Lebens, von ihren biographischen Wurzeln her, zu kennen: *Aber da ich mir das vorstellen konnte, mußte das schon mal dagewesen sein.* Für Melanie ist es wichtig, einen kausalen Zusammenhang zwischen ihrer Kindheit und ihren Problemen in der Pubertät und Adoleszenz zu sehen. *Die Grundsteine wurden in der Kindheit gelegt, daß ich mich im Endeffekt nicht entwickeln konnte.* Sie erinnert sich im Interview an verschiedene Schlüsselerlebnisse ihrer Kindheit und Pubertät, Ereignisse, denen sie einen entscheidenden Einfluß auf ihre spätere Entwicklung zuschreibt. Daß es ihr gelang, daraus ihre persönliche Geschichte, eine zusammenhängende und verstehbare Biographie zu gestalten, verdankt sie ihrer Aussage nach der Beratungsarbeit: *Aber daß ich das richtig für mich verstanden habe, verstehen konnte und rausgefunden habe, das war in der Beratung.* Wie Sabine so schafft sich auch Melanie durch diese Art von Lebenslaufkonstruktion einen ihre Identität stabilisierenden Faktor.

Eher durch Ablehnung und Abwehr um Distanzierung zu ihrer Vergangenheit bemüht, dabei aber noch unsicher, äußert sich **Esther** nachträglich zu ihren Versuchen, während der Beratung, ihre Kindheitserlebnisse und Kindheitsgefühle zu rekonstruieren: *Es bringt nichts, da, da kommt es nur zu Schuldzuweisungen,* *und das habe ich ja auch eine Zeit lang gemacht. Ja, aber, ich glaube auch nicht, daß es so wichtig ist. Das hat zu irgendwas geführt damals, und das bin ich eben so, und das kann man ja auch betrachten sozusagen.* Auch bei ihr wird die Fremdheit und Distanz zu dieser Lebensphase deutlich, und gleichzeitig scheint ein Stück Verdrängung der Kindheitsgeschichte opportun, um die Wiederannäherung an die Eltern nicht zu gefährden: *Es ist zwar ganz nett, wenn man sich daran erinnert, aber ich find es besser, wenn man so aktuelle Sachen ... . Ich weiß nicht, da kriegt man auch nur so Haßgefühle. Ich meine, es ist natürlich vielleicht auch wichtig, ich weiß es nicht.*

Erinnerungen an die Kindheit während der Beratungsphase bedeuteten für **Anna** Erinnerungen an körperliche und seelische Mißhandlungen. Der erste Anstoß, dieses bis dahin verdrängte biographische Material zu sichten und ins Bewußtsein gelangen zu lassen, war das von ihr vehement abgelehnte Unterrichtsthema 'Kindesmißhandlung', dessen Behandlung sie geradezu zu einer Konfrontation mit ihren Kindheitserlebnissen zwang und sie schließlich dazu veranlaßte, die Beratung aufzusuchen, da ein Ignorieren nicht mehr möglich war: *Also, ich habe mir jahrelang keine Gedanken gemacht. Ich habe das alles so verdrängt. Es war dann so, als wenn alles aufs Tablett kommt auf einen Schlag, in der einen Stunde. So die ganzen Erinnerungen überschwemmten mich förmlich, und ich weiß noch, ich hab da gesessen und ich wußte überhaupt nichts mehr.* Bei ihrem Versuch, sich endgültig von den Eltern zu trennen, fühlt sich die Spätadoleszente zu einem Rückblick auf ihre Kindheit und vor allem zu einer Neubewertung ihrer kindlichen Erfahrungen genötigt: *Ich hatte das immer für mich so normal abgetan, na ja, das ist halt so. Und daß es nicht normal ist, stand dann so im Raum* [des Unterrichts]. Für sie war bis dato das Thema 'Meine Kindheit und Jugend' nicht in den Vordergrund getreten, und vor allem hatte sie keine Besonderheiten bei dieser Thematik wahrgenommen: *Für mich war es so, das erleben alle. Es war nicht präsent, es war nicht Thema. Es war für mich nicht Thema, daß das irgendwie ..., es war nicht in meinem Bewußtsein.* Nun sah sie es als ihre Aufgabe an, ihre für sie nur mit Scham besetzte Vergangenheit in ihr Bewußtsein zu heben, sie als ihre eigene anzunehmen und zu sehen, wie ihre eigene Geschichte Teil ihrer Identitätssuche wurde. *Und das war für mich immer 'ne Sache, über die ich nicht gesprochen habe. Ich hatte mich da einfach viel zu sehr geschämt. Das irgend jemand zu erzählen, da wäre ich im Boden versunken. Und das war ja auch dann das, wo ich ja immer auch so sehr ... . Als dann diese Fallbeispiele da so vorgetragen wurden, vorgelesen wurden, da habe ich noch oft gedacht ..., dann war auch so dieses: o Gott, das kenn' ich schlimmer! Also für mich war das* [was vorgetragen wurde] *noch nicht mal besonders schlimm.* Die Unsicherheit über das, was ihr in der Kindheit zugefügt wurde und was es eigentlich bedeutete, wird auch noch in der Retrospektive durch eine stockende, nach Worten suchende Darstellung deutlich. Sie nennt es *Kauderwelsch*. Durch den Vergleich mit den anderen Jugendlichen wurde Anna sich ihrer Eigenart, ihrer eigenen Geschichte bewußt und fühlte sich in diesem neuen Bewußtsein isoliert und einsam. *Aber auf der anderen Seite kam im Vergleich die ganze Erinnerung, was mir widerfahren ist und wie es mir ergangen ist. Das war ein Kauderwelsch von ..., ich fühlte mich schlagartig allein, da fühlte ich mich auf einmal so isoliert. Ich dachte, oh, das hat sonst niemand erlebt von den anderen.* Durch dieses wenn auch schmerzhafte Hinschauen auf die eigene Biographie wurde sie sich ihrer Individualität bewußt, auch wenn sie diese und damit sich so zunächst nicht akzeptieren konnte. Das Aufarbeiten traumatischer Erlebnisse der Kindheit war bei Anna wie auch bei den anderen Mädchen kein gezielter Akt; es wurde bei ihr zu einer eruptiven Notwendigkeit. Es war, um im Bild zu bleiben, als wenn sie erst den Schutt der Vergangenheit wegräumen mußte, um ihren Weg ins Erwachsensein gehen zu können. *Und das war ja dann das Ganze mit dem Aufarbeiten. Das war ja dann alte Sachen aufarbeiten. Das kam dann in geballter Ladung alles hoch. Die ganzen Ängste.* Die Kindheitsgeschichten fungierten bei Anna als *alte Sachen*, die ihrer neuen Identität im Wege standen. Ihr Kindheitsmythos konnte folglich, anders als bei Sabine und Melanie, nicht die Rückkehr zu den biographischen Ursprüngen sein, sondern es war ein Auszug, die Auswanderung aus der ursprünglichen familialen Heimat, die keine Bleibe war (so wie ihre beiden Eltern aus ihren Heimatländern nach Deutschland eingewandert waren). Für sie bedeutete das ein Verlassen von *Chaos* und den Gewinn von einer Weite des Sehens und der Bewußtheit: *... immer ins Licht gehen, für mich, immer weiter werden zu lassen.* Schon in der Zeit der Beratung wurde ihr bewußt, daß sie auf diese Weise ihre Vergangenheit nicht ein für allemal loswerden konnte. *Irgendwann habe ich kapiert, auch damals schon, für mich war das immer so, naja, dann werde ich das los und dann habe ich mein Lebtag nichts mehr mit zu tun, und irgendwann habe ich dann festgestellt, auch während der Beratung, daß dem nicht so ist, sondern daß mich dies mein Leben lang begleiten wird und daß es nur darum geht, anders damit umzugehen.* Damit beschreibt sie einen inneren Vorgang, mit dem sie versucht, ihre so schmerzhaften und traumatischen Kindheitserinnerungen in ihre Biographie zu integrieren und Verantwortung dafür zu übernehmen. Den Beginn dazu machte sie in der adoleszenten Beratung: *Wenn ich das Bewußtsein dafür nicht habe, werde ich zwangsläufig in diese alten Dinge rutschen. Es ist mir einfach klar geworden. Damals.* Klar wurde ihr – auch im Zusammenleben mit ihrem Bruder – , daß sie ohne die Verarbeitung der Vergangenheit diese wie in einem Zwangsvollzug wiederholen würde. Die Vergangenheit war für die spätadoleszente Anna ein Kindheitsmuster, aus dem sie sich befreien wollte, ohne es auslöschen zu können. Das hieß für sie: *diese Muster zu durchbrechen* oder *das Auflösen von Verhaltensmustern, also ganz konkret mich zu befreien.*

Wenn **Eva** über ihre Kindheitserinnerungen während der Beratung nachdenkt, so beherrschen einige dramatische Erinnerungssegmente ihre spätadoleszente

Situation. Diese Erinnerungsarbeit wird augenscheinlich auch in der Interview-situation weitergeführt, wird ausgebaut. Im Erinnern wird nicht getrennt zwischen dem Erinnern während der Zeit der Beratung und dem Moment des Interviews. Der Fokus ihrer Erinnerung richtet sich dabei auf die Zeit um das 10. Lebensjahr herum und auf die Pubertät im Alter von 15 bis 16. Aus der Vorpubertät wirkten sich ein sexueller Mißbrauch, ihre Sprachstörung und bedrohliche nächtliche Atemreaktionen auf ihr Lebensgefühl in der Spätadoleszenz aus: *Wo ich vergessen hatte zu atmen in der Nacht, da war ich jung, vielleicht 10 oder so* und *Ich habe gestottert, das ist ein ziemlich großes Problem für mich gewesen, als ich kleiner war, so 10 Jahre. Kinder sind sehr brutal. Das war für mich schon sehr schlimm. Das sind so Kindheitserlebnisse gewesen, aber mehr weiß ich nicht. Natürlich mit der Sexualität damals.* In der Pubertät sind es dann die Forderungen und Auseinandersetzungen mit den Eltern und deren Versuche, sie im Verlauf der familiären Trennung auf die jeweils eigene Seite zu ziehen, was ihr Denken und Fühlen noch nachhaltig beschäftigte: *Ja, damals war so ein Familienbruch. Ich wußte damals nicht, ob ich mich zu Vater oder Mutter entscheiden sollte. Ich wollte eigentlich beide Elternteile haben, aber sie konnten das nicht vereinbaren.* Die bewußte Verarbeitung dieser vielfältigen Erlebnisse gelangen ihr erst in der Spätadoleszenz, und die Art der Darstellung dieser biographischen Phasen im Interview deuten auf eine sich seit dieser Zeit fortsetzende Reflexion hin.

Ihre Kindheit bezeichnet **Regine** als *Kinderstube*. Und in diesem Raum der Vergangenheit glaubte sie, nicht das an emotionaler Unterstützung mitbekommen zu haben, was sie für ihre Entwicklung nötig gehabt hätte, *weil meine Eltern mir doch eine recht emotional kalte Kinderstube erzeugt haben.* Dieser Mangel an kindlicher Geborgenheit war ein Thema, welches sie in der Beratung reflektierte. Im Kontext dieser Erinnerung tauchen Bilder auf, in denen sie sich als das angepaßte oder aggressive oder somatisierende Kind und Schulkind wahrnahm, dessen Verhaltensmuster sie nachträglich verstehen und biographisch einordnen wollte: *Oder ich muß mich einfach teilweise so verängstigt gefühlt haben, daß die Leute es direkt so eingeordnet haben, daß ich ein braves Kind bin.* Wie bei einigen anderen der befragten Mädchen kam auch bei Regine verdrängtes traumatisches Material ins Bewußtsein, für das sie in der Beratung den Raum suchte, um es in Worte fassen und öffentlich machen zu können: *Und dazu kam noch, daß ich mit, ja weiß ich nicht, wie alt ich war da, 12 Jahre?, sexuell mißhandelt wurde von einem Bekannten meiner Eltern, was ich auch sehr lange verdrängt hatte.* Sie streicht heraus, daß sie durch das Bewußtwerden und die Reflexion problematischer Kindheitsaspekte auch in Auseinandersetzungen mit ihren Eltern geriet. *Zu meinen Eltern, muß ich sagen, haben sich dadurch, daß mir meine ganze Situation und die Kindheit so klar geworden ist, einige Konflikte ergeben.* Dieses Phänomen ist auch bei den anderen Jugendlichen (vor allem bei Esther und Diana) zu beobachten. Durch die bewußte und reflektorische Aneignung eigenen biographischen Materials stieg das Maß an konflikthafter Auseinandersetzung mit den Eltern, das sich zuerst in Form von Schuldzuweisungen äußerte. So auch Regine: *... daß ich meinen Eltern erst einmal die Schuld gegeben hatte für irgendwelche ..., ja, die mißglückte Kindheit oder was auch immer.* Diese Auseinandersetzung mit der eigenen Kindheit und Pubertät bezeichnet sie dann stimmigerweise auch als notwendigen Teil der Ablösung von den Eltern: *Daraus ergaben sich einige Konflikte. Es artete auch dahin aus, daß ich mich eigentlich schon von ihnen losgelöst habe.*

Auch bei **Diana** findet sich so etwas wie der Mythos der Kindheit als Thema der Beratung: *So Paradiesvorstellungen von Kindheit waren Thema immer, das sich auch so durchgezogen hat.* Die Erinnerungen an eine mögliche paradiesische Kinderwelt, die sie gar nicht hatte, ermöglichten ihr, so schildert sie es, die gelegentliche Flucht aus der schwierigen Welt der Anforderungen an sie als Spätadoleszente: *Also, realistisch ist schmerzhaft, und deshalb hatte ich mir da ja so'ne Paradieswelt gewahrt.* Diese Flucht kennzeichnet sie im Interview auch als eine Art von regressiver Tendenz, um sich aufgehoben zu fühlen und sich nicht anstrengen zu müssen: *Ein ganz großes Fallenlassen war nach dem Abitur, ... und ganz groß die Sehnsucht aufkam, ich möchte aber ein geliebtes süßes Kind sein.* Gleichzeitig war dieses Sich-Fallenlassen gekoppelt mit der ganzen Verzweiflung über ihr Dasein. *Es war einfach die nackte Verzweiflung in ein Zurückfallen, wie ich es wahrscheinlich als Kind gemacht hab'.* So stand Kindheit bei ihr nicht nur als Symbol für Hoffnungen und Sehnsüchte, sondern zeigte sich im Kontrast dazu auch als Quelle ihrer seelischen Nöte und Qualen und für das Stigma, nicht um ihrer selbst willen geliebt worden zu sein: *Also, das kannte ich ja aus meiner Kindheit, daß, wenn ich 'was kriege, ich auch was dafür geben muß, was also immer ein Geschäft ist, daß ich meine Eltern mit Emotionen bezahle, die ich ihnen entgegenbringe und daß ich dafür Geld kriege.*

Beatrix' Bezug zu ihrer Kindheitsgeschichte ist durch eine relativ starke Amnesie gekennzeichnet. Im Interview betont sie wiederholt, daß sie sich nicht an Details aus ihrer frühen Geschichte erinnern könnte: *Ja, da war ich kleiner. Da kann ich mich nicht mehr dran erinnern* oder *Nein, aber das Problem ist, daß ich heute auch schon nicht mehr genau weiß, wie das früher war.* Über einige Dinge hat sie durch die Großeltern erfahren: *Als ich 8 oder so was war, da war ich ja auch mal bei einem Kindertherapeuten. Das wußte ich nicht mehr, ne, ganz ehrlich. Das haben mir meine Großeltern erzählt, das wußte ich gar nicht.* Erinnerungen gibt es nur da, wo sie positiv getönt sind, wo die Großeltern ihr Elternersatz waren. *Ja, mein Opa, der hat ja alles mit mir gemacht, was ein Vater hätte machen sollen, was ich weiß. Fahrradfahren beigebracht, Schwimmen beigebracht, all das. Mir die Stacheln aus dem Po gezogen, wenn ich mich in die Hecke gesetzt hatte und solche Scherze.* Doch vorherrschend ist in

Beatrix' Äußerungen, daß ihr in der Phase der Beratung an Kindheitserinnerungen nicht gelegen war, schon gar nicht an einer Aufarbeitung. Gerade an diesem Punkt machte sich ihre resignative Grundstimmung fest, die sie sprachlich so zum Ausdruck bringt: *Es ist eh vorbei, warum soll ich jetzt noch groß an diese negativen Sachen denken.* Dennoch finden wir in einer anderen Quelle, nämlich in ihrem zum Zeitpunkt des Interviews gegebenen Rückblick auf ihre Lebensgeschichte, Hinweise auf Ereignisse ihrer Kindheit, die bis dahin nicht von ihr erwähnt wurden, beispielsweise daß sie als 6jährige ein Zimmer anzündete und mit 4 Jahren Möbel vom Balkon auf die Straße warf. Also scheint auch im Fall von Beatrix die Beratung eine nachträgliche Wirkung auf ihre Bereitschaft zu zeigen, die eigene Biographie zu entwerfen und fortzuschreiben.

Deutlich wird bei Beatrix– und damit manifestiert sich stellvertretend etwas, was auch für die anderen Spätadoleszenten typisch ist – daß die Arbeit an den Kindheitserinnerungen in der adoleszenten Beratung und Therapie einen nur exemplarischen Stellenwert hat und kein systematischer Vorgang ist und möglicherweise auch nicht sein kann. Sie dient der Ablösung von Kindheitsträumen und gleichzeitig dem ersten selbstverantworteten Zugang zu der jeweils individuellen Geschichte, die zur Grundlage der eigenen Identität und Biographie wird, die, wie wir in den Interviews sehen, auf immer neue Weise fortgeschrieben wird.

2 Die Schule

> Du denkst nach über deine achtzehn Jahre,
> bist hin- und hergerissen zwischen einerseits
> der hartnäckigen Überzeugung, daß du's, dank deiner
> eigenen Fähigkeiten und einiger günstiger Gelegenheiten,
> ganz gut hingekriegt hast ... und andererseits dieser Furcht,
> du *seist* vielleicht doch nicht gut genug.
>
> Sylvia Plath, Tagebücher, 18 Jahre

Die Schule oder im engeren Sinne Probleme mit Schulleistungen waren nach den Aussagen der befragten jungen Frauen bei den meisten von ihnen kein unmittelbarer Anlaß für das Aufsuchen der Beratung. Die Thematik 'Schule' tauchte aber im Rahmen und im Verlauf des Beratungsprozesses bei den Mädchen in sehr unterschiedlichen Formen als eine Teilproblematik auf. Während bei zwei von ihnen (Diana und Beatrix) die persönlichen Schwierigkeiten gerade im Feld der Schule längere und tiefergreifende Auswirkungen zeigten, wirkte Schule bei anderen (Sabine, Esther, Anna, Regine) geradezu als ein stabilisierender Faktor in einer sonst instabilen und diffusen Lebenslage. Bei einer dritten Gruppe (Melanie, Eva) gab es vor oder während der Beratungsphase kleinere Einbrüche im Leistungsniveau, die aber relativ schnell aufgefangen werden konnten. Insgesamt erlebten die Jugendlichen die Beratung immer als einen stützenden Faktor in ihrer Schullaufbahn, der dazu beitrug, daß auch in den kritischen Fällen ein erfolgreicher Schulabschluß gelang. Verständlicherweise war dieser Leistungserfolg ein wesentlicher Baustein ihrer Identitätsbildung.

Die Schule als stabilisierender Faktor

Sabine berichtet, daß sie in der Zeit vor der Beratung, als sie sich lethargisch, orientierungslos und suizidgefährdet gefühlt hatte, *von den Noten in der Schule ziemlich abgerutscht* war. Aber Schule stellte für sie dennoch einen sehr wichtigen Bereich dar, der neben der Therapie der Ort war, den sie für sich alleine hatte, wo weder ihre Mutter noch ihr Freund Ansprüche an sie stellen konnten, wo sie hoffte, sich ohne Einflüsse von außen alleine entwickeln zu können. *Daß der S.* [Freund] *auch sehr viele Ansprüche an mich gestellt hat, aber daß das hier, die Schule eigentlich so ein Bereich für mich alleine war.* Die Schule definierte sie von daher als einen *Freiraum,* in dem *trotzdem noch Führung zu haben* war, und das stabilisierte sie damals. Damit nennt sie die Bedingungen, die sie zur Bewältigung ihrer Persönlichkeitsthematik der Abhängigkeit und Depressivität gebraucht hatte. Aus diesem Grund war sie in dem Umfeld Schule zufrieden, denn sie hatte Kontakte zu Mitschülern *nicht auf so ganz engem Raum* und bekam intellektuelle Anregungen, was auf ihren außerschulischen Freundeskreis nicht zutraf. Alles in allem erlebte sie die Oberstufenzeit in der Schule *nicht nur im Nachhinein* als *eine sehr schöne Zeit,* die sie erfolgreich mit einem guten Abitur abschließen konnte: *Ich habe es ganz bewußt auch genossen.*

Auch **Esther** bewertet die letzten drei Jahre ihrer Schulzeit in der Rückschau als äußerst positiv. Sie hatte auf die lange Sicht *überhaupt keine Probleme,* ein Faktum, das sie für die Zeit, *als es mir dann ganz schlecht ging,* allerdings etwas einschränken muß: *Zeitweise hat es doch meine Noten verschlechtert.* Aber das beeinflußte den guten Abschluß ihrer Schullaufbahn in keiner Weise. Einen Grund sieht sie darin, daß sie in der Kommunikation mit den Lehrern keine Hemmungen aufgebaut hatte: *Mit Erwachsenen, da war vielleicht die Hemmschwelle nicht so groß, einfach weil ich wußte, mit denen habe ich eigentlich nicht so viel zu tun.* Die Distanz war in diesen Kontakten groß genug für sie, um unkompliziert sein zu können. Probleme gab es für sie vor allem in den nahen Beziehungen, das heißt, in dem Wunsch nach Nähe zu Gleichaltrigen.

Für **Anna** nahmen die Lehrer und Lehrerinnen ihrer Schulzeit eine besondere Rolle ein: *Ich hatte immer ein sehr gutes Verhältnis zu Lehrern. Lehrer waren für mich immer die Bezugspersonen, die ich zu Hause nicht hatte.* Die Schule und die Lehrer übernahmen in ihrem Leben in vieler Hinsicht Funktionen, die

291

ihre Eltern nicht ausfüllten. Aus diesem Grund war Schule so etwas wie Heimat und Elternhausersatz: *Für mich war Schule mein Bereich. Das war meine Welt. Ich war immer total gerne in der Schule, da mußte ich nicht zu Hause sein. Da konnte mir keiner reinreden.* Wie für Sabine war auch für Anna Schule ein Freiraum, in dem sie sich ungestört entfalten konnte und in dem sie ihre Eltern, die als Ausländer das deutsche Bildungssystem nicht verstanden, 'abhängen' konnte: *Die sind einfach ab einem bestimmten Zeitpunkt nicht mehr mitgekommen. Ich bin dann aufs Gymnasium, dann war der Zug abgefahren.* Da die Schule ein positiver Entwicklungsraum für Anna war, zeigte sie dort immer gute Leistungen. In die schulischen Leistungen, so betont sie, *konnte ich meine ganze Stärke reinsetzen.* Sie fühlte, daß sie *alles aufgesogen* [hatte] *wie ein Schwamm von denen* [Lehrern], die ihr Lernstoff anboten. Schule bedeutete für sie eine stabile Basis, die ihr letztlich Stütze bot, als ihr übriges Leben zusammenbrach und *zerbröselte*, wie sie es ausdrückt. *Jeder* [in der Schule] *wußte im Grunde, was abläuft,* kannte also ihre prekäre Situation und unterstützte sie, *daß ich überhaupt noch das Abitur mach' und schaffe, noch ganz gut.* Sie hatte sich in der Schule so viele persönliche und intellektuelle Reserven zugelegt, daß sie dort in ihrer Krise nicht sehr tiefgreifend gefährdet wurde.

Durch einen Schulwechsel zu Beginn der Oberstufe an das Gymnasium in W. veränderte sich **Regines** Situation entscheidend. *Das war ein vollkommen neuer Anfang.* Hatte sie an ihrer alten Schule aufgrund negativer Rollenzuschreibungen eine Schulangst entwickelt und *psychosomatische Krankheitserscheinungen* produziert, so fühlte sie sich nun sehr viel wohler, ja, die neue Schule erschien ihr im Vergleich zur alten wie *der Himmel auf Erden.* Und sie entdeckte: *Ich konnte mich wesentlich freier entfalten und hab' auf diese Art und Weise mich selbst besser kennengelernt.* Wie bei Sabine und Anna wurde die Schule für sie zu einem persönlichen Entwicklungsraum, der sie motivierte, sich mit sich selbst auseinanderzusetzen. Sie hatte nun nicht mehr das Gefühl, daß sie sich vor den Mitschülern zurückhalten oder zurückziehen mußte, *um nicht verletzt zu werden.* Im Gegenteil bezeichnet sie das neue Verhältnis zu den anderen Schülern und zu den Lehrern als *wirklich so angenehm* und ihre Einstellung zur Schule als *sehr positiv,* so daß sich in dieser Atmosphäre ihre Noten *direkt verbesserten, im Durchschnitt um eine ganze Note.* Auf diesem Hintergrund entwickelte sie das Vertrauen, daß die Lehrer sie nicht wegen einer Beratung oder Therapie verurteilen würden. So war die Schule ein Faktor, der sie im Laufe ihres Beratungsprozesses stabilisierte, weil er Akzeptanz, Toleranz und Unterstützung bedeutete.

Die Schule als Problemindikator

Für **Melanie** wurde die Schule nicht leistungsmäßig zum Problem, sondern als sozialer Faktor. *Ich bin eigentlich immer sehr gut in der Schule klargekommen,* beschreibt sie ihr Verhältnis zu dieser Institution. Aber in dem Maße, in dem sie generell das Gefühl hatte, zu nichts mehr in der Lage zu sein (*man kann gar nichts mehr*), konnte sie auch nicht mehr den Unterricht besuchen, weil sie sich *ganz überfordert* fühlte. Sie entwickelte aus diesem Ungenügen heraus die Furcht, dort ihren Mitschülern begegnen zu müssen. *Ich konnte dann auch sehr schwer in die Schule gehen, das hatte auch überhaupt nichts mit Noten zu tun.* In der Schule manifestierten sich in besonderem Maße ihre Ängste *vor menschlichem Kontakt,* vor Versagen und davor, *kein Wort sagen zu können* und unter den Blicken der anderen Jugendlichen *einfach komisch zu wirken.* Je hilfloser sie sich dort fühlte, umso dankbarer war sie für die Vermittlungsfunktion der Beraterin in der Schule: *Daß Sie auch mit den Lehrern gesprochen hatten, das hat mir unheimlich imponiert.* Sie wundert sich nachträglich, daß sie trotz dieser Hemmungen leistungsmäßig keine Einbrüche hatte: *trotz allem (waren) meine Noten recht gut in der Zeit. Das war erstaunlich.* Ihr Erleben der Schulwirklichkeit war Abbild für ihr Welterleben in jener Phase der Beratung. Auf der anderen Seite hatte sie aber auch ein besonderes Vertrauen in diese Institution und war froh, daß die Beratung in diesem Rahmen angeboten wurde und die Beraterin ihre Lehrerin war. *Was halt auch sehr wichtig war, daß das vielleicht in der Schule stattfand, daß ich nie ein Problem hatte, daß Sie gleichzeitig meine Stufenleiterin oder meine Lehrerin waren,* eine Tatsache, die für manch anderes Mädchen nicht akzeptabel gewesen wäre. Für Melanie – und damit berichtet sie etwas Ähnliches wie Esther – war der Kontakt mit den Lehrern, den Erwachsenen, leichter als mit den Gleichaltrigen. Sie berichtet von einem dreimonatigen Klinikaufenthalt, mit dem sie ihren Schulbesuch unterbrach, als sie sich *nicht mehr lebensfähig* fühlte, damit sie *überhaupt noch mal in die Stufe gehen* konnte. Diese Maßnahme und die mit ihr verknüpfte Fortsetzung der Therapie ermöglichten ihr dann einen erfolgreichen Abschluß der Schule mit dem Abitur.

Die Schule war auch für **Eva** kein grundlegendes Problem. Ihr Eindruck war, daß sie ihre Leistungen immer auf einem günstigen Niveau halten konnte: *In der Schule bin ich immer durchgekommen.* Aber als sie plötzlich *einen Konflikt mit ihrem ganzen Leben* hatte, wurde auch die Schule zum Teilproblem eines umfassenderen Problems, Teil ihres *Riesenknotens.* Dort, und vor allem mit einer Lehrerin, von der sie sich völlig unterschätzt fühlte, zurechtzukommen, war eines ihrer Anliegen in der Beratung. Sie befürchtete, *daß ich in der Schule bestimmt sitzenbleiben müßte. Ein ganz schneller Sturz.* Das bedeutete, daß sie auch im schulischen Umfeld einen Absturz befürchtete, der ihr schon außerhalb diese Feldes Not und Sorgen bereitete. Sie bewertet die Tatsache, daß die Beraterin sie auch im schulischen Rahmen unterstützte, indem sie mit der Lehrerin sprach, als eine wichtige Voraussetzung, ihr Abitur dann doch im ersten Anlauf geschafft zu haben. Obwohl diese Hilfeleitung ihren Stolz erheblich kränkte und ihren Autonomieanspruch einschränkte, erhielt sie dadurch doch die notwendige und gewünschte Atempause, in der sie für weitere Leistungen wieder Kraft schöpfen konnte. *Daß, wenn es bei mir nicht klappt in der Schule, man mich nicht direkt verurteilt und als schlecht empfindet, sondern einfach, daß alles eingefroren wird, und wenn es mir besser geht, daß ich dann zeigen kann, was ich noch kann.* Um sich in der krisenhaften Lebensphase entlastet zu fühlen, erhoffte sie sich gerade für den Raum der Schule eine Art Moratorium, ein *Einfrieren,* wie sie es an anderer Stelle noch einmal benennt. Und dieses Moratorium bestand für sie in einer vorübergehend wohlwollenden Wahrnehmung und Akzeptanz ihrer Leistungsgrenzen und ihrer psychischen Ausnahmesituation durch die Lehrer. Sie war sich sicher, daß sie mit der Möglichkeit eines solchen zeitbegrenzten Spielraums ihre Probleme bewältigen und danach 'normal' wie zuvor weitermachen könnte.

Für **Diana** bedeutete die Schule schon immer eine *Wahnsinnsbelastung, weil ich so unter Notendruck gestanden habe.* Es war nicht so, daß sie intellektuell den Anforderungen des Gymnasiums nicht gewachsen war, aber an Schulnoten und Schulleistung machte sich bei ihr eine neurotische Thematik fest, eben eine *Belastung,* die sie zum *Wahnsinn* trieb. Sie stand so unter Leistungsdruck, unter dem inneren Anspruch, nur Perfektes abliefern zu müssen, daß sie kein normales Leistungsverhalten zeigen konnte: *Perfektionismus, Schule war immer viel Thema* [in der Therapie]. Überdurchschnittliche Leistungen waren für sie in ihrer gesamten Schullaufbahn immer die Gegengabe zur Liebe ihrer Eltern gewesen unter dem Motto: Leistung gegen Liebe, *daß ich meine Eltern zumindest mit guten Noten bezahle, was also immer ein Geschäft ist.* Dieses Lebenskonstrukt brach vor Beginn der Oberstufe, gegen Ende der 10. Klasse, zusammen und führte zu ihrem zweiten Suizidversuch. Ihre Weigerung, unter diesen Vorzeichen zu lernen, führte zu unregelmäßigem Schulbesuch und zu massiven Lern- und Arbeitsblockaden, die die Therapeutin in der Schule intervenieren ließen: *Wenn ich dann irgendwann nicht zum Unterricht gehen konnte, daß Sie dann mit den Lehrern gesprochen haben.* Auch wenn diese Öffentlichkeit ihr sehr unangenehm war, akzeptierte sie dies, *weil ich sonst mit Sicherheit von der Schule geflogen wäre.* Das führte schließlich vor dem Abitur zu einem Jahr Beurlaubung vom Unterricht, für sie eine Karenzzeit, ein konkretes Moratorium, während dessen sie herausfinden wollte, ob und wie sie weiter eine Schulausbildung machen wollte, *weil vorher immer klar war, ich muß das machen, sonst bin ich nichts mehr wert.* Nun war ihre Frage: *Will ich das wirklich?* Oder tat sie es nur, weil ihre Eltern es von ihr erwarteten? Ihre Entscheidung nach diesem Jahr, das Abitur zu machen, das sie mit sehr guten Leistungen abschloß, war ein erster Schritt zu einem selbstbestimmten Bildungsgang und ein innerer Kampf gegen das Stigma der Psychiatrie. *In der Psychiatrie (war) immer klar,* *ich bin psychisch zu labil, ich kann das Abitur gar nicht machen.* Es zeigte auch ihre Bereitschaft, für ihre Zukunft Sorge zu tragen, denn die meisten Berufe, die sie interessant fand, hatten das Abitur zur Voraussetzung. Die Prüfungsphase des Abiturs war für sie dann noch einmal *'ne ganz kritische Phase,* die aufgefangen wurde, indem die Therapeutin für sie eine Person fand, die mit ihr lernte: *Wo ich dann auch zu der Frau D. nach Hause gekommen bin, um zu lernen und retten, was noch zu retten war.* Das Gelingen dieses Abschlusses stellte sich ihr als ein lebenswichtiges Ereignis dar.

Beatrix kennzeichnet ihren Schulbesuch als einen Alptraum, da sie auch dort Schwierigkeiten hatte, sich zu äußern. Sie war im Unterricht so schweigsam wie in der Beratung, und daher war Schule für sie *eigentlich immer beschissen* (Lachen). *Mehr kann ich dazu nicht sagen.* Sie war keine gute Schülerin und hatte eine verkorkste Schulkarriere hinter sich in verschiedenen Schulen und Internaten. Sie wundert sich noch nachträglich, daß und wie sie ihr Abitur gemacht hat. *Ich frage mich oft, wie ich das angestellt habe* (Lachen). Auch in Beatrix' Fall gehörte es zu den konkreten Aktionen der Beraterin, mit den Lehrern zu sprechen: *Sie* [die Beraterin] *hat mit Frau M. ab und zu gesprochen.* Darüber hinaus wurde eine sie und ihr Lernen unterstützende Person engagiert, die dann sogar eine Co-Therapeuten-Stellung einnahm und ihr, so schildert sie es, *weiß nicht was alles erzählt* [hat] *und mich mit Kuchen vollgestopft und mir Tee reingeschüttet und mich spazierengenommen und dieses und jenes und in den Arm genommen. Das war einfach Klasse.* Dabei setzte sie immer ein großes Vertrauen in die Therapeutin, daß diese sie bei ihren konkreten Interventionen – vor allem im schulischen Bereich – schützen würde. *Sie* [die Beraterin] *hätte nie 'was gemacht, was ich nicht gewollt hätte.*

3   Das Internat

Nicht alle befragten Schülerinnen hatten etwas mit dem Internat zu tun. Das betraf die Mädchen, die bei ihren Familien in W. und Umgebung wohnten und als Externe das Gymnasium besuchten (Sabine, Esther, Regine). Für die anderen Befragten hatte die an die Schule angebundene Institution des Internates sehr unterschiedliche Funktionen, die zum Teil auch durch den Ablauf der Beratung bedingt waren. Ein Mädchen (Eva) lebte grundsätzlich im Internat, weil ihre Familie von W. entfernt wohnte und sie am Heimatort nicht beschult werden konnte. Bei zwei anderen Jugendlichen (Diana, Beatrix) wurde die Aufnahme in das Internat, die das Resultat eines Konfliktes mit dem Elternhaus war, unter anderem von der Teilnahme an einer Beratung abhängig gemacht. Die anderen beiden (Melanie, Anna) zogen in das Internat als Folge und im Verlauf des Beratungsprozesses. Für alle bedeutete die Internatsunterbringung eine, wenn auch unterschiedlich empfundene und gedeutete, Stabilisierung ihrer Lebensbasis. Das Internat wurde weitgehend zu einer therapeutischen Begleitinstanz.

Das Internat als Elternhausersatz

Für **Eva** war das Internat ein Ersatz für das Elternhaus. Noch über das Abitur hinaus blieb sie dieser Institution treu und machte dort ein Praktikum, weil sie beim Übergang in die Ausbildung nicht nach Hause wollte: *Du willst nicht mehr nach Hause gehen, du wolltest aber auch gucken, wie das im Internat ist von der anderen Seite.* Das klingt so, als ob sie sich zu diesem Rollenwechsel von der Rolle der Schülerin in die Rolle einer Erzieherin ermuntert hätte, um ihr Erwachsensein zu festigen. Das Verhältnis zu den Erziehern und Erzieherinnen während ihrer Schulzeit schildert sie als vertrauensvoll und eher auf einer gleichberechtigten Ebene: *Das war für mich direkt Teamarbeit.* Im Kontakt mit ihnen wollte sie aber auf keinen Fall ihre innersten Nöte offenbaren. *Ich wollte nicht, daß alle darüber wissen,* deshalb war die Möglichkeit der Beratung außerhalb des Internatslebens aber innerhalb der Einrichtung für sie eine gesuchte Chance. An das Internat band sie vor allem auch die Tatsache, daß sie dort am Tag ihrer Ankunft ihren ersten Freund kennenlernte, mit dem sie eine schöne, aber leidvolle Beziehung hatte. Von daher war diese Einrichtung einige Jahre lang eine äußerst wichtige Basis in ihrem Leben, von der aus sie Schule, Freundschaft, Beratung und die ersten Schritte in die Ausbildung bewältigte.

Für **Diana** war die Unterbringung im Internat zunächst der entscheidende Schritt, um Distanz zu den Eltern zu gewinnen, bei denen sie nicht mehr wohnen wollte. Es war darüber hinaus in Verbindung mit der Beratung in der Schule, zu der sie nach einem Suizidversuch verpflichtet wurde, die von ihr bevorzugte Alternative zu einem verlängerten Psychiatrieaufenthalt unter dem Aspekt: *der Psychiatrie entronnenen und im Internat!* Diana stand dieser Einrichtung von Anfang an ambivalent gegenüber. Auf der einen Seite fühlte sie sich dort wohler als in ihrem Elternhaus, wo sie zu ihrem Bedauern zunächst immer die Wochenenden und Ferien pflichtmäßig verbringen mußte: *Das war für mich das Allerschlimmste.* Später erreichte sie für sich sogar die Sonderregelung, auch bei Heimreisepflicht im Internat bleiben zu können. Sie begrüßte es auch, daß sie als ein sich oft vereinsamt fühlendes Einzelkind hier Verbündete in anderen Jugendlichen fand, die von ähnlichen Problemen mit ihren Eltern zu berichten wußten: *Ja, und zum ersten Mal auch, das war sicher das Positive, das Finden von Verbündeten, daß ich nicht alleine dastehe.* Auf der anderen Seite erlebte sie das Internat als eine einengende Institution: *Das hatte auch was mit Kasernierung zu tun.* In ihr fühlte sie sich auch wieder wie ein Objekt, welches nach festgelegten, unpersönlichen Regeln dirigiert wurde, beispielsweise: *dieses sehr objektivierte Eintragen* [ins Ausgangsbuch]. Es wurde *kein eigenes Zuhause* für sie, sie fühlte sich dort *nicht gebettet*, es war ihr einfach auch zu laut, *viel zu viel Nachtleben*. Das Leben im Internat führte ihr wieder ihr Unbehaustsein vor Augen. Konsequenterweise suchte sie sich bald ein Zimmer in W., um ihr eigenes Leben zu führen und von dort in die Schule und in die Beratung zu gehen.

Für **Beatrix** wurde das Internat der rettende Ort, als sie *bei Nacht und Nebel* ihre Mutter verließ. In diesem Zusammenhang bestand für sie – dem Fall Diana ähnlich – die Verpflichtung zur Beratung. Das Internat wurde für einen längeren Zeitraum, auch über den Schulabschluß hinaus, der Schutz bietende Lebensraum für sie, in dem Erzieher und Erzieherinnen für sie Sorge trugen. In diesem Kontext störte es sie dann auch nicht, daß die Erzieher in ihrem Wohnhaus von der Beratung wußten; sie konnte sogar mit ihnen darüber reden, *wenn irgendwann mal gar nichts mehr lief, wie es sollte.* Insofern bekam das Internat die Funktion eines Familienersatzes. In diesem Rahmen konnte sie vertrauensvolle Kontakte zu Erwachsenen und gleichaltrigen Jugendlichen aufbauen und erproben. Ähnlich wie Eva arbeitete sie dort als Praktikantin und Honorarkraft auch noch nach dem Abitur. Den Kindern, die sie betreute, konnte sie weitergeben, was sie in der Beratung für sich gelernt hatte, *das konnte ich den Kindern immer hervorragend sagen.* Gleichzeitig verlängerte sie dabei ihre Anbindung an die Internatsfamilie.

Internatsunterbringung als therapeutische Maßnahme

Anna bewohnte zu Beginn der Beratung zusammen mit ihrem Bruder eine eigene Wohnung in W., nachdem sie zum Zeitpunkt ihrer Volljährigkeit sofort von ihren Eltern weggezogen war. Für sie bot die Möglichkeit des Internatsaufenthalts eine Überlebenschance nach dem Tod ihres Bruders, der mit ihr eine Lebensgemeinschaft gebildet hatte und ohne den sie sich das Alleine-Leben nicht zutraute. Für sie stand es außer Frage, daß sie zum Selbstmord in der Lage gewesen wäre, wenn das Internat sie nicht aufgenommen hätte: *Ich hätte es geschafft, mich umzubringen, wahrscheinlich, wenn das Internat nicht gewesen wäre.* In einigen Erziehern und Erzieherinnen erlebte sie Vertrauenspersonen, *mit denen ich reden konnte,* die ihre existentielle Lage erfaßten und sie intensiv betreuten. Auch das Verständnis von Mitschülerinnen, *Mitleidende*, wie sie es ausdrückt, mit denen sie Therapieerfahrungen teilen konnte verschaffte ihr *so ein Zusammengehörigkeitsgefühl*, das ihre Einsamkeit verringerte. Die Internatsunterbringung von Anna war somit eine Krisenintervention und wurde zu einem für den erfolgreichen Fortgang der Therapie entscheidenden Faktor, ohne den letztere wahrscheinlich gescheitert wäre.

Auch **Melanie** wohnte bei Beratungsbeginn im Hause ihrer Eltern in W. Nach ihrem dreimonatigem Klinikaufenthalt, den sie *eher wie Urlaub von zu Hause* erlebt hatte, entschied sie sich, sozusagen als Fortsetzung dieses therapeutischen Ansatzes, in das Internat zu ziehen, so *daß ich Abstand von zu Hause hab'*. Auf diese Weise versuchte sie, auch weiterhin genügend Distanz zur Familie zu wahren. Der Internatsaufenthalt ist auch in ihrer nachträglichen Einschätzung *ein wichtiger Teil in der Therapie, daß ich mich selber finde*. Hier sah sie sich außerdem gefordert, selbständig ein eigenes soziales Umfeld aufzubauen, also *nicht nur innerlich, sondern auch räumlich*. Der Abbau sozialer Angst und damit das Gelingen von sozialen Kontakten und sozialer Einbindung in die Gruppe der Mitschülerinnen war ein für sie wichtiger Aspekt ihrer Therapie nach der jugendpsychiatrischen Behandlung. *Ich hatte meine Freiheit, die ich brauchte, und hab' mich, glaube ich, ganz gut dort eingefunden*. Auch Melanie blieb nach dem Abitur für eine kurze Zeit im Internat, um in einer benachbarten sozialen Einrichtung ein Praktikum zu machen. Die Probleme, die sie in diesem Zusammenhang erlebte, konnte sie zu jenem Zeitpunkt allein ohne Beratung bewältigen: ... *daß so konkrete Probleme auf mich zukamen, und dann mußte ich gucken, wie setze ich mich durch. Und das hat auch geklappt*. Auf diesem Wege ergriff sie die Chance, sich selbständig zurechtzufinden auch mit der Möglichkeit, im Notfall auf die Therapeutin im Hintergrund der Institution Internat zurückgreifen zu können.

4 Die Gleichaltrigen: Freund, Freundin, Peergruppe

> Die Suche nach einem Partner ist ein Spiel.
> das viele Verletzungen mit sich bringt,
> man testet aus, probiert.
> Und plötzlich merkt man, man hat vergessen,
> daß alles Spiel ist,
> und wendet sich weinend ab.
>
> Sylvia Plath, Tagebücher, 18 Jahre

Das Verhältnis zu den Gleichaltrigen, zu den Mitschülern und Mitschülerinnen, zu Freunden und Freundinnen nimmt in den Interviews erwartungsgemäß einen wichtigen, wenn auch auf Grund der Fragestellung des Forschungsvorhabens begrenzten Raum ein. Es wird mit der ganzen Ambivalenz, mit der dieses Thema besetzt ist, dargestellt. Das läßt nur erahnen, welchen herausragenden Stellenwert diese Thematik in der Zeitspanne der Spätadoleszenz einnimmt.

Fast alle Befragten haben den Eindruck, daß die Beratung bzw. Therapie der einzige Ort war, an dem sie ihre widersprüchlichen Gefühle und quälenden Gedanken und Impulse im Blick auf Freunde und Freundschaft ausbreiten konnten, ohne Konsequenzen oder Abwertung erwarten zu müssen. Es war für die meisten so, wie Esther es formulierte: *Aber bei Sachen, die mir wirklich wichtig waren, haben sie* [die Freunde] *mich nicht verstanden. Das konnte ich nirgends loswerden.*

Freundschaft, Liebe, Bindung

Das wichtigste Thema von **Sabine** war, daß sie immer mit jungen Männern befreundet war, die von einem Stoff abhängig waren, *daß meine Freude jeweils Konsumenten waren.* Da war zunächst S., ein Alkoholiker, und später M., der heroinabhängig war. Beide gehörten nicht in den Kreis der Mitschüler. Über S. erzählt sie, daß er *sehr viele Ansprüche an mich gestellt hat* und daß er auch verhindern wollte, daß sie in die Beratung ging. Sie schildert sich als ziemlich abhängig von diesen Männern. In ihrem Interview reflektiert sie, was sie wohl damals dazu gebracht hätte, solche Freunde zu wählen. Sie sieht dabei weniger ihre eigene Abhängigkeit im Vordergrund stehen als deren Abhängigkeit von ihr, nämlich, *daß das für mich ganz vorteilhaft war, weil die dadurch eine gewisse Abhängigkeit von mir hatten.* Außerdem vermutet sie in dieser Art von Beziehungsstruktur auch ein Ausweichen vor sich selbst, eine Selbstflucht und ein Vermeiden von Selbständigkeit und Erwachsenwerden: *Man mußte nicht so über sich selbst nachdenken Es war sehr bequem und beruhigend zu wissen, daß da immer einer ist.* Diese Art von co-abhängiger Liebe und Freundschaft, bei der es ihr hauptsächlich darum ging, daß da jemand *auf eine einnehmende Art immer da ist,* und die sie zudem im Sexuellen so merkwürdig emotional unbeteiligt ließ, erlaubt den Gedanken an eine unbewußte Verschiebung ihrer Abhängigkeit von den Eltern auf männliche Freunde.

Auch **Esther** berichtet davon, daß Freundschaft und Sexualität mit einem Jungen die wichtigste Thematik für sie war. Als sie eine solche Beziehung gefunden hatte, konnte sie die Beratung beenden. Sie fühlte sich vorher, was mögliche Kontakte zu Männern anging, völlig isoliert, gehemmt und dadurch – auch im Vergleich zu gleichaltrigen Freundinnen – unterentwickelt, *weil ich auch so nicht wußte, was so mit Männern ... .* Eine andere Form, wie sie dieses Problem für sich löste, war die Idealisierung eines Schulkameraden, den sie aus relativer Distanz heraus zum Idol machte. Mit ihm zusammen phantasierte sie sich als das ideale Paar: *Ja, das ist der Ideale. Ich bin genau richtig für ihn. Wir müßten toll zusammensein.* Zugleich litt sie unter der nicht realisierbaren Möglichkeit dieser Liebe. Nachträglich deutet sie dies als projektiven Vorgang: *Habe wirklich alles in ihn reingeladen. Ziemliche Illusionen. Es war so richtig aufgebläht.* Das Anziehende an ihm war die gleiche Wellenlänge in puncto Arroganz und Dekadenz: *... arrogant und auch so'n schwarzer Typ, also nicht so positiv. Der war schon auf einer Wellenlänge mit mir.*

Ihren ersten Freund hatte **Melanie** während ihres Klinikaufenthaltes am Ort kennengelernt *und war natürlich die meiste Zeit da.* Diese Freiheit wurde ihr vermutlich gewährt: *Ich kann mir nicht vorstellen, daß die nicht gemerkt haben, daß ich da* [in der Klinik] *so wenig war.* Mit diesem Mann gelang es ihr ansatzweise, frühere sexuelle Erfahrungen, die sie wie eine Vergewaltigung erlebt hatte, zu verarbeiten. Männerbeziehungen waren ein häufig wiederkehrendes Thema in ihrer Beratung, und kritisch resümiert sie: *Ich habe mir natürlich Männer ausgesucht, die nicht beziehungsfähig waren, weil ich es auch nicht war.* Das wurde ihr daran deutlich, daß sie immer wechselnde Beziehungen hatte, *daß ich mir die unbewußt gesucht habe und gar nicht wollte,* obwohl sie bewußt etwas Längerdauerndes suchte. *Das will man ja anders, aber der Bauch macht was ganz anderes mit einem.* Sie erinnert sich an die Wahl einer Metapher aus der Beratung, bei dem ihr Freund *mit einer Flasche* verglichen wurde, *wo nichts drin ist.* Sie hatte sich immer Männer gesucht, die groß und stark wirkten, sich dann aber als hilflos und sprachlos entpuppten. Dieses Beziehungsthema ist für sie im Interview noch immer eine brennende Frage.

Anna hatte während der Therapiephase keinen Freund, den lernte sie erst um das Abitur herum kennen. *Vorher,* so sagt sie im Interview, *da war ich ja so beschäftigt, da hatte ich keinen Kopf für.* Sie war so mit sich und den Katastrophen ihres Lebens beschäftigt, daß sie für die Beziehung zu einem Mann keine Energie frei und möglicherweise auch zu viel Angst hatte. Außerdem schreibt sie ihre Zurückhaltung in Sachen Sexualität dem gespaltenen Verhältnis ihrem Körper gegenüber zu.

Der erste Freund, die erste große Liebe war für **Eva** ein wichtiges Thema in der Beratung. Sie war sehr zufrieden, daß sie, die eine sexuelle Mißbrauchsgeschichte in ihrer Kindheit erlebt hatte, mit ihm eine befriedigende Sexualität leben konnte, die für sie heilsam war. Was sie jedoch beunruhigte, war die Abhängigkeit, die sie dabei spürte: *Ich konnte mich von dem nicht lösen.* Sie fühlte sich wie die eine Hälfte von ihm, was für sie nachträglich ein furchtbarer Zustand ist: *nicht wie ein Mensch mit Kopf und Körper, sondern die Hälfte von einem Körper, furchtbar.* Damit charakterisiert die ihre damalige Lebensform als eine typisch symbiotische Beziehung: *Wir hatten gemeinsame Freunde, alles gemeinsam.* Schon in der Beratungsphase hatte sie das deutliche Gefühl, daß dabei etwas nicht stimmte: *Ich fühlte mich nie eigenständig.* Erst zu dem Zeitpunkt, als sie überlegte, ob sie ein Kind von ihm haben wollte – und in dieser Entscheidungssituation suchte sie noch einmal die Therapeutin auf – gelang ihr die innere und äußere Trennung: *Und dann wußte ich, daß ich einfach das Richtige getan habe.*

Für **Regine** nahm eine Freundin die bedeutendste Rolle ein. Diese war vor und während der Therapie *die wichtigste Person* in ihrem Leben. Sie kennenzulernen, war ein *Zufallstreffer,* wie sie es nennt, weil beide eine sehr gute Einfühlung füreinander und außerdem ähnliche Biographien hatten. Auf diese Weise hatte die Freundin, die selbst therapieerfahren war, schon therapeutische Vorarbeit bei ihr geleistet und sie dann, als es schwieriger wurde, ermutigt, in die

Beratung, die die Schule anbot, zu gehen. Was die Beziehung zu Männern anbelangte, so waren diese bei Regine 'auf Eis gelegt'. Sie hatte zum Zeitpunkt der Beratung noch keine sexuellen Erfahrungen gemacht und zeigte auch wenig Interesse an männlichen Partnern, *weil für mich eigentlich auch jegliche Berührung von einer männlichen Person negativ belegt war.* Sexualität war für sie nur *ein körperlicher Akt und nichts weiter,* eine Einstellung, die sich ihrer Meinung nach aber im Laufe der Therapie gelockert und verändert hatte.

Emotionalen Halt fand hingegen **Diana** in intensiven Freundschaften mit Männern, wobei ihr die Sexualität in der Beziehung am wenigsten Schwierigkeiten machte. *Liebe war viel Thema, Beziehung zu Männern, was mir immer noch leichter gefallen ist als zu Frauen,* so erinnert sie sich. Während der Zeit der Therapie erlebte sie zwei Liebesbeziehungen. Die Trennung des ersten Freundes von ihr beantwortete sie mit einem Suizidversuch, und die Streitereien mit ihrem zweiten Freund, mit dem sie eine gemeinsame Wohnung bezog, lösten einige Male katatone Krisenzustände aus: *Es waren eigentlich immer schlimme Streits mit dem V. und daß ich dann anschließend weggetreten bin, daß ich wirklich nicht mehr ansprechbar war.* Sie mußten mit Hilfe der Therapeutin gelöst werden. Mit zunehmender Stabilisierung von Dianas Persönlichkeit gelang dem Paar eine gemeinsame Bewältigung solcher Situationen. Jede Gefährdung dieser ihr wichtigsten Beziehung bedeutete jedoch immer eine existentielle Krise in ihrem Leben.

Nur sehr vage äußert sich **Beatrix** über ihre Beziehung zu Männern. Da hatte sie anfangs *überhaupt keinen Bock auf überhaupt jemanden. Sei es Freund, Freundinnen oder sonst irgendwas.* Im weiteren Interview werden dann nur noch Mädchen genannt, die sie kennenlernte und mit denen sie zu tun hatte. Der Schluß, daß sie sich damals noch in innerer und äußerer Distanz zum anderen Geschlecht – wie zu einer intimen Beziehung überhaupt – befand, scheint nicht abwegig.

Die Peergruppe

Sabine hielt sich in zwei Peergruppen auf. Da waren *die Leute, mit denen ich zu tun habe,* die sie an anderer Stelle als Konsumenten bezeichnete. In dieser Gruppe war es verpönt, das Leben positiv zu sehen, *weil das Leben war nun mal nicht schön und so eine Heuchelei und so eine Oberflächlichkeit, man mußte ganz düster drauf sein.* Dann gab es die Kontakte mit den Mitschülern in der Schule, die ganz anders geartet waren, nicht so eng und doch voller Anregungen, wo sie es auch genießen konnte, *viele verschiedene interessante Sachen zu machen.* Zwischen beiden Gruppeneinflüssen versuchte sie ihren eigenen Weg zu finden, nachdem sie sich entschieden hatte zu leben. *Dann möchte ich viel vom Leben mitbekommen,* so begründet sie es nachträglich,

*gerade so die negativen Sachen, dadurch kann ich sehr gut rechtfertigen, daß
ich mir so viel Positives anschaue, weil das eigentlich verpönt war.*
Esther beschreibt, wie sie in der Zeit der Beratung *viel mit Leuten Probleme
hatte und entsprechend auch mit Beziehungen.* Das traf für sie nicht auf den
Umgang mit Erwachsenen zu, *da war die Hemmschwelle nicht so groß,* weil in
diese Richtung auch keine Wünsche nach Nähe gingen. Sie fühlte sich eingebunden in eine Gruppe von Mädchen, weitgehend ihre Mitschülerinnen, denen
sie vieles über sich erzählen konnte. Nur im Rahmen ihres eigenen Geschlechts
konnte sie ihrem Bedürfnis nach Kontakt Ausdruck verleihen: *so mit Frauen,
da war mein Bedarf auch so ziemlich gesättigt, mit meinen Freundinnen.* Allerdings spürte sie da eine Grenze des Vertrauens. *Bei Sachen, die mir wirklich
wichtig waren, haben sie mich nicht verstanden. Das konnte ich nirgends loswerden.* In diese Lücke trat für sie die Beratung. Dennoch war der Kontakt zu
den Mädchen für sie sehr wichtig, schon um sich vergleichen zu können. Sie
empfand Eifersucht, weil die anderen leichter Kontakte zum männlichen Geschlecht herstellen konnten. Auf Grund dieser Konkurrenz blieben diese Beziehungen für sie ambivalent und nicht ohne Schwierigkeiten. Nachträglich betrachtet sie diese Phase als *ziemlich schlimm; es sind auch Verletzungen
geblieben.* Der Therapie, die viele aus ihrer Clique damals in Anspruch nahmen,
schreibt sie in diesem Zusammenhang auch eine negative Auswirkung zu, da sie
zum Bruch der Freundschaften beigetragen hätte, weil alles dorthin getragen
und nichts ausdiskutiert worden wäre: *Das war sozusagen auch das Opfer der
Therapie.* Es gab unter ihnen andererseits auch keine Toleranz denjenigen
gegenüber, die nicht in Therapie waren: *Wir konnten nicht verstehen, wenn
andere während der Zeit nicht an sich gearbeitet haben.* Nachträglich sieht sie
diese Haltung in der Gruppe kritisch als eine Masche oder Mode an. *Es war
schon gängig. So'n bißchen ein Egotrip,* mit dessen Hilfe jede sich *freikämpfen
mußte.* Stark war bei ihr das Gefühl, daß sie letztlich einsam blieb, *so alleine,
wo ich nichts gemacht hab', nur gedacht habe,* und daß es eigentlich nur den
Ort der Beratung gab, wo sie diese Dinge offen aussprechen konnte.
Solange **Melanie** starke Ängste vor menschlichen Kontakten hatte, erlebte sie
sich als Fremde und Außenseiterin unter ihren Altersgenossen. Da sie sich selber *komisch* fühlte, glaubte sie, daß sie auch auf die anderen Jugendlichen
komisch wirkte. Sie war überzeugt, *die anderen sind ganz frei, die haben ganz
andere Probleme,* solche wie Liebeskummer oder Lehrerfrust. Sie selbst sah
sich – gerade in dem Vergleich mit den Gleichaltrigen – viel tiefer verunsichert.
Ähnlich wie Esther meint sie im Nachhinein, daß sie zu Erwachsenen ein un-
komplizierteres Verhältnis gehabt hätte: *da konnte ich vielleicht noch ein bißchen unvollkommener sein.* Sie verweist damit ebenfalls auf ein Konkurrenz-
gefühl, das sie unter ihresgleichen empfunden und das ihr *immer unheimlich
Angst* gemacht hatte, weil sie den anderen mehr Selbstdarstellung und Stärke
zutraute als sich selber. Der Umzug ins Internat ermöglichte ihr dann den Auf-

bau eines sozialen Umfelds, in dem sie normale Kontakte mit Gleichaltrigen pflegen konnte, und das sind in ihrer Erinnerung dann *halt Menschen meistens, mit denen ich Kontakt habe, die so was* [wie die Beratung] *dann auch richtig einschätzen.*

Anna legte bei all ihrem Mißtrauen immer Wert darauf, nur Personen um sich herum zu haben, denen sie vertraute: *Ich hab's nur Leuten, denen ich vertraut habe, auch erzählt.* Durch das Wohnen im Internat erlebte sie dann eine Gemeinschaft, der sie sich zugehörig fühlte, weil viele für ihre Lage Verständnis aufbrachten: *da waren wir so eine Gruppe, nachher war es dann immer offener.* Das bedeutete für sie eine nicht zu unterschätzende Rückendeckung in dieser kritischen Phase ihres Lebens.

Für **Eva** stand fest, daß sie so viele und schwierige Dinge klären mußte, was sie den Freundinnen nicht zutraute. *Und das kann man mit Freunden nicht so. Ich fand die Probleme zu groß, irgendwie.* Bei den Gleichaltrigen suchte sie auch deshalb keine weitergehende Hilfe, weil ihre Scham und ihre Angst zu groß waren, von ihnen mißverstanden, verletzt oder gedemütigt zu werden. Außerdem ging es ihr auch nicht nur um den Aspekt des Zuhörens, sondern um ein vertieftes Verstehen ihrer Problematik, was ihrer Meinung nach eine Überforderung für andere gleichaltrige Jugendliche gewesen wäre.

Regine hatte neben ihrer Freundin ein kleine ausgewählte Gruppe von drei Leuten, die von ihren psychischen Problemen wußten, denen sie sich anvertrauen konnte und die sie *einfach dabei begleitet* haben. Sie wußte das nach den Jahren ihres Außenseitertums sehr zu schätzen und wertet dies in der Rückschau als einen Faktor, der zum Gelingen ihrer Therapie entscheidend beigetragen hat, *weil ich von dort positive Unterstützung erhalten habe.* Dadurch, daß sie lernte, ihren Gefühlen mehr Ausdruck zu verleihen, intensivierten sich die Beziehungen in dieser Freundschaftsgruppe, so daß *die Leute sich schon teilweise gewundert haben.* Im schulischen Rahmen fühlte sie sich so selbstbewußt, daß es ihr nichts ausmachte, wenn Mitschüler von ihrer Beratung erfuhren. *Es hat mich nicht weiter gestört.*

Diana war als Einzelkind eher eine Einzelgängerin und Außenseiterin. Während ihres Aufenthaltes in der Psychiatrie und später im Internat fand sie erstmals Verbündete unter den Mitschülern, die auch massive Schwierigkeiten mit ihren Eltern hatten, so daß sie endlich das Gefühl haben konnte, *daß ich nicht alleine da stehe.* Aber letztendlich war es ihr unter Gleichaltrigen und in der Gruppenkultur des Internates *viel zu laut,* es war *kein Zur-Ruhe-kommen-Können,* und so zog sie schließlich das abgeschiedenere Wohnen in einer eigenen Wohnung vor.

Beatrix war Einzelkind und durch eine isolierende Familie auch Einzelgängerin. Durch ihren Aufenthalt im Internat gewann sie neben einer Freundin, die ihr schon bei der Flucht aus der Wohnung ihrer Mutter behilflich gewesen war, noch andere Freundschaften. Anfangs war sie in einer depressiven Stimmung und hatte *überhaupt keinen Bock auf überhaupt jemanden, sei es Freund, Freundin oder sonst irgendwas.* Doch ihre Isolation brach langsam auf, sie erlebte das Internat als eine Innenwelt, die noch einen Schutz gegenüber der übrigen Welt darstellte: *Da war das nicht so mit dem Nachaußen.* Mit einigen Mädchen zusammen erlebte sie sich als *so eine Truppe,* die sich schlug und vertrug, *auch wenn wir uns gegenseitig immer erschlagen haben, mehr oder weniger* (Lachen). Mit diesen Mädchen konnte sie auch über ihre Erfahrungen in der Therapie sprechen *Die wußten das schon. Klar, die kriegten das ja mit.* Das verschaffte ihr eine gute Ausgangsbasis für den Schulbesuch und für ihre ersten Schritte in eine Ausbildung. Sie lernte über diese Kontakte, was Kontinuität und Vertrauen in menschlichen Beziehungen bedeuten konnten: *Ja, P., mit der habe ich heute nach wie vor richtig guten Kontakt.*

Thesen im Überblick

Feste Bindungen und dauerhafte Intimität waren für fast alle befragten Mädchen ein zentraler Lebensbereich. Er forderte sie aber eher heraus, als daß sie hier Unterstützung in offenen Lebensfragen erhielten. Die Thematik 'Beziehung, Liebe, Sexualität' stellte sich gewissermaßen als Problemindikator für alle Jugendlichen dar. Drei der Adoleszenten (Sabine, Eva, Diana) schildern beispielsweise eine Abhängigkeits- bzw. Trennungsproblematik in ihrer heterosexuellen Beziehung zur Zeit der Beratung. Eine (Melanie) beschreibt sich selbst als beziehungsunfähig, insofern es ihr nicht gelang, Kontinuität oder Gleichberechtigung in ihre Männerbeziehungen zu bringen, was sie immer wieder zu Abbrüchen zwang. Vier der Befragten (Esther, Regine, Anna, Beatrix) hatten bis in die Therapiephase hinein noch keine sexuellen Erfahrungen gemacht und bekamen entweder aus Hemmungen keinen Kontakt zu Jungen (Esther), oder sie wollten sich aus unterschiedlichen Gründe nicht auf sexuelle Kontakte einlassen (Regine, Anna, Beatrix). Einige Mädchen verweisen auch darauf, daß ihre Beziehungsschwierigkeiten ursächlich mit dem distanzierten oder gespaltenen Verhältnis zu ihrem Körper und zur Sexualität zu tun gehabt hätten (Sabine, Melanie, Anna, Regine).
Auch die Bedeutung der Peers, der Gleichaltrigengruppe, kann nicht eindeutig formuliert werden. Die meisten der befragten Adoleszenten äußern sich ambivalent ihren Bezugsgruppen gegenüber. Neben der stützenden Funktion, die die jugendlichen Gruppierungen unzweifelhaft für die einzelnen bei der Distanzierung und Ablösung vom Elternhaus hatten, gab es auch irritierende Aspekte, die die Mädchen je nach individuellem Erleben unterschiedlich bei sich oder den anderen festmachten: Negativität (Sabine), Konkurrenz (Esther), Mißtrauen (Eva), Aggressivität (Beatrix). Bei zweien der Mädchen (Melanie, Diana) überwog die Irritation des Gruppenerlebens, weil die Angst vor Konkurrenz und

Überwältigung stärker war als die hilfreiche Begleitung durch andere Jugendliche. Dieses allerdings erlebten in besonderem Maße zwei andere Befragte (Anna, Regine), die eine kleine elitäre Gruppe um sich herum versammelten, in der Übereinstimmung und Offenheit eher möglich wurde.

Zusammenfassend läßt sich herausstellen, daß in der Retrospektive alle Mädchen den Umgang mit Freundschaft, Intimität und Gleichaltrigengruppe als eine spezfische und zentrale Entwicklungsaufgabe betrachten.

14. Kapitel
Identitätsaufbau und Lebensperspektive: Ein Blick auf die Zeit nach der Beratung

Den Lauf meines Schicksals
werden die kommenden Jahre
offenbaren.

Sylvia Plath, Tagebücher, 20 Jahre

Ein neuer Lebensabschnitt:
Es hat sich etwas verändert und die Probleme bleiben

Alle befragten Mädchen haben das Gefühl, daß durch die Beratung und in der Zeit nach der Beratung ihr Leben eine große Veränderung erfahren hat. In ihren Lebensläufen wird deutlich, daß die Beratung und Therapie im Lebensabschnitt der Spätadoleszenz keinesfalls ihre Persönlichkeitsprobleme beseitigt hat, sondern daß diese mehr oder weniger Teil der jeweiligen Persönlichkeit geworden sind. Durch die im Beratungsprozeß gewonnene Ich-Stärkung sind sie nun für die jungen Frauen leichter zu handhaben.

Sabine sieht die von ihr erlebte Veränderung eindeutig in Verbindung mit ihrer Therapieerfahrung, von der sie sagt: *Sie hat sehr, sehr viel verändert.* Ihr neues Lebensgefühl bedeutet allerdings nicht, daß die Probleme, die sie zuvor beschäftigten und quälten, bearbeitet und verschwunden wären. Sie sind genauso präsent, scheinen aber irgendwie bewußter und in den Lebensablauf der jungen Erwachsenen integriert zu sein. Bei Sabine ist es die Abhängigkeitsthematik, über die sie immer noch nachdenkt. *Ich habe oft das Gefühl, ich bin abhängig von meinen Freunden,* sagt sie über ihren momentanen Zustand. Aber in den vergangenen drei Jahren hat sie eine andere Lebensform versucht und ist nicht mehr mit jemandem zusammengezogen, nur *weil es so schön bequem ist.* Ihre Angst, von allen verlassen zu werden, ist immer noch da, aber sie glaubt, anders damit umgehen zu können.

Auch **Esther** hat das deutliche Gefühl, daß sich seit dem Ende der Beratung viel Neues in ihrem Leben entwickelt hat: *Es hat sich auch schon viel geändert, irgendwie.* Ihr Erleben der Welt ist auf jeden Fall *anders als vorher.* Sie markiert damit eine Zäsur in ihrem Lebenslauf. Die Veränderung, die sie keineswegs euphorisch betrachtet, führt sie auch auf ihre therapeutischen Erfahrungen zurück. Sie hat den Eindruck, daß ihr in ihrem Lebensalltag nun vieles leichter fällt und gelingt. Dennoch ist auch ihr bewußt, daß sie ihr altes Problem, sich abzukapseln und der Welt ambivalent zu begegnen, noch nicht abschließend bewältigt hat: *Das weiß ich nicht, ob das so in dem Sinne weg ist. Es ist natürlich noch vieles da,* vor allem *das Zwiespältige.* Und sie ist sich unsicher, *ob ich das wirklich so ablegen kann und ob das nicht wirklich noch einmal ein Problem werden könnte.* Auch für **Melanie** ist während der Zeit der Beratung sehr viel in ihrem Leben anders geworden: *Ja, das hat sich verändert.* Sie merkt das dadurch, daß ihr *das wirklich toll geholfen hat* und sie *da eine Menge gelernt* hat und daß sie im Alltag mit den Anforderungen besser zurechtkommt. Sie ist sich bewußt, daß ihre Schwächen nicht verschwunden sind, daß sie immer noch mit ihnen zu tun hat. Den Umgang mit den eigenen Problemen betrachtet sie nun als eine wichtige Aufgabe: *Daß ich halt immer noch an meinen Schwächen knacke, das ist aber eine Lebensaufgabe.* Entscheidend ist, so formuliert sie, *daß ich mit meinen Schwächen besser umgehen kann, daß ich sie anders empfinde.* Auch hierin drückt sich wieder eine gelungene Integration von Persönlichkeitsanteilen und dem Lebensziel, das sie weiter verfolgt, aus, nämlich: *wie ich mehr Persönlichkeit werde.*

Für **Anna** war die Therapie eine entscheidende Weichenstellung, die eine Richtungsänderung für ihr weiteres Leben bewirkte. Danach war es grundsätzlich anders als vorher. *Alles, was ich nachher gemacht habe,* sagt sie im Interview, *den ganzen Weg, den ich bis jetzt zurückgelegt habe, das war immer ins Licht gehen.* Damit meint sie, daß sie immer mehr das Gefühl von innerer Weite und Weiterentwicklung in ihrem Leben erfahren hat, was seinen Ausgangspunkt aber in der Spätadoleszenz hatte: *In dem Moment sind die Weichen gestellt worden.* Sie macht somit einen grundlegenden Unterschied zwischen der Basis, die gelegt wurde, und den normalen Entwicklungsfortschritten, die dieser Existenzbegründung gefolgt sind. Trotz aller Weiterentwicklung ist auch ihr bewußt, daß ihre Lebensthemen und ihre Persönlichkeitsproblematik damit nicht verschwunden sind, *sondern daß mich dies mein ganzes Leben begleiten wird und daß es darum geht, anders damit umzugehen.* Und dieser andere Umgang gelingt nur, so Anna: *wenn ich mir der Dinge bewußt bin.* Sie fühlt sich noch auf dem Wege der Entwicklung und ist davon überzeugt, daß sie ihr *ganzes Leben lang unterwegs sein* wird. In den Jahren nach der Therapie hat sie gemerkt, daß *alle Bereiche, die damals Thema wurden, alle diese Dinge tauchen immer wieder auf.* Das klingt bei ihr so, als wenn die Therapie in der Spätadoleszenz die Erstfassung, das Original, für alle weiteren Erfahrungen des Erwachsenenlebens gewesen ist. Geändert haben sich nur die Einstellung und die Art der Verarbeitung, beispielsweise taucht das *Thema Tod wieder auf, wird anders bearbeitet jetzt. Ich habe eine andere Einstellung dazu.*

Eva bezeichnet ihre veränderte Einstellung als ein verändertes Wissen um sich und die Dinge, und dieses Wissen hat sie sich weitgehend in der Therapie angeeignet, was ihr ein ganz allgemeines Gefühl der Veränderung vermittelt. *Ja, und ich muß sagen, ich hab' auch gelernt, irgendwie, ja, wie soll ich sagen.* Deshalb ist für sie nicht die Tatsache als solche entscheidend: *Auch heute habe*

ich auch manchmal riesige Probleme, aber jetzt weiß ich: Moment mal ...!
Entscheidend ist, daß sie eigenständig eine eigene Lösung finden kann.

Eine Veränderung bemerkt **Regine** dadurch, daß sie sich auf einer anderen Bewußtseinsebene befindet, auf der ihr das meiste über sich selbst bewußt geworden ist, *nicht nur von den Gedanken her, sondern auch von den Gefühlen her,* also ganzheitlich ihre Person betreffend. Und das hat *sehr dabei geholfen, einige Ansichten auch zu ändern.* Dennoch fühlt sie sich gleichzeitig unterwegs: *Ich bin auf dem Weg, mein wahres Selbst zu finden.*

Für **Diana** ist es ganz klar, daß sich Entscheidendes in ihrem Leben durch die Therapie verändert hat. Die Therapie war für sie ein Lern- und Erkenntnisprozeß, in dem sie das Wichtigste über ihr Leben herausfand, wenn sie auch ihre Themen nicht abschließen konnte: *... zu lernen, ich bearbeite nicht irgendwas und dann ist es damit abgeschlossen.* Wichtig war für sie, daß sie gerade das Unfertige an sich annehmen lernte und daß sie überhaupt herausfand, was für sie stimmig war und was nicht: *Ja, Instinkte haben für mich auch eine entscheidende Rolle gespielt.*

Für **Beatrix** hat sich vor allem ihr Vertrauen in die Welt geändert: *hatte ich ja am Ende, so war das ja nicht,* obwohl dieses Grundgefühl ihrer Meinung nach niemals vollständig hergestellt werden kann. *Ich meine, ich denk mal,* sagt sie zur Interviewerin, *wenn jemand von Anfang an so aufgewachsen ist, immer mit Mißtrauen, das kann man auch sein ganzes Leben lang nicht ablegen. Das geht einfach nicht. Das kannst du mir nicht erzählen, daß das plötzlich wieder normal wird, oder? Das ist drin, und das wird nie wieder so herzustellen sein, wie es eigentlich soll.* Sie hat ein Gefühl von Veränderung, glaubt aber gleichzeitig zu wissen, was sich bei ihr nicht verändern wird, was sie als gegeben hinnehmen muß bzw. will. Das scheint ein tiefes Wissen, da nimmt sie auch keine Vertröstungen von einem Therapeuten an: *Da kann mir jeder Therapeut was anderes erzählen. Das gibt es nicht.* Vielleicht klingt das nach Resignation; diese ist aber nicht so stark ausgeprägt, daß Beatrix am Leben und Handeln gehindert wird. Es ist ihre Form der Selbstakzeptanz, die zugleich auch eine Selbsteinschränkung beinhaltet.

Lebenssinn und Lebenswille: Sie wollen leben und wissen warum

Sabine formuliert ihren neu gewonnenen Lebenswillen: *Irgendwie habe ich beschlossen, wenn ich schon lebe, dann möchte ich viel vom Leben mitbekommen.* Damit übernimmt sie für sich Verantwortung. Sie setzt Hoffnung in das Leben und glaubt, *daß es immer irgendwie noch andere Perspektiven gibt,* auch wenn ihr etwas einmal nicht gelingen sollte. Um ihren Lebenswillen und Lebenssinn auszudrücken, verwenden einige der befragten Mädchen, so auch Sabine, die Metaphern des Bauens oder des Hauses. Sie stehen für die Suche nach einem Grund oder Boden, auf dem sie sich selbst oder eine Sache verankern wollen, wo sie sich niederlassen und eine Bleibe errichten wollen. Um diese Tatsache für ihr Leben zu beschreiben, erinnert sich Sabine an ein Gespräch aus der Beratung: *Sie* [die Beraterin] *haben mal gesagt, man kann nicht aus einem Haus ausziehen, bevor man nicht ein neues gebaut hat. Wenn ein Haus auf einer Säule steht, dann ist es instabil. Das habe ich versucht zu beherzigen, daß ich mir immer ganz viele Säulen suche.* Das Haus mit den stabilen Säulen ist so zu einer Art Leitidee in Sabines Leben geworden.

Die Metapher des Bauens benutzt auch **Esther**, wenn sie an den Beginn ihres Studiums, an die Zukunft ihres Lebens denkt. Sie schreibt es der Therapeutin zu, sie zum Bauen angeregt zu haben: *Sie haben dann immer gesagt, ja, du mußt jetzt neue Sachen aufbauen.* Sie spricht auch davon, daß sie ihr Leben *so langsam aufgebaut* hat mit ihrem Freund und in einer neuen Wohnung, *ein neues Zuhause,* und damit eine vorläufige Bleibe gefunden hat, *daß ich wirklich das hab', wo ich bleibe, wahrscheinlich.*

Die Metapher des Bauens wird auch von **Melanie** benutzt, wenn sie die Frage stellt: *Wie baue ich da mein Leben auf?* Wie Esther sieht sie, daß dieser Aufbau schrittweise vorangegangen ist: *Und Sie* [die Beraterin] *haben auch gesagt, jede Stufe müssen wir aufbauen.* Aus der Therapie nimmt sie die folgende Leitidee mit, nämlich *daß man am Leben dann mal irgendwann lernt, also nach der Therapie, daß man sich ja auch im Leben verändert.* Sie betrachtet das Leben folglich als Lehrmeisterin. Leben bedeutet für sie Lernen-wollen und Sich-verändern, auch wenn es negative Erfahrungen sind: *Daß ich immer mehr hinzu lerne. Aber ich denke, auch aus diesen negativen Sachen lernt man.* Nie dieselbe zu sein, Abschied zu nehmen von Gewohntem, wenn sie wachsen will, das ist eine ihrer wichtigen Einsichten: *Man ist ja nie gleichbleibend. Sich davon zu lösen, wenn man was verändern will.*

Als eine Metapher für den Sinn des Lebens nennt **Anna** den Baum. *Es ist wie ein Baum, der einfach wächst.* Wurde in der Therapie der Samen für diesen Baumes gesät und wuchsen damals seine Wurzeln, so kann sie nun Früchte ernten und zusehen, wie immer mehr Zweige und Äste hervorkommen: *... und jetzt* [kommen] *so langsam eigentlich die Früchte, und es verzweigt sich immer mehr.* Zu der Bejahung ihres Daseins, die sie in der Therapie schriftlich festlegte, steht sie heute noch: *Also dieses Ja, was ich damals gegeben habe an das Leben, ist für mich bindend, immer noch eigentlich. Auch das ist was, was ich immer noch, auch neulich wieder, bekräftigt habe. Es ist, wie wenn damals Pakte geschlossen wurden, Weichen gestellt, die ich jetzt weiter bekräftige, weiter besiegele.* Die Ursituation, ja fast die Urszene der Lebensbejahung – dieser Pakt mit dem Leben – lag in der Therapie zur Zeit der Spätadoleszenz. Damals schloß sie diesen nicht in vollem Bewußtsein, sondern mehr intuitiv. Im Nachhinein bis in die Gegenwart hat sie *dieses Ja weiter intensiviert* und ihm mit vollem Bewußtsein einen *immer breiteren Raum gegeben* in ihrem Leben.

Den entscheidenden Sinn im Leben sieht **Diana** darin, *daß es Menschen gibt, bei denen ich willkommen bin, bei denen ich verstanden bin und bei denen ich sein kann, so wie ich bin*. Diese Liebe, die sie erfahren hat, vermittelt ihr eine *Daseinsberechtigung*. Sie hat akzeptieren gelernt, daß das Leben *ein Auf und Ab ist*, das *erst mit dem Tod aufhört*, und daß damit *ein immer wieder Suchen und vielleicht auch lange nicht Finden* verbunden ist. Daß zum Leben *immer ein bißchen in der Luft hängen dazu gehört*, ist nun Teil ihrer Philosophie und drückt ihre Bereitschaft aus, ein größeres Maß an Unsicherheit zu ertragen. Auch in Dianas Darstellung findet sich die Metapher des Bauens, die Ausdruck ihres Wunsches und Willens ist zu bleiben, sich eine existentielle Basis schaffen: ... *daß ich dazu in der Lage bin, mir 'was aufzubauen.*

Das wichtigste Ergebnis, das **Beatrix** für sich formuliert, ist die Annahme ihrer Existenz: *Zu leben, und das war's dann auch schon. Nein, sonst wüßte ich nicht genau.* Eine genaue Ausdifferenzierung dieser grundlegenden Bejahung zeigt sie nur im Ansatz und das hat, wie sie etwas selbstironisch bemerkt, sicherlich etwas mit ihrer Liebe zu Tieren zu tun: *Ich muß ja mein armes Pferd ernähren* (Lachen). Genauere Zukunftsvorstellungen will sie sich gar nicht machen, auch darin liegt noch ein starker Zug von Resignation: *Mir ist das eigentlich egal, was ich dann mache.*

Ich-Entwicklung und Selbstakzeptanz:
Sie trauen sich etwas zu, schätzen sich besser ein und packen die Dinge an

Sabine weiß um ihre Angst, alleine zu bleiben. Entscheidend ist für sie, daß sie ein Bewältigungsmuster für ihr Leben gefunden hat, indem sie darauf achtet, daß sie immer jemanden treffen kann: *Ich glaube auch, daß das eine sehr gute Strategie für mich* [ist]. Sie versucht bewußt, mit dieser Problematik umzugehen, unabhängig von anderen Personen, und *etwas für mich zu machen, mir selbst meinen Tag zu strukturieren.* Sie nimmt das Problem in die Hand, um es zu meistern. Was sie gelernt hat, ist ihrer Meinung nach *Selbsteinschätzung.* Was sie betrifft, kann sie wahrnehmen, benennen und akzeptieren und dafür eine Strategie der Lebensbewältigung entwickeln, die ihre Selbständigkeit gewährleistet. Daß sie das alleine schafft, macht sie auch stolz: *Ich finde, dies ist eine gute Erfahrung, daß ich die ganze Zeit ohne jeden Berater war.* Daß sie ihr Leben *selber schaffen* kann, ist für sie ganz wichtig. Dies wertet sie auch als Folge ihrer Beratungserfahrung: *Die Beratung hat insofern was geändert, daß ich jetzt denke, wenn Probleme kommen, kann man das irgendwie schaffen.* Sie betont damit ihre neu gewonnene Autonomie und Lebensenergie.

Esther beschreibt ihr Gefühl der Selbständigkeit, ... *daß ich wirklich auch meine Sachen besser anpacken kann.* Grundlage dieser Selbständigkeit ist, daß sie auch besser weiß, wovon sie überzeugt ist: *in vielen Dingen mach' ich jetzt* *wirklich das, was ich will.* Und das beflügelt sie. Sie glaubt, daß das damit zu tun hat, daß sie sich *selbst begriffen* hat, daß sie verstanden hat, *daß ich jemand bin. Vorher war mir das nicht so klar.* Im 'Begreifen' steckt auch das 'Greifen' oder die Tatsache, daß sie sich und ihr Leben mehr 'im Griff', in der Hand hat, was wiederum ihre schon oben erwähnte Fähigkeit zu handeln, ihr Machen und Tunwollen, unterstreicht: *Ich sehe auch immer mehr, daß, wenn ich mache, was ich will, daß es gut ist.* Die dadurch erreichte Autonomie ist ihr wichtig, *auch wenn es erst schmerzlich ist.*

Auch für **Melanie** ist die Erfahrung, daß es ihr gelingt, die konkreten Alltagsprobleme zu lösen, und das Gefühl, *wie ich Konflikte besser bewältigen kann,* ungeheuer wichtig. Denn *dann,* so sagt sie, *mußte ich gucken, was will ich da und wie stelle ich mich dar und wie setze ich mich durch.* Wie den anderen befragten jungen Frauen geht es auch ihr darum, daß sie ihr Leben alleine schafft mit einem genügend großen Maß an Energie: [Ich] *habe gemerkt, daß ich auf einmal so einen Antrieb hatte.* Sie ist bereit, Verantwortung für sich und ihr Leben zu übernehmen: *Ich bin da nicht geflohen, hab' mich dem auch gestellt.* Sie merkt, daß sie stabiler geworden ist und sich immer noch entwickelt: *So von Jahr zu Jahr, wie ich stärker werde, wie ich mehr Persönlichkeit werde.* In ihrem Vokabular taucht für ihr augenblickliches Selbstwertgefühl häufig das Wort *stark* und *sich stellen* auf, womit sie auf ihre Standfestigkeit und dazu gewonnene Ich-Stärke hinweist, *weil mein Wunsch so stark ist, habe ich dieses Praktikum auch bekommen.* Als einen zentralen Aspekt ihres Lernerfolgs betrachtet sie die Einsicht: *daß ich auch mal einen Fehler machen darf, ohne mich zu schämen* und beschreibt damit ihre sich entwickelnde Selbstakzeptanz.

Anna spricht von der *Arbeit der letzten Jahre* nach der Therapie, die darauf abzielte, *das zu stabilisieren, was damals angelegt worden ist so an verschiedenen Mustern, neuen Strukturen oder neuen Wegen.* Ihre Stärke zeigt sich in dem Bewahren und der Erweiterung des Gelernten was sie ihrer Fähigkeit zur Selbstdisziplin zuschreibt. *Ich habe viel für mich gelernt. Nur dadurch bin ich soweit gekommen, daß ich es nicht irgendeinem Schicksal zuschreibe, sondern mir selber.* So kann sie inzwischen ihre positiven Eigenschaften wahrnehmen und akzeptieren. Sie gebraucht dafür ein Bild, in dem sie sich als *der Kapitän* auf ihrem Lebensschiff sieht: *Damals hatten Sie das Bild mit dem Schiff und der Mannschaft geprägt, die haben alle ihren Platz und sind alle wichtig, und dazu bin ich der Kapitän.* Mit dieser in ihrer Erinnerung haften gebliebenen Metapher umschreibt sie, wie selbstbewußt, selbständig und engagiert sie die Steuerung ihres Lebens inzwischen übernommen hat.

Auch **Eva** fühlt sich bei der Bewältigung ihrer Lebensprobleme selbstbewußt: *Ich grüble sehr lange,* so beschreibt sie den inneren Vorgang, *vielleicht drei, vier Tage sehr intensiv, und dann finde ich meine Lösung.* Die Betonung legt sie auf *meine,* auf ihre Eigenständigkeit, deren Grundlage Selbstfindung und Selbstakzeptanz sind: *Und ich hab auch zu mir gefunden in dem Sinne, daß ich* *einfach die Verrückte bin und die Vernünftige, und das spielt jetzt zusammen.* Persönliche Eigenschaften, die sie vorher als disparat und auseinanderfallend erlebt hat, werden nun von ihr als zugehörig, zusammengehörig und integriert wahrgenommen und definiert. Das Gefühl nach der Beratung war: *Jetzt zeig ich, was ich kann.* Sie sieht sich als selbständig, erledigt ihre Angelegenheiten und baut an ihrer Existenz. *Jetzt brauch ich nicht an die Hand genommen werden, das versuche ich zu regeln. Auch spannend, wie ich mein Leben so gestalte.* Sie wertschätzt ihre Lebensenergie und ihren Lebensmut und kommt damit auch zu einem Selbstwertgefühl: *... daß man einfach etwas tun muß, um im Leben durchzukommen. Und in den Spiegel sehen und sagen: das habe ich gut gemacht.* Zusammenfassend bedeuten diese Selbst-Fähigkeiten für sie eigenständig zu sein: [da] *dachte ich, du bist jetzt erwachsen.*

Regine ist nach Abschluß der Therapie überzeugt: *Das schaffe ich allein oder mit Freunden. Dazu brauche ich jetzt nicht mehr die Hilfe von einer Fachperson.* In ihrem Interview taucht der Gesichtspunkt des 'Alleine-Schaffens' in häufiger Wortwahl im Kontext mit der Idee der Selbständigkeit auf. Sie zeigt die feste Überzeugung, ihr Leben von nun an unabhängig gestalten zu können und zu wissen, unter welchen sozialen Bedingungen sie es bewältigen kann. Auch für Regine hängt die Fähigkeit der Lebensbewältigung entscheidend damit zusammen, daß sie in der Therapie mehr über sich erfahren hat: *Es hat mir sehr dabei geholfen, mich selbst besser kennenzulernen. Ich habe mich selbst erkannt.* Sie schildert sich zum Zeitpunkt des Interviews so gefestigt in sich selbst, *daß ich schon die Möglichkeit habe, zwischen mir und meinem eigenen Leben zu distanzieren* [vermutlich: differenzieren] *und dem, was ich da höre.* Einfühlung in andere und die Fähigkeit zur Abgrenzung gegenüber anderen glaubt sie nun in einer besseren Balance zu halten, was auf eine größere Ich-Stärke und Selbstkenntnis hindeutet. Sie meint, auch ihre Grenzen der Belastbarkeit besser beurteilen zu können. Wie Esther spricht auch sie davon, daß sie ihr Leben jetzt *so in den Griff bekommen habe, daß ich jetzt damit klarkomme.* Das Neue, das sie erworben hat, sind Klarheit und Handhabbarkeit ihrer Existenz. Klarheit bedeutet für sie, auch über ihre inneren Erfahrungen reflektiert reden zu können, *weil ich auch durch die Therapie und durch das, was sich da in mir noch nach der Therapie bewegt und entwickelt hat, mittlerweile sehr gut darüber sprechen kann.*

Diana kennzeichnet ihren Entwicklungszustand zu dem Zeitpunkt des Interviews durch *zunehmend mehr Verantwortung und mehr Selbständigkeit und mehr Ablösung.* Damit gewinnt die Bereitschaft zum verantwortlichen Tun auch für sie einen wichtigen Stellenwert: *... daß ich tun muß, was ich für richtig halte, mit allen Fehlern, die ich dabei mache. Aber daß ich erstmal das tue, ja, was ich tun muß.* Sie verspürt eine größere innere Klarheit, die zum authentischen Handeln und zur Selbstdarstellung drängt. Dabei will sie nicht, daß ihr Tun blinder Aktionismus wird, sondern daß es beinhaltet: *immer wieder raus zu* *finden, es immer wieder in Frage zu stellen und immer wieder zu überprüfen, zu reflektieren.* Daß sie sich dazu aufruft, hängt damit zusammen, daß sie mehr Kraft und weniger Angst in sich spürt. *Ich hab mehr Kraft, mich zu verteidigen. Die Kraft oder meine Kräfte überhaupt oder mein Rückgrat hat sich verändert.* Und sie will auf jeden Fall für ihr Leben herausfinden, *wie ich zurechtkomme und ob ich zurechtkomme.* Daß sie sich dazu gut schützen und gut für sich sorgen muß, ist offenkundig für sie: *Genau, das meine ich, daß ich mir ein guter Vater und eine gute Mutter bin, ein guter Beschützer.* Aus dieser Art Selbstfürsorge und Selbstakzeptanz schöpft sie ihre Kraft.

Auch **Beatrix** ist nach Abschluß der Therapie überzeugt davon, daß sie ihrem Schicksal nicht ohnmächtig ausgeliefert ist, sondern sie kann ihre Probleme distanzierter betrachten: *Ich gehe da heute ein bißchen anders mit um.* Sie hat ihren psychogenen Mutismus einigermaßen überwunden, was für sie so aussieht: *Also, wenn die Therapie mir nichts gebracht hätte, könnte ich das heute mit dem ganzen Scheißtonbandgerät und dem ganzen Krempel nicht, würde ich behaupten.* Auch in ihrer Kommunikationsfähigkeit schildert sie sich flexibler, wenn auch noch nicht fertig in ihren Entwicklungsmöglichkeiten. *Es gibt Situationen, wo ich sage, das war's dann, Klappe zu. Aber normalerweise ist es so, daß ich drei, vier Stunden später sage: so'ne Scheiße. Ja, und dann gehe ich hin und dann wird trotzdem drüber geredet. Das geht schon so langsam aber sicher. Ich meine, das wird wahrscheinlich noch Jahre dauern.* Auf diese Weise schildert sie ihren Fortschritt und die Perspektive, die sie noch für ihre Entwicklung sieht.

Leiblichkeit: Sie erleben Gefühle, Körperlichkeit und Sexualität anders

Esther kann nun Sexualität mit ihrem Freund leben. Sie ist aber etwas enttäuscht, weil es für sie viel schwieriger und bei weitem nicht so spektakulär ist, wie sie es sich vorstellt hatte: *und nicht so wie in den Filmen vielleicht.* Sie möchte sich von der gesellschaftlichen Norm lösen, die der Sexualität einen so großen Stellenwert einräumt, und will ihre eigene Form finden. Als Problem formuliert sie: *daß ich keinen Orgasmus kriege.*

Melanie erlebt einen anderen Zugang zu den Gefühlen, die sie ihr *Leben lang* überdeckt hatte. *Ich merke jetzt erst mal, wie schön es ist, wenn man seine Gefühle merkt und spürt.* Jede Beziehung, die sie einging, hat sie ein Stück weiter gebracht, *auch in der Sexualität, daß ich da auch meine Schamgefühle mehr abbauen konnte.*

Für **Anna** ist zum Zeitpunkt des Interviews, also 7 Jahre nach Ende der Therapie, die Zeit gekommen, sich intensiver mit ihrem Körper zu beschäftigen, zu dem sie bislang immer ein gespaltenes Verhältnis hatte. *Ich kann mich jetzt erst darauf einlassen, in meinen Körper zu gehen.* Körperlichkeit war damals für sie ein Thema, das mit der Todesthematik einherging: *Da wollte ich zumindest meinen Körper nicht mitnehmen* [sie meint damit ihr Leben]. Nun ist es ein Bereich, den sie in ihr Leben integrieren will, denn was sie nun existentiell verstanden hat, ist, *daß ich in dieser Welt bin mit meinem Bewußtsein und diesem Körper, oder daß dieser Körper Sitz dieses Bewußtseins ist.* Erst an diesem Punkt ihrer Entwicklung kann sie zulassen, ihren Körper mit seinen seelischen Verletzungen und Narben zu spüren, um die früheren Gewalterfahrungen einer Transformation zu unterziehen: *... daß ich dies auch noch im Körper umwandeln muß, diese Einspeicherung, diese Geprägtheit.*

Eva berichtet, daß sie jetzt *eine ganz gute Einstellung* zur Sexualität hat: *Ich erlebe es so, wie ich es möchte. Ich verdränge nichts, ich versuche, nichts zu verschweigen, sondern einfach, wie ich es gerne möchte.* Sie kann mit ihrem jetzigen Freund auch über die gemeinsamen sexuellen Erfahrungen sprechen: *Wir sprechen aber auch über Probleme mit Höhepunkten und so, und das ist einfach locker.* Sexualität ist kein Tabubereich mehr, auch wenn sie in der Wahl ihrer Partner sehr vorsichtig vorgeht und auch sich selbst und ihren Gefühlen kritisch gegenübersteht, da sie Angst davor hat, *mich da in irgendetwas reinzustürzen, mein rosa Brillchen anzuziehen.* Sie will ihre Gefühle nicht manipulieren. *Ich will mich auch nicht zwingen, irgendwas zu fühlen, was ich nicht fühle.* Mit dieser Einstellung zeigt sie gewonnene Distanz, Disziplin und Reflexionsfähigkeit, was den Gefühls- und Körperbereich anbelangt. So sieht sie für sich auch keine Gefährdung durch Alkohol mehr: *Ich kann mein Problem und meine Trauer nicht besaufen. Ich empfinde Alkohol nicht mehr als Gefahr für mich.*

Für **Regine** hat sich das Verhältnis zu ihrem Körper *zum Glück positiv verändert.* Sie kann inzwischen so etwas wie Lust empfinden und ihren Körper so, wie er ist, akzeptieren: *O.k., es gibt da zwar ein paar nicht so schöne Sachen an meinem Körper und ein paar schöne Sachen, aber allgemein ist es mein Körper. Das hat sich auf jeden Fall geändert.* Auch sie versucht nicht, etwas schön zu reden, sondern es gelingt ihr mittlerweile, die verschiedenen Aspekte ihrer Person, auch ihrer Körperlichkeit, zu integrieren. Sie kann sich mit ihrem Körper identifizieren und braucht ihn nicht mehr zu bekämpfen und zu zerstören. So braucht sie auch kein Hasch oder keinen hochprozentigen Alkohol zum Zweck der Selbstflucht mehr: *Das habe ich mittlerweile auch eingestellt, obwohl ich es toleriere, wenn andere das tun. Das ist nicht mehr mein Fall.* Sie begründet das damit, daß sie sich selbst nicht mehr so fremd gegenübersteht.

Diana bezeichnet ihren langsamen Zugang zum eigenen Körper als *Wiederbelebung.* Sie gewinnt diese durch Yoga und Tanzen, beides erlebt sie als *neue Wege zu lernen.* Daß Leben gleichzusetzen ist mit Atmen, *ein Kommen und Gehen, das sie nehmen muß mit allem Schmerz, wie es ist,* ist das, was sie ihrer großen *Sehnsucht nach diesem Nichtatmen* entgegensetzt. Das Leben akzeptieren heißt für Diana, den eigenen Körper und den Schmerz zu akzeptieren und darauf zu vertrauen, daß das Leben sich erneuert, *vor allem auch wahrnehmen, daß wieder 'was kommt.*

Sozialer und ökologischer Kontext:
Sie haben sich aus alten Bindungen gelöst und sind neue eingegangen

Sabine ist *schon seit 3 Jahren mit niemandem zusammen.* Sie lebt also allein und versucht, sich durch eine Vielzahl von Beziehungen, *die ich aber nicht so in mein Leben reinlassen will,* eine Distanz zu verschaffen, damit sie sich nicht wieder in Abhängigkeit von einem Menschen begibt. Sie hat allerdings die Sorge, daß sie damit jegliches Risiko scheut, sich auf jemanden einzulassen. Da sie auch nicht ganz allein sein kann, erhält sie sich eine Variationsbreite an Kontakten, *die ich aber nicht als Beziehung deklariere,* die sie braucht, um ihre Angst vor Einsamkeit zu bewältigen. Sie weiß um ihre Problematik und hat eine Strategie entwickelt, die ihr hilft, damit klarzukommen. Für die Zukunft erhofft sie sich, daß ihr eine bessere Balance zwischen Nähe und Distanz in ihren Beziehungen gelingt: *Erst war es supernah, dann mußte es ganz weit weg sein. Jetzt kommt vielleicht so langsam die Mischung zwischen ganz nah und ganz fern.* Damit gelingt ihr eine Perspektive, die sie möglicherweise noch einmal mit Hilfe von Beratung weiter entwickeln will.

Für **Esther** war der Studienbeginn nach dem Ende der Beratung ein Neuanfang. Sie hat einen Freund, ist in eine andere Stadt gezogen und hat sich neue Beziehungen aufgebaut: *Da hab' ich jetzt einen richtigen Freundeskreis. Ich hab' jetzt einen Freund, und es ist auch irgendwie toll.* Sie bemerkt, daß es ihr im neuen Umfeld leichter fällt, Kontakte zu knüpfen. *Das waren bessere Bedingungen, und die Leute liegen mir einfach auch. Das Grundgefühl ist wirklich sehr viel besser,* was ihrer Meinung nach dazu beiträgt, daß sie sich verstanden und dadurch wohler fühlt. Von zu Hause ist sie endgültig ausgezogen und hat damit auch eine Loslösung vom Elternhaus und alten Freundeskreis vollzogen: *sich erstmal von den Eltern lösen und dann auch wieder von den Freundinnen.* Sie beschreibt, wie sich ihr gesamtes soziales Umfeld verändert hat.

Auch **Melanie** dokumentiert ihre Loslösung vom Elternhaus durch die Tatsache, daß sie sich nach dem Internatsaufenthalt eine eigene Wohnung gesucht und einen Job besorgt hat. In ihrer neuen Umgebung hat sie inzwischen einen großen und *auch einen beständigen Freundeskreis.* An ihrer Arbeitsstelle hat sie gelernt, sich auf andere einzustellen, *wie man mit dem anderen klarkommt. Dann arrangiert man sich trotzdem.* Sie versucht, Dinge mit etwas Distanz zu betrachten: *Irgendwie muß man auch über 'was stehen.* Auch ihre Partnerwahl hat sich *ganz verändert, dadurch daß ich mir das mal bewußt gemacht habe.* In diesem Kontext reflektiert sie auch die Bedingungen einer Beziehung, die sie eingeht, und sie schildert, wie sie daran mit ihrem derzeitigen Partner arbeitet.

315

Anna berichtet, daß sie mit 21 Jahren ihrem ersten Freund begegnete, als sie nach der Beratung den Kopf freier hatte für Beziehungen zur Umwelt: *vorher war ich ja so beschäftigt*. Daß sie nach dem Tod ihres Bruders einen Ortswechsel anstrebte, stand für sie außer Frage: *Das war für mich auch ein Abschließen mit W., [der Stadt]*. Nach einer kurzen Phase der Orientierungslosigkeit fand sie eine für sie adäquate Lebensumwelt und Ausbildung: *Dann konnte ich auch einen richtigen Neuanfang machen*. Im Nachhinein bewertet sie dies als eine gute und bewußt getroffene Entscheidung und Entwicklung.

Auch **Eva** sicherte sich eine eigenständige Lebensbasis, indem sie parallel zum Studienbeginn zunächst im Internat wohnen blieb und dort als Erziehungshelferin ein einjähriges Vorpraktikum machte, bis sie in ein Appartement in ein Studentenwohnheim ziehen konnte. Sie begrüßte es, daß sie nach diesem sozialen Eingebettetsein im Internat während der Schulzeit auch eine Übergangsphase hatte, in der sie dort arbeiten konnte, aber auch auf Abstand ging: *Da mußte ich einfach vieles trennen und lernen, die Distanz. Also mir hat das schon viel gebracht*. Ihren Freundeskreis schildert sie seit dieser Zeit als stabil und verläßlich: *Heute habe ich gute Freunde, mit denen kann ich reden. Das ist so, ich gebe was von mir, und die müssen auch was von sich geben. Ich kann mich drauf verlassen, was ich früher nicht konnte*. Geben und Nehmen ist ausgeglichener als vorher, weniger von Konkurrenz gekennzeichnet und sehr viel differenzierter im kommunikativen Umgang. Es gibt mehrere Menschen, die alles über sie wissen, und sie sucht sich ihre Gesprächspartner je nach Anlaß aus: *Nicht daß [nur] eine Person über mich was weiß, sondern einfach, mit der quatsch' ich, weil ich weiß, mit der kann ich das und das besser bereden. Das ist so geteilt*. Sie hat sich aus ihrer ersten, symbiotisch getönten Freundschaft gelöst, wollte auch kein Kind mit diesem Freund haben. Sie ist wild entschlossen, ihre Eigenständigkeit zu bewahren und sich nie wieder in eine solche Beziehungsabhängigkeit, in der sie sich nur als eine Hälfte gefühlt hatte, zu begeben. *Den Fehler würde ich nie wieder machen. Ich habe zwar jetzt einen Freund, mit dem ich über ein Jahr zusammen bin, aber ich hab' trotzdem meine Freunde, und die nimmt mir keiner weg. Das pflege ich mir. Niemals mehr gemeinsame Freunde, niemals*.

Diana schätzt die Schwierigkeiten, ihren sozialen Ort in der Gesellschaft zu finden und zu bestimmen, als tiefgreifend ein. So ist ihre grundsätzliche Frage: *Wo befinde ich mich in der Gesellschaft?* und ihre feste Überzeugung: *Genau da den richtigen Standpunkt zu finden, ist schwer*. Schwer ist es deshalb für sie, weil sie ungern Kompromisse schließt und dennoch dazugehören möchte. Nach der Therapie ist sie in eine andere Gegend Deutschlands gezogen, um dort zu studieren. Die Ablösung von der Therapeutin war für sie ein besonderes, mit Angst besetztes Problem, das sie dann aber als leichter und sanfter erlebte, als sie es zuvor phantasiert hatte. *Wo ich eine Horrorvision von hatte und was schon während der Beratung so ganz klar gelernt war, daß es hinterher eigent-*

lich gar keinen ..., daß ich mich gewundert hab', das ist gar nicht so ein Unterschied. Sie hatte sich schon mehr gelöst, als sie gemerkt hatte, und fühlte sich auch in der Lage, sich selbst zu versorgen *und mir auch selbst die Fragen stelle, die Sie* [die Therapeutin] *mir sonst gestellt haben.* Sie hat die Therapeutin und deren Funktionen innerlich mitgenommen, das heißt, Ablösung und Verselbständigung waren möglich geworden durch den Vorgang der Internalisierung und Introjektion von Therapeutin und Therapiegeschehen.

Beatrix lebt zum Zeitpunkt des Interviews noch in W., hat aber eine eigene Wohnung und noch lockeren, aber guten Kontakt zu ihren alten Freundinnen aus dem Internat. *Wir verstehen uns heute bestens, das ist kein Problem. Wir sehen uns nicht häufig, aber wenn wir uns sehen, dann verstehen wir uns halt richtig gut.* Sie hat sich somit eine weitgehend eigenständige Lebensbasis geschaffen.

Arbeit und Leistung:
Sie arbeiten, studieren und überlegen, was sie werden wollen

Esther fühlt sich in ihrem Studienzweig des Journalismus wohl und ist stolz darauf, daß sich diese Fakultät an der Uni etwas elitär gibt und Wert darauf legt, daß die Absolventen einmal bei renommierten Blättern ankommen. Sie macht sich Gedanken, in welchem Bereich und mit welchem Schwerpunkt sie einmal arbeiten will, was sie auch ethisch und politisch vertreten kann.

Um sich eine eigene Wohnung zu finanzieren, ist es **Melanie** gelungen, sich einen Job zu verschaffen. Mit Glück gelangte sie dann noch durch ein Losverfahren in das Studienfach ihrer Wahl. Sie schreibt es der Beratung zu, daß sie sich überhaupt in diese Richtung orientiert hat: *Ich hab' dann auch im Laufe des Studiums gemerkt, daß es der richtige Beruf für mich ist.* Was sie früher als Schwäche an sich erlebt hatte, sieht sie nun als ihre Begabung an und kann sie als Stärke einsetzen, nämlich Empathie und Einfühlungsvermögen. Sie beschreibt damit ihre Neuorientierung im Leben. *Daß ich erkannt hab', daß ich ein Mensch bin, der sich sehr gut in andere einfühlen kann. War ja früher eigentlich eine Schwäche, daß ich immer andere fühlen konnte und mich nicht, jetzt kann ich das als Vorteil, als Stärke verwerten.* Sie möchte später auch einmal andere Menschen beraten. Aus der Identifikation mit diesem Lebensabschnitt, aus ihrer positiven Beratungserfahrung ist auch ihre Berufsperspektive erwachsen: *... daß ich halt im Internat Praxiserfahrung hatte und selber auch die Beratung gemacht hab'.* Außerdem hat sie den Eindruck, daß sie auf der Basis der Reflexion ihrer bisherigen Lebenserfahrungen und Lebensumstände einen Vorsprung im Studium vor ihren Kommilitoninnen hat. *Auch die Sache mit der Sucht, daß ich das mit meinem Vater reflektiert habe. Ich verstehe die Theorie ganz anders. Und dadurch schreibe ich gute Arbeiten.*

Mir fällt das Studium sehr, sehr leicht. Durch ihre klare Zielorientierung gelang es ihr auch, einen Praktikumsplatz zu bekommen, den sie sich stark gewünscht hatte, nämlich in einer Erziehungsberatungsstelle.

Wollte **Eva** früher nie etwas „Soziales" studieren, so schreibt sie es der Reflexion ihrer Person und ihrer Lebensumstände zu, herausgefunden zu haben, *was eigentlich schon in mir war, einfach, daß ich das zum Beispiel jetzt mache, beruflich jetzt, daß ich mich in diese Richtung jetzt entwickle.* Sie ist zufrieden mit ihrer Wahl, die ihre berufliche Zukunft mit determiniert und glücklich darüber, daß sie das Studium der Sozialwissenschaften mit Erfolg meistert. Ihr Fortbildungswille drängt aber noch darüber hinaus: *... und nebenbei irgendwelche Kurse und bildest dich noch ein bißchen selbst und machst vor allem viel Praxis.*

Regine macht sich kurz vor dem Abschluß ihrer Schullaufbahn mit dem Abitur Gedanken über ihr Studium und ihre Berufsvorstellungen, die in Richtung Medizin und später Therapie und Psychiatrie gehen: *Weil nach dem Studium ist man ja nur Ärztin. Damit kann man ja nicht therapieren, und das wollte ich ja schon ganz gerne machen.* Sie bringt dies in Zusammenhang mit dem, was ihr auch als sozialer Wert wichtig ist, *meinen Mitmenschen zu helfen.*

Diana mußte zunächst einmal erleben, daß *Lernen auch was Gutes sein konnte,* bevor sie in der Lage war, sich Gedanken über eine mögliche Ausbildung nach dem Abitur zu machen. Nach Ende ihrer langdauernden Therapie hatte sie sich entschieden, aus ihrer Heimatgegend wegzuziehen, um herauszufinden, *wie stehe ich in der Welt und wie will ich wohnen und wo gehöre ich hin?* Sie wollte ihre Selbständigkeit und die andere Seite der Medaille, das Alleinsein, ausprobieren und sich in einer anderen Gegend Deutschlands Universitäten angucken, um sich für ein Studium zu entscheiden. Daß sie das geschafft hat, *daß ich auf mich achtgebe und daß ich für mich selbst sorge und Mütterlichkeit,* bedeutet für sie *Erwachsenwerden.* Das war zunächst noch verbunden mit einem gewissen Maß an Angst, die sie aber durch die gewonnene Gewißheit, daß die Person der Therapeutin ja noch im Hintergrund existiert, bewältigen konnte. Zum Zeitpunkt des Interviews lebte sie schon ein Jahr lang in M. und studierte dort nach Irrungen und Wirrungen der Ausbildungssuche Germanistik und Pädagogik.

Beatrix hat sich nach einem nicht geglückten Versuch eines Studiums der Diplom-Pädagogik in die Ausbildung zur Tierarzthelferin begeben, wo sie das Gefühl hat, ihre Fähigkeiten gut einbringen zu können. *So als Tierarzthelferin muß man da schon so ein bißchen Ahnung haben, wie man da so einem Tier aber auch einem Menschen umgeht.* Für Menschen und Tiere hat sie ein gutes Verständnis und eine sichere Einfühlung: *Man muß schon versuchen, sich da so ein bißchen ..., ne? Ja, ich kann das ja verstehen und so weiter ... .* Sie spielt ihre Kompetenzen augenscheinlich herunter, zeigt aber durchaus Sicherheit in dem von ihr gewählten Arbeitsbereich, auch wenn die Ausbildungssituation für sie mit Schwierigkeiten am Arbeitsplatz verknüpft ist, die sie aber bis zum Ende durchstehen will: *Diese Ausbildung hinter mich zu bringen, ja wohl!! Was danach ist, keine Ahnung. Mal gucken, werden wir mal sehen.* Trotz geringer Aussichten zeigt sie keine grundsätzliche Resignation, sondern den entschiedenen Willen, diesen Weg weiterzugehen.

Werteorientierung: Sie wissen, was sie wertschätzen

Esthers Orientierung ist zum Zeitpunkt des Interviews stark durch einen Aufenthalt in Asien geprägt. Sie findet vieles überzogen, was in der westlichen Welt gelebt und vertreten wird und will deshalb auch ihren Alkoholkonsum verringern: *... daß ich jetzt so nach Indien auf einem Anti-Alkoholtrip bin.* Außerdem wird der Wert des Helfens für sie wichtiger: *Ja, ich find das ja toll, daß ich jetzt helfe.* Sie distanziert sich von dem, was ihr *übergestülpt* wurde. Sie überlegt sich, ob sie Karriere machen will, und sie sieht gleichzeitig einen Sinn im einfachen Leben und im Verzicht auf Reichtum: *Ich will auch nicht mehr so unbedingt was werden.* Ein weiteres Ziel, das sie für sich formuliert: *Ich würde gerne später, auch wenn ich wenig Geld habe, auch Kinder gerne haben.*
Melanie formuliert, daß sie *unheimlich viele Ziele* hat, die mit ihrer Studien- und Berufswahl verknüpft sind. Sie möchte mit Kindern arbeiten, um auf diesem Wege zu verhindern, daß diese eine schwierige Jugendzeit durchmachen müssen, *wenn man da, denk ich mal, noch etwas retten kann.*
Für **Anna** hat es bleibenden Wert, daß sie in der Therapie Licht und Liebe kennengelernt hat. Mit der Metapher des Lichts verbindet sie Leben und Weite und Wachstum, *daß ich dem einfach immer näher komme oder daß ich immer wieder dahin zurückkomme.* Ursprung und Ziel des Lebens sind in diesem Wert eins. Und diese Werte verbindet sie mit einem bestimmten Menschentyp, dem sie begegnet ist: *Für mich war es wertvoll, eine andere Art von Mensch kennenzulernen.* Diese neuen Werte zu leben, ist für sie schwierig, aber es fordert sie heraus. Sie hat Toleranz und Akzeptanz erfahren als eine Barriere gegen die Idee der Gewalt, deren normative Kraft sie in ihrem Elternhaus erlebt hatte: *Daraus zu lernen, akzeptieren, tolerieren, daß es Menschen gibt, die völlig anders sind in der Art als man selbst.*
Eva betont im Interview mehrfach, daß sie den Umgang mit Menschen liebt, und das hat auch ihre Berufsvorstellungen maßgebend mit beeinflußt.
Regine möchte das direkt der Institution zurückgeben, was sie dort bekommen hat. Sie möchte sich revanchieren, denn es war ihr unangenehm, daß sie für die Therapie kein Geld bezahlen mußte: *Daß ich auf jeden Fall mich dazu bereit erklären werde, hier das gleiche zu machen, irgendwas zurückzugeben mit der Hoffnung, daß ich halt Leuten helfen kann, die in einer ähnlichen Situation sind, in der ich war.* Helfenkönnen ist für sie ein hoher Wert, der auch ihre Studienwahl des Faches Medizin beeinflußt hat. Sie kann allerdings inzwischen

auch selbstkritisch einschätzen, daß dies auch eine persönliche Gefährdung ist: *Das ist auch oftmals so, daß ich mein eigenes Wohl hinter das meiner Mitmenschen stelle, was vielleicht nicht immer angebracht ist, aber in den meisten Fällen schon. Solange ich mir selbst damit nicht übermäßig schade.* Altruismus ist eine unbedingte Leitidee ihres Leben. Das Wohl der anderen, der Gesellschaft möchte sie auf jeden Fall über das eigene stellen: *Es ist mir halt lieber, wenn ich irgendeinem Mitmenschen einen Gefallen tue, als daß ich irgendwie dafür sorge, daß es mir selber super geht.* Was sie gelernt hat, ist, daß dies nicht bedeuten darf, daß sie sich in ihren Möglichkeiten ganz beschneidet und sich selbst abwertet: *Es muß nicht so sein, daß ich mich absolut aufopfere und sage, ich bin nichts, ich bin ein Staubkorn und ihr seid alles.* Sie sucht eine Balance zwischen den Extremen, durch die sie sich noch frei fühlen kann, *daß ich den Mittelweg suche, und ich bin frei, um jemandem helfen zu können.* Dies ist auch ein Ergebnis ihrer Arbeit in der Therapie, durch die sie sich innerlich gefestigt fühlt.

Einstellung zur Beratung und Therapie:
Sie sind positiv, kritisch und anspruchsvoll

Alle Mädchen machen sich Gedanken darüber, ob sie sich noch einmal in Therapie begeben sollten. Sie grenzen diese neue Möglichkeit aber entschieden von ihrer Therapieerfahrung in der Spätadoleszenzphase ab, die sie als etwas Einmaliges und Unwiederholbares gewertet wissen wollen, so wie Sabine es ausdrückt: *Ich glaube nicht, daß man das wiederfinden kann. Sondern wenn, dann anders.* Jede wie auch immer geartete neue Therapie kann für alle zwar eine fortgeführte Arbeit an ihrer Lebensthematik sein, scheint aber dennoch nicht vergleichbar mit dem in der Spätadoleszenz erlebten Beratungsgeschehen, eine Überzeugung, die Melanie so formuliert: *wenn ich das so vergleiche – also überhaupt kein Vergleich.*
Sabine spricht davon, daß sie sich eine Beratung zwar für den Moment nicht vorstellt: *Ich denke, der Zeitpunkt ist die ganze Zeit schon da, aber ich fühle nicht so den Drang jetzt, daß ich mich dafür wirklich engagiere.* Für sie wäre aber grundsätzlich eine weitere Therapie möglich. Ein zwischenzeitlicher Versuch mit einer anderen Therapeutin scheiterte, weil diese die Arbeit mit ihr anscheinend zu risikoreich fand: *... daß sie gesagt hat, sie kennt sich mit so selbstzerstörerischen Sachen nicht aus, und ihr wäre das zu riskant.* Sabine betont, daß sie eine neue Therapie sehr kritisch angehen würde: *Ich glaube, wenn ich jetzt eine Therapie anfangen würde, würde ich den [Therapeuten] kritischer sehen. Auch wenn er mir etwas sagen würde, wo ich nicht selber darauf gekommen wäre, daß ich dann eher sage, das ist dessen Ding.* Sie macht deutlich, daß sie auf einer anderen Bewußtseinsebene an die Sache herangehen würde, auf

der ihr eine Abgrenzung inzwischen besser gelänge. Ihre grundsätzliche Einstellung zur Therapie ist sehr positiv: *deswegen glaube ich, daß so oder so eine Therapie immer gut ist, auch wenn man jetzt nicht etwas Akutes hat.*
Auch **Esther** sieht die Möglichkeit, sich grundsätzlich Hilfe durch Therapie zu holen; aber wie Sabine hat sie keinen akuten Bedarf: *Aber in nächster Zeit ist das kein Thema.* Auch sie deutet an, daß sie bei einer Wahl kritisch sein würde. *Ja, allerdings weiß ich nicht, ob man zu jedem gehen kann. Es gibt auch Leute, die schlechte Erfahrungen gemacht haben.* Im Hinterkopf vollzieht sie immer noch den Vergleich mit der erlebten Therapie, die Maßstäbe gesetzt hat. *Ich vergleich' Sie dann auch immer mit so einer ... mit so 'ner Tante, zu der man gehen kann.*
Wenn *es mal ganz schlimm käme*, würde auch **Melanie** wieder eine Therapie aufsuchen, am liebsten wieder bei der alten Therapeutin, um kein Risiko eingehen zu müssen. Sie zeigt sich ebenfalls – auch aus eigener Erfahrung – dem Berufsstand der Therapeuten gegenüber kritisch: *Ich weiß, daß es viele gute gibt, ich weiß aber auch, daß es viele Scharlatane gibt.* Aber sie räumt ein, daß sie sich eine Neuorientierung vorstellen kann, weil *es nicht so schlimm wäre, zu jemand anderem zu gehen.*
Für **Anna** war es nach Abschluß ihrer Beratung ganz klar, daß sie mit einer Therapie weitermachen würde. Ihr erster Versuch mit einer Gesprächstherapeutin am neuen Wohnort war kein Erfolg, weil es für sie schwierig war, *so etwas Adäquates danach zu finden. Wir hatten doch sehr intensiv gearbeitet.* Die Umstellung auf eine andere Therapeutin war nur mit Mühen und erst nach einer gewissen Zeit nach der ersten tiefgreifenden Beratungserfahrung möglich. Nach drei Jahren fand sie dann einen Heilpraktiker, mit dem sie die Arbeit äußerst ergiebig fand. Auch sie deklariert diese neue therapeutische Beziehung als andersartig, weil sie nicht mehr so mit dem Gefühl der Abhängigkeit verbunden ist: *Ich gehe dann nur noch dahin und referiere, was ich gemacht habe, und dann ist gut. Es ist anders.*
Eva ist es inzwischen auch nicht mehr peinlich, ihre Beratungserfahrung zu veröffentlichen. Sie hat keine Befürchtung mehr, stigmatisiert zu werden: *... dann später, ich hab das dann erzählt. Bis heute ist mir das nicht peinlich. Im Gegenteil, ich erzähle darüber.* Sie empfiehlt anderen sogar, eine Beratung aufzusuchen. Sie weiß die Wirkung von Therapie, das heißt die Wirkung der Tatsache, daß einem jemand zuhört und man sich offenbaren kann, ganz allgemein zu schätzen. Das muß ihrer Meinung nach nicht eine Therapie über Jahre sein. Sie selbst kann sich das im Augenblick für sich nicht vorstellen, nur wenn etwas Schlimmes in ihrem Leben passieren würde. Zunächst vertraut sie auf das, was sie gelernt hat, und ihre Fähigkeit, die Dinge selbst in den Griff zu bekommen: *Ich würde trotzdem jetzt erstmal gucken, was ich gelernt habe, wie ich damit klarkomme.* Der Wunsch, Therapie weiterzumachen, ist bei ihr, wie bei den meisten Mädchen, gar nicht gegeben, sondern es herrscht eher der Stolz

auf die eigene Kraft, auf die eigene Fähigkeit der Lebensbewältigung vor. Auch Eva hat zum Zeitpunkt der Befragung ein eher vorsichtig-mißtrauisches Verhältnis zur Berufsgruppe der Therapeuten: *Es gibt viele Therapeuten. Aber es gibt viele, die nicht gut sind.* Um diesem Problem aus dem Weg zu gehen, stellt sie sich vor, im Notfall wieder zur bekannten Therapeutin zu gehen: *Ich wüßte, daß ich mich, solange wir nicht so weit voneinander entfernt sind, an Sie wenden würde.*

Auch **Regine** behält sich vor, trotz ihrer ersten positiven Therapieerfahrung den Therapeuten gegenüber kritisch zu bleiben, da sie von anderen weiß, *die da sehr negative Erfahrungen gemacht haben.* Aus diesem Grund will sie ihre generellen *Vorurteile auch nicht zur Seite schieben* und sich nicht verleiten lassen, wegen einer guten Erfahrung alles, was mit Therapie zu tun hat, positiv zu finden.

Nach dem Ende ihrer Therapie ist **Diana** immer noch vorsichtig, was ihre Einschätzung einer Stigmatisierung von Therapiesuchenden durch die Gesellschaft angeht. Aber sie fühlt sich mehr in der Lage, damit umzugehen: *Ich muß mich deshalb nicht verstecken. Ich sehe es nicht mehr so krass.* Ihre Erfahrung ist, daß es immer normaler wird, eine Therapie in Anspruch zu nehmen, und sie kennt inzwischen viele Menschen, die Therapie machen. Für sie ist es selbstverständlich, sich im Krisenfall noch einmal diesbezüglich Hilfe zu holen, *wenn ich merke, ich krieg's selbst nicht mehr hin, daß ich mir Rat suchen würde.*

Beatrix würde eine Therapie noch einmal machen: *Trotz aller Sachen würde ich es trotzdem machen.* Es hat ihr etwas gebracht, auch wenn bei ihr von allen jungen Frauen am wenigsten das Gefühl der Abgeschlossenheit oder des Abgerundetseins des Prozesses gegeben ist: *Auch wenn wir vielleicht dann jetzt nicht so dazu gekommen sind, über einiges jetzt so zu reden, was wir eigentlich hätten tun wollen oder wie wir es wollten. Also, gebracht hat es schon was.* Aber ihr Mißtrauen ist noch so vorherrschend, daß sie nur zu jemandem gehen würde, der ihr bekannt ist. Das müßte nicht unbedingt die vertraute frühere Therapeutin sein. *Aber ich würde nie zu jemand gehen, den ich nicht kenne!*

Über die Spätadoleszenz: Einsichten

Einige der interviewten jungen Frauen formulieren auch beiläufig ihre Thesen zur Spätadoleszenz. Sie seien an dieser Stelle interessehalber, d.h. im Sinne subjektiver Theoriebildung von fast noch Betroffenen, angefügt.

So sieht beispielsweise Sabine die Zeitspanne zwischen 10 und 20 Jahren nachträglich als eine Zeit, in der die Erwachsenen und vor allem die Therapeuten *da so eine Verantwortung übernehmen* für die Jugendlichen, die *orientierungslos* seien und deshalb auch *mehr nach Halt* suchten. Der Vorteil dieser Entwicklungsphase der Adoleszenz liegt ihrer Meinung nach aber darin, daß durch die geringe innere Festlegung der Heranwachsenden *man besser etwas verändern kann* in diesem Alter. Auch die *Form, über Sachen nachzudenken,* verändere sich im Laufe der Adoleszenz. Eine rein egozentrische Position werde aufgegeben, und *man versucht, andere zu beobachten* und deren Aussagen *nicht nur auf sich zu beziehen,* sondern auch deren Motive zu ergründen.

Ähnliches beschreibt auch Eva, wenn sie sich über andere Menschen Gedanken macht, die *Masken haben, und denen geht's gar nicht gut, und sie wissen nicht, was sie verpassen.* Andererseits gehört Maskentragen für sie auch zum Erwachsenendasein, das sie inzwischen teilt: *Jetzt hab ich, sag ich mal so, die Masken, oder so.* Auch Melanie beschäftigt sich mit der doppeldeutigen Funktion der Maske, die schützen, aber auch ersticken kann. Abzuwägen, wann es sinnvoll und nötig ist, sich zu zeigen und wann nicht, ist eine Lernaufgabe der Spätadoleszenz: *... daß man so ist, wie man ist, aber nicht alles von sich zeigt.* Auf diese Weise, so folgert Sabine, werden die eigenen Vorstellungen reflektiert und auf Alternativen hin betrachtet: *... sich Gedanken zu machen, ob man nicht etwas falsch sieht oder einfach neue Möglichkeiten.*

Melanie schildert als eine typische Erfahrung der Adoleszenz, daß das kindliche Weltbild zusammenbricht. Hatte sie in früher Jugend fest darauf vertraut, daß alle Probleme verschwinden, *wenn man erwachsen ist,* so mußte sie feststellen, daß sich gar nichts löste: *Man ist groß und stark, und das Schlimme war die Erkenntnis, daß das ja nicht so ist, daß das gar nicht wegging.* Sie mußte lernen, daß es ihr besser ging, als sie dieses Gefühl annahm: *Wie ich es akzeptiert habe, ist es ja auch besser geworden.* Wie Sabine betont auch sie die Tatsache, daß sie als Jugendliche noch formbarer war, *als wenn ich heute zu Ihnen kommen würde.* Der Jugendliche hätte es insofern schwer, als er *erstmal Persönlichkeit werden und dann erwachsen werden* müßte. Der Schwierigkeitsgrad dieses Wachstumsprozesses wäre *für den einen mehr, für den anderen weniger* groß. Von daher wäre es für sie entscheidend gewesen, gerade in dieser Entwicklungsphase in der Beratung gewesen zu sein. Auch Esther berichtet von dem Gefühl, daß ihr *Weltbild irgendwie so durcheinander gebracht wurde.* Auch bei ihr tauchte die kindliche Hoffnung auf, daß durch den idealen Partner alle Probleme gelöst würden und die schmerzhaften Erfahrungen der Einsamkeit dadurch verhindert werden könnten. Das Gefühl in der Spätadoleszenz, plötzlich wieder klein zu sein, obwohl man groß war, konnte auch sie nicht gut ertragen: *Ich konnte das, glaube ich, auch nicht aushalten.*

Den Wachstumsprozeß von der Adoleszenz zur Erwachsenen schildert Diana bei sich so: *also daß ich Schülerin war mit meinen ganzen Problemen und dann 18 und 19 und 20 war und zunehmend mehr Verantwortung und mehr Selbständigkeit und mehr Ablösung.* Der Weg der Adoleszenten bedeutet für sie herauszufinden, was zu tun ist im eigenen Leben und zu akzeptieren, daß sich bestimmte Formen und Abläufe immer wiederholen: *immer wieder rausfinden, immer wieder zu überprüfen, immer wieder suchen, immer wieder ein Auf und*

Ab. Es geht um die Erfahrung, daß alles ein Kommen und Gehen ist, *und man es nur so nehmen kann mit allem Schmerz, wie es ist.*

Eva sieht die Beratung in der Phase der Spätadoleszenz nachträglich als etwas Normales, ja etwas für alle Jugendlichen dieses Alters Wünschenswertes an: *Viele sollten sich das durch den Kopf gehen lassen oder zumindest, wenn sie sich selbst nicht trauen, erst einmal viel darüber lesen und einfach mal gucken.* Sie weiß auf Grund der eigenen Erfahrung, wie schwer es ist, sich in diesen Raum der Beratung hineinzubegeben, deshalb hat sie auch andere Möglichkeiten der Bearbeitung der altersgemäßen Probleme vor Augen. Aber daß es eine altersgruppenspezifische Problematik gibt, die einer besonderen Lösung bedarf, ist für sie selbstverständlich.

TEIL III
Anhang

15. Kapitel
Lebensläufe und Interviews: kurzgefaßt

Sabine: „Wahnsinnig, ich war so fixiert auf einen"

Lebenslauf:
Sabine wurde in Norddeutschland geboren. Beide Eltern sind selbständige Apotheker mit eigener Apotheke. Über ihre Kindheit weiß sie nichts Auffälliges zu berichten. Mit vier Jahren ging sie in den Kindergarten einer Elterninitiative und blieb dort bis zu ihrer Einschulung im Alter von 7 Jahren. Sie hörte über sich, daß sie ein dickköpfiges Kind gewesen sei, welches eigene Interessen gut durchsetzen konnte.

Sabine durchlief die Grundschule relativ normal. Sie weiß von einem Besuch bei einem Schulpsychologen in dieser Zeit, weil sie nachts heftig weinte und nur geringe Motivation zu häuslicher Schularbeit zeigte. Solange sie klein war, arbeitete die Mutter halbtags, später, als die Tochter fünfzehn war, auch wieder ganztags. Als ihr 3 ½ Jahre älterer Bruder mit 21 Jahren das Elternhaus verließ, um ins Ausland zu gehen, führte das bei Sabine zu starken Verlassenheitsgefühlen.

Nach vier Grundschuljahren besuchte sie aufgrund guter Schulleistungen das städtische Gymnasium in L., das sie in der Oberstufe im Laufe der 12. Klasse verließ, um zum Gymnasium in W. überzuwechseln. Hinter ihrem Schulwechsel stand neben dem Interesse, den Leistungskurs ihres Interessenbereichs Kunst wählen zu können, auch der Wunsch, eine Schule zu besuchen, in der ein persönlicheres Klima und weniger Konkurrenzdruck zu herrschen schienen. Der Schulwechsel war für sie mit einer Wiederholung der Stufe verbunden.

Im Laufe des ersten Jahres auf der neuen Schule suchte sie die Beratung in der Schule auf, nachdem sie achtzehnjährig einen Suizidversuch unternommen und einen dreimonatigen freiwilligen Aufenthalt in der Jugendpsychiatrie hinter sich gebracht hatte. Sie nahm die Beratung zweieinhalb Jahre lang bis kurz nach ihrem Abitur in Anspruch, weil sie glaubte, ihr Leben nicht selbständig in eine Ordnung bringen zu können, und sie sich psychisch noch gefährdet fühlte. Während dieser Zeit wohnte sie nur sehr unregelmäßig in der elterlichen Wohnung. Sie verbrachte ihre Zeit zunächst mit einem alkoholabhängigen Freund; später war sie dann mit einem Drogenabhängigen liiert. Die Beratung wurde von ihr abgebrochen, bevor sie sich von diesem trennen konnte.

Zum Zeitpunkt des Interviews studiert Sabine Kunst und Sport. Sie kann sich vorstellen, Lehrerin zu werden oder in einer Rehabilitationsmaßnahme als Ergotherapeutin zu arbeiten. Mit dem Sport greift sie ein altes Hobby auf, das sie als Jugendliche in vielen Sportvereinen gepflegt hatte, das ihr im Laufe der Adoleszenz aber verlorenging. Was ihre Zukunft anbetrifft, so würde sie gerne eine Familie gründen und Kinder haben. Als Studentin lebt sie jedoch noch selbständig und als Single.

Interview:
Für Sabine war das Aufsuchen der Beratung die erste selbständige Handlung, sich Hilfe zu holen. Von Bedeutung waren dabei die Umstände, die sie dazu brachten. Mindestens ein Jahr lang hatte sie bereits ein ihr ganzes Leben beeinflussendes Gefühl der Unsicherheit, Ungewißheit, Unklarheit und der Lethargie und Leere erlebt. Die Krise, die aus dieser undefinierten Situation herausführte, war ein ernstgemeinter Suizidversuch, der zu einer Klinikeinweisung führte. Der dreimonatige Aufenthalt in der Jugendpsychiatrie markierte einen Wendepunkt in Sabines Leben. Hier kam sie erstmalig mit verschiedenen Formen der Therapie in Berührung, ohne jedoch eine spezifische Beziehung zu einem Therapeuten aufzubauen. Die ihr von der Klinik empfohlene therapeutische Nachversorgung nahm sie nicht in Anspruch, sondern suchte aufgrund der Empfehlung einer Mitschülerin die Beraterin in der Schule auf. Sie machte sich damit unabhängig von den Ratschlägen und Regelungen der Mutter bzw. der Eltern und deren Vertreter im Klinikbereich. Den Versuch der Mutter, die von der Tochter selbst gewählte Beraterin kennenzulernen, kann sie nachträglich belächeln.
Die therapeutische Beziehung und Therapie während ihrer Schulzeit beschreibt sie als etwas ganz Besonderes, was in dieser Weise sich nie wiederholen könne. Damit gibt sie diesem Lebensabschnitt einen einmaligen Platz und Status in ihrem Leben. Wirkung und Einfluß der Beraterin schienen für sie darin zu liegen, daß diese mütterliche Verhaltensweisen zeigte, ohne die sorgenvollen, kontrollierenden und machtausübenden Aspekte der leiblichen Mutter demonstrieren zu müssen, gegen die sie mit all ihrer Kraft aufbegehrte. Da eine Abhängigkeit von den Eltern jedoch noch vorhanden war, wurde ihr Wunsch, versorgt und die Notwendigkeit, betreut zu werden, in die therapeutische Beziehung verschoben. Die Therapeutin wird als verantwortungsvoll, zugewandt, unterstützend und über die Therapiestunde hinaus engagiert erinnert. Selbst Metaphern, die diese in den Beratungsstunden gebrauchte, sind Sabine nach Jahren noch präsent.
Die Probleme, die Gegenstand der Beratungsstunden waren, lagen in der außerschulischen Lebenswelt Sabines, während sie ihre schulischen Belange als positiv und unproblematisch einstufte. Die im Nachhinein bedeutendsten Themen der Therapie sind: Selbstfindung und Bewußtwerdung in einem chaotischen

Lebensgefühl, Loslösung aus familiären Bindungen und selbstgewählten Abhängigkeiten, Strukturierung eines eigenen Tagesablaufs und das Entdecken von eigenen Entscheidungs- und Handlungsmöglichkeiten. Die spezifische Kernthematik von Sabine war eine neurotische Abhängigkeit von einigen dem Alkohol und harten Drogen verfallenen, meist älteren männlichen Freunden, die mit ihrer eigenen Selbstzerstörungstendenz gekoppelt war. Die Therapie schaffte hier ein Gegengewicht, wobei äußerst wichtig wurde, daß dies ohne moralische Forderungen oder Druck geschah. Als gegen Ende der Beratungsphase doch Verbindlichkeiten durch die Therapeutin in Form eines „Vertrages" eingefordert wurden, verließ Sabine prompt das Beratungssetting.

Ihre nachträgliche positive Einschätzung der therapeutischen Arbeit wird durch diesen Vorfall allerdings nicht wesentlich gemindert. Die Therapie in dieser Lebensphase bedeutete für Sabine einen Einschnitt, der eine Zäsur in ihrem Lebenslauf darstellte. Die Zeit danach unterschied sich gravierend von der Zeit davor. Der Aufbau eigener Ressourcen und Willenskräfte schaffte die Grundlage für die Ablösung aus den Abhängigkeitsverhältnissen, stärkte ihre Konfliktfähigkeit und ermöglichte eigene Lebensperspektiven. Therapie in dieser Entwicklungsphase hat aus der Sicht der Befragten Schlimmes und Schlimmeres verhindert, womit Verzweiflung, ein möglicher weiterer Suizid, ein Abrutschen in die Drogenszene und damit verbunden auch ein möglicher Abbruch der Schullaufbahn gemeint sind.

Ein Aufarbeiten der Vergangenheit, der Pubertät und Kindheit, war nur peripheres Produkt der Therapie Sabines. Es wurde nicht zum Gegenstand systematischer Betrachtung, sondern eher zufällig thematisiert, sofern ihre gegenwärtige Situation dadurch beleuchtet und erhellt wurde.

Die Interviewte zeigt auf, daß durch die therapeutischen Gespräche ihre Probleme nicht beseitigt wurden; sie sind eigentlich noch alle da: ihre Beziehungs- und Verlassenheitsängste, die Selbstzerstörungstendenzen, das seelisch-körperliche Unbeteiligtsein in der Sexualität. Was anders geworden ist, ist ihre Sicht auf diese Probleme. Sie werden nicht mehr wie einst nur als diffuse, bedrohliche Faktoren des Lebens eingestuft, die weder dem Inneren noch dem Äußeren zugerechnet werden können. Was sie gelernt hat, ist der Umgang mit den Problemen, ist eine Strategie der Lebensbewältigung, eine Akzeptanz des Lebens mit seinen dunklen Seiten. Dabei sieht sie in der Zukunft durchaus die Möglichkeit eines weiteren therapeutischen Prozesses als Weg der inneren Konfliktbearbeitung. Zunächst aber überwiegt bei ihr der Stolz über die Fähigkeit der Selbstregulierung und Selbständigkeit im studentischen Leben.

Therapie betrachtet sie auf Grund ihrer Erfahrung als eine Hilfsstrategie im eigenen Lebenskonzept, die sie bei erneutem Bedarf, dann allerdings viel bewußter und kritischer handhaben will. In der Phase der Spätadoleszenz erlebte sie sich selbst als naiv und die Beratung als schicksalhaft und einmalig, weshalb diese auch das Etikett des Non-plus-ultra erhält. Die retrospektive Schau auf diesen Lebensabschnitt verbindet sich nun mit einem höheren Bewußtseinsgrad vom eigenen Selbst, mit einem größerem Maß an Introspektionsfähigkeit. Damit tauchen auch neue Fragestellungen ihren Charakter betreffend auf. Mit sich selbst leben zu wollen und leben zu können, bedeutet für Sabine Erwachsensein.

Esther: „Ich war ja immer verklemmt"

Lebenslauf:
Ihre frühe Kindheit verbrachte Esther in Spanien, wo ihr Vater für eine deutsche Firma tätig war. Sie war das mittlere von fünf Kindern und fühlte sich als dieses von den Eltern nicht genug beachtet. Sie wurde mit 7 Jahren, für ihre intellektuelle Entwicklung zu spät, in W. eingeschult, nachdem ihre Familie nach Deutschland zurückgekehrt war.

Esther entwickelte gegen alles, was mit Zwang zu tun hatte, eine Verweigerungshaltung. Sie meint, sich dadurch weder eine richtige Schreibhaltung angeeignet noch die Uhrzeit oder das Schwimmen gelernt zu haben. Ansonsten verlief ihre Schullaufbahn normal und ohne Leistungsprobleme. Im Gegenteil, sie war immer eine sehr gute Schülerin.

Ihre Problematik lag eher in ihrer körperlich-seelischen Entwicklung zum Mädchen und zur Frau. Erst sehr spät, mit 15 oder 16, bekam sie zum ersten Mal ihre Menstruation; auch ihr Busen war unterentwickelt. Sie litt sehr unter dieser Entwicklungsverzögerung, besonders, wenn sie sich mit ihren Freundinnen verglich.

In diesem Zusammenhang suchte sie im Alter von 18 Jahren – sie begann gerade die 12. Klasse des Gymnasiums – die psychologische Beratungsstelle der Schule auf. Sie hatte bis zu diesem Zeitpunkt noch keinerlei intimen Kontakt zu einem männlichen Wesen (außerhalb der Familie) gehabt und fühlte sich auch mehr und mehr von gleichaltrigen Mädchen isoliert. Beides machte ihr sehr zu schaffen. Einundeinhalb Jahre lang, bis kurz vor ihrem Abitur, bei dem sie dann ein sehr gutes Ergebnis erreichte, nahm sie die Beratung in Anspruch. Abschließen konnte sie diese, nachdem sie sich mit einem jungen Mann befreundet hatte.

Zum Zeitpunkt des Interviews studiert Esther Journalistik. An ihrem Studienort hat sie eine eigene Wohnung bezogen, die ihr Freund zeitweilig mitbewohnt. Ihr Berufsziel geht in die Richtung von Berichterstattung über kulturelle Ereignisse, wobei für sie das Geldverdienen nicht im Vordergrund stehen soll. Sie möchte Kontakte und Erfolg haben im Sinne von Anerkennung durch andere Menschen. Dabei ist ihre Zukunftsplanung noch nicht festgelegt. Sie möchte vielseitig und offen sein für das, was auf sie zukommt.

Interview:
Esther suchte aus einem eigenen Impuls heraus die Beratung auf. Erst im Laufe der Zeit wurden die Motive deutlich, die sie zu diesem Schritt geführt hatten. Die erste Phase der Beratung bezeichnet sie deshalb auch als relativ erfolglos, zumal sie durch vieles Reden und Intellektualisieren, so schildert sie ihre Form der Abwehr, einen Fortschritt verzögerte. So gab es auch einen kurzen Einschnitt, eine Beratungspause, nach einem halben Jahr.

Esthers Leiden war eine starke soziale Isolation, die sie überwinden wollte. Sie wußte nicht, wie es ihr gelingen konnte, Kontakte, vor allem zu Männern, aufzunehmen. So fühlte sie sich unglücklich und allein. Es gab zwar einen Jungen, den sie stark idealisierte, mit dem zusammen sie sich auch als das ideale Paar phantasierte und von dem sie sich folglich psychisch abhängig fühlte. Die Fixierung auf dieses Idol machte sie noch unglücklicher. Anders als ihre Freundinnen hatte sie zum Zeitpunkt der Beratungssuche noch keine sexuellen Kontakte gehabt, ja, seit ihrer Pubertät noch nie richtig mit einem Jungen gesprochen. Auch die Beziehungen zu ihren Freundinnen waren belastet, weil sie sich von ihnen nicht verstanden fühlte. Denn in der Gruppe dieser Mädchen war es chic, eine Therapie zu machen, und jede war auf diese Weise in ihre eigenen subjektiven Probleme verstrickt.

Es gelang Esther nur über den Weg der Identifikation mit, wie sie es nannte, *schwarzen Typen* (Terroristen, Hanno Buddenbrock, Richard Wagner) ihre „Weltuntergangsstimmung" zu fühlen und auszudrücken. Anders kam sie an ihre realen Gefühle der Trauer und der Freude nicht heran. Versuche, ihre Gehemmtheit und ihr Verklemmtsein durch Alkohol aufzubrechen, gelangen ihr nur auf Partys, stellten für sie aber keine akzeptable Lösung für den Alltag dar.

Das Beratungsangebot der Schule wurde erneut von ihr gesucht und die Beratungsarbeit intensiviert, als sie hinsichtlich ihrer Kontaktunfähigkeit in eine tiefe Krise geriet, die sie selber als *Zusammenbruch* kennzeichnet. Sie mußte sich erst ganz klein und hilflos fühlen, bevor sie ihre unechten Größenphantasien loslassen konnte. Letzteres nannte sie ihre *falschen Energien,* und ihr Gefühl der Verzweiflung war für sie *krank* und *neurotisch.* Diese Möglichkeit, ihrer psychischen Situation einen Namen geben zu können, verschaffte ihr Orientierung und brachte Erleichterung, da sie daran und damit nun arbeiten konnte. Sie las aus eigenem Antrieb Karen Horneys Schriften und begann, ihren Zustand mit Hilfe dieser Lektüre zu deuten. Die Therapiestunden waren das Forum, wo sie ihre Gedanken darüber ausbreiten und reflektieren konnte. In dieser Phase versuchte sie auch, mit Männerbeziehungen zu experimentieren. Diese Zeit erlebte sie als entscheidende Wende, als eine Art *Wunder* oder *Geburt,* durch die sie anfing, sich selbst zu begreifen. Danach waren zwar die Probleme, die sie bewegten, nicht verschwunden, aber in ihrem Selbstgefühl war alles anders als vorher.

Die Rolle der Therapeutin sah sie darin, ihr Mut zu machen zu neuen Schritten, sie bei den Versuchen zu unterstützen, ihr Leben zu leben, ihr dabei aber nichts überzustülpen. Das schaffte ein Vertrauensverhältnis, das sie retrospektiv als etwas Besonderes herausstellt. Die Therapeutin war für sie eine neutrale, *wissende* Person, die nicht ihre eigenen Interessen durchsetzte, sondern die einfach nur für sie da war. Sie wurde zu einer Helferin besonderer Art, die auch mit besonderen Gefühlen belegt wurde und damit unvergleichbar aus der Gruppe ihrer Berufskolleginnen herausgehoben war.

Die Einmaligkeit dieser Beratungsbeziehung wird von Esther betont. Darüber hinaus bleibt ihre Einstellung zur Therapie als solcher ambivalent. Sie wird nachträglich als „Egotrip" und Störfaktor für die Beziehungen unter den Freundinnen eingeschätzt. Dennoch ist sie von der Wirkung von Therapie überzeugt, will auch ihren Freund dahingehend überzeugen. Für sie selbst ist es aber kein Thema mehr zum Zeitpunkt des Interviews.

Schulisches Umfeld und schulische Anforderungen spielten für Esther keine problematische Rolle, da sie leistungsstark war. Kleinere Leistungseinbrüche, die durch die seelischen Belastungen hervorgerufen wurden, konnte sie gut auffangen. Die Distanzierung zu den Eltern, die nicht eingeweiht waren in die Tatsache, daß sie eine Therapie machte, war ein wichtiges Thema im Rahmen ihrer Nähe- und Distanz-Problematik. Im Nachhinein relativiert sie diese damalige Notwendigkeit. Durch die Tatsache, daß sie im Anschluß an ihr Abitur von zu Hause weggezogen und ein Studium aufgenommen hat, ist es ihr gelungen, auch äußerlich die für sie notwendige Distanz zu schaffen.

Das Ende der Therapie beruhte auf einem gemeinsamen Übereinkommen zwischen der Therapeutin und ihr, wobei erstere sie ermutigte, die nächsten Lebensschritte alleine zu probieren. Esther hatte zu diesem Zeitpunkt den Eindruck, daß sie das für sie Wichtigste erreicht hatte: sie hatte einen Freund und erste sexuelle Erfahrungen gemacht, was ihr ein besseres Selbstwertgefühl bescherte. Außerdem hatte sie klarere Erkenntnisse ihrer Person gewonnen, die ihr Selbstbewußtsein erheblich steigerten. In der Zeit nach der Therapie konnte sie diesen Weg weitergehen, was nicht bedeutete, daß ihre Gefühlsunsicherheit und ihre Ängste vor sozialen Kontakten verschwunden waren. Von daher verwundert es nicht, daß sie sich auch in ihrem Studium mit ihrem Lebensthema 'Kommunikation' und ‚Kontakte' beschäftigt. Die Loslösung von Elternhaus und altem Freundeskreis wie auch der Aufbau eines neuen beruflichen und privaten Lebensbereiches scheinen ihr gelungen. Sie hat neue Lebensentwürfe ausprobiert (Fernostreise; Studienwechsel) und für sich eine Zukunftsperspektive entworfen.

Melanie: „Das bin nicht ich, da ist einfach nur eine leere Hülle"

Lebenslauf:

Melanie wurde in Bayern geboren und verbrachte dort unbeschwerte Kindheitsjahre. Kurz vor der Einschulung, sie war noch das einzige Kind, zog die Familie nach W., da der Vater, ein Realschullehrer, dort eine Anstellung bekommen hatte. Die fremde Umgebung und die neue Schulsituation waren für Melanie ein Schock.

Sie brachte zwar gute Leistungen in der Grundschule, fühlte sich aber unter den Kindern nicht wohl. Zu dieser Zeit kam es in der Familie häufig zum Streit, da der Vater anfing, dem Glücksspiel zu frönen. Für Melanie, die versuchte, diese Streitereien zwischen den Eltern zu verhindern, war es eine Zeit der Wechselbäder. Mal glaubte sie, die Welt ginge unter, mal herrschte eitel Harmonie im Hause. Unterstützung bekam sie in dieser Zeit von ihrer Großmutter, zu der sie eine enge Beziehung aufbaute. Als sie 10 Jahre alt war, kam ein Bruder zur Welt, fünf Jahre später ein weiterer Bruder.

Im Alter von 16 machte sie mehrere Suizidversuche. Mit 17 lief sie kurzzeitig von zu Hause fort, streunte mit anderen Jugendlichen herum und kam generell nicht mehr mit ihrer Familie und ihrem Leben zurecht. Parallel zu diesen Ereignissen versuchte der Vater, sich einer Suchttherapie zu unterziehen. Bei Melanie führte die Desorientierung zu einem ersten kürzeren Klinikaufenthalt.

Nach dieser Zeit, sie besuchte gerade die 11. Klasse des Gymnasiums, nahm sie zum ersten Mal Kontakt mit der Beraterin auf. Konsequent verfolgte sie eine Beratungsarbeit aber erst, als ihr im Alter von 18 wieder ein psychischer Zusammenbruch drohte. Eingebettet in die schulische Beratung war ein dreimonatiger freiwilliger Aufenthalt in einer jugendpsychiatrischen Klinik. Eine Folge dieser Behandlung war ihr auch von den Eltern unterstützter Umzug in das Internat der Schule, wodurch sie sich eine genügend große Distanz zu ihrer Familie erhoffte. Vom Internat aus absolvierte sie ihr Abitur und blieb darüber hinaus ein weiteres halbes Jahr in dieser Einrichtung, um in einem nahegelegenen Heim für behinderte Kinder ein pädagogisches Praktikum zu machen. Zu jener Zeit nahm sie die Beratung dreieinhalb Jahre lang in Anspruch.

Melanie studiert zum Zeitpunkt des Interviews Psychologie an einer Universität im süddeutschen Raum. Sie engagiert sich im sozialen Bereich, unter anderem auch bei der Lebenshilfe.

Für die Zukunft stellt sie sich eine eigene Beratungspraxis vor, intakte Beziehungen und eine Familie mit Kindern. Auch liegt ihr etwas daran, weiterhin einen guten Kontakt zu ihrer Ursprungsfamilie zu pflegen.

Interview:
Melanie machte zwei Anläufe hinsichtlich der Beratungsmöglichkeit der Schule. Sie kann sich nicht mehr genau erinnern, warum sie das erste Mal nach einem Vierteljahr abgebrochen und Beratungstermine unentschuldigt hatte ausfallen lassen. Beim zweiten Versuch, die Beraterin aufzusuchen, erhielt sie die Unterstützung und Ermutigung von Seiten ihrer Mutter. Melanie schildert ihre Familie als „therapiefreundlich", da sowohl der spielabhängige Vater als auch die Mutter als mitbetroffene Ehefrau therapeutische Erfahrungen hatten, in die Melanie zeitweilig sogar mit einbezogen worden war. Diese Vorerfahrungen standen aber in keinem Verhältnis zu der von ihr selbst gewollten und gesuchten Beratung in der Adoleszenz.

Ihre Motivation zu kommen war ein tief sitzendes negatives Lebensgefühl, das sie sich selbst nicht richtig erklären konnte. Sie war vor allem von Ängsten geplagt: Angst, in der Schule zu versagen, Angst, Kontakt mit Gleichaltrigen aufzunehmen, und die Angst, ständig beobachtet zu werden. Sie hatte die Vorstellung, kein eigenes Ich zu besitzen und komisch zu wirken. Sie spürte sich nicht, fühlte sich starr wie eine Marionette und als ein Wesen, das mit einer Maske leben mußte. Das alles weckte in ihr den Eindruck, anders als die anderen Jugendlichen zu sein, die sich beispielsweise mit Liebeskummer herumquälten. Ihre Probleme ortete sie tiefer sitzend.

Hatte sie ursprünglich gedacht, daß sich ihre Ängste mit dem Eintritt ins Erwachsenenstadium von selber lösen würden, so sah sie sich zu Beginn der Beratung desillusioniert. Hoffnung lag allein in der Vision, daß sie in ihrer Kindheit glücklich gewesen war und daß eine Reaktivierung dieses Lebensgefühls möglich wäre. Ihr Bild der Kindheit und der Mutter war dennoch von Ambivalenz geprägt. Einerseits erlebte sie Vertrauen und Unterstützung in der Familie, andererseits verknüpfte sich ihre Erinnerung an die Kindheit auch mit autoritärer Freiheitseinschränkung und Schamgefühlen.

Schulische Probleme gab es für Melanie nur insoweit, wie ihre Kontaktfähigkeit angesprochen war. Intellektuell war sie den Leistungsanforderungen gewachsen. Ihre Persönlichkeitsproblematik spitzte sich im Laufe der Stufe 12 zu. Sie war nicht mehr in der Lage, die Schule zu besuchen; ein mehrmonatiger Klinikaufenthalt wurde eingeleitet. In dieser Zeit fühlte sie sich sehr gefährdet und nicht mehr normal. Sie schaffte die täglichen Anforderungen nicht, und Angst- und Schamgefühle nahmen überhand. Sie konnte keine Selbstakzeptanz aufbringen und war in Gefahr, in die Drogenszene abzurutschen. Die Furcht vor den Gleichaltrigen beruhte auf ihrer Vorstellung, dem Konkurrenzdruck nicht standhalten zu können und eine Außenseiterin zu sein.

In dieser Zeit hatte sie den Eindruck, an einer Grenze ihrer Existenz angelangt zu sein, die sie aus eigener Kraft nicht überwinden konnte, da sie ihr Ich als zu schwach erlebte. Auch die Hilfe der Familie griff nicht, weil sie zu sehr in deren Problematik verstrickt war. Aus diesem Grund brachte der Aufenthalt in der

Klinik erst einmal eine Distanz zum familiären Feld, die durch den darauf folgenden Umzug ins Internat ausgebaut und therapeutisch genutzt werden konnte. Sie blieb dort bis zum Abitur wohnen.

Melanie beschreibt ihren Beratungs- und Therapieprozeß als stetig vorwärtsschreitenden Lernprozeß, der ihr Aufklärung über sich selbst, ihre Kindheit und Familie brachte. In dem Maß, wie es ihr gelang, die Stärken und Schwächen ihrer Person zu erkennen und zu akzeptieren, wuchs ihre Bereitschaft, sich den Anforderungen und Konflikten des Alltags zu stellen und ihnen standzuhalten. Die Therapie bezeichnet sie als den bisher wichtigsten Abschnitt in ihrem Leben. Ohne diese wäre sie *untergegangen* und hätte nicht gelernt, ein Mensch und eine Persönlichkeit zu werden. Auf diese Weise wurde die Therapie für sie zu etwas Einmaligem und mit nichts anderem zu vergleichen.

Ihre Beziehung zur Beraterin und Therapeutin war durch absolutes Vertrauen gekennzeichnet. Als entscheidend für den Erfolg hielt sie die Einstellung und Haltung der Therapeutin, deren Aufmerksamkeit, Akzeptanz und ihr unübliches Engagement auch außerhalb der Therapie, wenn sie beispielsweise für sie bei den Lehrern intervenierte. Sie hatte den Eindruck, die Therapeutin wollte etwas bei ihr *retten*.

Das Ende der Therapie wurde von der Therapeutin herbeigeführt, die Melanie ermutigte, ihren Weg alleine weiterzugehen mit der Möglichkeit, im Krisenfall noch einmal die Beratung aufsuchen zu können. Dieser Fall trat nicht mehr ein, obwohl das Bedürfnis zu kommen gelegentlich bei ihr auftauchte. Was blieb, war eine generelle positive Einstellung zur therapeutischen Arbeit.

Der bleibende Erfolg der Therapie lag für Melanie in der Tatsache, daß sie durch sie befähigt worden war, ein Studium aufzugreifen, selbständig zu wohnen, ihre Partner kritisch wahrzunehmen und einen beständigen Freundeskreis aufzubauen. Vor allem aber konnte sie mehr Selbstgefühl und Selbstakzeptanz aufbringen. Als besonderen Vorteil streicht sie heraus, gelernt zu haben, sich und ihre Umwelt zu reflektieren, was ihr auch intellektuell im Studium zugute käme. Letztendlich wurde auch ihr Berufsziel, nämlich Psychologin mit dem Schwerpunkt klinische Psychologie zu werden, durch ihre Beratungs- und Therapieerfahrungen entscheidend mitbestimmt.

Anna: „Ich habe mich da einfach viel zu sehr geschämt"

Lebenslauf:

Anna wurde als Kind einer Slowakin und eines Griechen im Rheinland geboren. Sie wuchs dreisprachig auf, wobei das Deutsche letztendlich überwog. Die Mutter arbeitete als Angestellte in einer Baufirma, der Vater war Elektrikermeister. Die Ehe der Eltern und das Familienklima waren geprägt durch Gewalt und durch die permanente körperliche und seelische Mißhandlung von Anna und ihrem 5 Jahre älteren Bruder. Bereits mit 1 ½ Jahren wurden ihr fette Speisen und Rotwein eingeflößt, so daß das zierliche Kind früh mit Magen- und Leberproblemen zu kämpfen hatte. Bis in die Pubertät lief der Kampf mit der Mutter über eine Essensverweigerung bzw. Zwangsernährung.

Als sie 13 Jahre alt war, kam es zur Scheidung der Eltern. Abwechselnd wohnte sie bei der Mutter und dem Vater, aus dessen Wohnung sie bei Erreichen ihrer Volljährigkeit auszog, um der gewalttätigen Unterdrückung endgültig zu entgehen. Zusammen mit ihrem Bruder bezog sie eine Wohnung in W. und besuchte von dort aus das Gymnasium, in das sie seit der 7. Klasse ging. Die Schule durchlief sie problemlos, denn Schule und Lernen waren für sie Oasen der Ruhe und der Freiheit.

Als sie beraterische Hilfe suchte, war sie 18 ½ Jahre alt und absolvierte gerade die 12. Klasse. Auslöser war ein pädagogisches Thema im Unterricht. Einundeinhalb Jahre lang nahm sie die Beratung in Anspruch, einige Monate über das Abitur hinaus, das sie trotz aller psychischen Belastungen bestand. Während dieser Zeit verstarb ihr Bruder bei einem Auslandsaufenthalt, und sie zog ins Internat. Als sie für sich geklärt hatte, wo sie studieren und leben wollte, verließ sie W., das für sie mit so vielen schmerzhaften Erinnerungen verbunden blieb, endgültig, um in einer anderen Gegend Deutschlands zu wohnen.

Zum Zeitpunkt des Gesprächs ist Anna Töpferin. Sie hat sich mit einem kleinen Laden selbständig gemacht und studiert nebenbei Kunstgeschichte. Privat lebt sie in einer stabilen Partnerbeziehung. Ihr Lebensziel ist es, im Rahmen von Meditations- und therapeutischen Kursen ihre psychische und spirituelle Entwicklung weiter zu verfolgen.

Interview:

Als Anna um ein Beratungsgespräch nachsuchte, sollte sie sich als Schülerin eines Grundkurses Pädagogik mit dem Thema 'Kindesmißhandlung' beschäftigen. Schon die Ankündigung dieses Themas wirkte auf sie wie ein *Schlag*. Lange vergessene und verdrängte Erinnerungen aus dem familiären Milieu kamen mit einem Mal hoch und machten sie in extremer Weise unsicher und unruhig. Körperliche Mißhandlungen während ihrer ganzen Kindheit durch beide Eltern sowie eine kühle aber besitzergreifende Haltung der Mutter hatten sie an ihrem 18. Geburtstag aus dem Haus getrieben. Sie hatte mit ihrem fünf

Jahre älteren Bruder eine gemeinsame Wohnung bezogen. Ihre Loslösung von den Eltern war aber nur eine äußere, wie sie nun feststellte. Erst durch die Beschäftigung mit dem Unterrichtsthema wurde ihr deutlich, daß es nicht das ‚Normale' ist, wenn Eltern ihre Kindern mißhandeln. Die durch diese Erkenntnis freigesetzten Gefühle waren Scham, Verzweiflung und Wut. Vorher hatte sie eher zu Depressionen geneigt und den Eindruck gehabt, daß irgend etwas in ihrem Leben nicht stimmte. Dazu kam, daß es sie entsetzte, daß sie und ihr Bruder die autoritären, gewalttätigen Verhaltensweisen der Eltern in ihrem alltäglichen Zusammenleben wiederholten.

Sich mit ihren Problemen an die Beraterin, die auch ihre Pädagogiklehrerin war, zu wenden, kostete sie auf Grund ihres Schamgefühls eine große Überwindung. Da die Erinnerungen sie aber förmlich überschwemmten, sah sie keine Alternative zu diesem Schritt. Schule und Lehrer waren für sie immer positiv besetzt, insofern wirkte die Rollendoppelung der Lehrerin als Beraterin auf sie nicht abschreckend. Schule war für sie immer der Ort, an dem sie vor ihren Eltern sicher war, wo diese nicht hereinreden konnten – schon bildungsmäßig nicht. So wurde dies zu ihrem Bereich, in dem sie sich entfalten konnte und wo sie eine gewisse stabile Basis, in jedem Fall eine intellektuelle, herstellen konnte. Ihre Identitätsbildung führte über das Lernen in der Schule und über ihre Zugehörigkeit zu dieser Institution. In der Beratung wußte sie zunächst nicht eindeutig, was sie wollte. Ihr Kommen war zunächst ein Hilfeschrei, denn das, was sie erlebt hatte, wollte und mußte aus ihr heraus. Sie wollte reden, hatte aber Angst, daß dann etwas mit ihr passieren würde. Andererseits wußte sie, daß dieser Schritt in die Beratung eine Chance für ihr Leben bedeutete.

Ein weiterer, noch größerer Einbruch in ihrem Leben geschah ein knappes Jahr nach Therapiebeginn, als ihr Bruder im Ausland tödlich verunglückte. Ihr ganzes Lebenskonzept brach zusammen. Die Therapeutin war zu diesem Zeitpunkt die ihr am nächsten stehende Person, mit der sie diese Situation überstehen konnte. Sie bezeichnet diese Zeit als die dunkelste in ihrem Leben, die sie an den Rand des Suizids führte. Stabilisierend wirkte neben einer von da an intensivierten therapeutischen Arbeit der Umzug in das Internat der Schule, wo Erzieher sie mitbetreuten, so daß sie nach einem halben Jahr trotz aller Belastung ihr Abitur schaffte. In dieser existentiellen Krise zeigte Anna psychotische Reaktionen. Sie selbst kennzeichnet ihr Erleben in dieser Zeit als eine extreme Grenzsituation, in der sie sich nackt und ungeschützt fühlte. In dieser Ausnahmesituation kam auch ihre Mutterproblematik zum Vorschein und löste massive Verfolgungsängste in ihr aus.

Die Therapie erwies sich bei Anna als eine lebensrettende Weichenstellung. Sie schwankte zwischen dem Wunsch, alles hinter sich zu lassen und zu sterben, und lebensbejahenden Impulsen. Sie schildert ihre Entscheidung, leben zu wollen, wie ein Kipp-Phänomen: Es war so, als ob sie ein Licht anknipste. Sie sah plötzlich die Möglichkeit, ihrer Mutter und ihrer Vergangenheit und der dort erlebten Dunkelheit eine Art (inneres) Licht, etwas Eigenes, entgegenzusetzen und sich so als eigenständiges Wesen zu verstehen.

Die Therapeutin unterstützte sie bei dieser Wende durch ungewöhnliche Formen der therapeutischen Arbeit. In besonders gefährdeten Momenten nahm sie sie beispielsweise mit in ihren Privatbereich nach Hause oder fuhr sie zur Erledigung von Beerdigungsangelegenheiten durch die Stadt. Anna bewertet das Verhalten der Therapeutin als ungewöhnlich und nicht wiederholbar in ihrem Leben. Darüber hinaus erlebte sie die Therapeutin als sehr zugewandt und engagiert und gleichzeitig auch als distanziert, wobei sie sich ihrer Übertragungswünsche hinsichtlich einer symbiotischen Mutterbeziehung nachträglich bewußt geworden war.

Die Wirkung der Therapie auf ihre Persönlichkeitsentwicklung bewertet Anna sehr hoch. Hielt sie sich in der Zeit davor für unbewußt und unwissend, so sieht sie sich nun danach als jemand, die ein klareres Bewußtsein, ein größeres Selbstvertrauen und die Fähigkeit zur Gestaltung des Lebens besitzt, ohne daß dadurch alle ihre Probleme beseitigt wären. Sie geht seit Ende der Therapie ihren Weg, selbstbestimmt und mit einem Ja zum Leben.

Deutlich ist Anna geworden, daß sie nicht genügend Gefühl für ihren Körper entwickeln konnte, und das führte sie in andere Therapieprozesse. Der entscheidende Schritt zur Integration begann in ihrer ersten, der adoleszenten Therapie. Die Ablösung davon war schwierig, da Wünsche nach Festhalten und Geborgenheit nachhaltig waren. Als sie merkte, daß die Therapeutin die Therapie beenden wollte, sie aber dadurch nicht 'verstieß', suchte sie sich eine Lebenswelt auf dem Lande, wo sie mehr Natur und damit sich selbst spüren konnte. Sie zog aus der Stadt fort, die sie an ihre unglückliche Kindheit und den toten Bruder erinnerte. Sie sah dies als einen weiteren Schritt der Loslösung an, dessen Schwierigkeit aufgefangen wurde durch das Versprechen der Therapeutin, sie auch in Zukunft, solange der Bedarf da war, an 'langer Leine' zu unterstützen. Dieses Versprechen, das eine Art Vertrag zwischen beiden war, gab ihr die Möglichkeit, sich weiter und schließlich endgültig von dieser Phase ihres Lebens zu emanzipieren und auch beruflich ihre Lebensziele zu verfolgen.

Eva: „... daß ich einfach die Verrückte bin und die Vernünftige"

Lebenslauf:

Eva wurde in Rumänien geboren. Die Mutter wollte das Kind eigentlich abtreiben, weil sie sich in der Ehe mit dem Vater überfordert fühlte. Der Vater setzte sich für das Leben des Kindes ein, und nach der Geburt konnte auch die Mutter Evas Existenz akzeptieren.

Als Kleinkind wurde bei ihr eine starke Sprachverzögerung diagnostiziert, die nach medizinischen und neurologischen Untersuchungen aber nicht auf einem organischen Befund beruhte. Übrig blieb ein Stottern. Als Eva zur gleichen Zeit wegen angeblicher Debilität ärztlicherseits in ein Heim eingewiesen werden sollte, setzte sich der Vater erneut für sie ein und ließ ihr zu Hause die nötige Fürsorge zuteil werden.

Beide Eltern waren in Evas Kindheit berufstätig. Der Vater war Ingenieur und als Ausbilder an einer technischen Hochschule beschäftigt, die Mutter arbeitete als Kassiererin in einem großen Warenhaus. Das Kind wurde von einer Tagesmutter betreut, die es wie eine Großmutter liebte. Es gab Spannungen in der Ehe. Eva erinnert sich, daß der Vater gelegentlich die Wohnung kleinschlagen konnte. Als sie 7 Jahre alt war, wurde ein Bruder und 3 Jahre später noch Zwillinge, zwei Mädchen, geboren.

Eva durchlief den in Rumänien üblichen Bildungsweg problemlos: 2 Jahre Kinderkrippe, 5 Jahre Kindergarten, 8 Jahre Grundschule. Danach bestand sie die Aufnahmeprüfung für das Gymnasium.

Als sie 16 war, siedelte die Familie nach Deutschland über. 3 Jahre später wurde die Ehe geschieden, die Kinder blieben bei der Mutter. Eva kam in das Gymnasium und Internat in W., um hier besonders gefördert zu werden.

Die Beratung suchte Eva auf, als sie 20 Jahre alt war und die Stufe 12 des Gymnasiums besuchte. Das Gefühl der Überforderung hatte sie in ihrem Leben eingeholt. Da sie sich in Hinblick auf exzessiven Alkoholgenuß gefährdet fühlte, die symbiotische Abhängigkeit von einem Freund sie beschäftigte und ihr ein Leistungseinbruch in der Schule drohte, wollte sie mit Hilfe der Beratung ihr Leben neu ordnen und sich Orientierung verschaffen. Nach einem dreiviertel Jahr konnte sie den Beratungsprozeß abschließen, suchte jedoch nach ihrem Abitur, das sie mit durchschnittlichen Noten bestand, die Beraterin noch einmal zu einem Krisengespräch auf.

Nach einem längeren Praktikum als Erziehungshelferin im Internat verließ sie die Einrichtung endgültig. Zum Zeitpunkt des Interviews studiert sie mit Erfolg an einer Universität die Fächer Sozialwissenschaft und Politik mit dem Studienziel des Diploms. Ihr Berufs- und Lebensziel ist es, einmal selbständig in der Erwachsenenbildung zu arbeiten. Sie möchte auch eine eigene Familie gründen, wenn es sich ergeben sollte.

Interview:

Als Eva die Beratung aufsuchte, stand sie gut ein Jahr vor dem Abitur. Sie wohnte als Schülerin der Schule im angeschlossenen Internat. Der Anlaß für ihr Kommen waren in erster Linie Alkoholprobleme und ein schulischer Leistungsabfall, der sie befürchten ließ, daß sie den Schulabschluß nicht problemlos schaffen würde.

Trotz großer Schamgefühle und der Angst, durch die Beratung in eine hilflose Gefühlssituation zu geraten, war ihre innere Not so stark, daß sie um psychologische Hilfe nachsuchte. Es beruhigte sie, daß sie von anderen Schülern hörte, daß diese gute Erfahrungen mit der Beratung gemacht hatten.

Sie suchte die Beraterin ungefähr ein dreiviertel Jahr lang auf. Eine Kumulation von Problemen hatte dazu geführt, daß sie immer öfter zur Flasche griff. Es waren die Auseinandersetzungen mit beiden Eltern, die sich getrennt hatten, Schwierigkeiten mit dem Freund und in der Schule, vor allem mit einer Lehrerin, die sie tief verunsicherten. Sie, die sich sonst immer imstande wähnte, ihre Probleme selbständig zu lösen, fühlte sich dazu plötzlich nicht mehr in der Lage. Als sie selbst merkte, daß sie in Gefahr war, vom Alkohol abhängig zu werden, entschloß sie sich, sich mit ihren Fragen an eine Therapeutin zu wenden.

Bis dahin war es ihr gelungen, eine intakte Fassade nach außen aufrecht zu erhalten, nun erlebte sie es in der Beratungssituation als schmerzhaft und beschämend, diesen Schutz aufgeben zu müssen und sich der Beraterin gegenüber zu öffnen, um über ihre Mißerfolge zu sprechen. Obwohl sie schnell eine vertrauensvolle Beziehung zur Beraterin herstellte, blieb eine Zeit lang ein Rest von Mißtrauen bestehen. Dies machte sie an der Ungleichgewichtigkeit der Rollen im therapeutischen Dialog fest. Wie den anderen Mädchen war es auch ihr gestattet, die Therapeutin im Notfall anzurufen, doch ihr Impuls, sich abzugrenzen und diese nicht privat in Anspruch zu nehmen, war stark ausgeprägt. Trotz aller inneren Vorsicht entwickelte sie eine Bindung an die Beraterin, die sich auch darin zeigte, wie sie ihre Freude über die Möglichkeit des Wiedersehens anläßlich des Interviews äußerte.

Bevor Eva in die Beratung kam, hatte sie versucht, ihre Probleme mit Alkohol und Tabletten zu lösen und durch einen Suizidversuch auf sich aufmerksam zu machen. Selbst erschrocken über ihr Verhalten, hatte sie die Praxis eines Psychiaters aufgesucht, war jedoch durch die sterile und unpersönliche Atmosphäre, die ihr Mißtrauen in solche Einrichtungen nur genährt hatte, abgeschreckt worden.

Ein die Beratung begleitendes Thema war die Sprachstörung Evas, unter der sie seit ihrer frühesten Kindheit litt und durch die auf Grund der Neckereien anderer Kinder ihr Selbstwertgefühl gemindert war, obwohl sie damals auch die hilfreiche und fördernde Unterstützung beider Eltern erfahren hatte. Ein anderes traumatisches Erlebnis ihrer Kindheit, das sie beschäftigte, war eine sexuelle

Belästigung durch einen Onkel. Die geglückten sexuellen Erfahrungen mit ihrem ersten Freund, den sie im Internat kennenlernte, empfand sie in diesem Zusammenhang als heilsam und heilend.

Eva zeigt sich davon überzeugt, daß sie durch die Beratung die Fähigkeit wiedergewonnen hat, ihre Probleme selbst zu lösen und ihre Autonomie wiederherzustellen. Dafür brauchte sie nun nicht mehr die vergnügte Maske aufzusetzen, sondern konnte auch ihre schwachen und dunklen Seiten zeigen. Dieser Zugewinn an persönlicher Entwicklung eröffnete ihr neue zuverlässige Freundschaften. Brauchte sie in der Phase der Beratung noch die scheinbare Sicherheit einer absolut symbiotischen Beziehung mit ihrem ersten Freund, so ist sie zum Zeitpunkt des Interviews stolz darauf, sich daraus gelöst zu haben und sich nun unabhängiger, selbstsicherer und selbständiger in Männerbeziehungen zu verhalten.

Im Zusammenhang der Loslösung aus ihrer symbiotischen Partnerbeziehung suchte sie nach Ablauf der Beratung noch einmal die Beraterin im Internat auf, um sich über ihre Beziehung klarzuwerden, die möglicherweise ihre Abhängigkeit fixiert hätte. Als ein Ergebnis der Beratung konstatiert sie, daß sie einen Zuwachs an Kenntnis ihrer selbst gewonnen hat und seitdem mit gestärktem Selbstbewußtsein ihren Ausbildungsweg beschreitet.

Die anfänglichen Vorurteile Evas gegenüber Beratung und Therapie lösten sich im Laufe des Prozesses auf. Heute rät sie anderen zu einem solchen Schritt und erzählt freimütig von ihren eigenen Erfahrungen. Hilfreich am Verhalten der Therapeutin empfand sie vor allem das geduldige Zuhören, das Erklären unverständlicher Lebenszusammenhänge und die moralische Neutralität, die ihre Scham- und Schuldgefühle verringern halfen.

Zum Zeitpunkt des Interviews erlebt sich Eva als kompetente und erfolgreiche Studentin der Sozialwissenschaft, die ihr Leben im Griff hat, es genießt und es in die Zukunft hinein plant.

Regine: „Du bist ja doch nicht so'n Eisblock"

Lebenslauf:

Geboren wurde Regine in der Eifel. Ihre Kindheit und frühe Jugend verbrachte sie zunächst in einer westfälischen Kreisstadt, wo ihr Vater als Finanzbeamter tätig war. Über ihre Geburt weiß sie zu berichten, daß ihre Mutter auf Grund einer Steißlage des Kindes durch Kaiserschnitt entbinden mußte. So wurde sie drei Wochen zu früh geboren. Sie ist das jüngste Kind.

In dem von ihr als äußerst kühl empfundenen Familienklima konnte sie nur zu ihrem drei Jahre älteren Bruder ein enges und vertrautes Verhältnis aufbauen. Die Mutter ging bis zur Einschulung Regines mit sechs Jahren keiner Beschäftigung nach, danach übte sie verschiedene Jobs aus.

Regines Kindheit und Grundschulzeit verlief unauffällig. In der Unter- und Mittelstufe des Gymnasiums am Heimatort war sie äußerlich ruhig, angepaßt und kontaktscheu. Innerlich erlebte sie die Schule von der 7. Klasse an mit notorischer Unlust. Sie produzierte psychosomatische Störungen im Gallen- und Magenbereich. Nachdem sie die 10. Klasse wiederholen mußte, wechselte sie auf das Gymnasium in W. Dort blühte sie zunächst auf, brachte gute Leistungen und fand eine sehr gute Freundin.

Mit 18 Jahren, sie war in die 12. Jahrgangsstufe versetzt, suchte sie jedoch die Beratung auf, weil sie nach mehreren Suizidversuchen immer noch von drängenden suizidalen Gedanken gequält wurde. Ihre Motivation war, daß sie sich selbst und ihre Gefühle besser kennenlernen wollte. Nach gut einem halben Jahr beendete sie die Beratung, um einige Monate später ihr Abitur mit überdurchschnittlichen Noten zu bestehen.

Zum Zeitpunkt des Interviews bereitet Regine sich auf ein Medizinstudium vor mit dem Berufsziel, Psychoanalytikerin und Psychiaterin, besonders für Kinder und Jugendliche, zu werden. Sie kann sich auch gut vorstellen, einmal zu heiraten, *wenn es sich ergibt.* Dies ist aber nicht das im Vordergrund stehende Ziel ihres Lebens.

Interview:

In die Beratung kam Regine aus eigenem Antrieb. Sie war zu diesem Schritt von Freunden und besonders von einer sehr guten Freundin, die selbst Beratungserfahrungen hatte, ermutigt und unterstützt worden.

Anlaß ihrer Hilfesuche waren wiederkehrende Suizidgedanken und -versuche und Selbstbeschädigungstendenzen („Ritzen"), die sie selbst auf eine *emotional kalte Kinderstube,* in der Gefühlsäußerungen und körperliche Nähe nicht vorkamen, zurückführte. Im Rückblick auf die früheren Lebensphasen kam ihr auch die Erinnerung eines sexuellen Mißbrauchs zu Bewußtsein, den sie im Alter von 12 Jahren durch einen Bekannten ihrer Eltern erlitten hatte.

Die erste Beratungsstunde erlebte Regine bereits als sehr angenehm, da sie eine *vertrauliche Atmosphäre* evozierte. Die nicht drängende, sondern vorsichtige und akzeptierende Haltung der Therapeutin und ihr gutes Einfühlungsvermögen schufen Vertrauen und gaben ihr Sicherheit. Der gesamten Therapiephase schreibt sie einen äußerst wichtigen Stellenwert in ihrem Leben zu. Sie ist sich sicher, daß sie diese Zeit auch später nicht vergessen wird, weil ihr dabei sehr viel über sich selbst und ihre Beweggründe klar geworden ist.

Im Kontext der Beratung spielten die Gespräche mit ihrer im Internat wohnenden Freundin eine nicht wegzudenkende stützende Rolle. Sie hatten co-therapeutische Bedeutungen und Wirkungen.

Regines Themen waren neben ihrem Empfinden eines emotionalen Defizits, neben der Mißbrauchsgeschichte und den *daraus resultierenden Ängsten* vor allem die *Differenz zwischen meinem wirklichen Ich* und den von ihr entwickelten Ich-Idealen. Diese Probleme waren für sie schließlich soweit geklärt, daß sie der Überzeugung war, den Rest allein und mit ihren Freunden bewältigen zu können. Ihre Eltern hatte sie in ihre Beratungspläne nicht eingeweiht. Da ihr Wunsch nach Anerkennung und Zuwendung durch diese niemals erfüllt worden war, gelang es ihr in der Zeitspanne der Beratung, sich innerlich weitgehend von ihnen und den Hoffnungen, die sie auf die elterliche Liebe gesetzt hatte, zu lösen. Gleichzeitig erfuhren ihre Freundschaften eine andere Tiefe, weil es ihr zunehmend gelang, ihren Gefühlen Ausdruck zu verleihen.

Entsprechend den Vorgaben ihrer Kindheit hatte Regine ein sehr negatives Verhältnis zu ihrem Körper. Mit Drogen suchte sie eine Weile nach neuen körperlichen und bewußtseinsmäßigen Erfahrungen. Direkt gefährdet fühlte sie sich durch diesen Konsum nie. Ihr Verhältnis zu ihrer eigenen Sexualität war distanziert und kühl; erotische und sexuelle Praktiken erlebte sie unpersönlich und ohne innere Beteiligung. Ihren Körper konnte sie anfangs nur spüren, wenn sie sich *mit scharfen Gegenständen* Verletzungen zufügte. Durch die Therapie gelang es ihr, ein positiveres Verhältnis zu ihrem Körper und zur Sexualität aufzubauen.

Es bestärkt Regines Selbstakzeptanz und ihr Selbstwertgefühl, wenn sie schwerpunktmäßig und vorwiegend ihren Lebenssinn in altruistischen Zielen sieht, nämlich für andere mehr da zu sein als für sich selbst. Doch meint sie, im Nachhinein durch die therapeutische Beziehung auch hier eine größere innere Balance gefunden zu haben.

Besonders gefallen hat Regine die unkonventionelle Art der Therapeutin, die es ihr ermöglichte, einmal eine Freundin mit in die Beratungsstunde zu bringen. Ein anderes Mal durfte sie einen Rollentausch mit der Therapeutin vornehmen, indem sie in deren Rolle schlüpfte und diese bereit war, Klientin zu sein.

In dem Bewußtsein, daß die schulische Beratung für sie kostenlos war und daß sie durch die Schule so viele positive Anregungen bekommen hat, entwickelte sie den Plan, später einmal zurückzugeben, was ihr dort geschenkt wurde. Nach dem Studium der Medizin und der Ausbildung zur Psychoanalytikerin beabsichtigt sie, eine Zeitlang Jugendlichen der Schule und des Internats umsonst Therapie anzubieten.

Diana: „Es war für mich so'n Zustand zwischen Leben und Tod"

Lebenslauf:

Diana wurde im Rheinland geboren und verbrachte dort auch ihre Kindheit und Jugend. Die Geburt verlief nicht ganz konfliktlos. Die Wehen mußten eingeleitet werden, nachdem bereits zuvor der Muttermund künstlich zugebunden worden war. Die Mutter, zur Realschullehrerin ausgebildet, übte ihren Beruf nur bis zur Geburt des Kindes aus und widmete sich dann ganz der Kindererziehung. Der Vater, ein promovierter Naturwissenschaftler, bekleidete eine gute Stelle in einem großen Unternehmen.

Dianas Kindheit verlief normal, wenn man von einer gewissen gesundheitlichen Anfälligkeit absieht. Als ungewöhnlich wurde die Art ihrer geäußerten Gedanken vermerkt. Sie besuchte den Kindergarten und machte dort von sich reden, indem sie sich Geschichten ausdachte und dann nach eigenem Gutdünken die Rollen an die anderen Kinder verteilte. Diana war ein gut behütetes, verwöhntes und eigenwilliges Einzelkind, das aber mit sehr hohen Leistungsanforderungen seiner Eltern konfrontiert wurde.

Bis zur Klasse 10 durchlief sie das Gymnasium problemlos. In dieser Zeit, sie war 16 Jahre alt, zeigten sich erstmals ihre psychischen Probleme. Sie wechselte auf das Gymnasium in W. Vor dem Schulwechsel und unmittelbar danach verübte sie mehrere Suizidversuche und wurde zweimal in eine jugendpsychiatrische Einrichtung eingewiesen. Danach erfolgte auf ihren eigenen Wunsch und mit Unterstützung des Internats- und Schulleiters sowie ihrer Eltern die Unterbringung im Internat in W.

In diesem Zusammenhang begann sie 17jährig eine siebenjährige therapeutische Beratung. Was zunächst als eine entscheidende Bedingung ihres Internatsaufenthaltes festgesetzt worden war, entwickelte sich bald zu einer freiwilligen Teilnahme an der Beratung. Die Themen, die sie einbrachte, waren vielfältiger Art: die schwierige Beziehung zu ihren Eltern, die Isolierung im Klassenverband, Lernhemmungen und immer wieder suizidale Gedanken. Aufgrund massiver Leistungsblockaden und vielfältiger somatischer Beschwerden setzte sie in der Oberstufe ein Schuljahr aus mit dem Wunsch, in einer eigenen Wohnung ein selbständiges Leben zu beginnen. Nach einem gut bestandenen Abitur dauerte es dann noch drei Jahre, in denen sie neue Wohn- und Studienorte erkundete, bis sie die richtige Studienwahl getroffen und den passenden Wohnort für sich gefunden hatte.

Zum Zeitpunkt des Interviews führt Diana ein selbständiges Leben und studiert mit gutem Erfolg Germanistik und Pädagogik. Daneben hat sie eine Ausbildung zur Yogalehrerin begonnen. Ihre Zukunftspläne haben mit Sprache, Schreiben und Theater zu tun.

Interview:
Diana wurde zur Therapie verpflichtet, als der Internatsleiter sie mit dem Einverständnis des Direktors und ihrer Eltern aus der Jugendpsychiatrie *herausbeförderte* und im Internat aufnahm. Zu diesem Zeitpunkt besuchte sie nach einem Schulwechsel erneut die 10. Klasse des Gymnasiums in W. Die psychiatrische Einweisung hatten die Eltern für notwendig befunden, weil sie zu Hause bereits den zweiten Suizidversuch unternommen hatte.

Die verschiedenen Vorerfahrungen mit Therapie, die Diana bis dahin gemacht hatte, spielten anfangs eine entscheidende Rolle in der Beziehung zur Beraterin, zu der sie kein Vertrauen finden konnte und die von ihr skeptisch beargwöhnt wurde. Entscheidend war dann für sie das Erlebnis, daß diese ihre Arbeit nicht nur als einen Job verstand, so wie sie es anderen Orts bei Psychologen erlebt hatte, sondern daß sie sie emotional erreichen konnte.

Die Therapie dauerte insgesamt fast acht Jahre, weit über die Schulzeit hinaus. Am Anfang war das Hauptthema Dianas, ob sie überhaupt leben wollte. Nur die Angst, wieder in die Jugendpsychiatrie eingeliefert zu werden, hielt sie davon ab, ständig neue Suizidversuche zu machen. Weitere Themen in ihrer therapeutischen Arbeit waren die Auseinandersetzungen mit ihren Eltern und deren Erziehungsversuchen an ihr, ihr Perfektionismus in Leistungsdingen, der sie massiv unter Druck setzte, ihre hohen Ansprüche an Menschen und das Leben schlechthin. Auch ihre Beziehungen zu Männern spielten thematisch eine Rolle, weil sie sich in solchen Bezügen am ehesten heimisch fühlen konnte.

Als Diana Vertrauen zur Therapeutin gefaßt hatte, brachte sie auch ihre selbstverfaßten Gedichte mit, die sie in früheren Therapien nie preisgegeben hatte.

Bevor sie entscheiden konnte, sich dem Leistungsdruck des Abiturs zu stellen, ließ sie sich für ein Jahr aus der Schule beurlauben. Sie wollte herausfinden, ob sie sich ein Lernen aus eigener Motivation und nicht nur aus Angst vor den Eltern und den Psychiatern, die ihr gesagt hatten, daß sie psychisch nicht in der Lage sei, ihr Abitur zu machen, vorstellen und umsetzen könnte.

Besonders einschneidend war für sie die Erfahrung, daß sie als Person für die Therapeutin wichtig war, daß diese *nicht nur ihr Geld [da] mit verdient.* Die Beziehung zu ihren Eltern klassifizierte sie im Gegensatz dazu als ein Tauschgeschäft, bei dem sie die Eltern mit *guten Noten oder mit Emotionen* bezahlte und dafür Geld bekam. Als äußerst wichtigen Aspekt der Therapie stellte sie heraus: *daß ich erwünscht war.* Sie erlebte, daß sie eine große Bedeutung für die Therapeutin besaß, weil sie diese auch verletzen konnte. Von entscheidender Wichtigkeit war, daß sie nicht als ein „Fall" von Geisteskrankheit diagnostiziert, sondern als ein Mensch angesehen wurde, bei dem nur etwas *verrutscht* war. Im landläufigen Sinne als 'verrückt' abgestempelt zu werden, wäre für sie einer Vernichtung gleichgekommen. So wurde es für sie zu einer schwierigen Herausforderung, mit der Tatsache klarzukommen, daß einige Personen ihres sozialen Umfeldes von ihrer Therapie wußten. Die Angst vor einer

Stigmatisierung durch andere blieb bis zum Ende der Therapie und darüber hinaus tief verwurzelt in ihr.

Das Vertrauen in die Verläßlichkeit der Therapeutin wuchs, so daß sie sich sicher wurde, in Notsituationen immer mit ihrer Hilfe rechnen zu können. Das war insofern ein wichtiger Schritt, als sie eigentlich alle Erwachsenen, auch die Eltern, nur als Feinde ansehen konnte und sie hassen mußte.

Nach dem Abitur durchlebte Diana eine Phase der Regression. Sie hatte das Gefühl, für diese enorme Anstrengung nun auch belohnt werden zu müssen, und so agierte sie in der Therapie wie ein Kleinkind, das den unersättlichen Wunsch nach mütterlicher Versorgung hatte. In dieser Lebensspanne war die Fortsetzung der therapeutischen Arbeit von großer Bedeutung. Neue Themen gewannen an Wichtigkeit: ihre Beziehung zu ihrem Körper und ihr Ringen um Kraft und Gesundheit, ein Verständnis für ihre gelegentlich exzentrischen Gefühle, die Auseinandersetzung mit ihrem Freund und ihre Abhängigkeit in dieser Beziehung. Sie begann zu experimentieren mit sportlichen Aktivitäten, vor allem mit Tanz und Yoga, um ihre Körperlichkeit und damit sich selbst zu entdecken.

Das Thema 'Wie kann ich lernen?' blieb weiterhin ein zentrales, da eine produktive Lösung dieses Problems für die Wahl eines Universitätsstudiums entscheidend sein würde. In dieser Therapiephase ging es um Selbständigwerden und das Übernehmen von Verantwortung.

Diana betrachtete die gesamte Therapie als einen Überlebenskampf, den die Therapeutin mit ihr zusammen führte. Als ein wichtiges Ergebnis formuliert sie für sich, daß sie gelernt hat, zu hoffen und das Leben als einen fortlaufenden Prozeß mit Höhen und Tiefen anzusehen, den man aushalten muß.

Das Ende der Therapie war für sie ein sanfter Übergang in ein selbständiges Leben. Sie fühlte sich imstande, nun auf sich selbst acht zu geben, so wie die Therapeutin es vorher für sie getan hatte. Ihre Therapie bedeutete für sie, gelernt zu haben, *wie man es gut mit sich machen kann.*

Beatrix: „Vertrauen. Das war im Prinzip das einzige, von vorne bis hinten"

Lebenslauf:
Beatrix wurde in Hessen als Tochter eines Bauunternehmers und einer Maskenbildnerin, die sich am Theater ihr Geld verdiente, geboren. Als die Eltern sich trennten, wobei auch der Alkohol zur Zerrüttung der Ehe beitrug, war sie sechs Jahre alt. Über ihre Kindheit weiß sie nur noch, daß sie in diesem Alter ein Zimmer in Brand gesteckt und mit vier Jahren Möbel vom Balkon geworfen hat. Die tragenden Leitfiguren in ihrem Leben waren nicht ihre Eltern, zu denen sie keine innere Bindung aufbauen konnte, sondern ihre Großeltern mütterlicherseits. Der Großvater war es, der ihr Schwimmen und Radfahren beibrachte.
Die ganze Schulzeit war für sie eine problembesetzte Zeit. Durch Wohnungswechsel bedingt mußte sie mehrmals die Schulen wechseln. Sie verbrachte vom 10. bis zum 11. Lebensjahr eine Zeit in einer von Nonnen geführten Internatsschule, von der sie wegen Aufsässigkeit verwiesen wurde. Einmal mußte sie in einer Realschule eine Klasse wiederholen. Dennoch gelang es ihr, nach dem erfolgreichen Abschluß dort das Gymnasium in W. zu besuchen und nach vier Jahren das Abitur zu machen.
In die Beratung kam Beatrix auf Veranlassung des Internatsleiters, der ihr eine Wohnmöglichkeit im Internat verschaffte, nachdem sie endgültig die Wohnung ihrer Mutter verlassen hatte. Sie war zu diesem Zeitpunkt 21 Jahre alt und besuchte die 12. Klasse. Gründe für die Inanspruchnahme der Beratung waren eben dieses Zerwürfnis mit der Mutter, nachlassende Leistungen in der Schule und eine depressive Grundstimmung, die dazu führte, daß sie beispielsweise morgens nicht mehr aufstand. Die Beratung, die sie zunächst pflichtmäßig begann, dann aber freiwillig fortsetzte, dauerte fünf Jahre und begleitete sie über das Abitur hinaus bis in die Studienzeit bzw. Ausbildungszeit. Sie beinhaltete auch eine Trauerbegleitung nach dem plötzlichen Tod der Mutter.
Zum Zeitpunkt des Interviews macht Beatrix eine Ausbildung zur Tierarzthelferin, die sie nach vier Studiensemestern Diplom-Pädagogik begonnen hat. Als ihr Lebensziel formuliert sie, eine gute Arbeitsstelle zu haben, die es ihr ermöglicht, sich und ihren Tieren, besonders dem Pferd, das ihr der Großvater geschenkt hat, *ein zufriedenes Leben zu gönnen.*

Interview:
Beatrix kam zunächst nicht freiwillig in die Beratung. Als Schülerin nahm sie beim Internatsleiter am Unterricht teil, und ihre Reaktionen dort machten deutlich, daß sie Probleme hatte. Er bot ihr daraufhin an, sie im Internat aufzunehmen, falls die Schwierigkeiten mit ihrer Mutter zu groß würden. Eines Nachts im November erschien sie im Internat, nachdem sie von zu Hause fortgelaufen war. Sie bekam dort, wie versprochen, einen Platz und eine Frei-

stelle; die einzige Bedingung seitens der Institution war, daß sie im Rahmen ihres Schulbesuchs die Beratung aufsuchen sollte.

Dies tat sie sehr ungern, weil sie nicht für *bekloppt* und *bescheuert* gelten wollte und weil sie sehr schlechte Erfahrungen mit früheren Besuchen bei Psychologen gemacht hatte. In einem anderen Internat waren ihre Äußerungen aus einem Beratungsgespräch sofort der Internatsleitung hinterbracht worden. Zuerst war sie voller Abwehr, obwohl sie sich die Beraterin aussuchen konnte. Sie entschied sich für eine, die sie aufgrund ihrer engen Zusammenarbeit mit dem Internatsleiter für *in Ordnung* hielt.

Sie kann zum Zeitpunkt des Interviews nicht genau benennen, was die Therapie, die sie dann viereinhalb Jahre in Anspruch nahm, bei ihr verändert hat, obwohl sie von der grundlegenden Bedeutung dieser Phase in ihrem Leben überzeugt ist. Für sie war das Wichtigste, Vertrauen fassen zu können zu einer Person, eben zu dieser Beraterin und Therapeutin. *Sie war da* und *da kannste hingehen, und sie meint es auch noch ernst.* Und die Therapeutin konnte auch ihr Schweigen aushalten, das über Jahre anhielt.

Die Eltern waren keine positiven Bezugspersonen, der Vater verschwand aus ihrem Leben, als sie sechs Jahre alt war. Die Beziehung zur Mutter schildert sie als rein äußerlich: *Ich hab bei ihr gewohnt, und das war einzig und allein alles.* Beatrix möchte sich nach dem Tod der Mutter nicht weiter dazu äußern. Ihre eigentlichen Bezugspersonen waren die Großeltern mütterlicherseits, die ihr vieles beibrachten und zukommen ließen, bei denen sie aber nie wohnte. Einige wenige Freundinnen stammen aus der Schulzeit, vor allem aber aus der Zeit ihres Internatsaufenthaltes.

Beatrix war sehr unzufrieden mit sich selbst, mit ihrem Körper, mit der ganzen Welt: *das war alles in allem Scheiße.* Auch Sexualität und Drogen wurden auf diese Weise abgelehnt, Zigaretten allerdings konsumiert.

Sie hat große Schwierigkeiten, den Einfluß der Therapie auf ihr Leben zu benennen. Was sie gelernt hatte, merkte sie eigentlich nur darin, daß sie während einer Praktikumszeit in einer pädagogischen Einrichtung versuchte, in der Art ihrer Therapeutin auf die Kinder einzuwirken.

Die absoluten Tiefpunkte der Beratung, die Momente, in denen sie meinte: *da ging gar nichts mehr*, wurden durch die spontanen und authentischen Reaktionen der Therapeutin auch zu Höhepunkten, weil sie Beatrix' Starre aufbrechen halfen. Nach dem weitgehenden Schweigen in den ersten anderthalb Jahren der Therapie kamen später auch Äußerungen, beispielsweise Briefe von Beatrix, die nach der Stunde geschrieben und in der nächsten Stunde besprochen wurden. Schließlich gab es auch gemeinsame Spaziergänge und Teestunden, weil ihr das Reden dabei leichter fiel.

Resultat der Therapie ist augenscheinlich der Schritt vom Mißtrauen zum Vertrauen, wobei die Vorsicht in Beziehungen erhalten bleibt. Beatrix könnte sich eine weitere Therapie nur mit einem Menschen vorstellen, den sie kennt und dem sie vertraut.

Mit der Örtlichkeit in W., der relativen Öffentlichkeit der Beratungssituation im Internat, hatte sie entsprechend große Schwierigkeiten. Sehr schwer fiel es ihr auch, sich in dem gesetzten Zeitrahmen zu bewegen. In der Regel brauchte sie eine halbe Stunde, um einen Anfang zu finden, und in der kurzen noch verbleibenden Zeit ließ sie sich auf nichts mehr ein, weil sie meinte, daß es sich doch nicht mehr lohnte. Ihre Abwehrstrukturen erlebte sie als tief verankert. Als ihr die Therapeutin gelegentlich andere Beratungsmodalitäten einräumte, lief es für sie besser.

Trotz einer weiterhin tief resignierten Haltung in Bezug auf die eigene Fähigkeit, Vertrauen zu entwickeln, ist etwas in ihr in Bewegung geraten. Sie kann anders mit ihrer Grundbefindlichkeit umgehen, und sie kann auf Menschen zugehen. Ihr Lebensziel ist *leben* und *mein armes Pferd ernähren.* Der Umgang mit Tieren, auch mit dem Hund der Therapeutin, war für sie stets unkompliziert und von besonderer Art. Tiere bieten ihr Trost und den Sinn im Leben, den sie woanders nicht zu finden meint.

Beatrix sieht sich zum Zeitpunkt der Befragung neu imstande, auch unangenehme Situationen, wie die für sie schwierige Ausbildungszeit und das kommunikative Arrangement des Interviews mit Mikrofon, anzugehen und durchzustehen.

Zusammenfassung

Ausgehend von der Grundannahme, daß eine psychosoziale Beratung Jugendlicher in der Lebensspanne der Spätadoleszenz für diese ein kritisches Lebensereignis bedeutet, dem ein herausragender Stellenwert im individuellen Lebenslauf zugewiesen wird, wurden problemzentrierte, leitfadengestützte Interviews mit (ursprünglich) neun jungen Frauen durchgeführt.

Die Auswertung der katamnestischen Interviews, bei denen es um die Retrospektive auf ein Beratungserleben von unterschiedlicher Zeitdauer ging, erfolgte mit den Methoden der qualitativen Forschung (Grounded Theory), dem tiefenhermeneutischen Interpretationsansatz (*Leithäuser/Volmerg*) und der Metaphernanalyse (*Buchholz* und *Schmitt*) unter Berücksichtigung biographieanalytischer Gesichtspunkte.

Auf der Basis der Einzelfallanalysen und ausgehend von der Komparation der erarbeiteten Kernsätze und Sinnkategorien lassen sich folgende Ergebnisse der explorativen Studie formulieren:

• Beratungs- oder Therapieerfahrungen in der Phase der Spät- und Postadoleszenz haben – aus der Rückschau betrachtet – eine eminente Bedeutung in der Biographie junger Frauen, ohne daß eine zeitliche Distanz dies minimiert.

• Inhaltlich wird Beratung/Therapie sowohl als hindernisreicher Entwicklungsweg als auch als ein Augenblicksereignis, als ein tiefgreifender Wendepunkt und eine existentielle Krise erlebt, die die Notwendigkeit einer Neuorientierung signalisiert und fordert. In diesem Kontext werden unterschiedlich strukturierte Entwicklungsaufgaben (kognitiv, affektiv, sozial, normativ) wahrgenommen und angegangen.

• Eine entscheidende Rolle in dem endopsychischen Entwicklungsprozeß der weiblichen Spätadoleszenten wird der Beraterin/ Therapeutin als Wegbegleiterin dieses Geschehens zugewiesen, die durch eine 'mütterliche' Haltung, durch unkonventionelle sozialtherapeutische und schulpädagogische Interventionen und Maßnahmen die noch nicht genügend gefestigte Lebensbasis der Jugendlichen stärkt.

• Wichtig für die Wahrnehmung eines Moratoriums, das Entwicklung ermöglicht und Entwicklungsdefizite auszugleichen hilft, ist der neutrale, geschützte Raum und die zeitliche Möglichkeit, die eine Beratung bieten. Dieser Raum schafft die nötige psychische und räumliche Distanz zu den Eltern und unterstützt die notwendige Ablösung.

- Neuorientierung und Neuentscheidung suchen die spätadoleszenten Jugendlichen vor allem im Bereich ihrer Persönlichkeitsorganisation und ihres Selbstbildes. Defizitäre Selbstaspekte werden auf einem neuen Reflexionsniveau betrachtet und neue Formen psychischer und lebenspraktischer Selbstunterstützung entwickelt und ausprobiert.

- Um diese Reorganisation der Persönlichkeit zu erreichen, werden die weiblichen Spätadoleszenten mit verschiedenen Sozialisationsfaktoren und -instanzen und deren ideosynkratischer Genese im biographischen Kontext konfrontiert. Dabei zentrieren sich die Reflexionsprozesse im Beratungskontext um folgende Themen:
  – Distanzierung und Ablösung von den Eltern als Personen und von der Familie als kulturellem Faktor, die eine spätere Wiederannäherung und Tolerierung ermöglichen. In einigen Fällen gewinnt die Institution des Internates eine neutralisierende Funktion in diesem Loslösungsprozeß.
  – Kindheitserinnerungen, die durch eine nachträgliche Aneignung als Biographiekonstruktion in die eigene Verantwortung übernommen werden.
  – Die Institution Schule als Problemindikator und Stützsystem, die zur verantwortlichen Identifikation mit der individuellen Leistung und Leistungsbereitschaft herausfordert und die Entwicklung von Zielvorstellungen hinsichtlich zukünftiger Bildungs- und Ausbildungsperspektiven erwartet.
  – Die Gleichaltrigengruppe (Peergroup) als einen zentralen Bereich spätadoleszenten Lebens, der widersprüchliche Gefühle wie Konkurrenz und Identifizierung evoziert und ein Probehandeln in intimen Beziehungen ermöglicht. Dabei wird der Umgang mit und die Einstellung zu der eigenen Sexualität überprüft.

- Die Zeit nach der Beratung/Therapie bedeutet den Eintritt in einen neuen Lebensabschnitt, in dem Ich-Entwicklung, Verhältnis zur eigenen Körperlichkeit, Bindungs- und Arbeitsfähigkeit, subjektive Normen und Werte anders, das heißt in stärkerem Maße ich-synton, erlebt werden, was nicht Problemlosigkeit beinhaltet.

- Beratung/Therapie in dieser Lebensspanne trägt dazu bei, daß die Fülle der Entwicklungsaufgaben adäquater gelöst und damit die Identitätsfindung in dieser Lebensphase entscheidend unterstützt wird. Dies trägt zur Entwicklung individueller Lebensperspektiven bei, die zuvor wenig oder gar nicht vorhanden waren.

Über die Ergebnisse der qualitativen Studie hinaus läßt sich konstatieren, daß das Erleben der Beratung/Therapie als ein Ereignis und ein Prozeß krisenhafter

Neuorientierung und Identitätssuche eine generelle, wenn auch individuell differente Bedeutung widerspiegelt, die der Lebensspanne der Spätadoleszenz als bedeutsames Lebensereignis im biographischen Kontext zukommt. Das Ideosynkratische wird zum Ausdruck des Allgemeinen.

Diese These kann mittels unterschiedlicher theoretischer Zugänge [Konzepte und Modelle der Entwicklungsaufgaben (Havighurst/Oerter/Dreher), des Kritischen Lebensereignisses (Filipp), der psychodynamischen Entwicklung (Erikson/Blos/Bohleber/Leuzinger-Bohleber), der Entwicklungspsychopathologie (Remschmidt), der Ethnopsychoanalyse (Erdheim, Kraft), sowie der theoretischen Ansätze zur weiblichen Spätadoleszenz (Streeck-Fischer/Flaake/King) und Identitätsforschung (Keupp et al./Josselson)] hinreichend gestützt und erläutert und in cinen größeren wissenschaftlichen Diskurs eingebunden werden.

Beratung/Therapie mit weiblichen Spätadoleszenten wird in erster Linie unter den Aspekten und Handlungsmaximen von Entwicklungsförderung (soziales Stützsystem), von Ressourcenorientierung (Salutogenese) und Identitätsarbeit (Multioptionalität) diskutiert und von Versuchen abgegrenzt, problematische Verläufe der Spätadoleszenz vorschnell als psychopathologische Phänomene zu klassifizieren.

Fazit:
Eine ganzheitliche, die individuelle Existenz und den sozialen und kulturellen Kontext der Spätadoleszenten einbeziehende und flexible Form von Beratung kann eine Art Moratorium darstellen, in dem Entwicklungs- und Sozialisationsdefizite reflektiert, aufgearbeitet und von der jeweiligen Persönlichkeit integriert werden. So werden Voraussetzungen für die Bewältigung anstehender Entwicklungsaufgaben bei der Passage ins Erwachsenenalter geschaffen und auf der Basis einer gelingenden Identitätsarbeit klare und subjektiv befriedigende Zukunftsperspektiven eröffnet.

Danksagung

Das vorliegende Buch wäre nicht zustande gekommen ohne die umfassende Bereitschaft und das ehrliche Interesse der jungen Frauen und Männer, die sich befragen ließen, um nachträglich über ihre Erfahrungen in Beratung und Therapie zu sprechen. Ihnen möchte ich an dieser Stelle besonders danken. Sowohl den erneuten Kontakt mit ihnen während der Interviews als auch die Auseinandersetzung mit den auf diese Weise entstandenen und später transkribierten Gesprächstexten erlebte ich als einen dialogischen Vorgang, dem ich persönlich großen Gewinn verdanke. Beides gestaltete sich zu einer Art Begegnung, wie M. Buber sie in seiner autobiographischen Skizze „Der Stab und der Baum" treffend charakterisiert hat. Auf einer Wanderung drückte er einmal seinen Wanderstab gegen einen Eschenstamm: „Da fühlte ich zwiefach meine Berührung des Wesens: hier, wo ich den Stock hielt, und dort, wo der Stab die Rinde traf. Scheinbar nur bei mir, fand ich dennoch dort, wo ich den Baum fand, mich selber".

Dank in hohem Maße gebührt auch denen, die mich bei der Fertigstellung dieser Arbeit über einen langen Zeitraum begleitet und unterstützt haben. Eva Jaeggi ermutigte mich durch ihr nie erlöschendes Interesse am „Stoff" meiner Dissertation, am Thema zu bleiben und dem Forschungsvorhaben eine Gestalt zu geben; Christa Reppel und vor allem Sophie Gräfin zu Dohna trugen durch ihre kritischen Korrekturen und weiterführenden Gespräche dazu bei, daß ich immer wieder Distanz zu meinem Forschungsgegenstand gewinnen und neue Facetten des Themas entdecken konnte.

Daß Dissertation und Buch auch eine formal und ästhetisch ansehnliche Form erhielten, dazu verhalf vor allem Uwe Müller-Bülow, der keine Mühe scheute, geeignete Wege für die abschließende Gestaltung herauszufinden.

Literaturverzeichnis

AFFELDT, M. (1996): Fokaltherapeutische Identitätsarbeit mit Jugendlichen. *Integrative Therapie*, 2/3, S. 158–179

ANSELM, S. (1997): Identifizierung und Selbstbehauptung. Überlegungen zu einer aktuellen Dimension des Anerkennungskonflikts. In: Keupp/ Höfer (Hg.), Identitätsarbeit heute. Klassische und aktuelle Perspektiven der Identitätsforschung. Frankfurt/M. (Suhrkamp), S. 135–148

ANTONOVSKY, A. (1987): Salutogenese. Zur Entmystifizierung der Gesundheit. Deutsche erw. Herausgabe v. A. Franke. Tübingen (dgvt Verlag), 1997

ANZIEU, A. (1995): Beunruhigende Weiblichkeit. Zum Thema Adoleszenz. *Psyche*, 49, 9/10, S. 886–902

APPELSMEYER, H. (1996): Die methodologische Bedeutung unterschiedlicher Textsorten im Rahmen der Biographieforschung. In: Krüger/ Marotzki (Hg.), Erziehungswissenschaftliche Biographieforschung. Opladen (Leske + Budrich), S. 103–115

APPELSMEYER, H. (1998): 'Typus und Stil' als forschungslogisches Konstrukt in der narrativen Biographieforschung. In: Jüttemann/ Thomae (Hg.), Biographische Methoden in den Humanwissenschaften, Weinheim (Beltz, PVU), S. 231–246

ASCHOFF, W. (Hg.) (1996): Pubertät. Erregungen um ein Lebensalter. Göttingen, Zürich (Vandenhoeck u. Ruprecht)

BAACKE, D. (1987): Jugend und Jugendkulturen. Darstellung und Deutung. Weinheim, München (Juventa)

BAACKE, D. (1993a): Biographie: Soziale Handlung, Textstruktur und Geschichten über Identität. In: Baacke/ Schulze (Hg.), Aus Geschichten lernen. Zur Einübung pädagogischen Verstehens. Weinheim, München (Juventa), S. 41–86

BAACKE, D. (1993b): Ausschnitt und Ganzes. In: Baacke/ Schulze (Hg.), Aus Geschichten lernen. Zur Einübung pädagogischen Verstehens. Weinheim, München (Juventa), S. 87–125

BAACKE, D./ SCHULZE. T. (1993): Aus Geschichten lernen. Zur Einübung pädagogischen Verstehens. Weinheim, München (Juventa) (Neuausgabe)

BAACKE, D./ SANDER, U./ VOLLBRECHT, R. (1994): Spielräume biographischer Selbstkonstruktion. Vier Lebenslinien Jugendlicher. Opladen (Leske + Budrich)

BAURIEDL, T. (1995): Von der Schwierigkeit, erwachsen zu werden. In: Hundsalz/ Klug/ Schilling (Hg.), Beratung für Jugendliche. Lebenswelten, Problemfelder, Beratungskonzepte. Weinheim, München (Juventa), S. 15–29

BECK, U. (1986): Risikogesellschaft. Auf dem Wege in eine andere Moderne. Frankfurt/M. (Suhrkamp)

BECK, U./ BECK-GERNSHEIM, E. (Hg.) (1994): Riskante Freiheiten. Individualisierung in modernen Gesellschaften. Frankfurt/M. (Suhrkamp)

BECKER, S. (Hg.) (1995): Helfen statt heilen. Gießen (Psychosozial-Verlag)

BENZ, A.E. (1983): Die ungewollte Schwangerschaft und ihre Unterbrechung – eine Möglichkeit zur unbewußten Inszenierung von Trauerarbeit. *Psyche*, 37, S. 130–138

BERNA-GLANTZ, R. (1980): Von der Adoleszenz zum Erwachsenenalter. *Psyche*, 34, 5, S. 430–448

BERNFELD, S. (1923): Über eine typische Form der männlichen Pubertät. In: v.Werder/ Wolff (Hg.), Antiautoritäre Erziehung und Psychoanalyse, ausgew. Schriften, Bd. 3, Meisenheim (März), 1970, S. 750–767

BERNFELD, S. (1924): Vom dichterischen Schaffen der Jugend. Wien (Internationaler Psychoanalytischer Verlag)

BERNFELD, S. (1926/27): Zur Psychologie der 'Sittenlosigkeit' der Jugend. In: v.Werder/ Wolff (Hg.), Antiautoritäre Erziehung und Psychoanalyse, ausgew. Schriften, Bd. 3, Meisenheim (März), 1970, S. 782–793

BERNFELD, S. (1929a): Der soziale Ort und seine Bedeutung für Neurose, Verwahrlosung und Pädagogik. In: v. Werder/ Wolff (Hg.), Antiautoritäre Erziehung und Psychoanalyse, ausgew. Schriften, Bd. 1, Meisenheim (März), 1970, 3. Aufl., S. 198–211

BERNFELD, S. (1929b): Selbstmord. In: Zeitschrift für psychoanalytische Pädagogik, 3. Jg., H.11–13, S. 355–363

BILDEN, H. (1989): Geschlechterverhältnis und Individualität im gesellschaftlichen Umbruch. In: Keupp/ Bilden (Hg.), Verunsicherungen. Das Subjekt im gesellschaftlichen Wandel. Göttingen, Toronto, Zürich (Hogrefe), S. 19–46

BILDEN, H. (1997): Das Individuum – ein dynamisches System vielfältiger Teil-Selbste. Zur Pluralität in Individuum und Gesellschaft. In: Keupp/ Höfer (Hg.), Identitätsarbeit heute. Frankfurt/M. (Suhrkamp), S. 227–250

BISCHOF, N. (1996): Das Kraftfeld der Mythen. Signale aus der Zeit, in der wir die Welt erschaffen haben. München, Zürich (Piper), 1998

BITTNER, G. (1993): Zur psychoanalytischen Dimension biographischer Erzählungen. In: Baacke/ Schulze (Hg.), Aus Geschichten lernen. Zur Einübung pädagogischen Verstehens. Weinheim, München (Juventa), S. 229–238

BLOS, P. (1962): Adoleszenz. Eine psychoanalytische Interpretation. Stuttgart (Klett-Cotta), 3. Aufl.,1983

BLOS, P. (1963): Die Funktion des Agierens im Adoleszenzprozeß. In: Bohleber (Hg.), Adoleszenz und Identität. Stuttgart (Verlag Internationale Psychoanalyse), 1996, S. 103–127

BLOS, P. (1977): Der zweite Individuierungs-Prozeß der Adoleszenz. In: Döbert/ Habermas/ Nunner-Winkler (Hg.), Entwicklung des Ichs. Köln (Kiepenheuer u. Witsch), S. 179–195

BOHLEBER, W. (1982): Spätadoleszente Entwicklungsprozesse. Ihre Bedeutung für Diagnostik und psychotherapeutische Behandlung von Studenten. In: Krejci/ Bohleber (Hg.), Spätadoleszente Konflikte. Indikation und Anwendung psychoanalytischer Verfahren bei Studenten. Göttingen (Vandenhoeck u. Ruprecht), S. 11–52

BOHLEBER, W. (1987): Die verlängerte Adoleszenz, Identitätsbildung und Identitäts-störungen im jungen Erwachsenenalter. *Jahrbuch der Psychoanalyse*, 21, S. 58–84

BOHLEBER, W. (1992): Identität und Selbst. Die Bedeutung der neueren Entwicklungs-forschung für die psychoanalytische Theorie des Selbst. In: Bohleber (Hg.), Adoleszenz und Identität. Stuttgart (Verlag Internationale Psychoanalyse), 1996, S. 268–302

BOHLEBER, W.(1993): Seelische Integrationsprozesse in der Spätadoleszenz. In: Leuzinger-Bohleber/ Mahler (Hg.), Phantasie und Realität in der Spätadoleszenz. Opladen (Westdeutscher Verlag), S. 49–63

BOHLEBER, W. (Hg.) (1996): Adoleszenz und Identität. Stuttgart (Verlag Internationale Psychoanalyse)

BOHLEBER, W. (1996): Einführung in die psychoanalytische Adoleszenzforschung. In: Bohleber (Hg.), Adoleszenz und Identität. Stuttgart (Verlag Internationale Psychoanalyse), S. 1–40

BOHLEBER, W. (1997): Zur Bedeutung der neueren Säuglingsforschung für die psychoanalytische Theorie der Identität. In: Keupp/ Höfer (Hg.), Identitätsarbeit heute. Klassische und aktuelle Perspektiven der Identitätsforschung. Frankfurt/M. (Suhrkamp), S. 93–119

BOHLEBER, W./ Leuzinger, M. (1981): Narzißmus und Adoleszenz. Kritische Bemerkungen zum Neuen Sozialisationstypus. In: Psychoanalytisches Seminar Zürich (Hg.), Die neuen Narzißmustheorien: Zurück ins Paradies? Frankfurt/M. (Syndikat), S. 119–132

BOHNSACK, R. (1996): Auf der Suche nach habitueller Übereinstimmung. Peergroups: Cliquen, Hooligans und Rockgruppen als Gegenstand rekonstruktiver Sozialforschung. In: Krüger/ Marotzki (Hg.), Erziehungswissenschaftliche Biographieforschung. Opladen (Leske + Budrich), S. 258–275

BOSMA, H./ JACKSON, S. (ED.) (1990): Coping and Self-Concept in Adolescence. Berlin, Heidelberg, New York (Springer)

BOVENSIEPEN, G./ SIDOLI, M. (Hg.) (1999): Inzestphantasien und selbstdestruktives Handeln. Psychoanalytische Therapie von Jugendlichen. Frankfurt/M. (Brandes und Aspel)

v. BRAUN, C. (1992): Das Kloster im Kopf. Weibliches Fasten von mittelalterlicher Askese zur moderner Anorexie. In: Flaake/ King (Hg.), Weibliche Adoleszenz. Zur Sozialisation junger Frauen. Frankfurt/M. (Campus), S. 213–239

BREUER, F. (Hg.) (1996): Qualitative Psychologie. Grundlagen, Methoden und Anwendungen eines Forschungsstils. Opladen (Westdeutscher Verlag)

BRÜNDL, P. (1994): Adoleszente Entwicklungskrise in der Übertragung. In: Endres (Hg.), Krisen im Jugendalter. München (E. Reinhardt), S. 220–236

BUBER, M. (1960): Begegnung. Autobiographische Fragmente. Heidelberg (Lambert Schneider), 3. Aufl., 1978

BUCHHOLZ, M.B. (1993): Probleme und Strategien qualitativer Psychotherapieforschung in klinischen Institutionen. *Psyche*, 47, 2, S. 148–179

BUCHHOLZ, M.B. (1998): Die Metapher im psychoanalytischen Dialog. *Psyche*, 52, 6, S. 545–571

BUCHHOLZ, M.B./ STREECK, U. (Hg.) (1994): Heilen, Forschen, Interaktion. Psychotherapie und qualitative Sozialforschung. Opladen (Westdeutscher Verlag)

BUDE, H. (1995): Das Altern einer Generation. Die Jahrgänge 1938–1948. Frankfurt/M. (Suhrkamp)

BUDE, H. (1998): Lebenskonstruktionen als Gegenstand der Biographieforschung. In: Jüttemann/ Thomae (Hg.), Biographische Methoden in den Humanwissenschaften. Weinheim (Beltz, PVU), S. 247–258

BÜHLER, C. (1934): Drei Generationen im Jugendtagebuch. Jena (Fischer)

BÜRGIN, D. (1980): Spätadoleszenz und Autonomie. *Psyche*, 34, 5, S. 449–463

BÜRGIN, D. (Hg.) (1988): Beziehungskrisen in der Adoleszenz. Bern, Stuttgart, Toronto (Hans Huber)

BÜRGIN, D. (1991): Autoinitiationsversuche – Mangelgeburten aus der Not. In: Klosinski (Hg.), Pubertätsriten. Äquivalente und Defizite in unserer Gesellschaft. Bern, Stuttgart, Toronto (Hans Huber), S. 165–175

BÜRGIN, D. (1994): Die Entwicklung des Selbst im Hinblick auf das Erwachsenwerden. *Kinderanalyse*, 4, S. 397–412

BÜRGIN, D./ BIEBRICHER, D. (1993): Soziale und antisoziale Tendenz in der Spätadoleszenz. In: Leuzinger-Bohleber/ Mahler (Hg.), Phantasie und Realität in der Spätadoleszenz. Opladen (Westdeutscher Verlag), S. 87–102

BÜTTNER, C. (1997): Subkulturelle Aspekte des Übergangs vom Kind zum Erwachsenen. In: Krebs/ Eggert Schmid-Noerr (Hg.), Lebensphase Adoleszenz. Junge Frauen und Männer verstehen. Mainz (Grünewald), S. 80–92

CHUR, D. (1997): Beratung und Kontext – Überlegungen zu einem handlungsleitenden Modell. In: Nestmann (Hg.), Beratung: Bausteine für eine interdisziplinäre Wissenschaft und Praxis. Tübingen (dgvt-Verlag), S. 39–70

CREMERIUS, J. (1984): Freud bei der Arbeit über die Schulter geschaut. Seine Technik im Spiegel von Schülern und Patienten. In: Cremerius, Vom Handwerk des Psychoanalytikers. Das Werkzeug der psychoanalytischen Technik. Bd 2. Stuttgart/ Bad Cannstatt (Frommann-Holzboog), S. 326–363

CREMERIUS, J./ FISCHER, G. et al. (Hg.) (1997): Adoleszenz. Freiburger Literaturpsychologische Gespräche. Jahrbuch für Literatur und Psychoanalyse, Bd. 16 (Königshausen u. Neumann)

DALSIMER, A. (1993): Vom Mädchen zur Frau. Literarische Darstellungen – psychoanalytisch betrachtet. Berlin, Heidelberg, New York (Springer)

DANISH, J.S./ D'AUGELLI, A.R. (1990): Kompetenzerhöhung als Ziel der Intervention in Entwicklungsverläufen über die Lebensspanne. In: Filipp (Hg.), Kritische Lebensereignisse. Weinheim (Beltz, PVU), 3. Aufl., 1995, S. 156–173

DEUTSCH, H. (1967): Selected Problems of Adolescence. With Special Emphasis on Group Formation. New York (International Universities Press)

DETTMERING, P. (1986): Das Selbst in der Krise. Literaturanalytische Arbeiten 1971–1985. Eschborn (Dietmar Klotz), 1995

DEVEREUX, G. (1973): Angst und Methode in den Verhaltenswissenschaften. Frankfurt/M. (Suhrkamp), 4. Aufl., 1998

DISKUSSIONEN des Wiener psychoanalytischen Vereins (Hg.) (1965): Über den Selbstmord insbesondere den Schüler-Selbstmord. Amsterdam (E.J. Bonset), (Nachdruck der Ausgabe von 1910–1912)

DÖBERT, R./ NUNNER-WINKLER, G. (1975): Adoleszenzkrise und Identitätsbildung. Psychische und soziale Aspekte des Jugendalters in modernen Gesellschaften. Frankfurt/M. (Suhrkamp), 1982

DÖBERT, R./ HABERMAS, J./ NUNNER-WINKLER. G. (Hg.) (1977): Entwicklung des Ichs. Köln (Kiepenheuer u. Witsch)

DREHER, E./ DREHER, M. (1985): Entwicklungsaufgaben im Jugendalter: Bedeutsamkeit und Bewältigungskonzepte. In: Liepman, D./ Stiksrud, A. (Hg.), Entwicklungsaufgaben und Bewältigungsprobleme in der Adoleszenz. Göttingen (Hogrefe), S. 56–70

ECKERMANN, J.P. (o.J.): Gespräche mit Goethe in den letzten Jahren seines Lebens. Leipzig (Reclam) 3 Bde in 1

EGGERT SCHMID-NOERR, A. (1997): Zwischen Ablösung und Anerkennung. Zur pädagogischen Arbeit mit adoleszenten Frauen. In: Krebs/ Eggert Schmid-Noerr (Hg.), Lebensphase Adoleszenz. Junge Frauen und Männer verstehen. Mainz (Grünewald), S. 185–195

EISSLER, K.R. (1958): Bemerkung zur Technik der psychoanalytischen Behandlung Pubertierender nebst einigen Überlegungen zum Problem der Perversion. *Psyche*, 1966, 20, S. 837–872

ELIADE, M. (1958): Das Mysterium der Wiedergeburt. Versuch über einige Initiationstypen. Frankfurt/M. (Insel TB), 1997

ELIADE, M. (1969): Die Sehnsucht nach dem Ursprung. Von den Quellen der Humanität. Wien (Europa-Verlag), 1973

ELLENBERGER, H.F. (1970): Die Entdeckung des Unbewußten. Geschichte und Entwicklung der dynamischen Psychiatrie von den Anfängen bis zu Janet, Freud, Adler und Jung. Zürich (Diogenes), 2. Aufl., 1996

ENDRES, M. (Hg.) (1994): Krisen im Jugendalter. Gerd Biermann zum 80. Geburtstag. München (E. Reinhardt)

ENGEL, F. (1997): Dacapo – oder moderne Beratung im Themenpark der Postmoderne. In: Nestmann (Hg.), Beratung. Bausteine für eine interdisziplinäre Wissenschaft und Praxis. Tübingen (dgvt-Verlag), S. 179–218

ERDHEIM, M. (1982): Die gesellschaftliche Produktion von Unbewußtheit. Eine Einführung in den ethnopsychoanalytischen Prozeß. Frankfurt/M. (Suhrkamp), 1992

ERDHEIM, M. (1983): Adoleszenz zwischen Familie und Kultur. Ethno-psychoanalytische Überlegungen zur Funktion der Jugend in der Kultur. *Psychosozial*, 17, Themenheft: Jugendprotest, Reinbek (rororo)

ERDHEIM, M. (1988): Die Psychoanalyse und das Unbewußte in der Kultur. Aufsätze 1980–1987. Frankfurt/M. (Suhrkamp)

ERDHEIM, M. (1991): Zur Entritualisierung der Adoleszenz bei beschleunigtem Kulturwandel. In: Klosinski (Hg.), Pubertätsriten. Äquivalente und Defizite in unserer Gesellschaft. Bern, Stuttgart, Toronto (Hans Huber), S. 79–88

ERDHEIM, M. (1992): Das Eigene und das Fremde. *Psyche*, 46, S. 730–744

ERDHEIM, M. (1993a): Spätadoleszenz und Kultur. In: Leuzinger-Bohleber/ Mahler (Hg.), Phantasie und Realität in der Spätadoleszenz. Opladen (Westdeutscher Verlag), S.129–139

ERDHEIM, M.(1993b): Psychoanalyse, Adoleszenz und Nachträglichkeit. In: Bohleber (Hg.), Adoleszenz und Identität. Stuttgart (Verlag Internationale Psychoanalyse), 1996, S. 83–102

ERDHEIM, M.(1995): Gibt es eine Ende der Adoleszenz? – Betrachtungen aus ethno-psychoanalytischer Sicht. *Praxis der Kinderpsychologie und Kinderpsychiatrie*, 44, 3, S. 81–85

ERDHEIM, M. (1998): Adoleszentenkrise und institutionelle Systeme. Kulturtheoretische Überlegungen. *Ethnopsychoanalyse,* 5, Thema: Jugend und Kulturwandel, Frankfurt/M. (Brandes u. Aspel), S. 9–30

ERIKSON, E.H. (1950): Kindheit und Gesellschaft. Stuttgart (Klett), 1973

ERIKSON, E.H.(1959): Identität und Lebenszyklus. Frankfurt/M. (Suhrkamp), 1966

ERIKSON, E.H. (1968): Jugend und Krise. Die Psychodynamik im sozialen Wandel. Stuttgart (Klett), 1970

ESSAU, C. A./ PETERMANN, F./ CONRADT, J. (1985): Symptome von Angst und Depression bei Jugendlichen. *Praxis der Kinderpsychologie und Kinderpsychiatrie*, 44, 8, S. 322–328

FATKE, R. (1991): Freundschaft im Jugendalter als Ritus? Empirische und theoretische Antworten. In: Klosinski (Hg.): Pubertätsriten. Äquivalente und Defizite in unserer Gesellschaft. Bern, Stuttgart, Toronto (Hans Huber), S. 129–141

FEDERN, E. (1995): Einige Bemerkungen zur Bedeutung des Helfens. In: Becker (Hg.), Helfen statt Heilen. Gießen (Psychosozial-Verlag), S. 23–26

FEND, H. (1988): Sozialgeschichte des Aufwachsens. Bedingungen des Aufwachsens und Jugendgestalten im zwanzigsten Jahrhundert. Frankfurt/M. (Suhrkamp)

FEND, H. (1990): Vom Kind zum Jugendlichen. Der Übergang und seine Risiken. Entwicklungspsychologie der Adoleszenz in der Moderne, Bd. 1. Bern, Stuttgart, Toronto (Hans Huber)

FEND, H. (1991): Identitätsentwicklung in der Adoleszenz. Lebensentwürfe, Selbstfindung und Weltaneignung in beruflichen und familiären und politisch-weltanschaulichen Bereichen, Entwicklungspsychologie der Adoleszenz in der Moderne, Bd. 2. Bern, Stuttgart, Toronto (Hans Huber)

FEND, H. (1994): Die Entdeckung des Selbst und die Verarbeitung der Pubertät. Entwicklungspsychologie der Adoleszenz in der Moderne, Bd. 3. Bern, Stuttgart, Toronto (Hans Huber)

FILIPP, S.-H. (Hg.) (1990): Kritische Lebensereignisse. Weinheim (Beltz, PVU), 3. Aufl., 1995,

FINGER, U.D. (1983): Das Trennungstrauma in der narzißtischen Persönlichkeitsstörung. In: Leber, A. (Hg.), Reproduktion der frühen Erfahrung. Psychoanalytisches Verständnis alltäglicher und nicht alltäglicher Lebenssituationen. Darmstadt (Wiss. Buchgesellschaft), S. 89–102

FLAAKE, K. (1992): Ein Körper für sich allein. Sexuelle Entwicklungen und körperliche Weiblichkeit in der Mutter-Tochter-Beziehung. *Psyche,* 46, S. 642–652

FLAAKE, K. (1997): Mit der Pubertät kommt die Zukunft nicht nur näher, sie richtet sich im Körper ein. Zur Bedeutung der körperlichen Veränderungen in der weiblichen Adoleszenz. In:

Krebs/ Eggert Schmid-Noerr (Hg.), Lebensphase Adoleszenz. Junge Frauen und Männer verstehen. Mainz (Grünewald), S. 93–107

FLAAKE, K./ JOHN, C. (1992): Räume zur Aneignung des Körpers. Zur Bedeutung von Mädchenfreundschaften in der Adoleszenz. In: Flaake/ King (Hg.), Weibliche Adoleszenz. Zur Sozialisation junger Frauen. Frankfurt/M. (Campus), S. 199–212

FLAAKE, K./ KING, V. (Hg.) (1992a): Weibliche Adoleszenz. Zur Sozialisation junger Frauen. Frankfurt/M. (Campus)

FLAAKE, K./ KING, V. (1992b): Psychosexuelle Entwicklung, Lebenssituation und Lebensentwürfe junger Frauen. Zur weiblichen Adoleszenz in soziologischen und psychoanalytischen Theorien. In: Flaake/ King (Hg.), Weibliche Adoleszenz. Zur Sozialisation junger Frauen. Frankfurt/M. (Campus), S. 13–39

FLAMMER, A. (1991): Entwicklungsaufgaben als Rituale? Entwicklungsaufgaben anstelle von Ritualen? In: Klosinski (Hg.), Pubertätsriten. Äquivalente und Defizite in unserer Gesellschaft. Bern, Stuttgart, Toronto (Hans Huber), S. 89–101

FLAMMER, A. (1993): Entwicklungsaufgaben als gesellschaftliche Eintrittskarten. In: Mandl, H./ Dreher, M./ Kornadt, H.J. (Hg.), Entwicklung und Denken im kulturellen Kontext. Göttingen (Hogrefe), S. 119–128

FLICK, U. (1995): Qualitative Forschung. Theorie, Methoden, Anwendung in Psychologie und Sozialwissenschaften. Reinbek (rororo)

FREUD, A. (1958): Probleme der Pubertät. In: Die Schriften der Anna Freud, Bd. VI. München (S. Fischer), 1987, S. 1739–1769

FREUD, S. (1905): Drei Abhandlungen zur Sexualtheorie. Studienausgabe Bd. V., Frankfurt/M. (S. Fischer), 1972

FREUD, S. (1930): Das Unbehagen in der Kultur. Studienausgabe Bd. IX., Frankfurt/M. (S. Fischer), 1974

FREUD, S. (1933): Neue Folge der Vorlesungen zur Einführung in die Psychoanalyse. Studienausgabe Bd. I., Frankfurt/M. (S. Fischer), 1969

FRIEBERTSHÄUSER, B. (1997): Interviewtechniken – ein Überblick. In: Friebertshäuser/ Prengel (Hg.), Handbuch Qualitative Forschungsmethoden in der Erziehungswissenschaft. Weinheim, München (Juventa), S. 371–595

FRIEBERTSHÄUSER, B./ PRENGEL, A. (Hg.) (1997): Handbuch Qualitative Forschungsmethoden in der Erziehungswissenschaft. Weinheim, München (Juventa)

FRIEDLÄNDER, S. (1918): Schöpferische Indifferenz. München (G. Müller)

GAST, L. (1994): Die Einsamkeit der Magersüchtigen. In: *Psychosozial*, Frauen zwischen Autonomie und Gebundenheit, Nr. 55, 17.Jg., H.1, S. 65–82

GEERTZ, C. (1983): Dichte Beschreibung. Beiträge zum Verstehen kultureller Systeme. Frankfurt/M. (Suhrkamp), 5. Aufl., 1997

GILLIGAN, C. (1992): Auf der Suche nach der 'verlorenen Stimme' in der weiblichen Adoleszenz – Shakespeares Schwester unterrichten. In: Flaake/ King (Hg.), Weibliche Adoleszenz. Zur Sozialisation junger Frauen. Frankfurt/M. (Campus), S. 40–63

GLASER, B.G./ STRAUSS, A.L. (1967): Grounded Theory. Strategien qualitativer Forschung. Bern, Göttingen (Huber), dt. Ausgabe 1998

GOTTSCHALCH, W. (1977): Schülerkrisen. Autoritäre Erziehung, Flucht und Widerstand. Reinbek (rororo), 1980

GRÜNEWALD, A./ MECKLER, B./ WEBER, D. (1995): Umgang mit Anmeldungen von Jugendlichen im Sekretariat einer Beratungsstelle. In: Hundsalz/ Klug/ Schilling (Hg.), Beratung für Jugendliche. Lebenswelten, Problemfelder, Beratungskonzepte. Weinheim, München (Juventa), S. 203–210

HAGEMANN-WHITE, C. (1992): Berufsfindung und Lebensperspektive in der weiblichen Adoleszenz. In: Flaake/ King (Hg.), Weibliche Adoleszenz. Zur Sozialisation junger Frauen. Frankfurt/M. (Campus), S. 64–83

HAGEMANN-WHITE, C. (1997): Adoleszenz und Identitätszwang in der weiblichen und männlichen Sozialisation. In: Krebs/ Eggert Schmid-Noerr (Hg.), Lebensphase Adoleszenz. Junge Frauen und Männer verstehen. Mainz (Grünewald), S. 67–79

HAUPT, D./ THIEMANN, G. (1995): Erziehung(sberatung)? Nein danke! In: Hundsalz/ Klug/ Schilling (Hg.), Beratung für Jugendliche. Lebenswelten, Problemfelder, Beratungskonzepte. Weinheim, München (Juventa), S. 211–222

HAUSSER, K. (1997): Identitätsentwicklung – vom Phasenuniversalismus zur Erfahrungsverarbeitung. In: Keupp/ Höfer (Hg.), Identitätsarbeit heute. Klassische und aktuelle Perspektiven der Identitätsforschung. Frankfurt/M. (Suhrkamp), S. 120–134

HAVIGHURST, R.J. (1963): Dominant concerns in the lifecycle. In: Schenk-Danzinger/ Thomae (Hg.), Gegenwartsprobleme der Entwicklungspsychologie. Göttingen (Hogrefe), S. 27–37

HEINZE, T./ KLUSEMANN, H.W. (1979): Ein biographisches Interview als Zugang zu einer Bildungsgeschichte. In: Baacke/ Schulze (Hg.), Aus Geschichten lernen. Zur Einübung pädagogischen Verstehens. München (Juventa), S. 182–225

HEINZEL, F. (1997): Qualitative Interviews mit Kindern. In: Friebertshäuser/ Prengel (Hg.), Handbuch Qualitative Forschungsmethoden in der Erziehungswissenschaft, Weinheim, München (Juventa), S. 396–413

HELFFERICH. C. (1994): Jugend, Körper und Geschlecht: die Suche nach sexueller Identität. Opladen (Leske + Budrich)

HELSPER, W./ BREYVOGEL W. (1989): Selbstkrise, Suizidmotive und Schule. Zur Suizidproblematik und ihrem historischen Wandel in der Adoleszenz. *Zeitschrift für Pädagogik*, 35, 1, S. 23–44

HENSELER, H. (1982): Der psychoanalytische Beitrag zum Suizidproblem. In: Kindlers 'Psychologie des 20. Jahrhunderts', Tiefenpsychologie, Bd. 2: Neue Wege der Psychoanalyse. Weinheim, Basel (Beltz), S. 87–100

HERBERTH, F./ MAURER, J. (Hg.) (1997): Die Veränderung beginnt im Therapeuten. Anwendungen der Beziehungsanalyse in der psychoanalytischen Theorie und Praxis. Frankfurt/M. (Brandes u. Aspel) 2. Aufl., 1998

HEUFT, G./ SEIBÜCHLER-ENGEC, H./ TASCHKE, M./ SENF, W. (1996): Langzeitoutcome ambulanter psychoanalytischer Psychotherapien und Psychoanalysen. Eine textinhaltsanalytische Untersuchung von 53 Katamneseinterviews. *Forum der Psychoanalyse*, 12, 4, S. 342–355

HILLMAN, J. (1966): Selbstmord und seelische Wandlung. Eine Auseinandersetzung. Zürich (Rascher)

HITZLER, R./ HONER, A. (1994): Bastelexistenz. Über subjektive Konsequenzen der Individualisierung. In: Beck/ Beck-Gernsheim (Hg.), Riskante Freiheiten. Frankfurt/M. (Suhrkamp), S. 307–315

HISTORISCHES WÖRTERBUCH der Philosophie (1976). Darmstadt (Wiss. Buchgesellschaft), Bd. 4. Stichwort: Kairos

HORNSTEIN, W. (1989): Auf der Suche nach Neuorientierung: Jugendforschung zwischen Ästhetisierung und neuen Formen politischer Thematisierung der Jugend. *Zeitschrift für Pädagogik*, Jg. 35, 1, S. 107–126

HÜGLI, A./ LÜBCKE, P.(1997): Philosophie-Lexikon. Personen und Begriffe der abendländischen Philosophie von der Antike bis zur Gegenwart. Reinbek (rororo)

HUNDSALZ, S./ KLUG, H.-P./ SCHILLING, H. (Hg.) (1995): Beratung für Jugendliche. Lebenswelten, Problemfelder, Beratungskonzepte. Weinheim, München (Juventa)

HUNDSALZ, A. (1998): Beratung, Psychotherapie oder Psychologische Beratung? Zum Profil therapeutischer Arbeit in der Erziehungsberatung. *Praxis der Kinderpsychologie u. Kinderpsychiatrie*, 47, S.157–173

HURRELMANN, K. (1994): Lebensphase Jugend. Eine Einführung in die sozialwissenschaftliche Jugendforschung. Weinheim, München (Juventa), 5.Aufl., 1997

HURRELMANN, K. (1995): Lebensphase Jugend. Chancen und Risiken für eine gesunde Persönlichkeitsentwicklung. In: Hundsalz/ Klug/ Schilling (Hg.), Beratung für Jugendliche. Lebenswelten, Problemfelder, Beratungskonzepte. Weinheim, München (Juventa), S. 31–46

JAKOB, G. (1997): Das narrative Interview in der Biographieforschung. In: Friebertshäuser/ Prengel (Hg.), Handbuch Qualitative Forschungsmethoden in der Erziehungswissenschaft, Weinheim, München (Juventa), S. 445–458

JACOBSON, E. (1964): Das Selbst und die Welt der Objekte. Frankfurt/M. (Suhrkamp), 1978

JAEGGI, E. (1989): Das präsentative Symbol als Wirkfaktor in der Psychotherapie. Oder: Der Patient als Künstler. *Forum der Psychoanalyse*, 5, S.140–152

JAEGGI, E. (1997): Psychotherapie zwischen Abstinenz und Bemutterung, unveröfftl. Manuskript

JAEGGI, E./ ROHNER, R./ WIEDEMANN, P.M. (1990): Gibt es auch Wahnsinn, hat es doch Methoden. Eine Einführung in die Klinische Psychologie aus sozialwissenschaftlicher Sicht. München (Piper)

JAEGGI, E./ FAAS, A./ (MRUCK, K.) (1993/1998): Denkverbote gibt es nicht! Vorschlag zur interpretativen Auswertung kommunikativ gewonnener Daten. Forschungsbericht aus der Abtl. Psychologie im Institut für Sozialwissenschaften. TU Berlin

JANKE, K./ NIEHUES, S. (1995): Echt abgedreht. Die Jugend der 90er Jahre. München (Beck)

JANSEN, M.M./ JOCKENHÖVEL-POTH, A. (1992): Trennung und Bindung bei adoleszenten Mädchen aus psychoanalytischer Sicht. In: Flaake/ King (Hg.), Weibliche Adoleszenz. Zur Sozialisation junger Frauen. Frankfurt/M. (Campus), S. 266–278

JONGBLOED-SCHURIG, U. (1997): Analytische Arbeit mit Adoleszenten – Fragen zu Technik, Setting und Frequenz. *Analytische Kinder- und Jugendlichen-Psychotherapie*, 94, 28.Jg., S. 113–134

JÜTTEMANN, G. (1998): Genetische Persönlichkeitspsychologie und Komparative Kasuistik. In: Jüttemann/ Thomae (Hg.), Biographische Methoden in den Humanwissenschaften, Weinheim (Beltz, PVU), S. 111–131

JÜTTEMANN, G./ THOMAE, H. (Hg.) (1998): Biographische Methoden in den Humanwissenschaften. Weinheim (Beltz, PVU)

JUGEND, POLITIK, (Sub)KULTUR (1998): Eine große Weigerung. Frankfurt/M. (Büchergilde Gutenberg)

JUGENDWERK DER DEUTSCHEN SHELL (Hg.) (1997): Jugend '97. Zukunftsperspektiven. Gesellschaftliches Engagement. Politische Orientierungen (12. Shell Jugendstudie). Opladen 1997 (Leske + Budrich)

JUGEND 2000 (13. Shell Jugendstudie), 2 Bde., Opladen 2000 (Leske + Budrich)

KAPLAN, L.J. (1984): Abschied von der Kindheit. Eine Studie über die Adoleszenz. Stuttgart (Klett-Cotta), dt. Ausgabe 1988

KAST, V. (1982): Trauern. Phasen und Chancen des psychischen Prozesses. Stuttgart (Kreuz Verlag)

KAST, V. (1991): Initiationsmotive der pubertären Reifung im Märchen. In: Klosinski (Hg.), Pubertätsriten. Äquivalente und Defizite in unserer Gesellschaft. Bern, Stuttgart, Toronto (Hans Huber), S. 148–164

KAST, V. (1998): Zäsuren und Krisen im Lebenslauf. Wien (Picus)

KATSCHNIG, H./ NOUZAK, A. (1988): Life-Event-Forschung. In: Asanger/ Wenninger (Hg.), Handwörterbuch Psychologie. München, Weinheim (PVU), 4. Aufl., S. 398–405

KELLETER, R. (1994): Austausch im intermediären Raum. Zur Gestaltung der analytischen Situation in der Kinderanalyse. In: Pedrina et al. (Hg.), Spielräume. Begegnungen zwischen Kinder- und Erwachsenenanalyse. Tübingen (edition diskord), S. 35–50

KEUPP, H. (1989): Auf der Suche nach der verlorenen Identität. In: Keupp/ Bilden (Hg.), Verunsicherungen. Das Subjekt im gesellschaftlichen Wandel. Göttingen, Toronto, Zürich (Hogrefe), S. 47–69

KEUPP, H. (1994): Ambivalenzen postmoderner Identität. In: Beck/ Beck-Gernsheim (Hg.), Riskante Freiheiten. Frankfurt/M. (Suhrkamp), S. 336–352

KEUPP, H. (1997a): Von der (Un-)Möglichkeit, erwachsen zu werden – Jugend heute als 'Kinder der Freiheit' oder als 'verlorene Generation'. *Journal für Psychologie*, 5, 4, S. 36–54

KEUPP, H. (1997b): Diskursarena Identität: Lernprozesse in der Identitätsforschung. In: Keupp/ Höfer (Hg.), Identitätsarbeit heute. Klassische und aktuelle Perspektiven der Identitätsforschung. Frankfurt/M. (Suhrkamp), S.11–39

KEUPP, H. (1997c): Ermutigung zum aufrechten Gang. Tübingen (dgvt-Verlag)

KEUPP, H./ BILDEN, H. (Hg.) (1989): Verunsicherungen. Das Subjekt im gesellschaftlichen Wandel. Münchener Beiträge zur Sozialpsychologie. Göttingen, Toronto, Zürich (Hogrefe)

KEUPP, H./ HÖFER, R. (Hg.) (1997): Identitätsarbeit heute. Klassische und aktuelle Perspektiven der Identitätsforschung. Frankfurt/M. (Suhrkamp)

KHAN, M.M.R. (1983): Erfahrungen im Möglichkeitsraum. Psychoanalytische Wege zum verborgenen Selbst. Frankfurt/M. (Suhrkamp), dt. Ausgabe1990

KHAN, M.M.R. (1997): Selbsterfahrung in der Therapie. Theorie und Praxis. Eschborn (Verlag Dietmar Klotz)

KING, V. (1992): Geburtswehen der Weiblichkeit – Verkehrte Entbindungen. Zur Konflikthaftigkeit der psychischen Aneignung der Innergenitalität in der Adoleszenz. In: Flaake/ King (Hg.), Weibliche Adoleszenz. Zur Sozialisation junger Frauen. Frankfurt/M. (Campus); S. 103–125

KING, V. (1995): Anna, Irma und Dora. *Psyche*, 49, 9/10, S. 838–866

KING, V. (1997): Weibliche Adoleszenz im Wandel. Innere und äußere Räume im jugendlichen Schöpfungsprozeß. In: Krebs/ Eggert Schmid-Noerr (Hg.), Lebensphase Adoleszenz. Junge Frauen und Männer verstehen. Mainz (Grünewald), S. 32–49

KLEIN-ALLERMANN, E./ KRACKE, B.: Schulische Entwicklung und Berufsorientierung: Der Einfluß von Familie und Schule. In: Hundsalz/ Klug/ Schilling (Hg.), Beratung für Jugendliche. Lebenswelten, Problemfelder, Beratungskonzepte. Weinheim, München (Juventa), S. 249–266

KLEINING, G. (1998): Heuristik zur Erforschung von Biographien und Generationen, In: Jüttemann/ Thomae (Hg.), Biographische Methoden in den Humanwissenschaften. Weinheim (Beltz, PVU), S. 175–192

KLOSINSKI, G. (Hg.) (1991): Pubertätsriten. Äquivalente und Defizite in unserer Gesellschaft. Bern, Stuttgart, Toronto (Hans Huber)

KÖNIG, K. (1995): Kleine Entwicklungspsychologie des Erwachsenenalters. Göttingen, Zürich (Vandenhoeck und Ruprecht)

KÖNIG, P. (1993): Wir Vodookinder. In: Kursbuch 113 'Deutsche Jugend'. Berlin (Rowohlt), S.1–6

KÖNIG, R. (1976): Handbuch der empirischen Sozialforschung, Bd.6: Jugend. Stuttgart (dtv)

KOS-ROBES, M./ REINELT, T. (1994): Zum Schülerselbstmord. In: Endres (Hg.), Krisen im Jugendalter. München (E. Reinhardt), S. 152–162

KRAFT, H. (1995): Über innere Grenzen. Initiation in Schamanismus, Kunst, Religion und Psychoanalyse. München (Diederichs)

KRAFT, H. (1998): Grenzgänger zwischen Kunst und Psychiatrie. Köln (DuMont)

KRAIMER, K. (1997): Narratives als Erkenntnisquelle. In: Friebertshäuser/ Prengel (Hg.), Handbuch Qualitative Forschungsmethoden in der Erziehungswissenschaft. Weinheim, München (Juventa), S. 459–467

KRAMBECK, J. (1998): Eingefrorene Adoleszenz und Besessenheit in einem indischen Heilschrein. *Ethnopsychoanalyse*, 5, Thema: Jugend und Kulturwandel. Frankfurt/M. (Brandes und Aspel), S. 167–200

KRAPPMANN, L. (1997): Die Identitätsproblematik nach Erikson aus einer interaktionistischen Sicht. In: Keupp/ Höfer (Hg.), Identitätsarbeit heute. Klassische und aktuelle Perspektiven der Identitätsforschung. Frankfurt/M. (Suhrkamp), S. 66–92

KRAUS, W./ MITZSCHERLICH, B. (1997): Abschied vom Großprojekt. Normative Grundlagen der empirischen Identitätsforschung in der Tradition von James E. Marcia und die Notwendigkeit ihrer Reformulierung. In: Keupp/ Höfer (Hg.), Identitätsarbeit heute.

Klassische und aktuelle Perspektiven der Identitätsforschung. Frankfurt/M. (Suhrkamp), S. 149–173

KREBS, H./ EGGERT SCHMID-NOERR, A. (Hg.) (1997): Lebensphase Adoleszenz. Junge Frauen und Männer verstehen. Mainz (Grünewald)

KREJCI, E. (1982): Studentenzeit als psychosoziales Moratorium. Erfahrungen und Reflexion aus einer Psychotherapeutischen Beratungsstelle für Studenten. In: Krejci/ Bohleber (Hg.), Spätadoleszente Konflikte. Indikation und Anwendung psychoanalytischer Verfahren bei Studenten. Göttingen (Vandenhoeck u. Ruprecht), S. 53–80

KREJCI, E./ BOHLEBER, W. (Hg.) (1982): Spätadoleszente Konflikte. Indikation und Anwendung psychoanalytischer Verfahren bei Studenten. Göttingen (Vandenhoeck u. Ruprecht)

KRÜGER, H.H. (1996): Bilanz und Zukunft der erziehungswissenschaftlichen Biographieforschung. In: Krüger/ Marotzki (Hg.), Erziehungswissenschaftliche Biographieforschung. Opladen (Leske + Budrich), S. 32–54

KRÜGER, H.H. (1997): Erziehungswissenschaftliche Biographieforschung. In: Friebertshäuser/ Prengel (Hg.), Handbuch Qualitative Forschungsmethoden in der Erziehungswissenschaft, Weinheim, München (Juventa), S. 43–55

KRÜGER, H.H./ MAROTZKI, W. (Hg.) (1996): Erziehungswissenschaftliche Biographieforschung. Opladen (Leske + Budrich), 2. Aufl.

KRUSE, A./ SCHMITT, E. (1998): Halbstrukturierte Interviews. In: Jüttemann/ Thomae (Hg.), Biographische Methoden in den Humanwissenschaften, Weinheim (Beltz, PVU), S. 161–174

KÜHN, L. (1996): Reifungskrisen und Identitätsfindung. Psychotherapie mit Studierenden unter einer entwicklungspsychologischen Perspektive. *Integrative Therapie*, 22, 2–3, S. 121–157

KUMMER, I. (1986): Beratung und Therapie bei Jugendlichen. München (Kösel)

KURSBUCH 113 (1993): Deutsche Jugend. Berlin (Rowohlt)

KURSBUCH 121 (1995): Der Generationenbruch. Berlin (Rowohlt)

LAMNECK, S. (1995): Qualitative Sozialforschung, Bd.1: Methodologie; Bd.2: Methoden und Techniken, Weinheim (Beltz, PVU), 3. korr. Aufl.

LANDAUER, K. (1935): Die Ich-Organisation in der Pubertät. In: Landauer, Theorie der Affekte und andere Schriften zur Ich-Organisation. Hg. von Rothe, H.J., Frankfurt/M. (Fischer), 1991, S. 234–276

LAUFER, M./ EGLÉ LAUFER, M. (1984): Adoleszenz und Entwicklungskrise. Stuttgart (Klett-Cotta), 2. dt. Aufl., 1994

LEITHÄUSER, T./ VOLMERG, B. (1988): Psychoanalyse in der Sozialforschung, Eine Einführung am Beispiel einer Sozialpsychologie der Arbeit. Opladen (Westdeutscher Verlag)

LEITNER, H. (1990): Die temporale Logik der Autobiographie. In: Sparn (Hg.), Wer schreibt meine Lebensgeschichte? Biographie, Autobiographie, Hagiographie und ihre Entstehungszusammenhänge. Gütersloh (Mohn), S. 315–359

LEHMKUHL, U./ RAUH, H. (1996): Die Bedeutung entwicklungspsychologischer Modelle für die Kinder- und Jugendpsychiatrie. *Praxis der Kinderpsychologie und Kinderpsychiatrie*, 45, 3/4, S. 78–82

LEHR, U. (1998): Der Beitrag der biographischen Forschung zur Entwicklungspsychologie. In: Jüttemann/ Thomae (Hg.), Biographische Methoden in den Humanwissenschaften. Weinheim (Beltz, PVU), S. 309–331

LEUZINGER-BOHLEBER, M./ DUMSCHAT, R. (1993): Separation, Autonomie und Trauer. Eine zentrale Dimension spätadoleszenter Identitätsbildung bei heutigen Studentinnen? In: Leuzinger-Bohleber/ Mahler (Hg.), Phantasie und Realität in der Spätadoleszenz. Opladen (Westdeutscher Verlag), S. 162–201

LEUZINGER-BOHLEBER, M./ MAHLER, E. (Hg.) (1993): Phantasie und Realität in der Spätadoleszenz. Gesellschaftliche Veränderungen und Entwicklungsprozesse bei Studierenden. Opladen (Westdeutscher Verlag)

LEUZINGER-BOHLEBER, M./ GARLICHS, A. (1997): Theoriegeleitete Fallstudien im Dialog zwischen Psychoanalyse und Erziehungswissenschaft. In: Friebertshäuser/ Prengel (Hg.), Handbuch Qualitative Forschungsmethoden in der Erziehungswissenschaft. Weinheim, München (Juventa), S. 157–176

LEUZINGER-BOHLEBER, M./ STUHR, U. (Hg.) (1997): Psychoanalysen im Rückblick. Methoden, Ergebnisse und Perspektiven der neueren Katamneseforschung. Gießen (Psychosozial)

LEYTING, G. (1994): Von der Verwicklung zur Entwicklung. Der adoleszente Prozeß im psychoanalytischen Dialog. In: Pedrina et al. (Hg.), Spielräume. Begegnungen zwischen Kinder- und Erwachsenenanalyse. Tübingen (edition diskord), S. 158–190

LIDZ, T. (1968): Das menschliche Leben. Die Entwicklung der Persönlichkeit im Lebenszyklus. Frankfurt/M. (Suhrkamp) 1970

LOCH, W. (1979): Lebenslauf und Erziehung. Essen (Neue Deutsche Schule)

LORENZER, A, (1993): Die Analyse der subjektiven Struktur von Lebensläufen und das gesellschaftlich Objektive. In: Baacke/ Schulze (Hg.), Aus Geschichten lernen. Zur Einübung pädagogischen Verstehens. Weinheim, München (Juventa), S. 239–255

LUDWIG-KÖRNER, C. (1994): Möglichkeiten und Grenzen feministischer Psychotherapie. *Psychosozial*, Nr. 55, 17. Jg., H. 1, S. 107–118

MÄRTENS, M./ PETZOLD, H. (1995): Psychotherapieforschung und kinderpsychotherapeutische Praxis. *Praxis der Kinderpsychologie und Kinderpsychiatrie*, 44.Jg., 8, S. 302–321

MAIER, C. (1998): Adoleszentenkrise und die Angst vor dem Fremde. Zur Ablösungsproblematik in modernen Mittelschichtfamilien. *Ethnopsychoanalyse*, 5, Thema: Jugend und Kulturwandel. Frankfurt/M. (Brandes und Aspel), S. 61–78

MALE, P. (1976): Psychotherapie bei Jugendlichen. Krise und Probleme in der späten Pubertät. München (Kindler)

MARCIA, J.E. (1966): Development and validation of ego identity status. *Journal of Personality and Social Psychology, 3*, S. 551–558

MARCIA, J.E. (1980): Identity in adolescence. In: Adelson, J. (Ed.), Handbook of adolescent psychology. New York (Wiley), S. 159–187

MAROTZKI, W. (1996): Forschungsmethoden der erziehungswissenschaftlichen Biographieforschung. In: Krüger/ Marotzki (Hg.), Erziehungswissenschaftliche Biographieforschung. Opladen (Budrich + Leske), S. 55–89

MAROTZKI, W. (1998): Ethnographische Verfahren in der Erziehungswissenschaftlichen Biographieforschung. In: Jüttemann/ Thomae (Hg.), Biographische Methoden in den Humanwissenschaften. Weinheim (Beltz, PVU), S. 44–59

MARTIN, M. (1995): Wir sind alle anders. Vier Porträts. In: Kursbuch 121: Der Generationenbruch. Berlin (Rowohlt), S. 1–19

MASTERSON, J.M. (1988): Das Borderline-Syndrom in der Adoleszenz. In: Masterson, Die Sehnsucht nach dem wahren Selbst. Stuttgart (Klett-Cotta), 1993, S. 183–210

MENTZOS, S. (1982): Neurotische Konfliktverarbeitung. Einführung in die psychoanalytische Neurosenlehre unter Berücksichtigung neuer Perspektiven. München (Fischer), 1990

MERTENS, W. (1992a): Einführung in die psychoanalytische Therapie. Stuttgart (Kohlhammer), Bd. 1

MERTENS, W. (1992b): Kompendium psychoanalytischer Grundbegriffe. München (Quintessenz-Verlag)

MERTENS, W. (1996): Entwicklung der Psychosexualität und der Geschlechtsidentität, Bd.2: Kindheit und Adoleszenz. Stuttgart (Kohlhammer), 2. überarb.Aufl.

MILLER, P. (1993): Theorien der Entwicklungspsychologie. Heidelberg (Spektrum Akadem. Verlag)

MITSCHERLICH, A. (1957): Pubertät und Tradition. In: Mitscherlich, Gesammelte Schriften Bd. V. Frankfurt/M. (Suhrkamp), 1983, S. 475–499

MITSCHERLICH, A. (1967): Identifikationsschicksale in der Pubertät. In: Mitscherlich, Gesammelte Schriften Bd. IV. Frankfurt/M. (Suhrkamp), 1983, S. 222–256

MOLLENHAUER, K. (1983): Vergessene Zusammenhänge. Über Kultur und Erziehung. München (Juventa)

MONTADA, L. (1990): Kritische Lebensereignisse im Brennpunkt: eine Entwicklungsaufgabe für die Entwicklungspsychologie? In: Filipp (Hg.), Kritische Lebensereignisse. Weinheim (Beltz, PVU), 3. Aufl., 1995, S. 272–292

MRUCK, K./ MAY, G. (1998): Selbstreflexivität und Subjektivität im Auswertungsprozeß biographischer Materialien. Zum Konzept einer 'Projektwerkstatt qualitativen Arbeitens' zwischen Colloquium, Supervision und Interpretation. In: Jüttemann/ Thomae (Hg.), Biographische Methoden in den Humanwissenschaften, Weinheim (Beltz, PVU), S. 284–308

MÜLLER, Burkhard (1997): Der sozialpädagogische Blick auf Adoleszenz. In: Krebs/ Eggert Schmid-Noerr (Hg.), Lebensphase Adoleszenz. Junge Frauen und Männer verstehen. Mainz (Grünewald), S. 13–31

MÜLLER(-BÜLOW), B. (1976): Stellung und Aufgaben des Internatserziehers. Umriß eines Berufsbildes. Ergebnisse und Diskussion einer regionalen Befragung. Opladen (Westdeutscher Verlag)

MÜLLER-BÜLOW, B. (1998): Zu wissen, daß ich zähle. Einzelsupervision als Lernen in der Dyade. In: Themenzentrierte Supervision. Mainz (Grünewald), S. 68–102

MÜLLER-EBERT, J. (1998): Die Beendigung von Psychotherapien in verschiedenen psychotherapeutischen Schulen. Diss. TU Berlin

MÜLLER-POZZI, H. (1980): Zur Handhabung der Übertragung in der Analyse von Jugendlichen. In: Bohleber (Hg.), Adoleszenz und Identität, Stuttgart (Verlag Internationale Psychoanalyse), 1996, S. 238–267

MUMMENDEY, H.D. (1990): Selbstkonzept-Änderung nach kritischen Lebensereignissen. In: Filipp (Hg.), Kritische Lebensereignisse. Weinheim (Beltz, PVU), 3. Aufl., 1995, S. 252–269

MUUSS, R.E. (1971): Adoleszenz. Eine Einführung in die Theorien zur Psychologie des Jugendalters. Stuttgart (Klett)

NARANJO, C. (1993): Gestalt. Präsenz, Gewahrsein, Verantwortung. Grundhaltung und Praxis einer lebendigen Therapie. Freiamt (Arbor), 1996

NESTMANN, F. (Hg.) (1997a): Beratung: Bausteine für eine interdisziplinäre Wissenschaft und Praxis. Tübingen (dgvt-Verlag)

NESTMANN, F. (1997b): Beratung als Ressourcenförderung. In: Nestmann (Hg.), Beratung: Bausteine für eine interdisziplinäre Wissenschaft und Praxis. Tübingen (dgvt-Verlag), S. 15–38

NOVICK, J. (1997): Die Beendigung der Behandlung in der Adoleszenz. *Analytische Kinder- und Jugendlichen-Psychotherapie*, 94, 28. Jg., S. 135–162

NUNNER-WINKLER, G. (1990): Jugend und Identität als pädagogisches Problem. *Zeitschrift für Pädagogik*, 36.Jg., 5, S. 671–686

OBERHOFF, B. (1998): Übertragungsanalyse in der Supervision. Ein Konzept. *Freie Assoziation*. 1. Jg., H. 1/ 2, S. 58–80

OERTER, R./ DREHER, E. (1995): Jugend. In: Oerter/ Montada (Hg.), Entwicklungspsychologie. Weinheim (Beltz, PVU), 3. erw. Aufl., S. 310–395

OERTER, R./ MONTADA, L. (Hg.) (1995): Entwicklungspsychologie. Weinheim (Beltz, PVU), 3.vollst. überarb. u. erw. Aufl.

OLBRICH, E. (1990a): Normative Übergänge im menschlichen Lebenslauf: Entwicklungskrisen oder Herausforderungen? In: Filipp (Hg.), Kritische Lebensereignisse. Weinheim (Beltz, PVU), 3. Aufl., 1995, S. 123–138

OLBRICH, E. (1990b): Coping and Development. In: Bosma/ Jackson (Ed.), Coping and Self-Concept in Adolescence. Berlin, Heidelberg, New York (Springer), S. 35–47

OLBRICH, E./ TODT, E. (Hg.) (1984): Probleme des Jugendalters. Neuere Sichtweisen. Berlin, Heidelberg (Springer)

OSTEN-SACKEN, M. von der (1999): Gestalt gewinnen. Aspekte der Gestaltarbeit mit Jugendlichen am Beispiel eines Schulzentrums mit Internat. (Unveröfftl. Manuskript)

OSWALD, H. (1997): Was heißt qualitativ forschen? Eine Einführung in Zugänge und Verfahren. In: Friebertshäuser/ Prengel (Hg.), Handbuch Qualitative Forschungsmethoden in der Erziehungswissenschaft. Weinheim, München (Juventa), S. 71–87

PAUL, S. (1998): Funktionen der Biographieforschung in der Ethnologie. In: Jüttemann/ Thomae (Hg.), Biographische Methoden in den Humanwissenschaften. Weinheim (Beltz, PVU), S. 24–43

PEDRINA, F./ MÖGEL, M./ GARSTICK, E./ BURKARD, E. (Hg.) (1994): Spielräume. Begegnungen zwischen Kinder- und Erwachsenenanalyse. Tübingen (edition diskord)

PERLS, F.S./ HEFFERLINE, R.F./ GOODMAN, P. (1951): Gestalttherapie. Lebensfreude und Persönlichkeitsentfaltung. Stuttgart (Klett-Cotta), 4. Aufl., 1988

PERLS, L. (1989): Leben an der Grenze. Essays und Anmerkungen zur Gestalttherapie. Hrg.v. M. Sreckovic. Köln (Edition Humanistische Psychologie)

PIKOWSKY, B./ HOFER, M. (1995): Streitkultur von und mit Jugendlichen. In: Hundsalz/ Klug/ Schilling (Hg.), Beratung für Jugendliche. Lebenswelten, Problemfelder, Beratungskonzepte. Weinheim, München (Juventa), S.127–142

PLATH, Sylvia (1995): Die Tagebücher. Frankfurt/M. (Büchergilde Gutenberg), 1998

POHLEN, M./ PLÄNKERS, T. (1982): Von der Psychoanalyse zur sozialen Aktion. Psyche, 36, 5, S. 416–452

QUINDEAU, I. (1995): Trauma und Geschichte. Interpretationen autobiographischer Erzählungen von Überlebenden des Holocaust. Frankfurt/M. (Brandes und Aspel)

REMSCHMIDT, H. (1992): Adoleszenz. Entwicklung und Entwicklungskrisen im Jugendalter. Stuttgart, New York (Thieme)

ROMMELSPACHER, B. (1997): Identität und Macht. Zur Internalisierung von Diskriminierung und Dominanz. In: Keupp/ Hofer (Hg.), Identitätsarbeit heute. Klassische und aktuelle Perspektiven der Identitätsarbeit. Frankfurt/M. (Suhrkamp), S. 251–269

ROTTER, L. (1936): Die Dynamik der Pubertät. In: Sex-Appeal und männliche Ohnmacht. Psychoanalytische Schriften. Freiburg (Kore), 1989

SANDLER, J./ KENNEDY H./ TYSON R.L. (1980): Zur Kinderanalyse. Gespräche mit Anna Freud. Frankfurt/M. (Fischer), 1995

SCHMID, P.F. (1994): Personzentrierte Gruppenpsychotherapie. Ein Handbuch. Bd. 1: Solidarität und Autonomie. Köln (Edition Humanistische Psychologie)

SCHMID, V. (1997): Fallstudien in der psychoanalytischen Pädagogik. In: Friebertshäuser/ Prengel (Hg.), Handbuch Qualitative Forschungsmethoden in der Erziehungswissenschaft. Weinheim, München (Juventa), S. 177–191

SCHMITT, R. (1995): Metaphern des Helfens. Weinheim (Beltz)

SCHMITT, R. (1996a): Metaphernanalyse und die Repräsentation biographischer Konstrukte. Journal für Psychologie, 4/95 und 1/96, S. 47–61

SCHMITT, R. (1996b): Metaphernanalyse als sozialwissenschaftliche Methode. Mit einigen Bemerkungen zur theoretischen 'Fundierung' psychosozialen Handelns. Psychologie und Gesellschaftskritik, (im Manuskript)

SCHRÖDER, A. (1991): Jugendgruppe und Kulturwandel, Die Bedeutung von Gruppenarbeit in der Adoleszenz. Frankfurt/ M. (Brandes und Aspel), 2. Aufl., 1993

SCHRÖER, S. (1995): Jugendliche Suizidalität als Entwicklungschance. Eine ressourcenorientierte empirische Studie. München (Quintessenz)

SCHÜTZE, F. (1983): Biographieforschung und narratives Interview. Neue Praxis, 3, S. 283–293

SCHÜTZE, F. (1996): Verlaufskurven des Erleidens als Forschungsgegenstand der interpretativen Soziologie. In: Krüger/ Marotzki (Hg.), Erziehungswissenschaftliche Biographieforschung. Opladen (Leske + Budrich), S. 116–157

SCHULZE, T. (1993a): Biographisch orientierte Pädagogik. In: Baacke/ Schulze (Hg.), Aus Geschichten lernen. Zur Einübung pädagogischen Verstehens. Weinheim, München (Juventa), S. 13–40

SCHULZE, T. (1993b): Autobiographie und Lebensgeschichte. In: Baacke/ Schulze (Hg.), Aus Geschichten lernen. Zur Einübung pädagogischen Verstehens. Weinheim, München (Juventa), S.126–173

SCHULZE T. (1993c): Lebenslauf und Lebensgeschichte. In: Baacke/ Schulze (Hg.), Aus Geschichten lernen. Zur Einübung pädagogischen Verstehens. Weinheim, München (Juventa), S. 174–228

SCHULZE, T. (1996): Erziehungswissenschaftliche Biographieforschung. In: Krüger/ Marotzki (Hg.), Erziehungswissenschaftliche Biographieforschung. Opladen (Leske + Budrich), 2. Aufl., S. 10–31

SCHULZE, T. (1997): Interpretation von autobiographischen Texten. In: Friebertshäuser/ Prengel (Hg.), Handbuch Qualitative Forschungsmethoden in der Erziehungswissenschaft, Weinheim, München (Juventa), S. 323–340

SCHUMACHER, M.A.C. (1987): Reformierte gymnasiale Oberstufe und jugendliche Problemlagen aus sozialpsychologischer Sicht. Versuch einer Vermittlung durch ein ganzheitliches Lernen und das pädagogische Modell der Themenzentrierten Interaktion (TZI). Diss. Univ. Münster

SEIFFGE-KRENKE, I. (1986): Psychoanalytische Therapie Jugendlicher. Stuttgart (Kohlhammer)

SEIFFGE-KRENKE, I. (1990): Developmental Processes in Self-Concept and Coping Behaviour. In: Bosma/ Jackson (Ed.), Coping and Self-Concept in Adolescence. Berlin, Heidelberg. New York (Springer), S. 51–68

SHAPIRO, R.L. (1993): Familiäre Determinanten von Borderline-Pathologien und narzißtischen Persönlichkeitsstörungen bei Adoleszenten. In: Leuzinger-Bohleber/ Mahler (Hg.), Phantasie und Realität in der Spätadoleszenz. Opladen (Westdeutscher Verlag), S. 64–86

SOHNI, H. (1997): Adoleszenz – eine beziehungsanalytische Herausforderung. In: Herberth/ Maurer (Hg.), Die Veränderung beginnt im Therapeuten. Frankfurt/M. (Brandes und Aspel), 1998, S. 303–322

SPARN, W. (Hg.) (1990): Wer schreibt meine Lebensgeschichte? Biographie, Autobiograpie, Hagiographie und ihre Entstehungszusammenhänge. Gütersloh (Mohn)

STARKE, K./ WELLER, H. (1995): Jugendsexualität: Frühe Ängste – späte Freuden? In: Hundsalz/ Klug/ Schilling (Hg.), Beratung für Jugendliche. Lebenswelten, Problemfelder, Beratungskonzepte. Weinheim, München (Juventa), S. 143–156

STEFFEN, K. (1990): Übergangsrituale einer auto-mobilen Gesellschaft. Eine kulturanthropologische Skizze. Frankfurt/M. (Suhrkamp)

STEINER-ADAIR, C. (1992): Körperstrategien. Weibliche Adoleszenz und die Entwicklung von Eßstörungen. In: Flaake/ King (Hg.), Weibliche Adoleszenz. Zur Sozialisation junger Frauen. Frankfurt/M. (Campus), S. 240–253

STERN, L. (1992): Vorstellungen von Trennung und Bindung bei adoleszenten Mädchen. In: Flaake/ King (Hg.), Weibliche Adoleszenz. Zur Sozialisation junger Frauen. Frankfurt/M. (Campus), S. 254–265

STIERLIN, H. (1980): Von der Psychoanalyse zur Familientherapie. Stuttgart (Klett-Cotta)

STIERLIN, H./ LEVI, L.D./ SAVARD, R.J. (1977): Zentrifugale und zentripetale Ablösung in der Adoleszenz: zwei Modi und einige Implikationen. In: Döbert/ Habermas/ Nunner-Winkler (Hg.), Entwicklung des Ichs. Köln (Kiepenheuer u. Witsch), S. 46–67

STRAUS, F./ HÖFER, R. (1997): Entwicklungslinien alltäglicher Identitätsarbeit. In: Keupp/ Höfer (Hg.), Identitätsarbeit heute. Klassische und aktuelle Perspektiven der Identitätsforschung. Frankfurt/M. (Suhrkamp), S. 270–307

STRAUSS A./ CORBIN, J. (1996): Grounded Theory. Grundlagen qualitativer Sozialforschung, Weinheim (Beltz, PVU)

STREECK-FISCHER, A. (1992): Geil auf Gewalt. Psychoanalytische Bemerkungen zu Adoleszenz und Rechtsextremismus. Psyche, 46, 8, S. 745–768

STREECK-FISCHER, A. (1994): Entwicklungslinien der Adoleszenz. Narzißmus und Übergangsphänomene. Psyche, 48, 6, S. 509–528

STREECK-FISCHER, A. (1995): Gewaltbereitschaft bei Jugendlichen. Praxis der Kinderpsychologie u. Kinderpsychiatrie, 44, S. 209–215

STREECK-FISCHER, A. (1997a): Männliche Adoleszenz – Krisen und destruktive Verlaufsformen. In: Krebs/ Eggert Schmid-Noerr (Hg.), Lebensphase Adoleszenz. Junge Frauen und Männer verstehen. Mainz (Grünewald), S. 50–66

STREECK-FISCHER, A. (1997b): Dora, weibliche Adoleszenz und die anstößige Beziehung. Forum der Psychoanalyse, 13, 4, S. 294–311

STREECK-FISCHER, A. (Hg.) (1998a): Adoleszenz und Trauma. Göttingen (Vandenhoeck u. Ruprecht)

STREECK-FISCHER, A. (1998b): Mißhandelt–Mißbraucht: Probleme der Diagnostik und Psychotherapie traumatisierter Jugendlicher. In: Streeck-Fischer (Hg.), Adoleszenz und Trauma. Göttingen (Vandenhoeck u. Ruprecht), S. 174–196

STUHR, U. (1997): Psychoanalyse und qualitative Psychotherapieforschung. In: Leuzinger-Bohleber/ Stuhr (Hg.), Psychoanalysen im Rückblick. Methoden, Ergebnisse und Perspektiven der neueren Katamneseforschung. Gießen (Psychosozial-Verlag), S. 164–181

TENBRINK, D. (1997): Der Übergangsraum in der analytischen Situation. Struktur und Dynamik des analytischen Prozesses auf der Grundlage der Zwei-Personen-Psychologie. Forum der Psychoanalyse, 13, 1, S. 38–53

TENDRJAKOW; W. (1982): Die Nacht nach der Entlassung. (Aus dem Russischen), Frankfurt/M. (Suhrkamp)

v. THADDEN, E. (1995): Auf vielen Füßen leben. In: Kursbuch 121: Der Generationenbruch. Berlin (Rowohlt), S. 27–38

THOMAE, H. (1980): Auf dem Weg zum Selbst. Bemerkungen zur psychoanalytischen Theorieentwicklung in den letzten Jahrzehnten. Psyche, 34, S. 221–145

THOMAE, H. (1998): Psychologische Biographik. Theoretische und methodische Grundlagen. In: Jüttemann/ Thomae (Hg.), Biographische Methoden in den Humanwissenschaften. Weinheim (Beltz, PVU), S. 75–97

TRIMBORN, W. (1997): Es gibt keinen Unterschied, Tag und Nacht sind gleich. Bericht einer analytischen Psychotherapie mit einer Jugendlichen. In: Leuzinger-Bohleber/ Stuhr (Hg.), Psychoanalysen im Rückblick. Methoden, Ergebnisse und Perspektiven der neueren Katamneseforschung. Gießen (Psychosozial-Verlag), S. 245–266

UHLE, R. (1986): Verstehen in pädagogischer Hinsicht. In: Luhmann/ Schorr (Hg.), Zwischen Intransparenz und Verstehen. Fragen an die Pädagogik. Frankfurt/M. (Suhrkamp), S. 219–246

VAN GENNEP, A. (1986): Übergangsriten. (Les rites de passage) Frankfurt, New York (Campus) (Ersterscheinung 1909)

VAN QUEKELBERGHE, R. (1988): Anna. Eine Lebenslaufanalyse. Köln (Edition Humanistische Psychologie)

WALDECK, R. (1997): Worauf können Mädchen stolz sein? Möglichkeiten narzißtischer Besetzungen in der weiblichen Adoleszenz. In: Krebs/ Eggert Schmid-Noerr (Hg.), Lebensphase Adoleszenz. Junge Frauen und Männer verstehen. Mainz (Grünewald), S. 108–125

WALLERSTEIN, R.S. (1989/1997): Katamnesen in der Psychoanalyse: Zu ihrem klinischen und empirischen Wert. In: Leuzinger-Bohleber/ Stuhr (Hg.), Psychoanalysen im Rückblick. Methoden, Ergebnisse und Perspektiven der neueren Katamneseforschung. Gießen (Psychosozial-Verlag), S. 46–60

WEBER, G./ STIERLIN, H. (1989): In Liebe entzweit. Die Heidelberger Familientherapie der Magersucht. Reinbek (rororo)

WHITBOURNE, S.K./ WEINSTOCK, C.S. (1982): Die mittlere Lebensspanne. Entwicklungspsychologie des Erwachsenenalters, München, Wien, Baltimore (Urban u. Schwarzenberg)

WINNICOTT, D.W. (1965a): Reifungsprozesse und fordernde Umwelt. München (Kindler), dt. Ausgabe 1975

WINNICOTT, D.W. (1965b): Familie und individuelle Entwicklung. München (Kindler), dt. Ausgabe 1978

WINTERSTEIN, A. (1972): Die Pubertätsriten der Mädchen und ihre Spuren im Märchen. In: Märchenforschung und Tiefenpsychologie. Darmstadt (Wissenschaftliche Buchgesellschaft), S. 56–71

WITTSTRUCK, W. (1995): Ablösung in der Mutter-Sohn-Beziehung: Ein Adoleszenzproblem in Rainer Maria Rilkes Erzählung Leise Begleitung. *Praxis der Kinderpsychologie und Kinderpsychiatrie*, 44, S. 221–233

WITZEL, A. (1985): Das problemzentrierte Interview. In: Jüttemann (Hg.), Qualitative Forschung in der Psychologie. Weinheim, Basel (Beltz), S. 227–258

WUNDERLI, J. (1980): Stirb und werde. Wandlung und Wiedergeburt in der Pubertät und in der Lebensmitte. Fellbach (Bonz)

YALOM, I.D. (1980): Existentielle Psychotherapie. Köln (Edition Humanistische Psychologie), dt. Ausgabe 1989

YALOM, I.D. (1994): Und Nietzsche weinte. Ein Roman. Hamburg (Kabel)

ZIMPRICH, H./ WÖLZL, S. (1994): Adoleszenzkrisen und deren Management im Wiener Psychosomatischen Modell. In: Endres (Hg.), Krisen im Jugendalter. München (E. Reinhardt), S. 35–52

ZINKER, J. (1977): Gestalttherapie als kreativer Prozeß. Paderborn (Jungfermann), 1987

ZYGOWSKI, H. (1989): Grundlagen psychosozialer Beratung. Ein modelltheoretischer Entwurf zur Neubestimmung psychischer Störungen. Opladen (Westdeutscher Verlag)

Waxmann Verlag GmbH
Postfach 8603 · D–48046 Münster
Fon 02 51 / 2 65 04-0 · Fax 02 51 / 2 65 04-26
E-Mail: order@waxmann.com
www.waxmann.com

In ausführlichen Einzelfallanalysen werden die Bildungsbiographien von Frauen und Männern mit den Studiengebieten Mathematik und Sprachen untersucht. Die Einzelfallanalysen beruhen auf studienbegleitenden psychodiagnostischen Längsschnittdaten und retrospektiven biographischen Interviews.

Eine Gegenüberstellung der Lebensläufe zeigt eine Vielzahl überindividueller Gemeinsamkeiten bzw. Unterschiede, die als charakteristisch für die untersuchten Gruppen gelten können. Einflussreiche biographische Erfahrungen finden sich in den Herkunftsfamilien sowie in der schulischen und universitären Sozialisation.

Einen wesentlichen Einfluss auf die Bildungsbiographie gewinnen die Identitätsentwicklung, insbesondere die Entwicklung der Geschlechtsidentität, und die Entwicklung von Fachinteressen.

■ Kristin Gisbert

Geschlecht und Studienwahl

Biographische Analysen geschlechtstypischer und -untypischer Bildungswege

2001, 350 Seiten, br., 59,00 DM
ISBN 3-89325-939-2